TUDO À VENDA

ROBERT KUTTNER

TUDO À VENDA

As virtudes e os limites do mercado

Tradução:
CLAUDIO WEBER ABRAMO

COMPANHIA DAS LETRAS

Título original:
Everything for sale
The virtues and limits of markets

Capa:
João Baptista da Costa Aguiar

Preparação:
Cristina Penz

Revisão:
Ana Maria Barbosa
Ana Paula Castellani
Carmen S. da Costa

Dados Internacionais de Catalogação na Publicação (CIP)
(Câmara Brasileira do Livro, SP, Brasil)

Kuttner, Robert
Tudo à venda : as virtudes e os limites do mercado / Robert Kuttner ; tradução Claudio Weber Abramo. — São Paulo : Companhia das Letras, 1998.

Título original: Everything for sale.
ISBN 85-7164-778-X

1. Capitalismo 2. Livre empresa 3. Política ambiental 4. Política comercial 5. Política econômica — 1993– 6. Política industrial I. Título.

98-1744 CDD-338.973

Índice para catálogo sistemático:
1. Estados Unidos : Política econômica 338.973

1998

EDITORA SCHWARCZ LTDA.
Rua Bandeira Paulista, 702, cj. 72
04532-002 – São Paulo – SP
Telefone: (011) 866-0801
Fax: (011) 866-0814
e-mail: coletras@mtecnetsp.com.br

Para Gabriel e Jessica

Ah, pureza
E os puristas,
Que falam,
Falam de corações que são puros
E de uma arte que é pura
E de uma Terra que no momento não é, mas que será
Algum dia
Pura.

Que falam, falam,
Falam no que parece ser total ignorância
Do seguinte simples e puro fato sobre pureza: a pureza
É tão rara em seu estado mais puro
Como o vácuo absoluto
De que os físicos falam na classe quando alguém
Que sabe demais sugere que os corpos que caem
Não caem igualmente rápido.
"Mas eles cairiam", diz o físico, "cairiam
Se todo o ar fosse retirado."
Todo o ar?
Quem retiraria todo o ar? Há alguém,
Alguém presente, alguém vivo,
Que daria tanta importância à pureza
Que retiraria todo o ar?
Preciso encontrá-lo.
Preciso apertar sua mão pura e branca e dizer-lhe: "Raios!
*Se você retirar todo o ar, cairá igualmente rápido".**

Reed Whittemore, 1956

(*) Ah, Purity/ And the purists,/ Talking,/ Talking of hearts that are pure/ And an earth that is not at the moment but should be/ Some day/ Pure.

Talking, talking,/ Talking in what would appear to be total ignorance/ Of the following simple, pure fact about purity: purity/ Is as rare in its purest state/ As the absolute vacuum/ Of which the physicist speaks in his classroom when somebody/ Knowing too much suggests that all falling bodies/ Do not fall equally fast./ "But they would", the physicist says, "they would if you took/ All the air away."

All the air away?/ Who would take all the air away? Is there anyone,/ Anyone present, anyone living,/ Who would make such an issue of purity that he'd take/ All the air away?/ I must meet him./ I must shake his pure white hand and say to him, "Blast!/ If you take all the air away, you'll fall equally fast".

Sumário

Agradecimentos

Agradeço com toda sinceridade aos heterodoxos integrantes da profissão de economista, alguns dos quais podem sentir que se encontram em companhia ligeiramente incômoda. Alguns são colegas e amigos chegados, outros são conhecidos casuais que, generosamente, explicaram conceitos e disponibilizaram materiais. Todos me deram esperança de que uma visão mais complexa e institucional da economia e da sociedade não é uma causa perdida. Agradeço a Robert Heilbroner, Barry Bluestone, Bennett Harrison, Maryellen R. Kelley, Paul Romer, George Akerlof, Richard Freeman, Richard Nelson, Lawrence Katz, Lawrence Mishel, Dean Baker, Rebecca Blank, James Galbraith, Robert Eisner, Robert Frank, Richard Thaler e, especialmente, a Albert Hirschman.

Dentre historiadores de empresas, juristas, cientistas sociais, jornalistas e outros neo-economistas aproveitei o conselho de Tom McGraw, Richard Vietor, Robert Lane, Louis Lowenstein, Jon Hanson, Joseph Bower, Shoshana Zuboff, William Emmons, Wolfgang Streeck, David Moss, Joel Rogers, Mark Granovetter, Paul Dempsey, Will Hutton, James Fallows, Neil Talbot, Richard Valelly, Nancy Kete, Viviana Zelizer e Amitai Etzioni.

Devo agradecimentos especiais ao Twentieth Century Fund, a seu presidente, Richard J. Leone, e aos associados Greg Anrig e David Smith; ao meu editor na editora Knopf, Ash Green; a Jennifer Bernstein e a John Brockman. Também sou grato a meus colegas da *American Prospect*, em especial Paul Starr, Robert Reich e John Cohn, parceiros na tarefa de reconstruir uma filosofia pública capaz de suportar uma economia mista. Gratidão, também, a meus editores no Washington Post Writers Group, Alan Shearer e Anna Karavangelos; a David Greenway e Marjorie Pritchard, do *Globe* de Boston; e a Steve Shepard e Bruce Nussbaum da *Business Week*, em cujas páginas apareceram pela primeira vez muitas de minhas explorações sobre os mercados e seus limites.

Leitores atentos de todo ou de grande parte do manuscrito incluíram: Richard Leone, Greg Anrig, David Smith, Robert Heilbroner, Barry Bluestone,

Deborah Stone, Jim Morone, Bem Harrison, Joseph Quinn, Richard Vietor, Arnold Relman, Marcia Angell, Tom McCraw, Jon Hanson e William Emmons. Eles me salvaram de diversos erros; quaisquer equívocos remanescentes são inteiramente meus.

Em vários estágios do projeto, contei com a ajuda de pesquisas realizadas por Andy Fairbanks, Beate Sissenich e Jennifer Goren.

Por diversas gentilezas, agradeço também a Sid Wolfe, Suzanne Goldberg, Jim Carroll, Shannon Wooley e Reuven e Orli Avi-Yonah.

Por fim, e profundamente, agradeço a minha amada Sharland. O amor não está à venda.

Prefácio

Em face do desaparecimento das economias planejadas centralmente e da prosperidade relativa dos Estados Unidos, dever-se-ia esperar dos norte-americanos que estivessem pregando para o resto do mundo a superioridade de seu sistema de capitalismo misto. Em vez disso, o clima político do momento afirma a necessidade de abandonar o que se tem em favor de uma versão mais pura e mais expedita de economia de mercado. As placas de sinalização na estrada que leva a essa prometida Utopia econômica oferecem receitas a esta altura familiares para os males que afetam os EUA: privatização, desregulação, *downsizing*, redução de comprometimentos orçamentários e redução de impostos. O substrato intelectual desse movimento é uma crença quase religiosa de que praticamente todas as atividades do setor público, incluindo o apoio financeiro aos pobres, a proteção aos direitos dos trabalhadores e mesmo a política macroeconômica, fazem mais mal do que bem. Os partidários de tais concepções consideram os modelos simplificados dos economistas do laissez-faire como verdades reveladas a respeito do tipo de mundo que suas propostas produziriam.

A fé nas estruturas de mercado idealizadas também originou uma cruzada política voltada para a eliminação das salvaguardas à disposição da comunidade e do governo para enfrentar abusos e imperfeições do mercado – salvaguardas que são cruciais para o moderno sistema norte-americano e que foram construídas durante a Grande Depressão e após o fim da Segunda Guerra Mundial. Além disso, uma ideologia aberta e orgulhosamente egoísta financia e fornece munição para investidas em favor da redução dos impostos pagos pelos ricos, do enfraquecimento do sistema de seguridade social e da "libertação" das empresas dos grilhões da regulação e dos litígios. O catecismo conservador investe contra aqueles que "recompensam a carência" ao apoiarem os programas públicos de assistência aos pobres; em sua versão mais radical, esse catecismo até mesmo rejeita a convicção de Adam Smith, de que cabe ao Estado proporcionar a infraestrutura física e educacional de uma sociedade industrializada.

A versão mais extremada da atual economia conservadora fundamentalista parece implicar que não existem falhas de mercado – que, em toda circunstância concebível, o mercado proporcionará resultados melhores do que qualquer alternativa a ele. Esse ponto de vista não é universal; de fato, a maioria dos especialistas reconhece que ele transforma um aspecto importante num completo absurdo. São bem conhecidos os males que advêm quando o mercado é deixado a si próprio. No mínimo, o comércio moderno e o crescimento econômico dependem de um conjunto de regras claras, de contratos com garantia de cumprimento, de tribunais independentes, de infra-estrutura comunitária e de investimentos públicos, notadamente em educação.

A despeito das discordâncias na opinião acadêmica, na arena política muitos seguidores do Partido Democrata e moderados do Republicano se precipitam uns sobre os outros no afã de demonstrar sua conversão à verdadeira fé da economia do laissez-faire. E a mídia freqüentemente parece estar mesmerizada pelas táticas e certezas aparentes de insinuantes e bem financiados políticos e mercadores de idéias conservadoras. No entanto, mesmo expostos a esses ventos dominantes, diversos economistas, políticos e jornalistas têm expresso críticas bem fundadas a esse conjunto de idéias que, embora originalmente razoável, foi levado ao mais ilógico dos extremos. Entre eles, ocupa lugar proeminente o autor deste livro.

Robert Kuttner escreveu diversos livros influentes sobre a economia norte-americana, incluindo *The End of Laissez-faire: National Purpose and the Global Economy After the Cold War* [O fim do laissez-faire: projeto nacional e economia global pós-Guerra Fria]; sua coluna aparece em centenas de jornais e ele é fundador e co-editor da revista *The American Prospect*. Neste livro, Kuttner prova que é possível reconhecer e mesmo adotar as muitas virtudes do mercado sem que isso seja acompanhado de uma insistência em que seria isento de defeitos ou que virá a satisfazer a todas as necessidades humanas. Ao fazê-lo, ele satisfaz a um dos principais requisitos atuais do discurso público. Há alguns anos, o debate em torno dessa questão tem sido desequilibrado, conduzido pelo fanatismo de puristas e militantes partidários. Na páginas que se seguem, Kuttner proporciona um antídoto refletido e cuidadosamente documentado à advocacia febril desses crentes. De fato, sua abordagem sensata às questões bem concretas da assistência médica, comunicação, transporte e questões legais transmite ao leitor uma sensação de alívio. Parece, afinal, que não enlouquecemos; seres humanos reais, inseridos na economia real, precisam lidar com todo tipo de experiência cotidiana em mercados que, simplesmente, nem sempre se comportam como esperado. Se é para haver reformas no modo como pensamos os problemas econômicos, decerto Robert Kuttner será um de seus mais importantes líderes intelectuais.

O Twentieth Century Fund [Fundo do Século XX] deve sua existência à convicção de um empresário muito bem-sucedido, Edward Filene, de que, sozinho, o mercado não produzirá um país democrático estável e capaz de crescimento. Filene acreditava que um setor público ativo e informado é necessário para construir um país justo. O Fundo tem apoiado numerosas iniciativas que respondem à demanda de nosso fundador. Nos anos subseqüentes à Grande Depressão, o Fundo atacou essas questões em diversos volumes, incluindo *Financing the Consumer* [Financiamento ao consumidor] e *Labor and Government* [Trabalhismo e governo], de Evan Clark, e *Debts and Recovery, 1929-1937* [Dívidas e recuperação, 1929-1937], de Albert G. Hart. Mais tarde, os objetivos originais foram perseguidos em publicações como *Shaping the World's Economy* [A modelação da economia mundial], de Jan Tinbergen, e *Stabilizing an Unstable Economy* [A estabilização de uma economia instável], de Hyman Minsky. Mais recentemente, o Fundo publicou a obra de Edward Wolff, *Top heavy: A Study of the Increasing Inequality of Wealth in America* [Um estudo sobre a crescente desigualdade na repartição da riqueza nos EUA],* e instituiu um grupo de trabalho para estudar especulações de mercado e mecanismos de controle sobre as atividades de grandes empresas, a partir do texto-base "Who's Mending the Store?" [Quem toma conta da loja?], de Robert J. Shiller. Além disso, estamos prestando apoio a um exame do futuro do capitalismo, iniciado por Leonard Silk e que está sendo completado por seu filho, Mark Silk; também estamos financiando uma investigação de Barry Bluestone e Bennett Harrison sobre como a desigualdade e as políticas públicas falhas prejudicam o crescimento econômico, bem como um estudo de James Galbraith a respeito da crise de desigualdade.

O capitalismo e os mercados são cruciais para a sociedade norte-americana. Contudo, como Robert Kuttner torna claro, um pouco de modéstia por parte dos mais ruidosos paladinos do mercado operaria um grande serviço (afinal, até mesmo o papa só é infalível em determinadas ocasiões); um tal movimento no sentido da moderação poderia ser capaz de direcionar o discurso público sobre a política econômica para além das respostas simplistas e das soluções mecânicas, aproximando-o das complexas circunstâncias do mundo real. Em nome dos curadores do Twentieth Century Fund, agradeço a Kuttner por esta tempestiva e significante contribuição para o debate sobre políticas econômicas.

Richard C. Leone, presidente
The Twentieth Century Fund

(*) *Top heavy*: literalmente, "pesado na parte de cima". (N. T.)

PREFÁCIO À EDIÇÃO BRASILEIRA

Meu país, os Estados Unidos da América, mantém um imenso déficit comercial. Curiosamente, entretanto, apresenta um enorme superávit na exportação de idéias econômicas. Seu principal produto intelectual de exportação é a doutrina do laissez-faire. É decerto compreensível que países que sofreram sob a mão mortificante do Estado totalitário considerem o laissez-faire inebriante, mesmo intoxicante. Mas, como acontece com tudo o que é intoxicante, quantidades moderadas são normalmente melhores do que excessos.

A afirmação de que o mercado mais livre possível produz os melhores resultados econômicos é a peça central da ressurgência conservadora global. Se o Estado é considerado incompetente para equilibrar a instabilidade do mercado, mitigar sua desigualdade ou corrigir sua miopia, não resta muito espaço para a economia mista e para o projeto progressista moderno de domar o capitalismo. E, contudo, enquanto a direita promove resolutamente a superioridade do livre mercado, muitos dos que se situam na esquerda moderada são dúbios na defesa da economia mista. Nos Estados Unidos, na Grã-Bretanha e em boa parte da América Latina, os partidos democráticos da esquerda favorecem não uma expansão do Estado de bem-estar social, ou uma estratégia mais ousada de investimento social, mas uma variedade ligeiramente mais moderada de neoliberalismo. Após toda uma era de adesão a uma forma gerenciada de capitalismo, muitos daqueles que militam na profissão econômica reverteram também para um novo fundamentalismo acerca das virtudes do mercado. De modo que, hoje, há um enorme desequilíbrio entre a esquerda e a direita em termos de ideologia, convicções e armaduras institucionais.

Tal desequilíbrio se intensificou com o globalismo. À medida que o mercado global ganha poder às expensas do Estado nacional, o capital privado suplanta a capacidade de os governos nacionais aplicarem regulações a suas economias. O país que escolhe manter altas taxas de investimento social, ou ter sindicatos fortes e salários altos, arrisca-se a espantar o capital privado. O colapso do comunismo, o fracasso de outras formas de estatismo e o sucesso aparente do modelo econômico norte-americano contribuem conjuntamente para o prestígio do laissez-faire e para o ponto de vista de que só existiria um verdadeiro tipo de capitalismo.

Será que essa perspectiva é correta?

Este livro argumenta que há muitas diferentes formas de capitalismo e que, na verdade, o laissez-faire não otimiza resultados, seja economicamente, seja socialmente. O motivo é que todos os tipos de falhas de mercado que caracterizaram a história da economia de mercado continuam presentes entre nós. Diferentemente de terem sido solucionadas pela globalização, foram intensificadas por ela – precisamente porque as forças estabilizadoras nacionais são, hoje, mais fracas do que na época do capitalismo nacional.

Há, basicamente, três grandes erros nas afirmações utópicas que se fazem a respeito dos mercados. Primeiro, os mercados descrevem equivocamente as dinâmicas da motivação humana. Segundo, ignoram o fato de que a sociedade, em especial a sociedade civil, tem necessidade de territórios de direitos políticos em que algumas coisas não estejam à venda. E, terceiro, mesmo no domínio econômico, os mercados atribuem preços erradamente a muitas coisas – o que significa que os mercados puros não otimizam os resultados econômicos.

Apesar de o modelo de mercado imaginar um indivíduo racional que maximiza a sua utilidade em um vácuo institucional, pessoas de verdade também têm identidades cívicas e sociais. Sob a luz da teoria econômica, o ato de votar pode ser mostrado como irracional, pois o "benefício" derivado da probabilidade de o voto de cada um afetar o resultado não vale o "custo". Porém, as pessoas votam não apenas para influenciar o resultado, mas também como ato de fé no processo cívico.

Este livro traça um panorama da economia de mercado. A maioria dos exemplos mencionados decorre de experiências norte-americanas, mas suas lições são universais. Mostra-se que em alguns domínios, como no comércio e na indústria comuns, os mercados funcionam razoavelmente bem. Há muitos compradores, muitos vendedores e uma concorrência relativamente livre. Esse processo otimiza as escolhas do consumidor e direciona os recursos para seus empregos mais eficientes – como devidamente exposto nos livros-textos de economia.

No caso de outros domínios, contudo, trata-se de um equívoco encará-los como mercados (a política, ou a venda de seres humanos); ou, então, há argumentos bem documentados em favor da presença de efeitos paralelos negativos ou positivos ("externalidades") – educação, pesquisa, saúde, poluição; ou, ainda, há eficiências que funcionam em rede, e que não podem ser deixadas a monopólios privados; ou há responsabilidades fiduciárias especiais e riscos sistêmicos de falhas catastróficas, como no caso dos bancos, dos seguros e do mercado financeiro. Nenhum desses territórios pode ser deixado eficientemente ao sabor dos mercados. Caso se somem todos os terrenos em que os mercados puros são sub-ótimos ou inatingíveis, então se estará falando de um terço do PIB.

Ainda em outros casos, a escolha de privatizar ou não, desregular ou não, gastar mais ou menos dinheiro socialmente, é essencialmente política, e não econômica. A questão não é saber qual rota seria a mais "eficiente", dado que há muitos caminhos para o uso eficiente dos recursos e muitas formas de disciplina, tanto de mercado como de extramercado. Ao contrário, a questão se refere a valores – em qual tipo de sociedade desejamos viver. Podemos escolher uma sociedade em que quase todos os bens e serviços sejam comprados e vendidos privadamente, e em que o papel do Estado seja mínimo. Ou podemos escolher viver numa sociedade com níveis mais elevados de tributação, investimento social e regulação democrática do bem comum. Numa ampla faixa intermediária, os efeitos puramente econômicos dessas escolhas sociais são indeterminados. Em alguns casos, deixar as questões sociais (educação, saúde, pesquisa, investimento público, poluição) puramente ao sabor dos mercados na verdade piora os resultados econômicos.

Ademais, o mercado mostra-se bem mais resistente e adaptativo do que admitem seus paladinos. Em mercados díspares como bancos, serviços públicos e assistência médica, os empreendedores não adoecem e perecem quando submetidos a uma concorrência regulada; eles simplesmente revisam as suas estratégias concorrenciais e vão em frente, concorrendo. Normas que comprometam a sociedade com a resistência ao oportunismo de curto prazo podem fazer tanto do mercado como da sociedade lugares mais saudáveis. Em contraste, mercados puros valorizam e incentivam o oportunismo e prejudicam a confiança.

Acredito que esse conjunto de conclusões é especialmente importante para leitores de países como o Brasil. Como em boa parte da América do Sul, o Brasil se afasta de uma era em que sua economia esteve mais direcionada pelo Estado e mais protegida. Em certa medida, trata-se de uma evolução construtiva. Um excesso de controle estatal pode ser estupidificante. Mas o Brasil merece ter o direito e o poder de escolher seu próprio destino econômico. Um certo grau de investimento público significa, ao mesmo tempo, boa política econômica e boa política social. Paradoxalmente, um certo grau de regulação é necessário para concretizar os benefícios da concorrência. Como sugerido neste livro, em setores com características de monopólios naturais – como as telecomunicações, a geração de energia e o transporte aéreo – uma desregulação total na verdade frustra as escolhas do consumidor e leva a preços e lucros excessivos. Seria trágico que o Brasil fosse simplesmente arrastado pela moda atual de desregular e privatizar o que aparece pela frente.

O Brasil possui duas outras características que acenam para um curso de economia mista, em vez do laissez-faire. Em primeiro lugar, o Brasil tem uma das distribuições de renda mais desiguais do mundo. Uma das características infelizes de uma economia pura de mercado é sua tendência de aumentar as desigualdades de renda e riqueza. Desde que os Estados Unidos passaram a seguir um curso de maior desregulação e privatização, tornaram-se uma sociedade dramaticamente mais desigual. No período do *boom* econômico do pós-guerra, a maioria das sociedades cresceu numa taxa mais acelerada, e também se tornou economicamente mais equilibrada. Após 1973, ambas as tendências sofreram reversão. Se o Brasil pretende progredir no sentido de reduzir a distância entre seus extremos de renda, não deveria deixar essa tarefa inteiramente às forças de mercado.

Segundo, o vasto interior brasileiro é um lugar em que as forças puras do mercado estão arruinando o ambiente natural. É impensável que não se persiga uma estratégia de desenvolvimento sustentável em vez de pilhar o ambiente em busca de lucros de curto prazo. Há muitas coisas que os mercados fazem direito, mas eles são também famosos por sua miopia.

É crescentemente difícil para países de renda média resistirem à onda do laissez-faire. Para começar, precisam de investimentos externos. Os governos conservadores do Norte industrial e seus aliados em bancos e agências internacionais, como o Fundo Monetário Internacional e a Organização Mundial do Comércio, adotam uma linha extremamente dura: se seu país deseja credenciar-se como membro respeitável da comunidade capitalista internacional, então precisa agir conforme as regras norte-americanas. Isso significa: abram seus mercados financeiros e comerciais; livrem-se de seus controles monetários e de capital; apliquem uma política fiscal ortodoxa; restrinjam o papel do governo no traçado de políticas de desenvolvimentio industrial ou regional.

Parte dessa receita é salutar. No século XX, um bom pedaço do mundo sofreu por causa de um excesso de estatismo. Mesmo em países democráticos, o Estado de bem-estar social começou a atingir seus limites naturais; o velho modelo de "industrialização para substituição de importações" deu a empresários nacionais proteção demasiada contra a disciplina da concorrência estrangeira. No entanto, atingimos hoje o ponto em que sofremos de um excesso de mercado – o reaparecimento de monopólios privados; a pilhagem do ambiente natural; doenças evitáveis; diferenças mais extremadas entre a riqueza e a pobreza; taxas de crescimento modestas, definidas não para conseguir o crescimento mais robusto e a maior taxa de emprego que a economia é capaz, mas para satisfazer a bancos centrais e seus credores. E instituições como o FMI usam seu poder para promover uma única e, supostamente, universal forma de capitalismo laissez-faire. Historicamente, o Brasil tem resistido, em agências como a Organização Mundial do Comércio, às pressões por um conjunto único e universal de regras.

O Brasil é um país grande o suficiente, com um mercado interno alentado e os benefícios regionais do Mercosul, para ser capaz de escolher seu próprio caminho. Nas décadas de 40, 50 e 60, boa parte da América do Sul buscou resistir ao colonialismo econômico por meio da proteção de seus mercados internos e da limitação aos investimentos externos. No final das contas, essa abordagem revelou-se contraproducente; no Brasil, propiciou um espírito de maior neoliberalismo – mas dentro de limites dados por sua política nacional. O colonialismo econômico dos anos 90 é muito mais sutil, porque vem apresentado na forma de um conjunto de princípios aplicáveis universalmente, o que desgasta a soberania nacional de forma mais insidiosa.

O fato é que não temos um governo global. Uma política democrática opera necessariamente no plano do Estado nacional. Sou cidadão e eleitor nos Estados Unidos da América, não da República do NAFTA. Como meu amigo Harland Cleveland escreveu certa vez, é bom que não exista um governo global: pode ser que eu não gostasse dele, e pode ser que ele não gostasse de mim.

No fim do dia, um rescaldo das virtudes e limites dos mercados leva-nos necessariamente de volta à política. Os mercados exigem regras, e regras são fruto da política, seja ela democrática ou não democrática. Afirma-se que a liberdade política e a liberdade econômica seriam complementos naturais; mas o ponto de vista de que a política seria apenas um outro mercado é profundamente antidemocrático. Ultimamente, a ameaça real a uma sociedade sustentável tem sido a invasão do mercado sobre o domínio da política, e não vice-versa. O dinheiro grosso está expulsando a autenticidade da participação. Valores comerciais se imiscuem entre valores cívicos.

Contrariamente à teoria dos mercados perfeitos, grande parte da vida econômica não se resume à satisfação mecânica de preferências, ou à busca de um equilíbrio ótimo unívoco. Ao contrário, há muitos caminhos possíveis – muitas mesclas de valores diferentes, muitas misturas do mercado e do social, muitas possíveis distribuições de renda e riqueza – todas compatíveis com níveis razoavelmente eficientes de aquisições e gastos. Essas são escolhas políticas. O Graal de um mercado perfeito, purgado de distorções ilegítimas e ineficientes – purgado da política – é uma fantasia perigosa.

A qualidade da vida política é, por si mesma, um bem público. Países corruptos do antigo bloco comunista e de parte do Terceiro Mundo não têm mercados eficientes porque carecem de Estados eficientes, e não o contrário. A administração pública é uma fonte de vantagem competitiva. Não basta varrer o antigo regime para que emerjam mercados eficientes, como se se tratasse de um estado da natureza. Mercados exigem governos competentes para proteger a segurança do público, recolher impostos e garantir o cumprimento de contratos e direitos de propriedade. A União Soviética cometeu dois pecados diferentes e separáveis. Destruiu o sistema de preços e destruiu a cidadania democrática. Hoje, paradoxalmente, a Rússia sofre porque seu Estado é demasiadamente fraco para fazer aquilo que só os Estados podem fazer para instituir mercados eficientes. Milícias privadas são um retorno ao feudalismo; não constituem um habitat frutífero para o candidato a empreendedor.

Os países são os *locus* da cidadania democrática e, necessariamente, são uma mescla entre o universal e o particular. Da mesma forma que não existe uma única cultura universal, não existe um único tipo universal de capitalismo. Portanto, espero que estas palavras, atípicas enquanto vindas de um norte-americano, dêem a meus leitores sul-americanos a convicção de resistirem a modelos simplistas exportados do estrangeiro e o ânimo de escolherem seu próprio caminho econômico e social.

Robert Kuttner
março de 1998

Tudo à venda

Introdução

O ideal de um mercado livre e auto-regulado experimenta um triunfo renovado. As lições históricas dos excessos de mercado, da Gilded Age [Idade do Ouro, período da história dos EUA de 1870 a c. 1898] à Grande Depressão, praticamente desapareceram da memória coletiva. O governo se encontra contestado e empobrecido, na mesma medida que as políticas do Partido Democrata. Mercados livres de injunções externas são considerados tanto a essência da liberdade humana como o mais eficiente meio para se atingir a prosperidade.

Nos Estados Unidos, o socialismo nunca foi alternativa para o laissez-faire. Em vez disso, a facção intervencionista – a partir de Hamilton e Lincoln, passando pela era progressista, de Franklin Roosevelt e Lyndon Johnson – favoreceu o que viria a ser conhecido como "economia mista". A idéia era de que as forças de mercado são capazes de muitas coisas boas – mas não de tudo. O governo intervia para promover o desenvolvimento, moderar os extremos distributivos do mercado, contrabalançar sua infeliz tendência avassaladora, remediar sua miopia de investir muito pouco em serviços públicos e de investir demais em processos que prejudicam o ambiente natural e humano.

No entanto, desde a fundação constitucional dos EUA, a tendência libertária da sociedade com freqüência se superpôs ao impulso em direção às melhorias coletivas. Hoje, após duas décadas de agressões mercantilistas, mesmo os defensores habituais da economia mista mostram-se incertos e na defensiva. Os dois últimos presidentes do Partido Democrata se revelaram ambivalentes na defesa da economia mista. De modo geral, exprimiram apelos moderados em favor da limitação do papel governamental e da liberação do empreendedor privado. A moda atual da desregulação começou no governo Jimmy Carter. A insistência no equilíbrio orçamentário foi adotada por Bill Clinton, cuja promessa de "reinventar o governo" logo se transformou num compromisso coletivo voltado meramente para reduzir o papel governamental. E, após toda uma era de adesão à economia mista, grande parcela dos economistas reverteu para um novo fundamentalismo que cultua as virtudes dos mercados.

Em resumo, os EUA encontram-se em meio a mais um de seus romances cíclicos com a visão utópica do laissez-faire. Mercados livres são notórios por levarem a exageros. "Bolhas" imobiliárias, manias por tulipas e euforias com o mercado de ações levam invariavelmente a psicologias de massa e doloridos dias-seguintes. Evidentemente, o mesmo vale para modas ideológicas.

De modo que este é um bom momento para uma avaliação sóbria. De que maneira o mercado, cujo princípio primeiro é o de um dólar/um voto, coexiste de forma adequada com uma democracia política cuja regra básica é "uma pessoa/um voto"? Quando o mercado se descontrola? Quais são os limites adequados para os princípios de mercado? O que não deve ser posto à venda?

II

Mesmo numa economia capitalista, o mercado é apenas um dos diversos meios que a sociedade usa para tomar decisões, determinar merecimentos, alocar recursos, manter o tecido social e conduzir as relações humanas. Países capitalistas reais mostram grandes variações na mescla mercado/extramercado. Um sistema basicamente capitalista é claramente superior a uma economia de comando. Mas os países em que os mercados têm a maior desenvoltura não são necessariamente aqueles dotados da prosperidade mais confiável, sem mencionar as sociedades mais atraentes.

Nesta era do mercado ressurgente, prometem-nos que a tecnologia, a engenhosidade e a liberação da mão castradora do governo reviverão a eficiência econômica e o progresso material. Mas, apesar do triunfo dos princípios do mercado, uma sociedade de mercado não é uma Utopia. Em comparação com a idade do ouro do pós-guerra e da economia mista, este é um tempo de amplas inquietações econômicas. À medida que a sociedade se torna mais voltada para os valores do mercado, produz cada vez mais a estagnação do padrão de vida da maioria das pessoas e um esgarçamento do tecido social que as camadas mais ricas sabem muito bem evitar. Uma das coisas que a sociedade de mercado faz bem é permitir que os maiores vencedores comprem a cura para suas patologias.

Mesmo em face do novo prestígio do mercado, as pessoas comuns se mostram inquietas com muitos de seus resultados. A maior mercantilização [*marketization*] traz com ela não só oportunidades mas também o oportunismo; uma sociedade que valoriza o risco cultiva também a insegurança. Levados a extremos, os mercados depreciam e apequenam valores e normas extramercado – dos quais o capitalismo depende para ser viável.

A promessa de crescimento levanta também questões a respeito da sustentabilidade. Mesmo economistas da corrente dominante perguntam-se a respeito dos efeitos que seriam provocados sobre o ambiente natural caso o Terceiro Mundo viesse a atingir a metade, que fosse, do padrão de vida e da carga sobre os recursos naturais que são característicos da Europa e Estados Unidos. O cálculo econômico padrão não sabe como medir os custos do esgotamento dos sistemas naturais, pois estes não são avaliados com precisão em termos de custos correntes. E, conforme a lógica de mercado, aquilo que não se reflete no sistema de preços por definição não existe.

Tudo isso deveria provocar sérias dúvidas quanto ao pressuposto, tão na moda hoje, de que a forma natural do capitalismo é o laissez-faire. Além de certo ponto, a mercantilização excessiva pode não ser eficiente, *mesmo para a vida econômica*. Neste livro, procuro descobrir onde esse ponto se situa; tento buscar critérios para entender melhor onde o mercado deve ser deixado a si próprio e onde deve buscar auxílio externo; tento recuperar um meio-termo defensável; e procuro sugerir as implicações políticas resultantes sobre diversas esferas.

III

A economia mista da geração passada construiu-se sobre as ruínas da Depressão e da guerra. Produziu um crescimento e uma prosperidade inéditos. Permitiu uma mescla de dinamismo e estabilidade, de mercado e comunidade política. Quando, após 1973, o crescimento econômico se abateu, uma nova economia radicalmente clássica ganhou gradualmente influência na política e nos círculos acadêmicos. Grupos econômicos ressurgentes, que na era do New Deal–Great Society mantinham discrição, transformaram-se em incontidos cruzados do laissez-faire. A crescente mercantilização do comércio global solapou a capacidade institucional dos países de manter economias mistas e desacreditou os partidos de centro-esquerda.

O período de "estagflação" desacreditou o gerenciamento econômico e conferiu um novo prestígio ao laissez-faire. Caso fossem necessárias confirmações adicionais, a erosão e o colapso do comunismo comprometeram não só o socialismo de Estado mas também a social-democracia européia e o neokeynesianismo norte-americano. A contra-revolução política que culminou com a eleição de Ronald Reagan em 1980 experimentou o encontro com uma reversão intelectual que grassava entre os economistas durante pelo menos uma década antes disso. Cada lado extraiu forças do outro.

Na economia acadêmica, teóricos como Milton Friedman, até então coadjuvantes, tornaram-se proeminentes. O estudo concreto da história e das instituições econômicas se arcaizou. Os mais espertos economistas em ascensão passaram a empregar uma matemática cada vez mais complexa, baseada na premissa de um "equilíbrio geral" – um conceito que pressupõe um mercado harmonicamente autocorretivo e que advoga implicitamente que os mercados se tornem mais puros e que mais esferas sociais se transformem em mercados. Teóricos conservadores da economia, portadores de nova autoconfiança, colonizaram outras disciplinas acadêmicas. Conceitos de mercado se disseminaram nas disciplinas jurídicas, da ciência política e da história econômica. Assumindo o papel de especialistas em políticas públicas, esses economistas se tornaram campeões intelectuais da privatização, da desregulação e da liberação do mercado global. Tudo passou a se resumir num preceito nuclear simples: o mercado é o melhor.

Este livro começa por adotar a hipótese de trabalho de que o sistema capitalista é uma forma superior de organização econômica, mas que, mesmo numa economia de mercado, existem esferas da vida humana em que os mercados são imperfeitos, inapropriados ou inatingíveis. Muitas formas de motivação humana não podem ser reduzidas a um modelo mercadológico do ser humano.

No âmago das comemorações em torno do mercado existe uma implacável tautologia. Se, como premissa, iniciamos com a proposição de que quase tudo pode ser entendido como mercado, e que os mercados otimizam os resultados, então tudo o mais leva à mesma conclusão – converta-se em mercado! Se um mercado em particular não se otimiza, resta uma única conclusão possível: ele deve ser dotado de insuficientes características de mercado. Essa prestidigitação epistemológica representa uma mistura espantosa entre o normativo e o descritivo. Trata-se de um sistema infalível para garantir que a teoria prevaleça sobre qualquer evidência. Caso alguma atividade humana não se comporte como mercado eficiente, isso deve ser resultado de alguma interferência que deve ser removida, ou então de uma teimosa resistência humana em aceitar os mercados. É impossível que seja devido a uma falha da teoria em especificar acuradamente como funciona o comportamento humano. Durante 25 anos, os esforços da economia de livre mercado têm se centrado no estreitamento dos casos especiais em que falhas de mercado não podem ser remediadas por soluções de mercado. Hoje, a única diferença entre a versão utópica e a versão dominante é o grau.

Na interpretação da economia política, a parcimônia – a celebrada navalha de Occam – é o instrumento mais superestimado da farmácia acadêmica. A beleza do modelo de mercado é sua elegante simplicidade. Pode-se modelar um mercado perfeito; o analista pode executar simulações limpas, usando uma matemática muito sofisticada. No entanto, quanto mais complexos são os desvios em relação ao mercado perfeito, menos relevantes se tornam o tão apreciado aparato analítico e o ideal platônico do mercado perfeito.

Paladinos acadêmicos do mercado admitem, freqüentemente com irritação, que as instituições do mundo real são imperfeitas; que os mercados de trabalho não são como os mercados de produtos, cujas mercadorias se "depuram" com base em ajustes de preços; que os pacotes de capital da realidade são "encaroçados", e não propensos a ser trazidos ao equilíbrio de forma suave e sem atritos, como na álgebra. Mas, à medida que o economista se aventura no matagal institucional, afasta-se das normas de sua profissão. Seria melhor que, antes, ele obtivesse estabilidade de emprego. Assim, em parte devido à atração provocada por seu próprio modelo nuclear, a economia acadêmica tornou-se ultimamente uma versão purificada de si mesma – quase um lobby no sentido de que a economia real deveria esforçar-se por emular o modelo. Certa ocasião, o economista John Eatwell observou sarcasticamente que, "se o mundo não se parece com o modelo, tanto pior para o mundo".

Como meu subtítulo implica, acredito num equilíbrio entre o mercado, o Estado e a sociedade civil. Atinjo essa crença primordialmente a partir de leituras de economia e de história política, que sugerem que o laissez-faire puro é social e mesmo economicamente insustentável. Embora defensores de uma economia mista freqüentemente argumentem em favor de sua posição a partir de pressupostos relacionados à eqüidade, há evidências significativas de que, à diferença de questões relativas à justiça distributiva, a própria estabilidade do sistema requer distanciamento do laissez-faire. Todos os meus livros anteriores trataram, de diferentes formas, da intersecção entre economia, política, diretrizes governamentais e ideologia. Todos lidaram com a fronteira entre o Estado, o mercado e a sociedade. Nessas obras, contestei uma das proposições centrais dos adeptos do mercado – que, necessariamente, a igualdade se dá em prejuízo da eficiência. Também examinei a influência corrosiva do laissez-faire internacional no projeto de se operar uma economia mista em casa [nos EUA]. E explorei as dificuldades políticas práticas enfrentadas por partidos de centro-esquerda na relação com seu eleitorado, numa era de orçamentos limitados e laissez-faire ressurgente.

Neste livro, espero ir mais fundo do que a dinâmica do mercado e procurar por princípios básicos. Onde, realmente, os mercados se comportam mais ou menos como propagandeado? Onde o modelo de mercado é uma aproximação razoável da motivação humana, e onde é enganoso? Quais critérios devemos usar para saber quando o mercado ultrapassa seus limites? De que modo diferentes mercados fracassam na otimização dos resultados? Quais padrões de fracasso são recorrentes? Como saber quando nos encontramos em domínios em que os mercados produzem alguma eficiência e alguma justiça, versus esferas em que eles dão lugar a calamidades evitáveis? Quais são as situações em que a melhor resposta para o fracasso do mercado é divisar medidas e resultados mais "mercantis"? Quando é que essa tática apenas piora as coisas? Qual é a fronteira apropriada entre o que é e o que não é mercado?

Na busca de princípios sobre os quais operar uma reinvenção da economia mista, é preciso começar por atribuir um grande respeito ao mercado. De fato, são muitas as coisas que os mercados fazem bem. Antes de proceder a um sumário de suas limitações, o leitor encontrará no que se segue um breve percurso pelas virtudes do mercado. É evidente que as economias de comando não são viáveis; que os preços são, de fato, fortes indicadores de quanto custa produzir um bem ou serviço e de quanto o consumidor está disposto a pagar; que, quando os preços se desviam irrazoavelmente da disciplina de mercado, dão origem a demasiados produtos errados ou escassos produtos certos, e isolam os produtores da tonificante influência da concorrência – o que leva à estagnação. O problema é que os mercados não levam a esses resultados de modo confiável; ao contrário, às vezes produzem resultados perversos, por períodos bastante prolongados.

A busca por uma economia mista viável remete necessariamente ao governo e à política, pois o Estado democrático permanece como o principal contrapeso ao mercado. Ultimamente, a mercantilização abafou as questões institucionais. A dinâmica é cumulativa. O governo tem menos legitimação popular e menos recursos com os quais enfrentar problemas que são crescentes. Quanto menos o governo consegue, mais se afigura como mau negócio. Os liberais norte-americanos e os sociais-democratas europeus freqüentemente parecem incapazes de oferecer mais do que uma versão amenizada do programa conservador – desregulação, privatização, globalização, disciplina fiscal –, embora levada a extremos menos zelosos. Poucos têm se mostrado dispostos a contestar a premissa de que quase tudo deveria reverter à forma de mercado.

Para reconstruir uma filosofia alternativa para a economia política, é necessário, em primeiro lugar, abalar a hegemonia do mercado laissez-faire. Pretendo consegui-lo com evidências e não com tautologias. O último refúgio intelectual do mercadista é a proposição de que, mesmo se os mercados às vezes falhem, as interferências políticas provavelmente apenas agravarão tais falhas. Aqui, também, precisamos descer aos fatos. Há diversos motivos que fazem governos procurarem superpor-se aos mercados – estabilizar, promover o crescimento, estabelecer limites para efeitos colaterais adversos, remediar desigualdades, cultivar virtudes cívicas. Mas os governos também operam num cadinho político e requerem consentimento político e recursos fiscais. Na procura por estratégias para amenizar e domar o mercado, precisamos buscar aquelas que caiam no âmbito de competência do Estado, que restaurem a vitalidade da política e que venham a nutrir a sociedade civil, e não taxá-la.

IV

O livro se divide em três amplas seções e uma conclusão. Os capítulos 1 e 2 atribuem ao mercado o que lhe é devido, examinam suas premissas intelectuais e em seguida exploram os pontos em que os mercados e seus fanáticos extrapolam. Os capítulos 3, 4 e 5 examinam concretamente domínios da sociedade que, necessariamente, se afastam de princípios puros de mercado: o mercado de trabalho, o mercado da vida e da saúde e o mais puro dos mercados (mas também o que traz maiores perigos potenciais se deixado a seus próprios desígnios) – o mercado do dinheiro. Em seguida, volto-me para como a sociedade compensa coletivamente as limitações do mercado. O capítulo 6 lida com as fontes de inovação tecnológica e de crescimento econômico e com os desvios necessários do laissez-faire que promovem a prosperidade e o desenvolvimento. Os capítulos 7 e 8 examinam a regulação do mercado em diversas esferas econômicas e sociais. O capítulo final nos traz de volta à desconfortável convivência entre mercados e política e busca uma nova síntese.

Excluí de consideração diversas áreas intrigantes, em que os princípios de mercado trabalham desconfortavelmente com princípios alheios ao mercado, como a educação, as artes, a economia dos espaços públicos, a religião, a benemerência e os esportes. A lista é quase infindável. Ao ser seletivo, procurei tomar exemplos significativos da mescla do mercado e do extramercado, com amplitude e detalhamento suficientes para atingir generalizações úteis, sem exigir demais do leitor (ou do escritor).

Antes de prosseguir com nossa história, permitam-me concluir esta introdução com algumas importantes advertências:

Primeiro, exceto por alusões de passagem, não estaremos tratando das limitações morais do mercado. Também não me ocuparei extensamente do aspecto negativo mais amplamente reconhecido da economia de mercado – sua falha "macroeconômica" de equilibrar a oferta e a demanda no plano da economia como um todo. Este livro tampouco se dedica principalmente ao tema dos mercados e da desigualdade. Abordo apenas brevemente tais tópicos, no contexto dos mercados de trabalho. Cada um deles representa, decerto, uma limitação ao mercado, mas a eles é dedicada uma ampla literatura.

Em vez disso, estarei me ocupando das limitações do mercado nos domínios em que a maioria dos economistas acredita encontrar ele sucesso – o que os economistas chamam de "microeconomia". Como mercados reais funcionam em domínios reais da vida econômica cotidiana? Como os mercados fornecem seus bens, em esferas que vão do pão de cada dia à assistência médica e à própria inovação tecnológica? Quais são as escolhas práticas que se colocam quando os mercados não funcionam, não podem funcionar ou não deveriam funcionar? Como os princípios de mercado convivem com princípios que são necessariamente extramercado? Como se desempenham outros sistemas de alocação e deliberação no cumprimento daquilo que o mercado faz deficientemente? Como os fracassos do mercado se relacionam com os "fracassos institucionais"? E quais são as implicações para as políticas públicas?

Segundo, este não é um livro de teoria econômica, ou voltado primordialmente para o economista profissional. Economistas enamorados dos mercados puros começam com a teoria e depois penduram seus modelos em pressupostos imunes à contestação. O uso gramatical característico é um subjuntivo pouco usual – a forma verbal "deve ser". Por exemplo, se os salários de trabalhadores braçais decrescem, isso "deve ser" porque seu valor econômico é declinante. Se um *corporate raider** sai de um negócio com meio bilhão de dólares no bolso, ele "deve ter" adicionado esse valor à economia. Se o Japão é capaz de produzir automóveis melhores do que Detroit, "deve ser" porque existe alguma lógica locacional inerente, caso contrário o mercado não ditaria esse resultado. Se a publicidade comercial leva os consumidores a comprar produtos nocivos ou vagabundos, "deve ser" porque estes estão "maximizando sua utilidade" – porque sabemos, por hipótese, que os consumidores sempre maximizam sua utilidade. Como sabemos isso? Porque agir de qualquer outro modo seria irracional. E como sabemos que os indivíduos sempre se comportam racionalmente? Porque essa é a premissa com que começamos. As perguntas institucionais verdadeiramente interessantes – as disjunções entre as previsões decorrentes dos pressupostos do livre mercado e os resultados reais – são desconsideradas como conseqüência da forma dedutiva e tautológica do raciocínio. O fato de que o mundo real está na verdade longe de constituir um mercado perfeito é ignorado em nome da conveniência teórica. O dissidente não pode desafiar a teoria; pode, apenas, descrever o mundo real.

Uma terceira advertência, relacionada à anterior: apesar de fortes tentações, este não é, em sua maior parte, um livro dedicado a castigar economistas. Ultimamente, o modelo econômico por vezes tem assumido o aspecto de uma caricatura de si próprio. À medida que a economia se tornou mais fundamentalista, a versão mais extremada do modelo de mercado carreou o maior peso político, intelectual e profissional. Ao mesmo tempo, um grande número de economistas profissionais se dedica a levantar particularidades e evidências institucionais, em vez de se ocupar da lógica e das manipulações algébricas. Seu trabalho, com freqüência levado adiante com risco de sua posição profissional, merece um respeito imenso. Eles são citados ao longo deste livro e programei meu processador de texto para resistir a frases fáceis, do tipo "Os economistas afirmam...". Como mais de um presidente norte-americano reclamou, os economistas discordam entre si, mesmo quanto a questões que deveriam ser imediatamente quantificáveis. Minha discordância é em relação a uma visão utópica – na verdade, distópica – dos mercados, e não aos economistas enquanto raça.

Este livro explora o modo como mercados reais funcionam na prática, destila alguns princípios tentativos a partir dos padrões obtidos dos casos práticos e

(*) Financista que adquire o controle de empresas cujas ações estejam depreciadas em relação ao patrimônio. (N. T.)

aplica tais princípios a questões de política pública. O livro é escrito principalmente para o leitor leigo. Pretende ser um guia para aqueles que se sentem intimidados por afirmações que são com freqüência exageradas, simplificadoras ou simplesmente erradas.

Quarto, este livro não é um exercício de nostalgia. O *boom* do pós-guerra foi, de fato, um singular período de sucesso para o capitalismo – e também para economias mistas e sociais-democratas. Devido a uma combinação de acidentes históricos, disputa política, inovação intelectual e desenho institucional, uma economia mista viável se tornou possível no plano do Estado nacional. Mas é completamente óbvio que não podemos fazer o relógio voltar ao sistema econômico do *boom* do pós-guerra. As forças políticas e institucionais se alteraram irrevogavelmente. Passamos de um conjunto de economias primordialmente nacionais, pesadamente baseadas em indústrias de produção de massa, a um mercado globalizado de variedade infinita e mudanças velozes. A economia mista do próximo século dependerá necessariamente de um conjunto diferente de instituições públicas, estratégias e coalizões políticas.

Por fim, este livro pretende ser uma aquilatação cuidadosa, não um manifesto. Ao se repassar uma ampla literatura a respeito de mercados, descobre-se que os panegíricos recentes são aridamente previsíveis. O autor representa a cena da investigação empírica, mas a conclusão é sempre a mesma: vejam, os mercados são de fato melhores. Este livro não é uma imagem especular. Meu intuito não foi acumular munição para uma palavra de ordem predefinida – Aha, os mercados na verdade são piores!

Ao contrário, ao explorar diferentes mercados do mundo real, emergi com um respeito crescente pelo poder dos mercados e pela complexidade dessa história – e, no entanto, com uma convicção redobrada de que a boa sociedade requer uma economia mista. O grande paradoxo de nossa época é que uma economia mais complexa, que empregue princípios como a concorrência regulada e o livre comércio, de fato maximiza os benefícios dos incentivos de mercado, mas requer reguladores competentes para definir regras fundamentais eficientes. Isso, por sua vez, exige governos mais adaptativos, bem como uma política [*politics*] e diretrizes para a política pública mais responsáveis. Assim, o cálice sagrado de um mercado absolutamente puro, descorporificado da interferência política e do tempo histórico, é não apenas uma fantasia mas uma quimera perigosa, que traz consigo sua própria derrota.

1
O MERCADO RESSURGENTE

A MÁGICA DO MERCADO

É muito o que os mercados oferecem, e o fazem de forma excelente. Eles proporcionam amplas escolhas aos consumidores; promovem e recompensam as inovações. Colocam investidores em contato com empreendedores. Os mercados forçam os produtores a buscar maior eficiência e depuram impiedosamente a economia dos fracassos. Sistemas de mercado funcionam muito melhor do que sistemas de comando na determinação aproximada de valor econômico. Como observaram economistas desde Adam Smith, o grande paradoxo do mercado é que a perseguição do interesse próprio se agrega num eficiente bem coletivo.

No coração do sistema de mercado está o mecanismo de preços. Os preços indicam quanto "valem" milhões de bens e serviços individuais para vendedores e compradores voluntários. Assim, os preços funcionam para alocar eficientemente os recursos econômicos: eles sinalizam aos vendedores o que produzir; aos consumidores, o que comprar; aos capitalistas, onde investir.

Quando os economistas mencionam a eficiência do mercado, costumam ter em mente a eficiência *alocativa*. Os preços direcionam os recursos para usos que maximizam a resposta, na forma de produtos e serviços, relativamente à disponibilidade de capital e trabalho humano. Eles o fazem por meio da disciplina da oferta e da demanda. Até aí, tudo bem.

A genialidade da formação de preços no mercado é sua maleabilidade. Conforme se ajustam a mudanças nos custos e nas preferências, os preços podem subir ou descer instantaneamente e estar continuamente em mudança. Assim, os mercados podem reivindicar a concretização e a expressão da liberdade de escolha, bem como a alocação eficiente de recursos que são escassos. Os mercados representam o processo descentralizado e atomizado de tomada de decisão. Esse conceito de contínuo e racional refinamento de preferências, preços e quantidades é central para a imagem do homem econômico que age num mercado eficiente.

Para que as economias operem de forma eficiente, as mudanças drásticas e os desmembramentos abruptos são antes a exceção do que a regra. Ocasionalmente, empresas inteiras fracassam, funcionários são despedidos ou algo completamente novo é inventado. No entanto, em seu funcionamento normal, os mercados na maior parte das vezes estimulam mudanças *marginais*. As mudanças são constantes, sutis e inelutáveis. Um distribuidor ou atacadista ajusta continuamente seus preços. Através de um processo contínuo de leilão, compradores e vendedores de ações fazem ajustes microscópicos de preços, em geral em incrementos de um oitavo de ponto, em resposta a preferências e previsões. Semelhantemente, afirma-se que os consumidores ajustam suas preferências na margem. A cesta básica desta semana é muito parecida com a da semana passada; o consumidor ajusta apenas o último punhado de dólares de renda discricionária, exprimindo simultaneamente sua liberdade de escolha e ajudando a economia a funcionar eficientemente.

Os processos de ajuste marginal se coadunam com a noção dos economistas de uma alocação eficiente baseada nos preços, bem como com o imperativo social de conciliar a estabilidade com a mudança. (Ao mesmo tempo, se adequam maravilhosamente à matemática do cálculo diferencial. Isso, por sua vez, faz com que boa parte do discurso profissional da economia seja conduzido no idioma de uma álgebra estilizada, que tende a omitir ou desprezar os fatores históricos, sociais ou políticos que não são facilmente sujeitos a modelagem.)

Os mercados funcionam muito melhor do que as economias de comando na geração de preços aproximadamente precisos em muitos domínios, na maior parte do tempo. O comunismo falhou parcialmente porque espezinhou a sociedade civil e a democracia política, e parcialmente porque destruiu o sistema de preços. Numa economia de mercado, caso exista demanda reprimida por um bem ou serviço, é provável que surja um empreendedor disposto a fornecê-lo pelo preço certo. Se há excesso de oferta, ou produção ineficiente, os bens vão se acumular nos estoques, o preço cairá e fornecedores relativamente ineficientes vão se corrigir ou mudar de ramo.

A dinâmica também produz uma pressão pelo refinamento e pela melhoria, uma vez que os vendedores se encontram sob intensa pressão competitiva para realizar tarefas de modo mais eficiente; para descobrir exatamente o que o consumidor quer e satisfazer seus gostos; para inventar novos produtos, que capturem a imaginação do consumidor e abram sua carteira. À medida que os gostos mudam e novos produtores suplantam os antigos, o sistema de preços realoca os recursos correspondentemente. O capital sai apropriadamente de máquinas de escrever e entra em computadores, sai do aço e entra nos plásticos. Miraculosamente, estimulada pelo sistema de preços, a economia como um todo produz as quantidades certas daquilo que as pessoas desejam, dado seu poder aquisitivo. Diferentemente de uma economia de comando, uma economia de mercado jamais produz milhões de desajeitados pares de sapato tamanho 45, apenas para que seja cumprida a cota de produção de um burocrata.

Acompanhando as mudanças na oferta e na procura, o ajustamento de preços permite que as mercadorias mudem de mãos e que o mercado liqüide os estoques. No jargão da economia, diz-se que um mercado "liqüida" um estoque quando a oferta e a procura fazem com que o último comprador adquira o último produto disponível por um preço aceitável para o vendedor, a qualquer momento em que o bem se torne perecível ou as vendas cessem. Num mercado que se liqüidasse de forma perfeita, não haveria assentos vagos em aviões, ingressos para concertos não encalhariam, frutas não apodreceriam, pois o preço cairia até que atraísse um comprador. Evidentemente, mesmo mercados livres não se liqüidam perfeitamente. No entanto, de modo geral eles fornecem uma aproximação razoável. É por isso que, numa economia capitalista, pode haver escassez de poder aquisitivo, mas raramente escassez de produtos. Quando a Rússia mudou do comunismo para o capitalismo, cidadãos acostumados há longo tempo com bolsos cheios de rublos, longas filas e prateleiras vazias depararam-se subitamente com lojas repletas de produtos que não podiam comprar.

Um dos exemplos prediletos dos economistas para ilustrar a "liqüidação do mercado" é a peixaria. Se há grande demanda por lagostas mas poucas lagostas, o peixeiro aumenta seu preço. Se há superabundância de haddock mas poucos compradores dispostos a levar o produto, o preço do haddock cai; se a demanda permanece cronicamente baixa, os pescadores acabam por realocar seus recursos e passam a procurar outras variedades de peixes. A disciplina é incansável. Comerciantes não se comportam dessa forma porque estudaram economia; o ajustamento de preços é intuitivo. Os que têm má intuição ficam pelo caminho. Um produto "vale" o que o mercado oferece, não aquilo que o vendedor imagina. Se o mercado está funcionando adequadamente, o último ajuste de preço limpará o estoque do último peixe. O mercado recompensa aqueles que apreendem essa lógica e pune os que a ignoram. Se o vendedor deixa teimosamente de baixar seus preços, no fim do dia ele é recompensado por um monte de peixe podre. O mesmo mecanismo funciona, *grosso modo*, nos casos de brinquedos, Toyotas, serviços financeiros e cabeleireiros. O jogo entre oferta e demanda explica o famoso paradoxo de Adam Smith, de por que a água, que é necessária para a vida, custa barato, ao passo que diamantes, quinquilharias não essenciais, são caros. Caso se olhasse apenas para a demanda, deveria ser o contrário. No entanto, a água existe em grande quantidade e os diamantes são raros (e tornados ainda mais raros pelo cartel do diamante[1] – mas essa é outra história).

O mecanismo de preços consegue outro feito espantoso. As modificações de preços não apenas refletem as mudanças de preferências e as variações de oferta, mas ainda, durante a maior parte do tempo, evitam de algum modo que a concorrência se torne mutuamente ruinosa, permitindo dessa maneira que o vendedor aufira um lucro "normal". Por sua vez, essa homeostase é reforçada pelos infinitos refinamentos dos mercados de capitais, que possibilitam aos produtores financiar seus empreendimentos com custos de capital relativamente apropriados. Assim, o equilíbrio autocorretivo mantido em inúmeros pequenos mercados se agrega em toda uma economia autocorretiva.

SUPERMERCADOS

Considere-se o supermercado da vizinhança. O nome dessa instituição é bem apropriado para ilustrar o que os mercados fazem bem. Trata-se um mercado por excelência. Os mercados atacadista e varejista de alimentos são essencialmente desregulados e ferozmente competitivos. Numa mesma cidade existem em geral diversos supermercados, o que significa que o consumidor tem escolhas. Os supermercados compensam esse fato criando pequenos oásis de poder de mercado, colocando alguns produtos em promoção para atrair consumidores e para se desfazer de excessos temporários de oferta. Os itens em promoção e os preços praticados não são idênticos em lojas diferentes e ao longo do tempo, de modo que o mercado é competitivo, mas não de forma ruinosa. O comprador se mantém bastante bem informado – mas não perfeitamente; é preciso tempo, e dedicação, para circular de um supermercado ao outro para conseguir os menores preços possíveis do leite *e* da banana *e* do frango. A maioria dos consumidores tende a permanecer num supermercado, procura bastante por ofertas, mas faz as compras semanais num mesmo lugar e paga mais alto por alguns itens. Só uma minoria que dispõe de mais tempo percorre duas ou três lojas e em cada uma delas compra só ofertas.

De algum modo, devido ao fato de o consumidor médio não dispor de uma quantidade infinita de tempo para ir às compras e por causa da informação menos que perfeita de que dispõe sobre os preços relativos de milhares de produtos em diversas lojas, no fim do dia o supermercado acaba por conseguir um lucro normal. Caso as coisas não acontecessem dessa forma, os supermercados fechariam as portas, os investidores que aplicam neles redirecionariam seu capital para outros negócios – e, com isso, os preços dos alimentos subiriam até atingir um nível capaz de outra vez atrair empreendedores. Além disso, de algum modo, apesar de no ramo dos supermercados os lucros sobre vendas serem muito baixos – tipicamente, 1% ou 2% –, são suficientes para permitir o investimento em melhorias de capital, como leitores ópticos. Estes, por sua vez, tornam o negócio ainda mais eficiente com o tempo.

Outra função dos supermercados é fornecer um canal de escoamento para sitiantes, fazendeiros e produtores de alimentos processados, conectando assim o mercado consumidor ao mercado agrícola. E de algum modo, apesar das eternas reclamações de agricultores a respeito dos preços que lhes são pagos, os preços do varejo são em geral suficientemente adequados para que eles continuem a produzir e a obter um lucro normal ao longo do tempo. Os agricultores menos eficientes fracassam; os mais eficientes vão se tornando ainda mais eficientes.

O supermercado proporciona, ainda, uma parcela do mercado local de trabalho. Neste caso, também, o mecanismo de preços parece ser quase auto-regulador. Embora açougueiro ou caixa não sejam os empregos mais atraentes que existem, o supermercado consegue pagar o suficiente para atrair pessoas que são competentes apenas o suficiente para desempenhar o trabalho de forma aceitável. Caso pagasse pouco, fracassaria em atrair funcionários habilitados, para desagrado dos consumidores. E, caso um supermercado em particular pagasse salários excessivamente altos, faria isso em detrimento de sua margem de lucro, e seria suplantado por algum competidor.

Por fim, o supermercado faz parte do mercado de capitais. A maioria dos supermercados integra grandes cadeias corporativas, cujas ações são negociadas em Bolsas de Valores. Se os lucros de uma cadeia de supermercados permanecem abaixo da paridade durante algum tempo, o preço das ações cai. Isso também funciona como um sinal poderoso – a respeito de onde os investidores devem colocar seu capital, em quais linhas de conglomerados de negócios devem entrar ou sair, e como executivos devem supervisionar seus gerentes e estes seus empregados.

Apesar da ocorrência ocasional de passos em falso, e embora alguns supermercados venham a falir, o jogo entre oferta e demanda em todos esses submercados contribui para um equilíbrio dinâmico. Resulta em preços que, na maior parte do tempo, são "certos". O supermercado consegue tudo isso quase sem regulação de preços. Embora seus produtos sejam altamente perecíveis, é preciso decidir como estocar e exibir milhares de itens alimentares em resposta às cambiantes preferências do consumidor; e, nesse negócio, a concorrência de preços é feroz. O mecanismo de preços desempenha uma função que, caso fosse atribuída a sistemas elaborados de controle, exigiria uma administração irremediavelmente desajeitada. Não admira que os paladinos do mercado revelem um entusiasmo quase religioso. Embora os supermercados estejam mais próximos dos manuais de economia do que muitos mercados de nossa sociedade, são emblemáticos da situação de indústrias que servem ao consumidor.

No entanto, antes de nos enlevarmos demasiadamente, convém observar duas anomalias.

De um lado, mesmo supermercados não são perfeitamente eficientes. Quitandeiros operam com margens de lucro magras, mas a parte do atacado da cadeia de distribuição de alimentos é famosa pelas enormes margens que pratica. De uma caixa de flocos de milho que é vendida a 3,99 dólares, o fazendeiro deve ficar com apenas dez centavos de dólar. Conglomerados nacionais como a Procter & Gamble e a RJR Nabisco despendem coletivamente bilhões de dólares em propaganda e embalagem para promover a fidelidade a suas marcas.* Tais gastos manipulam as preferências, mas a partir de certo ponto pouco contribuem para o bem-estar do consumidor. Os fabricantes de alimentos são responsáveis por uma proliferação de marcas que vai muito além de qualquer necessidade racional de proporcionar escolhas ao consumidor. Contei nada menos que 150 diferentes marcas de cereais matinais no supermercado que freqüento. Tal proliferação não acontece porque os consumidores exigem tantas escolhas. Na verdade, companhias como a Kellogg's e a Post complicam continuamente as escolhas do consumidor com o objetivo de tomar uma da outra espaço nas gôndolas e de promover a fidelidade às marcas. Ao fazê-lo, aumentam não só seus próprios custos operacionais como também os do supermercado e, no limite, de toda a economia. O fato de tais custos serem, *grosso modo*, comparáveis entre diferentes fabricantes e diferentes supermercados, não significa que os consumidores "queiram" 150 marcas de cereais; significa apenas que o mecanismo de preços não é competente para eliminar essa ineficiência em particular.

De outro lado, embora estejam sujeitos a uma intensa disciplina de preços, mesmo os supermercados estão longe de constituírem mercados livres perfeitos. Sua higiene é controlada por fiscais do governo, do mesmo modo que ocorre com quase todo alimento que vendem. Regulamentações governamentais determinam o formato e o conteúdo das etiquetas de produtos alimentícios. Tais regulamentos exigem que preços unitários sejam informados de modo claro e consistente, a fim de evitar diversas tentações de uso de um marketing enganoso. Acresce que muitas ocupações do ramo dos alimentos, como as de açougueiro e caixa, são substancialmente sindicalizadas [nos EUA]; desse modo, o mercado de trabalho tampouco constitui um livre mercado puro. A maior parte do alimento produzido nos Estados Unidos é cultivada por agricultores que se beneficiam de diversas interferências sobre o que seria um mercado de laissez-faire, inventadas pelo governo para evitar ruinosas flutuações de preços. O governo ainda subsidia a educação e a inovação tecnológica na agricultura. Os economistas discutem se tais interferências com os mercados agrícolas representam um ganho ou uma perda.

(*) Na falta de melhor correspondente em português, a palavra inglesa *brand* é traduzida por "marca" (o que é compatível com uso que se faz, no Brasil, de "fidelidade à marca" como tradução de *brand loyalty*). A alusão àquilo que, em português, se designa usualmente por "marca", será feita pela expressão "fabricante". (N. T.)

O supermercado é um bom lugar para começar, pois se adequa quase perfeitamente à definição estilizada de mercado livre presente nos livros-texto. A teoria dos mercados estabelece diversos pressupostos inter-relacionados.

Três se relacionam à concorrência. Num mercado livre estilizado, diz-se que os consumidores dispõem de "informação perfeita". Isso quase nunca é literalmente verdadeiro, mas freqüentemente chega perto disso o suficiente para permitir uma aproximação razoável. Segundo, diz-se que existe "concorrência perfeita" – diversos fornecedores e a liberdade de percorrê-los todos. As barreiras à entrada são necessariamente pequenas – qualquer pessoa deve poder abrir um supermercado. Isso, por sua vez, significa que os produtores não são monopolistas e não dispõem do poder de mercado de impor preços. (Às vezes os supermercados praticam preços oportunisticamente elevados, mas preços fortemente desalinhados com a concorrência não permanecem assim por muito tempo, porque o fato se torna conhecido e os consumidores se afastam.) Assim, os preços são estabelecidos pelo jogo entre oferta e demanda. Embora outras formas de regulação possam estar presentes, como inspeções sanitárias e normas para etiquetagem, há pouca regulação direta de preços por parte de terceiros, como o governo. Terceiro, mercados livres precisam apresentar "mobilidade de fatores": capital e trabalho, bem como consumidores, têm liberdade para se dirigir a outro lugar caso não estejam satisfeitos com sua compensação.

Um segundo conjunto de pressupostos é comportamental. Por definição, empresas têm o objetivo único de maximizar seu lucro; os consumidores perseguem o objetivo de maximizar seu bem-estar ("utilidade") procurando os produtos mais satisfatórios aos melhores preços disponíveis. Afirma-se que preferências são estabelecidas "exogenamente" – elas traduzem de forma genuína os gostos do consumidor. (Abordo os pressupostos comportamentais do modelo de mercado no Capítulo 2.) Um mercado perfeito pressupõe ainda a ausência de "externalidades" – custos ou benefícios sociais, como poluição ou saúde pública, que não se refletem completamente no preço da transação comercial direta.[2] Existem outros pressupostos, mais técnicos, mas esta é a lista básica.

Aquilo que descreve os supermercados serve bastante bem para descrever a produção e venda da maioria dos bens de consumo. Descreve a formação de preço de muitas, mas não todas, as matérias-primas empregadas pelos produtores. Um mercado relativamente livre também caracteriza muitos, e talvez a maioria, dos serviços adquiridos tanto por consumidores como por produtores. Caso se esteja insatisfeito com o barbeiro, é provável que exista outro mais adiante. Não há carência de restaurantes, hotéis, contadores [*tax preparers*], fotocopiadoras, lavanderias, entre os quais escolher. De forma semelhante, caso seu negócio esteja insatisfeito com o serviço de manutenção de informática, consultoria empresarial, agência de publicidade, limpeza de escritório, com o próprio lugar ocupado pelo escritório, existem muitos outros entre os quais escolher, todos concorrendo entre si com base na qualidade e no preço, e todos – notavelmente – auferindo um lucro quase normal. Em todos esses domínios, o mecanismo de mercado basicamente funciona.

Esta breve descrição de como o mercado opera em um setor nos permite entender por que a maioria dos economistas se mostra tão enlevada com os mercados. É freqüente estudantes de economia ouvirem seus professores compararem os mercados com sistemas naturais auto-reguladores. Ouvir um economista entoar rapsódias sobre quão maravilhosamente os mercados se ajustam de modo contínuo, como, sem ajuda de qualquer comissário, carregam um humilde floco de milho do pé até a mesa através de numerosas cadeias de produção e distribuição, é um pouco como ouvir um físico maravilhar-se com o equilíbrio do universo físico ou um médico explicar as maravilhas dos sistemas auto-regulatórios do corpo humano.

Quando um mercado em particular não funciona como um supermercado ou como um exemplo de livro, coloca-se a questão do que fazer. De modo quase intuitivo, economistas adeptos do livre mercado imaginam que as falhas do mercado limitam-se a um conjunto bastante limitado de casos especiais, e que a solução para tais falhas é mais mercado. Mas será que é mesmo? E quando isso é verdade? Quais critérios devemos usar para saber? Esse dilema é o assunto de que este livro se ocupa.

Quando o mercado falha

Considere-se um mercado profundamente diferente do mercado varejista de mantimentos – o de assistência médica. Não se trata de um pequeno caso especial, uma vez que consome 15% de toda a economia [dos EUA], aproximadamente o mesmo que a alimentação. Retornaremos com mais detalhes à assistência médica no Capítulo 4, mas por enquanto vale a pena rever suas principais características estruturais. A assistência médica é tudo menos um exemplo de manual de mercado livre, embora as forças de mercado e as motivações de lucro estejam por todo lado.

Do lado da oferta, a indústria da saúde viola diversas das condições que caracterizam um mercado livre. Diferentemente do negócio de supermercados, não há "entrada livre". Não se pode simplesmente abrir um hospital, ou dependurar na parede uma placa dizendo que se é médico. Isso dá aos fornecedores de serviços de saúde um certo poder de mercado que compromete o modelo concorrencial – e eleva os preços. Do lado da demanda, falta aos consumidores o conhecimento especial que lhes permita escolher médicos do mesmo modo que escolhem automóveis; falta-lhes também uma escolha perfeitamente livre de seguro-saúde. Como a sociedade decidiu que ninguém pode morrer por falta de assistência médica, desconectamos parcialmente a demanda efetiva do poder aquisitivo privado, o que também é inflacionário.

A assistência médica também oferece "externalidades positivas" substanciais – benefícios difusos que não são calculados nas transações instantâneas. O valor que a vacinação em massa carreia para a sociedade excede em muito os lucros que possam ser auferidos pelo médico ou pela companhia farmacêutica. Caso as vacinações e outras medidas de saúde pública fossem deixadas ao sabor da oferta e da demanda privadas, a sociedade subinvestiria seriamente. O sistema de saúde também depende pesadamente de normas extramercado. Médicos e enfermeiros trabalham sob limitações éticas e valores profissionais que restringem o oportunismo que seu poder e conhecimento especializado poderiam, em sua ausência, sugerir.

O fato de que a assistência médica está longe de ser um mercado perfeito dá lugar a uma cadeia de incentivos perversos. Nos mercados comuns, os vendedores maximizam seus lucros minimizando os custos. No entanto, na assistência médica, o objetivo de quem quer maximizar o lucro se traduz em maximizar os reembolsos dos seguros. Quanto mais complexa a intervenção e quanto mais inflada a base de custo, mais dinheiro pode ser cobrado da companhia de seguros. Nos últimos anos, seguradores públicos e privados têm procurado reprimir essa tendência – promovendo detalhadas revisões daquilo que fazem médicos e hospitais e publicando calhamaços em que se definem intervenções e reembolsos permissíveis. Os fornecedores reagiram complicando ainda mais seus sistemas de cobrança. Tudo isso inflaciona o custo do sistema como um todo.

Pior ainda, os esforços do setor de seguros em reduzir a inflação (num mercado altamente imperfeito) criaram um conjunto de ineficiências de segunda ordem. De forma crescente, falta aos consumidores a capacidade de escolha entre médicos e planos de seguro. Freqüentemente eles se vêem amarrados a uns ou outros porque obtêm seu seguro-saúde através de seus empregos, ou porque a presença de uma "condição médica preexistente" os torna pouco atrativos a outras seguradoras. Com isso, tornam-se presas fáceis de planos de saúde que procuram reduzir custos por meio do expediente de lhes negar a assistência de que precisam, e à qual ostensivamente têm direito.

Além disso, as seguradoras procuram minimizar cada vez mais os custos pelo simples expediente de se recusarem a conceder seguros a pessoas que apresentem probabilidade de ficar doentes. Esse processo de seleção e segmentação de risco, conhecido como *underwriting* médico, é, por sua vez, muito dispendioso. Como também é muito caro o infindável ponto e contraponto das aprovações prévias e revisões de tratamento. O mesmo ocorre com a proliferação de papelada. Tanto fornecedores como seguradoras estão agindo "racionalmente" enquanto maximizadores de lucros, mas seu comportamento não leva ao bem comum; o resultado é irracional para o sistema como um todo.

Assim, a assistência médica viola todas as premissas de um mercado livre eficiente – concorrência perfeita, informação perfeita, mobilidade de fatores e assim por diante. Apesar disso, se não queremos que as pessoas morram de doenças preveníveis por falta de poder aquisitivo privado, a cura não está na liberação do "mercado" de saúde. Voltaremos ao assunto mais detalhadamente no Capítulo 4.

Mercados não ótimos

É aqui o âmago da questão. Os mercados são, em sua maioria, semelhantes aos supermercados ou, diferentemente disso, aos mercados de saúde? E qual é o remédio quando determinado mercado exibe resistência às formas de disciplina de mercado? O dilema do mercado de assistência médica constitui o exemplo típico de um conceito que aparecerá de modo recorrente neste livro: a Teoria Geral dos Mercados Não Ótimos [*The General Theory of the Second Best*].* Proposta pelos economistas Richard Lipsey e Kelvin Lancaster em 1956[3] e, de modo geral, ignorada hoje em dia, a teoria afirma que, quando determinado mercado se afasta de modo significativo do mercado puro e produz resultados que não são mercadologicamente "ótimos", tentativas de corrigir a situação em alguns aspectos, mas não em todos, produzirão resultados indeterminados para a eficiência da economia – às vezes, resultados perversos.

O teorema do mercado não ótimo sugere que, quando ocorrem "distorções" múltiplas nas disciplinas de preço e de oferta de determinado mercado, a tentativa de criar um mercado puro por meio da eliminação de uma distorção não leva necessariamente a um incremento do desempenho global. Tipicamente, um mercado não ótimo apresenta formas de responsabilização não ótimas – normas profissionais, supervisão governamental, regulação e subsídios –, às quais as forças de mercado se adaptaram. Por exemplo, se o sistema de assistência médica já se afasta substancialmente de um mercado livre tanto do lado da demanda como da oferta, a remoção de uma forma de regulação (fazendo assim com que, superficialmente, esse mercado se aproxime de um mercado puro) pode simplesmente vir a estimular o oportunismo e a ineficiência. Em muitas esferas econômicas, o resultado "não ótimo" de uma distorção de preços

(*) Com a concordância do autor, escolheu-se empregar a expressão neutra "mercados não ótimos" como tradução do *second best* do original. O significado varia conforme o contexto. Pode tanto indicar depreciativamente um segundo lugar que poderia ter sido o primeiro como pode indicar o melhor que, em princípio, se poderia fazer numa dada circunstância (que é a conotação do texto). (N. T.)

provocada por regulações ou normas extramercado pode representar o melhor resultado que é possível atingir na prática. Tentativas infelizes de se aproximar gradualmente do estado "ótimo" peculiar ao mercado puro – em uma arena como a assistência médica, em que as sinalizações e preços são necessariamente distorcidas – podem levar a uma deterioração ainda maior dos resultados.

Outro bom exemplo de mercado não ótimo é o setor bancário. Até o início dos anos 70, a atividade bancária norte-americana era pesadamente regulada. Tanto o preço como a quantidade dos serviços bancários eram governados por regulamentos. Embora privado, o banco era visto quase como um serviço público. Eram múltiplos os desvios em relação ao modelo de mercado puro.

Como no caso dos hospitais, empreendedores não podiam fundar bancos à vontade. Os candidatos a banqueiros só podiam entrar no ramo se conseguissem do governo uma carta patente. Se, no julgamento do governo, determinada região já contasse com muitos bancos, a carta patente seria negada, não importando os méritos do requerente. Diversas leis da época da Depressão mantinham os bancos comerciais fora dos setores de investimentos e de seguros. Bancos eram limitados a um único Estado e, além disso, muitas legislações estaduais restringiam a quantidade de agências que um banco podia ter.

Leis estaduais de usura estabeleciam limites para os juros que os bancos podiam cobrar de quem pedia dinheiro emprestado, e uma regra do Federal Reserve [o Banco Central dos EUA] limitava os juros que podiam ser pagos a aplicadores. Era proibido remunerar contas correntes com juros sobre depósitos. Além disso, exigia-se dos bancos que mantivessem determinadas relações entre o montante total dos empréstimos concedidos e o capital integralizado. Os bancos se beneficiavam de empréstimos de emergência conseguidos junto ao Federal Reserve, bem como de seguro de depósito do governo. Em contrapartida, exigia-se deles que se submetessem a auditorias periódicas por autoridades bancárias federais e, às vezes, estaduais. Um regime parecido regulava as associações de poupança e empréstimo, quase sempre formadas por consorciamento de indivíduos e sem fins lucrativos. Também existiam limites estritos quanto à desenvoltura permitida aos bancos na participação em negócios não bancários.

Desse modo, os bancos eram estritamente regulados tanto do lado de seus ativos (empréstimos) como de seus passivos (depósitos). Sujeitavam-se a regulamentos no que concerne os preços (juros pagos e cobrados) e à quantidade (a relação entre empréstimos e capital). Beneficiavam-se da existência de limites estreitos tanto em relação ao tipo quanto ao grau de concorrência que enfrentavam em seu ambiente.

Essa extensa regulação constituía herança da Grande Depressão. Na década de 20, era permitido aos bancos comerciais subscreverem emissões de títulos, freqüentemente com dinheiro dos depositantes. Eles também participaram de diversos esquemas especulativos, que contribuíram para a quebra da Bolsa [em 1929]. Na Grande Depressão, vários milhares de bancos faliram. Milhões de norte-americanos perderam todas as suas economias. No entanto, acima das tragédias pessoais está o fato econômico de que os depósitos bancários compõem o suprimento de moeda dos países. Quando bancos quebram, é retirado o crédito da economia. Desse modo, um colapso financeiro repercute sobre a economia real, retirando o crédito de outros negócios que, de outra forma, seriam viáveis. Na década de 30, bancos em dificuldades não apenas consumiram a poupança dos depositantes; eles cobraram hipotecas imobiliárias e empréstimos feitos a empresas.

Após o *crash* de 1929, o Congresso e o governo Roosevelt decidiram que os bancos não constituíam simplesmente um outro tipo de negócio. Banqueiros tinham um dever fiduciário ímpar, pelo fato de lidarem com o dinheiro dos outros. Além disso, faziam parte do sistema monetário nacional, de modo que o risco de uma falha catastrófica era excessivamente alto para ser suportado. O regime regulatório dos anos 30 não era simplesmente um projeto grandioso; sob alguns aspectos tinha elementos inconsistentes. (Muitos historiadores da economia acreditam hoje que os abusos de investimentos dos bancos não tiveram papel crucial no *crash* de 1929, e que a medida subseqüente de separar a atividade bancária comercial da de investimentos representou mais um esforço no sentido de punir quem se imaginava culpado do que uma decisão regulatória sensata.) Contudo, fundava-se numa convicção geral (e acertada) de que os bancos não podem ser criaturas puras do mercado. Eles não devem fazer investimentos especulativos; e, para ajudá-los a resistir às tentações, foram barrados de inteiros setores de negócios inerentemente arriscados. E também eles não devem concorrer pelas contas de depositantes com base nos juros pagos; para evitar tal tentação, exigiu-se que todos os bancos remunerassem seus correntistas com a mesma taxa de juro.

Num mercado puro, a concorrência disciplina os participantes; a concorrência se baseia amplamente nos preços; os fracassados simplesmente desaparecem de cena.[4] Na forma de domínio não ótimo, o regime dos bancos que perdurou entre as décadas de 30 e 70 nos EUA presumia que fracassos bancários extensos não podem ser tolerados; por isso, limitou estritamente a concorrência de preços e usou a regulação como substituta de outros meios de responsabilização.

Porém, esse regime regulatório não livrou os banqueiros de diversas outras formas de disciplina de mercado. Como acontece caracteristicamente em arenas não ótimas, coexistiam disciplinas de mercado e extramercado. Em qualquer comunidade, um cliente pessoa física ou jurídica podia escolher entre diversos bancos. Se um banco fosse mal administrado e o cliente tivesse que esperar muito tempo na fila, podia facilmente mudar para o banco do outro lado da rua. Se os funcionários responsáveis pela avaliação de risco em empréstimos trabalhassem mal, o banco acabaria com uma quantidade de créditos irrecuperáveis nas mãos maior do que a média. Os auditores ficariam vigiando; o banco teria que destacar reservas para cobrir as perdas correspondentes a tais empréstimos. Os lucros cairiam, o valor de suas ações declinaria, os salários que pagasse se depreciariam e, em caso extremo, o banco seria obrigado a fundir-se com outro, com perda de postos de trabalho.

Desse modo, mesmo que se tratasse enfaticamente de um mercado não ótimo, muito mais pesadamente regulado do que, digamos, os supermercados, o sistema bancário era um híbrido eficaz entre disciplinas de mercado e extramercado. O ambiente permanecia altamente capitalista, embora não laissez-faire. A despeito de uma regulação bastante significativa, os bancos eram, definitivamente, maximizadores de lucros. Os banqueiros tinham todos os incentivos para operar de modo eficiente. E, com efeito, o sistema deu lugar a uma geração de banqueiros prudentemente conservadores nas roupas, nos modos, nos padrões de carreira – e em sua aversão à especulação. O negócio bancário era, enfaticamente, não-empreendedor. Quase podia ser reduzido a um conjunto de fórmulas e *check-lists*. Uma piada surrada no negócio de poupança e empréstimo dizia que seus executivos seguiam a regra do "3-6-3". Tomavam depósitos a 3%, concediam hipotecas a 6% e, às 3 da tarde, já estavam no campo de golfe. A economia tinha muito espaço para a ação de empreendedores de alto risco, mas não com dinheiro segurado de depositantes.

Nada disso parece ter prejudicado seja a economia como um todo, em que havia bastante crédito, seja o negócio dos bancos. No período de 1945 a 1973, houve quebra de apenas 105 bancos, custando às seguradoras de depósitos menos de 1 bilhão de dólares. E, durante o mesmo período, a economia como um todo cresceu quase 4% ao ano. Nos dez anos que se seguiram a 1984, houve mais de cem quebras de bancos por ano.

Os economistas e historiadores podem discutir se o alto desempenho da economia norte-americana durante o período pós-guerra aconteceu por causa ou a despeito da forma mista de capitalismo e da extensa regulação característica daquela era. Não há modo preciso de solucionar a questão. Circunstancialmente, contudo, parece que a economia mista fazia algumas coisas direito.

O negócio bancário foi se tornando gradualmente mais mercantilizado no início dos anos 70. A causa próxima era a inflação, que levou a pressões políticas e financeiras no sentido de liberar as taxas de juro. A desregulação parcial levou, então, a uma concorrência de preços mais intensa e a pressões por mais desregulação. Por volta dos anos 80, o Congresso dos EUA, guiado por uma administração enamorada com o laissez-faire, já havia se esquecido da maioria das lições aprendidas na Grande Depressão e do papel fiduciário especial dos bancos, e tratava-os como qualquer outro negócio. Na *débacle* do sistema de poupança e empréstimo, o Congresso havia concedido às instituições financeiras extensas liberdades de livre comércio no que se referia aos ativos, mas quanto aos passivos manteve o seguro para depósitos. Isso constituía um convite para que as empresas de poupança e empréstimo especulassem com dinheiro garantido pelo governo.

A história completa dessa evolução é contada no Capítulo 5. Por enquanto, tratêmo-la como um caso instrutivo dos perigos de se ignorar a teoria dos mercados não ótimos. Por sua própria natureza, os bancos jamais poderão ser completamente desregulados. Por isso, o tipo de disciplina de preços que governa os supermercados, por exemplo, jamais seria atingível. No entanto, os ideólogos do livre mercado (secundados por oportunistas no setor bancário e por simpatizantes do Legislativo e dos órgãos de regulação) supuseram, equivocadamente, que a desregulação parcial constituía um importante passo à frente. Esse equívoco custou ao contribuinte norte-americano 160 bilhões de dólares em operações de salvamento.[5]

Além disso, custou à economia dos EUA um montante incalculável em termos de crescimento econômico não realizado. Pois, durante o período de quebradeira subseqüente, quem emprestava dinheiro se tornou excessivamente prudente. No final da década de 80, quando o clima regulatório mudou subitamente, os bancos foram pressionados a "limpar" seus balanços. Os auditores apontaram seus lápis e começaram a reclassificar para baixo empréstimos cujas garantias se depreciavam em decorrência da inflação. Tal aperto abrupto dos critérios para a concessão de crédito empurrou para a insolvência milhares de empresas viáveis, aprofundando a recessão.

Encarado como ilustração da teoria dos mercados não ótimos, a derrocada da poupança e empréstimo é sugestiva do que acontece quando se tenta mercantilizar em excesso um setor necessariamente misto da economia. Com exceção de alguns economistas românticos situados na periferia da profissão, ninguém acredita que os bancos possam constituir um mercado livre puro. Quase ninguém crê que se possa funcionar sem um banco central. Os bancos comerciais fazem parte do sistema monetário de um país. Os banqueiros usam dinheiro de outrem, e a maioria dos pequenos depositantes não é dotada da sofisticação financeira necessária para calibrar com precisão a relação risco-benefício quando decide em qual banco depositar sua poupança. Colapsos bancários trazem consigo colapsos financeiros e depressão na economia não financeira.

De modo que a atividade bancária, como a assistência médica, é necessariamente um domínio não ótimo. No esforço de transformar os bancos em domínio ótimo, os desreguladores eliminaram formas de disciplina extramercado, trazendo com isso deterioração. No modelo de mercado da política (a teoria da Escolha Pública [*Public Choice*] – ver o Capítulo 9), a regulação invariavelmente faz com que as coisas piorem, pois a arena regulatória é politizada. O que essa teoria deixa de lado é que o processo de desregulação é tão politizado e tão carregado de comportamentos interessados como o processo de regulação. A história da desregulação bancária é repleta de casos de tráfico de influência, casuísmos e corrupção, tanto do Legislativo como dos processos de supervisão bancária. Na verdade, o regime anterior de regulação, em que as regras eram claras e as normas de supervisão bem estabelecidas e difíceis de romper, era provavelmente menos vulnerável à corrupção política e ao comportamento oportunista por parte de políticos do que o regime de desregulação no atacado, que se seguiu.

A história da regulação bancária levanta a questão da disputa entre diferentes concepções de eficiência. Os paladinos intelectuais e ideológicos da desregulação, tanto no setor dos bancos como em qualquer outro, alegavam invariavelmente que a eliminação de restrições regulatórias aumentaria a eficiência do sistema bancário e, por extensão, de toda a economia. Permita-se que as forças de mercado atuem livremente – e elas proporcionarão seus milagres costumeiros, de direcionar recursos de modo a otimizar seu uso a partir da sinalização dos preços. Bastaria àqueles mais ansiosos por crédito pagar mais caro, que o crédito seria seu. Investidores com preferência pelos riscos mais elevados e pelas expectativas mais altas de retorno teriam terreno mais livre para especular. No caso dos bancos, isso significou permitir-lhes disputar depósitos com base no preço, aumentando assim o juro pago ao depositante; e também buscar de forma mais agressiva tomadores dispostos a pagar mais caro, provando, deste modo, que seriam mais merecedores de crédito.

Outra vez por definição, o mercado tinha que estar certo. Se empréstimos a estações de esqui, a cadeias de lanchonetes e ao governo da Bolívia pagavam juros um pouco maiores do que o crédito concedido ao conjunto habitacional ou pequeno negócio local, isso acontecia porque deviam merecer mais o uso daquele capital. É claro que esse raciocínio ignorava o fato de que emprestadores de dinheiro não são clarividentes nem imunes à corrupção. Empréstimos a juros altos, feitos a frágeis regimes do Terceiro Mundo, viraram moda no fim dos anos 70 e início dos 80. Tanto banqueiros como seus fiscais convenceram-se de que governos não podem falir. Os governos beneficiários dos empréstimos, por seu lado, seguiram o dito segundo o qual basta se endividar bastante com um banqueiro para ganhar um sócio, e adquiriram mais empréstimos para pagar os juros dos antigos. No clímax da crise da dívida externa dos países do Terceiro Mundo, no início dos anos 80, o total dos créditos ruins do Terceiro Mundo devidos a bancos de países centrais era mais do que o dobro do capital desses bancos. Na maior parte dos casos, as autoridades fiscalizadoras permitiram aos bancos incluir tais créditos em seus balanços pelo seu valor nominal. Caso os auditores tivessem apertado os bancos, ou deixado que as forças de mercado consertassem o desastre, os principais bancos norte-americanos teriam se tornado tecnicamente insolventes. Com o tempo, ao longo de toda uma década, o débito do Terceiro Mundo foi sendo saneado, à base média de sessenta centavos por dólar. O ganho presumido que se obteria pela eficiência alocativa trazida pela desregulação dos bancos foi atropelado por créditos ruins.

AS TRÊS EFICIÊNCIAS

O leitor há de ter notado que, até aqui, tratamos principalmente de uma forma de eficiência, que os economistas chamam de "eficiência alocativa": com base em sinalizações de preços, os mercados direcionam os recursos para utilizações que maximizem os resultados *vis-à-vis* a aplicação; o sistema de preços reage às escolhas dos consumidores, aproveita-se da especialização e, assim, otimiza o desempenho para um certo nível de recursos.

Como se observou, este tipo de eficiência imagina um instantâneo das preferências do consumidor num certo momento. Não considera as questões que preocupavam John Maynard Keynes – se a economia como um todo apresenta taxas de crescimento mais reduzidas e desemprego mais elevado do que poderia ser o caso. A eficiência alocativa também não lida com a questão da vantagem técnica, a fonte de crescimento da eficiência econômica ao longo do tempo. O progresso técnico foi o tema que preocupou outro grande dissidente da teoria econômica do início deste século, Joseph Schumpeter.

Se fizermos uma revisão, tanto da teoria econômica como da história da economia, verificaremos que existem três diferentes conceitos de eficiência na vida econômica. Eles são devidos a Adam Smith, Keynes e Schumpeter. Em sua maior parte, o estudo dos mercados é dominado por questões de alocação – a eficiência de Adam Smith. Em contraste, a eficiência keynesiana se refere ao resultado potencial que se perde quando a economia entra em recessão, funcionando bem abaixo de seu potencial de pleno emprego. Nessas circunstâncias, de nada adianta aumentar a eficiência alocativa. Pode, mesmo, piorar as coisas – na medida em que a intensificação da concorrência numa economia em depressão pode causar mais desemprego, reduzir o poder aquisitivo geral e aprofundar a carência de demanda agregada. A economia da década de 90 exibe o paradoxo da coexistência de ganhos de produtividade cada vez maiores, por via da eficiência *à la* Smith, e de declínio do poder aquisitivo e da segurança de emprego da maioria das pessoas comuns. Os recursos são alocados de forma mais consentânea com o mercado, mas a despeito disso o desempenho global é medíocre e o padrão de vida, estagnado.

Em contraste, a Segunda Guerra Mundial representa o grande exemplo histórico de um evento que violou pesadamente a eficiência alocativa, mas ainda assim estimulou grandes melhorias no padrão de vida nos EUA. Durante a guerra, os Estados Unidos conviveram com controle de preços e salários, racionamento, poupança forçada, contratos militares monopolísticos e diversas outras afrontas à dinâmica de preços do livre mercado. Havia uma intensa intervenção estatal em toda a economia. No pico do esforço de guerra, quase 50% da produção se davam no âmbito de contratos com o governo, a maior parte dos quais acarretando preços monopolizados.

Tudo isso violava as regras comuns da oferta e da demanda; em termos alocativos, era profundamente ineficiente. No entanto, em termos keynesianos, a guerra foi um sucesso retumbante. Em 1941, a economia norte-americana ainda não havia se recuperado inteiramente da Grande Depressão. O desemprego se mantinha na casa dos 11%, e o crescimento econômico entre junho de 1940 e junho de 1941 tinha sido de menos de 2%. Por volta de junho de 1942, porém, a economia gozava de pleno emprego. A indústria, que tinha resistido a fazer novos investimentos devido à escassez de demanda, subitamente derramou bilhões de dólares em instalações para a produção bélica. A indústria se recapitalizou com tecnologia de última geração. Para operá-la, formou-se toda uma geração de trabalhadores qualificados. Embora quase a metade do que se produzia era fabricado literalmente para ser explodido, o estímulo da produção de guerra estimulou o crescimento econômico. O PIB norte-americano cresceu cerca de 50% em apenas quatro anos, taxa nunca igualada, antes ou depois. No fim da guerra, o poder aquisitivo civil era um terço mais alto do que antes do ataque japonês a Pearl Harbor. Embora as taxas de poupança privada tenham aumentado, a maior parte do custo da guerra veio de dinheiro emprestado, por meio de bônus de guerra. Contudo, apesar de uma relação inédita de 119,8% entre a dívida interna e o PIB, atingida no fim da guerra – mais do que o dobro da relação "perigosa" dos anos 90 –, essa dívida foi perfeitamente compatível com as duas décadas de crescimento recordista que se seguiram.

A economia-padrão de livre mercado simplesmente não tem como tratar esses dois diferentes tipos de eficiência sob o mesmo referencial analítico. Como observou em certa ocasião o prêmio Nobel James Tobin, de Yale, "É necessário um monte de triângulos de Harberger para preencher uma lacuna de Okun".[6] Tobin referia-se a um pequeno diagrama triangular que o professor Arnold Harberger usava para representar a perda econômica que resulta de preços monopolizados.[7] Quando detentores de monopólios usam seu poder de mercado para vender uma quantidade menor de produtos por um preço maior, os consumidores pagam mais para obter menos. Por extensão, qualquer desvio do preço de livre mercado resulta numa perda alocativa que pode ser representada por um triângulo. A "lacuna de Okun" tem esse nome por causa de Arthur Okun, keynesiano que foi *chairman* [presidente] do Conselho de Assessoria Econômica [Council of Economic Advisers] do presidente John Kennedy. Okun apreciava calcular as diferenças entre o PIB real e o desempenho potencial da economia quando em pleno emprego.[8]

O ponto enfatizado por Tobin é que pequenas eficiências alocativas não compensam grandes ineficiências keynesianas provocadas por baixo poder aquisitivo, baixo crescimento e desemprego elevado. Ao mesmo tempo, na mistura de metáforas que usou de forma esplendidamente deliberada – triângulos e lacunas –, Tobin sublinhou o fato de a análise padrão carecer de uma métrica comum para, no mesmo discurso, avaliar a interação entre esses dois conceitos de eficiência. Se uma intervenção keynesiana reduz a eficiência alocativa ao distorcer os preços de mercado, mas ao mesmo tempo estimula apropriadamente a demanda, a economia de mercado *standard* se mostra literalmente incapaz de calcular, *a priori*, se a coisa vale a pena.

O *boom* do pós-guerra erigiu-se também sobre o que estou denominando eficiências "schumpeterianas". Joseph Schumpeter foi o grande profeta do progresso técnico como motor do crescimento, bem como defensor da concorrência imperfeita como agente necessário do progresso técnico.[9] Empresas grandes e oligopolísticas são, freqüentemente, aquelas que têm os cofres mais cheios. Elas inovam continuamente para proteger sua posição privilegiada de mercado e para repelir ameaças. A inovação numa estrutura de oligopólio estável pode ser mais confiável do que a inovação num contexto de concorrência de preços feroz e mutuamente ruinosa. Leitores (bem como não-leitores) casuais de Schumpeter talvez se recordem dele como profeta da "destruição criativa", frase que ele de fato cunhou para descrever a turbulência caudalosa do capitalismo. No entanto, a caricatura usual de Schumpeter geralmente inverte o que ele pretendia dizer. Sua preocupação era como um sistema de mercado consegue perdurar *apesar* de suas muitas propensões à concorrência ruinosa. Schumpeter não era advogado de destruições criativas.

A economia moderna exibe muitos exemplos de eficiência schumpeteriana. O antigo monopólio regulado da telefônica Bell gerava lucros em excesso, boa parte dos quais eram investidos no Bell Labs [centro de pesquisas da empresa]. Uma estrutura regulada de tarifas criava ainda incentivos de preços para investimento em tecnologia de comutação ainda mais avançada, pois os lucros cresciam com a base tarifária, e esta, por sua vez, com o capital instalado.

A economia alemã é famosa por seus cartéis e semicartéis, que resistem à concorrência de preços e enfatizam o progresso técnico. De modo semelhante, a economia japonesa combina a concorrência de preços com a concorrência extrapreços. A Coréia do Sul é, talvez, o mais acabado exemplo de desenvolvimento schumpeteriano que floresceu por se afastar das mecânicas "corretas" de formação de preços. O governo sul-coreano disponibilizou capital a taxas de juro negativas, para favorecer empresas; não apenas tolerou, como por vezes organizou cartéis.[10]

O economista político James Kurth, de Swarthmore, cunhou a útil expressão "schumpeterianismo militar".[11] Trata-se de engenhosa modificação da freqüente observação de que o *boom* do pós-guerra resultou de "keynesianismo militar", frase que comentadores usaram para se referir a um estímulo confiável dos gastos militares em contraposição a um keynesianismo mais explícito e agressivo, incluindo o aumento do déficit por efeito de gastos com finalidades civis, poupança socializada, investimentos em obras públicas e assim por diante. O ponto de Kurth é que, embora elevados e persistentes dispêndios militares possam de fato resultar em benefícios macroeconômicos, contratos de defesa trazem também imensos benefícios em termos de inovação técnica, estabilização industrial e liderança de mercado – a eficiência de Schumpeter.

Uma série de contratos militares de longo prazo concedidos a um fornecedor privilegiado resulta em assaltos contra a eficiência alocativa – os martelos de cem dólares, as privadas de mil dólares e outros superfaturamentos que aparecem regularmente nas investigações parlamentares nos EUA –, mas também dão lugar a notáveis avanços técnicos e liderança de mercado. Quem imagina que a Boeing pudesse ser a líder mundial em vendas de aeronaves sem a Segunda Guerra Mundial e sem a Guerra Fria? Do mesmo modo que a piada de Tobin a respeito de triângulos e lacunas, a economia *standard* tem dificuldade em contrapor a perda alocativa dos martelos de cem dólares com o ganho dinâmico da tecnologia da propulsão a jato.

É imensa a lista de ganhos técnicos derivados do Estado guerreiro. Com efeito, a redução das verbas de defesa nos EUA provocou um corte significativo no financiamento da pesquisa básica, boa parte da qual se abrigava sob seu guarda-chuva. Uma pesquisa recente de Maryellen R. Kelley, da Universidade Carnegie-Mellon,[12] indica que a rede de fornecedores militares de primeira linha e suas subcontratadas é responsável por benefícios imensos na difusão técnica de práticas manufatureiras de excelência (necessárias para cumprir especificações difíceis e tolerâncias estreitas), analogamente ao que acontece com benefícios semelhantes trazidos pelos *keiretsu* japoneses e pelas inter-relações alemãs entre bancos, indústria e trabalhadores. O elemento comum aqui é uma associação de longo prazo e formas de disciplina concorrencial que proporcionam escudos contra a concorrência de preços pura.

Em termos de economia técnica, há uma disjunção Schumpeter/Smith paralela à que existe entre Keynes e Smith.[13] Uma economia que se desempenha de acordo com o preceito da eficiência alocativa provavelmente apresentará desemprego evitável e falta de investimento coletivo em avanço tecnológico. Um mercado perfeitamente competitivo gastará muito pouco em inovações, tanto porque isso erodiria os lucros como por causa de bem conhecidos dilemas de "externalidade".

Convém recordar que uma externalidade é um custo ou benefício para a economia como um todo que, no entanto, não incide diretamente sobre qualquer das partes numa transação direta. Uma externalidade negativa é um custo imposto a terceiros, como a poluição. Uma externalidade positiva, como o ganho difuso resultante de uma nova invenção ou decorrente do treinamento de um funcionário, é um benefício para a sociedade cujo retorno econômico não é completamente auferido por quem inova. Devido ao fato de os investimentos em inovação serem arriscados e com freqüência beneficiarem a concorrência, as forças de mercado tendem a reduzir os investimentos aí. Com efeito, quanto mais "perfeita" a concorrência, tanto menos recursos sobram para inovações que resultam em benefícios amplamente difusos e que podem não retornar ao investidor mesmo depois de décadas, isso quando retornam. Quanto maior a taxa de destruição criativa, menos disponíveis são as "rendas" monopolistas que correspondem à recompensa e refúgio do inovador. (Na terminologia econômica, "renda" [*rent*] é um lucro acima do normal que, num mercado perfeito, será reduzido pelo processo concorrencial.)

Quanto mais a economia depende de mercados de capital que funcionam como cassinos, menor a disponibilidade de capital paciente. Mas quando um oligopólio é relativamente "eficiente" e quando a concorrência é mutuamente ruinosa? A partir de uma perspectiva puramente colada a Smith, por hipótese a questão não faz sentido. Os oligopólios jamais são eficientes, porque quanto mais concorrência, melhor. No entanto, como observou Douglass North – o primeiro historiador da economia a ganhar o prêmio Nobel – na conferência que deu ao receber a distinção, em 1993, "É a eficiência adaptativa, e não a alocativa, a chave do crescimento a longo prazo".[14] É claro que essa é a eficiência do progresso técnico – de Schumpeter. Retornaremos ao tema dos mercados e da inovação no Capítulo 6.

Outro problema com a eficiência alocativa: a alocação de recursos induzida pelo mercado só é "eficiente" em termos de determinada distribuição de renda – refletindo, portanto, não só os veredictos de mercados eficientes anteriores como também acidentes históricos. "Propriedade não é furto", escreveu R. H. Tawney ao rebater o anarquista Proudhom, "mas uma boa quantidade de furtos se transforma em propriedade."[15] Notavelmente, o conjunto dos bens adquiridos pela distribuição de renda presente é considerado ao mesmo tempo "eficiente" e substancialmente arbitrário.

Em princípio, poderíamos recomeçar o jogo econômico com uma ampla gama de possíveis distribuições de renda, e a disciplina usual da oferta e da procura retomaria seu curso de eficiência. Embora isso aconteça ocasionalmente (como no caso de reformas agrárias ou revoluções sociais), na maior parte dos casos a eficiência alocativa do mercado pressupõe a distribuição de renda que nos foi legada pela história recente. Pelos critérios do mercado, portanto, é alocativamente eficiente que um milionário gaste cinqüenta dólares num fino charuto para após o jantar e que um miserável permaneça faminto na rua por falta de dinheiro para comer. O sistema de preços não se importa com isso: sua função é simplesmente fazer com que compradores se entendam com vendedores – e, para ser comprador, é necessário ter dinheiro.

A economia convencional geralmente responde dizendo que, apesar disso, ainda é mais eficiente deixar que oferta e demanda determinadas pelo mercado estabeleçam preços e prêmios; se não gostamos das conseqüências sociais, sempre podemos redistribuir a renda posteriormente. Ótimo – mas quem somos "nós", que "sempre podemos"? Essa conclusão assaz altaneira passa inocentemente por cima do fato de que, entre outras coisas, a riqueza compra poder – e do fato de que o poder resiste à redistribuição da renda.

A imagem usual da eficiência alocativa pura também faz tábula rasa da pergunta "eficiência para quê?". Pode-se argumentar que a formação de preços pelo mercado é um meio eficiente, mas não que seja um fim. Os objetivos, valores, hábitos e instituições de uma boa sociedade podem incluir uma economia essencialmente de mercado, mas precisam fundar-se em forças e processos extramercado. Em seu entusiasmo pelos mecanismos de mercado, muitos teóricos insistem em que os valores do mercado seriam um fim, e não um meio, e que uma sociedade que resulte das forças do mercado, não importa qual seja ela, seria por definição a melhor possível, bem como aquela que distribuiria prêmios de modo justo.

Milton Friedman[16] e seus discípulos dedicaram valorosos mas inconvincentes esforços no sentido de inferir valores extramercado a partir do funcionamento do mecanismos de mercado. Se os mercados florescem quando os consumidores são bem informados, então uma sociedade de mercado requer liberdade de expressão. Se os mercados exprimem trocas voluntárias e livre escolha, então eles são os parceiros naturais da democracia liberal. Tudo isso parece abstratamente plausível, até o momento em que nos lembramos de que o nazismo, o fascismo, as ditaduras militares latino-americanas, as autocracias asiáticas e uma ampla gama de outros regimes autoritários coexistiram muito bem com uma forma basicamente capitalista de produção e comércio. Os valores da democracia liberal, sem mencionar os valores sociais, precisam ser buscados em outra parte. Levados a extremos, os mercados tendem a destruí-los.

Um equilíbrio acidental

Estruturalmente, a economia do pós-guerra (1948-73) prestou-se a formas de eficiência não smitheanas – bem como a um crescimento constante. As economias de mercado daquela época eram nacionais [i.e. valiam para todos os

EUA], eram protegidas de uma mercantilização pura e, portanto, mostravam-se mais propícias à estabilização e ao gerenciamento. As regras econômicas globais de então – taxas de câmbio fixas, controles sobre o capital, comércio administrado – permitiam o florescimento da atitude empreendedora, ao mesmo tempo que limitavam suas dimensões globais. A maior parte disso representava um legado dos controles econômicos instituídos nos EUA durante a Grande Depressão e a guerra.

Após a Segunda Guerra Mundial, uma economia mista era viável no plano do Estado nacional, pois este controlava suas fronteiras. Isso possibilitou que os países mantivessem políticas nacionais nas áreas fiscal, monetária, regulatória, social, setorial e de planejamento. Tais políticas incluíam gerenciamento macroeconômico; contratos sociais entre capital e trabalho predicados em pleno emprego não inflacionário; estratégias de desenvolvimento econômico que empregavam subsídios, direcionamento de concorrências públicas e privilegiamento de linhas de desenvolvimento tecnológico através de regulação; estreita supervisão e regulação de instituições financeiras; e o emprego de bancos como motores do desenvolvimento nacional. Em seu papel de economia dominante e mantenedor da paz, os Estados Unidos ajudaram a estimular a recuperação global por meio da exportação de capitais, servindo como mercado residual para as exportações de outros países e funcionando como arquiteto e guardião da estrutura comercial dos acordos Bretton Woods/GATT. O sistema básico de financiamento global e comércio do pós-guerra data do Acordo de Bretton Woods, de junho de 1944, que deu origem ao Fundo Monetário Internacional e ao Banco Mundial. Em 1947, o sistema passou a incluir o Acordo Geral de Tarifas e Comércio [General Agreement on Tariffs and Trade – GATT]. Essa trinca de instituições, funcionando sob patrocínio norte-americano, procurou conciliar um comércio crescentemente livre, taxas de câmbio estáveis mas ajustáveis e altas taxas de crescimento econômico. Até 1973, as armas secretas do sistema de Bretton Woods eram a força da economia norte-americana – enquanto mercado e provedora de capital – e o papel do dólar como moeda de reserva.

Além disso, a existência de grandes e estáveis empresas de produção em massa no setor da indústria básica e a negociação coletiva com sindicatos de trabalhadores criaram um contexto industrial que estabilizava os salários. O resultado era um círculo virtuoso no plano nacional, em que a produtividade crescente se traduzia em aumento dos salários reais, que permitia o consumo de massa da produção econômica. Isto, por seu turno, criava oportunidades progressivas de investimento, mantendo o crescimento da produtividade.

Em contraste, na nova economia, nada fica quieto no lugar por muito tempo. Os países perderam sua alavancagem macroeconômica, pois o capital e os mercados de produtos tornaram-se globais. Como o primeiro governo Mitterrand (1981-83) aprendeu a duras penas, se um país médio conduz uma política macroeconômica mais expansiva que seus vizinhos, o estímulo acaba por se esvair em importações, produzindo inflação de preços e deterioração da moeda nacional. O trabalhador perde a capacidade de barganhar por melhores salários, pois o mercado de trabalho também é crescentemente mundial. Aos operários de países pobres falta dinheiro para adquirir o que produzem, o que significa que a oferta global suplanta a demanda global. Os governos atuais hesitam em impor regulações, pois o capital é livre para se mover em direção a áreas menos reguladas. O consenso emergente do comércio liberal também retira dos governos os instrumentos schumpeterianos do desenvolvimento técnico. E, a despeito dos melhores esforços do GATT e de sua sucessora, a Organização Mundial do Comércio, não existem padrões uniformes de proteção da propriedade intelectual, nem um entendimento comum a respeito do que constitui a atividade comercial predatória. A economia globalizada e hipermercantilizada de hoje em dia assemelha-se mais ao mundo imaginado por Adam Smith e valorizado por seus seguidores, do que ao mundo preconizado por Keynes ou Schumpeter.

UMA CONTRA-REVOLUÇÃO

Quando a economia mista passou a ser atacada, duas décadas atrás, o mesmo aconteceu com seus suportes intelectuais. Diversos fatores convergiram para isso. As empresas privadas, enfraquecidas pela Grande Depressão e pela ampliação do papel do Estado durante a Segunda Guerra Mundial e a Guerra Fria, recuperaram gradualmente seu prestígio e influência política. As coalizões políticas de centro-esquerda, que constituíam o suporte político e intelectual em favor de uma economia mista, começaram a se fragmentar. Quanto menos segurança econômica o Estado era capaz de proporcionar, menos entusiasmo seus partidários conseguiam amealhar. Paladinos radicalmente conservadores do laissez-faire chegaram ao poder nos Estados Unidos e na Grã-Bretanha, poder esse que usaram para liberar forças de mercado e enfraquecer ainda mais as instituições resistentes. É particularmente instrutivo examinar o papel desempenhado pela profissão dos economistas.

É surpreendente que, meio século após a Grande Depressão, tantos economistas profissionais tenham começado um segundo romance com o ideal de uma economia laissez-faire. É possível identificar três principais elementos na contra-revolução. Primeiro, a despeito de Keynes e da economia mista, o núcleo do modelo econômico básico permaneceu radicalmente clássico, graças à aliança entre a matemática avançada e pressupostos altamente abstratos sobre o comportamento humano. Apesar de Keynes, o núcleo comportamental laissez-faire jamais foi desafiado e apenas esperou as circunstâncias mais adequadas para o seu ressurgimento. Segundo, a estagnação da economia mista do pós-guerra nos anos 70 trouxe prestígio aos críticos conservadores da intervenção (macroeconômica) keynesiana e desautorizou os keynesianos. Terceiro, à medida que o laissez-faire retomava prestígio na profissão, mesmo economistas liberais, no fundo clássicos, começaram a duvidar da propriedade de se realizarem intervenções (microeconômicas) regulatórias.

Principiando no início dos anos 50, Milton Friedman e a escola de economistas mais tarde conhecida como "monetarista" adiantou o argumento de que, a longo prazo, a intervenção governamental não consegue melhorar o funcionamento dos mercados e, provavelmente, prejudica os resultados.[17] Friedman opunha-se a qualquer forma de intervenção, com base em fundamentos tanto individualistas [*libertarian*] como de eficiência, mas o alvo imediato de sua crítica inicial era a intervenção fiscal e monetária. A dissidência de Friedman era particularmente fora de moda na época, pois se exercitava na única província em que os intervencionistas pareciam ter vencido a batalha – o domínio macroeconômico.

Embora a maioria dos economistas britânicos e norte-americanos continuasse a alimentar um ponto de vista clássico a respeito das motivações humanas e do sistema de mercado na formação de preços, a corrente dominante no pós-guerra havia introduzido emendas na convicção de John Maynard Keynes de que, quando o sistema de formação de preços se agrega na economia como um todo, a oferta não se equilibra confiavelmente com a demanda. Inteiras economias podem encalhar por longos períodos em equilíbrios subótimos, levando ao crescimento lento e ao desemprego renitente. Keynes gostava de observar que o mais longo desses desequilíbrios foi a Idade Média.

Uma militante política fiscal e monetária se tornou, portanto, necessária para manter o nível do poder aquisitivo total ("demanda agregada"), de modo que a economia pudesse operar em pleno potencial. Ao contrário da antiga perspectiva, a clássica, a oferta não estava gerando sua própria demanda. Tampouco a poupança estava gerando investimentos e crescimento de modo espontâneo. Empreendedores investiam e produziam nas fronteiras disponíveis apenas quando identificavam consumidores armados de uma demanda efetiva por seus produtos. Dada a inconfiabilidade da demanda privada, a do governo precisava compensar a diferença. A perspectiva keynesiana não só justificava a intervenção estatal: contestava a idéia de um mercado autocorretor e, por implicação, todo o modelo clássico. Nos anos 50, a macroeconomia keynesiana se encontrava bem entrincheirada na profissão, embora passasse por cima de uma contradição flagrante com a premissa da microeconomia clássica, de que o sistema de preços funcionava em essência. Numa data tão avançada como 1980, o conservador Peter Drucker ainda podia escrever que "a economia atual é ainda muito substancialmente a 'Casa Construída por Keynes' ".[18]

No entanto, a Casa de Keynes tinha fragilidades. Em lugar de uma arquitetura consistente, tratava-se de uma ala que tinha sido moderna em 1930, aplicada desajeitadamente a uma mansão clássica do século XIX. Além disso, a escola econômica dominante havia adotado uma forma adulterada das idéias de Keynes, seguindo a interpretação de seus discípulos mais moderados. Enquanto Keynes era mais profundamente crítico de todo o esquema clássico, o grupo dominante, que veio a ser conhecido como "neokeynesiano", manteve a economia clássica essencialmente intocada, escorando-a com a necessidade da estabilização governamental da demanda total. Embora Paul Samuelson tenha apelidado grandiosamente esse amálgama de "síntese neoclássica", o núcleo clássico da teoria continha uma contradição flagrante, que convidava a uma contra-revolução.

Ao destronar Keynes, Friedman argumentou que a estimulação da atividade econômica, seja por meio de endividamento governamental, seja por via da manipulação da oferta de moeda, constituía na melhor das hipóteses um remendo temporário. Com o tempo, isso só poderia levar à inflação. As limitações de longo prazo sobre o desempenho real permaneceriam intocadas, mas a inflação resultante criaria distorções e incertezas que acabariam por retardar o crescimento. À medida que as expectativas inflacionárias se tornassem imbricadas na economia, elas distorceriam sinalizações de preços, causariam alocações equivocadas de recursos, desestimulariam o investimento e produziriam custos reais para a eficiência da economia. Com isso, sairiam pela culatra as regulagens keynesianas e mesmo a clássica manipulação das taxas de juros pelos bancos centrais. Friedman não insistia apenas em que a intervenção fiscal e monetária do governo jamais poderia melhorar os resultados da economia. Mesmo que, apenas para argumentar, tais intervenções pudessem funcionar na teoria, na prática provavelmente seriam corrompidas pela política. Com isso, a intervenção real seria invariavelmente pior que a melhor intervenção possível. Num caso ou noutro, portanto, seria melhor deixar o mercado livre funcionar sozinho.

No âmbito fiscal, Friedman propunha um orçamento equilibrado. Quanto à política monetária, uma "regra monetária rígida".[19] O banco central deveria colocar a oferta de dinheiro no piloto automático, pois, da mesma forma que acontece com um marinheiro principiante quando tenta compensar mudanças no vento e nas correntes, as autoridades monetárias tendem a pesar no leme. Ao renunciar a infelizes tentativas de manipular as taxas de juro ou o estoque de moeda, os bancos centrais permitiriam aos mercados determinarem a taxa de juro mais eficiente, expurgada de todo "prêmio inflacionário" gerado pela falta de confiança do mercado nos equívocos possivelmente causados pelos políticos. Enquanto os keynesianos viam a Grande Depressão como prova de que os mercados puros levam a excessos especulativos, carências na demanda total e estagnação, Friedman encarava a Depressão como conseqüência de políticas monetárias equivocadas.

Da mesma forma que haveria uma taxa de juro natural, determinada pela interação entre o estoque de poupança e a demanda por capital, um pouco mais tarde Friedman propôs a idéia de uma Taxa Natural de Desemprego.[20] Outra vez, a economia privada seria capaz de gerar uma certa quantidade de empregos com salários de mercado. Tentativas de elevar os salários acima do nível "de liqüidação do mercado" por meio da ação sindical ou de leis de salário mínimo, ou ainda de forçar as taxas de desemprego para aquém de seu nível natural por meio de estimulações macroeconômicas, não só propiciariam inflação como, ao longo do tempo, levariam a um desemprego ainda maior. A mensagem comum transmitida por tudo isso: a economia de mercado está fazendo o melhor que pode.

Os acontecimentos pareciam justificar as profecias de Friedman. Em meados da década de 60, os keynesianos achavam que tinham dominado a arte do "ajuste fino" econômico. No entanto, em meados da década de 70 o crescimento falhou de modo abrupto e a inflação decolou. No âmbito da fraternidade dos economistas, o fim da euforia tomava as feições de uma lição objetiva sobre a arrogância da intervenção econômica. Para piorar ainda mais a desgraça dos neokeynesianos, o desemprego e a inflação, que na teoria têm movimentos opostos (como "compensação [*trade-off*]"), elevaram-se em uníssono durante a maior parte da década. Infelizmente, essa era de "estagflação" coincidiu com a presença de governos à esquerda do centro nos Estados Unidos, Grã-Bretanha e Alemanha Ocidental. Por volta de 1980, todos esses governos haviam sido humilhados e substituídos. Outra vez, parecia confirmada a perspectiva de Friedman a respeito dos riscos de se mexer com as forças naturais de mercado. Com isso, a maioria dos neokeynesianos perdeu a coragem de suas antigas convicções.

É evidente que existe uma análise mais institucional a respeito do esgotamento do *boom* do pós-guerra e das origens da estagflação dos anos 70: o choque de preços da Organização dos Países Exportadores de Petróleo (OPEP) introduziu uma fonte inflacionária estrutural e externa, que se imbricou no sistema de preços. Isso aconteceu ao mesmo tempo em que entrava em colapso o sistema de estabilização de moedas de Bretton Woods, ancorado no dólar norte-americano. Bancos centrais que praticavam políticas monetárias ortodoxas reagiram à estagflação elevando as taxas de juro e colocando todas as principais economias ocidentais numa rota de crescimento mais lento e desemprego mais elevado. Dessa forma, a redução do crescimento e a elevação de preços colidiram por motivos que pouco tiveram a ver com a intervenção keynesiana ou com a economia mista. A inflação acabou por ser controlada, mas a um custo terrível. No entretempo, levou a melhor a interpretação mais conservadora, seguida de uma ressaca de políticas conservadoras.

Na década de 50, Milton Friedman havia sido desconsiderado como uma simples curiosidade. Na década de 80, Friedman e diversos de seus seguidores haviam ganho o prêmio Nobel. Idéias como a Taxa Natural de Desemprego integraram-se à teoria econômica dominante, tanto quanto a oferta e a procura. (Voltaremos a isso no Capítulo 3.) A neutralização de Keynes foi tão completa que, no início da década de 90, eram autoproclamados "neokeynesianos" que se preocupavam com o excesso de déficit e afirmavam que taxas de desemprego abaixo de 6% seriam insustentáveis. Nos quarenta anos que se passaram, Friedman e seus protegidos popularizaram o catecismo do livre mercado através dos *best-sellers* do próprio Friedman e de sua série de televisão, "Free to choose" [literalmente, "Livre para escolher"]. Uma expansionista da escola de Chicago transformou-se em teoria generalizada da superioridade dos mercados livres. Conforme escreveu Friedman, "Há fundamentalmente apenas dois modos de coordenar as atividades econômicas de milhões de pessoas". "Um é o direcionamento centralizado, envolvendo o uso da coerção – a técnica do exército e do moderno Estado totalitário. O outro é a cooperação voluntária de indivíduos – a técnica do mercado."[21]

Entre as outras doutrinas derivadas do ponto de vista de Chicago estava a escola que ficou conhecida como Lei e Economia [Law and Economics]. A idéia básica é que a lei, como sistema de regras, comandos e controles, tende a contradizer e se contrapor à lógica natural dos mercados. Em contraposição a isso, os acadêmicos da Lei e Economia propõem que juristas procurem fazer com que a lei facilite o funcionamento dos mercados.[22]

Um importante documento seminal foi um artigo especializado de Ronald Coase, futuro prêmio Nobel, intitulado "The Problem of Social Cost" [O problema do custo social].[23] A doutrina, apelidada de Teorema de Coase por um seu colega de Chicago, era audaciosa ao ponto de tirar o fôlego – como o próprio ideal de mercado – e notavelmente semelhante à perspectiva friedmaniana quanto às políticas fiscal e monetária: tribunais e regulamentos, e do mesmo modo bancos centrais, são basicamente incapazes de melhorar resultados econômicos que indivíduos livres negociam por sua própria conta. Se supusermos que tais negociações são voluntárias, rapidamente concluídas e livres de custos – uma hipótese descabida, como o próprio Coase admitiria mais tarde –, indivíduos barganharão de modo natural até uma conclusão razoável, não importando as regras que tribunais e reguladores venham a estipular. Logo, regulamentações não servem a propósitos úteis. O Teorema de Coase tornou-se o artigo mais citado nas revistas especializadas, e a doutrina da Lei e Economia se transformou num poderoso *lobby* intelectual anti-regulatório.

O novo modelo econômico, radicalmente fundamentalista, colonizou outras ciências sociais. Na ciência política, a nova escola da teoria da Escolha Pública asseverava que a democracia política deveria ser entendida simplesmente como mais um mercado. Se – conforme especificado pela teoria – indivíduos racionais procuram maximizar seu bem-estar, seguir-se-ia logicamente que políticos eleitos teriam um único objetivo, serem reeleitos. Seguir-se-ia ainda que grupos de interesses se envolveriam com a política apenas para auferir benefícios às expensas de outros grupos de interesses.[24]

Por analogia com a teoria econômica, isso foi descrito como "procurar levar vantagem" [*rent-seeking* ou *free riding*]. Enquanto por definição os mercados otimizam a alocação de recursos e os resultados, também a política desviaria os recursos e pioraria os resultados. Por meio de uma definição, esses teóricos excluíram da realidade um modelo mais rico de democracia política em que, ao menos durante parte do tempo, políticos eleitos servem ao interesse público. Essa perspectiva foi desconsiderada como "sentimental". Um dos pioneiros da teoria da Escolha Pública, James Buchanan, também ganhou o prêmio Nobel.

Esse tipo de teorização oferecia aos economistas jovens a conveniência de que uma só medida servia a todos os figurinos. Economistas principiantes, bem como companheiros de viagem de outras disciplinas, ficavam assim liberados do tedioso processo de ler sobre a história e estudar os detalhes de instituições complexas. Precisavam apenas projetar os modelos, colher os dados estatísticos e processar os números. Havia ainda pouco mistério a respeito das conclusões, uma vez que eram predeterminadas pelo pressuposto – o mercado funciona. Não era realmente necessário saber muito a respeito de nada, e era possível saber tudo a respeito de tudo. Alguns dos mais prestigiados economistas atuais são espantosamente versados em todos os assuntos, do comércio ao mercado de trabalho, da distribuição de renda aos mercados financeiros à política macroeconômica – e isso aos 35 anos de idade. Isso sugere intelectos excepcionalmente privilegiados – ou simplificações duvidosas. Numa espécie de processo darwiniano, economistas especializados em matemática avançada, mas inocentes quanto aos detalhes da vida comercial, deslocaram aqueles dotados de uma curiosidade mais complexa. Hoje em dia, seria duvidoso que Adam Smith conseguisse um posto de professor titular. Seu trabalho seria descartado como jornalismo ou sociologia.

O COLAPSO LIBERAL

Para compreender a atual dominância do ideal de mercado é preciso entender que a contra-revolução dos anos 70 resultou não apenas da influência de economistas conservadores como Milton Friedman como, também, de revisões praticadas por muitos liberais. Dois influentes livros daquela época ilustram essa tendência. Ambos foram escritos por economistas da Brookings Institution que se consideravam democratas liberais e que colaboraram com presidentes democratas na qualidade de *chairmen* do Conselho de Assessoria Econômica [Council of Economic Advisers]. Ambos nasceram de Conferências Godkin proferidas em Harvard: *Equality and Efficiency: The Big Tradeoff* [Igualdade e eficiência: a grande barganha], de Arthur Okun, 1974;[25] e *The Public Use of Private Interest* [O uso público do interesse privado], de Charles Schultze, 1976.[26]

Em *Equality and Efficiency*, Okun começa por assinalar o conflito inerente entre o domínio dos direitos de cidadania e o da capacidade aquisitiva privada. O mercado se afunda em domínios aos quais não pertence, em que o dinheiro não deve comprar influência. O mercado cria vastos abismos de riqueza e renda que solapam a própria sociedade civil. Conforme Okun, embora esses dois princípios coexistam necessariamente numa democracia capitalista, devemos reconhecer que a economia geralmente paga um preço por reduzir a eficiência econômica quando opta por maior igualdade, pois tais esforços se dão às expensas do mecanismos de mercado.

Em meu *The Economic Illusion*, publicado em 1988,[27] contestei a premissa da "barganha" de Okun.[28] Assinalei ali uma gama de intervenções gestionais substancialmente indeterminadas, algumas que incrementavam tanto a igualdade como a eficiência, outras que reduziam ambas. Não é minha intenção retomar aqui aquele debate. O que quero é parar por um instante e situar Okun e Schultze como puxadores de fila no retrocesso do pensamento econômico liberal do pós-guerra de um ideal de economia mista para uma concepção mais fundamentalista, laissez-faire.

Na primeira parte de seu livro, Okun veste a roupagem do bom liberal, lamentando as imensas desigualdades de nossa [dos EUA] economia de mercado e a tendência do mercado de invadir territórios indevidos: "Alguns de nossos direitos mais caros são leiloados pelo preço mais alto. Tais transgressões podem ser tão importantes como fonte de cinismo, radicalismo e alienação quanto as vastas disparidades de padrão de vida entre ricos e pobres". Contudo, no fim das contas a fórmula de Okun consistia em usar impostos e transferência fiscal de renda [*transfer payments*] para cuidar dos perdedores da sociedade, mas deixar que o mercado produzisse esses perdedores.[29] Caso se tentasse reduzir esse efeito do mercado, insistia ele, isso se faria com sacrifício do desempenho econômico. Acontece que a política situava-se fora do terreno de competência de Okun. Como a história recente mostrou, o problema com a sua solução é que, quanto mais encastelado o modelo de mercado se torna, menos apetite seus custodiantes demonstram em redistribuir seus prêmios. A mercantilização muda também a distribuição do poder político. Como diria um economista, as escolhas políticas são, em parte, endógenas à estrutura da economia.

Escrevendo dois anos após Okun, Schultze vai muito além. Em *The public use of private interest*, ele distingue "um crescente corpo de evidências objetivas de que o governo não está cumprindo com eficiência suas tarefas". Para Schultze, o problema básico é a falha das políticas públicas em dar a devida importância ao mercado e em usar os mercados para atingir finalidades públicas.

O governo não estabelece bem prioridades, falhando em separar "o que é frívolo do que é importante". A intromissão do governo é desajeitada: "Temos propensão a intervir em decisões referentes à alocação de recursos, de modo a atingir objetivos de eqüidade e distribuição de renda que seriam mais bem atendidos por algum esquema de impostos ou de transferência monetária". Além disso, os governos contam com uma única forma de intervenção: "pela remoção de um conjunto de decisões do mercado privado, que é descentralizado e movido por incentivos, e sua transferência ao comando e técnicas de controle da burocracia governamental".

O livro de Schultze é permeado pela reverência aos mercados, pelo desprezo aos governos e pela desconsideração da idéia de que o espírito público possa ou deva ser cultivado. "Domar a motivação 'básica' do interesse material próprio para promover o bem comum é, talvez, a invenção social *mais* importante da humanidade. [...] Se quero que motoristas economizem gasolina, apelos publicitários por patriotismo, advertências sobre a crise energética e slogans santimoniosos não são páreo para preços mais altos nos postos. Na maior parte dos casos, o pré-requisito para o ganho social não é a identificação de vilões e heróis, mas dos defeitos do sistema de preços que levam cidadãos a fazer coisas que são contrárias ao bem comum."[30]

Tomado como um todo, o livro de Schultze vê "falhas institucionais" por todo lado, atribuindo às falhas de mercado o caráter de séries limitadas de casos especiais. Ele entende que as políticas devam ser chamadas a remediar tais casos pela estruturação de incentivos e não pela decretação de soluções de "comando e controle". Assim, se os mercados propiciam uma distribuição de renda socialmente inaceitável, a solução são impostos e transferência fiscal de renda, preferivelmente na forma de *vouchers* (que são mais condizentes com os mercados). Se a indústria abusa do ambiente natural e polui, a solução não está em forçar níveis mais baixos de poluição, mas em criar incentivos fiscais e mercados paralelos [*shadow markets*] que mudem as sinalizações de preços às quais a indústria reage. De algum modo, um processo de formulação de políticas que é irremediavelmente corrupto deve encontrar essa via superior, mas Schultze não indica como isso se daria. Em *Pollution, Prices, and Public Policy* [Poluição, preços e política pública], livro mais técnico e também altamente influente publicado na mesma época, escrito em colaboração com o economista ambiental Allen Kneese,[31] Schultze delineia um esquema de formação de preços por incentivo [*incentive pricing*] em substituição à regulação ambiental do tipo "comando e controle". De lá para cá, a expressão "comando e controle" incorporou-se ao discurso da política pública como forma todo-abrangente de depreciação do impulso regulatório. Tornou-se lugar-comum a idéia de que, quando absolutamente inevitável, a regulação devia ser "condizente com o mercado".

No mesmo período, Alfred Kahn, economista de Cornell e mais tarde *chairman* da Comissão de Aeronáutica Civil [Civil Aeronautics Board], exprimia graves inquietações quanto à regulação econômica. Nos anos 70, tanto a esquerda quanto a direita criticavam o esquema de regulação de preços e de oferta que era então típico de setores como os dos transportes rodoviário, aeronáutico e ferroviário, dos gasodutos e da telefonia. Economistas do livre mercado encaravam esse regime regulatório como uma interferência gratuita no sistema de preços. Reformistas liberais criticavam os organismos de regulação dizendo-os prisioneiros dos setores que protegiam. Cientistas políticos que, uma geração antes, haviam comemorado o "pluralismo", descobriam-no agora degenerando-se em políticas comprometidas com interesses estreitos, praticadas em detrimento da coletividade. Mesmo que a regulação em nome do interesse público fosse possível na teoria, tornava-se crescentemente improvável na prática política. Esses dirigentes públicos, autodefinidos como liberais, serviram como assessores a presidentes do Partido Democrata, e todos contribuíram para desmontar o caso por uma economia mista. No caso emblemático da regulação aeronáutica, aquilo que começara no governo Carter como uma "reforma" evoluiu rapidamente para um movimento no sentido da desregulação completa.

Ainda outro economista emblemático da época, Alain Enthoven, investiu contra os sistemas nacionais de seguro-saúde à européia, e gastou mais de duas décadas à procura de uma forma de estruturar a motivação do lucro de modo a fazer com que pudesse propiciar a prestação de assistência médica de maneira eficiente. Num livro de 1980 intitulado (sem intenção irônica) *Health plan* [Plano de saúde], Enthoven cita com aprovação o desprezo de Schultze pelo comando e controle, e afirma: "A regulação depende da coerção, de se forçar as pessoas a comportar-se de maneiras que elas consideram contrárias a seus melhores interesses. Por outro lado, o mercado competitivo descentralizado deixa a provedores e consumidores individuais a máxima liberdade consistente com os propósitos da sociedade".[32]

A economia mista recuava em todos os principais *fronts*. A macroeconomia keynesiana parecia patentemente desacreditada pelos acontecimentos. A microeconomia de uma economia parcialmente regulada via-se sob ataque crescente, liderado por liberais relativos, tanto na profissão como no governo. E os pressupostos comportamentais a respeito do homem econômico datados do século XIX retomavam terreno em detrimento de tipos de análise mais psicológicos e mais sociais.

Desse modo, quando da ascensão de Ronald Reagan à Presidência do EUA, em janeiro de 1981, boa parte de sua cruzada batia numa porta já aberta. À medida que os déficits da era Reagan tornavam duvidoso o uso de políticas fiscais, tanto a macroeconomia liberal como a conservadora passaram a ver um único imperativo fiscal – atingir o equilíbrio orçamentário. Economistas liberais e conservadores alertavam que uma taxa de desemprego abaixo de uma taxa natural de cerca de 6% *à la* Friedman – 10 milhões de almas nos EUA – desencadearia um processo de inflação. Tanto os liberais como os conservadores tornaram-se puxadores de fila da desregulamentação. As organizações empresariais, no passado domadas e traumatizadas pela era Roosevelt, acordaram de seu torpor e começaram a verter centenas de milhões de dólares em *think tanks* cujos intelectuais se dedicavam a validar e celebrar o laissez-faire.

Num inspirado e interessante livro intitulado *What price incentives?* [Quais incentivos de preços?*], Steven Kelman descreve o abismo que existia entre economistas e não-economistas (na maior parte advogados) que trabalhavam com assuntos ligados à regulação no governo Carter. Conforme Kelman, os advogados tendiam a atribuir o viés anti-regulatório, que era uniforme entre os economistas, à falha em contratar "uma gama suficientemente ampla de economistas"; e os advogados "imploravam aos economistas que, mesmo que não conseguissem apoiar as propostas [regulatórias], que ao menos lhes fornecessem 'os melhores argumentos econômicos' em seu favor que pudessem". No entanto, Kelman assinala, "a resposta dos economistas era, tipicamente, algo como 'Não há bons argumentos econômicos em favor de sua proposta' ".[33]

Assim implantou-se a hegemonia da economia de livre mercado e sua concepção de eficiência alocativa. A revolução reaganiana e seu filhote, o "Contract with America" de Newt Gingrich, não surgiram prontos e acabados, a partir de uma cruzada política. O terreno havia sido semeado durante mais de uma década por uma contra-revolução no pensamento econômico. A seguir, voltamo-nos para a concepção de livre mercado do comportamento humano, outra área em que a teoria diverge heroicamente das evidências.

(*) O título é deliberadamente ambíguo, pois significa também "O que o preço incentiva?". (N. T.)

2
O MERCADO IMPERIAL

MERCADOS, COMPORTAMENTO E SOCIEDADE

Um economista neoclássico da estatura de Arthur Okun pôde escrever que "o mercado precisa de um lugar, mas precisa ser mantido em seu lugar".[1] É patente que a sociedade humana precisa de mais normas de comportamento do que as normas de curto prazo, instrumentais e puramente egoístas do mercado. Ultimamente, contudo, os entusiastas dos mercados têm sustentado que as atividades humanas, em sua maioria, podem e devem ser entendidas como nada mais que uma série de mercados, e que seus resultados poderiam ser melhorados caso fossem liberadas de restrições ao comportamento de mercado.

Nos últimos 25 anos, boa parte da teoria econômica se tornou menos o estudo das "alocações de recursos escassos" e mais uma simples celebração de mercados. Um modelo mais complexo do comportamento humano, incorporando concepções psicológicas modernas, reverteu a uma noção simplificada de racionalidade, remanescente do século passado. Uma concepção mais complexa da sociedade cedeu lugar à proposição de que a maioria dos assuntos se resume a incentivos materiais e que a maior parte dos problemas sociais encontra sua melhor resolução na construção ou fortalecimento de mercados. E, com efeito, hoje em dia uma quantidade menor de pessoas goza de proteções contra a face mais negra do mercado, ou pode contar com a renda social como direito de cidadania. Uma porção maior da vida humana foi colocada em leilão. Os paladinos do mercado insistem em que isso melhora nossas vidas.

A imagem de um mercado otimizado e autoliqüidante se baseia em diversas premissas que, juntas, constituem o modelo do laissez-faire. Como vimos, algumas têm a ver com a dinâmica de preços, oferta e inovações. Outras premissas pretendem descrever a lógica das estruturas sociais. Outras, ainda, representam afirmações sobre o comportamento e as motivações humanas. Todas precisam ser colocadas na devida perspectiva enquanto descrições da realidade.

No modelo do laissez-faire, as pessoas comportam-se racionalmente. Sua motivação pode ser mais bem entendida em termos de interesse próprio, mesmo quando possa parecer altruísta. As estruturas sociais, normas e legados institucionais são largamente irrelevantes, exceto na forma de intromissões desafortunadas no mecanismo de mercado. Decisões individuais e egoístas agregam-se de modo simples para formar o bem comum, através do sistema de preços. Os Teoremas Fundamentais da Economia do Bem-estar [*welfare economics*][2] estabelecem, em primeiro lugar, que uma economia livremente concorrencial propicia um conjunto univocamente determinado de preços otimizados, conjunto esse que pode ser entendido como em "equilíbrio geral"; em segundo lugar, que esse conjunto otimizado de preços se atinge por meio da livre expressão de preferências. Implicitamente, desvios desse conjunto de preços acarretariam custos ao bem-estar econômico.

Desse modo, os pressupostos comportamentais a respeito do indivíduo racional, que se exprime livremente e maximiza o atendimento de suas preferências, ligam-se aos pressupostos de eficiência quanto ao resultado coletivo.[3] É interessante observar que a teoria moderna do equilíbrio geral, adiantada há um século por economistas radicalmente clássicos como W. Stanley e Léon Walras, resultou do trabalho de outro prêmio Nobel, Kenneth Arrow, cujas preferências políticas declaradas situavam-se ostensivamente à esquerda. Contudo, sua teoria do equilíbrio geral tornou-se a pedra angular de um tipo de economia política que se transformou em argumento generalizado contra a intervenção estatal. Inúmeros economistas descobrem que suas preferências como cidadãos acabam por entrar em choque com seu treino profissional.[4]

A alegada otimização dos mercados depende da veracidade de cada um desses pressupostos interconexos. Contudo, se as pessoas não se comportam "racionalmente" nos termos especificados pelo modelo econômico, se as preferências são instáveis, se certos mercados não "se liqüidam" com base em sinalizações precisas de preços, se a renda e, assim, o poder aquisitivo não traduzem de perto o mérito, se alguns custos e alguns benefícios não se refletem nos preços do mercado, então as miríades de pequenos mercados presentes na sociedade não se agregam num "equilíbrio geral" eficiente. Em vez disso, há uma boa dose de indeterminação na sociedade, e portanto a possibilidade de que motivações e medidas extramercado possam proporcionar um uso melhor dos recursos disponíveis. O remédio pró-mercado para as imperfeições da sociedade é o treinamento das pessoas e instituições para que se comportem mais de acordo com as especificações do homem econômico. Mas se uma parte ponderável da vida humana não puder ser reduzida a um mercado, os benefícios não se materializarão.

No mundo real, há muitas possíveis configurações de preços consistentes com altas taxas de crescimento econômico. Os preços reais refletem não apenas o indivíduo racional e calculista do modelo de mercado, mas uma mistura confusa de discernimento, hábitos, falta de informação e motivações extramercado. Como sugerirei na seqüência, algumas destas últimas motivações não apenas são socialmente desejáveis como na verdade melhoram o resultado econômico. De modo que os teoremas nucleares que postulam um equilíbrio geral unívoco e uma otimização "correta" única divergem tanto das dinâmicas reais de formação de preços como das motivações humanas.

Estive fazendo menção a um "modelo econômico". Mas há, é claro, dissidentes entre os economistas. No entanto, no espectro dos pontos de vista, a dissidência se define proporcionalmente de acordo com quão imprecisamente se acredita que o modelo econômico standard descreve o mundo, e quão estreita ou amplamente o modelo de mercado pode ser generalizado a partir de fenômenos explicitamente econômicos para a interpretação de aspectos da vida que não se assemelham a mercados. Assim, os puristas insistem em que a política, a vida familiar, a lei e mesmo fenômenos explicitamente antimercado, como a benemerência, podem ser entendidos como variantes de mercados. Os dissidentes opõem-se a essa extrapolação, questionando também a idéia de que os mercados otimizam os resultados mesmo em domínios estreitamente econômicos. No entanto, essa contestação é feita com risco de sua reputação profissional.

Devido à consistência lógica, interdependência e elegância matemática dos diversos aspectos do modelo de mercado, um dissidente que conteste algum desses aspectos ameaça toda a estrutura. Devido a suas interconexões lógicas, os entusiastas do livre mercado tendem a defender com unhas e dentes o modelo em sua inteireza. "Quando se vai fundo o suficiente", disse-me certa ocasião Charles Schultze, "os economistas morrem de medo de ser sociólogos. A única grande idéia que temos em nosso favor é a premissa de que indivíduos agem racionalmente na tentativa de satisfazer suas preferências."[5] Isso ajuda a explicar por que a profissão tende a marginalizar, e mesmo ostracizar, aqueles que afirmam ser a motivação mais complexa e que fatores não econômicos têm um papel.

Fecho a atenção sobre os puristas porque é necessário entender o que é proposto pelo modelo puro de mercado, antes de se medir aquilo que se afirma a respeito do mundo institucional real. Este capítulo examina o novo fundamentalismo no que diz respeito à concepção de mercado da sociedade e da natureza humana. Procura-se indicar quais são alguns dos defeitos e limitações do modelo – seja como descrição, seja como normatização. Primeiro, as questões comportamentais.

Quem acredita que a sociedade pode ser mais bem compreendida como um conjunto de mercados principia por postular um indivíduo racional e calculista, cujo objetivo é maximizar a "utilidade". Esta premissa afirma ao mesmo tempo tudo e nada, uma vez que é verdadeira por definição em todos os casos. No entanto, é um aspecto crucial do modelo de mercado, dado que constitui a parte comportamental do argumento lógico de que tudo aquilo que o mercado decidir deve, necessariamente, representar a otimização. Nesse silogismo, as pessoas exprimem racionalmente suas verdadeiras preferências em seus padrões de consumo, nas ocupações que escolhem, no modo como equilibram trabalho com lazer, como escolhem seus companheiros conjugais e assim por diante. Segue-se logicamente, então, que os mercados atendem com precisão às livres escolhas e se agregam no bem-estar coletivo. Na economia conservadora do século XX, essa inferência tomou o nome de "preferência expressa" [*revealed preference*]. Por definição, as pessoas obteriam o que desejassem. Se quisessem qualquer outra coisa, seria esta que escolheriam. Se quiserem algo que não está no cardápio (e caso seja viável em termos de custos), algum empreendedor inventará um modo de provê-lo.

A doutrina da preferência expressa enseja uma economia mais radicalmente clássica. Toda troca seria supostamente "livre", e toda escolha, voluntária. Isto permite negar que algumas escolhas sejam impedidas por circunstâncias prévias, dúbias desigualdades de status ou poder, ou pelo próprio mercado; que os gostos sejam ao mesmo tempo um tanto instáveis como sujeitos a manipulação; e que medidas extramercado constituam às vezes o caminho mais curto para resultados que as pessoas de fato desejem, mas não consigam encontrar através das instituições do mercado. Por exemplo, pesquisas mostram que a maioria dos norte-americanos gostaria de contar com seguro-saúde universal, com livre escolha do médico. Outros países proporcionam essa alternativa por meio de regulação do Estado, e com menor custo agregado do que o dos EUA. No entanto, o livre mercado não a inclui em seu cardápio.

A imagem de um indivíduo racional, que maximiza a utilidade na margem de modo deliberado e consciente, atribui legitimidade ao resultado e facilita a precisão matemática (embora espúria). Reciprocamente, se removemos os pressupostos da maximização racional da utilidade e do ajuste da margem, toda a coisa resulta muito mais indeterminada, difícil de submeter a modelos e sujeita a intermediação política.[6]

É perfeitamente possível ter-se uma economia capitalista basicamente eficiente mesmo que se ejetem os pressupostos comportamentais exagerados. Ainda que as preferências individuais fossem um tanto arbitrárias, instáveis e manipuláveis, empreendedores continuariam sujeitos à disciplina concorrencial de oferecer os melhores produtos aos preços mais atrativos. Os produtos continuariam a atingir eficientemente as prateleiras, e os consumidores a basicamente responsabilizar os produtores. Mas a distribuição de renda determinada pelo mercado não seria mais sacrossanta. Haveria uma grande variedade de relações possíveis entre preços de diferentes bens – todos toleravelmente eficientes. Seria necessário admitir que a regulação pudesse vir a melhorar os resultados, precisamente por "distorcer" os preços determinados pelo mercado.

Além disso, alguns "gostos" refletem menos uma preferência expressa do que a falta de informação, preconceitos e ignorância a respeito de outras possibilidades. A sociedade educa sua juventude em parte para treiná-la em ocupações úteis, mas também para cultivar um nível geral de conhecimento mais alto, a capacidade de julgamento, de discernimento, o exercício da cidadania e o respeito pelo conhecimento em si. Ridicularizando a doutrina da preferência expressa, o filósofo Bertrand de Jouvenel observou que, se livros fossem impressos numa língua que ele não conhecesse, "provavelmente me voltaria para tiras em quadrinhos; isso reforçaria triunfalmente a demonstração de que 'as pessoas preferem' tiras em quadrinhos. O que as preferências expressas na verdade exprimem é a *ignorância*, a falta de formação intelectual e estética".[7]

Um excelente exemplo da instabilidade e maleabilidade das "preferências expressas" (e do exagero do modelo) é a mudança de atitude do público norte-americano em relação ao fumo. Em 1995, 25% dos norte-americanos adultos fumavam, em contraste com os 42,5% de 1965. Começando em 1971, proibiu-se a propaganda de cigarros na televisão, tornou-se obrigatória a inclusão, em maços de cigarro, de advertências sobre o fumo e se acumularam evidências quanto às relações entre o fumo, o câncer e as doenças cardiovasculares. A porcentagem de fumantes adultos decresceu gradualmente. Um referendo conduzido em 1992 no estado de Massachusetts elevou o imposto sobre os cigarros em 25 centavos de dólar; os recursos adicionais assim gerados foram empregados na confecção de anúncios a respeito dos perigos trazidos pelo fumo. Entre 1992 e 1996, o hábito de fumar decresceu 18% em Massachusetts, o triplo da taxa observada no resto do país.[8]

O modelo da preferência expressa não consegue incluir esse processo, nem lançar alguma luz sobre o que ocorreu. Por definição, as pessoas estariam maximizando sua utilidade – tanto enquanto fumam como quando param. A teoria não procura saber se é melhor para as pessoas fumar ou não. Dado que o hábito de fumar constitui um dos mais bem documentados riscos para a saúde, presumivelmente as pessoas se dariam melhor se maximizassem sua utilidade e assim parassem de fumar, em vez de persistirem. Mas essa inferência leva extremo desconforto aos teóricos, uma vez que escolhas manipuladas por esforços privados são, por definição, legítimos, enquanto aquelas influenciadas pela educação pública são presumivelmente suspeitas de paternalismo ou coerção. Ao especificar "informação perfeita" como pressuposto, o modelo é implicitamente favorável a requisitos de transparência [*disclosure*] que aumentem a qualidade da informação real (em oposição à informação hipotética) à disposição do consumidor. No entanto, como são céticos em relação à capacidade de o governo e a política fazerem qualquer coisa direito, muitos economistas conservadores mantêm reserva em relação a legislações pró-transparência, com receio de que venham a prestar apoio e conforto aos intervencionistas. De fato, economistas conservadores têm sido estranhamente hostis à idéia de que informação tornada obrigatória pelo governo possa constituir um contrapeso mais objetivo à "informação" prestada por fornecedores de produtos – a qual, por definição, é parcial, oportunista e freqüentemente enganosa.

Usando um argumento que beira a autoparódia, alguns teóricos chegam a afirmar que, ao escolherem fumar, as pessoas não apenas maximizam a sua utilidade como ainda ajudam a economia. O argumento caminha mais ou menos assim: fumantes morrem prematuramente. Assim, seu peso sobre os fundos de assistência social e médica é menor. Tais estatísticas podem ser contestadas empiricamente, uma vez que fumantes, mesmo quando jovens, têm mais probabilidade de morrer de doenças prolongadas, que são mais caras de tratar – câncer do pulmão, doenças cardíacas, enfisema pulmonar. Aqueles estudos não examinam empiricamente o comprometimento do sistema de assistência médica por parte de fumantes e de não-fumantes; eles meramente extrapolam o fato de que fumantes tendem a morrer mais cedo. Mas suponhamos que as estatísticas fossem verdadeiras. Constitui desafio ao bom senso a afirmação de que as pessoas incrementem seu próprio bem-estar e, por decorrência, o da sociedade, pelo fato de se dedicarem a um ato evitável, que aumenta seu risco de sofrer uma morte horrível e prematura.

Por que pessoas inteligentes usam um argumento desse tipo? Porque todo o esquema do livre mercado gira em torno da afirmação de que preferências expressas devem, necessariamente, se agregar num ótimo geral. O investimento no modelo de mercado é tão poderoso que seus defensores apelam para uma lógica swifteana. Dois economistas da escola de Chicago chegaram ao ponto de demonstrar que suicidas necessariamente maximizam sua utilidade.[9]

O *locus classicus* do argumento da preferência expressa é um artigo de Gary Becker e seu colega George Stigler, ambos da escola de Chicago e ambos mais tarde ganhadores do prêmio Nobel, intitulado "De Gostibus Non Est Disputandum" [Gostos não se discutem].[10] Como o consumidor é soberano, Stigler e Becker insistem em que "não é necessário, nem útil, atribuir à publicidade a função de alterar gostos". Em sua opinião, o papel benigno da publicidade é ajudar os consumidores a "diferenciar entre produtos". Ao compararem "gostos", Stigler e Becker também estabeleceram comparação entre dependências "boas" e "más" – por exemplo, o hábito de ouvir música clássica contra o vício da heroína.

O artigo de Becker e Stigler compõe-se essencialmente de uma série de silogismos. ("O estoque de capital musical pode cair e o preço da apreciação musical elevar-se com a idade do ouvinte, porque o incentivo de investir em capital futuro declinará com a redução dos anos restantes, enquanto o investimento necessário para simplesmente manter o estoque de capital crescerá com o crescimento do estoque.")[11] O artigo não oferece esclarecimento útil sobre a dinâmica real, seja do cultivo do gosto musical, seja do consumo de heroína, seja ainda da formação de preferências de maneira geral. A respeito dessa questão, a economia do livre mercado é agnóstica. E, de fato, num momento de humildade pouco característica, os autores concluem que "daríamos boas-vindas a explicações sobre o porquê de algumas pessoas se tornarem dependentes de álcool e outras de Mozart, não importa se a explicação decorresse de um desenvolvimento de nossa abordagem ou da contribuição de alguma outra disciplina comportamental".[12] Não há muita chance de a explicação derivar da perspectiva deles.

Ao postularem que não há como explicar gostos, Stigler e Becker deixam aberta a possibilidade de o *Homo republicanus** vir a suplantar o *Homo economicus*. Digamos que as pessoas, supostamente boas maximizadoras de utilidade, venham a exercer sua cidadania na criação de um sistema de assistência médica universal, na obrigatoriedade de alertar contra o fumo ou mesmo limitar o "discurso comercial". Neste caso os economistas de Chicago contestariam sua livre escolha? Como escreveu Albert Hirschman, dando o troco a Stigler: "De Valoribus Est Disputandum" [Os valores se discutem].[13]

"Anomalias"

Há muito os céticos têm contestado o modelo comportamental utilitarista em seus próprios termos. Decerto as pessoas são sujeitas a influências tanto emocionais como racionais. A maximização da utilidade é, patentemente, uma tautologia. Ninguém tem tempo de calcular, e menos ainda de otimizar, toda e qualquer decisão. À medida que os "marginalistas" ocupavam a província econômica, Thorstein Veblen escrevia, há quase um século: "Se, na verdade, todas as relações convencionais e princípios de inter-relacionamento pecuniário estivessem sujeitos a uma perpétua revisão racionalizada e calculista dessa natureza, de tal forma que todo artigo de uso, apreciação ou procedimento tivesse que aprovar a si próprio a cada instante, numa base hedonista de expediente sensorial, [...] não é concebível que o tecido institucional conseguisse sobreviver de um dia para o outro".[14]

(*) A referência é aos adeptos do partido Republicano, que nos EUA incorpora as posições mais conservadoras da sociedade. (N. T.)

Esse debate ficou inconcluso, pois tautologias não podem ser refutadas. Ultimamente, contudo, uma nova geração de críticos trouxe à discussão, além da lógica, evidências empíricas. Um segmento brilhante no trabalho acadêmico recente a respeito de preferências é um incomum gênero experimental na fronteira entre a economia e a psicologia. Esse trabalho tende a inquietar bastante economistas da espécie de Chicago, pois mostra que as preferências, longe de serem racionais e consistentes, são dependentes do contexto, instáveis e freqüentemente refletem motivações não econômicas.

Quase quarenta anos atrás, Herbert Simon propôs uma teoria heterodoxa sobre a Racionalidade Limitada [*Bounded Rationality*]. As pessoas agem "racionalmente" – mas sob fortes condicionantes. "A capacidade de a mente humana formular e resolver problemas complexos é muito pequena em comparação com o tamanho dos problemas cuja solução se requer do comportamento racional objetivo no mundo real [...]."[15] Outro dissidente, o economista de Cornell Richard Thaler, provoca os adeptos de Chicago por excluírem os devaneios humanos de seu modelo. Num debate com Robert Barro, um dos mais solenes advogados da teoria de que as pessoas agem consistentemente de acordo com "expectativas racionais", Thaler explicou que a diferença entre seu próprio modelo e o de Barro é que "Ele supõe que os agentes em seu modelo são tão espertos como ele, ao passo que eu imagino que as pessoas são tão bobas como eu". Mais tarde, Thaler escreveu que "Barro concordou com essa avaliação".[16]

A escola de economistas experimentais resulta de quase duas décadas de pesquisas e experimentação motivacional em que os pioneiros foram os psicólogos Daniel Kahneman e Amos Tversky.[17] Tais experiências evidenciaram inconsistências e assimetrias em preferências que a teoria econômica standard esperaria serem consistentes e simétricas. Um bom exemplo é aquilo que Thaler denomina "efeitos de valoração": a maioria das pessoas exige mais para passar adiante alguma coisa do que pagou para adquiri-la. No modelo de mercado, o homem econômico racional atribui o mesmo preço às coisas, seja como vendedor, seja como comprador. Evidentemente, contudo, isso não descreve pessoas reais.

Experiências mostram que as pessoas cobrarão mais para vender garrafas de vinho que já possuem do que pagariam para comprá-las, embora os teóricos do livre mercado postulam um preço único, "que liqüide o mercado". O mesmo ocorre com bilhetes de loteria, canetas, ações herdadas e inúmeros outros bens. Ainda mais notavelmente, esse "efeito de valoração" não se aplica apenas a artigos que estão há tempos com as pessoas, e que possam, por isso, ter ganho plausivelmente um valor sentimental adicional. O efeito parece ser instantâneo.

Kahneman e Tversky conduziram uma experiência em que indagavam de pessoas o que estas fariam se chegassem a um teatro para comprar uma entrada de dez dólares para uma peça e descobrissem que, no caminho, haviam perdido uma nota desse mesmo valor. Uma porcentagem de 88% da amostra respondeu que compraria a entrada de qualquer maneira. No entanto, quando apresentados à situação de ter comprado a entrada antes e a perdido a caminho do teatro (em vez do dinheiro), apenas 54% disseram que gastariam dez dólares para repô-la.[18] Dinheiro, é claro, é conversível. As duas situações são economicamente idênticas, e o homem econômico racional deveria comportar-se igualmente em ambos os casos. Pessoas concretas, contudo, não agem assim.

Thaler conduziu uma experiência com estudantes de Cornell em que deu a uma metade da classe, escolhida ao acaso, uma caneca de café que custava seis dólares nas lojas. A outra metade nada recebeu. Aos estudantes ofereceu-se então a opção de ficar com as canecas ou vendê-las. A teoria econômica prevê que a classe deveria dividir-se ao acaso entre aqueles que valoram a caneca mais do que seu valor monetário e aqueles que preferem o dinheiro. Teoricamente, a oferta e a demanda determinariam um preço de liqüidação de mercado. Cerca de metade das canecas trocariam de mãos; e, quando o mercado se liqüidasse, as canecas seriam possuídas por aqueles que, subjetivamente, as valorassem mais. No entanto, o resultado previsto não se materializou. O mercado essencialmente não se liqüidou. O proprietário médio de caneca não pediu menos que 5,25 dólares para se desfazer da peça, enquanto o comprador potencial médio não esteve disposto a pagar mais de 2,75 dólares. Em quatro instâncias da experiência conduzida pelo professor Thaler, apenas 12,5% das canecas foram negociados, em vez dos cerca de 50% previstos pela teoria. Thaler comentou que, em vez de se comportarem como as calculadoras racionais previstas pela teoria, as pessoas têm "aversão a perdas" e "distorções de *status quo*".[19]

Uma falha muito próxima a essa, que afeta o modelo standard, é a percepção, freqüentemente assinalada, de que pessoas concretas apresentam simultaneamente mais de um "conjunto de preferências". Decidimos que comeremos só a salada, mas nos empanturramos com a carne. Comportamentos obsessivos e dependências, em um extremo, e amor "irracional" pela família ou pelo país, no outro, desafiam o modelo unidimensional da motivação. Pessoas gastam uma bela quantidade de dinheiro em spas para perder um peso que poderiam facilmente evitar se comessem menos. Mantêm hábitos que sabem ser prejudiciais a si próprias e, simultaneamente, procuram aplicar-se truques para frustrar seus comportamentos habituais e impulsivos. Muitos fumantes compram deliberadamente cigarros em maços, que [nos EUA] são mais caros do que pacotes, na esperança de que, com isso, virão a fumar menos. Pesquisas mostram até mesmo que a maioria dos fumantes é a favor de que cigarros sejam taxados com impostos mais elevados. Quando o homem econômico está maximizando sua utilidade: quando come demais, ou quando paga caro para uma estadia num spa? Quando paga mais caro pelo cigarro, ou quando fuma? A resposta de Chicago é que, por definição, ele maximiza em todas as ocasiões, mas isso não corresponde a uma boa concepção do comportamento humano.

Uma explicação muito mais convincente é que o comportamento econômico significa, como diz Thaler, uma disputa entre "múltiplos eus, com preferências que competem entre si";[20] ou, como coloca Albert Hirschman, entre "preferências e metapreferências", ou ainda entre aquilo que o filósofo Harry G. Frankfurt chamou de desejos de primeira e segunda ordem.[21] Muito antes desses críticos modernos, Walt Whitman já tinha acertado, no poema "Song of myself" [Canção de mim mesmo]:[22]

> *Me contradigo?*
> *Muito bem, então me contradigo*
> *(Sou amplo, contenho multidões.)**

Num clássico ensaio intitulado "Rational Fools" [Idiotas racionais],[23] Amartya Sen sugere que as pessoas são motivadas tanto por preferências de segunda ordem como por impulsos passageiros. Seres humanos se auto-avaliam. Possuímos um eu que somos e outro que gostaríamos de ser. Como observaram os economistas heterodoxos Mark Lutz e Kenneth Lux, "gosto de assistir à TV" é uma proposição valorativa, mas menos valorativa do que "preferiria não gostar tanto de TV".[24] Mantemos batalhas íntimas quanto à autodisciplina. Às vezes temos comportamentos que materializam esse dilema, como quando Ulisses "amarrou-se ao mastro" para resistir ao chamado das sereias, ou como fazem milhões de norte-americanos ao depositarem "irracionalmente" dinheiro que não rende juros em contas de Natal bloqueadas.

Hirschman assinala toda uma classe de atividades "não instrumentais", conduzidas não para obter um resultado deliberado, mas "por elas próprias". Diz ele que "Desde sua origem, homens e mulheres parecem ter alocado tempo a empreendimentos cujo sucesso é, simplesmente, imprevisível: a busca da verdade, da beleza, da justiça, da liberdade, da comunidade, da amizade, do amor, da salvação etc. [...] [U]m componente importante dessas atividades é mais bem descrito não como labuta, ou trabalho, mas como *busca* – termo que indica com precisão a ausência de uma relação confiável entre esforço e resultado. Nas circunstâncias, é impossível obter-se uma medida de cálculo da relação custo-benefício".[25]

Em seu livro *Contested commodities* [Commodities contestadas], Margaret Jane Radin observa que, enquanto economistas de mercado afirmam que quase tudo deveria estar à venda, desde que existam vendedores e compradores dispostos, na verdade domínios inteiros, como "bebês e crianças, reprodução humana,

(*) Do I contradict myself?/ Very well then I contradict myself,/ (I am large, I contain multitudes.)

esperma, óvulos, embriões, sangue, órgãos humanos, sexualidade humana, dor humana" são arenas em que a tendência de transformar tudo em *commodity* é "contestada" por valores sociais muito disseminados. Ela observa que o objetivo de atingir a "commodificação universal" é sustentado por economistas do livre mercado, mas por poucos além deles.[26]

Conforme sugere o filósofo Mark Sagoff, essa distinção não se aplica apenas aos diferentes níveis do eu que consome. Cada um de nós desempenha o duplo papel de consumidor e cidadão. Consumidores têm desejos. Cidadãos têm valores. Muitos valores extrapolam o plano material e contradizem vontades. "A regulação social reflete valores públicos que escolhemos coletivamente, e estes podem entrar em conflito com desejos e interesses que perseguimos individualmente."[27] Sagoff aponta que, enquanto consumidor, persigo um autointeresse estreito e, momentaneamente, "coloco de lado valores voltados para a comunidade que tomo seriamente enquanto cidadão [...] Gosto de meu carro; detesto o ônibus. No entanto, voto em candidatos que prometem elevar os impostos sobre a gasolina, de modo a poder financiar o transporte público".[28] O próprio voto é um ato não racional, uma vez que é mínima a probabilidade de um único voto alterar o resultado. Os cientistas políticos Sidney Verba e Nelson Polsby contam que, certa vez, quando passavam um ano sabático na Europa, guiaram por centenas de quilômetros para votar em trânsito em posições que, sabiam, se cancelariam mutuamente. O ato de votar é tanto uma declaração de preferência quanto de fé no processo cívico.

"Anomalias" – o conceito é de Thaler – pode ser um termo demasiadamente modesto para abranger a extensão de multifárias preferências individuais. Tais descobertas são muito mais danosas ao modelo standard de mercado do que poderia parecer à primeira vista. De fato, não é possível obter uma projeção que correspondesse a um ótimo geral a partir da reação do sistema de preços a preferências que são aleatórias, instáveis ou extra-econômicas. Se isso é verdade, então a teoria do equilíbrio geral não passa de matemática elegante, erigida sobre areia.

Mais, com freqüência as decisões econômicas baseiam-se em informação falsa *ex ante* e produzem desapontamentos *ex post*. À primeira vista, a solução para isso seria, simplesmente, um consumidor mais bem informado. Contudo, a proliferação de produtos e decisões torna isso uma miragem: o dia não tem tantas horas. Como diz o ensaísta Steven Waldman, "[G]aste a quantidade ótima de tempo em cada decisão e logo, logo você não terá mais vida para viver".[29]

Com efeito, a própria escolha, um dos troféus mais valorizados do sistema de mercado, pode tornar-se autodestrutiva quando levada a extremos. O modelo de mercado supõe um consumidor informado, que responsabilize o produtor. Mas um consumidor assoberbado não consegue desempenhar esse papel competentemente. "Quanto mais escolhas há", escreve Waldman, "mais informação o consumidor precisa para fazer uma escolha sensata. Quando se dá a sobrecarga, muitos simplesmente abandonam a postura de Superconsumidor racional."[30] Paradoxalmente, uma quantidade excessiva de escolhas faz com que o consumidor se transforme em joguete nas mãos de um marqueteiro sofisticado. Teóricos do livre mercado reconhecem esse problema e lhe dão um nome, "custos de busca" [*search costs*], mas tendem a trivializar seu significado.

Civilidade e moralidade

Durante dois séculos, críticos à esquerda e à direita observaram que uma sociedade em funcionamento exige mais do que um conjunto de mercados; que a vida cívica exige das pessoas que sejam mais do que simplesmente maximizadoras de sua própria utilidade. Conforme observa o psicólogo social Robert Lane, "É só um elemento modesto de nossa consciência cotidiana que se focaliza diretamente em coisas ligadas ao mercado. Uma parcela muito maior se ocupa de trabalho (algo muito diferente do mercado de trabalho), família, amizade, lazer não comercializado, educação, preces, devaneios [...]". Diversas dessas atividades têm aspectos de mercado, mas encará-las apenas assim faz perder sua essência.[31]

Quando extirpados do contexto mais amplo de normas socialmente compartilhadas, os valores de mercado afirmam que o oportunismo, o "jeitinho", o levar vantagem, não são apenas legítimos como virtuosos, pois espremer o maior preço possível que o mercado suportar maximiza a eficiência. Há na economia do livre mercado uma doutrina chamada "discriminação perfeita". A idéia é que, quando todo vendedor extrai o preço máximo que todo comprador está disposto a pagar, isso maximiza a eficiência da economia como um todo. Supostamente, o vendedor desserve a alocação eficiente de recursos se cobrar um centavo a menos do que o consumidor pagaria, e ele deveria dar ao mesmo produto preços diferentes, com base nas diferenças entre os conjuntos de preferências de cada consumidor. No entanto, imagine-se uma economia que tenha revertido para o *souk* norte-africano, ou para as práticas dos desmanches de carros usados – sem etiquetas de preços. Pergunta-se "Quanto é isso?", e a resposta vem: "Quanto você estaria disposto a pagar?". Em princípio, todo preço deveria ser negociável, o tempo todo. Mas a vida é curta demais. Na década de 1860, quando os então modernos atacadistas começaram a sugerir preços fixos para a conveniência dos lojistas, isso foi tomado como sinal de transparência, confiabilidade, modernidade e conveniência para o consumidor. Ultimamente, contudo, mais e mais mercados de produtos perseguem uma discriminação perfeita. Hotéis, locadoras de automóveis, hospitais, companhias aéreas, todas oferecem uma multiplicidade de preços para o mesmo produto. Uma quantidade incalculável de tempo é gasta pechinchando e pesquisando – ou, então, desistindo e sendo esbulhado. É difícil imaginar que isso constitua progresso.

Muitos veredictos são necessários além daqueles peculiares à província do mercado. Não importa quão rico alguém seja, não poderá exercer a medicina se não tiver completado um árduo processo de estudo e certificação. Não é possível comprar literalmente uma cadeira no Congresso, a menos que se persuadam os eleitores. No entanto, uma pessoa rica pode dar dinheiro a uma faculdade de medicina e, talvez, induzi-la a aceitar seu filho como aluno. À medida que o dinheiro invade a política, cadeiras no Congresso se tornam vendáveis, figurativamente – se não literalmente. Tais extrapolações não refletem virtudes do mercado, mas sua tendência a invadir domínios a que não pertence.

Mark Sagoff coloca: "Não importa quanto as pessoas estejam dispostas a pagar, nunca existirá uma raiz quadrada [inteira] de seis. De modo semelhante, a segregação racial é uma praga nacional e, se desejamos pagar por ela, isso não a torna melhor, mas pior. Ainda, a questão do aborto precisa ser tratada por seus méritos; não pode receber um preço. [...] [N]ão decidimos executar assassinos perguntando quanto as almas bondosas estariam dispostas a pagar pelo perdão de indivíduos, ou quanto os corações endurecidos pagariam para vê-los enforcados". Como sociedade e como indivíduos, podemos ter sucesso ou fracassar na tomada de decisões defensáveis quanto a esse e a outros assuntos referentes a fatos e valores. Mas, conforme escreve Sagoff, as falhas "não são falhas de mercado. Não há mercados relevantes que pudessem ter falhado".[32]

Outro aspecto perturbador do imperialismo do mercado é seu agnosticismo no que concerne a questões de moralidade pública e privada que, patentemente, são importantes. O mercado dá de ombros: um gosto é tão bom como qualquer outro, e não há como discutir gostos. Isso pode ser verdadeiro quando se trata de o consumidor decidir se pedirá sorvete de chocolate ou de baunilha, mas não quando a sociedade debate se abolirá a escravidão. Algumas "preferências" são anti-sociais, autodestrutivas, mesmo sádicas. Como Sagoff sugere, satisfazer uma preferência é um bem instrumental, não um bem intrínseco.[33] Precisamos procurar em outra parte as fontes da boa sociedade. Aliando o insulto à injúria, o modelo de mercado insiste em que sua empobrecida concepção de liberdade é a própria essência da democracia – a escolha individual livre! Quem poderia pedir mais?

Alguns representantes da escola da Lei e Economia tentaram, quase pateticamente, resolver temas que irrevogavelmente envolvem questões de valor público tratando-os como se fossem externalidades econômicas. Um artigo de Guido Calabresi e A. Douglas Melamed tenta despachar o tema da escravidão taxando-a de economicamente ineficiente (evidentemente, a pior acusação que o modelo de mercado pode formular). Para além dos efeitos patentemente desagradáveis causados aos escravos, Calabresi e Melamed propõem que os *observadores* da escravatura sofrem "efeitos não compensados de terceiros" – eles sentem-se mal sabendo que outros seres humanos são escravizados.[34] Essa "externalidade" é, assim, contabilizada como custo. Mas é claro que não há como quantificar esse custo. Um pouco de esperteza do outro lado da mesa pode inventar contra-argumentos infinitos. O que aconteceria se, na verdade, uma maioria derivasse prazer da consciência de que a situação de subordinação dos negros aumenta seu bem-estar pessoal e sensação de superioridade – como, aparentemente, acontecia com a maioria dos sul-africanos [brancos]? Se os brancos são mais ricos e mais espertos, sua utilidade deve contar mais? Isso faria a escravidão ou o *apartheid* "*cost-effective*" [compensador ante os custos] e, portanto, legítimos? Como todo mundo sabe – exceto os ideólogos do mercado –, alguns valores precisam permanecer acima de qualquer preço. A ironia do argumento inaudito de Calabresi é que, se de fato as pessoas da raça opressora sentem culpa ou vergonha em saber que seus semelhantes são escravizados, tais sentimentos refletem valores extramercado.

Existem valores e normas necessários para uma sociedade viável, a respeito dos quais os mercados não são apenas agnósticos, mas corrosivos. O referencial puramente utilitarista passa ao largo de veneráveis questões sobre a justiça, a virtude, a benemerência, a ética, o espírito público, em favor do que Robert Heilbroner denominou "uma isenção moral todo-abrangente" em relação a resultados, quaisquer que sejam, "que tenham passado no teste de lucro e perda do mercado [...]". Heilbroner aduz: "Faz parte da natureza do capitalismo que o circuito do capital não tenha dimensão moral intrínseca, nenhuma visão da arte, nenhuma idéia que vá além da feição de *commodity* de que se reveste. Nesse quadro, as idéias florescem mas a moralidade dorme".[35]

Por mais de dois séculos, o implacável processo de "commoditização" e comercialização tem preocupado uma sucessão de conservadores. Bem antes de Karl Marx ter enxergado um "nexo monetário" que atropela outras instituições, conservadores como Burke, Carlyle e outros tradicionalistas formularam uma crítica semelhante, partida do extremo oposto do espectro. Conservadores modernos, mais comprometidos com os mercados, tropeçam no dilema. Em meados de 1995, [o senador republicano] Robert Dole incensava os mercados, patrocinava leis voltadas para a desregulação das telecomunicações e, quase simultaneamente, lançava uma cruzada contra o papel de Hollywood na disseminação da violência e da pornografia. "Vocês venderam sua alma", disse à Time-Warner. "E ainda por cima vocês realmente precisam tirar a dignidade do país e ameaçar nossas crianças, tudo em nome do lucro corporativo?"[36] Deve ter sido chocante para os aliados de Dole ouvi-lo arremeter contra a busca amoral de lucros por parte de Hollywood, que fazia filmes e discos que o público consumidor estava ávido por consumir. Mesmo os sacerdotes do mercado de vez em quando se inquietam com o modo que ele escolhe para maximizar seus lucros – e precisam olhar para além dos valores do mercado para justificar sua preocupação.

Em 1995, num fórum patrocinado pelo American Enterprise Institute (uma instituição pró-mercado), o senador Joe Lieberman, democrata moderado de Connecticut, falou sobre "Sexo e Hollywood". A certa altura, Lieberman perguntou: "Por que, na busca do lucro, a indústria da televisão deve dar ao público tanto daquilo que ele diz não querer? Isso não apenas contesta o bom senso como parece desafiar nossa compreensão básica sobre como os mercados funcionam". Na seqüência, Lieberman respondeu à sua própria pergunta, observando que a TV não constitui um mercado típico: "[É] transmitida para dentro de casa de graça [...] [P]rodutores podem ganhar dinheiro com uma pequena parcela do mercado, mesmo enquanto ofendem a maioria".[37]

Verdade, mas note-se a premissa de Lieberman, tão característica de nossa época, de que, por definição, os mercados devem estar servindo ao bem-estar do consumidor. Ele precisou buscar uma explicação idiossincrática para dar conta de a TV ser um caso especial. Para ele, surge como uma revelação descobrir que as forças de mercado podem corroer valores que alimentamos coletivamente enquanto cidadãos.

Quando o roqueiro Jerry Garcia morreu, o *Wall Street Journal*, templo máximo da adoração ao mercado, publicou um editorial maldoso, considerando-o como "um perdedor drogado, numa experiência social que falhou". Um leitor escreveu à seção de cartas espicaçando o jornal com o argumento de que, se milhões de fãs assistiam a suas apresentações, então devia ser óbvio que Garcia era um grande músico: "O mercado provou-o. Quer dizer, caso vocês acreditem nos mercados".[38]

Outro conservador entusiasta do mercado, Newt Gingrich, sem se dar conta da contradição, proferiu certa vez um discurso em que elogiava um programa que, na prática, subornava crianças do curso primário dando-lhes um dólar para cada livro que lessem – "O nome disso é incentivo", zombou Gingrich, como se seus adversários liberais ignorassem o conceito –, para concluir conclamando sua audiência a colocar de lado seu interesse próprio para o bem do país.[39] Ou os incentivos materiais e o interesse próprio racional constituem um princípio basilar do credo conservador, ou existem valores maiores que transcendem o egoísmo calculista. Não é possível ter as duas coisas ao mesmo tempo.

O que torna o modelo de mercado tão convincente – e enganoso – é o fato de tratar cada transação como evento único. Apóstolos do mercado como Friedman insistem em que todas as trocas são voluntárias, a menos que sejam bloqueadas ou distorcidas pelo governo. No entanto, um indivíduo leva a uma transação de mercado um conjunto prévio de direitos, valores, normas de comportamento e limites ao poder aquisitivo que refletem tanto fatores de mercado como extramercado. O próprio sistema de propriedade privada, bem como a liberdade geral de se dedicar a atividades comerciais, ancoram-se num sistema legal que muda continuamente.

Tais realidades foram observadas e analisadas meticulosamente pelos grandes sociólogos europeus da virada do século: Durkheim, Weber, Tönnies e Simmel. Todos insistiram na necessidade de uma ciência social universal, que reconhecesse o papel de influências tanto do mercado como de fora dele. Contudo, a disciplina da economia seguiu seu próprio caminho e procurou despir o mercado de seu contexto social. Ironicamente, na medida em que um século após exista uma ciência social unificada, ela reflete o modelo comportamental da economia de livre mercado.

Numa das obras mais importantes e originais deste século, o historiador e crítico social Karl Polanyi enxergou na vaga do sistema de mercado a fonte dos cataclismas do século XX. Conforme argumentou, o nacionalismo extremado e os desvios para formas não liberais de fazer política e governar constituíram respostas à instabilidade e insegurança provocadas pelo laissez-faire levado a extremos. Enquanto Friedman descreve o mercado como a quintessência da liberdade, Polanyi (um crítico liberal, e não radical) via a democracia política como dependente de ações voltadas para temperar o alcance do mercado e o ritmo de sua expansão; encarava ainda o mercado como "imerso" na sociedade.

Nos dias de hoje, a imprudente correria para remercantilizar tudo segue sem atentar para as lições históricas. Uma questão social crucial, que não é resolvida de modo ótimo pelos mercados, é o ritmo de mudanças mais adequado. Instituições extramercado são necessárias para conciliar a destruição característica dos mercados puros com a estabilidade e previsibilidade da vida cotidiana, algo que os seres humanos prezam.

O fato de a esquerda e a direita terem, ambas, dirigido críticas à instabilidade dos mercados, mas a partir de pontos de vista patentemente opostos entre si, tende a obscurecê-las. No entanto, se aceitamos que seres humanos prosperam em uma mescla de fontes, tanto de mercado como de extramercado, quanto à identidade, motivação e satisfação, então se torna claro que os aspectos extramercado da sociedade podem ser "conservadores" (tradição, religião, costume, comunidade, origem étnica) ou "liberais/sociais-democratas" (um conjunto de direitos extramercado garantido pelo Estado e intermediado pela política).

O cientista político Wolfgang Streeck, alemão naturalizado norte-americano, escreve: "Uma ordem social bem integrada, capaz de sustentar uma economia funcionante, pode ser herdada da tradição, construída pela política, ou ambas as coisas".[40] O sociólogo dinamarquês Gøsta Esping-Andersen observa que foi possível à social-democracia escandinava prosperar no século XX porque uma tradição de monarquia forte, governo central respeitado e deferência à autoridade se direcionaram a objetivos mais democráticos, sob os auspícios de movimentos trabalhistas e de partidos sociais-democratas.[41] Uma economia mista ancorou-se, assim, num binômio de instituições tradicionais (conservadoras) e modernas (políticas/trabalhistas).

Certa vez, Arthur Okun assinalou que "Qualquer pessoa, exceto um economista, sabe sem precisar perguntar que o dinheiro não deveria comprar certas coisas".[42] Contudo, é fácil demais, através do método econômico, reduzir a transações comerciais formas de trocas cuja essência é extramercado. Como apontou James Tobin, "Qualquer bom estudante de segundo ano de economia é capaz de escrever um pequeno artigo demonstrando que transações voluntárias envolvendo o voto aumentariam o bem-estar tanto dos vendedores como dos compradores".[43] Tecnicamente, é até possível provar que a produtividade marginal de alguns membros da sociedade é pequena demais para lhes permitir cobrir seu custo de vida. Devem esses indivíduos simplesmente morrer à míngua?

ZONA PROIBIDA

Em seu adorável *Spheres of Justice* [Esferas da justiça], o filósofo da política Michael Walzer focaliza a necessidade e a venerável tradição das "trocas bloqueadas": há coisas que não estão, e não deveriam estar, à venda. Reconhecemos que determinadas transações devem permanecer fora do alcance do mercado sempre que usamos expressões como "Ele se prostituiu" – pois a prostituição é, talvez, o mais reconhecido exemplo de se apequenar algo precioso pelo processo de monetizá-lo.[44]

Historicamente, algumas coisas foram colocadas *ultra commercium* pela religião ou pela tradição. No passado, a Igreja Católica vendia "indulgências" (que garantiriam a entrada no Paraíso) e títulos eclesiásticos. Mais tarde, a mesma Igreja passou a condenar o pecado da simonia – a venda de postos em sua hierarquia. A Reforma protestante deu-se, em parte, como protesto contra o materialismo do catolicismo. Na vida política, o suborno e o nepotismo têm sido amplamente reconhecidos como contrários às normas civis apropriadas – mas ambos têm prosperado intermitentemente. Afinal, o nepotismo já constituiu a essência da continuidade dinástica. Mais recentemente, nos EUA, à medida que a lei foi restringindo as formas explícitas de corrupção política, as forças de mercado voltaram-se para o uso criativo do financiamento de campanhas como substituto legal às propinas explicitamente ilícitas.

Na economia pré-capitalista, muitas transações potenciais eram mantidas em zona proibida, enquanto outros tipos de trocas, hoje impedidos, eram permitidos. Existiam monopólios da realeza para muitos produtos, e para muitas formas de comércio requeria-se uma autorização da Coroa. Para se exercer profissões especializadas eram exigidas licenças, seja do Estado, seja de corporações sancionadas por ele; o número de comerciantes era mantido sob estreito controle das corporações, e a concorrência aberta era severamente limitada. Reciprocamente, enquanto o Estado tinha o monopólio sobre a emissão de moeda, bancos privados imprimiam dinheiro, em forma de cédulas, que circulavam de mão em mão. Outros tipos de transações que são hoje ilegais eram admitidos, como a escravidão, a servidão por contrato e a possibilidade de se comprar a isenção do serviço militar pelo expediente de se contratar um substituto.

É interessante observar que a doutrina da "solidariedade", associada desde a década de 1840 ao então nascente movimento trabalhista [*trade*-unionismo], influenciou os ensinamentos sociais católicos do século XX, bem como o movimento democrata-cristão. Invocando ensinamentos de Tomás de Aquino, o economista alemão Heinrich Pesch, um jesuíta, propôs a doutrina do "solidarismo", que encara a economia não como conjunto de transações individuais, mas como um todo orgânico.[45] Ao situar o indivíduo numa coletividade, Tomás de Aquino antecipou ensinamentos modernos da Igreja quanto a questões sociais. O solidarismo rejeitava o socialismo e atribuía um papel relevante à economia de mercado, mas insistia em que o auto-interesse do indivíduo precisa ser temperado pela preocupação com a comunidade como um todo. A concepção "neocorporativa" da sociedade tornou-se uma idéia central no movimento democrata-cristão, que buscou uma posição intermediária entre o socialismo e o laissez-faire ancorado no ensinamento social católico. A Igreja, é claro, constitui o mais perene dos contrapesos aos dogmas do mercado puro. As organizações trabalhistas ocupam, talvez, o segundo lugar.

Na Idade Moderna, o Estado nacional limitou o alcance do mercado por meio da regulação. Mesmo se as forças do mercado assim o desejem, não é permissível emitir determinados poluentes na atmosfera, empregar trabalhadores abaixo de certo salário ou idade, comprar votos explicitamente, negociar ações com base em informações privilegiadas. Quando estipulamos que ninguém pode morrer por falta de assistência médica, excluímos outros aspectos da vida das considerações de mercado. Estabelecemos esses limites para proteger uma sociedade de mercado dos instintos mais baixos do próprio mercado. Tais normas não são auto-evidentes, ou implícitas na lógica do mercado. Elas evoluem em resposta a condições, valores e escolhas políticas mutáveis.

Outro motivo pelo qual definimos limites para os mercados é para incrementar a liberdade humana. A perda de liberdade que resulta da perda súbita e injusta de um emprego, de ser despejado de casa por motivos fortuitos, da incapacidade de pagar o médico, da ausência de escolas decentes para as crianças, é tão real e, freqüentemente, mais séria, do que a perda de liberdade de poluir ou de escolher entre centenas de marcas de cereal matinal. Ao contrário do que querem os teóricos do mercado, o livre mercado puro não é uma rede sem emendas, nem a economia mista uma ladeira escorregadia rumo ao socialismo.

Em seu clássico ensaio "Two concepts of liberty" [Dois conceitos de liberdade], sir Isaiah Berlin propôs que a liberdade negativa – aquela de ser deixado quieto – corresponde a uma concepção limitada e empobrecedora.[46] "Os homens são largamente interdependentes, e nenhuma atividade humana é tão completamente privada que deixe de afetar de alguma forma as vidas de outras pessoas." Berlin definiu a liberdade positiva como o desejo do indivíduo de ser seu próprio senhor: "Não sou Robinson Crusoe. Também não sou a Razão incorpórea [...] [M]inhas idéias sobre mim mesmo, em particular o senso que tenho de minha própria moral e identidade social, são inteligíveis apenas em termos da rede social de que sou elemento. [...] Meu eu individual não é algo que posso destacar de meu relacionamento com outros, ou de meus atributos que consistem das atitudes de outros a meu respeito".[47] Sir Isaiah concluía que "A liberdade do forte, seja sua força física, seja derivada da riqueza, precisa ser restringida".[48] Restrições à força dos mais fortes é um princípio da democracia política central aos artigos de *The Federalist*,* mas vai ao encontro de um preceito central da economia de mercado.

A concepção da sociedade a respeito do que pode ser vendido e sobre quais limites devem ser impostos ao comércio mudou com o tempo – em ambas as direções. No período dos anos 1790 aos 1930 – as "grandes transformações" de Polanyi – as fronteiras mudaram inexoravelmente em favor das trocas do mercado. Na idade pré-moderna existiam obrigações recíprocas entre servo e senhor. Nem a terra nem os servos estavam à venda, como nos mercados modernos. Por volta de 1830, a terra e os produtos agrícolas já eram tratados como *commodities*; os camponeses ingleses tinham que tentar a sorte no mercado de trabalho. No entanto, no período entre a Grande Depressão e a década de 70, o mercado esteve dramaticamente restrito por políticas regulatórias e de transferência de renda, bem como por políticas que fortaleciam os sindicatos e limitavam a mobilidade global de capital. Nas duas últimas décadas, as orientações políticas, a moda e o equilíbrio do poder político ampliaram outra vez o alcance do mercado.

A socióloga Viviana Zelizer explora as vias economicamente paradoxais pelas quais a sociedade tem valorado a infância ao longo do tempo.[49] Economistas como Gary Becker argumentam dedutivamente que os pais tratam as crianças literalmente como *commodities*. O trabalho mais empírico e muito mais rico de Zelizer sugere algo bem mais complexo. No século XVIII e início do XIX, quando os valores do mercado eram menos disseminados, mesmo assim as crian-

(*) Conjunto de 85 artigos em defesa da Constituição dos EUA, escritos entre 1787 e 1788 por Alexander Hamilton, James Madison e John Jay. (N. T.)

ças eram valorizadas substancialmente por causa da contribuição que poderiam trazer à economia doméstica. No século XX, contudo, com a aparição de proibições quanto ao trabalho infantil e o surgimento de uma classe média numerosa, a criança economicamente "inútil" passou cada vez mais a ser tratada como um objeto "sem preço". O próprio conceito de infância é construído socialmente, e seu aspecto material apenas um entre muitos fatores. Contrariamente a Marx e aos economistas de Chicago, existem vastos aspectos da vida sócio-econômica que são condicionados culturalmente e que não podem ser entendidos de modo produtivo como simples extensões materiais calculáveis.

VIOLAÇÕES DE FRONTEIRAS

À medida que a moda dos mercados ganhou ímpeto, domínios que costumavam ser temperados por normas e instituições extramercado passaram a ser mercantilizados cada vez mais aceleradamente. Pessoas comuns, de todas as inclinações filosóficas, em geral deploram o "comercialismo", mas ao mesmo tempo imaginam ter pouca força, ou motivos, para reverter sua marcha; defensores do mercado, por seu turno, insistem em que retirar as peias do mercado é necessário para a eficiência econômica.

Para este, como para outros debates, não há um caminho único e otimizado. Quando a sociedade decide que o sistema de auto-estradas não deve admitir cartazes comerciais, ou que em parques nacionais são permitidas apenas formas limitadas de comércio, ou que um pequeno fragmento do espectro de difusão de rádio e TV deve permanecer livre de anúncios comerciais, ou que é proibido o uso de máquinas automáticas de telemarketing, ou que existe uma distinção entre "noticiário" e "propaganda", está proporcionando ilhas de proteção contra a mercantilização. Enquanto o comércio contar com uma abundância de outras vias, dificilmente essas restrições comprometerão as escolhas do consumidor ou a eficiência econômica.

Tais barreiras são, de forma crescente, exceções. Na verdade, o mercado está avançando sobre áreas que, antes, funcionavam conforme outros princípios. As Olimpíadas, território do esporte amador, tornou-se um gigantesco "infomercial". À medida que as escolas vêem escassear suas fontes de recursos, tornam-se presas fáceis de empreendedores como Chris Whittle, cujo Channel One suborna dirigentes escolares com monitores de TV em troca da prerrogativa de entregar uma jovem audiência cativa a anunciantes, com o patrocínio implícito da escola. Muitos educadores têm dirigido críticas aos "noticiários" de Whittle, taxando-os de excessivamente superficiais. Levantamentos realizados entre esses estudantes não detectaram melhorias em sua compreensão de eventos da atualidade. Outras corporações bombardeiam as escolas com materiais "curriculares" luxuosos, projetados para impor mensagens corporativas a mentes impressionáveis. Após o vazamento do *Exxon Valdez*, a Exxon distribuiu às escolas um pseudodocumentário enfatizando as peripécias da operação limpeza e minimizando o papel da empresa no acidente que causou o desastre. Esta é outra violação de fronteira – a instalação de motivações comerciais em uma instituição cujo objetivo é a educação.

Nos meios de comunicação de massa, a pressão da publicidade invade constantemente as fronteiras entre as mensagens comerciais e a "programação" e o "noticiário". A coexistência entre a liberdade de imprensa e os patrocinadores comerciais nunca foi tranqüila. A imprensa foi patrocinada por anunciantes desde o seu surgimento. No entanto, aos poucos desenvolveram-se normas que refletiam a liberdade de expressão e o profissionalismo, que diferenciavam o jornalismo da publicidade e que protegiam os jornalistas de uma pressão publicitária explícita. Tais normas também foram reforçadas por políticas públicas. A lei sobre a publicidade em jornais de 1912 [Newspaper Publicity Act] proíbe a publicação de anúncios disfarçados de notícias; em 1967, a Comissão Federal de Comércio [Federal Trade Commission – FTC] estipulou que anúncios publicitários têm que trazer a palavra "publicidade" no topo da página. A Comissão Federal de Comunicação [Federal Communications Commission – FCC] estabeleceu limites sobre a quantidade de minutos comerciais por hora de programação e exigiu a explicitação de promoções disfarçadas. Contudo, o mercado não cessa de encontrar brechas nesses regulamentos.

Embora as publicações impressas tenham melhores defesas contra esses assaltos, a difusão de rádio e TV sempre foi acentuadamente comercializada, desde o seu início. A lógica econômica essencial da edição comercial de livros é que o leitor paga o custo da obra pela escolha em comprá-la. O princípio essencial dos meios eletrônicos é que o produto sai "de graça" para o ouvinte/espectador, mas o programa é feito para delimitar uma audiência que, por sua vez, é entregue ao patrocinador. As normas para a difusão de rádio e TV não comercial nunca foram tão fortes como para os meios impressos, e a fronteira entre o conteúdo da programação e os comerciais se torna cada vez mais indistinta.

Com o surgimento da TV a cabo de largo espectro, programas e mesmo canais inteiros tornaram-se híbridos entre promoções de produtos e entretenimento. Em salas de espera de consultórios médicos e aeroportos e a bordo de aviões, as pessoas são bombardeadas com pseudodocumentários que não passam de comerciais tenuemente disfarçados. Há duas décadas, as regras das redes de TV e dos regulamentos da FCC impediam que nomes de marcas aparecessem em programas de televisão. Hoje, o merchandising representa uma importantíssima forma de publicidade. Desenvolveu-se até um tipo de programa inteiramente voltado para a venda de produtos associados. Entre os programas infantis desenvolvidos explicitamente para a venda de tais produtos estão "My little pony", "The care bears" e "GI Joe". Jogos de tabuleiros, que já constituíram um inocente passatempo infantil, são cada vez mais veículo para a promoção de marcas.

O que está errado em tudo isso? No caso da educação, os propósitos comerciais são, sob diversos aspectos, antitéticos com a missão pedagógica. Material curricular de autopromoção não tem lugar numa escola que procura desenvolver o pensamento crítico. O Channel One de Chris Whittle reforça exatamente aquilo que a escola procura mudar na criança – pouca concentração, factóides rasos, análise instantânea. Uma democracia política também exige que programas noticiosos tenham um conteúdo razoavelmente sério, mas a dominância publicitária desvirtua o jornalismo, transformando-o em entretenimento. Leva a uma sutil autocensura, bem como a uma imbecilização do conteúdo.

Pela lógica do mercado, se o programa atrai uma audiência, isso deve refletir "preferências expressas". Tal modalidade de disseminação de cultura mergulha em direção ao menor denominador comum, em vez de aspirar à educação cívica e artística. E por causa de sua incontida necessidade de invadir outros domínios, o mercado não sabe como se restringir a si próprio. Fontes de moderação precisam ser encontradas em outra parte.

A inexorável reafirmação do mercado e de seus valores transforma a imagem rasa do homem econômico numa profecia de cartas marcadas. Mais do que apenas vender produtos individuais, a cultura comercial está vendendo um conjunto de valores comerciais. A mensagem coletiva de toda a publicidade é que o consumo material leva à felicidade. Sem dúvida o consumo é prazeroso, e ninguém se importa de desfrutar de um alto padrão de vida. Contudo, levados aos extremos de hoje em dia, os valores comerciais afogam outros valores. Em seu influente *The Overworked American* [O norte-americano que trabalha demais], a economista Juliet Schor identifica um círculo vicioso segundo o qual a busca por satisfações materiais prometidas pela publicidade induz os norte-americanos a trabalhar um número maior de horas do que eles realmente desejam, de modo a ganhar o dinheiro necessário para comprar produtos que nunca chegam, de fato, a proporcionar os benefícios que prometem.[50] Com o tempo, as pessoas internalizam duas conclusões contraditórias – um cinismo cumulativo, combinado a uma fome insaciável de que talvez o próximo produto venha, de algum modo, trazer a fugidia satisfação.

O padrão traz custos secundários, que incidem sobre a quantidade e a qualidade do tempo de lazer. Schor cita a atitude conformada de um curador de museu ao explicar por que sua instituição tinha que ser combinada com um shopping center: "O fato é que comprar é a principal atividade cultural nos Estados Unidos".[51] Se comprar é a principal atividade de lazer, assistir à TV deve estar em seus calcanhares no segundo lugar. E, é claro, a mensagem incansável da televisão é sair e comprar mais. Schor nota que "Muitas habilidades de lazer potencialmente satisfatórias permanecem fora do alcance, porque tomam tempo demasiado: participar de um teatro comunitário, dedicar-se seriamente a um esporte ou instrumento musical, envolver-se numa igreja ou organização comunitária".[52]

Devido ao fato de projetar os valores do entretenimento, a sociedade de mercado também desvaloriza as atividades cívicas. Candidatos a cargos eletivos adaptam-se ao ambiente de comercialismo e vendem-se a si próprios como produtos. Telespectadores passam a se considerar mais como consumidores do que como cidadãos. Em vez de debate racional, a política se transforma em troca de mordidas sonoras, com freqüência peçonhentas. Exatamente como consumidores inquietos, os eleitores têm pouca fidelidade às marcas de partidos ou políticos e desenvolvem um crescente cinismo a respeito das atividades públicas. À medida que a política se movimenta cada vez mais à base de dinheiro, é atrás dele que vão os burocratas de ambos os partidos [Democrata e Republicano] – empresas e indivíduos abastados. Essa aliança amortece o impulso de colocar limites ao alcance do mercado.

Pressões comerciais invadem também símbolos sagrados, tanto religiosos como seculares. A comercialização do Natal é uma velha história, que bate novos recordes todos os anos. Mais recentemente, sob pressão de *lobbies* comerciais, feriados seculares foram desvirtuados em fins de semana prolongados. Cada vez menos pessoas lembram-se da origem ou significado do "President's day" [dia do presidente], "Veteran's day" [dia dos veteranos de guerra], "Memorial day" [dia da memória dos soldados mortos] e mesmo do Quatro de Julho [dia da Independência dos EUA] – um dos poucos feriados que ainda retêm sua data original.

A vaga da comercialização é extensa a ponto de tornar difícil perceber que existem outros caminhos, que preservam uma esfera não mercantil legítima ao mesmo tempo em que deixam ao mercado terreno suficiente para proporcionar bens materiais à sociedade. Na década de 20, travou-se uma intensa disputa a respeito de definir se o rádio poderia ou não ser comercial. Na Grã-Bretanha e em outros países fundamentalmente capitalistas, a radiodifusão não comercial venceu o primeiro *round* e a comercial foi proibida. Na década de 70, permitiu-se uma concorrência comercial à BBC, mas não antes que se tivesse instalado uma ética de alta qualidade e serviço público.

Nos Estados Unidos, em que noticiários radiofônicos praticamente desapareceram durante a década de 70, o surgimento da National Public Radio [Rádio Pública Nacional] demonstrou que havia uma grande audiência potencial para uma programação letrada voltada para assuntos de interesse público. Embora, enquanto escrevo, o governo ainda contribua com 18% do orçamento da NPR, a rádio pública está perto da auto-sustentação. Esse serviço é um "produto" para o qual as forças de mercado obviamente não foram capazes de divisar um público, mas este se materializou através de outras vias.

Ao oferecer aos ouvintes um serviço não comercial de alta qualidade, a rádio pública induz um comportamento que é absurdo em termos do modelo de mercado do comportamento humano. Por que haveriam ouvintes de desembolsar 25 ou cinqüenta dólares para sustentar a radiodifusão pública, quando o comportamento racional seria simplesmente levar vantagem e nada pagar? A resposta, naturalmente, é que, ao lado de proporcionar uma programação que respeita a inteligência do ouvinte, a própria existência da rádio não comercial estimula uma ética e um comportamento de não-comercialização. Sob o ponto de vista do mercado, esse comportamento é irracional, se não incompreensível. E atribuir tal comportamento dos ouvintes a um gosto pela "benemerência" é errar bastante. O que eles fazem é, como cidadãos, exprimir a preferência de que esse tipo de programação perdure e seja disseminado. Observe-se, entretanto, que a rádio pública começa a ser penetrada por quase comerciais, e que a linguagem de mercado se imiscui nesse oásis de não-comercialismo. É doloroso ouvir a rádio pública de minha comunidade referir-se no ar a sua campanha anual de levantamento de fundos como "telemarketing". É "moderno" falar a linguagem do mercado, e boboca mencionar a comunidade.

Sentimento de comunidade

Uma das cantigas preferidas de meus filhos era "Magic Penny" [Centavo mágico], um clássico da falecida Malvina Reynolds:[53]

Amor é algo que se você dá de graça
de graça, de graça
Amor é algo que se você dá de graça
Termina com mais do que começou.

É como um centavo mágico
Segure com força e não ficará com nada
Empreste, gaste e terá tantos de volta
*Que eles rolarão pelo chão.**

Evidentemente, o conceito de amor é a antítese do modelo de mercado, cuja essência é a escassez. Nas trocas de mercado, é absurdo imaginar que se pos-

(*) Love is something if you give it away/ give it away, give it away/ Love is something if you give it away/ You end up having more. It's just like a magic penny/ Hold it tight and you won't have any/ Lend it, spend it and you'll have so many/ They'll roll all over the floor.

sa obter mais de uma *commodity* pelo processo de dá-la de graça, exceto talvez como prêmio ou chamariz para a venda de outros produtos. É por isso que o centavo de Malvina Reynolds é "mágico": no mercado, dar alguma coisa não leva a se obter mais dela. É possível forçar (como fez Gary Becker) uma analogia entre o amor e um investimento, mas isso de algum modo deixa de captar a idéia. Diversos economistas espertos argumentaram, precisamente, que precisaríamos aumentar nossa dependência em relação ao mercado porque o altruísmo e o amor são *commodities* escassas. Em um conhecido ensaio intitulado "What Does the Economist Economize" [O que o economista economiza], sir Dennis Robertson conclui por decidir que o sistema de mercado economiza eficientemente o amor, uma *commodity* demasiadamente escassa para constituir uma base confiável para as relações humanas.[54] Ao domesticar o interesse próprio, os mercados reservam o altruísmo, a empatia e o sentimento de comunidade para ocasiões especiais. Num espírito essencialmente idêntico, Charles Schultze escreveu que, "a despeito de sua importância vital para a sociedade civilizada, a compaixão, o amor fraternal e o patriotismo estão disponíveis em quantidades demasiadamente baixas para funcionarem como substitutos [de incentivos de mercado]".[55]

O modelo de mercado da natureza humana tem grande dificuldade de compreender que vale a pena *cultivar* o altruísmo, que se trata de algo além de apenas mais uma "preferência" autocentrada e arbitrária. Numa cena típica de Monty Python [grupo inglês de satiristas], um indivíduo chamado Ford pede um donativo a um rico banqueiro, que não consegue entender o conceito de benemerência:[56]

> BANQUEIRO: Lamento muitíssimo, não entendo. Você pode explicar exatamente o que deseja?
>
> FORD: Bom, quero que o senhor me dê uma libra. Aí vou embora e a dou para os órfãos.
>
> BANQUEIRO: E...?
>
> FORD: Bom, é isso.
>
> BANQUEIRO: [...] Não entendo de jeito nenhum. Quer dizer, detesto parecer burro, mas me parece que vou sair desse negócio com prejuízo de uma libra!

Ao tentar interpretar o fato de o comprometimento religioso não poder ser explicado pelo "fluxo de benefícios" esperado para toda a vida, preconizado pelo modelo usual de mercado, um economista utilitarista introduziu um fator novo – "consumo no além".[57] Pessoas investem tempo e dinheiro na perseguição de objetivos espirituais na proporção de sua esperada utilidade *post-mortem*. Qualquer coisa vale para salvar o modelo! Tal extrapolação cósmica revela ainda uma fraqueza mais terrena no método – o fato de que as pessoas não têm como, antecipadamente, saber com segurança se um ato de consumo proporcionará a satisfação antecipada.

É evidente que milhões de norte-americanos trabalham em atividades voluntárias e de benemerência. Descrevê-lo como um caso especial de maximização de utilidade seria errar completamente o alvo, pois a lógica que governa essa atitude situa-se fora do âmbito da lógica de mercado.

O fato de a maior parte das pessoas esperar uma trégua das maquinações instrumentais e oportunistas do cotidiano é demonstrado pelo trabalho empírico de economistas experimentais. Pesquisas mostram que a maioria das pessoas se comporta rotineiramente de formas contrárias a seu interesse próprio, movidas por normas de comunidade e decência, e por causa do desejo "extra-racional" de que outros façam o mesmo por nós. Sempre que entregamos nos achados e perdidos uma carteira encontrada no chão, ajudamos um desconhecido, recolhemos sujeira largada, damos gorjeta num restaurante ao qual nunca voltaremos, estamos "jogando pão sobre as águas" na esperança de que outros façam o mesmo. Possuímos uma imagem mental de um eu mais virtuoso e cívico, a qual, por vezes, tentamos emular. O testemunho do altruísmo praticado por outros reforça comportamentos de comunidade em nós mesmos. A despeito dos melhores esforços dos economistas de Chicago, tais expressões de sentimento de comunidade não podem ser entendidas de forma produtiva como um contrato, ou como uma modalidade especial de egoísmo. Se tal não fosse o caso, a sociedade seria um lugar mais hobbesiano – "sórdida, brutal e rasa".

Levantamentos revelam também que mais de três quartos das pessoas pesquisadas consideram injusto que uma empresa lucrativa aproveite um cenário de desemprego para despedir funcionários e contratar substitutos por salários mais baixos. Evidentemente, esse padrão de comportamento é endêmico em nossa economia febrilmente mercantilizada. Pesquisas mostram que 79% das pessoas consultadas consideram impróprio que uma mercearia aumente o preço de um produto que tem em estoque porque o proprietário possui informações de que seu preço no atacado subiu. Constitui também maioria a opinião de que é injusto os restaurantes imporem uma sobretaxa de cinco dólares às reservas para as noites de sábado. Noventa e um por cento julgam injusto que o locador eleve o preço do aluguel porque soube que o locatário teve um aumento salarial. Setenta e quatro por cento pensam ser inadequado que, uma semana antes do Natal, uma loja venda por leilão uma boneca popular e difícil de encontrar.[58]

Um economista pode responder que essas maiorias não entenderam os princípios básicos da economia. Por que as pessoas simplesmente não aprendem a se comportar mais de acordo com o modelo de mercado? (Um pouco como o político que anseia por melhores eleitores.) A explicação mais sutil, e plausível, é que essas maiorias exprimem o fato simples de que alimentam um complexo conjunto de valores extramercado, que coexistem com aqueles postulados pela teoria econômica. E, se as preferências expressas dessas pessoas valorizam a justeza, a lealdade e o comprometimento, lado a lado com a maximização calculada da utilidade, então é a teoria econômica que fornece uma descrição equivocada da motivação e do comportamento, e não o comportamento que falha à luz da verdade da teoria. Conforme o modelo econômico, também poderia parecer que o público sempre deseja uma boca-livre, e que as pessoas que responderam àquelas pesquisas estariam estabelecendo uma identificação sentimental com os que têm menos poder de barganha – locatário, empregado, consumidor; e não o locador, o patrão, o comerciante. Contudo, se olharmos um pouco mais fundo, uma explicação melhor é a de que as pessoas estão dizendo que valorizam uma sociedade em que o mais forte nem sempre leva vantagem sobre o mais fraco.

Conforme a perspectiva do mercado, é a ignorância que alimenta esses pontos de vista. Ela permite que noções sentimentais sobre justeza produzam males econômicos, pois uma sociedade que se afasta dos princípios do mercado reduz seu desempenho econômico potencial. Esse argumento – o da eficiência – corresponde ao melhor que o mercado tem a apresentar, e este livro devota-se a demonstrar que é exagerado ou equivocado. Com freqüência, desviar-se das normas do mercado ou é indeterminado no que concerne ao bem-estar puramente material, ou melhora o desempenho material.

Um conjunto adicional de levantamentos empíricos contradiz a hipótese de que as pessoas valorizam a "justeza" apenas quando se encontram do lado mais fraco de uma transação. É corriqueiro as pessoas deixarem gorjetas em restaurantes que nunca mais freqüentarão. Um levantamento fez a seguinte pergunta: "Se o serviço foi satisfatório, qual gorjeta você imagina que as pessoas deixariam após uma refeição de dez dólares num restaurante ao qual vão com freqüência?". A resposta média foi 1,28 dólares. A mesma pergunta foi feita, desta vez mudando o cenário para "um restaurante de outra cidade, que não esperam visitar de novo". A resposta média foi 1,27 dólares. No exemplo da gorjeta, não há risco de retaliação. Os pesquisados agem em resposta a normas generalizadas de generosidade, empatia e respeito próprio. Eles se sentiriam envergonhados se pensassem em si próprios como pessoas que recusariam gorjeta a um garçom. Os autores do estudo comentam: "Na teoria econômica tradicional, o cumprimento de contratos depende de coerção. Para o modelo standard, é um pouco embaraçoso que experiências produzam amiúde comportamentos corretos mesmo na ausência de coerção".[59]

Uma das constatações mais bem documentadas de uma longa série de experiências na teoria dos jogos é que, surpreendentemente, a maioria das pessoas abriria mão de parte de rendimentos fortuitos em favor do bem comum, mesmo em face da previsão da teoria econômica de que indivíduos racionais aproveitariam a situação ao máximo e deixariam a outros a preocupação com o bem-estar coletivo. A principal exceção ocorre quando a experiência é conduzida entre estudantes de economia, que, evidentemente, foram condicionados por seu treinamento a valorizar o comportamento egoísta. Numa experiência famosa, apenas 20% dos estudantes de economia de uma amostra escolheram contribuir para o bem coletivo, em contraste com uma maioria, observada em outros grupos de estudantes. Título que os autores deram ao trabalho: "Economists Free Ride: Does Anyone Else?" [Os economistas se aproveitam: alguém mais faz isso?].[60] Outras experiências dispõem carteiras "perdidas" em lugares em que serão "achadas". Grande número de pessoas gasta tempo e se dedica a descobrir o dono para devolver-lhe a carteira, com todo o dinheiro que continha, sem esperar gratificações. Por quê? Evidentemente, tal comportamento faz-nos sentir virtuosos, e gostamos da idéia de viver numa sociedade em que os atos generosos e empáticos são disseminados. Pessoas que têm esses valores não estão sendo meramente sentimentais; elas participam da manutenção de uma sociedade que apresenta um equilíbrio sensato entre comportamentos egoístas e generosos – o que traz benefícios econômicos e sociais. Ensinamentos de sala de aula que frisam a racionalidade do egoísmo puro distorcem esse equilíbrio necessário.

O culto da absolutização dos mercados traz dois perigos ligados. O primeiro é o de que as *instituições* do mercado expulsam instituições extramercado. Perante a investida da pressão competitiva, instituições não mercadológicas, como hospitais de voluntariado [*charity*], a televisão pública e o esporte "amador" passam mais e mais a se assemelhar e a se comportar como entidades que visam ao lucro. O segundo perigo é o de que as *normas* do mercado expulsam as normas extramercado. A teoria do mercado aconselha que nos comportemos como o homem econômico dos manuais. Experiências mostram que essa orientação tem efeito no comportamento de economistas jovens, e talvez em outras pessoas. Quando tudo está à venda, a pessoa que ajuda os outros de graça, ajuda desconhecidos, concorda em trabalhar por um salário baixo em nome do bem comum, não joga lixo em qualquer lugar mesmo quando ninguém está olhando, renuncia a uma oportunidade de se aproveitar de uma situação, começa a se sentir como um otário.

A civilidade e o espírito público podem ser cultivados – ou sabotados. Quando os entusiastas do mercado argumentam que os preços devem ser "desempacotados" em nome de uma maior precisão, ou que os serviços públicos devem ser cobrados de modo a refletir seu custo real, ou que somente os muito pobres devem ser beneficiários de mecanismos de redistribuição de renda, estão seguindo a lógica econômica em detrimento da lógica extramercado – mas não estão necessariamente criando uma economia ou sociedade mais eficientes. Por exemplo, não há boas razões de mercado para a existência de bibliotecas públicas gratuitas. Muitas das pessoas que as usam poderiam pagar uma pequena taxa para retirar livros. Em princípio, se existisse demanda para esse serviço, um empreendedor deveria aparecer para provê-lo. Mas a existência das bibliotecas públicas gratuitas cria uma subcultura que valoriza o conhecimento e sinaliza que este tem valor extramonetário. Enquanto é verdade que alguns leitores se beneficiam de um "subsídio" desnecessário, outros não teriam como comprar, ou mesmo alugar, livros a preços de mercado, e portanto passariam a ler menos. A biblioteca pública também cria um oásis não comercial onde todas as classes sociais se encontram. Um economista convencional pode muito bem admitir que o gosto pela leitura é uma "externalidade" e, com base nisso, defender que as bibliotecas sejam gratuitas. No entanto, tal defesa seria demasiadamente estreita, pois perderia de vista a essência cultural e normativa da instituição. "Desempacotar" o subsídio pela introdução de certificados de pobreza, ou inventar algum outro mecanismo que torne as bibliotecas públicas mais próximas ao mecanismo de mercado, destruiria essa essência.

Enquanto este livro estava sendo escrito, a maioria republicana no Congresso ridicularizava e tentava abolir o programa de voluntariado do presidente Bill Clinton, AmeriCorps. À primeira vista, essa parece ser uma tempestade em copo d'água: o programa é pequeno e parece proporcionar a jovens a oportunidade de dedicar um ano a trabalhos de benemerência por um salário muito baixo, e mais um estipêndio a ser poupado para depois servir para pagar anuidades acadêmicas. Contudo, a direita mais dura tem bons motivos para atacá-lo, pois se trata de uma tentativa explícita e deliberada de cultivar valores extramercado. Pior, a iniciativa se constitui em um cultivo *governamental* de valores altruístas. A direita ultramercado não vê problemas quando alguma instituição tradicional, como as igrejas, incube uma ética de prestação de serviços, mas o governo, por definição, não pode desempenhar tal papel.

Isso traz de volta à mente o ponto de Streeck: tanto as instituições tradicionais como as criações políticas deliberadas podem servir de contrapeso ao mercado. Alguns híbridos, como os sindicatos de trabalhadores, cumprem essa função, ancorados no setor privado mas desfrutando de reconhecimento legal num sistema de negociações coletivas intermediado pelo Estado. Um economista conservador olha um sindicato e não vê nada mais que um monopólio que tenta empurrar os salários para acima do preço de liqüidação de mercado. Os sindicatos, porém, também fazem parte do rico tecido social norte-americano que Tocqueville celebrou. Eles patrocinam times da Little League [beisebol infantil], projetos de assistência comunitária e de educação cívica e ainda funcionam como veículos para a "voz" dos empregados nos locais de trabalho. Em ambos os papéis, os sindicatos alimentam valores solidários como contrapeso a valores de mercado.

Atualmente, novos dilemas éticos e políticos sobre os limites da mercantilização surgem quase todos os dias. Como a sociedade deve regular o comércio de órgãos humanos? Os mesmos conservadores que promovem a expansão dos princípios de mercado apoiaram leis que proíbem a venda e o uso clínico de tecido fetal. Deve-se permitir que pessoas ricas, ou celebridades como o falecido Mickey Mantle, herói dos Yankees [time de beisebol da cidade de Nova York], "furem a fila" de transplantes? Operações cirúrgicas e formas genéticas artificiais podem ser consideradas modalidades de propriedade intelectual patenteáveis? Professores universitários podem se associar em negócios com empresários? Funções do Estado, como a Justiça, devem ser parcialmente privatizadas, ou mantidas num domínio separado, impróprio à comercialização? Deve haver algum limite à comercialização dos esportes? Deve-se tentar preservar a fronteira entre a programação e os comerciais na TV, ou é razoável que indivíduos livres assistam a infindáveis "infomerciais", se assim escolherem?

ALTRUÍSMO E EFICIÊNCIA

Não é possível inferir a Regra de Ouro,* ou o imperativo categórico de Kant,** a partir da teoria standard do livre mercado. Contudo, embora possamos contar com motivos extramercado para desejar que a compaixão e a virtude cívica constituam normas amplamente observadas, devemos também almejar tais valores por razões mais estritamente econômicas. Uma restrição do alcance do mercado é necessária para limitar suas tendências de autocanibalização. Há um conjunto de valores extramercado, ou pré-mercado – como honra, confiança, lealdade, decência, justeza –, que fazem os mercados funcionarem melhor, mesmo considerando que as pressões de mercado os solapem.

A teoria do mercado entende as relações econômicas como puramente instrumentais. Todas as transações são feitas com desconfiança, não havendo terreno para sentimentalismos. A teoria interpreta comprometimentos de longo prazo como se fossem contratos implícitos, pois o contrato resume o conceito econômico de uma troca livre e voluntária, da qual participam indivíduos racionais e que perseguem seu próprio interesse. Quando o oportunismo convém e vale seu custo nominal, a teoria o recomenda. Na teoria da escola da Lei e Economia, há até uma doutrina do "descumprimento eficiente":[61] se os custos justificarem a uma das partes romper um contrato, essa parte deve fazê-lo e pagar o preço.

Contudo, a sociedade paga um preço mais elevado se as normas de comprometimento e confiança são rompidas de forma casual. Há uma incalculável

(*) Não faça aos outros o que não quer que lhe seja feito. (N. T.)

(**) Essencialmente o mesmo: Agir somente conforme princípios que se imagina devam aplicar-se universalmente. (N. T.)

economia de tempo e dinheiro na pressuposição de que a maioria das pessoas é confiável a maior parte do tempo; que toda transação não requer uma batalha infindável. Caso tais normas não fossem disseminadas, o custo de monitoração cresceria desmesuradamente e os contratos precisariam se tornar ainda mais elaborados, para cobrir todas as contingências possíveis. Muitos de nós já passamos pela experiência de receber de advogados minutas muito mais extensas do que o necessário, em face do que conhecemos intuitivamente a respeito da outra parte de um negócio. Muitos contratos são orais ou informais, graças a normas de confiança generalizadas. Caso as normas de oportunismo calculado preconizadas por muitos economistas se tornassem universais, nos transformaríamos numa sociedade aprisionada em nossos próprios contratos. Deborah A. DeMott, professora de Direito da Universidade de Duke, adverte que, na medida em que reduz todas as relações a maquinações de curto prazo, a teoria da Lei e Economia pode "impensadamente proporcionar a mecânica de solapamento do núcleo normativo de muitas relações".[62] Ela emprega como exemplo a relação fiduciária, conceito legal que engloba a confiança especial. Diz DeMott que "as normas impostas pela obrigação fiduciária operam para desencorajar a busca calculada do interesse próprio que subjaz à doutrina do descumprimento eficiente".[63] Reduzir essa relação especial a nada mais que um mero contrato descumprível é destruir sua natureza singular.

Em algumas esferas, o altruísmo é nitidamente mais eficiente do que a troca de mercado. O clássico de Richard Titmuss, *The Gift Relationship* [A relação de doação], compara meticulosamente os sistemas de bancos de sangue dos EUA e da Grã-Bretanha.[64]

Os bancos de sangue norte-americanos surgiram como instituições voluntárias e sem fins lucrativos; a partir de certa época, passaram a ser administrados pela Cruz Vermelha. Por volta da década de 60, contudo (quando Titmuss escreveu), a doação de sangue com finalidade lucrativa tinha avançado bastante. Ele verificou que, ao contrário da mitologia, somente 9% dos doadores de sangue "chegavam perto da concepção do doador comunitário voluntário, que encara sua doação como uma dádiva gratuita a desconhecidos".[65] É evidente que o tipo de pessoa que vende profissionalmente seu próprio sangue é exatamente o tipo cujo sangue a sociedade não deveria querer – alcoólatras, viciados em drogas e outros indivíduos desesperados que mais provavelmente são portadores de doenças transmissíveis (e isso antes do aparecimento da AIDS). No final dos anos 60, doadores profissionais, que vendiam seu sangue ou plasma o mais freqüentemente possível, respondiam por quase um terço de todos os produtos sangüíneos; hoje, contribuem mais ainda. Muitas vezes, doadores pagos escondem dependências e históricos de doenças.

Em contraste, na Inglaterra, a venda de sangue era proibida. O Serviço Nacional de Saúde britânico [National Health Service] mantinha o Serviço

Nacional de Transfusões de Sangue [National Blood Transfusion Service] com o objetivo consciente de encorajar um suprimento saudável de sangue e de promover uma ética da doação voluntária. Entre 1948, quando o programa foi lançado, e 1967, o suprimento de sangue cresceu 222%, de nove doações anuais por mil habitantes para 29 por mil. Entre 1956 e 1967, o estoque de sangue cresceu 77% na Inglaterra e País de Gales, e apenas 8% nos EUA.[66]

Na Inglaterra, economistas do livre-mercado afirmaram que, se os doadores viessem a ser pagos, o suprimento aumentaria, assinalando que "um movimento na direção de uma maior eficiência no mercado de sangue é um movimento na direção de uma maior eficiência na economia como um todo".[67] Nos Estados Unidos, a FTC chegou a impedir o funcionamento de um banco de sangue comunitário na cidade de Kansas City, que havia sido organizado pelos hospitais locais após o fechamento de um banco de sangue privado por conta de escândalos, considerando a iniciativa um monopólio inaceitável, uma conspiração para restringir o comércio.[68]

Ao lado de questões "morais e sociais", o professor Titmuss tirava três conclusões econômicas:[69]

> A primeira é que um mercado privado de sangue acarreta riscos muito maiores aos receptores, em termos de doenças adquiridas, comprometimentos crônicos e morte.
>
> Segundo, um mercado privado de sangue é potencialmente mais perigoso para a saúde dos médicos.
>
> Terceiro, no longo prazo, um mercado privado de sangue dá lugar a mais escassez de sangue.

Titmuss levantou que o preço do sangue era significativamente mais elevado nos EUA e o suprimento menos confiável; por causa da fragmentação e das disparidades na qualidade, havia muito mais desperdício. Ele observou o paradoxo de que, "quanto mais comercializado se torna um sistema de distribuição de sangue (e assim mais ineficiente, perigoso e propenso a desperdício), mais o produto interno bruto aumenta. Isso, é claro, não passa de um artefato para transferir um serviço voluntário ao setor pago e 'commoditificado' da sociedade".[70]

Eis aqui um claro benefício *econômico* que se situa ao largo da compreensão do modelo de mercado. A pesquisa conduzida por Titmuss sobre por que os ingleses doavam sangue mostrou que 26,4% das respostas mencionavam um desejo vago de ajudar (o que Titmuss chamou de altruísmo – "Saber que posso salvar a vida de alguém"); 1,4% sugeriram a gratidão ("Porque tenho sorte em ter boa saúde");[71] 9,8% citaram a reciprocidade ("Minha própria vida foi salva por transfusões"); 10,2% sugeriram um senso de dever ou a recordação do esforço de guerra;[72] e 31,2% citaram ou um pedido pessoal ("Um colega de trabalho me convenceu da necessidade de haver mais doadores") ou nacional ("Ouvi o apelo na BBC").

Steven E. Rhoads considera o sentimento de comunidade e o comprometimento com os valores públicos como um tipo de externalidade positiva. "Poder-se-ia esperar que economistas propusessem políticas públicas dirigidas ao fortalecimento da ética, da boa vontade e da civilidade", escreve ele. "Tais propostas inexistem."[73]

Em certo sentido, é o mercado que tira vantagem dos valores extramercado que tornam nossa sociedade de mercado suportável, temperando o oportunismo incansável recomendado pelo modelo de mercado. Normas de civilidade são um bem público. Sem elas, o mundo degeneraria numa sociedade de suspeita mútua permanente. O falecido [ex-primeiro-ministro sueco] Olof Palme costumava alertar contra os perigos de uma "sociedade de cotovelos em riste". Em vez de um mundo comercial relativamente prazeroso, precisaríamos nos manter em guarda permanente contra achaques. As falências proliferariam. Os bancos teriam que cobrar juros mais altos para compensar o oportunismo generalizado. Garantias explícitas teriam que ser formuladas para cada transação. Os médicos teriam que praticar uma "medicina defensiva" ainda mais radical do que já fazem. O aperto de mãos se tornaria inútil. A sociedade se transformaria no paraíso dos advogados. Essa é a distopia que os mercantilistas recomendam.

Na próxima seção, voltamo-nos para os detalhes da inquieta coexistência de três domínios concretos: o ambiente de trabalho, a assistência médica e o sistema financeiro, em que o modelo perfeito dos manuais e do ideólogo é impossível de conseguir e imprudente de perseguir.

3

O MERCADO DO TRABALHO*

SERES HUMANOS COMO FATORES DE PRODUÇÃO

Economistas e outros estudiosos da sociedade há muito reconhecem que os mercados de trabalho são fundamentalmente diferentes dos de produtos. Num certo sentido, um emprego ou profissão é uma *commodity* vendida e comprada num mercado, da mesma forma que um honorário ou salário é um preço pago pelo empregador. O trabalho, contudo, é uma fonte central de identidade e modo de vida, uma filiação valorizada (ou ressentida), às vezes uma vocação. Seu lugar não é o mercado frio ou o pregão de uma Bolsa, mas uma instituição com hierarquias complexas, amizades, comprometimentos de origem, lealdades recíprocas e uma existência social continuada. O trabalho é ainda maleável num sentido que os bens físicos não são: há uma gama quase infinita de combinações possíveis de esforços e compensação, comprometimento e oportunismo, e nenhum caminho ótimo, definido por uma liberdade maximal de trocas.

Lembremo-nos de que uma transação no mercado puro é uma troca individual que se dá num certo instante. No mundo real, o caso ideal se materializa num mercado *spot*, ou num leilão (como na Bolsa de Valores), em que os ofertantes são muitos, os preços variam de fato de minuto a minuto, e cada transação é um evento singular que liqüida o mercado da mercadoria em questão. Ocasionalmente, contratos de longo prazo podem suplantar os mercados spot, mas nesse caso se trata de arranjos voluntários, baseados na percepção de vantagens mútuas, e usualmente motivados pela intenção de evitar riscos. No entanto, nos mercados de produtos, contratos de suprimento de longo prazo representam um desvio relativamente trivial do mecanismo de preços. Os teóricos do mercado

(*) Em todo este capítulo, o leitor brasileiro deve ter em mente que a relação entre o capital e o trabalho nos EUA é muito diferente do que é no Brasil, a começar do arcabouço institucional. (N. T.)

não levantam objeções contra eles, pois o processo de contratação não passa de outro tipo de troca voluntária.

As transações trabalhistas são uma história completamente diferente. Neste caso, mercados *spot* são a exceção, e desvios dos preços de liqüidação de mercado a regra. Alguns trabalhadores ainda conseguem empregos diários ou temporários. De modo geral, contudo, eles esperam estar fazendo amanhã o mesmo trabalho que hoje, para o mesmo empregador e pelo mesmo salário. É verdade que empregados mudam de emprego, mas não continuamente. Os salários não flutuam como cotações de ações ou os preços de uma peixaria. Demissões coletivas acontecem, mas são excepcionais, e não disseminadas. Os preços do trabalho são mais ou menos estabelecidos por mercados, mas num contexto que presume um relacionamento contínuo.

Com freqüência, tais relacionamentos de longo prazo são comparados a contratos voluntários nos mercados de produtos, mas a analogia é escorregadia. Às vezes existem contratos de longo prazo entre empregador e empregado, ou entre empregador e um sindicato que age em nome de uma coletividade de trabalhadores. Contudo, aspectos fundamentais de "contratos" de trabalho de longo prazo são tácitos e costumeiros. Enquanto o negócio for bem, o trabalhador que exercer bem suas tarefas pode imaginar que não será despedido, mesmo se alguém que passa pela rua esteja disposto a tomar o seu lugar por um salário mais baixo. A dedicação passada será recompensada no futuro, caso tempos mais difíceis sobrevenham. Nada disso está escrito no papel. O resultado desses aspectos sociais e institucionais dos mercados de trabalho é que os salários não se ajustam regular e continuamente. Como os economistas invariavelmente colocam, o preço do trabalho é "pegajoso".

Presumivelmente, o trabalho raramente se comporta como mercado *spot*, porque o ambiente de trabalho não é apenas um mercado, mas uma organização social com uma certa lógica institucional e imperativos institucionais. Transformá-lo em mercado *spot* puro comprometeria sua viabilidade como instituição. Mesmo o pior dos locais de trabalho tem normas de justiça. Caso sejam descumpridas, o moral pode ser afetado, e com isso a produtividade e o lucro. Por exemplo, diferentes indivíduos que trabalham na mesma especialização numa organização de grande porte não têm a mesma "produtividade marginal", mas é costumeiro que recebam aproximadamente o mesmo salário.

Não apenas trabalhadores com a mesma função apresentam produtividades diferentes, como a produção de qualquer trabalhador varia de momento a momento e de semana a semana, dependendo de seu estado de espírito, esforço, moral, saúde. Contudo, não há modo prático de a empresa ajustar com precisão seu salário de acordo com tais variações, seguindo o modelo de um mercado de produto. O pagamento por peça produzida constituiu uma tentativa de recompensar com mais precisão a produção. Contudo, essa modalidade de pagamento praticamente desapareceu. Certos estudiosos dos mercados de trabalho explicam o eclipse do pagamento por peça basicamente pelos danos que causa ao trabalho em equipe, à moral e à qualidade. Como observado há muito por economistas do trabalho, o empregador não compra apenas o tempo de trabalho do empregado, mas também seu esforço. Trabalhadores não possuem apenas habilidades formais, mas também aquilo a que Michael Polanyi chama de "conhecimento tácito", que tanto pode ser entusiasticamente aplicado à atividade como ressentidamente suprimido.[1]

É claro que, para a maioria das empresas, revelou-se eficiente (não no sentido de Adam Smith) honrar o caráter social do trabalho e pagar os funcionários de maneiras que, freqüentemente, divergem de sua precisa contribuição marginal para a produção em qualquer instante determinado. Isso não significa que a firma deixe de considerar a produção e o esforço do empregado. Ao contrário, quer dizer apenas que existem modos mais eficazes de induzir o desempenho do que tratar o trabalho como uma simples *commodity* de mercado. Diferentemente das coisas, as pessoas apresentam uma ampla gama de possibilidades de desempenho. Têm capacidade de aprendizado. Percebem como são tratadas, e isso afeta o modo como trabalham. Todos os grandes economistas políticos atentaram para isso. A expressão mais elegante e original em tempos recentes está no clássico moderno de Albert Hirschman, *Exit, Voice, and Loyalty* [Saída, voz e lealdade].[2] Ali se observa que a "voz" – a prerrogativa de exercer influência – é uma alternativa para a escolha um tanto estática do modelo de mercado, de ficar ou sair. A voz, por seu lado, engendra lealdade. De modo a funcionar, a lealdade deve ser recíproca. Assim, a voz proporciona uma alternativa construtiva e engajada à saída ressentida.

Os mercados de trabalho violam as condições do mercado perfeito em outro aspecto-chave. Muitas vezes, a empresa entende que serve à eficiência pagar salários um pouco superiores aos do mercado a seus funcionários mais antigos, pois esse bônus implícito mostra-lhes que são valorizados e encoraja o esforço e a lealdade à empresa. Um trabalhador que tem noção de que, no mercado aberto, seu trabalho "vale" oito dólares por hora, mas que ganha dez, com perspectivas de chegar a doze, provavelmente valoriza o seu emprego e tende a se empenhar pela empresa. Tal costume, de pagar a funcionários veteranos um ligeiro adicional sobre o salário de liqüidação de mercado, serve também para diminuir a rotatividade, melhorar a comunicação, reduzir custos de recrutamento e treinamento e para tornar a firma um lugar mais feliz. Empregadores que pagam o menor salário possível invariavelmente reclamam da dificuldade de conseguirem bons empregados.

Todo um ramo da pesquisa sobre mercados de trabalho, chamado de teoria do salário eficiente,[3] conclui que a eficiência associada a induzir no trabalhador o maior esforço possível, o maior desempenho e a máxima lealdade exige um desvio substancial do tratamento do trabalho como simples *commodity* num pregão. Um assunto relacionado a esse é a questão da idade. É comum que empresas aumentem o salário de seus empregados conforme sua idade, não porque a produtividade sempre aumente com a experiência – além de certo ponto, a produtividade muitas vezes decresce com os anos –, mas para recompensar a lealdade e sinalizar aos demais empregados que são valorizados e que aquele é um bom lugar para se trabalhar. O respeito pela idade também reconhece que trabalhadores mais velhos provavelmente têm obrigações familiares mais custosas – o que é uma consideração social, e não puramente econômica. São os sindicatos que costumam exigir que reduções de quadro comecem pelos funcionários mais jovens e que aos veteranos sejam concedidos direitos de estabilidade relativa; basicamente pelos mesmos motivos, empresas que não firmam contratos coletivos com sindicatos também usam esse critério. Enquanto instituição social, o emprego seria desestabilizado se empregados mais jovens pudessem tomar o lugar dos mais velhos.

Economistas do trabalho interpretam como facilitadores da transmissão de conhecimento os mecanismos de estabelecimento de posições no mercado de trabalho, como os que funcionam na academia e no sistema de aprendizes e oficiais, freqüentes nas profissões especializadas. A etapa de aprendiz (tácita ou explícita) pode parecer rígida, mas parece eficiente porque assegura padrões elevados e garante aos profissionais mais experientes a possibilidade de transmitirem seu conhecimento aos novatos. Na academia, se um jovem e brilhante professor assistente [*lecturer*] pudesse assumir a posição de um catedrático [*professor*] por um terço do pagamento, a instituição economizaria dinheiro – mas os acadêmicos tenderiam a pensar duas vezes quanto a transmitir conhecimento a seus estudantes graduados. Essa é uma razão adicional para que mercados de trabalho não sejam simples pregões (e por que catedráticos [*professors*] que clamam por mercados puros em outros domínios não costumem renunciar a sua estabilidade [*tenure*]). Como observou Lester Thurow, "Se os salários fossem de fato flexíveis e determinados num pregão, cada profissional tentaria construir seu pequeno monopólio através do acúmulo de informações e habilidades específicas, no esforço de se fazer indispensável". No mundo real, entretanto, "Os empregadores reprimem a competição salarial e estimulam a segurança de emprego [...]. Ofertas de salários mais baixos vindas de fora não são aceitas, pois caso o fossem isso traria ameaça aos trabalhadores já empregados".

Padrões de recrutamento são, também, uma mescla do social e do econômico. A teoria standard do livre mercado pressupõe que a informação seja perfeita. De algum modo, o trabalhador certo encontrará a pista do emprego certo, ao preço certo. Contudo, estudos sociológicos sobre como, de fato, trabalhadores procuram empregos e de como, na prática, empregadores recrutam funcionários, tornam uma piada a "teoria da busca" dos economistas. Um clássico do gênero, o estudo "The Strenght of Weak Ties" [A força dos laços fracos], do sociólogo Mark Granovetter,[4] constata que diversas conexões extramercado – alguém conhece o primo de alguém; o colega de escola de alguém se encontra no lugar certo, no momento certo – respondem pela forma como, na prática, as pessoas arranjam emprego. A parte interessante da história acontece depois que a pessoa arruma o emprego – mais maleabilidade. E quando grupos que eram anteriormente excluídos – judeus, negros, asiáticos, mulheres – penetram num ambiente de empregos previamente proscrito, isso nada tem a ver com mudanças na produtividade marginal, mas com alterações na estrutura do poder político, na lei e, finalmente, nos comportamentos e costumes.

Como conseqüência de todos os desvios em relação ao mecanismo de formação de preços em mercados *spot*, é provável que o preço de mercado do trabalho seja "errado" todo o tempo – errado tanto nas firmas tomadas isoladamente como na economia agregada. Alguns trabalhadores recebem demais, outros de menos. Aparentemente, a lógica do emprego enquanto organização social requer tais anomalias e as torna toleravelmente eficientes. A teoria do salário eficiente afirma que esse modo de formação de preços é a melhor das soluções não ótimas, ao menos para as empresas.

Em termos macroeconômicos, contudo, esse desvio em relação aos princípios de formação de preços no mercado puro significa que, diferentemente de uma peixaria, o mercado de trabalho não se "liqüida" com base em ajustes de preços. No fim do dia, há uma superabundância de produto – ou seja, pessoas que procuram emprego. Alguns são ligeiramente mais bem pagos em relação à sua produção marginal, outros trabalham mais tempo do que gostariam; outros ainda se pilham trabalhando involuntariamente em tempo parcial, ou desempregados.

O fenômeno do empregado que involuntariamente trabalha demais é também função das imperfeições do mercado de trabalho. Pessoas que embarcam em carreiras com expectativas de ascensão rápida – digamos, associados em firmas de advocacia ou recrutas em bancos de investimentos – podem preferir trabalhar cinqüenta horas por semana – mas acabam por trabalhar oitenta, de modo a demonstrar diligência na disputa por algumas ambicionadas participações societárias. O que poderia consistir em dois empregos de quarenta horas se transforma em um único, de oitenta. Em casos semelhantes, mas menos charmosos, como no cumprimento obrigatório de horas extras em empregos fabris, o excesso involuntário de trabalho resulta de esforços do empregador em virar em seu favor as regras do sistema de benefícios [*fringe benefits*] e minimizar a rotatividade. Se o empregador contrata um novo empregado, se vê obrigado a pagar mais impostos relativos à folha de pagamento, mais custos de benefícios e mais custos de treinamento. O novo empregado pode ser difícil de demitir no próximo enxugamento, devido a custos compulsórios de demissão ou resquícios de contratos tácitos. Dessa forma, é mais "eficiente" exigir de uma força de trabalho mais reduzida que trabalhe mais do que admitir pessoal extra. Esse padrão reflete uma mescla de oportunismos que pode trazer economia para o empregador, mas não constitui um mercado perfeito nem, necessariamente, eficiente para a sociedade.

O mercado de trabalho é imperfeito em outro aspecto fundamental. Em razão do problema macroeconômico trazido pela tendência de recair em recessões periódicas devido a refluxos da demanda agregada, ajustamentos (reduções) de salários num esforço de liqüidar o mercado de trabalho são uma cura perversa para o desemprego. Salários reduzidos se traduzem em redução do poder aquisitivo global – e redução ainda maior da procura por empregados. No início dos anos 30, muitos imaginaram inicialmente que poderíamos curar a Grande Depressão por meio do corte salarial. O resultado foi uma depressão ainda mais profunda. Há outras estratégias disponíveis para manter o pleno emprego, mas são encontradas em outra parte, diferente do território da perfeita formação microeconômica de preços. Conforme Joseph Stiglitz, "A disseminação e persistência do desemprego é, em minha opinião, o 'experimento crítico' mais eloqüente para desacreditar o modelo básico de equilíbrio concorrencial que (dependendo de como é encarado) prevê ou pressupõe o pleno emprego".[5]

É possível que o leitor reconheça que o dilema da imperfeição do mercado de trabalho é uma variação das Três Eficiências do Capítulo 1. Em termos alocativos (*à la* Smith), o do trabalho se afasta significativamente do preço "correto" de mercado – o que iguala com precisão a oferta e a procura e reflete a contribuição marginal do trabalhador para a produção da empresa em qualquer momento. Mas a lógica da firma como organização social parece exigir essa divergência. E a divergência em relação a um preço teoricamente correto pode levar a eficiências compensatórias, por meio da indução de esforços, partilhamento de conhecimento, satisfação no trabalho, inovação e lealdade.

Dessa forma, não existe um único salário correto ou ótimo para o trabalho, mas uma ampla gama de possíveis escalas salariais, sistemas de recompensa e estratégias para a indução e a recompensa de esforços exercidos. Os preços apropriados de mercado flutuam, em parte devido ao fato de que os esforços também flutuam. Pelo mesmo processo, uma economia keynesiana com pleno emprego, associada a aplicações na educação e treinamento, pode levar a uma alta taxa de crescimento, uma distribuição de renda socialmente tolerável e um nível de vida crescente ao longo do tempo – o que mais do que compensa o fato de uma parte do trabalho ter preços "errados" conforme o ponto de vista de Smith.

O leitor atento reconhecerá que todo este prólogo é um pouco arcaico. De fato, o que choca nos tempos que correm é que, subitamente, o trabalho esteja se tornando bastante semelhante a um mercado *spot*. As normas costumeiras extramercado quanto às relações empregado-empregador, que por longo tempo se supuseram institucionalmente eficientes, foram substancialmente corroídas pela ressurgência das forças de mercado. Duranto o *boom* do pós-guerra, quando a economia era mais regulada, os sindicatos mais poderosos e o comércio externo menos importante, havia uma turbulência institucional muito menor e, portanto, o mesmo acontecia com os mercados de trabalho. Era a época do oligopólio e da produção em massa. Caso se trabalhasse para uma companhia grande e estável como a General Electric ou a General Motors, a AT&T ou a United Airlines, seja como diarista ou como gerente, a expectativa normal era de que toda a carreira se passasse no mesmo lugar, caso se trabalhasse razoavelmente direito.

Demissões coletivas ocorriam, mas eram tipicamente cíclicas. A maior parte dos trabalhadores dispensados durante buracos econômicos era recontratada mais tarde. Hoje, contudo, os enxugamentos, terceirizações, fusões de empresas, realocações industriais e as contratações contingenciais estão se tornando a norma. Mesmo redutos da contratação prolongada, como o setor acadêmico e o serviço público, estão sob assalto. Poucas pessoas gozam de algo semelhante à segurança presuntiva de emprego característica do pós-guerra. Essa mudança é necessária? É eficiente?

Há uma geração, economistas do trabalho diferenciavam mercados de trabalho "primário" e "secundário". Empregos no mercado de trabalho primário caracterizavam-se por segurança de carreira, contratos regularizados, pagamento decente, normas de profissionalismo, benefícios e regalias. Com freqüência tais empregos se associavam a ocupações regulamentadas ou licenciadas pelo Estado ou, então, auto-reguladas por organizações profissionais. O tipo de capacitação era um dos determinantes dos empregos nos mercados de trabalho primários, mas não o único. Além das profissões de elite, entre as ocupações que recaíam nessa categoria estavam também diversos ofícios semi-especializados peculiares às indústrias básicas estáveis. A despeito de as habilidades requeridas serem bastante rudimentares e adquiríveis em algumas poucas semanas, ocupações como a de montador de automóveis podiam ser profissionalizadas, graças à combinação entre um sindicalismo forte e firmas estáveis, situadas em setores básicos.

Empregos em mercados de trabalho secundários, em contrapartida, consistiam no que se costumava chamar de "trabalho ocasional". Caracterizavam-se por uma alta rotatividade, baixos salários, ausência de benefícios e obrigações recíprocas mínimas ou inexistentes. Muitos estudiosos do trabalho daquela época pensavam que, à medida que a economia se tornasse mais rica e mais alavancada por seguro social, e o sindicalismo mais institucionalizado, mais e mais ocupações gradualmente se profissionalizariam e se converteriam de secundárias a primárias.[6] Nos anos 90, contudo, está acontecendo o contrário: ocupações antes consideradas primárias se assemelham cada vez mais a trabalho ocasional.

Chega a causar espanto comparar o que se lia na literatura standard sobre a economia do trabalho do início da década de 80 com os mercados de trabalho concretos dos anos 90. Ao explicar por que o preço do trabalho era "pegajoso" e não fluido, Arthur Okun cunhou a expressão "aperto de mão invisível". Em agudo contraste com a mão invisível de Adam Smith, os mercados de trabalho se baseavam numa grande variedade de contratos formais e tácitos, pois eram dependentes de uma miríade de obrigações recíprocas. Como exemplo, Okun expõe em *Prices and Quantities* [Preços e quantidades] (escrito em 1979-80): "A firma não pode simplesmente dizer a seus trabalhadores mais velhos que fiquem em casa sem receber salários, ao mesmo tempo em que contratam novos recrutas. Tal quebra de confiança traria graves impactos sobre as taxas de demissão de trabalhadores antigos e sobre as taxas de aceitação de recrutas".[7]

Resumindo o ponto de vista da escola da eficiência salarial, o economista Andrew Weiss adiantou a seguinte explicação para o fato de as empresas com freqüência pagarem remunerações acima da liqüidação do mercado: "Quanto mais baixa a remuneração, mais recursos a empresa terá que despender na supervisão, para manter um certo nível de esforço de seus trabalhadores".[8] A teoria também explicava a relutância das empresas em reduzir salários como forma de se ajustarem as quedas de demanda em termos da informação imperfeita do empregador: "Se todos os trabalhadores fossem idênticos, ou se todas as firmas fossem perfeitamente informadas sobre a produtividade dos trabalhadores, [...] a empresa responderia à queda do valor da produção do trabalhador [ou a uma redução de demanda por essa produção] por cortes nos salários. [...] Contudo, se a firma tem informação imperfeita sobre a produtividade de seus empregados, preocupar-se-á a respeito de quais funcionários serão induzidos a pedir demissão em face de um corte de remuneração. A firma se preocupará com a possibilidade de que os que pedirem demissão venham a ser exatamente aqueles que ela mais gostaria de segurar – trabalhadores cuja produtividade excede o que recebem como remuneração".[9]

Tais reflexões explicavam outro grande paradoxo dos mercados de trabalho – o fato de que, tipicamente, firmas que enfrentam aumento de concorrência ou redução de demanda ajustam a *quantidade* e não o *preço* do trabalho, recorrendo assim a demissões, e não a cortes salariais. Um empregador racional, agindo como *Homo economicus*, presumivelmente compensaria suas perdas reduzindo os salários. Ao contrário, contudo, as empresas costumam recorrer às reduções de pessoal, que incidem sobre uma pequena parcela da força de trabalho em vez de sobre todos os empregados; isso dá maior segurança aos empregados fiéis, com mais tempo de casa. De novo, a lógica social do ambiente de trabalho levava a melhor sobre a lógica do mercado.

No entanto, rever tais caracterizações na década de 90 parece ler descrições arqueológicas de um continente perdido. Hoje em dia, os empregadores estão rompendo quase todas as convenções tão cuidadosamente analisadas pela última geração de economistas do trabalho – e, evidentemente, sem serem penalizados por isso. O acirramento da concorrência e ondas sucessivas de fusões de empresas tornaram corriqueiros os enxugamentos brutais. Demissões coletivas sistemáticas não constituem simples resposta temporária a ciclos econômicos, mas se tornaram meio de vida. O trabalho passou a ser visto não como recurso de longo prazo, mas como centro de custo descartável.

Muito ao contrário de preservar e cultivar seus empregados mais experientes, algumas das empresas da lista das quinhentas maiores da revista *Fortune* literalmente convidam-nos a oferecer lances para a manutenção de seus empregos por meio da aceitação de cortes salariais.[10] Elas calculam quais níveis de pagamento atrairão recrutas jovens e então perguntam ao funcionário antigo se está disposto a trabalhar por aquele salário. Mesmo empresas que fazem contratações coletivas via sindicatos conseguiram contornar o que já foi a doutrina sacrossanta da homogeneidade salarial por equiparação de função: elas instituíram escalas salariais em dois andares, nas quais empregados veteranos situam-se na superior e novatos na inferior – onde permanecem não apenas durante o noviciado, mas por toda a carreira na empresa. As universidades só preservaram o costume da estabilidade para uma elite reduzida; fizeram-no por meio da ampliação de uma ordem inferior de professores que jamais atingirão a estabilidade e que subsistem com contratos de curto prazo, baixos salários, altas cargas didáticas e múltiplos empregos.

Empresas de grande porte empregam estratégias para reter a menor quantidade possível de empregados cruciais, procurando atingir o máximo grau de flexibilidade quanto ao modo de recrutamento de novos funcionários. Consultores oferecem seminários sobre como transformar uma grande parcela da força de trabalho de permanente em temporária. Num evento de treinamento patrocinado pelo Institute of International Research, executivos da McDonald's, Manor Care, Connecticut Mutual Life, McDonnell-Douglas, H&R Block e outras trocavam dicas sobre como efetuar a transição de uma força de trabalho permanente e em tempo integral para um contigente temporário, sem com isso perder qualidade ou produtividade.[11]

O emprego temporário e a contratação por tarefa são atualmente as categorias de trabalho que mais crescem. A Manpower Temporary Services é hoje não apenas a maior empregadora dos EUA como, também, a maior instituição de treinamento do setor privado. Essa tendência é parcialmente motivada pelo desejo das empresas, pressionadas por uma concorrência mais acirrada, de evitar a carga de benefícios e os impostos ligados ao emprego; contudo, o objetivo mais fundamental parece ser o de cortar custos e obter maior flexibilidade. As novas tecnologias da informação facilitam essa mudança. Nos estratos superiores da força de trabalho, consultores de empresa, analistas do mercado de capitais, especialistas em computadores, vendedores etc. podem cumprir suas funções a partir de qualquer lugar como empreiteiros independentes, precisando para isso apenas de um laptop, um telefone e um fax-modem. Na ponta inferior, as empresas podem lançar mão de agências de serviços temporários, consultores independentes ou firmas subcontratadas, para fazer sua força de trabalho aumentar ou diminuir, numa base diária.

Tais estratégias permitem aos empregadores evitar todos os contratos implícitos e obrigações recíprocas que caracterizavam as relações capital-trabalho na última geração. Se o empregado não mantém relação permanente com a folha de pagamento, nada se deve a ele além da remuneração diária por um trabalho diário. À medida que o mercado de trabalho vai se tornando mais e mais *spot*, os empregadores se tornam cada vez mais capazes de pagar o trabalho precisamente de acordo com a produtividade marginal que detectam – como se o preço do trabalho fosse determinado num leilão. Caso alguém se inscreva numa agência de serviços temporários, digamos como expert em computação gráfica ou contador, seu pagamento corresponderá precisamente àquilo que o mercado estiver pagando naquele momento por aquela especialidade; esse preço não mudará de hora em hora, mas poderá perfeitamente alterar-se de uma semana para outra, acompanhando as oscilações da oferta de trabalho e da demanda dos clientes. Aos empregadores que dependem essencialmente de consultores e de trabalho contratado na base de tarefa, tal sistema permite, ainda, estabelecer relação diária entre qualidade e preço do trabalho e escolher o trabalhador que preencha precisamente cada nicho. Contrariamente à antiga preocupação quanto aos "custos de supervisão" que isso acarretaria, é evidente que a qualidade do trabalho fala suficientemente bem por si mesma. Se o indivíduo temporário ou contratado por tarefa deseja continuar a trabalhar, fará um bom trabalho. Quanto mais descentralizada, customizada e flexível se torna a economia, mais o mercado de trabalho funciona da forma antes considerada institucionalmente impossível, isto é, como mercado *spot*.

A descentralização e a flexibilidade são o que fazem essas tendências serem celebradas por entusiastas da nova economia da informação. Diz-se que o computador e a Internet possibilitam uma economia de mercado que pode funcionar virtualmente sem atritos, e na qual qualquer vendedor estaria livre para estabelecer relação com qualquer comprador, em qualquer parte do mundo. Por apresentar múltiplas eficiências, a transformação que se processa nas relações de trabalho é saudada por entusiastas do livre mercado tanto na comunidade dos economistas como no mundo empresarial. Já não era sem tempo que o segmento mais renitente da economia, o mercado de trabalho, passasse a funcionar como um leilão de verdade. Caso o Estado e os sindicatos simplesmente desaparecerem, essa mudança ampliará vastamente a produtividade do trabalho, alinhará a contribuição com a recompensa e permitirá finalmente ao mercado de trabalho "liqüidar-se" – resolvendo o problema do desemprego sem inflação.

Alguns observadores levam tal modelo a sua conclusão lógica e propõem uma economia baseada na paradigmática "empresa virtual" – empresas altamente empreendedoras, com minúsculos núcleos de proprietários e quase todo o resto da humanidade empregada por tarefa.[12] A empresa virtual é movida pelas tendências do consumidor, com custos fixos extremamente baixos. Seus proprietários precisam ser ágeis e eficientes, caso contrário a firma será desbancada por competidores ainda mais eficientes. Melhor ainda, os indivíduos que contratam por tarefa ou temporariamente também precisarão ser altamente empreendedores, uma vez que estarão sendo pagos precisamente conforme o valor que possam adicionar ao empreendimento. Seu pagamento será determinado pelo mercado e refletirá seu valor como capital humano.[13]

Dessa forma, à medida que o mercado de trabalho se torna mais e mais um mercado *spot*, seus paladinos invertem o Novo Homem Socialista preconizado por Lenin num Novo Homem Capitalista, que internaliza e corporifica os valores do mercado. Nessa nova economia, todo mundo é capitalista, seja na qualidade de dono de empresa, seja na de *free-lance*. Esse espécime da nova economia valerá tanto quanto seu trabalho conseguir no mercado a cada dia. Pessoas que têm pouco a oferecer não devem esperar muito em troca, e só podem culpar a si próprias. Caso não agrade a alguém a insegurança do trabalho contingente, ao talante de empresas virtuais, então que se transforme em empreendedor. À medida que caírem a regulação, os sindicatos e as barreiras de costume, as velhas e desajeitadas empresas se adaptarão ao modelo – ou, então, serão deslocadas por competidores mais flexíveis e dinâmicos. A evidência de que essa tendência se encontra em marcha pode ser testemunhada em empresas gigantes, como a GE, a IBM, a Xerox e a GM, que se desfazem o mais depressa que podem de funcionários fixos e de obrigações contratuais de longo prazo.

A tendência de fusões de empresas também estimula essa evolução, sob dois aspectos diferentes mas complementares. A antiga direção pode sentir-se obrigada a cumprir um contrato social tácito com empregados antigos e fiéis; um novo dono, recém-chegado ao negócio, não sente tal obrigação. Por outro lado, fusões – digamos entre o Chase Manhattan Bank e o Chemical Bank – criam redundâncias e oportunidades (ou pretextos) para o enxugamento. Na reestruturação que se segue, não apenas milhares de empregados são demitidos mas funções centrais podem ser redefinidas como contingentes, com isso reduzindo ainda mais o conjunto de empregados fixos (e os custos inflexíveis a eles associados).

Uma questão intrigante é saber se essa nova "commoditificação" do trabalho causa danos às empresas na extensão do que afirmava a última geração de economistas especializados na área. Como é que conseguem manter lealdade à empresa e cumprir com seu trabalho empregados subitamente confrontados com a insegurança do emprego e sujeitos à constante ameaça de ser deslocados por recrutas mais jovens e mais baratos? Uma bela porção da literatura relacionada ao capital humano que é lida nas escolas de administração de empresas afirma que as companhias devem tratar seus empregados como um patrimônio valioso. Ultimamente tem aparecido uma grande quantidade de escritos que congratulam empresas que deliberadamente tentam planejar o trabalho de modo que este seja intrinsecamente satisfatório, implique o compartilhamento do poder e valorize a contribuição dos funcionários.[14] Contudo, uma boa parte dessas experiências dura apenas até a próxima aquisição hostil [*hostile takeover*] e o próximo acesso de *downsizing*, que é, claro, resultam de pressões concorrenciais extremas do mercado. Incontáveis empresas que, antigamente, se orgulhavam de evitar dispensas coletivas, ofereciam ambientes de trabalho "familiares" e uma porção de benefícios aos funcionários, retroagiram a cortes impiedosos de custos assim que as pressões competitivas do mercado se mostraram suficientemente intensas. O modelo de mercado diria que essa mudança de estratégia "deve ter" sido eficiente – de outra forma, não teria sido adotada.

O sociólogo do trabalho Charles Hecksher, da Universidade de Rutgers, realizou uma série de extensas entrevistas com integrantes do corpo gerencial intermediário de grandes empresas. Ele constatou que o novo clima de *downsizing* e cortes de custos aterrorizava esses executivos quanto a seu próprio futuro. No entanto, eles haviam interiorizado de tal forma os valores da eficiência, competitividade e economia que sua lealdade à empresa não se abateu – mesmo considerando que tais valores prenunciavam sua própria demissão. Muito ao contrário, a maioria aparentemente se convencera de que, se trabalhasse com mais diligência, a companhia poderia chegar a atingir seus objetivos de competitividade sem que se fizesse necessário sacrificá-la.[15] O sentimento de segurança pode estimular o comprometimento e a diligência, mas, evidentemente, o mesmo acontece com a insegurança.

Em resumo, o mercado de trabalho se comporta cada vez mais como um produto de mercado. Resta verificar se isso é eficiente, seja para a economia, seja para a sociedade.

PODER E ESTRATÉGIAS DE PESSOAL

Ao se avaliar essas tendências do mercado de trabalho, existem dois modos básicos de pensar sobre o que se nos apresenta. Ou existe algo sobre a nova economia da informação que, de fato, torna imperativo, eficiente e "natural" tratar o trabalho mais como uma *commodity* – caso em que uma maior produtividade acabará por levar a um padrão de vida material mais elevado, mesmo se associado a uma ansiedade maior e vastos extremos de desigualdade –, ou essas tendências refletem, principalmente, modificações no *poder político*, e não imperativos econômicos ditados pelas novas tecnologias. Se é a segunda hipótese a verdadeira, como defenderei, então a nova economia proporciona um amplo conjunto de escolhas sociais, que devemos enfrentar explicitamente. E a mescla relativa das instituições de mercado e de extramercado que governam as relações de trabalho é largamente indeterminada quanto aos resultados econômicos.

Ao se pensar sobre essa questão, deve-se distinguir cuidadosamente entre mudanças institucionais que são verdadeiramente moldadas pela tecnologia daquelas que refletem escolhas políticas e sociais conscientes (ou não reconhecidas). Muitos estudos a respeito da estrutura da tecnologia e do mercado, tanto à esquerda como à direita, sugerem que a transição de indústrias de produção de massa para uma economia do conhecimento traz consigo profundas mudanças nas forças macroeconômicas, na relação capital-trabalho e no papel do Estado. Por exemplo, Charles Sabel e Michael Piore, economistas políticos à esquerda do centro, propõem de modo otimista que, ao renunciar às linhas de produção rígidas e aos produtos estandardizados, a nova tecnologia de produção dá lugar a uma "especialização flexível" que, ao mesmo tempo, permite um retorno à atividade artesanal e resolve o velho problema keynesiano de os mercados de trabalho não se liqüidarem.[16] Se o preço do trabalho pode ser determinado adequadamente, não deveria haver desemprego involuntário. E uma economia de informação ao menos oferece o potencial de uma oferta de trabalho mais especializado e mais valorizado para todos. Do extremo oposto do espectro político, George Gilder, John Naisbitt e Peter Huber interpretam a nova economia da informação como a quintessência do laissez-faire.[17] A regulação é tornada vazia por uma concorrência todo-abrangente e por mudanças incessantes; não há chances de o governo acompanhar o ritmo das mudanças; o que faz é retardar o processo. Uma cibereconomia sem atritos liga compradores e vendedores ao redor do globo, e o mercado decide precisa e eficientemente quanto vale cada bem ou serviço (incluindo o trabalho). Com isso, o mercado finalmente se torna auto-regulado e o Estado pode, enfim, sumir.

Embora as alterações que têm incidido sobre as tecnologias de produção e de informação sejam efetivamente notáveis, tais interpretações parecem ao mesmo tempo demasiado utópicas e demasiado determinísticas. Apesar do novo ambiente de turbulência e flexibilidade, a maioria dos ambientes de trabalho ainda permanecerá como está por muitas décadas. A maior parte das pessoas ainda vai trabalhar e recebe holerites [*paychecks*]. A maioria não trabalha como *free-lances* no ciberespaço, ou como artesãos *new-age* em pequenos estúdios. Trabalham em organizações relativamente grandes, com um futuro, um passado e uma presença física – numa fábrica, escritório, shopping center, hotel, hospital, universidade. Estudos realizados em estruturas empresariais reais indicam que as firmas ainda mantêm suas opções abertas quanto à estratégia de pessoal que adotam. Algumas encaram seus funcionários como patrimônio de longo prazo, mesmo numa economia turbulenta e intensamente competitiva. Outras os consideram descartáveis. Ambos os tipos de empresas buscam flexibilidade quanto às soluções trabalhistas que adotam, mas as estratégias que conduzem têm a função de minimizar o dano a seu ambiente social.[18]

A Harman International, por exemplo – fabricante de equipamento de áudio com faturamento anual de 500 milhões de dólares –, tem uma política deliberada de evitar ao máximo demissões coletivas. Quando a demanda enfrenta uma queda temporária, a companhia corta a encomenda de serviços externos e a redireciona para o pessoal interno; parte do pessoal empregado na produção é redirecionado para as áreas de vendas e de serviços de manutenção. O nome que a empresa dá a essa estratégia é "OLE" (Olé, como numa tourada), iniciais de "OFF LINE EMPLOYMENT" [Emprego fora de linha]. A companhia acredita que a iniciativa funciona bem para o moral e a produtividade dos funcionários, mas o motivo principal pelo qual adotou essa abordagem são os valores de seu fundador e principal executivo, Sidney Harman, um expoente da linha de se dar poder aos trabalhadores.[19] Na pior das hipóteses, as evidências são no sentido de que a política de recursos humanos da Harman não causa danos; na verdade, pode até melhorar a competitividade da empresa.

A Powersoft, de Massachusetts[20] – empresa de software *high-end* –, concilia os objetivos aparentemente conflitantes de conseguir tanto flexibilidade como lealdade dos funcionários através de uma equipe interna de funcionários contingentes, chamada de "Powersoft Temps" [Temporários Powersoft]. Enquanto muitas companhias empregam a estratégia da terceirização e da contratação por tarefa para minimizar os custos fixos do trabalho, a Powersoft valoriza a lealdade do pessoal ligado permanentemente à empresa, conseguindo ao mesmo tempo uma boa dose de flexibilidade por meio de um time volante que muda de um lugar para outro conforme as necessidades, executando tarefas como digitação, processamento de pedidos e envio de faturas a receber. O grupo funciona também como reserva para recrutamento, de modo que muitas pessoas que começam como temporárias acabam por ser empregadas em caráter permanente. Também neste caso, uma abordagem mais humana reflete menos algum imperativo de mercado do que os valores pessoais do fundador e executivo da empresa, Mitchell Kertzman.

Deixando empresas *high-tech* e passando para indústrias mais tradicionais, há, por exemplo, o caso da Magma Copper, companhia de Arizona tradicionalmente afetada por problemas trabalhistas. Em 1992, a empresa adotou a notável medida de negociar um inédito contrato de quinze anos com o sindicato de seus funcionários, o United Steelworkers of America. O contrato foi montado ao longo de vários meses de intensas discussões, que envolveram desde mineiros até o chefe executivo da companhia. Entre outras melhorias, o contrato prevê a distribuição de lucros a partir de ganhos de produtividade. Entre 1989 e 1995, a produtividade na Magma cresceu em 86%. Em meados de 1995, a empresa se mostrava tão satisfeita com os resultados que publicou anúncios de elogio ao sindicato em jornais de grande circulação; ao mesmo tempo, iniciou negociações com o sindicato de mineiros de Titaya, no Peru, onde havia adquirido uma nova fonte de minério de cobre. Observe-se que, neste caso, não se tratava de um dócil sindicato de gaveta, mas de um adversário duro e independente, o United Steelworkers of America, que havia demonstrado sua solidariedade interna e capacidade de causar danos à empresa. Neste caso, a solução não derivou de um chefe executivo benigno e paternalista, mas de anos de conflitos. Infelizmente, contudo, tais empresas constituem exceções na economia turbulenta de hoje, mas sugerem que há ainda muitas soluções possíveis.

Restam poucas dúvidas de que a economia atual é muito mais mercantilizada que a do *boom* do pós-guerra, e de que essa transição afetou os mercados de trabalho. No entanto, a cadeia de causa e efeito parece bem mais complexa e indireta do que uma simples associação entre a economia da informação e o laissez-faire, à moda do que propõem teóricos como Gilder. Um relato mais convincente é que a globalização e a tecnologia da informação corroeram o poder relativo dos dois grandes timoneiros da economia mista – o Estado e o trabalho organizado – e aumentaram o poder relativo dos empregadores de contornar contratos tácitos mantidos com seus funcionários. A partir do momento em que entra em vigor um processo impiedoso de cortes de custos trabalhistas, o ambiente concorrencial se torna mais intenso e todo empregador passa a jogar o mesmo jogo oportunista. A busca por cortes competitivos de custos aumenta a determinação política da empresa de conseguir maior desregulação, como meio de reduzir ainda mais seus custos – o que causa danos ulteriores à economia mista e reduz ainda mais o poder de barganha dos empregados.

Afinal de contas, nada havia de inerente na antiga economia de produção de massa que implicasse a sindicalização dos trabalhadores, uma legislação que associava o salário à hora trabalhada, limites impostos ao laissez-faire ou o costume de se contar com empregos estáveis no longo prazo. Tais peculiaridades certamente não se encontravam presentes no início da Revolução Industrial, ou mesmo na década de 20. O fato de existirem na metade deste século reflete mais o resultado de embates políticos do que um determinismo econômico. Talvez a economia de fábrica fosse um pouco mais propícia à sindicalização, por aglomerar milhares de operários no mesmo lugar, o que favorecia a consciência de classe e, por sua vez, mobilizava o eleitorado em favor da economia mista, que estabelece limites à liberdade de o capital privado tratar o trabalho como *commodity*. Mesmo assim, passou-se quase um século entre o surgimento da fábrica como estrutura e a maturação de sindicatos industriais eficazes. E, na maioria do Ocidente parlamentar, foi necessário mais meio século, uma feroz depressão e uma guerra mundial para que ocorresse uma alteração do poder político relativo que permitisse um contrato social razoavelmente equilibrado entre a indústria e o trabalho.

Antes de 1935, havia bastante operários nas fábricas, mas poucos eram membros de sindicatos e não existia muita legislação social. Nos Estados Unidos, o pacto social forjado na década de 30 e refinado nos anos 40 e 50 não refletiu uma mudança abrupta nos modos de produção; o que refletiu foi um novo equilíbrio político. De modo semelhante, na Europa e no Japão, em que a reconstrução do pós-guerra enfatizou economias explicitamente sociais-democratas ou de social-mercado, isso se deu por causa de mudanças profundas no poder político. Por todo o Ocidente, a Grande Depressão e a Segunda Guerra Mundial impossibilitaram a continuidade de economias de laissez-faire e enfatizaram o prestígio dos sindicatos de trabalhadores e do Estado democrático. Nas potências que haviam constituído o Eixo [Alemanha e Itália na Europa, Japão na Ásia], bem como na França, Bélgica, Holanda e nos países nórdicos, a guerra obliterou ou desmoralizou não apenas o fascismo, mas, de modo geral, o conservadorismo político. Nos países anglo-saxões, praticantes de economias mais próximas do livre mercado, o Estado ganhou um prestígio inédito, devido a sua vitória na guerra.

Nessa época, mesmo partidos relativamente conservadores eram comprometidos com o Estado social [*welfare state*], investimentos públicos, regulação econômica e pactos sociais com os sindicatos, isso em parte como defesa anticomunista. Na Europa meridional, esse modelo emprestou legitimidade das doutrinas sociais da Igreja Católica. Na Europa setentrional, o modelo era mais social-democrata; no Japão, combinou tradicionais concepções xintoístas e budistas de reciprocidade e de obrigações para com o grupo com um tipo emergente de capitalismo industrial que resguardou conotações feudais ou tribais. Nos EUA, a Guerra Fria conferiu ao Estado mais legitimidade do que o habitual para regular a economia. Assim, em todos os países industrialmente adiantados, o *boom* do pós-guerra seguiu o modelo da economia mista, com variações apenas de grau. Tais variações eram muito mais o resultado de realinhamentos domésticos e geopolíticos do que de diferenças de evolução industrial. Por um certo período, o trabalho foi desmercantilizado.

Dessa forma, é ingênuo encarar determinado regime de relações de trabalho, seja como contrapartida natural de um estágio de produção, seja como um mercado delineado de modo natural, mesmo que atípico e dotado de contratos tácitos de longo prazo. Por mais de um século, trabalhadores assalariados conseguiram proteger-se da transformação em *commodities* através da conquista de direitos cívicos e trabalhistas. Seu sucesso nessa empreitada fluiu e refluiu, como reflexo de sua própria mobilização, da força de seus aliados políticos e do impacto, sobre as políticas domésticas, de eventos externos, como depressões e guerras.

Como vimos, os estudos acadêmicos sobre a economia do trabalho concluem em uníssono (e acertadamente) que a perspectiva de "leilão de preços" dos mercados de trabalho descreve erroneamente a realidade e que resultados que não impliquem a liqüidação de mercados podem ser acompanhados de eficiências compensatórias. Isso vale tanto para os setores que não assinam contratos coletivos com sindicatos – onde contratos tácitos podem trazer ganhos de produtividade – como para os que o fazem – em que os contratos são mais explícitos.* Contudo, boa parte dessas pesquisas pressupõe equivocadamente que, em especial na maioria de empresas que não lida com sindicatos, as práticas salariais e de estabilidade instalaram-se da forma que o fizeram necessariamente porque isso era eficiente. Afinal, é assim que uma economia de mercado deve, em princípio, evoluir. Desse modo, se os empregadores valorizavam seus trabalhadores mais antigos e não os despediam oportunisticamente em períodos de alto desemprego; se pagavam a seus funcionários um pouco mais do que o salário de liqüidação de mercado; se proporcionavam benefícios e regalias – tudo isso devia ter sido reflexo de algum imperativo social peculiar a mercados de trabalho, eficiente para a empresa. A direção da firma devia estar "otimizando", uma vez que a teoria do mercado insiste em que os atores do mercado sempre otimizam.

Os teóricos concluíram que tais anomalias eram patentemente eficientes nos mercados de trabalho do mundo real, mas tinham conseqüências macroeconômicas desfavoráveis, como a propensão a uma certa inflação e a um pouco de desemprego. Para economistas de centro de uma geração atrás, o remédio era uma série de ajustes, no espírito dos mercados não ótimos: acordos de trabalho ou incentivos de impostos para limitar elevações salariais à taxa de aumento da produtividade, ou programas do setor público destinados a absorver os desempregados. Toda uma geração de keynesianos moderados montou engenhosas estratégias para conciliar mercados de trabalho necessariamente "imperfeitos" e uma economia com altas taxas de emprego e baixa inflação.[21]

No entanto, essa concepção acadêmica dos mercados de trabalho tende a falhar seriamente por deixar de fora o *poder*. Ela presume que as situações atingidas são, simplesmente, resultado do funcionamento das forças de mercado, em vez de uma disputa política acerca de como as relações de mercado e de extra-

(*) Nos EUA, a relação de emprego não intermediada por sindicato se dá de modo informal entre empresa e empregado. Daí a menção, aqui e anteriormente no texto, a "contratos tácitos". (N. T.)

mercado devem ser estruturadas e a serviço de quem. O problema com essa abordagem é que, quando novas instituições deslocam as antigas, como aconteceu nas décadas de 80 e 90, resta ao teórico aceitar resignadamente a situação e concluir, um tanto desapontado, que existe algo a respeito da economia ou da tecnologia de nossa época que cancela abruptamente toda a antiga reflexão sobre eficiência salarial e contratos tácitos. As novas configurações também precisam ser eficientes, caso contrário não teriam se desenvolvido.

É preciso tomar essa inferência com grande ceticismo. Se, há uma geração, os trabalhadores se deram bem num ambiente de segurança e de compartilhamento de informação, provavelmente o mesmo aconteceria hoje. Se a empresa conseguia viver com um mercado de trabalho mais social, e ainda assim a economia gerava um crescimento anual real de 4%, é provável que o mesmo acontecesse hoje. O que mudou foram menos os contornos da tecnologia do que os contornos do poder. A maioria dos economistas sente-se desconfortável com as questões que envolvem o poder, pois no paradigma neoclássico esse tópico é substancialmente eliminado do quadro pela pressuposição de que todas as trocas são, por definição, voluntárias. Estudiosos de mercados de trabalho com inclinação mais institucional, como Arthur Ross, John Dunlop, Thomas Schelling e William Lazonick tratam (apropriadamente, na minha opinião) as configurações que envolvem o trabalho em termos de poder e barganha.[22] Contudo, essa modalidade de investigação os situa à margem do modelo de mercado.

Na verdade, as normas e costumes a respeito do tratamento mais adequado a dispensar a empregados vão e vêm com o tempo. Tais normas internalizam os equilíbrios cambiantes de poder, seja através do poder dos sindicatos ou do Estado, seja por meio de comportamentos habituais que refletem valores extramercado ou que incorporam lutas políticas pregressas. À medida que os princípios do mercado se tornam um imperativo sagrado, em vez de um candidato entre muitos outros princípios, vão se erodindo as normas que, historicamente, persuadiram os empregadores a procurar ganhos mútuos a partir de um tratamento mais humano de seus funcionários. Vem à lembrança o grande teórico do contrato social, E. B. White. O texto é *Charlotte's Web* [A teia de Charlotte].[23]

> "Você está me dizendo que come moscas?", espantou-se Wilbur.
>
> "Claro. Moscas, gafanhotos, um bom besouro, mariposas, borboletas, uma gostosa barata, mosquitos, centopéias, grilos – tudo aquilo que se descuida o suficiente para cair na minha teia. Afinal, tenho que viver, não é mesmo?"
>
> "Bem, sim, é claro", respondeu Wilbur.

E Charlotte continua, mais adiante:

> "Não estou inteiramente feliz com meu cardápio de moscas e insetos, mas é desse jeito que sou. Uma aranha tem que viver de alguma forma."

Na economia atual, em contraste com a época de contrato social do pós-guerra, quando as relações de poder eram mais simétricas, muitos empregadores passaram a tratar seus funcionários como engrenagens descartáveis. Essa atitude é justificada de modo semelhante à ordem natural de Charlotte: "Tenho que viver, não é mesmo? Nada pessoal. É desse jeito que sou". Fica presumido que, num novo ambiente ferozmente competitivo, para sobreviver os empregadores precisam se comportar com seus empregados sem sentimentalismos e, às vezes, impiedosamente; e, se os funcionários assalariados não gostam dos resultados, que eles também se tornem empresários.

Operando na pressuposição de que os mercados de trabalho são eficientes, economistas conservadores eliminam, também por hipótese, a discriminação. Para Gary Becker, prêmio Nobel da escola de Chicago, a discriminação racial ou de sexo deve ser racional; caso contrário, não seria praticada. De acordo com Becker, o branco que pratica uma discriminação que não faça sentido sob o ponto de vista econômico – por exemplo, ao se recusar a contratar por salário competitivo uma mulher ou um membro perfeitamente qualificado de uma minoria – estaria satisfazendo ao "gosto" de desprezar os integrantes de certos grupos, pagando por isso determinado preço.[24] É claro que linguagem tão delicada deixa de lado a possibilidade, mais plausível, de que os grupos dominantes se beneficiem dos privilégios decorrentes de uma subjugação sistemática de outros grupos. Se mulheres não podem tornar-se médicas, advogadas ou altas executivas de empresas, sobram muito mais empregos para os homens. Se negros são sistematicamente relegados a serviços domésticos e ao trabalho rural, isso barateia esse trabalho e mantém os melhores empregos reservados para o grupo dominante. Quando, na década de 60, as mulheres e as minorias começaram a ter acesso a empregos de elite, isso não foi reflexo de mudanças de gosto, ou de um convencimento tardio das vantagens de se abrir as portas para todos, mas de alterações no equilíbrio de poder. No modelo de mercado puro, contudo, grupos não existem, só indivíduos.

Outra falha, característica da análise econômica de perfil mais ortodoxo, é encarar o trabalho como uma "desutilidade" [*disutility*]. Quer dizer, pressupõe-se que as pessoas encaram o trabalho como uma carga que seria melhor evitar. Elas trabalham porque precisam; seu salário é uma compensação pelo desagradável [a desutilidade] do trabalho. Alfred Marshall, pai da economia moderna, escreveu que a disponibilidade de uma pessoa para trabalhar é medida pela remuneração que é exatamente suficiente "para induzi-lo a sofrer uma certa fadiga".[25] Devido ao fato de o esforço de trabalho variar, os trabalhadores precisam ser supervisionados de modo a assegurar-se ao empregador de que estejam cumprindo suas funções com diligência. Todo um gênero de pesquisa relacionado a esse ponto de vista emprega a expressão "embromar, cabular o trabalho" [*to shirk*]. O pressuposto é o de que, *ceteris paribus*, os funcionários preferem vagabundear a orgulhar-se do que fazem.

Quase não vale a pena estender-se cansativamente na questão de que o trabalho não é apenas uma fonte de estupidificação e inconveniência, mas também um ofício de que a maioria das pessoas preferiria orgulhar-se. Certo estava Freud, ao observar que os dois grandes objetivos da vida humana são o amor e o trabalho.[26] Robert Lane, em sua magistral obra sobre os mercados e a psicologia humana, *The Market Experience* [A experiência do mercado], assinala as múltiplas funções edificadoras do trabalho: é uma fonte de excelência e auto-estima; propicia o comprometimento com o mundo social; é base para a formação de uma identidade própria positiva ou negativa; e é fonte de aprendizado continuado. O trabalho dá estrutura à vida; combate o enfado e a alienação. Ao resumir mais de dez anos de estudo do mercado e da sociedade humana, Lane conclui que a marca do fracasso do modelo de mercado é a sua incapacidade, seja de proporcionar trabalho em quantidade suficiente, seja de estruturar empregos o bastante para permitir que as pessoas atendam a suas necessidades humanas básicas de desafio, domínio sobre uma habilidade, satisfação intrínseca de ser dono do próprio destino e "complexidade cognitiva".[27]

Aqui há também uma ampla gama de possibilidades, largamente indeterminada quanto aos efeitos que possa ter sobre a produtividade geral. Uma grande parte das atividades pode tanto ser configurada para proporcionar interesse e satisfação como para constituir uma rotina soporífera. Quanto mais rotineiro é o trabalho, mais o empregador pode justificar o fato de tratar seus funcionários como engrenagens descartáveis, e mais os empregados cumprirão o papel que lhes foi predeterminado, de evitar o máximo possível qualquer esforço adicional – e, portanto, mais o empregador será forçado a obedecer ao imperativo dos economistas, de exercer uma supervisão incansável.

Os entusiastas conservadores do mercado chegam a reconhecer que o trabalho pode tanto ser maçante como gratificante. Contudo, na economia ultramercantilizada de hoje em dia, costuma-se associar a gratificação trazida pelo trabalho muito mais ao empresário; é o patrão quem sente o *frisson* de criar algo de novo e é o empregado quem sente principalmente insegurança. Todos os anos, aparecem centenas de livros que propagandeiam as delícias de gerenciar, possuir, mercadejar e multiplicar valor. O problema para os controladores de empresas não é a embromação, mas a criação de dependência em relação ao trabalho. Em contraste, há pouquíssima celebração das alegrias dos ofícios profissionais. É quase como se a gratificação no trabalho fosse boa demais para as pessoas comuns. Com isso, a divisão de classes que se institui na sociedade pós-industrial alarga não apenas o abismo das gratificações materiais como, também, o da satisfação profissional. A premissa implícita é que, se o trabalhador comum não consegue ser empresário, a culpa é dele mesmo. Tendo que lidar com um funcionário desmoralizado, o patrão investe parte de seus fluidos criativos em uma supervisão mais eficaz. Isso é facilitado pela nova economia da informação. Os computadores não permitem apenas que o consumidor seja mais bem atendido por telefonistas, caixas de supermercado, operadores de reservas de avião, entregadores de encomendas, funcionários de bancos e seguradoras. Eles proporcionam, também, uma monitoração mais precisa do desempenho desses funcionários.

É interessante observar que, entre os economistas, tanto a direita do livre mercado como a esquerda marxista alimentam o mesmo conceito de que o trabalhador tende a fugir do esforço – cada grupo chega, contudo, a conclusões opostas. Os conservadores do livre mercado dedicam-se a essa análise porque entra em conformidade com a concepção de utilidade e desutilidade de seu modelo do comportamento humano e, ainda, porque permite que o empresário seja descrito como "dirigente" e os supervisores e demais funcionários como seus "agentes".[28] Os marxistas também apreciam o conceito porque exprime adequadamente a luta de classes. Patrões tratam seus funcionários como lixo; logo, é claro que estes fogem do trabalho o quanto podem. Alguns economistas à esquerda do centro, como William Lazonick, fazem a perspectiva da "embromação" voltar-se contra os próprios conservadores, argumentando que haveria enormes ganhos de produtividade a serem obtidos da força de trabalho caso a administração das empresas tratasse os empregados mais generosamente e aprendesse a recompensar a autonomia e a compartilhar a autoridade.[29]

Se olharmos para a história dos mercados e das relações de trabalho neste século e sua conexão com a evolução da produção, é difícil evitar a conclusão de que havia, e há, muitos caminhos a seguir; que cada sistema de produção pode coexistir com uma ampla variedade de situações de trabalho e também uma ampla gama de possíveis taxas de crescimento – mas com conseqüências marcadamente diferentes quanto à distribuição de ganhos, segurança de emprego e satisfação no trabalho. Para cada estágio de desenvolvimento tecnológico, o regime institucional e regulatório pode permitir à maioria das empresas tratar a maioria dos trabalhadores como fonte de trabalho casual – ou, ao contrário, criar incentivos e limitações que promovam a segurança de emprego, a autonomia, o compartilhamento dos ganhos, um ambiente propício ao aprendizado e vínculos de longo prazo. As políticas públicas podem tornar mais fácil ou mais difícil ao capital tratar o trabalho como se fosse contingencial.

O enfraquecimento do Estado e a flexibilização e descentralização dos modos de produção certamente tornam uma economia globalizada mais vulnerável à "commodificação" do trabalho. Contudo, com a transição para uma economia de serviços e informação, e com a disseminação do emprego contingente, é a política, mais do que a economia, que propõe os maiores desafios. Não é difícil imaginar um conjunto de políticas que recuperaria um contrato social funcionante entre o capital e o trabalho, reduzindo a insegurança e a desigualdade, sem sacrificar o crescimento (ver adiante). Dada a atual distribuição do poder político e econômico, é mais difícil imaginar uma mobilização política que ameace a dominância do laissez-faire e conduza um programa oposto. Retornaremos à questão de uma agenda política em breve.

MERCADOS DE TRABALHO E DESIGUALDADE

À medida que os mercados de trabalho foram se tornando cada vez mais laissez-faire, a desigualdade também foi se ampliando. O ponto de vista benigno a esse respeito sustenta que, já não era sem tempo, as habilidades estão passando a ser recompensadas adequadamente. Conforme uma perspectiva mais cética, os extremos de renda encontram-se hoje muito além de um grau suficiente para recompensar a diligência e a inovação; que as conseqüências sociais negativas da desigualdade em muito superam os ganhos em eficiência alocativa; e que, longe de constituir uma fonte de eficiência, a extrema desigualdade de renda associada ao mercado puro é mais uma das falhas da sociedade laissez-faire e uma calamidade adicional implicada pelos mercados puros.

A começar em meados da década de 70, e acelerando-se nos anos 80, a ampliação das desigualdades é uma das tendências econômicas recentes mais bem documentadas. Não importa como se meça, a distribuição de renda nos EUA tornou-se mais extrema. Durante os 25 anos que decorreram entre 1947 e 1973, a economia cresceu mais depressa do que atualmente e produziu uma distribuição de ganhos que se tornou gradualmente menos desigual. Corrigida em relação à inflação, a renda familiar média pouco mais que dobrou. A renda familiar dos 20% mais pobres, porém, cresceu 138%, enquanto a dos 20% mais ricos elevou-se em 99%. A partir de 1973, tais tendências se inverteram. No período entre 1979 e 1993, os 20% da camada superior ganharam 18% na renda, enquanto os 60% da camada inferior perderam poder aquisitivo. E os 20% mais pobres foram os que mais perderam – uma média de 15% de uma renda que já era inadequada. A riqueza, muito mais concentrada do que a renda, atingiu hoje seu ponto de maior concentração desde a década de 20. Em termos de igualdade, todos os ganhos conseguidos no *boom* do pós-guerra foram obliterados.[30]

Há muitas causas para essa tendência, mas a virtual totalidade delas é variante de uma única causa – a mercantilização da sociedade. Sob muitos pontos de vista, os mercados laissez-faire funcionam como loterias, tendendo a concentrar ganhos excessivos nos vencedores. Em seu *Generating Inequality* [A criação da desigualdade], Lester Thurow assinala a origem rápida da maioria das grandes fortunas.[31] Em princípio, os mercados se encontram em equilíbrio ou quase, mas na prática estão em desequilíbrio permanente. Uma empresa com ganhos temporários acima da média pode experimentar uma intensa procura por suas ações e ganhos muito elevados para seus donos ou fundadores. Parte dessas recompensas se deve à habilidade, determinação e visão; parte se deve à simples sorte – pessoas que decidiram precocemente investir na IBM ou na Xerox em vez de na Studebaker; pessoas cujas poupanças estavam aplicadas nos anos 70 na habitação e nos de 90 no mercado de capitais, e não vice-versa. Conforme Thurow, "Grandes fortunas instantâneas se criam quando os mercados financeiros capitalizam novas taxas de retorno acima da média", com freqüência quando uma empresa faz seu primeiro lançamento de ações. Uma vez que essas fortunas são adquiridas, precisam apenas de taxas de retorno normais para produzir rendas que, pelos padrões usuais, são imensas.

Como observam os economistas Robert Frank e Philip Cook em seu *The Winner-Take-All Society* [A sociedade do quem-ganha-leva-tudo],[32] a ampliação do mercado de modo a englobar o mundo inteiro faz com que uma estrela do esporte ou do entretenimento se torne capaz de receber quantias astronômicas. O mesmo vale para a empresa líder de um setor, ou para aquele que dá origem a inovações técnicas – cujos mercados antes eram países ou regiões, mas hoje são toda a Terra. Essa dinâmica não cria apenas desigualdades sociais terríveis, mas também ineficiências na alocação dos esforços, pois milhões de pessoas competem por uma quantidade de posições muito limitada, que produzirá apenas meia dúzia de ganhadores. As legiões de jovens das grandes cidades norte-americanas que alimentam sonhos de se tornarem o próximo Michael Jordan fariam melhor se perseguissem outras ocupações – e é isso que teriam feito, se os sinais do mercado fossem diferentes.

A mercantilização crescente e a erosão de normas de justiça que acarreta têm feito com que os ganhos de dirigentes de empresas, investidores afortunados e *superstars* da mídia se tornem múltiplos cada vez maiores dos ganhos das pessoas comuns. Um estudo realizado por Graef Crystal a respeito dos ganhos de executivos de empresas mostra não só que os salários e benefícios de executivos-chefe passaram de 35 vezes o salário de um operário, em 1974, a 120 vezes, em 1990, mas ainda que há uma correlação surpreendentemente baixa entre o desempenho das empresas e o rendimento de seus dirigentes.[33] É claro que, normalmente, dirigentes inoperantes são substituídos, mas a mudança de costumes significou que, em qualquer instante, a totalidade dos chefões – tanto as estrelas como as nulidades – tem ganho relativamente mais elevado. Essas porções exorbitantes destinadas aos andares executivos das empresas têm menos origem na busca de soluções mais eficientes por parte do mercado do que num deslocamento do poder.

No extremo oposto do espectro de rendimentos, o trabalhador rotineiro, dono de habilidades que podem ser aprendidas em algumas horas ou dias, sofreu erosão relativa de sua capacidade de barganha e, assim, de sua renda. Cada vez mais, tais pessoas precisam competir com outras não só num mercado de trabalho local ou nacional, mas com o mundo inteiro, onde há mais de 1 bilhão de desempregados ou subempregados, capacitados a desempenhar tarefas de rotina e ansiosos por trabalhar, mesmo que em troca de salários de subsistência. Os países pobres sempre tiveram excesso de mão-de-obra, mas até recentemente as fronteiras nacionais e os limites tecnológicos impediram que o mundo funcionasse como um mercado de trabalho único e integrado. Hoje, um operário norte-americano de Detroit compete com trabalhadores malaios ou mexicanos que, com freqüência, operam uma tecnologia de produção essencialmente comparável. Um funcionário de escritório compete com equivalentes nas Filipinas que recebem dados via satélite, os manipulam por meio de um avançado programa de computador e, depois, devolvem o resultado aos Estados Unidos – tudo isso por uma fração dos custos trabalhistas dos EUA.

No início da década de 80, quando a crescente polarização dos salários passou a ser objeto de debate público, políticos de direita e seus *confrères* intelectuais desqualificaram todo o assunto, taxando-o de quimera promovida pelos sindicatos e seus apologistas. Era verdade que a concorrência estrangeira aumentava e também era verdade que os salários internos caíam em alguns poucos setores, como a siderurgia e a indústria automobilística. Em tais setores, contudo, os salários tinham superado o crescimento de produtividade, e portanto o que seus trabalhadores experimentavam era bem merecido. Caso as indústrias e os trabalhadores norte-americanos não conseguissem enfrentar a concorrência nos níveis salariais praticados internacionalmente, deveriam escolher entre cortar curtos ou assistir à emigração dos empregos.

A maioria dos economistas, seja *mainstream*, seja de ultraconservadores, também tendia a negar que houvesse algo de seriamente errado. Eles argumentavam que a aparente polarização dos rendimentos era uma anomalia temporária.

Inicialmente, culparam a estagflação e o lento crescimento dos anos 70. Crescimento desacelerado implicava mais desemprego. Isto, por sua vez, significava que aqueles situados no fim da fila – os mais pobres, os mais jovens e os menos qualificados – sofriam desproporcionalmente. Bastava retomar o ritmo normal de crescimento para que o problema da distribuição de renda tomasse conta de si próprio.

Depois, esses economistas passaram a culpar um evento singular mas localizado – a entrada, no mercado de trabalho, de mulheres e de *baby boomers* [as gerações concebidas no pós-guerra]. Nascidos entre 1946 e 1964, os *baby boomers* inundaram os mercados de trabalho nas décadas de 70 e 80. Esse fenômeno criou um problema simples de oferta e demanda: trabalhadores demais, empregos de menos. Quando a oferta excede a demanda, os preços – neste caso os salários – caem. Além disso, trabalhadores mais jovens eram, por definição, menos qualificados. De forma que era de se esperar que conseguissem empregos por salários mais baixos que os mais velhos. Os economistas argumentavam que boa parte do problema da desigualdade era, na verdade, uma questão de choque de gerações. O que valia para os *baby boomers* valia também para as mulheres. Seu súbito ingresso nos mercados de trabalho aumentou a oferta; e as mulheres, sendo novatas, tendiam a ter menos experiência do que os homens. Havia ainda uma discriminação renitente, além do que mulheres apresentavam tendência de entrar e sair do mercado de trabalho para ter filhos, ou para acompanhar seus mais bem remunerados maridos quando estes se deslocavam de um emprego para outro [que, nos EUA, significa com alta freqüência mudar de cidade]. Assim, os salários das mulheres tendiam a ser mais baixos. Isso, contudo, também deveria ser visto como temporário. Uma vez que a força de trabalho tivesse digerido os *baby boomers*, e que a participação feminina se normalizasse, uma maior igualdade se atingiria de novo.[34]

É verdade que os economistas *mainstream* admitiam que as alterações nos padrões internacionais de comércio tinham um papel na questão, mas tendiam a minimizá-lo. À medida que a economia se globalizava, o comércio internacional inclinava-se, de fato, a produzir alguns perdedores relativos. No entanto, se entendida corretamente, tal influência era essencialmente benéfica. Um princípio basilar da economia do laissez-faire é o da vantagem comparativa. Se algum outro país fosse capaz de produzir a custos mais baixos um bem antes fabricado nos EUA, fazia sentido que os norte-americanos passassem a importá-lo em vez de continuar a produzi-lo e, ao mesmo tempo, procurassem alguma outra coisa para ocupar os trabalhadores que, por esse motivo, se vissem desempregados. Havendo centenas de milhões de trabalhadores na América Latina e na Ásia dispostos a fabricar, digamos, roupas, por salários de menos de um dólar por hora, era sentimental e irracional proteger empregos na indústria de confecções dos EUA – a maioria dos quais, de todo modo, pagava salários abaixo da média. Os economistas demonstravam que os benefícios de preservar aqueles empregos eram bem menores do que os custos acarretados para o consumidor norte-americano. A política estimulada era a de deixar que esses empregos se fossem e descobrir maneiras de compensar os perdedores – pagando-lhes benefícios de transição, subsidiando sua reorientação profissional etc.[35] Tal consenso englobava de conservadores do livre mercado a democratas moderados, todos reivindicando políticas de ajuste como alternativa ao protecionismo.

Ironicamente, no mesmo momento histórico em que o aumento da mercantilização eliminava empregos bem pagos nos EUA, os entusiastas mais zelosos dessa mesma mercantilização se encontravam numa escalada de desprestigiar todo e qualquer programa governamental – mesmo aqueles voltados para facilitar a mercantilização, pela redução da resistência política e pelo oferecimento de compensações àqueles que perdiam seus empregos, como programas de realocação e treinamento e a Trade Adjustment Assistance [Assistência ao Ajuste Comercial]. Este último programa, que havia sido concebido no governo Kennedy com o objetivo de conseguir apoio dos sindicatos para um comércio internacional mais livre, sofreu um corte de 80% sob o governo do presidente Reagan e foi completamente eliminado nos cortes orçamentários de 1995-96. Verbas para treinamento também foram cortadas. Os moderados que propuseram o ajuste como alternativa pró-mercado ao protecionismo buscavam um terreno intermediário construtivo, mas acabaram isolados como uma espécie de dissidência centrista, com escasso apoio popular ou legislativo.

Além disso, no início dos anos Reagan, as políticas fiscais e de transferência de renda, em vez de mitigar os efeitos perversos do mercado sobre a renda, começaram a remar na mesma direção, intensificando a desigualdade. Foram cortadas transferências para os mais pobres; os impostos sobre a folha de pagamento sofreram aumentos sucessivos, ao mesmo tempo em que se reduziram as alíquotas incidentes sobre as faixas mais elevadas de renda e sobre o capital (que, por sua vez, está desproporcionalmente nas mãos dos mais ricos). Mecanismos que protegiam os salários de trabalhadores de renda relativamente baixa, como o salário mínimo e o direito de organização sindical livre, enfraqueceram-se.[36]

Os acontecimentos se encarregaram de mostrar o equívoco da confiança dos economistas *mainstream* em que as desigualdades do final dos anos 70 constituíam uma tendência passageira. Os *baby boomers* cresceram e foram absorvidos pela força de trabalho; depois de 1985, as antigas legiões de recém-formados ingressando no mercado de trabalho diminuíram muito; a porcentagem de mulheres no contingente de trabalhadores se estabilizou. Contudo, a incansável mercantilização do trabalho se intensificou e, como era de se esperar, as desigualdades só fizeram crescer. Além disso, o crescimento econômico foi retomado após a recessão de 1981-3. Como apontavam insistentemente os defensores do governo Reagan, durante a recuperação de 1983-9 ("o mais longo período de expansão em tempos de paz conhecido") as taxas globais de crescimento quase se igualaram às dos gloriosos anos do *boom* do pós-guerra. E, após uma recessão que, infelizmente, coincidiu com a inoperante presidência de Bush, durante a expansão de 1993-6, já no governo Clinton, o crescimento foi vigorosamente retomado, a inflação permaneceu baixa, as taxas de desemprego caíram para índices inferiores aos 6% e aí permaneceram. Contudo, as desigualdades de renda continuaram a crescer. Algo de fundamental mudou. Esse algo foi uma maior mercantilização, que agiu como um solvente sobre todos os mecanismos extramercado que, antes, funcionavam como contrapeso à tendência do mercado de promover extremos de desigualdade.

O crescimento da mercantilização, e com ela da desigualdade, levou alguns comentadores a proclamar que, agora, a igualdade se baseia crescentemente no mérito. Não é uma idéia nova. Economistas tão diversos como Adam Smith, Karl Marx e Alfred Marshall observaram que o salário tende a refletir as habilidades das pessoas. O que mudou nos últimos tempos, contudo, foi a remoção das limitações, tanto positivas como negativas, que interferiam com uma correlação mais precisa entre habilidade e recompensa. Supostamente, nos maus tempos de antanho a desigualdade baseava-se na discriminação e no bloqueio de oportunidades. Hoje, entretanto, a derrubada das velhas barreiras graças à meritocracia e às leis de direitos civis, aliada à liberação das forças de mercado, significa que as pessoas estão sendo pagas conforme o que realmente merecem. Como ocorre com os mercados financeiros puros, contudo, os mercados puros de trabalho tendem a exagerar na dose. E é extremamente difícil defender alguns dos veredictos do mercado a respeito de merecimento.

Não obstante, alguns comentadores – como Mickey Kaus, em seu *The End of Equality* [O fim da igualdade][37] – concluem que tentativas de ignorar os veredictos do mercado são não só fúteis como, ainda, contraproducentes. Outros, como Charles Murray e o já falecido Richard Herrnstein,[38] bem como, mais recentemente, Dinesh D'Souza,[39] consideram que a eficiência do mercado é tão grande que a situação econômica e social declinante dos grupos minoritários [norte-americanos] deve refletir o resultado de uma inferioridade inerente. Esse gênero de análise, porém, ignora a aleatoriedade de muitos esquemas de remuneração numa sociedade de mercado, os benefícios que a discriminação leva aos grupos dominantes e as vagas e imprecisas ligações entre a distribuição de renda e o desempenho econômico da sociedade como um todo.

Muitos analistas da desigualdade de renda, tanto liberais como conservadores, sustentam que sua causa principal é o jogo entre a globalização e a tecnologia. Conforme esse ponto de vista, nunca a capacitação valeu tanto, de modo que operários norte-americanos que trabalham em atividades de rotina, e que no passado recebiam mais do que o devido, estão hoje recebendo uma compensação [negativa] de acordo com padrões internacionais. Em contraste, norte-americanos que dominam especializações de alta complexidade têm à sua disposição o mundo inteiro como palco. Assim, a crescente desigualdade de renda é defensável. Conforme tal perspectiva, o remédio está na educação e no treinamento. Capacitações mais altas trarão salários mais altos. É claro que se exigem valentes exercícios de fé para que se consiga projetar um modelo meritocrático sobre a realidade social dos EUA do final do século XX. Quaisquer que sejam os benefícios (e os custos) de uma sociedade puramente meritocrática, permanece o fato de que algumas pessoas começam a corrida com uma vantagem descomunal e outras com imensa desvantagem.

Embora benigna, a cura pela educação e pelo treinamento é também uma panacéia excessivamente simples. Profissionais com capacitação extremamente alta são raros, e portanto mais bem posicionados para a defesa de seus rendimentos – mas as desigualdades de renda na verdade estão crescendo, principalmente porque a maior mercantilização remove mecanismos que, no passado, e de formas variadas, propiciavam a estabilidade e a igualdade salarial. Embora decerto desejável, uma força de trabalho mais bem educada e treinada constitui um remédio apenas parcial (ver, adiante, o item "O debate da qualificação"). Uma lista dos fatores que levam ao agravamento das desigualdades precisaria incluir os seguintes:

Globalização. A globalização dos mercados aumenta a desigualdade nos países de alta renda de dois modos diferentes e que se reforçam mutuamente.

Em primeiro lugar, a globalização impõe ao trabalho uma concorrência que abrange o mundo inteiro. Os trabalhadores de países de renda mais alta gozam de uma compensação parcial, devida a sua produtividade marginal, mas também com base no maior custo de vida que enfrentam e na existência de regras sociais de justiça. Um motorista de táxi de Boston, por exemplo, exerce essencialmente a mesma atividade que um motorista de Calcutá e apresenta basicamente a mesma produtividade – no entanto, um ganha talvez dez vezes mais do que o outro. O mesmo ocorre com varredores de rua, empregadas domésticas e garçons. Contudo, esses profissionais da área de serviços não se encontram em competição direta uns com os outros, exceto no caso de haver migração ilegal. (Não se pode pegar um táxi em Calcutá para ir da Penn Station [estação de trem que fica na cidade de Nova York] ao aeroporto de La Guardia.) Tipicamente, o rendimento de um motorista de táxi é alguma fração ou múltiplo do rendimento médio de sua sociedade; seu padrão de vida é reflexo da produtividade da sociedade como um todo e de convenções sociais relativas à justiça. Se a renda familiar média [anual] de um país é de 40 mil dólares, então usuários de táxis podem pagar ao motorista dez dólares por uma corrida ocasional, mesmo que existam motoristas imigrantes desesperados o suficiente para trabalhar por menos do que isso.

Numa economia centrada na atividade fabril e nos serviços técnicos, porém, os profissionais enfrentam uma crescente concorrência mundial. Montadores de automóveis, operários siderúrgicos, fabricantes de chips têm capacitação comparável em todo o mundo. Tecnologias de produção essencialmente semelhantes também são disseminadas. Na Coréia do Sul e no Brasil existem siderúrgicas de última geração. Um dos princípios mais poderosos da economia é a "a lei do preço único": num mercado perfeitamente livre, os preços de bens comparáveis tendem a convergir. À medida que os mercados de trabalho se globalizaram, os salários de trabalhadores de atividades rotineiras tenderam a convergir mundialmente – para baixo. Para permanecer no exemplo dos automóveis, montadoras da Ford de ambos os lados do Rio Grande [fronteira entre EUA e o México] funcionam aproximadamente com a mesma produtividade e tecnologia, mas os operários mexicanos recebem cerca de um sétimo do salário de trabalhadores que exercem as mesmas funções nos EUA. Tal salário não é definido por sua produtividade, mas porque a força de trabalho mexicana tem enorme excesso de contingente.[40] A idéia marxista de um exército de reserva formado por desempregados parecia ridícula na época em que os países adiantados tinham baixas taxas de desemprego e a mobilidade de capital financeiro e de produção era limitada por regulamentações, normas e restrições tecnológicas. Hoje, trabalhadores potenciais desesperadamente pobres do Terceiro Mundo encontram-se ligados aos mercados consumidores e aos sistemas de produção dos países do Primeiro Mundo, reduzindo com isso os salários de operários empregados neste último. É quase como se os investidores globais de hoje estivessem determinados a provar que Marx estava certo.

Se encararmos a questão sob uma perspectiva keynesiana, e não marxista, o problema reside num desequilíbrio global entre oferta e demanda. Trabalhadores mal pagos de países pobres, que empregam tecnologias avançadas de produção e produzem para mercados globais, recebem proporcionalmente menos do que o valor que adicionam à oferta global de bens. Literalmente, eles não ganham o suficiente para comprar o que produzem. Diferentemente dos famosos operários de Henry Ford em River Rouge [cidadezinha perto de Detroit, Estado de Michigan, onde Ford instalou sua primeira fábrica], que ganhavam cinco dólares por dia, os trabalhadores da linha de montagem da unidade de Chihuahua, no México, não podem comprar os carros que montam. Eles também não conseguem comprar uma cesta de bens produzidos nos países adiantados que seja proporcional àquilo que adicionam à oferta global.[41] Nada há na economia do livre mercado que lhes confira automaticamente tal poder aquisitivo; seus salários só podem ser elevados pela intervenção de forças extramercado. Essa é uma variante globalizada da famosa refutação de Keynes à Lei de Say:* a demanda não consegue necessariamente consumir a oferta. Além disso, os instrumentos de política macroeconômica que podem ser usados para sustentar a demanda num certo país não estão disponíveis globalmente. Enquanto isso durar, os salários de trabalhadores dos países pobres tenderão a diminuir os rendimentos dos que vivem em países ricos – e isso exacerbará desigualdades de ren-

(*) Jean Baptiste Say (1767-1832). Sua "lei" corresponde à proposição de que a oferta e a procura de bens são sempre proporcionais. (N. T.)

da em países em que, anteriormente, existiam contratos sociais funcionantes entre capital e trabalho.

Analistas como Robert Reich frisaram que tal dinâmica apresenta um problema todo particular para trabalhadores com baixa qualificação, mas a mesma pressão depreciativa dos salários afeta diversas ocupações altamente especializadas, como a de programador de computador – a função emblemática da era da informação.[42] A Índia é, hoje, uma fonte de primeira linha de programadores avançados. Empresas globais, como a IBM e a Digital, contratam programadores indianos por cerca de duzentos dólares por mês; elas até mesmo os transportam para os EUA, num abuso de um programa de intercâmbio que permite a importação de profissionais altamente especializados cuja oferta seja baixa. Acontece que há nos EUA bastante programadores devidamente habilitados; só que não há muitos deles dispostos a trabalhar por duzentos dólares por mês.

À medida que a economia se tornou mais mercantilizada e que trabalhadores assalariados viram proporcionalmente reduzida sua capacidade de barganhar por uma porção melhor do bolo, quem abocanha os ganhos são, essencialmente, detentores de capital e profissionais detentores de qualificações raras. Tal conjunto de dinâmicas ampliou as desigualdades, não importa se a medida tenha recaído sobre o salário, a renda anual, a individual ou a familiar. A ampliação da desigualdade se deu tanto entre trabalhadores qualificados e não qualificados como no âmbito interno das ocupações. Elevou-se entre profissionais dotados de boa formação e aqueles com dois anos ou menos de curso superior; e aumentou entre pessoas empregadas em tempo integral e em tempo parcial.

Desemprego elevado. Por todo o Ocidente industrializado, o período a partir de 1973 caracterizou-se por um desemprego elevado. Discute-se muito sobre o porquê de isso ter acontecido. Um fator são as taxas de crescimento econômico mais reduzidas que têm sido típicas das duas últimas décadas – redução essa que, por sua vez, vem gerando um debate intenso. Um segundo fator é demográfico – o ingresso, nos mercados de trabalho, de mais jovens da geração *baby-boom* e de mais mulheres. Um terceiro fator é o efeito da globalização e a mercantilização sobre os instrumentos que os países podiam usar para manter o pleno emprego. Se um país tenta funcionar com base em um programa de incentivos econômicos keynesianos, corre o risco de estimular a inflação e a desvalorização de sua moeda. Mercados financeiros globais não sujeitos a regulação tendem a injetar uma distorção deflacionária no sistema, pois pressionam os países devedores a contrair suas economias como meio de equilibrar suas contas. Os mercados financeiros punem países que crescem mais depressa do que seus vizinhos. (Exceções como o Japão e a Coréia do Sul têm mercados financeiros altamente regulados.)

Era essa distorção do laissez-faire que o sistema de Bretton Woods tentava contrabalançar por meio da estabilização das taxas de câmbio e de uma ampla oferta mundial de crédito. Com a experiência da Grande Depressão na memória, a idéia central dos acordos de Bretton Woods era a de que o sistema devia ser planejado de modo a apresentar distorção em favor do crescimento; isso se fazia pela aplicação de pressão sobre os países credores para que crescessem, e não sobre os devedores para que se contraíssem. O colapso do sistema de Bretton Woods, após 1973, associou-se a um período de expansão mais lenta e de maior desemprego. (Os motivos para o colapso de Bretton Woods são examinados extensamente em meu livro anterior, *The end of laissez-faire* [O fim do laissez-faire]).[43]

Um desemprego elevado, por seu lado, tende a reforçar as desigualdades de renda, pois enfraquece o poder de barganha dos trabalhadores, em especial os menos qualificados. Assim, sob mais um ponto de vista, a mercantilização levou a mais mercantilização e a maiores desigualdades de renda.

Ademais, a ascendência política e ideológica da perspectiva do laissez-faire levou os planejadores da economia a adotar uma doutrina que, no passado, era alimentada apenas por economistas extremamente conservadores – a idéia de uma Taxa Natural de Desemprego. É evidente que o Federal Reserve tem uma crença profunda nesse princípio. Apesar da ausência de pressões inflacionárias, o Fed realizou sete elevações da taxa de juros nos EUA entre 1992 e 1994, amortecendo assim a recuperação econômica, desacelerando a criação de empregos e reduzindo a taxa de crescimento, que de mais de 4% em 1994 passou a menos de 3% no ano seguinte.

A Taxa Natural de Desemprego é uma variante mais conservadora da "Curva de Philips", que descreve uma suposta correlação entre a inflação e o desemprego. O exame das evidências trazidas pelos últimos anos mostra como ambos os conceitos passam longe do alvo – outro exemplo de um tipo de análise econômica que se baseia em relações mecanicistas em vez de influências fundamentalmente oriundas do contexto institucional. No final dos anos 80, desemprego e inflação eram ambos altos e crescentes. No início e em meados da década de 90, ambos eram baixos e decrescentes. O economista Robert Eisner, crítico da Taxa Natural de Desemprego, escreveu que "Se de fato existe uma taxa natural, Deus aparentemente trata seu rebanho de modo muito desigual, pois a maior parte da Europa tem desemprego na casa dos dois dígitos, enquanto o Japão, apesar de uma grave recessão, fica em apenas 3%".[44]

A economista inglesa Joan Robinson contestou a existência de uma correlação inversa simples entre inflação e desemprego, advogando novos mecanismos de negociação social.[45] Baixas taxas de desemprego seriam inflacionárias apenas se o trabalho deixasse de reconhecer seu próprio interesse de longo prazo na estabilidade de preços e se conflitos sociais a respeito da repartição da produção total levassem a acordos salariais e a aumentos de preços que dessem início a ciclos inflacionários. Os keynesianos suecos conseguiram "enganar" a Curva de Philips por duas gerações, mantendo "políticas ativas de mercado de trabalho" que usavam estímulos econômicos para manter o desemprego abaixo dos 6% e, a partir daí, emprego público e programas de treinamento profissional sabático, que o reduziram para abaixo dos 2%. Elementos centrais nessa estratégia foram a cooperação sindical em moderar suas pressões salariais mesmo em face de oferta plena de emprego e proteções à indústria contra a concorrência internacional oriunda de países com baixos salários. Muitos outros países europeus com organizações sindicais fortes, mas responsáveis, gozaram longos períodos de baixo desemprego e baixa inflação, graças a mecanismos de pacto social que permitiram a transferência de ganhos de produtividade individual ao conjunto da força de trabalho, sem exceder os ganhos totais de eficiência. Tal modelo sofreu impedimentos a partir dos anos 80, devido ao crescimento mais lento e às taxas de desemprego mais altas que sobrevieram. Contudo, se os bancos centrais permitissem taxas de crescimento mais elevadas, a abordagem do pacto social seria perfeitamente viável e, de qualquer modo, não poderia ser responsabilizada pela falta de empregos.

Seja ideologicamente, seja institucionalmente, os EUA nunca tiveram o grau de pacto social explícito característico da Europa. No final dos anos 70, época em que o tema principal de preocupação era a estagflação, diversos economistas norte-americanos tentaram montar mecanismos mais mercantis, destinados a melhorar a correlação inflação-desemprego, fazendo com que os salários permanecessem abaixo ou, no máximo, equalizados à taxa de crescimento da produtividade.[46] Uma idéia que se tornou popular, embora de pouca longevidade, foi proposta por economistas da Brookings Institution: a Política de Renda Baseada em Impostos [*Tax-based Income Policy*], ou TIP. Empresas que praticassem restrições salariais seriam recompensadas nos impostos devidos. Caso seu padrão de crescimento salarial não excedesse seu aumento de produtividade, teriam abatimentos nos impostos. Outro plano engenhoso foi devido ao economista Martin Weitzman, do MIT, que propôs uma Economia Acionária [*Share Economy*], na qual os trabalhadores passariam a receber uma parte maior de seus rendimentos na forma de participação nos lucros das empresas.[47] Weitzman argumentava que a mudança concretizaria o ambicionado ajustamento flexível dos mercados de trabalho, reduziria a inflação e permitiria às empresas manter pleno emprego.

Todas essas abordagens contestam implícita ou explicitamente a premissa de uma Taxa Natural de Desemprego como pré-requisito à estabilidade de preços. Todas são invenções sociais em busca de uma solução não ótima, que representaria melhorias em relação às altas taxas de desemprego implicadas por um livre mercado puro. Diversos países conseguiram manter por períodos prolongados uma inflação toleravelmente baixa associada a pleno emprego, ou quase isso. Nos anos 80, países com desemprego relativamente alto apresentavam também inflação alta. O que dificulta o pleno emprego não é a economia, mas a política.[48]

O histórico do governo Clinton insinua que mesmo administradores públicos céticos quanto à existência de uma Taxa Natural de Desemprego vêem-se constrangidos a se curvar ante ela. Antes de se incorporar ao governo, Alan Blinder criticava constantemente o Federal Reserve por manter altas demais as taxas de juros e baixo demais o crescimento. A parte relativa à macroeconomia do Relatório Econômico da Presidência de 1994, de autoria de Blinder, afirmava que as taxas de juros de longo prazo encontravam-se acima dos níveis históricos e precisavam ser reduzidas.[49] No entanto, quando se tornou vice-*chairman* do Federal Reserve, Blinder repetiu insistentemente que acreditava numa Taxa Natural de Desemprego – mas achava que esta seria de 6%, e não de 6,5%. A partir daquela época, o desemprego baixou a 5,5% e a inflação ficou onde estava. Após uma entrevista coletiva em que deplorou o fato de que a produtividade estava crescendo mas o salário médio caía, o secretário [ministro] do Trabalho, Robert Reich, foi censurado por outros integrantes do Gabinete por ter sinalizado um desejo por "custos trabalhistas mais elevados" e, com isso, assustado Wall Street.

O desemprego elevado, com seus efeitos redundantes sobre a desigualdade, longe de ser um fenômeno passageiro tornou-se uma peculiaridade de longo prazo de uma economia mercantilizada e globalizada. As forças da ortodoxia financeira batalham pelo equilíbrio orçamentário, operando sob a premissa de que a disciplina fiscal e a baixa inflação aumentarão as taxas de poupança que, por sua vez, estimularão o investimento e o crescimento. Contudo, o histórico do Federal Reserve indica que os conservadores do livre mercado que hoje dominam o planejamento econômico têm aversão pelo pleno emprego, não importa qual seja o estado da disciplina fiscal, da inflação ou da poupança.

A transição da manufatura aos serviços. Por coincidência, ao mesmo tempo em que se globalizava, a economia passava da manufatura aos serviços. No meio do século, a indústria manufatureira respondia por quase um terço dos empregos oferecidos na indústria norte-americana. A sindicalização era muito disseminada. Mesmo atividades não sindicalizadas sofriam a influência de escalas salariais sindicais – ainda que isso fosse usado como remédio anti-sindical. Os empregos industriais também davam lugar a um valor adicionado relativamente elevado por trabalhador. Isto é, os operários da maioria das indústrias de produção de bens trabalhavam sobre volumes relativamente elevados de capital de produção física e geravam grandes quantidades de produtos por hora trabalhada. Tais fatores permitiam salários relativamente altos, bem como padrões salariais distribuídos de forma relativamente uniforme.

Em contraste, a economia de serviços inclui tanto atividades muito bem pagas como tarefas muito mal remuneradas. Inclui de cirurgiões a assistentes de enfermagem; engenheiros de sistemas a digitadores. Abrange setores tecnicamente dinâmicos, como o das telecomunicações, ao lado de outros, estagnados, como os serviços de faxina. Em igualdade de condições, a economia de serviços será menos igual, pois combina ocupações com taxas de produtividade mais dramaticamente divergentes do que a economia fabril. À proporção que mais empregos passam à economia de serviços, esse fator tende, sozinho, a ampliar as desigualdades de renda, pois transfere as pessoas para setores que parecem ser inerentemente menos igualitários. O economista Barry Bluestone determinou que, no período de 25 anos que findou em 1987, a distância salarial entre as pessoas com grau superior e aquelas que não concluíram o curso secundário aumentou em 15% no setor de produção de bens industriais, enquanto o número correspondente no setor de serviços foi de 60%.[50]

Além disso, não há igualdade de condições. Em sua maior parte, a economia de serviços não é sindicalizada nos EUA, exceto no que diz respeito ao setor público. A indústria manufatureira é pesadamente sindicalizada. Embora operários fabris se beneficiassem de salários relativamente altos e uniformes, nada havia de inerente na atividade de produção que implicasse tal distribuição de rendimentos. Caso uma parcela maior de ocupações de serviços fosse sindicalizada, a distribuição de renda se tornaria mais igual, mas isso não prejudicaria necessariamente a eficiência da economia como um todo ou distorceria os mercados de trabalho. Até que ponto a economia geral sacrificaria a eficiência e a produção dependeria de como a indústria viria a reagir a uma mudança no padrão salarial.

O enfraquecimento das normas e regulamentos do trabalho. Sugeri que a ampliação das desigualdades de renda é menos resultado de mudanças "naturais" na distribuição de qualificações ou da lógica dos mercados de trabalho do que reflexo de alterações no poder relativo entre os detentores de capital e a força de trabalho. É claro que a própria mercantilização é uma causa fundamental de tais alterações de poder. Neste século, o sindicalismo e a regulação salarial pelo Estado constituíram duas das principais forças de oposição à tendência do mercado de criar desigualdades salariais extremas. Por sua vez, tal contexto engendrou normas para o mercado de trabalho que funcionavam como contrapeso a um comportamento oportunista por parte dos empregadores.

Nos Estados Unidos e na Inglaterra, países em que as políticas conservadoras causaram impactos dramáticos, tais contrapesos foram consideravelmente enfraquecidos nos últimos anos. Nos EUA, houve época em que o salário mínimo era cerca de 50% do salário médio. No momento em que escrevo, essa porcentagem é de 34%. Mesmo com o aumento modesto aprovado em agosto de 1996, mal chegará aos 40%. Na verdade, o líder da maioria republicana na Câmara dos Deputados, Richard Armey, tem advogado vigorosamente a rejeição de qualquer lei relativa ao salário mínimo. Combinado com um desemprego relativamente elevado (que também corrói o poder de negociação do trabalho), isso significa que os salários tenderão a estagnar, em especial os daqueles que não oferecem ao mercado de trabalho qualificações com escassez de oferta.

A regulação salarial também se enfraqueceu de maneiras mais sutis. O ataque à regulação pela porta dos fundos cortou dotações orçamentárias voltadas a garantir o cumprimento das regras estabelecidas. Em meados dos anos 90, começaram a aparecer notícias sobre campos de trabalho escravo em indústrias têxteis de Los Angeles e sobre oficinas ao estilo vitoriano na parte pobre de Manhattan. O Departamento do Trabalho dos EUA conta com menos de trinta inspetores para cobrir toda a área da Grande Los Angeles, e menos ainda para Nova York.

Também se desgastam modalidades não salariais de compensação do trabalho, que não são requeridas legalmente mas são tradicionalmente cumpridas devido ao costume e ao poder de barganha. Desde 1980, benefícios de aposentadoria, pedra angular de empregos nos setores primordiais do mercado, sofreram reduções substanciais. A proporção de empregados coberta por algum tipo de plano de aposentadoria proporcionado pela empresa caiu de 50% em 1980 para 44% em 1994. A forma típica de pensão passou a ser a de "contribuição definida", em vez de "benefício definido" – o que significa que é o empregado, e não a empresa, quem arca com o risco de flutuações nos investimentos que lastreiam o plano. Com a elevação dos mercados de ações, as empresas ao mesmo tempo retiraram dezenas de bilhões de dólares dos fundos de pensão, sob o pretexto de que estariam "carregados demais". Mesmo em empresas que mantêm planos de pensão, houve uma reacomodação das contribuições relativas do empregador e do empregado, de modo que este passou a financiar seu plano de aposentadoria do próprio bolso, não mais recebendo-o como benefício.[51]

Uma dinâmica idêntica afetou o outro benefício substancial, a assistência médica. Nesta era de corte de custos, menos empresas oferecem qualquer espécie de plano; estreitaram-se as escolhas de plano e de médico e há uma transferência maior de custos para o empregado, tanto por meio da exigência de que este pague uma fração maior do prêmio como pelo processo de direcioná-lo para planos que embutem custos mais altos de sua responsabilidade direta (ver o Capítulo 4).

Desregulação. De modo mais abrangente do que a regulação explícita do trabalho, a regulação econômica mais geral da indústria conduz de diversas maneiras interdependentes à igualdade de rendimentos e à estabilidade (ver também o Capítulo 7). A regulação tradicional de "monopólios naturais", como serviços públicos, limita a entrada de novos competidores e garante uma taxa de retorno estável. Isso, por sua vez, possibilita a estabilidade do emprego. Mesmo normas que regulamentem preços mas permitam a presença de mais de um concorrente – como tradicionalmente acontece com a radiodifusão e com o transporte aéreo – tendem a reprimir a competição de preços, o que propicia um clima favorável à segurança de carreira e a salários elevados.

É evidente que a desregulação leva à reversão desse processo. A maior concorrência de preços em setores como os das telecomunicações, serviços públicos, transportes aéreo e rodoviário, hospitais etc. leva a pressões para se reduzirem os custos trabalhistas. Empresas que, no passado, negociavam com sindicatos fortes mas dóceis, e/ou ofereciam faixas salariais e planos de carreira estáveis – como a AT&T – vêem-se perante uma impiedosa concorrência de preços por parte de novos competidores, como a Sprint, que são radicalmente antisindicais e têm custos trabalhistas menores. Com isso, a AT&T é obrigada a reduzir seus próprios custos trabalhistas, para não ser alijada do mercado. O mesmo ocorre com as grandes empresas de aviação comercial, com hospitais gerais de grande porte, com redes de televisão e assim por diante.

Outros aspectos da mercantilização se assemelham de perto, quanto aos efeitos sobre os mercados de trabalho, à desregulação. Por exemplo, empresas que não eram explicitamente reguladas, mas atuavam em setores oligopolistas (aço, indústria automobilística, indústria de armamentos etc.), estão atravessando processo muito parecido. A intensificação da concorrência de preços se reflete na intensificação das pressões pela redução de salários e benefícios. No setor público, a analogia é com a privatização. Se uma empresa contratada é capaz de executar uma tarefa por preço menor do que o setor público, este sofre pressão para reduzir salários, cortar benefícios, reduzir o quadro ou licitar o serviço. Em todos os casos, o ressurgimento da concorrência com base nos custos do trabalho tende a reduzir salários, repelir entendimentos sociais tácitos e destruir expectativas a respeito de planos de carreira e segurança de emprego.

O ataque aos sindicatos. A tolerância empresarial aos sindicatos nos Estados Unidos desenvolveu-se em duas ondas, ambas ancoradas no ativismo da base, conectado a políticas governamentais que o apoiavam. A primeira deu-se na época do New Deal, quando uma vaga de mobilização trabalhista se beneficiou da presença de um governo que lhe era favorável. Mesmo antes de Franklin Roosevelt tomar posse, a Lei Norris-La Guardia de 1932 eliminou a ameaça de os sindicatos poderem ser processados por impedimento ilegal da atividade comercial. Inicialmente a National Recovery Administration [que funcionou entre 1933 e 1936 para administrar a aplicação da Lei de Recuperação Industrial Nacional] e, em seguida, a Lei Wagner garantiam aos trabalhadores o direito de organização, permitindo assim que John L. Lewis* proclamasse, com apenas ligeira hipérbole, que "o presidente Roosevelt quer que você se sindicalize".[52]

A Segunda Guerra Mundial reforçou o papel do trabalho como parceiro social legítimo. Em troca de paz social e da suspensão da realização de greves enquanto a guerra durasse, garantiu-se aos sindicatos influência no assessoramento sobre a política industrial; nessa época os sindicatos ficaram ao menos temporariamente livres da atividade anti-sindical das empresas. O salário de guerra e o controle de preços também produziram o efeito não intencional de consolidar a prática dos benefícios de saúde e de aposentadoria. Empresas que enfrentavam escassez de mão-de-obra não podiam concorrer umas com as outras com base na oferta de salários mais elevados, mas era-lhes permitido elevar os benefícios, o que fizeram. Quando a guerra acabou, a presença sindical e os benefícios haviam se tornado normais nos setores industriais. Estudiosos do trabalho daquela geração cometeram o erro de supor que as negociações coletivas haviam se tornado uma característica permanente da vida industrial dos EUA.

A contra-ofensiva empresarial começou quase imediatamente em seguida à desmobilização dos soldados que haviam lutado na guerra. Os resultados deram seus primeiros frutos já em 1947, com a Lei Taft-Hartley, aprovada pela maioria republicana do Congresso a despeito do veto do presidente Harry Truman. A lei tornava ilegal o funcionamento de piquetes grevistas, proibia boicotes secundários e possibilitou aos Estados promulgarem leis de "direito ao trabalho" que permitiam a operários não sindicalizados trabalharem lado a lado com trabalhadores filiados. A porcentagem de operários sindicalizados chegou a seu máximo no início dos anos 50.

Muito ao contrário de aceitarem os sindicatos, as empresas começaram a apelar para sofisticadas táticas de sabotagem sindical. Embora a Lei Wagner garantisse o direito de organização e de negociação coletiva, as empresas conseguiam tornar tais direitos letra morta, pelo expediente de despedir operários que exibissem simpatias sindicais. À medida que os casos se multiplicavam, as correções impostas pelos tribunais e pelo Comitê Nacional de Relações Trabalhistas [National Labor Relations Board] tendiam, tipicamente, a ser tardias e insuficientes. As empresas recebiam multas leves e eram instadas a negociar com boa-fé – anos depois de haverem despedido líderes de fábrica e de terem esfria-

(*) Líder sindical, entre 1920 e 1960 presidente do United Mine Workers of America, fundador e primeiro presidente (1936-40) do Congress of Industrial Organizations (CIO). (N. T.)

do o ímpeto de organização dos operários. Levantamentos realizados pelo professor de direito do trabalho de Harvard, Paul Weiler, mostram que, em todo o país, um em cada vinte operários sindicalizados foi despedido, como forma de retaliação.[53] Isso constituiu um sinal claro àqueles que pudessem alimentar simpatias pela sindicalização.

Em 1978, um esforço legislativo para fortalecer a Lei Wagner fracassou por dois votos, vítima de táticas obstrucionistas republicanas. Quando o presidente Reagan tomou posse, uma de suas primeiras decisões foi demitir controladores de tráfego aéreo que se encontravam em greve, enviando assim ao setor privado uma sinalização clara de que se havia tornado legítimo substituir trabalhadores em greve. A Lei Wagner não proibia tal prática, mas o costume instituído durante várias décadas era de que uma greve era um ato cuidadosamente coreografado, em que ambas as partes evitavam causar danos permanentes à outra. Depois do caso dos controladores aéreos, tornou-se cada vez mais comum despedir empregados em greve e esta entrou em eclipse.

O próprio processo de mercantilização enfraqueceu os sindicatos de diversas formas. Os contratos coletivos que abrangiam setores inteiros da economia, e que antes constituíam um instrumento central da determinação sindical de "excluir os salários do processo de concorrência", tornaram-se subitamente relíquias. Com a disseminação do fechamento de fábricas e das realocações de instalações, os salários voltaram a constituir item de concorrência. Contingentes de trabalhadores de empresas diferentes, e mesmo de fábricas diferentes de uma mesma companhia, foram submetidos a competições diretas para se determinar quais eram capazes de proporcionar as maiores economias de custos trabalhistas. Os que venciam ficavam com seus empregos – ao menos temporariamente. Em vez de refletir reivindicações sindicais por melhores salários e aumentos de benefícios, as negociações de contratos coletivos passaram, tipicamente, a girar em torno de exigências empresariais de "contrapartidas". Num país já não grandemente entusiasmado com as soluções coletivas, o fracasso dos sindicatos em proporcionar benefícios, ou mesmo em garantir segurança de emprego, tornou-os ainda menos atraentes para trabalhadores não sindicalizados. Ante o jogo duro das empresas, por que colocar o emprego em risco por um sindicato que, provavelmente, não iria fazer qualquer diferença?

Além disso, com algumas notáveis exceções, a geração de líderes sindicais simbolizada por Lane Kirkland* não enfatizou a arregimentação de novos trabalhadores de novos setores industriais. Tais líderes haviam amadurecido durante o breve período de paz industrial e se compraziam de uma auto-imagem de estadistas do trabalho. Na década de 50, os radicais, que tendem a ser os melhores

(*) Por 35 anos dirigente da central sindical AFL-CIO (American Federation of Labor/Congress of Industrial Organizations), a qual presidiu entre 1980 e 1995. (N. T.)

organizadores, haviam sido enxotados da maioria dos sindicatos. Os novos movimentos insurgentes da década de 60 – o movimento contra a guerra do Vietnã, o ambientalismo, o feminismo, o movimento pelos direitos dos homossexuais – tinham poucos amigos nas principais organizações sindicais. Pessoas comprometidas com o ativismo de base tendiam a se abrigar em outros lugares. A maior parte dos recursos dos sindicatos passou a ser dirigida à manutenção de seu quadro de filiados ou à atividade política e legislativa. Organizar na base é um trabalho duro e sacrificado; e, com a balança pendendo tão claramente contra o trabalho, mesmo em circunstâncias em que havia um forte sentimento pró-sindical, era difícil ganhar associados. Com isso, os sindicatos estabelecidos foram se tornando cada vez mais relutantes em despender esforços em empreitadas que tendiam a considerar perdidas. Tudo isso implicou que, com o aparecimento de novos setores econômicos, a parcela organizada do trabalho foi diminuindo.

A globalização e a transição da manufatura tradicional para os serviços e a alta tecnologia apenas fizeram intensificar o declínio relativo. Em 1995, a parcela sindicalizada da força de trabalho empregada no setor privado havia declinado de um pico de 35% para o mais profundo vale em sessenta anos, 11%. Como conseqüência, um dos contrapesos mais significativos à desigualdade gerada pelos mercados tornou-se uma presença muito menos relevante.

Durante muito tempo os economistas discutiram se os sindicatos e sua influência sobre os salários distorcem a eficiência econômica. Afinal, eles alteram o padrão salarial que, em sua ausência, seria estabelecido pelas forças do mercado – e, presume-se (por definição), os mercados são eficientes. A melhor, e mais empírica, solução para esse debate encontra-se num estudo de 1984 dos economistas de Harvard Richard Freeman e James Medoff, intitulado *What Do Unions Do?* [Afinal, os sindicatos fazem o quê?].[54] Eles mediram meticulosamente os salários e a produtividade em empresas com presença sindical e sem ela. O que Freeman e Medoff determinaram contesta a simplificadora imagem laissez-faire que apresenta os sindicatos como estruturas monopolistas que aumentariam os salários acima de níveis justificáveis e, portanto, trariam malefícios tanto à produtividade quanto ao nível de emprego.

Para Freeman e Medoff, os sindicatos têm dois papéis. Eles de fato se utilizam de certo poder de mercado para arrancar aumentos salariais. Contudo, devido à circunstância de proporcionarem uma voz coletiva aos trabalhadores e de alterarem a dinâmica do ambiente de trabalho, eles muitas vezes fazem contribuições à produtividade suficientes para justificar sua presença. Trabalhadores sabem bastante sobre eficiência produtiva, mas na ausência de uma representação coletiva "tendem a não exprimir suas preferências ao empregador, receando que este os despeça".[55] E aduzem que, "se as empresas usarem o processo de negociação coletiva com boa-fé, os sindicatos podem representar um incremento significativo para sua eficiência".[56]

Freeman e Medoff descobriram, ainda, que esse mecanismo não opera dessa forma em todos os casos. Em certos sindicatos e em determinados ambientes, os salários superavam a produtividade, seja devido ao sucesso reivindicatório de um sindicato notavelmente forte, seja porque a estrutura monopolista de todo um setor levava a aumentos excessivos de preços e salários, uma "renda monopolista" compartilhada pelos trabalhadores. Em outros casos, relações trabalhistas conflituosas impediam que se produzisse o jogo de soma positiva alcançado em outros lugares.

Esse "sindicalismo de duas faces" produzia efeitos que se compensavam mutuamente. Aumentava os salários, mas com freqüência aumentava também a produtividade. Embora os aumentos de salários às vezes se dessem em prejuízo de trabalhadores não sindicalizados, ainda assim os sindicatos constituíam uma força em favor de uma maior igualdade, pois promoviam uma distribuição mais igualitária de rendimentos e um tratamento menos arbitrário por parte das empresas, influências essas que agiam tanto dentro das empresas como por intermédio de setores industriais e daí à sociedade como um todo. A acusação de que o sindicalismo aumenta as desigualdades é errada; Freeman e Medoff concluem que o aumento da desigualdade induzido por efeitos salariais monopolistas era neutralizado por três outros fatores de redução de desigualdades, que também agiam sobre os salários: políticas de ação sindical voltadas para minimizar desigualdades salariais dentro da mesma empresa; políticas de equiparação salarial para trabalhadores que exercem as mesmas funções em empresas diferentes; e ganhos para trabalhadores *blue-collar* [operários], reduzindo assim as diferenças em relação aos funcionários *white-collar* [de escritório].[57]

Mas se os sindicatos podiam incrementar a produtividade, por que, então, a maior parte das empresas se opunha a eles? Porque, na maioria dos casos, os dirigentes e proprietários de empresas apreciam as prerrogativas do poder. Eles preferem tomar suas próprias decisões. Como exprimiu aquele sábio dos mercados de trabalho, [o comediante] Mel Brooks: "É bom ser o rei". Os sindicatos também tendiam a alterar a relação entre lucros e salários, favorecendo estes em detrimento daqueles. No entanto, nota Freeman, "A maioria das pesquisas a respeito dos efeitos dos sindicatos sobre os lucros determina que eles tendem a reduzir lucros em setores em que as empresas têm um poder de mercado muito grande – e, assim, constituem antes uma influência em direção à redistribuição de lucros do que um fator ponderável no fracasso de empresas". Além disso, planos de "participação nos lucros", em que funcionários e controladores compartilham os frutos dos aumentos de produtividade, podem reduzir a fatia do lucro apropriada pelos administradores – mas aumentam o nível geral de produção e dos lucros.[58]

Ao se ler trabalhos como o de Freeman e Medoff, fica-se redobradamente impressionado com a indeterminação dos resultados do mercado de trabalho. O mais puro dos mercados não produz necessariamente uma produtividade ótima. As forças sociais podem alterar significativamente o padrão de salários e benefícios que, em sua ausência, os controladores estariam dispostos a pagar, sem que isso produza efeitos mecanicistas ou facilmente previsíveis sobre a eficiência econômica. Isso ocorre porque uma mesma tarefa pode ser executada de uma virtual infinidade de maneiras, e os funcionários podem ser afetados por ampla variedade de estados de espírito. O padrão de compensações e o estilo de administração escolhidos pelo empregador constituem apenas um de muitos caminhos possíveis.

Devido à alteração experimentada no equilíbrio de forças entre capital e trabalho na economia atual, o caminho escolhido pela maioria das empresas transformou a redução salarial em objetivo central. Claramente, isso reduz o rendimento e aumenta a insegurança dos trabalhadores. Trata-se de uma atitude mais mercantil, no sentido de que considera o trabalho como mais uma *commodity*. Contudo, não é de modo algum claro que isso constitua uma otimização de resultados.

O debate da qualificação. Um dos fatores que atuam a favor da ampliação das desigualdades de renda é que alguns trabalhadores, em especial aqueles com baixos níveis educacionais, estão sendo deixados à margem pela nova economia do conhecimento. Uma geração atrás, a abundância de empregos industriais, sindicatos fortes e um comércio internacional limitado permitiam que um operário com pouca escolaridade mas com bons braços e vontade de trabalhar atingisse a classe média operária. É evidente que esses dias se foram. Ainda existem empregos desse tipo, mas tanto sua quantidade como o salário que pagam estão diminuindo. Pouquíssimos estarão disponíveis para a geração que está entrando no mercado de trabalho.

No meio gerencial contam-se histórias de como é difícil encontrar bons candidatos para postos operários que exigem conhecimento. Os empregadores têm dificuldades em preencher muitas das posições disponíveis na nova economia, pois uma quantidade excessiva de jovens sai da escola – tanto secundária como superior – com maus hábitos de trabalho e mal sabendo ler, escrever e fazer contas.

Tais fatores levaram a um virtual consenso no sentido de se definir boa parte da desigualdade de renda simplesmente como um problema de capacitação. Em seu influente *The Work of Nations* [literalmente, O trabalho dos países], Robert Reich descreve de forma eloqüente o destino de trabalhadores "repetitivos" numa economia global e intensiva de conhecimento e receita como remédios a educação e o treinamento.[59] Outro documento muito influente é o Relatório de 1990 da Comissão sobre o Futuro dos Trabalhadores Norte-americanos [Commission on the Future of the American Workforce]; a mensagem é resumida no título: "America's Choice: High Skills or Low Wages!" [A escolha dos EUA: capacitação alta ou baixos salários!].[60]

Em 1995, num artigo publicado na revista *The New Democrat*, editada pelo Conselho da Liderança Democrata, Michael Rothschild expôs o assunto de modo tão extremado que chegava a beirar a paródia:[61]

> Devido à capacidade quase miraculosa da microeletrônica, estamos derrotando a escassez. [...] Em conseqüência, a venerável política de luta de classes, que resultou de uma realidade econômica em que uma quantidade fixa de mercadorias devia ser dividida entre um número excessivo de mãos ávidas está morrendo, juntamente com o pensamento econômico convencional.
>
> Desta vez, os perdedores são aqueles que não conseguem ou não querem participar da economia do conhecimento. [...] Como camponeses analfabetos da Idade do Vapor, os não-capacitados de hoje estão sendo deixados para trás pela nova economia. [...] Exceto pelos 20% norte-americanos mais pobres que, por serem iletrados, estão impedidos de participar da Era do Conhecimento, todo mundo sente a promessa da nova economia.

Bem, nem todo mundo. Essa comemoração maravilhada se esquece do fato de que 80% dos norte-americanos, muitos deles não só letrados mas com graus acadêmicos e capacitações avançadas, não compartilham dos frutos da economia do conhecimento. Duas décadas de mercantilização cada vez maior estreitaram, e não ampliaram, a prosperidade. Note-se ainda que a formulação de Rotschild torna a preocupação com tal tendência uma questão de minorias, alinhada com os perdedores da sociedade, portanto um assunto a ser evitado por um partido político esperto – e não um tema que afeta quatro em cada cinco norte-americanos.

Ao se repassar a retórica dos "Novos Democratas" e de seus oponentes republicanos, é-se levado a imaginar que a principal diferença entre os dois grandes partidos políticos dos EUA reside apenas nos papéis relativos que seriam reservados aos setores público e privado na tarefa de compensar as carências de capacitação. Os democratas desejam que um montante maior de fundos públicos seja destinado à educação e ao treinamento – em melhorias da educação pública, programas de transição escola-trabalho, subsídios federais para treinamento de trabalhadores deslocados por avanços tecnológicos e mais incentivos "morde-e-assopra" para induzir as empresas privadas a aumentarem seus investimentos em treinamento. Os republicanos confiam em que o setor privado saberá fazer o que é melhor para si próprio. Eles assinalam a "Universidade do Hambúrguer" da McDonald's e os investimentos em treinamento feitos por empresas de trabalho temporário como a Manpower e pelo setor de software.

Argumentam que há dinheiro suficiente no sistema público de ensino e que a necessidade não é de mais recursos, mas de uma injeção de melhores incentivos no sistema educacional. Ambos os partidos, porém, parecem imaginar que o problema dos vencimentos se resume, em grande medida, ao problema das capacitações. Aumentem-se estas e os rendimentos virão atrás.

Essa análise segue as convenções da economia de livre mercado. Se os salários relativos caem, isso deve ser porque o valor relativo do capital humano declinou; por definição, seus níveis salariais são apropriados porque assim define o mercado.

O problema é que uma pesquisa cuidadosa a respeito do assunto sugere que o hiato de capacitação é, em grande parte, uma miragem. É verdade que, na margem do mercado de trabalho, existem pessoas concretamente não empregáveis. Esse, contudo, é um segmento muito estreito da força de trabalho. Por outro lado, milhões de pessoas não só capacitadas, mas dotadas de hábitos adequados de trabalho, ganham salários indignos. Pesquisa realizada pela antropóloga urbana Katherine Newman sobre empregos iniciais no bairro nova-iorquino do Harlem constatou a presença de uma enorme concorrência entre trabalhadores qualificados, capazes de ler, escrever, cumprir horários e atender eficientemente ao público, disputando uma pequena quantidade de empregos.[62] Todos os indicadores mostram que os trabalhadores tornam-se crescentemente mais bem educados. O que mudou foi o que os economistas chamam de "retorno em relação à capacitação". Excetuando os escalões superiores, a recompensa que os assalariados recebem por suas habilidades tem diminuído. Em resumo, o problema está do lado da demanda – o tipo de emprego que os empregadores oferecem e como eles remuneram os empregados – e não do lado da oferta de capacitações que as pessoas levam ao mercado de trabalho. Por sua vez, tal deterioração reflete uma alteração nos poderes relativos de barganha e não uma transformação das capacitações.

O indicador mais dramático do que está de fato ocorrendo é a mudança na relação entre produtividade e recompensa. A produtividade industrial (produção por hora trabalhada) cresceu cerca de 50% desde 1973, enquanto os salários industriais permaneceram no mesmo patamar. A produtividade global da economia norte-americana estagnou nos anos 70, mas se revitalizou nas duas décadas seguintes. Desde 1989, a produtividade global da economia cresceu cerca de 1,2% ao ano, mas apesar disso o salário médio tem caído constantemente. Mesmo durante a recuperação de 1993-5, quando o crescimento de produtividade passou dos 2% ao ano, o salário médio do operário quase não cresceu.[63]

Os que desconsideram o que tais tendências mostram recorrem a histórias variadas. Em todas, o núcleo são as novas tecnologias. Supostamente, as empresas estariam definindo novas exigências aos trabalhadores, e estes simplesmente não teriam as capacitações correspondentes. Contudo, muitos setores se caracterizam por uma nova combinação, de tecnologia avançada e salários estagnados. Funcionários comuns de atividades variadas, como o comércio por atacado, o mercado financeiro e a fabricação de chips para computadores, na verdade trabalham com tecnologias muito desenvolvidas. Mas o fazem de um modo que exige muito pouco em termos de treinamento avançado ou capacidade de resolução de problemas. Além disso, mesmo profissionais claramente dotados de capacitação mais elevada têm enfrentado a estagnação salarial, exceto nos altos escalões. Um título melhor para o Relatório da Comissão sobre o futuro dos trabalhadores norte-americanos poderia ter sido "A escolha dos EUA: capacitação alta *e* baixos salários!".

É fácil confundir-se sobre o que estaria operando na situação, pois é certamente verdade que os salários desmoronaram mais radicalmente no caso dos profissionais com nível educacional mais baixo. Na década entre 1979 e 1989, o salário real médio de pessoas com curso secundário incompleto caiu 18%; de homens com formação secundária completa, 13%; de homens com um a três anos de formação superior, 8,3%; mesmo os salários de homens com formação universitária completa permaneceram na prática estagnados. Foi apenas entre aqueles com dois ou mais anos de formação em pós-graduação que se observou um aumento real de salários, da ordem de 9,7% em média. As mulheres tiveram melhor sorte do que os homens, mas apenas aquelas com curso superior completo tiveram ganho real na década, de cerca de 12,6%.[64]

Do lado da demanda, é simplesmente inverídico que os empregadores tenham elevado abruptamente o nível de exigências quanto à capacitação necessária para assegurar um bom emprego. Não foi o que ocorreu: na verdade, em face do enfraquecimento do poder de negociação do trabalho e da inundação de trabalhadores deslocados de seus empregos, as empresas simplesmente passaram a poder escolher seus empregados entre um contingente de candidatos com melhor nível educacional, para preencher os mesmos empregos de sempre. Nos anos 80, à medida que os níveis de escolarização se elevavam, economistas calcularam que mais de 20% das pessoas com grau universitário trabalhavam em empregos que não exigiam esse nível educacional. Em 1990, um empregado típico de uma montadora automobilística tinha ao menos diploma de formação técnica superior [*junior college*, isto é, um curso de um ou dois anos após o secundário] e muitos possuíam grau universitário completo – ao passo que os salários reais declinavam. Embora houvesse aqui e ali carências de especialidades incomuns, correspondiam a uma fração minúscula do mercado de trabalho como um todo.

Na conclusão de uma resenha da literatura acadêmica voltada para a demanda por capacitações mais avançadas, o economista David Howell informa, em primeiro lugar, que em décadas recentes a demanda empresarial por capacitação para o trabalho não cresceu numa taxa superior à tendência dos últimos cem anos. Em segundo lugar, que a correlação entre capacitação e recompensa salarial variou muito de um setor para outro e mesmo de uma empresa para outra, tendo sido em geral má e, mesmo, negativa.[65]

Na ausência de outras mudanças que fizessem retroagir a assimetria negocial entre capital e trabalho, é muito improvável que a solução do capital humano viesse a alterar tais padrões de distribuição de rendimentos. Caso seja necessário dispor de certificados de pós-graduação para conseguir elevações salariais compatíveis com o aumento médio da produtividade da sociedade, muitos trabalhadores não o conseguirão, pois é óbvio que não seremos capazes de proporcionar cursos de pós-graduação para todo mundo. E caso isso viesse a ocorrer, logo a vantagem salarial correspondente desapareceria. Se aceitamos a concepção de Reich de que, na nova economia globalizada, seriam principalmente trabalhadores do conhecimento ("analistas simbólicos") aqueles que teriam a competitividade global necessária para manter seu padrão de vida, então mesmo segundo a mais generosa das definições eles comporiam apenas 10% dos empregos oferecidos pela economia.

Políticas de educação e treinamento têm de fato um papel a desempenhar na estratégia de reverter a tendência à desigualdade de rendimentos. A relutância das empresas em investir adequadamente em treinamento e no aprendizado *on-the-job* representa um dos exemplos de externalidade ou fracasso de mercado mais amplamente aceitos e menos controversos. O treinamento é um bem público. Países como a Alemanha, que associam um alto nível de emprego e uma inflação baixa, têm se empenhado em desenvolver engenhosos programas de treinamento. Em especial no caso de pessoas com uma história de carência educacional e de profissionais mais velhos, deslocados de ocupações tradicionais, programas de transição trabalho-escola e esquemas de treinamento e retreinamento podem proporcionar um impulso crucial ladeira acima. Contudo, em face de todas as outra forças do mercado que geram desigualdades, o treinamento e a educação oferecem no máximo um remédio parcial.

Conforme cálculo do economista James Heckman, da Universidade de Chicago, hipoteticamente, se tentássemos nos apoiar apenas no capital humano (políticas educacionais e de treinamento) para trazer aos níveis de 1979 os rendimentos atuais de homens com curso secundário incompleto, isso custaria ao governo norte-americano 284 bilhões de dólares. Para recuperar a distribuição de renda de 1979 para toda a sociedade, sem supor redistribuição de renda de graduados universitários na direção daqueles com segundo grau incompleto, seriam necessários mais de 2 trilhões de dólares.[66]

A evidência mais forte de que há algo além da tecnologia estimulando o aumento da desigualdade de rendimentos pode ser encontrada comparando-se as experiências recentes dos Estados Unidos e de outros países desenvolvidos. O resumo da história é que, na maioria do casos, os outros países, embora enfrentem mudanças tecnológicas semelhantes, não experimentaram o mesmo agravamento da desigualdade que se verifica nos EUA. Enquanto o salário real dos operários industriais norte-americanos caiu ao longo dos anos 80, elevaram-se em 1,2% ao ano na Europa e em 1,6% ao ano no Japão. Mais, a desigualdade de renda, que já era mais pronunciada nos EUA do que na maioria dos demais países industrializados, sofreu ampliação ainda maior nas décadas de 70 e 80, embora em outros países tenha se estreitado ou permanecido essencialmente constante. Em 1988, nos Estados Unidos, os 10% de funcionários homens situados no pé da escala salarial ganhavam 38% do salário médio. No Japão, a cifra correspondente era de 68%; na Alemanha Ocidental, 61%.[67]

Embora suas rendas *per capita* médias sejam mais ou menos equivalentes, Freeman calcula que o trabalhador norte-americano do sexo masculino situado na faixa salarial dos 10% inferiores ganha aproximadamente 45% de seu equivalente alemão, 54% do norueguês, metade do italiano e assim por diante. E não é fato que a Europa tenha pago sua menor desigualdade na forma de um crescimento menor, pois as taxas de poupança e investimento européias (e japonesas), bem como suas taxas de aumento de produtividade, excedem sistematicamente suas correspondentes norte-americanas. Entre 1979 e 1990, o produto nacional bruto por trabalhador cresceu cerca de 1% ao ano nos EUA e 1,5% ao ano na Europa.[68]

O que responde por tais diferenças é, simplesmente, o fato de que a Europa e o Japão contam com mecanismos de regulação salarial mais fortes, que se superpõem à tendência do livre mercado de empurrar a renda para os extremos. A Europa tem sindicatos muito mais fortes, legislação de salário mínimo mais poderosa, investimentos públicos e sistemas de aprendizado e programas de treinamento. Além disso, a Europa conta com sistemas de aposentadoria e pensões, seguro médico universal, assistência à infância e cobertura por invalidez que são mais abrangentes e mais solidamente instituídos, de forma que a parcela não salarial da recompensa do trabalhador é também muito mais igualitária. Num primeiro plano, todos esses mecanismos contribuem para uma maior igualdade de renda – e, no segundo plano, para normas de justiça que têm em alta conta a igualdade relativa. Adicionalmente, outra linha de investigação sugere que países com níveis mais elevados de desigualdade de renda tendem a ser afetados por taxas de crescimento menores, devido à inércia que isso induz no poder de compra geral.[69]

O economista David Card confrontou as tendências salariais dos Estados Unidos e do Canadá, países que têm economias mais ou menos comparáveis. Descobriu que nos anos 80, embora a renda tenha se tornado agudamente mais desigual nos EUA, do outro lado da fronteira o grau de desigualdade e pobreza na verdade diminuiu ligeiramente. Num artigo escrito em colaboração com Richard Freeman,[70] Card atribui a diferença a fatores institucionais: no Canadá os sindicatos são mais fortes (no que são auxiliados por leis trabalhistas mais rigorosas), o seguro social é mais generoso e as leis de imigração são mais restritivas. No Canadá, 90% dos desempregados recebem compensações que são relativamente mais elevadas e que podem estender-se por até cinqüenta semanas. Nos EUA, os que recebem tais benefícios são apenas cerca de um terço dos desempregados, e eles só podem contar com a compensação por 26 semanas. É claro que benefícios por desemprego não fazem apenas compensar as perdas salariais. Sua existência aumenta o poder de barganha do trabalhador. Acresce que, embora a porcentagem da população canadense com grau universitário seja menor do que a dos EUA, é muito maior a quantidade deles que freqüenta programas vocacionais e de treinamento.

Nos anos 80, os conservadores norte-americanos costumavam descartar a Europa como um navio econômico prestes a afundar, vítima de "Euroesclerose". Diziam que era difícil dispensar trabalhadores; que os salários eram regulados em excesso; e que isso tornava os mercados de trabalho rígidos e ineficientes, causando taxas de desemprego mais altas na Europa. É verdade que, em períodos de crescimento mais lento, os Estados Unidos lidam com a estagnação reduzindo os salários, ao passo que a Europa responde por um aumento do desemprego. Contudo, disso não se segue logicamente que a regulação do mercado de trabalho é a causa da redução do ritmo de crescimento. Revendo o debate em torno do "protecionismo *versus* flexibilidade", a economista Rebecca Blank constata que a caricatura simplificada que apresenta os mercados de trabalho europeus como rígidos e ineficientes e os norte-americanos como flexíveis e dinâmicos se baseia numa série de dicotomias falsas.[71] Blank observa que diversas políticas sociais européias, como um maior investimento em treinamento, assistência à infância e garantia universal de seguro médico, na verdade incrementam a mobilidade do trabalho, enquanto o fato de os EUA não proporcionarem tais benefícios socialmente tende a aprisionar os trabalhadores em seus empregos. "Alguns programas sociais podem ser capazes de compensar as ineficiências e distorções causadas por outros condicionantes políticos e econômicos", observa ela. Comparado ao laissez-faire, um pacote de regulamentações do mercado de trabalho, se tomado como um todo, pode proporcionar um desempenho econômico global equivalente, com uma distribuição de renda mais eqüitativa e uma segurança econômica maior.

À medida que os mercados de trabalho assumem mais o caráter de mercados *spot*, há eficiências alocativas a ganhar ao se combinar trabalhadores com empregos, vendedores com compradores e escalas salariais com produtividade marginal. Mas se é para fazer com que tais ganhos alocativos não sejam viciados por outras perdas (em renda, segurança e demanda agregada), torna-se necessária a intervenção de mecanismos compensatórios de estabilização. A analogia apropriada aqui é com o velho paradoxo de que a presença de freios permite que os carros andem mais depressa. Consideremos os mecanismos mais importantes que podem reverter a tendência de uma maior desigualdade, sem prejudicar o crescimento.

Pleno emprego. Mercados de trabalho mais compactos contrabalançam a desigualdade provocada pelo mercado de vários modos complementares. Um desemprego reduzido aumenta o poder de barganha dos empregados por uma parcela maior dos lucros que, presentemente, são dirigidos aos controladores. Um menor desemprego global também mitiga as conseqüências dos deslocamentos de trabalho, devido à disponibilidade de outras oportunidades. E taxas de desemprego menores causam uma distribuição de rendimentos mais eqüitativa, pois há menos pessoas sem renda. No entanto, o objetivo de se conseguir o pleno emprego, que era largamente aceito cinqüenta anos atrás, tornou-se incompatível com a doutrina da Taxa Natural de Desemprego – parte do dogma do livre mercado.

Sindicatos mais fortes. O preceito central do movimento trabalhista costumava ser "Não façam concorrência com os salários". Ao fazer com que empregadores semelhantes pagassem salários comparáveis a empregados semelhantes, os sindicatos induziam as empresas a concorrer com base na inovação e na produtividade; as empresas atuais cada vez mais competem entre si por meio de cortes salariais e de benefícios. Em seu papel de interlocução política, sindicatos mais fortes constituiriam aliados mais poderosos em favor de uma economia mista.

Livre comércio. Numa economia global em que não há padrões sociais compartilhados, trabalhadores mal pagos de países pobres contribuem mais para a oferta do que para a demanda global. Esse desequilíbrio puxa para baixo os níveis salariais em países de alta renda. A liberdade de comércio deveria ser condicionada a um piso de padrões sociais comuns e a normas globais de pagamento por produtividade.

Subsídio salarial e renda social. Medidas reguladoras como o salário mínimo e mecanismos de transferência de renda como o Crédito sobre o Imposto de Renda do Trabalho* [Earned Income Tax Credit] podem compensar a tendência do mercado privado de pagar os menores salários possíveis. Benefícios em espécie, como o seguro-saúde universal, assistência à infância e pensões sociais, dão flexibilidade ao trabalho sem que se sacrifiquem benefícios tradicionalmente proporcionados pelos empregadores. O emprego contingencial seria muito mais atraente para a força de trabalho caso os benefícios sociais fossem universais, e não privilégios exclusivos de quem tem emprego permanente em tempo integral.

Educação e treinamento. Alguns (mas longe de serem todos) dos problemas trazidos pela desigualdade poderiam ser mitigados incrementando-se o nível de capacitação da força de trabalho. Contudo, dado o subinvestimento crônico do setor privado em treinamento, a solução estaria em mecanismos sociais de treinamento ou em um sistema que o tornasse compulsório para as empresas. O Relatório sobre a Capacitação da Força de Trabalho Norte-Americana para 1990 informava que os Estados Unidos tinham "o pior sistema de transição escola-trabalho de todos os países industriais", e que "Apenas 8% de nossos trabalhadores da linha de frente recebem algum tipo de treinamento formal depois de empregados e, quando o recebem, limita-se a orientações para novatos ou cursos curtos sobre segurança e trabalho em equipe".[72]

Compromissos de "Partilhamento de ganhos". A atitude de empresas como a Powersoft, a Magma e a Harman (discutidas anteriormente neste capítulo) sugere que pactos de partihamento de ganhos são a um tempo factíveis e eficazes. Contudo, na ausência de sindicatos fortes que os exijam ou de regulamentos federais que os tornem compulsórios, os dirigentes de empresas, em sua maioria, são em primeiro lugar fiéis a si mesmos e a seus acionistas e preferem tratar os empregados como se fossem descartáveis. Uma vasta literatura sobre negócios informa que estratégias gerenciais de compartilhamento de resultados proporcionam dividendos de longo prazo para as empresas. Contudo, na febril economia de hoje, sensível aos ditames do mercado financeiro, a maioria das empresas mostra-se mais interessada em dividendos de curto prazo, para impressionar investidores e estimular os preços de suas ações.[73]

(*) Mecanismo segundo o qual famílias de renda baixa e média, especialmente com filhos pequenos, recebem um crédito retornável calculado sobre o Imposto de Renda decorrente de ganhos do trabalho, seja ele concretamente devido ou não. (N. T.)

Empresas responsáveis. Uma força-tarefa democrata liderada pelo senador Jeff Bingaman, do Novo México, propôs a criação, nos EUA, de uma nova categoria de empresas que receberiam uma ampla gama de benefícios do governo, em troca de manterem um pacto social mais confiável com seus empregados. As empresas que entrassem no programa contariam com vantagens tributárias, isenção seletiva de regulamentações e determinados subsídios para treinamento e aperfeiçoamento tecnológico. Em contrapartida, a empresa precisaria responder com um grau maior de participação dos empregados, seja através de sindicatos ou de comitês de trabalhadores; teria que resistir a reduções abruptas de pessoal e à terceirização; e precisaria esforçar-se de boa-fé para criar e manter empregos bem remunerados e seguros, com benefícios decentes. Além disso, deveria manter um programa de participação nos lucros ou algum outro plano de repartição de resultados. Em suma, a empresa precisaria tratar seus empregados como parceiros e não como fatores de produção descartáveis.

Especificamente, para habilitar-se a esse *status* especial, a empresa precisaria passar por diversos testes. Teria que contribuir com pelo menos 3% de sua folha de pagamento para um plano de pensão móvel multiempresa, na linha dos fundo de pensões TIAA/CREF* para professores. Teria que destinar um mínimo de 2% da folha de pagamento ao treinamento e educação de funcionários, obedecendo a padrões definidos por grupos setoriais de empresas. Teria que oferecer um plano de saúde que atendesse a um modelo básico e arcar com ao menos 50% dos custos. A empresa teria ainda que manter um plano de repartição de lucros, com bônus atrelados à produtividade e/ou um plano de participação acionária dos empregados, administrado por estes. Além disso, precisaria manter um plano de compensações segundo o qual a relação entre o maior e o menor salário não pudesse exceder 50:1. Teria que dispor de uma modalidade própria de Acordo de Responsabilidade Comunitária quanto a realocações e demissões. E, no caso de empresas com mais de 25 empregados, estes teriam que ser sindicalizados ou, então, participarem de um programa de envolvimento e co-determinação [de modo a reforçar o caráter coletivo de sua relação com a empresa]. A empresa teria que ser sediada em país que proibisse o trabalho infantil e penal e que garantisse o direito de livre negociação coletiva; e precisaria subscrever um código de conduta quanto à operação em países que não obedecessem a tais padrões.

O plano Bingaman inclui ainda um imposto do tipo Tobin,** incidente sobre operações acionárias de curto prazo. Os recursos provenientes de tal imposto seriam por sua vez usados para financiar um fundo de capital social destinado ao

(*) Teachers Insurance and Annuity Association/College Retirement Equities Fund. (N. T.)

(**) James Tobin, economista keynesiano norte-americano, prêmio Nobel de Economia de 1981 por sua formulação teórica sobre o comportamento relativo a investimentos. Ver o Capítulo 1. (N. T.)

treinamento de trabalhadores, programas de transição escola-emprego, extensão industrial, promoção de exportações e pesquisa e desenvolvimento tecnológico.

Caso não seja cuidadosamente redigida, uma legislação desse tipo pode resultar em abatimentos tributários para muitas empresas, por conta de ações que já exercem. Mesmo assim, parece razoável empregar a mordida (impostos) e o assopro (isenções) para reviver uma relação mais simétrica entre a empresa e seu empregado.

Em outros países industrialmente desenvolvidos, como a Alemanha e o Japão, esse tipo de pacto social é fruto de uma política deliberada do Estado, ou de movimentos sindicais mais fortes, ou de ambos; reflete uma concepção do capitalismo mais corporativa, ou mais sóciomercantil. Nos EUA, essa perspectiva mais social do mercado de trabalho gozou de predominância temporária enquanto durou a pouco usual legitimidade do Estado ao longo da Depressão, da Segunda Guerra Mundial e do início da Guerra Fria. Mas essa concepção social do mercado era em parte entendida como favas contadas, entrava em choque com o laivo libertário da alma norte-americana e nunca se tornou integralmente parte do credo nacional. Hoje precisa ser reconstruída, quase a partir do zero.

Observe-se que essa abordagem se contrapõe a fundamentais artigos de fé professados pelas elites atuais: que o governo deve desregular a economia e deixar que as forças do mercado assumam o controle; que o "livre comércio" constitui a forma mais elevada de livre mercado e indiscutivelmente traz o bem; que as despesas federais devem ser cortadas; e que o pleno emprego seria inflacionário e ruim para os mercados financeiros. A ideologia do livre mercado não apenas ampliou as desigualdades da sociedade como cristalizou uma perspectiva de pensamento dominante que impede a aplicação de correções.

Três conclusões se tornam claras deste apanhado sobre o trabalho e os mercados. Primeiro, que a fonte primordial da crescente desigualdade de rendimentos durante o último quartel deste século tem sido o aumento da mercantilização, em suas múltiplas modalidades. Segundo, que não existem evidências de que uma distribuição de renda moderadamente mais igualitária, temperada por forças extramercado, resultaria em prejuízos à eficiência ou ao desempenho. Dentro de uma faixa bastante ampla, a distribuição de renda é essencialmente indeterminada e reflete as instituições sociais e a distribuição do poder político. E, terceiro, que estão ao alcance imediato os instrumentos de política que poderiam fazer os mercados de trabalho retornarem à senda da eficiência econômica aliada a uma maior igualdade de renda – mas tudo isso se choca de frente com a moda atual, que favorece uma mercantilização cada vez maior.

O mercado de trabalho não é a única arena em que o fenômeno atua. Voltamo-nos agora para outros domínios da sociedade humana, em que o mercado idealizado é de obtenção impossível, e nos quais a simples perseguição da pureza dos mercados reduz a eficiência e prejudica a maioria das pessoas.

4
MERCADOS E MEDICINA

UM MERCADO DOENTIO

Ninguém de fato deseja que a assistência médica funcione como um mercado puro. Nossas expectativas quanto à saúde refletem opiniões amplamente compartilhadas, baseadas em valores extramercado: nenhum hospital deveria recusar pacientes em casos de emergência. A ninguém deveriam faltar cuidados médicos básicos devido a limitações de poder aquisitivo. As crianças deveriam ser vacinadas contra doenças evitáveis. O saneamento básico deveria ser universal. Adotamos alguns desses princípios a partir de um sentimento de fraternidade e de comunidade. Somos seres empáticos, de modo que, embora possamos aceitar que as forças de mercado determinem que algumas pessoas jamais conseguirão comprar filé mignon, não aceitamos que alguém deva morrer só porque não consegue pagar o médico.

Não é apenas a compaixão pelo semelhante que justifica o fornecimento público de assistência médica básica, mas também o interesse esclarecido. Tanto ricos como pobres podem contrair e transmitir doenças contagiosas, morrer vitimados por epidemias, adoecer pela ingestão de alimentos contaminados ou remédios impuros. Mesmo para os ricos, é um aborrecimento ter de lembrar-se da necessidade de comprar água engarrafada. Traduzindo esses conceitos para o idioma da economia, o saneamento é um bem social indivisível. Medidas de saúde pública representam externalidades positivas – benefícios gerais que a lógica de mercado não consegue discernir e atribuir preço com precisão. É também possível que a classe média segurada derive "renda psíquica" do fato de saber que, nos EUA, mesmo um miserável pode ir ao médico.

A essência dos mercados é produzir tanto ganhadores como perdedores. Mas é inaceitável que os perdedores devam também perder sua assistência de saúde – e isso por razoáveis motivos extramercado. Esperamos que a assistência médica permaneça disponível, mesmo quando as pessoas cometem erros que são punidos severamente pelos mercados corriqueiros. Assim, por exemplo, se a companhia de seguros de alguém quebra, ou se lhe é negada cobertura de seguro-saúde devido à perda do emprego, seria pesado demais negar-lhe atendimento médico.

Disso decorre o dilema: uma vez que tenhamos expresso esses valores compartilhados na criação de instituições que, substancialmente, separam a vida e a saúde do poder aquisitivo privado, todo esse imenso setor da economia transforma-se em algo diferente de um mercado livre disciplinado pela concorrência. Paradoxalmente, contudo, permanece cheio de pessoas e grupos cuja motivação principal é o lucro. E o modo mais eficiente de ganhar dinheiro no negócio do seguro-saúde é evitar pessoas doentes e limitar o atendimento – manobras que, claramente, entram em choque com nossos objetivos sociais.

A sociedade não pode confiar apenas em incentivos de mercado para disciplinar o comportamento mercantil oportunista na assistência de saúde, pois, para começo de conversa, este é estruturalmente imperfeito. Muito da história recente da assistência médica nos EUA tem sido de inúteis esforços em buscar "eficiência de mercado" e promover "reforma pró-concorrencial" em um setor inerentemente extramercado. Não é surpresa que a maioria desses esforços tenha saído pela culatra.

Durante a maior parte do período pós-guerra, o sistema de saúde dos EUA se organizou na forma de um equilíbrio de forças de mercado temperadas por forças extramercado. Contudo, tinha dois defeitos sérios. Deixava dezenas de milhões de pessoas sem cobertura. E a tensão entre princípios sociais e de mercado, convivendo num sistema essencialmente privado, acumulou tendências inflacionárias. Ultimamente, como resultado dos esforços das empresas e das companhias de seguros em reduzir custos, o sistema adernou; está se tornando um mercado puro, com conseqüências desastrosas para todos, exceto alguns poucos empreendedores afortunados.

Entre outros defeitos, nosso sistema pesadamente mercantilizado não é capaz de reconhecer que o que determina uma vinda longa e uma boa saúde não são apenas fatores médicos. Oportunidades de obter lucros não repousam sobre melhorias na saúde pública. Apesar disso, a longevidade e a saúde são bens substancialmente sociais. O tempo de vida das pessoas aumentou significativamente durante os séculos XIX e XX, principalmente devido a uma melhor alimentação, melhores condições de saneamento, vacinas e antibióticos que erradicaram doenças antes mortais, condições de trabalho fisicamente menos exaustivas, menor densidade habitacional e um conhecimento e prática mais aperfeiçoados quanto a condições naturais acompanhadas de risco de vida potencial, como o parto. Intervenções médicas heróicas e dispendiosas não contribuíram com mais do que uma migalha para a melhora geral da saúde.

Quando os investimentos em extravagâncias médicas são realizados às expensas da saúde pública básica, a sociedade é prejudicada. Desse modo, na medida em que os mercados desvalorizam os condicionantes sociais da saúde, erram na alocação dos recursos. Como colocaram os economistas Robert Evans e G. L. Stoddart, especializados em saúde: "Uma sociedade que gasta tanto com a assistência médica que passa a não poder, ou não querer, investir adequadamente em outras atividades propiciadoras de melhorias na saúde pode, na verdade, estar reduzindo a saúde de sua população".[1]

O fato de circunstâncias não médicas influenciarem de maneira muito significativa a saúde e a longevidade confirma-se quando se procedem a comparações transnacionais. Países que gastam uma parcela menor de seu PIB em intervenções explicitamente médicas, mas cujas sociedades são mais amplamente igualitárias, proporcionam cobertura médica universal e investem mais na saúde pública básica, apresentam taxas menores de doenças e uma longevidade média maior do que os Estados Unidos. Dois breves exemplos o demonstram dramaticamente. No Japão, a longevidade cresceu enormemente após a guerra. Em apenas vinte anos a expectativa média de vida elevou-se em sete anos e meio – um ganho para a saúde equivalente à abolição das mortes prematuras por câncer e por moléstias cardíacas. Entre 1965 e 1989 a expectativa de vida ao nascer cresceu de 68 anos (homens) e 73 anos (mulheres) para 76 anos e 86 anos, respectivamente. Isso ocorreu essencialmente devido a melhorias na alimentação, saneamento e saúde pública básica. Tal mudança não pode ser atribuída a uma retomada da normalidade em face da mortalidade causada pela Segunda Guerra Mundial, dado que os números referentes à mortalidade eram muito piores na década de 30.[2] Também não se pode explicá-la geneticamente, devido ao pouco tempo transcorrido. E seria igualmente errado imaginar que refletisse aumentos de gastos em assistência médica. Por vinte anos, os investimentos públicos japoneses em saúde permaneceram estáveis em torno dos 6 ou 7% do PIB, refletindo uma abordagem menos "tecnológica" do que a dos EUA. Em breve retornaremos aos determinantes não médicos da saúde.

Mesmo a Grã-Bretanha, cujo Serviço Nacional de Saúde, erigido durante cinqüenta anos, foi brutalmente desfigurado por dezessete anos de governo conservador, gasta hoje menos de 6% de seu PIB em assistência médica, contrastando com os mais de 14% dos Estados Unidos e da média de cerca de 9% dos países avançados. Como a Grã-Bretanha é um país mais pobre, nos EUA os dispêndios *per capita* com saúde são cerca do triplo. Contudo, a maior parte dos gastos britânicos é social, de modo que ninguém fica sem cuidados básicos. E a Grã-Bretanha apresenta taxas de morbidade e mortalidade praticamente idênticas às dos EUA – exceto pelo fato de os 25% britânicos mais pobres serem substancialmente mais saudáveis que a população norte-americana equivalente.

(Resta ver o que mais uma década de ampliação das desigualdades na Grã-Bretanha fará com esses números.)

Meu objetivo aqui não é depreciar os aspectos médicos do sistema de saúde. Todos sabemos apreciar as vantagens de se dispor de uma boa assistência médica. À medida que aumenta a longevidade normal, cada dólar que viermos a gastar em despesas médicas precisará ser astutamente ponderado. O que quero assinalar é que as formas de incentivo e responsabilização do mercado não otimizam a questão. Inevitavelmente, a assistência médica constitui um mercado altamente imperfeito. A verdadeira questão é saber com que tipo de mercado imperfeito estamos lidando – qual deve ser sua distribuição de custos e benefícios e quais estratégias de disciplina e eficiência devem ser aplicadas.

Argumentarei, neste capítulo, que a assistência médica constitui talvez o exemplo paradigmático de uma economia não ótima, um misto necessário do mercado e do extramercado. Contudo, a versão peculiarmente norte-americana dessa mistura não funciona. Leva ao que Alain Enthoven chamou de "paradoxo do excesso e da privação".[3] Pessoas com coberturas altas de seguro recebem uma assistência que se torna cada vez mais dependente de tecnologias complicadas, e portanto mais caras, e cujos custos são levados pela parte empreendedora do sistema. Outras pessoas, sem cobertura, recebem pouca assistência, isso quando a recebem – uma catástrofe de saúde pública com custos econômicos diretos e indiretos.

O anos 80 viram o aparecimento de outro paradoxo. Na medida em que as forças de mercado se opuseram a uma inflação médica claramente crônica, reguladores privados como companhias de seguros tornaram-se tão interferentes em decisões médicas quanto o mais maligno dos burocratas governamentais. Quanto mais os Estados Unidos tentaram se basear no modelo de mercado para resolver sua crise de assistência médica, mais regulamentada esta se tornou. Conforme observou outro especialista em políticas de saúde, William D. White: "Como foi que passamos de políticas que declaravam obediência à concorrência ao que está se tornando o sistema mais clinicamente regulado do mundo?".[4] Como?

Perspectivas conflitantes sobre reformas

No início dos anos 90 o sistema norte-americano de assistência médica atingiu uma encruzilhada. Era claro que, de um jeito ou de outro, o sistema não poderia continuar a inflar às taxas das décadas de 70 e 80; era também claro que, sob muitos pontos de vista, a elevação de custos, a fragmentação e a insegurança decorriam de uma síndrome comum. Era economicamente ineficiente ter um sistema fracionado, constituído de milhares de planos diferentes, cada qual com seu próprio cronograma de devoluções e com seu próprio ritual para a concessão de tratamento. Era o sistema que mais gastava dinheiro em papelada de todo o mundo. Qual deveria ser o melhor remédio para isso: uma maior mercantilização ou uma maior socialização – ou uma mistura diferente dos dois?

À medida que os custos se elevavam, as respostas do mercado agravavam as irracionalidades. No seu papel de atores privados, as seguradoras e as empresas patrocinadoras das coberturas procuravam reduzir seus próprios custos – o que passaram a fazer evitando segurar pessoas doentes, colocando em dúvida as opiniões dos médicos, limitando tratamentos e transferindo custos para as pessoas seguradas. Sob o ponto de vista de cada empresa tomada individualmente, tal reação era racional, mas não para a sociedade. Compreensivelmente, os segurados passaram a temer a perda de sua cobertura, os hospitais ficaram nervosos a respeito dos pagamentos que deveriam receber e as empresas, ansiosas por limitar seus custos. Politicamente, tudo isso criou uma aliança potencial entre segurados ansiosos e não-segurados e entre pacientes e médicos. Com isso, pareceu que se tornava possível uma reforma em profundidade, incluindo necessariamente contenção de custos, acesso universal e segurança quanto à assistência médica proporcionada às pessoas.

Tendo-se aceito que o sistema deveria mudar, a discussão passou a se travar em torno de qual modalidade escolher – "pagador único" [*single-payer*], "faça ou pague" [*play-or-pay*] ou "concorrência gerenciada" [*managed competition*].

A modalidade "pagador único" remontava a uma cobertura universal ao estilo canadense ou Medicare,* em que o atendimento clínico permaneceria descentralizado e essencialmente privado, mas os mecanismos de qualificação e de pagamentos seriam sociais. De modo a evitar efeitos inflacionários, o sistema como um todo receberia um teto, um orçamento anual. A quais setores seria destinada qual parcela desse orçamento geral de saúde constituiria algo a ser decidido por negociação. Profissionais da área médica e conselheiros leigos decidiriam sobre essa difícil repartição – quanto para medidas preventivas em casos agudos de rotina; quanto para bebês prematuros; quanto para os idosos às portas da morte; quanto para dispendiosas novas tecnologias. Num período em que os mercados estavam na moda e o governo fora dela, essa abordagem foi descartada por muita gente por ser considerada estatizante e excessivamente cara, mesmo considerando que, provavelmente, economizaria recursos para a sociedade.

"Faça ou pague" significava dar aos empregadores a opção de oferecer uma cobertura aceitável a seus empregados ou, então, pagar um imposto que financiaria sua cobertura a partir de um fundo residual de seguro que abrangeria também os desempregados. Essa opção tinha a vantagem de reconstruir o edifício aos poucos a partir do sistema em vigor, mas ao preço de manter a fragmentação.

(*) Seguro voluntário com cobertura de internação hospitalar para pessoas com mais de 65 anos de idade. (N. T.)

Ironicamente, o plano foi proposto em 1972 pelo então presidente Richard Nixon, mas na época rejeitado pelos democratas. Na década de 80, muitos liberais, tendo à frente os senadores [Ted] Kennedy e [Nelson] Rockefeller e mais a AFL-CIO, aderiram à fórmula "faça ou pague" por considerá-la a melhor reforma politicamente viável.

O governo Clinton tentou uma terceira estratégia, uma novidade mista chamada de "concorrência gerenciada", que dependia pesadamente da moda dos mercados. Para um autodenominado novo democrata como Clinton, a concorrência tutelada trazia apelo tanto político como ideológico. Filosoficamente, acolhia a competição de mercado. Conforme o plano Clinton, entidades regionais de planejamento denominadas "alianças pela saúde" certificariam planos de seguro qualificados e negociariam os custos com os fornecedores. Os empregadores pagariam 80% do custo de *vouchers* que poderiam ser usados pelas pessoas para adquirir coberturas de planos que escolheriam entre aqueles certificados. Uma vez por ano, os segurados poderiam mudar de plano. A empresas muito grandes se concederia a opção de patrocinarem seus próprios planos (uma variante do esquema "faça ou pague"). Politicamente, o esquema era uma estratégia "interna" de cooptação de todos os principais grupos de interesse. Isso era conveniente para as grandes companhias de seguros, que assim passariam a gerenciar os planos; para médicos e hospitais, que ganhariam a segurança de serem pagos; para os empregadores, que finalmente conseguiriam atingir seu objetivo de limitar custos; e para os consumidores ansiosos, que ganhariam tanto a liberdade de escolha do plano como a segurança da cobertura. Os advogados dessa proposta tinham esperanças de que traria disciplina de mercado ao sistema de assistência médica de uma forma que combinava segurança de cobertura com contenção de custos. Ideologicamente, o esquema era pró-mercado – exceto pelo fato de depender de uma bela quantidade de regulamentações governamentais, tanto já existentes como a serem criadas.

Contudo, a concorrência gerenciada fracassou politicamente, seja no âmbito "interno" dos grupos de interesse, seja no "externo", do resto da sociedade. No final, o entusiasmo do público acabou amortecido pela complexidade bizantina do esquema. Clinton rejeitou a política de, seriamente, jogar o público contra os interesses organizados. Apesar do apoio público inicial em favor de uma reforma no sistema de saúde, um apoio realmente vigoroso de uma base substancial nunca se materializou. O drama populista de pacientes em risco e de médicos sendo atazanados por supervisores de seguradoras acabou suplantado pela imagem da possibilidade de negociatas realizadas por baixo do pano. Enquanto isso, os grupos de interesse empresariais, aliados presuntivos de Clinton, acabaram por concluir que, apesar da grande dose de concorrência de mercado, a abordagem implicava uma presença demasiada do governo.

No rescaldo desse fracasso, o acesso universal desapareceu como objetivo político e os agentes do mercado privado redobraram seus esforços em conter custos. Essa forma de regulação privada não proporciona aos consumidores seja a responsabilização, seja a cobertura universal que o plano Clinton e os esquemas estrangeiros oferecem. E, de quebra, cria suas próprias ineficiências. Embora uma cobertura universal socialmente compulsória esteja temporariamente fora da agenda política norte-americana, é ela que ainda representa a melhor combinação entre a livre escolha dos consumidores e dos profissionais da saúde, bem como o uso mais eficiente do dólar-saúde. Para entender por que, deve-se examinar a dinâmica dos mercados médicos.

Oferta e procura médica

A concorrência é o mecanismo de base que torna eficientes os mercados. O consumidor, soberano, disciplina o produtor oportunista. Como sugeri brevemente no Capítulo 1, praticamente todas as condições que os economistas formulam para que haja uma concorrência perfeita de mercado são necessariamente violadas no sistema de assistência médica. Do lado da oferta, não há entrada livre. No da demanda, ao buscar tratamento a maioria dos consumidores não faz uma "pesquisa", como faria para comprar um automóvel. A maior parte dos diagnósticos e procedimentos médicos é obscura para o leigo, sendo determinada por médicos, não pacientes. A conta não é paga pelo paciente, mas pela seguradora. O médico está dos dois lados da transação: em parte, cria sua própria demanda.

Além disso, graças ao seguro, a demanda não guarda relação com o poder de compra do consumidor. Quando a vida de alguém está em risco o dinheiro não é obstáculo, em especial se outro paga a conta. Um famoso princípio da economia da saúde, cunhado na década de 60 por Milton Roemer, afirma que a demanda por leitos hospitalares tende a se expandir de modo a satisfazer à oferta. A política tributária também estimula artificialmente a procura por assistência médica, ao fazer com que o seguro-saúde seja parcialmente dedutível, seja para o empregador, seja para o segurado individualmente.

Acresce que, devido ao fato de muitos pacientes permanecerem "aprisionados" a seus planos de saúde pela ligação de emprego, ou porque são forçados a isso por condições contratuais, muitos norte-americanos simplesmente não têm condições de escolher entre diferentes planos, não importa qual seja o seu descontentamento. Num fenômeno exclusivo da assistência médica, o sistema de pagamento – o plano de seguro, ou Organização de Manutenção de Saúde [Health Maintenance Organization – HMO] – vem empacotado com o produto – os médicos disponíveis. Com isso, o consumidor tem ainda mais frustrado seu poder de disciplinar o produtor. Daí o paradoxo: quanto mais o mercado de saúde é submetido a formas privadas de regulação, mais a soberania do consumidor se reduz e menos aplicável resulta o modelo de mercado.

O consumidor depende, ainda, do sistema de títulos e licenciamentos da profissão médica para que possa se assegurar da competência básica dos médicos que procura. Os conservadores individualistas consideram que o licenciamento de profissionais pelo governo seria um exemplo de monopólio imposto pelo Estado e puro gerador de excesso de custos.[5] No entanto, imagine-se um sistema que não contasse com o licenciamento médico. Podemos imaginar que os tribunais norte-americanos de causas cíveis encontram-se sobrecarregados de ações movidas por pacientes contra médicos acusados de imperícia, mau atendimento etc. – mas a conseqüência de uma desregulação médica completa levaria os tribunais a uma completa paralisação.

Todas essas interferências na disciplina de mercado trabalham na mesma direção: tendem a fazer os preços aumentarem. Durante todo o período pós-guerra, os rendimentos dos médicos suplantaram o índice de preços ao consumidor. As empresas farmacêuticas têm comparecido consistentemente entre as indústrias mais lucrativas. As novas e empreendedoras companhias de saúde têm sido as queridinhas de Wall Street. E entre o fim da década de 60 e o início da de 90, os custos com a saúde registraram elevações correspondentes ao triplo da taxa de inflação. A assistência gerenciada teve certo efeito moderador sobre a inflação médica, embora, como veremos, a economia é essencialmente enganosa.

Ademais, o dinamismo técnico da assistência médica, o envelhecimento da população e o caráter eminentemente intensivo em mão-de-obra do negócio da cura adicionam camadas significativas de pressão inflacionária. O subsídio recebido tanto pela demanda como pela oferta estimula os empreendedores do ramo a investirem pesadamente em novos equipamentos e procedimentos. Tecnologias médicas sofisticadas atraem a maior dose de prestígio (e preço) da profissão. Feitos médicos heróicos (e dispendiosos) agradam à auto-imagem dos especialistas e seduzem a imaginação do público. Este se empolga com a saga dos transplantes de órgãos cada vez mais complicados, o resgate de bebês prematuros cada vez mais precoces, o sucesso das sofisticadas produções de tubo de ensaio, o uso da microcirurgia no reimplante de membros amputados. Todos esses exemplos são intensivos em tecnologia – e muito caros.

Embora certos progressos tecnológicos acarretem economia – técnicas a laser que proporcionam intervenções mais velozes e menos invasivas, exames por ressonância magnética e outros procedimentos de diagnóstico que evitam as cirurgias com finalidade exploratória –, também estimulam a demanda. E devido à sensação generalizada de que a saúde é um domínio sagrado, externo a considerações financeiras, o público tem a expectativa tácita de que uma assistência de primeira classe deveria ser disponível para todos. Uma pesquisa realizada pelo Instituto Harris revelou que 91% daqueles que responderam concordavam em que "todo mundo deve ter direito aos melhores cuidados de saúde possíveis – tão bons como os de um milionário".[6]

Uma população que envelhece complexifica o problema. Não apenas as pessoas idosas são as principais candidatas a objeto de caras façanhas médicas como, também, mesmo quando saudáveis, os velhos são mais frágeis, o que torna mais custoso o atendimento normal de que necessitam. Cerca de um terço do dispêndio do Medicare destina-se a financiar o tratamento de pacientes que se encontram em seu último ano de vida, e metade dessa quantia é gasta no último mês. A cultura norte-americana de negação da morte alia-se à ética médica de prolongar a vida a qualquer custo para dar origem a dispêndios exorbitantes, freqüentemente devotados a espremer mais alguns dias ou semanas de uma vida crescentemente desgraçada. Caso destinássemos a todo paciente o benefício de todo e qualquer procedimento potencialmente capaz de melhorar a saúde ou prolongar a vida, o setor médico seria tecnicamente capaz de absorver sozinho a maior parte do PIB.

Um sutil fator adicional: conforme a notória observação do economista William Baumol, ocupações de serviços como as de médico e enfermeiro (como de professor, músico, pintor e carpinteiro) são inerentemente inflacionárias, devido ao fato de serem intensivas em mão-de-obra (essa tendência tornou-se conhecida como Lei de Baumol). Para a sociedade, a fonte de riqueza econômica ao longo do tempo é a substituição do trabalho pelo capital. Essa é a própria definição do aumento de produtividade. Contudo, pessoas qualificadas em ocupações em que o capital não substitui o trabalho, esperam ao longo do tempo que sua renda aumente em proporção ao aumento médio de renda da sociedade.[7,8]

O exemplo favorito de Baumol é o do quarteto de cordas. Sua interpretação de Mozart em 1997 é feita com a mesma "produtividade" de 1797 – mas sua expectativa é por uma remuneração de 1997. Em 1997 um médico pode trabalhar com equipamento muito mais *high-tech* (o que, em si, é fonte inflacionária) do que em 1957, mas um profissional responsável é limitado a certa quantidade de consultas por dia. No entanto, o médico espera que sua renda ao menos se iguale à elevação de custo de vida. Se o médico que realizava três consultas por hora em 1957 continua hoje a realizar as mesmas três consultas por hora, sua produtividade permaneceu a mesma. Mas se sua renda real aumentou, então ele contribuiu para a inflação. Em certa medida, os médicos podem compensar eliminando visitas domésticas, transferindo parte do trabalho para assistentes e profissionais paramédicos, usando aparelhos de monitoramento remoto e reduzindo o tempo em que precisam estar na presença física de cada paciente. Contudo, há limites naturais a esse tipo de ganho de produtividade. No fim do dia, é o médico que precisa examinar o paciente, pois do contrário ele não será um médico. Em face de tudo isso, é notável que a taxa de inflação médica tenha sido "apenas" o triplo da taxa geral de inflação.[9]

O CRESCIMENTO ACIDENTAL DO SEGURO-SAÚDE

Antes da Segunda Guerra Mundial, duas forças continham as pressões inflacionárias sobre a assistência médica: o fato de que muitas pessoas não tinham muito bem como pagar o profissional e as normas do profissionalismo médico. Até a Grande Depressão e a guerra, o seguro-saúde não era disseminadamente acessível. Em comparação com o que passaram a ganhar durante e depois do *boom* do pós-guerra, a maioria dos médicos era apenas moderamente rica.

A profissão médica só se tornou seriamente auto-regulada e sujeita a licenciamento estadual* uma ou duas gerações antes disso, no final do século XIX. Com a profissionalização, o código de ética da Associação Médica Americana (AMA) reconheceu que os médicos desempenham um papel de imenso poder e confiança e abordou o aspecto fiduciário por meio de restrições éticas quanto ao aproveitamento financeiro dessa situação.[10] Era comum que os médicos fossem sujeitos a escalas móveis de honorários. Pessoas carentes recebiam algum tipo de cuidado médico através do que se poderia chamar de "socialismo de consultório". Os pobres eram recebidos em instituições públicas e em hospitais beneficentes administrados por ordens religiosas, mas o atendimento era errático.

Num fenômeno peculiar aos Estados Unidos, a introdução do seguro-saúde não resultou de uma transição ideológica ou política em favor de um Estado de bem-estar social ampliado. Foi, em vez disso, conseqüência da reação das forças do mercado privado a dois acidentes históricos – a Grande Depressão e a Segunda Guerra Mundial. Durante a Depressão, os hospitais estavam quebrando, como todos os demais setores da economia. Previamente, o seguro-saúde havia sofrido a oposição da AMA, que o encarava como interferência na relação médico-paciente. Ao lado disso, havia uma crença generalizada de que um seguro desse tipo seria atuarialmente impossível, devido ao perigo da "seleção adversa" – o risco de que as pessoas que mais provavelmente se tornariam doentes seriam aquelas que com maior interesse em adquirir o seguro-saúde. Antes da Grande Depressão, os "fundos de doença" limitavam-se a algumas poucas organizações étnicas e de ex-alunos de universidades.[11]

No entanto, em 1929 o Hospital da Universidade Baylor demonstrou que o seguro-saúde é, afinal, viável. O Baylor aceitou um contrato para segurar a saúde de cerca de 1250 professores de Dallas (estado do Texas) contra um prêmio fixo de cinqüenta centavos de dólar por ano por segurado. Em contraparti-

(*) Nos EUA, licenças para exercício profissional são concedidas em âmbito estadual. (N. T.)

da, o plano garantia até 21 dias de internação por ano. Esses números deram certo. Outros hospitais comunitários logo seguiram os passos do Baylor. Com o aprofundamento da Depressão, o conceito de contratos de seguro de massa tornou-se cada vez mais atraente para os hospitais.

Em meados da década de 30, essa mecânica havia evoluído para o sistema Blue Cross – uma rede parcialmente coordenada em torno de um seguro de hospitalização autorizado por legislações estaduais especiais e organizado, em cada localidade, por conjuntos de hospitais. O sistema operava na forma de franquia concedida pela Associação Americana de Hospitais, com o objetivo expresso de garantir o pagamento dos hospitais pelo atendimento prestado. Todos esses planos eram montados por organizações sem fins lucrativos, que cobravam uma "taxa comunitária" fixa de seus segurados e distribuíam o risco por uma gama suficientemente ampla de pessoas de modo a torná-los atuarialmente viáveis. A oposição inicial dos médicos ao seguro de hospitalização foi neutralizada por dispositivos que garantiam ao segurado a liberdade de escolher o médico que quisesse e a este a liberdade de determinar o tratamento que julgasse necessário.[12]

Mas os médicos continuaram desconfiados de um seguro pré-pago para consultas. A AMA conseguiu impedir que a Lei de Seguridade Social de 1935 incluísse o seguro-saúde; em 1940 a AMA se opunha até mesmo a seguros médicos privados. Porém, aos poucos o *establishment* médico cedeu – com a condição de que os planos fossem controlados por médicos. Na década de 40, proliferaram planos "Blue Shield" voltados para o pagamento de médicos, tomando por modelo o Blue Cross, em parte para barrar o caminho dos seguros médicos comerciais.

O outro grande estímulo para o seguro-saúde foi a Segunda Guerra Mundial. A guerra criou carência de mão-de-obra. No entanto, em vista do controle salarial imposto pelo governo, as empresas eram impedidas de usar o atrativo de maiores salários para buscar candidatos a empregos. Mas o Comitê de Guerra para o Trabalho [War Labor Board] e o Grupo de Administração de Preços [Office of Price Administration] permitiam o oferecimento de benefícios não salariais. Muitas fábricas envolvidas no esforço de guerra passaram a oferecer benefícios de saúde, por meio de planos de seguro, clínicas mantidas pela própria empresa ou sistemas abrangentes de grupos pré-pagos, como o mantido por Henry J. Kaiser em suas empresas, precursor da HMO. Seguros em grupo pré-pagos, como o HIP [Health Insurance Plan, Plano de Seguro-saúde] de Nova York, foram organizados por reformistas sociais liberais no âmbito de uma espécie de Estado de bem-estar social de cunho privado.

No fim da guerra, tinham-se firmado no sistema de saúde duas características particularizadamente norte-americanas.[13] Os planos de seguro reembolsavam os custos determinados pelos médicos. E o seguro era ligado ao emprego.

Toda uma geração de norte-americanos se acostumou a obter cobertura de saúde através do emprego, como se essa justaposição fizesse parte da ordem natural das coisas. A contribuição de empregadores ao seguro-saúde em grupo cresceu de quase nada em 1940 para mais de 100 bilhões de dólares por ano, em meados da década de 80.

Tendo a Blue Cross/Blue Shield demonstrado a factibilidade do seguro-saúde, seguradoras privadas passaram a entrar no negócio. Empresas como Aetna, Prudential e John Hancock tomaram metade do mercado de seguro-saúde. De modo a obter a cooperação de médicos e hospitais, as seguradoras privadas acompanhavam a prática da Blue Cross/Blue Shield de delegar decisões a médicos. Nos contratos de seguros estipulava-se que se pagariam honorários "razoáveis e costumeiros"; as decisões sobre tratamentos eram deixadas aos médicos.

Dessa forma, o sistema de saúde acomodou-se numa estrutura de "pagamento-por-serviço" – médico e hospital alocavam à conta do paciente todos os procedimentos –, associada a um "pagamento-por-terceiro" – a maioria das contas era paga por seguradoras. Tal herança, embora concebida essencialmente pelas forças privadas do mercado, criou um sistema com ineficiências singulares e com um viés inflacionário. Isso só se tornou plenamente evidente depois que o sistema amadureceu; a partir de 1965, o governo, seguindo seus contornos básicos, incluiu a cobertura de seguro para os mais velhos e para os pobres.

Por volta dos anos 80 as ineficiências seriam flagrantes. Contudo, nas primeiras décadas após a guerra, a relação numérica entre empregados jovens e mais velhos (e mais doentes) era alta; as empresas eram lucrativas; e a força da inflação médica aumentava devagar. A relação entre custos de assistência de saúde e o PIB cresceu apenas de 4,4% do PIB em 1950 para 5,9% em 1965.[14]

Um motivo secundário para o lento crescimento dos custos médicos era o fato de que, para a maioria dos norte-americanos mais velhos, o seguro-saúde não era disponível no mercado, seja qual fosse o preço. Com exceção de aposentados cujos pacotes de benefícios ampliavam a cobertura de saúde até a aposentadoria, a cobertura de saúde para os idosos não era disponível, pois as seguradoras privadas se recusavam a oferecê-la.

Assim uma grande quantidade de pessoas mais velhas simplesmente passava sem cuidados médicos. Na prática, tratava-se de uma forma de racionamento. Um racionamento ditado pelas forças do mercado, contudo. Não era o resultado de alguma mão invisível abstrata,* mas decorria da escolha consciente, por parte de seguradoras, de não segurar idosos. De modo semelhante, os pobres não tinham seguro. Os custos da sociedade com a saúde permaneceram moderados, em parte porque muitas pessoas não podiam contar com assistência.

(*) Alusão a Adam Smith. (N. T.)

Em 1965, com base numa rara maioria efetiva, o Partido Democrata conseguiu instituir o Medicare e o Medicaid. Não se tratava do esquema abrangente sonhado por todo presidente democrata desde o tempo de Franklin Roosevelt, mas ainda assim ampliou a cobertura do governo para abranger os dois grupos mais vulneráveis. Embora a AMA tivesse se oposto implacavelmente a toda a concepção, o Congresso e o governo Lyndon Johnson ofereceram aos médicos um adoçante caro – e também encontraram compensações para os hospitais, seguradoras e indústrias farmacêuticas: o governo quase nada faria no sentido de alterar a estrutura de seguro-saúde privado existente; simplesmente arcaria com o custo do ingresso de novos segurados, criando assim novas oportunidades de lucros para esses poderosos setores. Contrariando as advertências da AMA, as seguradoras prometeram solenemente que o burocrata jamais viria a se interpor entre o paciente e o médico. Da mesma forma que as Blues e as seguradoras privadas, o governo faria pagamentos razoáveis e costumeiros a médicos e hospitais. Curvando-se à oposição privada à burocracia governamental, a legislação do Medicare transferiu às seguradoras o lucrativo negócio de processar as solicitações feitas ao sistema, uma inútil e custosa camada de intermediários que, redundantemente, precisava ser monitorada pelo governo. De modo parecido, os fornecedores de remédios seriam remunerados a preços correntes. Tudo isso criou todo um imenso mercado para o complexo da saúde, agravando o viés inflacionário.

Meu colega Paul Starr chama essa abordagem caracteristicamente norte-americana da reforma social de "intervenção passiva".[15] O empresariado organizado tem um imenso poder político nos EUA. Ocasionalmente, entretanto, os reformadores conseguem reunir apoio suficiente para estender os benefícios sociais a novas categorias de cidadãos – mas não para comprometer o poder estrutural dos setores empresariais dominantes. Tal tipo de reforma tem um custo terrivelmente elevado, pois reflete e infla as ineficiências preexistentes. Nos anos 60, o fracasso em levar a melhor sobre os grupos seguradores e a estrutura de seu sistema levou o governo Johnson a instituir um programa de seguro médico com profundo desvio inflacionário. Na década de 90, o mesmo fracasso em confrontar as estruturas privadas estabelecidas levaria o mais fraco governo Clinton a uma derrota política espetacular.

Intervenção passiva e inflação

Nas três décadas de funcionamento do sistema Medicare/Medicaid, travaram-se diversas escaramuças de polícia-e-ladrão entre as forças da contenção e as da elevação de custos. Observe-se que tudo isso ocorreu no contexto de um mercado imperfeito. Enquanto num mercado perfeito, ou quase perfeito, o empreendedor comum maximiza seus lucros pela minimização de seus custos, o empreendedor médico, num sistema de reembolso do tipo "pagamento-por-serviço", maximiza seus lucros pelo aumento dos custos ou do volume. Um simples exame de sangue pode gerar reembolso de uns poucos dólares; já uma tomografia computadorizada pode custar vários milhares de dólares. Não surpreende, assim, que o sistema de assistência de saúde dos EUA apresente uma taxa de exames dispendiosos muito acima do que se observa em outros países adiantados. No caso da tomografia computadorizada, há ao menos o pressuposto de que o investimento venha a beneficiar a saúde. Contudo, há inúmeros outros exemplos de simples desperdício. O divulgador científico Daniel Greenberg gosta de contar que se internou num hospital para uma operação de rotina e, verificando que seu nariz escorria, pediu um descongestionante nasal. Em vez disso, o atendente trouxe uma engenhoca para vaporização, cujo emprego foi cobrado da seguradora de Greenberg à taxa de quarenta dólares por dia. O impulso do consumidor de discutir é neutralizado pelo fato de que quem paga é a seguradora. Como veremos, esse conjunto de incentivos foi recentemente revertido, juntamente com a transição para os contratos de "assistência gerenciada" e "de risco". Antes de passar a essa história, contudo, vale a pena repassar o que aconteceu durante 25 anos de fracassos em debelar a inflação.

No final da década de 60, a taxa geral da inflação norte-americana ganhou ímpeto, em primeiro lugar por causa da Guerra do Vietnã, em seguida devido aos choques do petróleo da OPEP. Constituindo um problema setorial especial, a inflação médica não foi um motor primário dessas tendências essencialmente macroeconômicas, mas tornou-se foco de uma preocupação identificada, pois os preços com a assistência de saúde se elevavam ainda mais depressa do que outros preços.

Em 1972, num esforço de controlar os custos médicos, o Congresso dos EUA deu início a uma série de iniciativas frustradas, conferindo ao Medicare o poder de desautorizar custos excessivos.[16] O Congresso criou ainda organismos de auditoria profissional, conhecidos como Organizações de Revisão de Padrões Profissionais [Professional Standards Review Organizations – PSROs], para monitorar tanto a qualidade como a eficiência dos procedimentos médicos. (No governo republicano de Ronald Reagan, esses organismos foram rebatizados de Organizações de Revisão por Pares [Peer-Review Organizations – PROs], privatizados e tiveram reduzida sua autoridade.) Em 1974, o Congresso tornou obrigatória e subsidiou uma rede de organismos estaduais de planejamento de saúde, com o objetivo de limitar a redundância de instalações médicas. Isso levou o sistema a exigir de empreendedores da saúde Certificados de Necessidade [Certificates of Need], apropriadamente conhecidos como CONs,* toda vez que qui-

(*) Alusão intraduzível ao verbo *to con* (gíria), que significa "fraudar", "enganar" (*con* é também gíria para "presidiário", *convict*). (N. T.)

sessem ampliar ou criar instalações médico-hospitalares. No governo Reagan, também isso deixou de ser uma exigência federal.

Na melhor das hipóteses, tais medidas restringiram apenas marginalmente a inflação. Estudos determinaram que os custos continuaram a subir, pois, dado que os lucros se maximizavam por meio da maximização dos custos reembolsáveis, o empreendedor que operava num sistema fragmentado encontrava passagens para se desviar de controles que já eram hesitantes. Assim, por exemplo, quando os organismos de planejamento de saúde começaram a restringir o número de novos leitos hospitalares, os hospitais reagiram aumentando o capital agregado a cada leito (e, assim, a taxa de reembolso a ele associada).[17] Contas hospitalares, que no passado se resumiam a uma simples fatura com um total, foram se complicando cada vez mais. Os hospitais começaram a cobrar literalmente por cada comprimido de aspirina e cada ponto de sutura. Quanto mais o sistema se fragmentava, mais proliferavam as oportunidades de estimular a demanda e encontrar novas vias de lucratividade.

Num segundo round de contenção de custos, o governo tentou reverter tais incentivos por meio da promoção de planos de grupo pré-pagos e por alterações no sistema de reembolso aos hospitais. Os planos de grupo, como o Kaiser-Permanente californiano e o HIP de Nova York, há muito eram filhos bastardos do sistema médico, combatidos ferozmente pela Associação Médica Norte-americana. Esses planos contrariam a ética predominante de uma medicina praticada com base no "pagamento-por-serviço". Sua origem e ideologia implícita é quase socialista; as pessoas pagam um montante mensal fixo e obtêm toda a assistência de que necessitam de médicos afiliados ao plano. As raízes do plano Kaiser estão na cultura do esforço de guerra, dos anos 40; o HIP, na cultura de bem-estar social de Nova York, na década de 30. Ambos tendem a ser conduzidos por médicos com consciência social, adeptos de uma ética de serviço e dispostos a ganhar menos do que seus colegas mais individualistas e empreendedores.

Em 1970, o governo Nixon enfrentava um aumento da inflação. Nesse ano, o neurologista pediátrico Paul Ellwood propôs transformar o modelo vagamente liberal dos planos de saúde pré-pagos numa nova criatura, prudentemente republicana: a Health Maintenance Organization, HMO. Cunhado por Ellwood, o termo se incorporou ao jargão médico norte-americano.[18] Enquanto os planos de grupo tradicionais se baseiam em valores comunitários e não têm finalidade lucrativa, as HMOs de Ellwood podem tanto ter fins lucrativos como não. Podem ser patrocinadas por companhias de seguros, hospitais ou qualquer outra organização ou grupo. Ellwood persuadiu o governo Nixon a apoiar uma nova legislação que proporcionava subsídios e empréstimos para a criação de novas HMOs e exigia de grandes empregadores que ofereciam cobertura de saúde que oferecessem a seus funcionários a opção de ao menos uma HMO dotada de aprovação federal. Tal legislação foi promulgada em 1973.

Havia dois fundamentos para a idéia da HMO: o primeiro, político, o segundo, econômico. Politicamente, os democratas e os sindicatos de trabalhadores faziam pressão por um plano nacional e universal de seguro-saúde. As HMOs ofereciam ao governo Nixon uma alternativa mais "mercantilmente" republicana, que parecia combinar descentralização, liberdade de escolha do consumidor e uma abertura ao empreendimento empresarial com a segurança e a contenção de custos oferecidas pelo esquema democrata do "pagador único". De modo a universalizar a cobertura, Nixon também submeteu ao Congresso uma lei associada do tipo "faça ou pague" – que, naturalmente, não foi aprovada.

No que diz respeito à limitação de custos, a idéia das HMOs ia direto ao ponto. A medicina baseada no pagamento-por-serviço encoraja médicos e hospitais a maximizarem a aplicação de tratamentos reembolsáveis e a ignorarem a prevenção de moléstias. Contudo, planos pré-pagos precisam sobreviver com orçamentos fixos, de modo que seus incentivos financeiros resultam invertidos. A HMO maximiza seus ganhos ou lucros pela via de encontrar o modo que seja o mais eficaz e mais barato de tratar cada paciente, favorecendo medidas preventivas e "low-tech", apoiando-se em atendentes médicos, enfermeiros, técnicos e clínicos gerais, e não em especialistas caros, e estabelecendo limites a cirurgias desnecessárias e à tecnologia superinflada. Seus proponentes imaginavam que as HMOs empregariam incentivos de mercado para, enfim, reverter a espiral da inflação médica.

No final de 1995, cerca de 55 milhões de norte-americanos eram associados a HMOs. É notável, porém, que a expansão das HMOs tenha tido efeito apenas marginal sobre a ineficiência global do sistema de assistência médica. Entre 1982 e 1990, os prêmios da Blue Cross/Blue Shield para planos tradicionais de pagamento-por-serviço ("indenizações") aumentaram em 112%. No mesmo período, os prêmios HMO subiram 106%.[19] Os motivos para um desempenho tão medíocre ligam-se de um lado às ineficiências mais amplas, embutidas no sistema norte-americano de assistência de saúde, do qual as HMOs fazem parte, e de outro à fragmentação, para a qual contribuem as HMOs, que competem entre si.

Mesmo a economia de custos das HMOs é em parte ilusória, uma vez que em geral elas servem às parcelas mais saudáveis da população; indivíduos menos saudáveis freqüentemente preferem planos de indenização, que permitem uma escolha mais livre de médicos e hospitais. Além disso, as HMOs tendem a seguir os preços dos planos convencionais de saúde, mantendo-se apenas marginalmente abaixo destes. À medida que o preço do seguro convencional cresce, o preço do seguro HMO vai atrás – outro exemplo do poder de mercado e da concorrência imperfeita que se observa no setor da saúde.

Diversas pesquisas têm demonstrado que associados de HMOs apresentam taxa de hospitalização e tempo de permanência hospitalar menores do que clientes de planos de indenização. No entanto, não é claro o quanto dessa economia resulta de um recrutamento seletivo em uma população mais saudável, o quanto decorre da recusa em prestar assistência em casos de necessidade real e o quanto é conseqüência de ganhos efetivos, obtidos pela escolha dos tratamentos mais adequados. Descontando-se uma economia inicial, obtida substancialmente por seleção de risco, também não é claro que as HMOs reduzam a taxa de elevação dos custos médicos daí para a frente.

A outra estratégia federal destinada a estabelecer limites à inflação da assistência médica centrou-se em mudanças no modo como os hospitais eram pagos. No início dos anos 80, o Congresso dos EUA modificou o sistema de pagamento do Medicare, que na época respondia por cerca de 35% de todos os reembolsos hospitalares. Em lugar de reembolsar aos hospitais os custos efetivamente incorridos, a Secretaria [Ministério] de Saúde e Serviço Social adotou um elaborado conjunto de planilhas, desenvolvidas originalmente na Universidade de Yale, conhecidas como "grupos de diagnóstico" [Diagnosis-related Groups – DRGs].

Tais planilhas, que abrangem 467 diferentes situações médicas, estabelecem taxas padronizadas de reembolso baseadas no custo de tratamento de casos típicos, independentemente do tempo de internação. É claro que alguns casos são mais custosos do que outros. Contudo, ao longo do tempo a estabilização estatística asseguraria que, em média, os hospitais receberiam compensação adequada por seus custos. O sistema proporcionaria um incentivo financeiro a não estender ou complexificar demasiadamente os tratamentos, pois os hospitais nada ganhariam com isso. Tal estratégia foi reforçada pela instituição de um Sistema de Pagamento Presumido (ou Futuro) [Prospective Payment System – PPS], segundo o qual as taxas de reembolso são ajustadas região a região.

Mesmo o sistema DRG/PPS incorporou elaboradas exceções especiais, renúncias, reembolsos por custos de capital, subsídios para hospitais-escolas, isenção para estados dotados de sistemas próprios de regulação de reembolso e espaço para inflação no diagnóstico. O sistema tampouco restringiu de modo significativo a inflação no Medicare, embora tenha reduzido a lucratividade de cada internação individual coberta por esse seguro. Quanto ao Medicaid – o programa para os pobres, cujos recursos financeiros e popularidade nunca se assemelharam aos do Medicare –, foi gradualmente erodindo os requisitos de admissão e os níveis de reembolso. Em meados da década de 80, o hospital típico perdia dinheiro com o Medicaid, mais ou menos empatava no caso do Medicare e transferia custos para a parcela do sistema que proporcionava reembolsos mais generosos – aquela financiada pela Blue Cross/Blue Shield e pelas grandes seguradoras privadas. Com isso, o mesmo procedimento médico podia gerar diferentes reembolsos, dependendo de o paciente ser segurado pela Medicare, Medicaid, Blue Cross ou por uma seguradora privada, ou ainda se pagante do próprio bolso. Contudo, apesar do jogo de "empurra-custos", os hospitais estavam ficando sem pagadores dispostos a arcar com o total da conta.

DA INFLAÇÃO DE CUSTOS À REGULAÇÃO PRIVADA

Três décadas de "intervenção passiva" fracassaram espetacularmente. Não se produziram cobertura universal, segurança de acesso, autonomia clínica nem contenção de custos. Tanto o esforço de realocar custos como o contra-fogo de limitá-los transformaram-se em novas fontes inflacionárias. O mercado mostrou ser uma parada mais dura do que reguladores públicos não muito convencidos do que faziam. Após o fracasso de 1994 do governo Clinton em instituir uma reforma abrangente no sistema de saúde, este reverteu a uma intensificação da regulação privada.

A partir do emprego de "assistência gerenciada", os planos de seguro deixaram de se limitar a pagar passivamente a conta e começaram a regular o modo como os hospitais tratam os pacientes. Em face da circunstância de muitas regiões metropolitanas apresentarem superávit de leitos hospitalares, as seguradoras passaram a usar seu poder de mercado para negociar descontos e para encorajar os consumidores a mudar para as HMOs, nas quais a contenção de custos pode ser empreendida com mais vigor.

Em 1993, as apólices tradicionais de indenização cobriam menos de 50% da população segurada norte-americana e a maioria dos planos de saúde já era rigidamente gerenciada – sujeita a revisões de tratamentos realizados, descontos de preços, estabelecimento de barreiras pelo atendimento primário feito por médicos generalistas e, com freqüência, aprovação prévia para que um paciente segurado pudesse ser internado. Supervisores das companhias de seguros também passaram a participar da aprovação de protocolos de tratamento e do "planejamento de altas", determinando o número de dias que os pacientes podem permanecer internados. Como conseqüência de tais disciplinamentos, uma quantidade maior de tratamentos começou a ser feita sem internação, menos pacientes passaram a ser autorizados a consultar especialistas e os hospitais foram se despovoando.

Também empregadores de grande porte tomaram medidas de contenção de custos. Em vez de recorrer a companhias de seguros que assumissem os riscos do seguro, muitas grandes empresas passaram a se auto-segurar, mantendo seguradoras para o gerenciamento de seus planos mas assumindo elas próprias os riscos. Havia nisso redução de custos administrativos, mas a motivação era também aproveitar uma lacuna na Lei da Renda de Aposentadoria [Employee

Retirement Income Security Act – ERISA] de 1974, que regulamenta os benefícios de saúde e aposentadoria, mas isenta de regulação federal o detalhamento dos planos de empresas que instituem seus próprios seguros-saúde. Dessa forma, tais empresas podem alterar arbitrariamente os termos de sua cobertura e, mesmo, excluir empregados que contraem doenças caras como a AIDS, a despeito da existência de normas estaduais que dizem o contrário.

As empresas também passaram a transferir custos aos empregados para reduzir despesas, por meio de limitações de cobertura, co-responsabilização do funcionário pelo pagamento de prêmios e através da introdução do requisito de partilhamento de custos em planos que, antes, se responsabilizavam integralmente pelo pagamento de tratamentos médicos. Durante a década de 80, mais de 80% dos confrontos ocorridos em negociações coletivas incluíram discussões sobre cortes na cobertura de saúde pretendidos pelas empresas. No início dos anos 90, as grandes empresas por fim conseguiam anunciar uma redução na velocidade de crescimento de seus custos com seguro-saúde. Contudo, a maior parte desse ganho se originou da transferência de custos para os empregados, e não de genuínos ganhos de eficiência.

Ao mesmo tempo, os planos de seguro, seja patrocinados por grandes empresas, seguradoras comerciais, Blue Cross/Blue Shield ou HMOs, passaram a organizar redes de médicos cadastrados que, em troca da indicação de pacientes, aceitam receber honorários mais reduzidos e seguir as diretrizes de tratamento dos planos. Além disso, em vez de reembolsar os hospitais caso a caso ou procedimento por procedimento – o tradicional modelo do pagamento-por-serviço executado –, os planos de seguro e as HMOs começaram a negociar contratos "per capita", que prevêem honorários fixos para o tratamento de quantidades determinadas de "vidas", deixando aos médicos e hospitais todo ou parte do risco financeiro.

Muitos planos de seguro adotaram a prática de firmar contratos secretos com hospitais, em contradição com a letra de seus contratos com os segurados. Assim, por exemplo, no caso de distúrbios mentais, o plano de saúde típico prevê a cobertura de internações de até sessenta dias por incidência. Contudo, o contrato entre o plano de saúde e o hospital psiquiátrico pode estipular que o hospital deve garantir que o período médio de internação dos pacientes não ultrapasse cinco dias – o que exceder esse teto é de responsabilidade do hospital.

É comum que planos de seguro operem por compartilhamento de custos com os segurados, numa base de 80-20 com franquia: o paciente paga 20% e o seguro 80% dos custos de tratamentos abaixo de determinado valor; acima desse valor, o seguro oferece cobertura total. Contudo, contratos entre planos e hospitais com freqüência incluem pagamentos com descontos. Dessa forma, uma operação cujo preço "de tabela" seja de 10 mil dólares obriga o segurado a arcar com 2 mil dólares (20% de 10 mil dólares). Mas, se a seguradora detém um contrato com o hospital segundo o qual goza de desconto de 50%, então o pagamento devido é de apenas 5 mil dólares, não os 10 mil dólares nominais. Não obstante, o segurado recebe a fatura sem desconto. Desse modo, embora seu contrato com a seguradora estipule que deve pagar 20% das despesas, o segurado acaba por ter de pagar 40% (2 mil dólares em 5 mil dólares). Consumidores de diversos estados norte-americanos têm acionado seguradoras para extinguir esse "caixa dois" praticado às expensas dos pacientes. Em junho de 1995, a Blue Cross e a Blue Shield do estado de Minnesota entraram em acordo numa ação coletiva desse tipo, concordando em reembolsar segurados num montante de cerca de 3,9 milhões de dólares e comprometendo-se a passar a cobrar pagamentos conforme os montantes reais com descontos, e não segundo seu valor nominal. Ações de mesmo tipo encontram-se pendentes em outros estados.[20]

Longe de gerar aumento de eficiência, os empregadores e as seguradoras passaram a coagir os consumidores a pagar de seu próprio bolso ou conformar-se em não ter assistência médica. As forças do mercado privado também transferem custos para o governo, pois a redução de seus pagamentos a médicos e hospitais tem o efeito de obrigar o Medicare, o Medicaid e os hospitais públicos a absorverem as sobras. Ironicamente, essa conseqüência foi entendida como uma crise na parte pública do sistema, que foi acusada de ser menos eficiente do que a privada.[21]

Cadeias hospitalares

A tendência à consolidação e à regulação privada pode ser testemunhada vividamente nas recentes mudanças no setor hospitalar, em que crescem de forma explosiva as cadeias controladas por investidores. Historicamente, nos EUA uma parte do setor era voltada ao lucro, mas nesse caso os hospitais eram invariavelmente empresas restritas às respectivas localidades. Em menos de uma década, a grande maioria se tornou parte de grandes companhias, como resultado de processos de absorção e fusão orquestrados por investidores.

Hoje os hospitais norte-americanos passam pelo mesmo tipo de aperto de custos, redução de pessoal e consolidação que se tornaram a norma em outros setores na nova economia hipermercantilizada. À medida que os hospitais se debatem para permanecer no jogo, proliferam as fusões e joint-ventures. Alguns desses negócios beiram o grotesco, como quando um hospital católico beneficente é absorvido por uma cadeia que busca raivosamente o lucro.

Em tal atmosfera, normas e instituições sem fins lucrativos estão sendo expulsas de cena por substitutas voltadas ao lucro. O conglomerado mais agressivo de todos é uma empresa chamada Columbia/HCA, que por sua vez emergiu de três fusões anteriores. Fundada apenas em 1988, a Columbia/HCA possui hoje [1996] 346 hospitais, muitos dos quais anteriormente não visavam lucro.

O padrão típico de absorção é o seguinte: uma cadeia como a Columbia/HCA, equipada com capital de risco e com capacidade de levantar empréstimos no mercado financeiro, entra numa comunidade que apresenta excesso de leitos hospitalares e faz uma oferta irrecusável a um hospital que não visa lucro, mas que vai mal das pernas. Ao mesmo tempo, a cadeia promete às autoridades municipais que uma instituição isenta do pagamento de impostos será convertida em empresa geradora de tributos. Muitas vezes, o processo envolve a cooptação, por via financeira, de executivos e provedores importantes. Uma vez que o hospital "entra no jogo", a conclusão é quase inevitável; a única questão é determinar quem o comprará, em quais condições e quem se beneficiará. Depois que o hospital é adquirido, institui-se uma economia de custos espartana – demissões, aumento da carga horária e redução de honorários para o corpo médico remanescente, enxugamento ou fechamento de instalações consideradas desnecessárias.

Contando com uma estrutura de custos reduzida, o hospital com finalidade lucrativa pode então oferecer a planos de seguro-saúde a contratação de serviços por quantidades definidas de "vidas", a preços mais baixos, ganhando assim vantagem na concorrência com outros hospitais da mesma localidade. Alguns hospitais só são comprados pelas grandes cadeias para serem fechados, na velha prática monopolística de adquirir competidores para fechar suas portas e assim melhor ditar preços. Freqüentemente, a aquisição de hospitais é parte de uma estratégia corporativa no sentido de erigir uma rede completa de instalações médicas regionais, cobrindo toda a gama que vai de HMOs a pequenas clínicas, centros cirúrgicos especializados, serviços de atendimento domiciliar, laboratórios patológicos e assim por diante, tudo com o objetivo de conseguir mais força e uma maior penetração no mercado.

Em princípio, tudo isso coíbe a superutilização e a capacidade ociosa, ao mesmo tempo que traz eficiências administrativas. Contudo, a racionalização de instalações feita por motivação privada de lucro implica conflitos de interesse em grau extremo, bem como estimula a busca de lucros de curto prazo em detrimento da eficiência de longo prazo. Por exemplo, no caso da Columbia/HCA, representantes da empresa às vezes oferecem tratos muito vantajosos a executivos e membros dos conselhos de hospitais comunitários, arranjos esses que beiram o suborno, em troca da aprovação de aquisições. É também costumeiro que a Columbia exija dos hospitais compromissos de confidencialidade, antes de dar início às negociações. Com isso, torna-se possível que o público nunca venha a tomar conhecimento de todas as condições do negócio, ou mesmo se o hospital foi vendido a preço justo. (Ironicamente, caso se tratasse de hospitais que visam lucro, todos os detalhes financeiros teriam que ser divulgados, conforme a legislação exige.)[22]

No Tennessee, o estado em que a Columbia/HCA tem sua sede, o Hospital Nashville Memorial foi comprado por algo na faixa de 60 milhões a 120 milhões de dólares (o número exato nunca foi divulgado). O patrimônio foi transferido a uma fundação criada com essa finalidade. Não por coincidência, a fundação contratou para ser seu presidente o antigo executivo-chefe do hospital, J. D. Elliot, que havia desempenhado papel central na orquestração do negócio que culminou na aquisição. Em Dickson, Tennessee, um deputado estadual da cidade fora membro do conselho do Hospital Goodlark antes de sua venda à Columbia e, depois, tornou-se presidente da fundação resultante. Em outros contextos, tais exemplos de oportunismo constituiriam flagrante quebra de confiança e recepção ilegal de propina.[23]

Essas conversões ilustram como os mercados fracassam na atribuição adequada de preços em domínios mistos, com objetivos extramercado. Num mercado altamente imperfeito (como é o caso de um hospital que não vise lucro), o preço de mercado só é o preço "certo" no sentido tautológico de que representa a quantia que um comprador paga a um vendedor em determinado instante. De modo algum se trata de um mercado livre, pois há apenas um comprador e um vendedor e, com freqüência, conluio entre um e outro, e não uma negociação em que ambas as partes agem com cautela na defesa de seu interesse.

Dados todos os demais desvios em relação à concorrência perfeita, não é claro como é que os princípios de mercado poderiam ser aplicados com propriedade à venda de um hospital que não vise lucro. Quando a propriedade em questão é um hospital comunitário, seu valor presente é o resultado de muitas décadas de doações por parte de benfeitores que agiram para o bem da comunidade. Isso inclui donativos beneficentes, subsídios municipais na forma de isenção de pagamento de impostos sobre a propriedade urbana e a aceitação, por parte dos médicos, de honorários um pouco abaixo do padrão.

Ao ser adquirido por uma empresa que visa lucro, o que na verdade ocorre é o evento singular de uma conversão de ativos sociais não mercantis em ativos mercantis e uma capitalização de lucros que, ao longo do passado, haviam sido objeto de renúncia. Na verdade, ao realizar a compra, o especulador arbitra entre dois tipos de mercados – um deles um mercado social em que as normas vigentes limitam o oportunismo, o outro um mercado convencional e maximizador do lucro. O especulador embolsa a diferença, às expensas dos objetivos sociais do hospital. Acresce que essa não é, nem de longe, uma transação realizada por partes que defendem seus interesses, mas muitas vezes feita num clima de pânico, em que o conselho do hospital luta para que a instituição não feche simplesmente as portas, associado a estimulações de natureza financeira proporcionadas pela cadeia adquirente.

Como mostra o episódio do Tennessee, há outro sentido em que a transformação de um hospital que não visa lucro deixa de se classificar como uma operação num mercado livre – trata-se de algo altamente politizado, o que distorce ainda mais o modelo de mercado. A Columbia/HCA é célebre por despender grandes somas com lobby e financiamento de campanhas políticas para, assim, amealhar a cooperação de ocupantes de cargos públicos cuja aprovação é necessária para tais conversões.

Em Cleveland (Ohio), a Columbia negociou uma joint-venture com quatro hospitais católicos administrados pelas Irmãs de Caridade de Santo Agostinho. Estritamente, uma parceria meio a meio: os hospitais retêm sua identidade católica mas a Columbia assume o controle operacional. Ora, hospitais católicos existem para atender aos mais necessitados. Freiras trabalham por muito menos do que os valores de mercado. Esse tipo de joint-venture mostrou-se bastante impopular na comunidade católica ligada à assistência de saúde, pois de um lado representa um subsídio a instituições que visam lucro por parte de entidades que não o visam e, de outro, uma evidente corrupção da missão religiosa. Em 1995, o presidente da Associação Católica de Saúde [Catholic Health Association], John E. Curley, afirmou numa convenção que, "para colocar as coisas de forma simples, o modelo de controle por investidores não é compatível com a missão da Igreja na assistência de saúde [...]. O clero de nossa Igreja encara a assistência médica como um serviço humano essencial; redes controladas por investidores enxergam a assistência de saúde como uma commodity a ser fornecida contra o ganho de um lucro".[24]

Cadeias que visam lucro, como a Columbia/HCA, afirmam aumentar a eficiência dos hospitais por meio da centralização administrativa, do corte de custos, da aquisição por atacado de suprimentos com desconto de preços, da negociação de descontos sobre os honorários médicos, da escolha de tratamentos menos caros e da consolidação de instalações duplicadas. (Conforme essa lógica, a "cadeia" mais eficiente possível corresponderia a um sistema nacional com cobertura universal.) Contudo, as cadeias empresariais também reduzem custos limitando a assistência que proporcionam e desviando para outros componentes do sistema os custos de tratamento de casos não lucrativos. Conforme a revista *Business Week*, em áreas com presença da Columbia/HCA, hospitais de voluntariado reclamam que ficam afogados numa proporção crescente de casos beneficentes. No Hospital Regional de Kendall, nas vizinhanças de Miami (Flórida), adquirido em 1991 pela Columbia/HCA, o montante referente a atendimento beneficente e não ressarcido caiu de 10,1 milhões de dólares para 8,6 milhões de dólares entre 1992 e 1994, enquanto a carga sobre o vizinho Hospital Batista (de voluntariado) cresceu de 14,5 milhões para 19,7 milhões de dólares.[25]

Ao longo de 1995, anunciaram-se 59 aquisições de hospitais de voluntariado por empresas, sem contar aquelas que se encontravam em negociação. Ora, uma vez que, por definição, instituições beneficentes não são voltadas para a maximização de lucros, tais vendas levantam espinhosas questões de natureza legal, ética e econômica. Podem os curadores da instituição vendida se beneficiarem financeiramente? Deve a empresa adquirente ser obrigada a manter abertas as portas do hospital? Qual autoridade pública deve representar os interesses da comunidade? De acordo com a bem firmada doutrina do costume, uma entidade beneficente que amealhou recursos para um certo conjunto de finalidades não pode simplesmente direcionar seu patrimônio para outros objetivos; do mesmo modo, seus dirigentes não têm a liberdade de usar esse patrimônio para conseguir vantagens pessoais. Contudo, é precisamente isso o que acontece quando uma empresa compra uma instituição beneficente. Em algumas aquisições, o impedimento tem sido contornado pela transferência do patrimônio a fundações nominalmente sem fins lucrativos, mas controladas de perto pela empresa controladora. Presentemente [1997], os procuradores de justiça [*attorneys general*] de diversos estados norte-americanos conduzem investigações para determinar se essas conversões violam as regras segundo as quais entidades beneficentes devem funcionar.[26]

Não é sequer claro que as redes controladas por capitais especulativos tragam, de fato, ganhos reais à eficiência administrativa. Seu principal objetivo é maximizar a atração de pacientes e o poder de mercado, racionalizar a redução de instalações que se duplicaram num ambiente mais "enxuto", exigir mais de médicos e enfermeiros, resistir a modalidades custosas de tratamento, evitar as missões tradicionalmente deficitárias de educação, pesquisa e tratamento de pacientes não segurados e, por fim, negociar a maior quantidade possível de "vidas" seguradas, de preferência "vidas" saudáveis, à maior taxa per capita ou de reembolso possível. A epidemia de reorganizações é também substancialmente motivada por especuladores que enxergam oportunidades de lucros em patrimônios temporariamente desvalorizados pelos mercados; há inúmeras instâncias em que hospitais são vendidos e em seguida revendidos, de aquisições seguidas de desmembramentos, tudo acompanhado de imensos lucros instantâneos. Isso só é "eficiente" caso se acredite que, por definição, tudo o que derive do mercado seja eficiente. Mas isso não resulta necessariamente numa configuração ótima do equipamento de saúde, um objetivo social que está acima da compreensão dos mercados.

Também é pertinente uma outra diferença. Embora alguns hospitais há muito operem visando lucro, a transformação em integrante de uma *cadeia controlada por acionistas* implica uma importante mudança qualitativa. Mesmo que os cirurgiões locais sejam muito bem remunerados em comparação com o padrão de vida médio da comunidade, e mesmo que o hospital vise lucro, essas pessoas ainda assim vivem naquela comunidade e precisam responder a ela. Tal realidade tende a amenizar o objetivo puro de maximização de lucros com normas mais complexas, bem como estabelece limites ao oportunismo. Não é o que acontece com uma cadeia que governa à distância, que encara o hospital da comunidade como um ativo financeiro como qualquer outro, e assim sujeito a enxugamentos, reorganizações ou encerramento de atividade, realizados com tanto sentimentalismo como a venda de um lote de ações. Traduzindo em linguagem inteligível ao economista, um dos custos elevados da mercantilização no setor da saúde é a supressão de normas extramercado que funcionam como um bem público economicamente valioso e socialmente insubstituível. Parafraseando o capitão Yossarian de *Catch 22*,* se todo mundo age como empreendedor, o médico que serve à humanidade não passa de um perfeito idiota.

Há um sentido adicional em que a "racionalização" de recursos hospitalares sob os auspícios do mercado é míope e ineficiente. Ela cria uma imensa pressão por redução de custos em instituições que, justificadamente, devem operar a custos elevados; é o caso de hospitais especializados, hospitais-escolas e instituições sem fins lucrativos, como as beneficentes e as públicas – as quais, tradicionalmente, como parte de sua missão comunitária, tratam uma proporção maior de pacientes não segurados. Essa assistência se torna cada vez mais difícil, pois há cada vez menos pagadores que arquem com a conta.

Por exemplo, historicamente os hospitais-escolas recebem subsídios indiretos por donativos, isenção de pagamento de impostos, pagamentos adicionais pelo Medicare em reconhecimento aos custos não operacionais mais elevados em que incorrem as instituições de ensino e, ainda, pela disponibilidade de seguradoras privadas em conceder taxas de reembolso mais altas, correspondentes a esses custos. Tradicionalmente, o sistema equivale a um subsídio cruzado tácito. Mas os economistas do livre-mercado tendem a desgostar de subsídios cruzados, pois interferem com a "transparência" que, num mercado puro, proporciona decisões mais informadas e, assim, mais racionais, por parte dos atores. À medida que o sistema de saúde caminha para uma maior mercantilização, os hospitais-escolas passam a ser vistos como fornecedores de alto custo, e assim as HMOs e os planos de seguros procuram evitá-los ou exigir deles que reduzam seus preços. Contudo, não há modo de um hospital-escola reduzir seus preços a patamares compatíveis com hospitais normais sem, com isso, abandonar seu objetivo de ensino – ou transferir todo o custo adicional aos estudantes, o que seria proibitivo.

(*) Título de romance tragicômico de Joseph Heller que fez muito sucesso na década de 70. Um anti-herói é apanhado num círculo vicioso armado propositalmente num regulamento militar (*catch* significa aqui "armadilha", "armação", e 22 é o número do artigo do regulamento que a estabelece). O livro é muitas vezes tomado como alegoria do aprisionamento do indivíduo a regras sociais desenvolvidas em função da comunidade. (N. T.)

Evidentemente, a formação das gerações sucessivas de médicos é outro exemplo de bem público – que a lógica da maximização de lucros de curto prazo é incapaz de reconhecer. Pode ser verdade que o sistema atual produza médicos demais e especialistas demais. Trata-se, certamente, de assunto merecedor de debate público. Em outros países avançados, sistemas extramercado mais racionais simplesmente reconhecem o caráter público da educação médica e a financiam diretamente por meio de dotações orçamentárias, ao mesmo tempo que estipulam quantitativos para a formação de especialistas e clínicos gerais. Isso permite algum planejamento racional para o futuro e evita o jogo do empurra-custos. Essa era a abordagem proposta pelo hoje falecido Plano de Saúde do primeiro governo Clinton. Certos críticos da concessão de subsídios tácitos à educação médica por meio de reembolsos argumentam que há um excesso de médicos, que hospitais-escolas se beneficiam de uma chuva de dinheiro do Medicare e de reembolsos de seguros e que já não seria sem tempo que tudo isso fosse chacoalhado. Contudo, o mercado é demasiadamente míope para conseguir cumprir tal tarefa de forma competente. Seria muito mais eficiente que um processo de planejamento avaliasse a demanda futura por médicos e, a partir daí, realizasse o ajuste fino da alocação de subsídios.

Uma forma associada de danos é que, num ambiente especulativo, instituições que não visam lucro vêem-se cada vez mais forçadas a se comportar como empresas – evitando a carga trazida pela assistência a pessoas carentes e os casos mais caros, limitando as parcelas destinadas à pesquisa e à educação, sendo obrigadas a fazer anúncios publicitários para garantir uma fatia do mercado, encarando a atividade de curar como um confronto entre centros de custos com centros de lucros e participando de joint-ventures duvidosas, que contrariam sua missão original. Completando o ciclo de forma perversa, a imitação do comportamento empresarial por parte de hospitais sem fins lucrativos fornece munição para que as grandes redes argumentem que, afinal de contas, eles não são tão diferentes assim. Como pergunta insistentemente a Columbia/HCA em seus materiais de relações públicas, por que esses hospitais devem receber tratamento especial?

Esses novos valores de mercado parecem ter sido internalizados mesmo por aqueles que defendem um conjunto diferente de normas. Deplorado, o dirigente de um hospital-escola de altíssima reputação suspirou a um colega: "O *chairman* do meu conselho fica todo o tempo me lembrando que o mercado está sempre certo" – como se estivesse aprendendo com atraso uma lei econômica indiscutível.[27] Contudo, em setores necessariamente mistos, como é o caso da saúde, o mercado com freqüência está errado.

À medida que o mercado médico foi se tornando cada vez mais empresarial, as HMOs que visam lucro foram crescendo no mesmo ritmo. Em 1992 elas ultrapassaram aquelas sem fins lucrativos e hoje abrangem cerca de dois terços dos membros das HMOs.

Numa nova era de mercantilização intensificada, as HMOs redobraram seus esforços em reduzir custos. Notadamente no caso de HMOs empresariais, os médicos reclamam do aumento no número de casos que cada um deve atender, menos tempo para tratar cada paciente e pressões para evitar a indicação de especialistas. Como me explicou um clínico geral empregado pela Humana, o sistema de consultas muito rápidas funciona, na prática, como mecanismo de seleção de risco.[28] Pacientes jovens e saudáveis que aparecem por causa de dores de garganta ocasionais gostam do sistema: são tratados com eficiência e sem que precisem fazer pagamentos adicionais. Mas não há modo de pacientes menos saudáveis, com sintomas complexos e complicados históricos de doenças múltiplas, serem tratados numa consulta de quinze minutos. Aqueles que têm outras opções tendem a desistir. Uma rotatividade elevada é ineficiente para o sistema de saúde como um todo – novos médicos gastam tempo para se inteirar de novos casos; relações de confiança construídas ao longo do tempo são rompidas –, mas para a Humana tudo vai bem, pois o efeito é atrair pacientes jovens e saudáveis e afastar os velhos e os mais doentes. É evidente que, à medida que as pressões por redução de custos se intensificam, ninguém mais quer ficar com as pessoas idosas e menos saudáveis; uma "economia" duvidosa, que só é conseguida porque se passa a negar a essas pessoas uma assistência de que elas necessitam.

As HMOs mais antigas tendem a seguir o modelo de atendimento de grupo, no qual a maior parte dos médicos funciona em clínica. Híbridos mais recentes, como a Independent Practice Association (IPA) e a Preferred Provider Organization (PPO), constituem variantes nas quais os médicos que participam são indivíduos independentes, espalhados por toda parte, que concordam em obter indicações de consultas com desconto em troca de seguir a atitude espartana dos planos em relação ao atendimento. Nesses esquemas não se obtém nenhuma das vantagens de uma clínica verdadeira: o objetivo é, somente, reduzir custos. As organizações que os administram revisam sistematicamente suas listas de médicos e, no jargão anti-séptico que usam, "desselecionam", quer dizer, dispensam, aqueles médicos cuja ação acarreta custos acima da média. Graças ao atendimento de saúde gerido privadamente, os médicos mais conscientes, que dedicam tempo adequado ao atendimento dos pacientes, envolvem-nos em seus tratamentos e usam especialistas quando necessário, encontram-se sob pressão. Após escrever no *New England Journal of Medicine* um editorial em que criticava as HMOs voltadas ao lucro,[29] o médico David Himmelstein, interno no

Hospital Cambridge, de Massachusetts, foi conspicuamente desselecionado pela U. S. Healthcare.

No Distrito de Colúmbia [o Distrito Federal norte-americano], o sistema Blue Cross/Blue Shield organizou um programa de atendimento por seleção de médicos em listas que chegou a incluir cerca de metade dos profissionais da área metropolitana de Washington. No entanto, diferentemente da maioria das demais redes desse tipo, que acolhem qualquer médico disposto a aceitar honorários reduzidos e a seguir seus protocolos básicos, a Blue Cross/Blue Shield usou informações de um banco de dados para recusar a inscrição de médicos com históricos acima da média na encomenda de exames, no encaminhamento de pacientes a especialistas e na indicação de hospitalização. Alguns estados dos EUA contam com leis que obrigam tais planos a aceitar "qualquer fornecedor que se apresente", mas não o Distrito Federal. À época em que isso estava sendo escrito, a Sociedade Médica do Distrito Federal havia entrado na Justiça para bloquear o comportamento do plano. Ações semelhantes, contestando o modo como as HMOs e outros sistemas de atendimento gerenciado recrutam e dispensam médicos, haviam sido propostas na Califórnia, Flórida e Texas.

Um problema relacionado a esse, em especial nas HMOs voltadas ao lucro, é a inclusão de conflitos de interesse na relação médico-paciente. Nas HMOs, há diversas maneiras de reembolsar os médicos. Algumas lhes pagam salários, ou honorários proporcionais ao número de pacientes que atendem. Contudo, a intensificação do caráter competitivo do ambiente de mercado fez com que uma quantidade maior de HMOs mudasse para uma forma de remuneração seja baseada no lucro anual da empresa, seja – o que é pior – pagando honorários fixos por paciente, o que aloca no médico o risco financeiro de suas decisões clínicas, ao fazê-lo arcar com os custos do tratamento. Com isso, o médico que encomenda menos exames, recorre menos a especialistas e minimiza a estada hospitalar de seus pacientes tem vantagem financeira. Aquele que se comporta de forma mais consciencioso ganha menos, é hostilizado, recebe sanções ou é dispensado.[30]

Os jornais têm noticiado inúmeros escândalos envolvendo HMOs que recusam tratamento necessário, selecionam clientes de modo rasteiro, importunam médicos cadastrados e, de um modo ou de outro, descumprem as funções dos grupos de saúde pré-pagos. Diversas HMOs colocam médicos e pacientes diante de um dilema perverso, ao se recusarem a reembolsar atendimento de emergência quando o veredicto mostra ter se tratado de alarme falso. De modo que, se o paciente telefona para o médico no meio da noite reclamando de dores no peito e o médico o encaminha imediatamente para o atendimento de emergência de algum hospital, ambos podem ser penalizados caso a natureza do distúrbio se revele digestiva. Uma HMO recusou o reembolso após uma biópsia ter revelado que um caroço no seio de uma paciente era benigno. Evidentemente, se o médico age conforme o implicado pelas diretrizes da HMO e diz ao paciente para esperar até a manhã seguinte e o ataque cardíaco se mostra verdadeiro, ou se o caroço se revela maligno, é o médico, e não a HMO, que será processado.[31]

Quando o Tennessee se tornou um dos poucos estados a oferecer cobertura quase universal, apoiando-se pesadamente em HMOs para a cobertura dos pobres e daqueles no limiar da pobreza, o fato deu origem a uma avalanche de marketing. A mais agressiva das empresas, a OmniCare, chegou ao ponto de inscrever os internos da penitenciária estadual (que não tinham direito ao atendimento). A OmniCare havia sido formada apenas em 1993 – seu principal organizador foi um ex-deputado estadual – para aproveitar a nova legislação de saúde do estado, chamada TennCare, que concedera a cerca de 1,2 milhão de seus habitantes o direito a atendimento por HMOs no estilo Medicare. A OmniCare também se encontra sob ataque por causa de sua seleção de risco agressiva. Conforme o jornal *The New York Times*,[32] a estratégia de marketing da empresa inclui explicitamente evitar pessoas com maior probabilidade de adoecerem. O fato já é deplorável o suficiente no marketing comum de seguros, mas se agrava quando se considera que a maior parte dos grupos populacionais envolvidos tinha direito, no passado, a cobertura automática (sob o Medicaid).

O mais notório dos escândalos envolvendo HMOs talvez seja o da Flórida, que conta com uma numerosa população de aposentados. Como no Tennessee, a Flórida criou incentivos financeiros para HMOs do tipo Medicaid (sem, contudo, estender a cobertura para aqueles no limiar da pobreza). O resultado foi exposto numa série premiada de reportagens publicadas no jornal *Sun-Sentinel*, de Fort Lauderdale:[33] uma mentalidade de corrida do ouro, associada a mau atendimento. Uma grande HMO, cujo principal executivo ganhava mais de 1 milhão de dólares por ano, usava apenas 50% de suas receitas no atendimento médico dos segurados. Outra chegava ao ponto de reter 77% das receitas. Em contraste, na Flórida, HMOs voltadas para o atendimento não-Medicaid retinham de 15% a 20%. Diversos pacientes foram desselecionados (expulsos) após adoecerem. Em dezembro de 1994, em conseqüência das reportagens do *Sun-Sentinel*, o diretor do organismo estadual responsável pela assistência médica [Agency or Health Care Administration], Douglas Cook, determinou a suspensão da aprovação de novas HMOs do tipo Medicaid.

Há, ainda, uma contradição flagrante entre dois dos principais argumentos de marketing das HMOs. Em princípio, as HMOs economizariam porque teriam incentivos financeiros para manter sadios seus segurados. Contudo, o outro argumento empregado pelos defensores da concorrência é que os consumidores disciplinam os fornecedores ao selecionarem entre diferentes "produtos" de assistência. Ora, é evidente que uma HMO com uma rotatividade elevada de segurados não é incentivada a investir na saúde de longo prazo de seus clientes. Paradoxalmente (e cinicamente), muitas HMOs propagandeiam academias de ginástica, aulas de ioga e coisas desse tipo, não como estratégia de melhorar a saúde pública mas como esquema de estratificação de risco: pessoas mais saudáveis serão mais provavelmente atraídas para planos de saúde que oferecem gratuitamente acesso a uma academia de ginástica. Somente num sistema de atendimento universal tais investimentos de fato justificam seus custos, tanto para a sociedade como para o sistema de assistência de saúde.

Num ambiente menos selvagemente concorrencial, há muito de atrativo no modelo HMO. Planos de grupo tradicionais, não voltados ao lucro, governados por uma ideologia de prestação de serviço e de responsabilidade pública, proporcionam oportunidades genuínas de se gastarem os mesmos dólares mais eficientemente e mais compassivamente. Por empregarem filtros de cunho público, esses planos pré-pagos podem efetuar uma alocação mais racional de equipamento de capital dispendioso. Ao enfatizarem os benefícios de uma vida mais saudável, regimes alimentares, prática de exercícios físicos, realização periódica de check-ups e vacinação, eles são capazes de elevar o patamar de saúde de seus membros. Ao usarem enfermeiros, parteiras e outros procedimentos voltados ao atendimento doméstico, bem como ao recorrerem a segundas opiniões, podem redirecionar recursos, reduzindo-os em áreas superutilizadas e ampliando-os em outras carentes deles. Pelo fato de enfatizarem o tratamento por equipes médicas e uma boa comunicação entre os integrantes de um grupo profissional sediado no mesmo lugar, esses planos conseguem eficiências genuínas. No entanto, tais compensações parecem funcionar melhor fora de um contexto de competição por fatias de mercado e de maximização dos lucros, em que os dólares economizados serão mais provavelmente canalizados para acionistas, novas aquisições ou para reduzir os custos de clientes empresariais em vez de serem reciclados no interior da própria HMO para modos mais apropriados de tratamento.

Um bom exemplo desse tipo de plano de saúde de grupo é a Group Health Cooperative de Puget Sound (GHCPS). Essa HMO, que funciona no espírito do modelo original de grupos de saúde pré-pagos, é de propriedade de seus membros consumidores e não de uma empresa que meramente controla o capital. Seu objetivo não é o de ampliar sua participação de mercado como um fim em si mesmo. Ao enfatizar a vida saudável e ao ser parcimoniosa no uso desnecessário de exames e de consultas a especialistas, a GHCPS consegue redirecionar seus recursos para o atendimento primário. O grau de satisfação dos pacientes tem sido consistentemente elevado. Contudo, no novo ambiente de redução de custos, boas HMOs como a cooperativa de Puget Sound encontram-se sob pressão para igualar-se às economias falsas de competidoras baratas, voltadas para o lucro, sob pena de perderem seus clientes empresariais por terem se tornado caras demais.

É inevitável que exista alguma forma de atendimento gerenciado, seja nos sistemas públicos ou privados. Infelizmente, no ambiente hiperempresarial dos anos 90, em que há hegemonia da redução de custos por si própria, o médico é encorajado a pensar como um empresário, as seguradoras competem acirradamente por fatias do mercado e a corrupção deslavada é parte do cenário, formas malignas de gerenciamento podem expulsar as formas benignas.

Caso a assistência de saúde fosse um mercado como qualquer outro, as HMOs que tratassem mal seus clientes perderiam freguesia. Contudo, há pelo menos três fatores característicos dos mercados de saúde que impedem a operação desse tipo de disciplina.

Em primeiro lugar, a informação dos clientes é imperfeita. As HMOs gastam bilhões de dólares em campanhas de marketing freqüentemente enganosas. Mas diz-se muito pouco ao consumidor a respeito dos verdadeiros incentivos financeiros ou das regras ocultas que governam as HMOs.

Em segundo lugar, o verdadeiro consumidor, aquele que paga o prêmio do seguro, não é o paciente, mas uma empresa. E, quando as HMOs voltadas ao lucro fazem seu marketing junto às empresas, tendem a enfatizar a redução de custos, não a satisfação do paciente.

O terceiro fator é a amarração do paciente ao plano. As atuais regras federais obrigam as HMOs Medicare a acolher todo segurado que deseje se inscrever; este pode mudar de plano uma vez por ano. No entanto, a regra não existe para pacientes com idade abaixo dos 65 anos. Com isso, pacientes com histórico médico de doenças, ou aqueles cujos empregadores não oferecem opções de planos de saúde, não podem mudar de HMO, independentemente de quão insatisfeitos estejam.

Do mesmo modo que acontece com os hospitais, a dominância das empresas voltadas ao lucro no setor das HMOs está fazendo com que as não-empresariais procurem imitá-las, para se defenderem – fazem-no pela seleção de risco, pela limitação de serviços oferecidos, pela adoção de um marketing agressivo e pela montagem de redes de atendimento cuja lógica é mais empresarial do que clínica.

Assistência gerenciada e saúde mental

A saúde mental ilustra de modo extremo o choque entre a medicina e o mercado, pois muito do diagnóstico é subjetivo e boa parte do tratamento pode ser desconsiderada como eletiva. Tipicamente, psiquiatras que trabalham para HMOs funcionam mais como porteiros do que como terapeutas. Eles encorajam os pacientes a se medicarem ou a participarem de grupos de curta duração, em vez de encaminhá-los para psicoterapia ou internação. Até certo ponto, essa atitude é legítima, pois a sociedade não pode se dar ao luxo de pagar o custo implicado por todo neurótico que possa beneficiar-se de uma "cura pelas palavras" de longo prazo. Uma paciente afetada por uma desordem relativamente séria, e que buscara tratamento no Harvard Community Health Plan, contou-me, só meio de brincadeira, que o psiquiatra "porteiro" só pôde ser escolhido para a função porque se tratava do tipo de pessoa em quem ninguém confiaria. A paciente fugiu. Mais tarde, persistiu na tentativa e foi encaminhada a outro terapeuta, que lhe ofereceu um total de três sessões. Infelizmente, tal estratégia preventiva não faz apenas desencorajar a psicoterapia desnecessária. Como mostram diversas ações judiciais, as HMOs zelosas também conseguem impedir que pessoas com doenças mentais graves tenham acesso ao tratamento de que precisam, às vezes com conseqüências trágicas.

Num caso que cobri para *The New Republic*, um maquinista de 34 anos de idade chamado Lawrence Megge matou a mulher e depois se suicidou, após ter buscado repetidas vezes tratamento para depressão extrema, manias, tendências suicidas e anormalidades sexuais. Na aparência, o plano de Megge, o SelectCare de Michigan, oferecia excelentes benefícios para assistência mental – no entanto, havia contratado uma empresa de assistência gerenciada, chamada American Byodine, para cuidar de seus casos de assistência mental. Como é típico nesse tipo de contrato, a SelectCare pagava alguns dólares por mês por paciente à Byodine, a qual assumia o risco financeiro dos tratamentos. A Byodine se vangloria de ter cortado pela metade a quantidade de internações, bem como de ter reduzido a permanência média a menos de uma semana, quando antes era de quinze a vinte dias. No caso de Megge, por duas vezes psicólogos da Byodine desautorizaram médicos que o atenderam em prontos-socorros e que recomendaram sua internação imediata.[34]

Na maioria dos casos, as empresas de assistência gerenciada como a Byodine escapam da responsabilização legal por esse tipo de atitude espartana com o argumento pouco engenhoso de que palpitar sobre diagnósticos médicos não é praticar a medicina. Conforme os estatutos legais que regem a matéria, os médicos têm o dever de hospitalizar pacientes que se mostram "perigosos para si e para outras pessoas". Empresas como a Byodine sustentam que, se o médico que atende o paciente julga que o revisor do outro lado da linha telefônica está errado, então é obrigado a internar o paciente e depois discutir sobre quem paga a conta. Trata-se de um argumento duplamente falaz, pois a própria sobrevivência do médico freqüentemente depende de ele não se antagonizar com a empresa de assistência gerenciada.

No caso Megge, a Byodine e a SelectCare entraram em acordo numa ação movida pelos filhos de Megge, aceitando pagar-lhes uma soma não divulgada, mas que excedeu a 1 milhão de dólares. Contudo, na maioria dos casos os advogados da parte prejudicada se recusam a acionar as empresas de assistência gerenciada, devido à brecha de responsabilização presente na legislação. Eles primeiro acionam o médico e só depois a empresa. A Associação Norte-americana de Psiquiatria tem buscado promulgar leis estaduais que definam como prática equivalente à da medicina o gerenciamento de saúde que submete a opinião médica a escrutínio. Medidas como essas exporiam empresas como a Byodine às conseqüências de suas ações. No entanto, ao tempo em que este livro estava sendo escrito, nenhuma lei desse tipo havia sido aprovada.

Duas décadas atrás, o sistema norte-americano de saúde mental era feito de extremos. O plano de seguro-saúde típico proporcionava um mínimo de benefícios para o tratamento de doentes mentais mantidos em suas atividades normais; mas, se o segurado ficasse seriamente doente, o plano pagava por sessenta dias de internação, a um custo de várias centenas de dólares por dia. Era um sistema que bradava por racionalização. Contudo, apesar da promessa das empresas de atendimento gerenciado, de fazer com que o tratamento fosse proporcional à afecção por meio de uma "escala progressiva de atendimento", variando da medicação à terapia de curta duração, ao tratamento diário, à internação em casas de repouso e à hospitalização em hospitais psiquiátricos, a promessa nunca se materializou – porque custa caro fazer isso direito. A seleção de risco é muito mais barata. Se pacientes com problemas dispendiosos são afastados pela burocracia e por um pessoal antipático, isso é exatamente o que desejam as HMOs. Certamente, grandes economias seriam conseguidas por um sistema que proporcionasse uma gama contínua de tipos de atendimento – mas um sistema fragmentado e dirigido ao lucro não leva a isso. Um verdadeiro contínuo de assistência mental é mais aproximativamente atingido em países com sistemas de saúde universais, em que a maximização de lucros e a transferência de custos têm muito menos incentivo financeiro.

O CHARME DO MODELO DE MERCADO

Por cerca de duas décadas a economia orientada pelo mercado buscou remédios mercantis para as imperfeições dos mercados de assistência médica. Os pais intelectuais desse movimento incluem os acima mencionados Alain Enthoven e Paul Ellwood. No início dos anos 60, Enthoven era um dos "garotos-prodígio" que [o secretário de Defesa do governo John Kennedy] Robert McNamara levara para o Pentágono. Nos anos 70, ele apoiava uma cobertura de saúde universal, imposta pelo governo. Nos anos 80, inventou o modelo de "concorrência gerenciada" que serviu de inspiração para o Plano de Seguro-Saúde do governo Clinton; hoje, desistiu completamente da cobertura universal e se passou para o campo da regulação privada.

Juntamente com Paul Ellwood, o médico que inventou as HMOs, Enthoven é um dos líderes do influente Grupo Jackson Hole, que congrega economistas orientados para o mercado e figuras dos setores de seguros e de assistência médica. O Grupo Jackson Hole serve para a fertilização cruzada de diversos objetivos – intelectuais, empresariais e políticos. Para o setor de seguros, proporcionou um modelo para permanecer no negócio se e quando a demanda por uma cobertura universal de saúde se tornar politicamente irresistível. Para os economistas, ofereceu um fórum de prestígio para testar uma mistura de conceitos de mercado e de extramercado que mudaram apenas ligeiramente o atual sistema, bem como para auferir consultorias lucrativas para certificar a solidez das reformas pró-concorrenciais.

A grande idéia de Enthoven, largamente adotada por outros entusiastas da regulação pró-concorrencial, é a de que, devido às conhecidas falhas de mercado descritas acima, pacientes individuais não podem cumprir as funções usuais de consumidores soberanos. Assim, o que Enthoven inventou foi a concorrência gerenciada *entre planos de saúde*, cada qual oferecendo um pacote de preços e serviços e cada qual com um conjunto de incentivos para controlar os custos, e não inflá-los.

Escritos mais recentes a respeito da reforma concorrencial passaram a incluir o pensamento de que, embora pacientes individuais sejam consumidores ingênuos e imperfeitamente informados, as empresas são consumidoras sofisticadas. Agindo como compradora dotada de discernimento e que escolhe entre planos de saúde que concorrem entre si, a empresa funciona como sucedâneo do empregado individual, comparando cuidadosamente custos e benefícios. Um entusiasta chama a isso "a transição de uma concorrência entre fornecedores 'estimulada pelo paciente' para outra, 'estimulada pelo pagador', com benefícios importantes em termos de custos e de preços".[35] Assim, os incentivos de mercado, a serviço de um emprego mais racional dos recursos médicos e da contenção de custos, são enfim trazidos para ambos os lados da transação da assistência de saúde.

Em 1980, Enthoven declarou que "num sistema adequadamente planejado de concorrência econômica justa entre vários tipos de planos de saúde, incluindo como uma das opções o seguro tradicional e o pagamento-por-serviço, os consumidores que escolherem planos de saúde eficazes no controle de custos pagarão prêmios mais baixos, ou gozarão de benefícios melhores. Planos que não controlarem direito seus custos perderão consumidores e se arriscarão a serem expulsos do negócio. No longo prazo, os planos que sobreviverem serão aqueles que atenderem bem a seus membros. Gradual e voluntariamente, o sistema de saúde se transformará do sistema atual, que embute incentivos ao aumento de custos, num sistema que incentivará a busca da satisfação do consumidor e o controle de custos".[36]

Nesse parágrafo estão expressas todas as esperanças, pressuposições heróicas e, no fim das contas, as falácias da reforma pró-mercado do sistema de saúde. Primeiro, supõe que os planos de saúde concorrentes escolheriam a rota do fornecimento de melhores serviços e não a da seleção de risco e do oferecimento de incentivos financeiros secretos a médicos. Segundo, supõe que os consumidores teriam livre escolha entre planos concorrentes. Terceiro, imagina que os bons planos tirariam os maus do mercado, e não o contrário. Quarto, supõe que os planos não adquiririam poder de monopólio. E supõe que os consumidores teriam informação adequada sobre planos concorrentes.

A transformação do empregador em preposto do consumidor acarreta outra suposição heróica – a de que a empresa teria em mente os melhores interesses de seus empregados. Talvez isso descrevesse a situação em outra época, que já se esfumava quando Enthoven escreveu essas linhas, e na qual as empresas e seus empregados tinham poder de barganha razoavelmente simétrico. Por mais difícil que seja acreditar nisso hoje em dia, na geração passada as empresas de fato concorriam entre si por seus funcionários, oferecendo-lhes atraentes pacotes de assistência médica. Hoje, tais empresas são exceções; crescentemente, as companhias oferecem aos empregados planos esvaziados, ou um único plano pelo qual optar.

Na verdade, Enthoven baseou-se em uma norma extramercado – a prática de a empresa fornecer uma boa cobertura de seguro-saúde para seus funcionários – para compensar outro aspecto do fracasso do mercado – a informação imperfeita e a falta de poder de barganha do consumidor do seguro-saúde. No entanto, à medida que o mercado de trabalho foi se tornando cada vez mais um mercado spot (ver o Capítulo 3), passou a ser cada vez mais implausível confiar em que a empresa funcionasse como sucedâneo do empregado na aquisição de serviços de saúde de acordo com os melhores interesses do consumidor.

No núcleo da reforma pró-mercado existe uma premissa irreal adicional – e altamente irônica. Todo o esquema depende de uma dose heróica de regulamentações, destinadas a evitar uma corrida oportunista em direção ao fundo do poço. Seria possível encher todo um capítulo na discussão do tipo e da amplitude das regulamentações necessárias para fazer um sistema como esse funcionar. O próprio Enthoven, ao propor um plano que contrasta virtuosos incentivos de mercado com uma regulação governamental dúbia, refere-se a dúzias de regulamentos necessários para fazer seu sistema funcionar.

No sistema original de concorrência gerenciada de Enthoven (1970-80), uma vez por ano os consumidores teriam oportunidade de aplicar sua livre-escolha para mudar de plano de saúde; ao menos um "plano de indenização" tradicional teria que ser incluído entre as opções. Os consumidores receberiam subsídios para adquirir sua inclusão em planos de saúde: "O subsídio pode ser maior para pessoas com renda mais baixa do que para aquelas com renda mais alta, mais para os idosos do que para os jovens, maior para famílias do que para indivíduos, mais para pessoas de uma área geográfica ou unidade de barganha do que de outra [...]".[37] Além disso, cada plano teria que usar patamares de preços definidos por comunidade (sobre isso, ver a próxima seção), oferecer uma cobertura mínima de "serviços básicos de saúde" e divulgar uma ampla gama de informações. Em flagrante contradição, Enthoven também propunha que prêmios mais elevados pudessem ser "cobrados de pessoas de categorias com custos médicos médios mais elevados. O seguro seria ainda acessível às pessoas das categorias de custo mais alto mediante a concessão de subsídios governamentais mais elevados".[38] Posteriormente, no plano que preparou já no Grupo Jackson Hole (1988-91), Enthoven incluiu a idéia do ajuste de risco, como compensação para planos que atraíssem populações mais dispendiosas – bem como dúzias de outros regulamentos. Nada disso, porém, pode decorrer espontaneamente das forças do mercado privado. Quem promulga regulamentações e paga subsídios é o governo.[39]

Embora Enthoven tenha inspirado e advogado pesadamente a adoção, por Clinton, da concorrência gerenciada, no fim abandonou o plano. A assessoria de Clinton introduzira dois dispositivos-chave que ofendiam a sensibilidade mercantil de Enthoven. No âmbito do modelo de concorrência gerenciada, esses assessores queriam na maior medida possível romper o vínculo entre emprego e seguro-saúde. Clinton imaginava que a maioria dos empregados deveria contar com uma escolha livre do plano a que quisesse aderir, adquirido diretamente de uma "aliança de saúde" subsidiada pelo empregador. Só empregadores muito grandes poderiam patrocinar seus próprios planos. Em segundo lugar, Clinton adicionou ao plano Enthoven um teto orçamentário nacional, para o caso de a concorrência gerenciada não conseguir, sozinha, restringir adequadamente os custos. Ironicamente, na versão de 1988 de seu plano de concorrência gerenciada, Enthoven havia escrito que "mesmo a presença de diversos planos de saúde em uma mesma área não garante a vitalidade da concorrência. O mercado pode se segmentar, ou se desenvolver num padrão de 'viver e deixar viver'".[40] Apesar disso, Enthoven atacou amargamente as modificações de Clinton como constituindo "controle de preços" e juntou-se à oposição.

É evidente que a reforma pró-mercado mostrou exigir uma pesada regulação governamental. E, contrariamente ao que ocorre com o restante da teoria de livre mercado, pressupõe reguladores com a visão, o espírito público e a incorruptibilidade de reis-filósofos. Estranhamente, tanto Enthoven como seus êmulos ignoram essencialmente a plataforma regulatória da qual depende o seu esquema. Numa seção do próprio livro em que expõe seu plano para a saúde, Enthoven inclui uma discussão intitulada "Regulação versus competição". Diz ele: "Freqüentemente, a regulação eleva os custos para os consumidores". E segue: "Os reguladores são amiúde 'capturados' pelos regulados"; e "A regulação freqüentemente retarda inovações benéficas"; e "A regulação muitas vezes depende da coerção [...]. Coerção e padrões uniformes acarretam desperdícios".[41] Apesar dessas palavras, evidentemente toda regra que Enthoven propõe para fazer funcionar seu sistema de gerenciamento constitui uma regulação, que precisa ser promulgada por ninguém menos que o governo, com todas as suas verrugas.

Em parte, a ridicularização a que o presidente Clinton se expôs deveu-se ao fato de ele ter levado esse problema a sério e de ter tentado estipular – numa lei de 1364 páginas – aquilo que, precisamente, seria implicado por um regime concreto de concorrência gerenciada. Por exemplo, regulamentos teriam que ser formulados para assegurar que os planos satisfizessem a um determinado padrão básico. Novas repartições governamentais, ou quase governamentais, teriam que ser criadas para gerenciar e supervisionar a estrutura. Os gestores de planos de saúde teriam que ser proibidos de recorrer à maior parte dos expedientes voltados para a seleção de risco. Seria necessário compor complicadas fórmulas de avaliação de risco, para compensar planos que acabassem por atrair uma clientela mais propensa a adoecer. Na verdade, a própria possibilidade de os consumidores mudarem de plano uma vez por ano apresentaria outro problema praticamente insolúvel. O consumidor racional tenderia a adquirir o seguro mais barato – até que ficasse seriamente doente. Depois disso, mudaria para o plano mais caro, que oferecesse a melhor cobertura. Tal dinâmica tenderia a frustrar toda a lógica do seguro – a distribuição do risco.

O pressuposto silencioso é o de que todos os protagonistas no novo jogo do mercado participam obedecendo às regras do marquês de Queensberry.* Supostamente, concorreriam oferecendo aos pacientes uma escolha ampla entre planos os mais apropriados. Os consumidores, então, otimizariam seu bem-estar por meio da escolha informada do plano que melhor satisfizesse suas necessidades, ou então pela aquilatação racional de sua saúde, de seu gosto pelo risco e pela escolha de gastar mais ou menos com prêmios de seguro em confronto com outras despesas. Como expõe um artigo acadêmico, "o indivíduo pode moldar seu plano de saúde conforme seus próprios gostos – por exemplo, aqueles que estão dispostos a suportar riscos maiores podem assumir uma parcela maior de pagamentos compartilhados".[42]

É de tirar o fôlego a inocência acadêmica desse tipo de teorização. Pressupõe a sobrevivência de normas extramercado do tipo exato que está sendo solapado pela própria mercantilização. Compare-se tal imagem idealizada, de consumidores bem informados e provedores bem intencionados que transacionam alegremente num mercado autocorretivo, com o mundo esquálido das propinas, dos lobistas, da seleção de risco, da busca de vantagens pessoais, das fusões e aquisições, dos lucros instantâneos, do aprisionamento em planos de saúde e das maquinações realmente perversas destinadas a evitar clientes que tenham probabilidade de adoecer. Ignora o significado do fato de uma empresa como a

(*) Sir John Sholto Douglas (1844-1900). Formulou as regras usadas no boxe moderno. (N. T.)

National Medical Enterprises, depois de ser multada em 379 milhões de dólares por fraudes múltiplas, poder se reorganizar, mudar de nome, fundir-se e reemergir como participante pesado;[43] de que uma empresa como a Golden Rule Insurance, que aufere lucros elevados por meio da seleção de risco, ser capaz de atos como recusar pagamento de uma conta de 31 569 dólares referente a uma cirurgia de ponte cardíaca, sob a alegação de que o cliente teria "ocultado" seu verdadeiro estado de saúde ao subscrever a apólice – por ter deixado de revelar um nível elevado de triglicerídeos.[44]

Os entusiastas do mercado deixam de lado a feia realidade de que os caminhos da maximização do lucro estão atapetados de oportunismo. A limitação do oportunismo exige que os consumidores tenham aproximadamente o mesmo poder de mercado que os fornecedores. Tratando-se, digamos, do segmento de redes de lavagem a seco, é possível que o mercado seja razoavelmente autocorretivo na eliminação dos oportunistas – mas não quando o mercado é tão imperfeito quanto o da assistência de saúde. Nesse caso, longe de constituir-se num consumidor racional e informado, capaz de buscar sua máxima satisfação, o paciente é um alvo fácil.

Uma complicação adicional vem do fato de que nada disso permanece imóvel. A racionalização de um sistema de concorrência gerenciada é um alvo móvel. Nem bem os reguladores fazem seus lances, os especuladores montam seus contragolpes. O regulador fica condenado a correr eternamente atrás dos acontecimentos. Pode-se entender um pouco do quão poderosos são os incentivos para uma seleção de risco agressiva pelo exame dos seguintes números, calculados pela economista especializada em saúde Karen Davis: em 1993, a parcela dos 10% mais caros pacientes Medicare custou ao programa uma média anual de 28 120 dólares. Os 90% restantes custaram uma média de apenas 1340 dólares por ano.[45] Para o especulador da área da saúde, a seleção de risco – evitar os mais doentes – corta muito mais custos do que qualquer outra economia que se possa imaginar, seja proveniente de um melhor gerenciamento dos casos, de concentração das compras ou do uso de segundas opiniões. E, embora os custos desproporcionais decorrentes do tratamento dos idosos em suas semanas finais de vida atraiam a maior parte da publicidade, o fato é que as mesmas porcentagens aplicam-se aproximadamente à população situada abaixo dos 65 anos de idade. Todo grupo etário se divide entre os que são basicamente saudáveis e aqueles que são seriamente doentes. Em média, para todos os grupos, os 1% mais doentes da população consomem 28% dos custos médicos.[46] Desse modo, é necessário contar com regulação realmente astuta para frustrar os incentivos à seleção de risco. Quanto mais o governo coíbe a prática, maiores são os incentivos – e as recompensas – para o especulador que consegue articular estratagemas de estratificação de risco sobre os quais as autoridades ainda não pensaram. Em suma, o ideal da "concorrência gerenciada", policiada por reguladores competentes, leva a uma regressão infinita. Tão logo o sistema se torna moderadamente estável, um novo conjunto de oportunismo se apresenta, exigindo um novo conjunto de respostas reguladoras.

Além do mais, todo o processo de regulação opera num caldeirão político, em que os investimentos políticos produzem dividendos generosos. Enquanto escrevo, o setor dos asilos para idosos trabalha com aliados republicanos para extinguir regulamentos federais que exigem o cumprimento de padrões mínimos por parte dessas instituições. Tais regulamentos haviam sido impostos como conseqüência de incontáveis escândalos envolvendo pacientes idosos e indefesos – sem que houvesse entre eles um único consumidor capaz de controle soberano de sua situação –, amarrados a suas camas e deitados em meio à sua própria imundície porque as diretorias desses asilos maximizavam seus lucros por meio do expediente de minimizar as despesas com enfermagem. Em diversos estados, a Blue Cross/Blue Shield busca aprovação legislativa para transformar-se em entidade com fins lucrativos; em alguns casos, pretende sair de vez do mercado de indenizações para se transformar em HMOs. Invariavelmente, a regulação é criatura do processo político – e também a desregulação. O fato de reformistas pró-mercado optarem por uma regulação a serviço de um híbrido especial chamado "concorrência gerenciada" não elimina a natureza política do processo.

Um levantamento da literatura econômica recente a respeito do uso da concorrência para conter custos e racionalizar recursos revela uma espécie de visão com antolhos. Os entusiastas imaginam um mercado idealizado, em que os consumidores são razoavelmente bem informados e capazes de disciplinar os fornecedores, estes não são oportunistas, a fragmentação não constitui, por si própria, uma fonte de desperdício, uma regulação benigna frustra o jogo do empurra-custos e a manutenção de 40 milhões de pessoas sem cobertura de seguro não tem importância.

Assistência de saúde e princípios securitários

O aspecto securitário da assistência de saúde merece um escrutínio especial. De modo geral, o seguro é um mecanismo favorito dos entusiastas do mercado, devido ao fato de ser contratual, voluntário e fiel às disciplinas mercantis do preço e do risco. Portanto, o seguro é um excelente exemplo da melhoria da eficiência por meio do conhecimento especializado e das trocas voluntárias. A vida é cheia de riscos, mas estes podem ser segurados a um preço apropriado, caso sejam distribuídos por uma população suficientemente ampla. O empresário da área de seguros que seja astuto no cálculo atuarial e cuidadoso a respeito de onde oferecer seu produto consegue viver bastante bem.

No caso do seguro de sinistros, o segurador indeniza uma pessoa ou empresa contra a possibilidade de perdas que não podem ser previstas nos casos individuais, mas cujo custo agregado pode ser aproximadamente aquilatado com base na experiência passada. Ao integrar numa mesma população aqueles que sofrerão perdas e aqueles que não a sofrerão, o segurador é capaz de oferecer prêmios baixos o suficiente para atrair consumidores e lucrar com isso. Os resultados conseguidos são largamente eficientes nos casos do seguro de incêndio, automobilístico, habitacional [*homeowner*] e mesmo em áreas aparentemente mais difíceis, como o seguro de vida e aquele contra ações por calúnia e difamação [*libel*]. No entanto, como veremos, um sistema fragmentado e concorrencial de seguro privado não produz resultados eficientes no seguro-saúde.

O negócio de seguros conta com um conjunto próprio de conceitos especiais. Três deles merecem atenção especial no que interessa aqui: risco moral [*moral hazard*], seleção adversa e *underwriting* (no sentido especial que a palavra tem no ramo de seguros). Justificadamente, as seguradoras preocupam-se com a possibilidade de que a existência de um seguro venha a influenciar os comportamentos de tal modo a tornar mais provável o pagamento de sinistros. A isso se dá o nome de risco moral. Por exemplo, um seguro contra incêndio que exceda o valor do bem segurado pode significar uma tentação para se provocar intencionalmente incêndios. Se alguém propenso a depressão clínica consegue obter seguro de vida em alto montante, pode vir a contemplar a idéia do suicídio. Um tipo diferente de risco moral opera quando a cobertura de seguro induz a pessoa segurada a ter comportamento menos prudente. As seguradoras tomam precauções especiais para não criar esse tipo de incentivo perverso.

Um conceito que se relaciona estreitamente a esse é o da seleção adversa. As seguradoras não perdem dinheiro apenas quando a existência do seguro estimula comportamentos que produzem perdas, mas também quando o seguro atrai pessoas que mais provavelmente provocarão sinistros. Era essa a preocupação nos anos 20 quanto ao seguro-saúde: que uma quantidade desproporcional de pessoas doentes o adquirissem. As seguradoras lidam com a seleção adversa tomando cuidados redobrados na escolha de seus clientes, mediante ajustes finos no processo de *underwriting* – isto é, fazendo o custo do prêmio refletir o risco de perda – e procurando segurar grandes contingentes de pessoas.

Acontece, porém, que o seguro-saúde não se adequa claramente a esses conceitos. Toda a lógica do seguro se baseia na distribuição do risco. É de fato verdade que algumas pessoas são mais propensas do que outras a adoecer, embora não por sua própria culpa. Pode ser razoável que as seguradoras cobrem prêmios mais caros de pessoas fumantes, cujo comportamento é voluntário e cujo risco adicional é calculável. Contudo, é justificável recusar cobertura a alguém que tem histórico de câncer? A maioria das pessoas diria que não, baseando-se em valores sociais de solidariedade e justiça; contudo, as seguradoras funcionam motivadas pelo lucro, e sua racionalidade faz com que elas fiquem permanentemente em alerta para evitar casos de alto risco (seleção adversa). De modo que as seguradoras recusam consistentemente pacientes de câncer, considerando-os "inseguráveis".

Para continuar no exemplo, embora o hábito de fumar tenha relação parcial com alguns tipos de câncer, a maioria das vítimas de câncer adquire a moléstia por motivos que não se relacionam com seu próprio comportamento. A seleção adversa erra o alvo, do mesmo modo que o risco moral. É possível que um fumante tenha responsabilidade parcial caso seja acometido de câncer pulmonar, mas é altamente improvável que fume *porque* tem um seguro-saúde. Na verdade, o tabagismo é mais comum entre indivíduos de renda baixa não segurados. As pessoas adotam comportamentos autodestrutivos por motivos largamente irracionais, e não para embolsar dinheiro de seguro. Existe uma ampla variedade de estratégias plausíveis à disposição da sociedade para encorajar a prática de exercícios físicos e uma dieta saudável, para desencorajar a violência doméstica e dependências nocivas – contudo, a negativa em proporcionar cobertura de seguro às pessoas não é uma delas. Ao contrário, um sistema universal de seguro encontra-se entre os estímulos mais eficazes para comportamentos saudáveis por parte de toda a população, pois todos se encontram na mesma classe de risco e os objetivos são sociais e não a maximização do lucro.

Seguradoras privadas, contudo, são atores motivados pelo mercado, e assim recebem dos mecanismos de mercado estímulos voltados precisamente para a estratificação de riscos: evitam segurar pessoas propensas a adoecer ou, no mínimo, seguram-nas apenas em troca do pagamento de prêmios muito mais elevados. Esse comportamento de seleção de risco por parte das empresas de seguros intensificou-se precisamente à medida que o sistema de seguro-saúde foi se tornando mais e mais uma criatura das forças de mercado. A seleção de risco é, ela própria, uma fonte de custos que não se manifestam em sistemas universais, em que todas as pessoas são seguradas como cidadãs. Um professor de direito e economia adepto das doutrinas da escola de Chicago explicou-me solenemente que o comportamento da companhia de seguros de selecionar seus clientes potenciais com base na probabilidade de eles adoecerem seria tão legítimo como o comportamento de um banco que avalia a probabilidade de um candidato a crédito vir a pagar o empréstimo.[47] Trata-se de uma inferência razoável conforme os princípios de mercado – e, ao mesmo tempo, uma eloqüente condenação.

Antes da década de 70, os preços definidos por comunidade – aplicar os mesmos prêmios a todas as pessoas localizadas numa mesma área geográfica – eram quase universais, exceto quando se tratava de segurar pequenos grupos. O "*underwriting* médico" – excluir ou cobrar mais caro de pessoas ou grupos que se imagina têm mais propensão a adoecerem – era considerado antiético e contraditório com o objetivo do seguro-saúde. Note-se, porém, que se tratava de um valor extramercado, que durou apenas enquanto normas antimercado eram dominantes.

Com a ascensão do seguro comercial voltado ao lucro, tornou-se irresistível a tentação de introduzir o *underwriting* médico. Seguradoras comerciais começam com uma grande desvantagem de custos em relação à Blue Cross/Blue Shield ou às HMOs sem fins lucrativos, pois precisam produzir lucros e pagar seus custos de vendas e outras despesas de marketing. Mesmo as empresas administrativamente mais eficientes começam com uma desvantagem de custos entre 15% e 20%. À medida que as seguradoras comerciais e as Blues passam a competir por parcelas do mercado, as primeiras começam a fazer seleção de risco e graduar os preços de seus planos conforme a experiência atuarial, com o objetivo de limitar o atendimento às subpopulações mais saudáveis. O cliente ideal eram empresas de grande porte, com uma força de trabalho relativamente jovem. Tais empresas acarretavam custos médicos mais baixos e, portanto, podiam ser seguradas a preços mais baixos. Enquanto isso, a Blue Cross continuava a cobrar prêmios comunitários, conforme o princípio de seguro social segundo o qual o preço é definido por uma média de expectativas referentes a participantes com diferentes graus de risco.

Uma vez que a prática se iniciou e passou a ser amplamente tolerada, tornou-se inevitável que as seguradoras privadas se concentrassem nas populações de menor risco, e que a gradação de riscos expulsasse de cena os preços comunitários. Hoje em dia, menos de 10% do seguro-saúde privado têm seus preços definidos comunitariamente. E essa forma de seleção de risco representa apenas a ponta do iceberg. Até muito recentemente, seguradores de grupos como a Prudential e a John Hancock, que forneciam planos de saúde para grandes empresas, ofereciam cobertura para todos os funcionários, sem *underwriting* médico. A cobertura era automática. A classe de risco era ampla o suficiente, as normas de solidariedade bem firmadas e o negócio de seguros suficientemente lucrativo, de forma que não havia necessidade desse grau de estratificação de risco. Mesmo se não houvesse mais compensação de riscos no âmbito da comunidade como um todo, ela persistia dentro dos planos das grandes empresas.[48]

Não é mais assim que funciona. O acirramento da concorrência fez com que se tornasse cada vez mais comum que grandes seguradoras exijam de novos empregados que se submetam a exames médicos como condição de incluí-los no plano de seguro em grupo. Funcionários situados em grupos de alto risco, ou portadores de "condições médicas preexistentes", têm o seguro negado, são sujeitos a preços mais elevados, são submetidos a períodos de carência ou mesmo têm recusada a cobertura para o problema específico que os acomete. Um relatório do Departamento de Avaliação Tecnológica [Office of Technology Assessment do Congresso dos EUA] revelou que, em 1989, três em cada quatro empresas de seguros realizavam seleção de risco em pequenos grupos por meio da filtragem seletiva de candidatos a seguro e 58% delas o faziam em grupos maiores.[49]

À medida que os exames médicos e a classificação genética foi se sofisticando, as empresas de seguros tornaram-se crescentemente dependentes de exames na seleção de risco em populações. A negativa em conceder seguro-saúde para soropositivos para o vírus da AIDS, e depois para homossexuais e outros grupos considerados de risco, deu lugar a enorme controvérsia. De início, defensores dos direitos civis conseguiram fazer com que alguns estados promulgassem leis antidiscriminatórias, mas por volta de 1989 o setor de seguros havia reagido – e tais leis subsistem hoje apenas na Califórnia. Nem os tribunais nem o Congresso decidiram se o Americans with Disabilities Act de 1990 proíbe as empresas de seguros de recusar cobertura a soropositivos para o HIV. Tradicionalmente, uma vez que uma pessoa tenha seguro e fique doente, o plano de seguro não pode livrar-se dela. Contudo, uma empresa texana cancelou unilateralmente o plano de um funcionário que se tratava de AIDS; os tribunais consideraram que, dado que a empresa era auto-segurada, não tinha obrigação de obedecer à ERISA, e assim o funcionário não conseguiu resguardar o direito de continuar no plano de saúde.

A seleção de risco é ainda mais flagrante no caso do seguro individual. Para trabalhadores autônomos (uma parcela cada vez maior da força de trabalho), o seguro é caro, difícil de conseguir e universalmente sujeito a exame médico. Seguradoras e HMOs que oferecem seguro individual recusam rotineiramente de 30% a 50% das pessoas que as procuram. As leis de alguns estados exigem que a Blue Cross/Blue Shield funcione como última opção de seguro e que forneça cobertura a pessoas não cobertas pelos planos de seus empregadores – embora a Blue Cross retenha o direito de se defender de seleções adversas por meio da imposição de longas carências antes que a cobertura entre em vigor. De modo semelhante, HMOs que oferecem seguro suplementar de saúde para pessoas acima de 65 anos de idade são proibidas de rejeitar quem quer que seja, mas desenvolveram grande esperteza em propagandear sua mercadoria junto a pessoas relativamente mais saudáveis. Uma prática largamente empregada é oferecer uma parca cobertura para medicamentos, pois o uso pesado de remédios receitados é um indicador muito preciso de má saúde. Outra tática é a publicidade seletiva, concebida para arrebanhar populações mais saudáveis. Uma HMO da Flórida chegou ao ponto de instalar-se no alto de um prédio com vários lances de escada, de modo a desencorajar a participação de pessoas idosas e frágeis.

Num artigo publicado em 1987 na *Harvard Law Review*, Karen Clifford e Russell Iuculano, que representavam então o American Council of Life Insurers [Conselho Norte-americano de Seguradoras de Vida], argumentavam que as seguradoras têm o dever fiduciário de diferenciar entre pessoas saudáveis e pessoas com riscos identificáveis de saúde. "Não fazê-lo", raciocinavam, "representaria um subsídio forçado dos mais saudáveis aos menos saudáveis."[50] Bem, é verdade. Afinal, a questão é toda essa. Em uma crítica a Clifford e Iuculano, Deborah Stone escreveu: "O argumento só faz sentido se entendemos o objetivo do seguro como mecanismo de alocar custos às pessoas que os geraram, em vez de distribuir o custo do infortúnio e, assim, torná-lo mais manejável. Todo seguro implica subsídio cruzado. É isso o que faz dele um seguro, e não uma poupança forçada".[51]

O seguro social difere do seguro comercial por sua própria natureza. Recordemos que toda a questão do seguro-saúde surge porque a sociedade tomou uma decisão *a priori* de não deixar a saúde pública inteiramente entregue às forças do mercado e à renda pessoal determinada pelo mercado. De modo que a aquilatação da eficiência em termos de conceitos convencionais de mercado (neste caso evitar o custo de tratar os doentes!) é um critério errado. Voltando ao que Stone disse: "Um sistema de seguradoras concorrenciais, baseado no *underwriting* médico, garante que, na medida em que as seguradoras batalharem entre si por clientes e tentarem controlar seus riscos, a sociedade se dividirá em classes de risco mais homogêneas e um número maior de pessoas será completamente excluído das classes de seguros. Contudo, sob a perspectiva social, a estratificação em classes de risco significaria a erosão da ajuda mútua".[52]

Evidentemente, isso não significa que a sociedade possa ignorar o problema dos custos inexoravelmente crescentes. Mas a menos que escolhamos abandonar os objetivos de promover a boa saúde e de tratar a doença essencialmente com base na necessidade, o tipo de eficiência promovida pelas forças de mercado não produz resultados que sejam eficientes conforme esse critério. Ao contrário, a racionalização mercantil do sistema de saúde tende a fazer crescer os custos mortos e a reduzir a relação entre benefícios conseguidos e os custos pagos por eles.

Ineficiências de mercado

A ineficiência de mercado mais fundamental é o fato de que cerca de 40 milhões de norte-americanos não segurados obtêm sua assistência médica do jeito que podem, do modo mais ineficiente possível. De início, tendem a não dispor de nenhum tipo de assistência preventiva, porque não podem pagar por ela. Depois, quando adoecem seriamente, ingressam pela porta de entrada mais cara de todo o sistema – o pronto-socorro dos hospitais. A mãe assustada que aparece no pronto-socorro levando no colo uma criança com febre de quarenta graus custará várias centenas de dólares ao sistema de saúde. Nas mesmas circunstâncias, uma visita a um centro de saúde custaria talvez cinqüenta dólares. E, caso a mãe espere um dia a mais e o estado da criança se agrave ao ponto de ela ter que ser hospitalizada, o custo se eleva aos milhares de dólares. Também nesse caso um sistema universal não apresenta ineficiências comparáveis; quando as pessoas adoecem, a falta de recursos financeiros não as impede de procurar um médico. Na ausência de imposições governamentais, a quantidade de não-segurados ou insuficientemente segurados continua a aumentar. O livre mercado não consegue resolver isso.

Corrida atrás do papel. Os aspectos mercantis do sistema de saúde norte-americano impõem custos administrativos imensos e desnecessários, ausentes num sistema universal. Entre eles está, em primeiro lugar, uma massa muito maior de papelada. A categoria profissional que mais cresce no ramo do seguro-saúde é a dos funcionários que lidam com requisições de pagamento.[53] Dado que não existe um formulário-padrão nem um plano-padrão, cada seguradora tem suas próprias regras, procedimentos de reembolso e fórmulas de cálculo. Tudo isso significa uma confusão demorada e custosa, tanto para médicos como para pacientes. Quarenta e sete por cento do pessoal empregado em consultórios médicos são funcionários administrativos que gastam boa parte de seu tempo a lidar com formulários de seguros e cobrança de pacientes. De 1970 para cá, o número de médicos cresceu em 60% – e o de pessoal administrativo aumentou em 500%.[54]

Um paciente que se preocupa em minimizar os pagamentos diretos que faz precisa encaminhar (e reencaminhar) reivindicações de reembolso e gastar horas ao telefone com sinais de ocupado e mensagens gravadas, a esperar que alguém atenda e a repetir a mesma história para burocratas diferentes. No caso de pessoas idosas, muitas das quais suplementam o Medicare com apólices "Medigap",* os pedidos de reembolso precisam ser submetidos ao Medicare e depois, de novo, à seguradora que administra o Medigap. No caso da cobertura para remédios, não incluída no Medicare mas fornecida pelos planos Medigap, no mais das vezes o reembolso é feito receita a receita.

É claro que empresas de seguros cometem erros. Nesse caso, há um incentivo financeiro em cometer equívocos e em complicar os procedimentos de reembolso, uma vez que cada dólar que o paciente paga de seu bolso por ignorância ou movido pela exasperação é um dólar a menos que sai do caixa da seguradora. Quanto mais complicado o processo de reembolso, mais o segurado decide, em algum ponto do caminho, que o tempo gasto em brigar com a companhia de seguros produz retorno decrescente – e assim decide pagar a conta.

Todo esse desperdício de tempo constitui um alentado custo raramente calculado pelos entusiastas do mercado. Hospitais e médicos também gastam

(*) O nome "Medigap" explora o significado de *gap*, "lacuna". (N. T.)

uma imensa quantidade de tempo no processamento de reivindicações junto a seguradoras e na cobrança de contas. O consumidor que é ousado o suficiente para contestar a parcela de uma conta que cabe à seguradora e atrasa o pagamento até que a questão se resolva ficará chocado ao descobrir que, rapidamente, o hospital passa a conta a uma empresa de cobrança. A atividade desse tipo de empresa também representa um peso morto para todo o sistema. Outra fonte desnecessária de custos é o dinheiro que se gasta nos "departamentos de benefícios" de grandes empresas – mais um mecanismo peculiarmente norte-americano que inexiste em países que têm sistemas universais de saúde. O que acontece é que cada pedaço do sistema privado fragmentado dos EUA dá lugar a uma burocracia privada cuja função é lidar com cada um dos demais pedaços. Todo esse tempo e dinheiro seriam mais bem despendidos nos cuidados com a saúde. E o labirinto dos reembolsos é apenas o começo.

Conglomerados do setor de saúde e seguradoras auferem lucros altos. Do ponto de vista do sistema de saúde, pode-se encará-los como custos adicionais. No caso do Medicare não há lucro residual, e a administração consome 2,4% dos custos totais. Nos melhores grupos de saúde sem finalidade lucrativa, como o Kaiser-Permanente, para cada dólar que entra na forma de prêmio de seguro, 95 centavos saem na forma de pagamentos. Nos conglomerados mais agressivos do setor, a porcentagem do que se paga é de 70% – ou seja, empresas de HMO, como a U. S. Healthcare, retêm 30% na forma de lucros. Nas palavras de Uwe Reinhardt, economista especializado em saúde de Princeton: "Imaginem se o governo queimasse 30% do valor dos prêmios".[55]

Co-pilotagem, seleção de risco, marketing. Uma fonte de puro desperdício é o negócio de dar palpite no diagnóstico médico – uma das atividades que mais crescem no setor da saúde. Revisores que trabalham para planos de seguros, ou empresas especializadas "quarterizadas", contratadas por seguradoras, custam bilhões de dólares e desperdiçam uma boa parte do precioso tempo dos médicos. Parte disso resulta em decisões médicas erradas – pessoas que são despejadas de hospitais cedo demais, tratamentos necessários que são recusados. Isso, por sua vez, leva a dispendiosos processos judiciais por má conduta médica, acrescentando mais peso morto ao sistema.

Uma perda econômica associada é o custo administrativo da seleção de risco e do marketing. Se os 1% mais doentes da população consomem 28% dos custos médicos totais, não há eficiência administrativa que compita com as imensas quantidades de dinheiro que se consegue economizar por meio de uma astuta seleção de risco. É muito melhor evitar dar cobertura a pessoas doentes. Sendo um sistema universal, o Medicare não é afetado por tais custos, pois todas as pessoas acima de 65 anos são cobertas. Logo, não há necessidade de arcar com os gastos decorrentes do manuseio de processos, da obtenção de relatórios médicos, de povoar departamentos de *underwriting* voltados para a estratificação de riscos nem de montar campanhas de marketing para competir com a concorrência. Também não há necessidade de recrutar médicos ou de monitorar o perfil financeiro dos custos em que incorrem, pois qualquer médico pode ser fornecedor do Medicare. De modo que aquilo que é eficiente privadamente não o é socialmente.

As seguradoras privadas gastam bilhões de dólares em propaganda. A premissa é a de que isso ajudaria o consumidor a escolher o plano mais adequado a suas necessidades. No entanto, os anúncios são sufocantes e freqüentemente voltados para a seleção de risco, em vez de dedicados a transmitir informação. Tipicamente, a publicidade carrega nos benefícios e nos preços, acompanhando isso de comparações depreciativas com a concorrência. Contudo, considerem-se todas as variáveis que o consumidor indefeso precisa levar em conta, e que não são divulgadas nos anúncios: Quais especialistas são afiliados ao plano? Quais são os obstáculos que o plano interpõe para que o consumidor tenha acesso a esses especialistas? Qual é a probabilidade de o consumidor precisar de medicamentos caros? Qual é o tamanho da clientela do médico que faz o primeiro atendimento? Quais são as restrições à liberdade de atuação desse médico e que não estão sendo ditas? Qual é a probabilidade de o médico do consumidor desafiliar-se indignamente do plano? Qual é a probabilidade de o plano quebrar? Quais hospitais o plano aceita e em que condições, e quão estáveis são esses hospitais? Claramente, o consumidor é incapaz de desempenhar o afamado papel de disciplinador do mercado que lhe atribuem. Ironicamente, devido ao sucesso do marketing e ao receio de se contar com uma cobertura inconfiável, muitos consumidores receosos e desconfiados acabam por adquirir apólices redundantes. De novo, nenhuma dessas preocupações e custos estão presentes num sistema universal.

Numa estranha reviravolta, o principal executivo da Empire Blue Cross/Blue Shield de Nova York – um plano que se recupera de um complicado escândalo financeiro – tem reivindicado um controle mais rigoroso de seu próprio setor. Num artigo publicado na seção de opinião do *New York Times*, Michael A. Stocker pediu a promulgação de leis que exijam a abertura completa, aos clientes das seguradoras, de dados hoje secretos sobre protocolos de tratamento e sistemas de pagamentos. Stocker também demandou do Estado que provesse cobertura total para situações de emergência.[56] Esse apelo é um pouco mais do que irônico, pois exibe a incapacidade de o mercado policiar-se a si próprio. Uma HMO mais consciente divulgaria voluntariamente tais informações – mas com isso ficaria patente tratar-se de um provedor de alto custo, além de transformar-se em vítima fácil de competidores menos escrupulosos. Daí a necessidade de legislações que limitem o oportunismo. A mercantilização vê que precisa da regulação.

Observe-se a ironia: no sistema atual, as HMOs conseguem parte de sua economia de custos por meio da sonegação de informação ao consumidor. No entanto, a solução reguladora – obrigatoriedade de prestação de informação, de modo a produzir consumidores mais aparelhados – acarretaria custos adicionais de fiscalização e mais papelada. Num sistema universal, todo esse caro minueto de regulamentações e escamoteamentos desaparece. Tanto a inflação de custos privada como a imposição governamental de contracustos constituem desperdício puro, se comparadas com a alternativa que se apresenta.

Cura, empreendimento e confiança. Quanto mais "empresarial" o sistema se torna, mais os fornecedores de serviços se transformam em vendedores, em detrimento de sua função como provedores de cura. É evidente que os médicos sempre foram parcialmente empresários. Eles se constituem num equilíbrio delicado entre o pequeno negociante que precisa pagar as contas e cuidar para manter uma quantidade suficiente de fregueses e o provedor da cura, sujeito a normas profissionais e dotado de uma missão social. Como empresários e profissionais, os médicos têm exercido excepcional vigilância para assegurar que terceiros – em especial burocratas do governo – fiquem do lado de fora da sala de consulta. Hoje, porém, o assalto tanto à bolsa como à profissão tem vindo das burocracias privadas. Como observou Theodore Marmor, "[os] médicos vigiavam seu flanco esquerdo, mas o ataque veio da direita".[57] A corrida da mercantilização está desviando o delicado equilíbrio em direção a uma atitude crassamente empresarial, mas de um modo que não é eficiente para a autonomia clínica do médico, a alocação de recursos ou os cuidados com os pacientes.

Tradicionalmente, nos EUA, normas éticas evitavam que médicos lucrassem com os remédios que receitavam. Recentemente, ao me dirigir para uma convenção médica, fui confundido com um médico e me passaram material promocional que trazia o slogan deliciosamente revelador "Capitalização per Capita" [*Capitalizing on Capitation*].[58] O material promovia uma linha de suplementos alimentares e produtos para redução de peso que o médico pode comercializar em seu próprio consultório. Como o vendedor explicou-me, a assistência médica gerenciada estava erodindo a renda dos médicos e ali estava um bom modo de compensar as perdas tirando vantagem do freguês cativo. De acordo com a fita gravada que vinha com a propaganda, "A Interior Design Nutritionals* tem um dos únicos sistemas de bem-estar [*wellness*] autodirigidos com

(*) Por si só o nome da empresa já era sugestivo, pois *interior design* significa decoração de interiores – no caso, o interior do corpo das pessoas. (N. T.)

suporte científico do mercado. Com ele você ganha a vantagem de adicionar um lucrativo centro de receitas a seu consultório, bem como de oferecer a seus pacientes um serviço muito "valioso". O "pacote" de marketing incluía três vídeos para serem passados na sala de espera; um questionário sobre o estilo de vida do médico; um manual de duzentas páginas; e a linha de produtos "Healthy Alternative" [Alternativa saudável], que incluía antioxidantes, sais minerais, produtos botânicos, complementos alimentares esportivos e outros suplementos que poderiam ou não ter algum valor médico. Os pacientes que se inscrevessem no programa ganhavam um número de código, de modo a permitir que o pedido fosse creditado ao médico que receitasse cada produto. O médico recebia uma comissão de 43% das vendas que provocasse; médicos que propagandeassem o sistema junto a outros médicos podiam receber comissões de até 24% sobre as vendas desses médicos. A fita terminava dizendo "Num mundo em que empresários independentes estão perdendo o controle de seus próprios consultórios, este é um modo de capitalizar". Outra peça de mala direta, voltada para encorajar médicos a contornar as farmácias e indicar a seus pacientes empresas distribuidoras de medicamentos no atacado, é encabeçado pela frase "Por que passar dinheiro adiante?* Cada vez que você assina uma receita é como assinar um cheque para uma farmácia".

Em seu *The Profit Motive and Patient Care* [A motivação do lucro e a relação com o paciente], o professor de Yale Bradford Gray observa que "os estratagemas do vendedor parecem inconsistentes com a ética fiduciária [médica]. O objetivo de provocar uma demanda é bastante distinto do de procurar avaliar objetivamente uma necessidade". Diferentemente de um vendedor de móveis, por exemplo, o médico encontra-se numa posição privilegiada para dirigir as decisões de seu paciente. Gray aduz: "Mesmo que vendedores sejam obrigados ética e legalmente a ser verdadeiros a respeito de certos assuntos, eles não têm nenhuma obrigação ética de determinar o melhor interesse de seus fregueses e de agir de acordo com isso, e apenas os consumidores mais ingênuos ignoram esse fato. Em contraste, a relação médico-paciente é supostamente de uma relativa confiança".[59]

Na geração passada, um estudo a respeito de "médicos-empresários" examinou atitudes em relação a médicos que operavam negócios como centros de diálise, centros de cirurgia ambulatorial, laboratórios patológicos e radiológicos, centros de medicina esportiva, clínicas de obesidade e instalações para o tratamento de pessoas dependentes de drogas. Em 1972, os próprios médicos que tinham esses negócios declaravam que sua ideologia empresarial era "des-

(*) *Why pass the buck? To pass the buck* significa "entregar o bastão", sendo usado figurativamente no sentido de eximir-se de uma responsabilidade pelo expediente de passá-la adiante – e o slogan comercial aproveita a ambigüidade da palavra *buck*, também gíria para "um dólar". (N. T.)

viante e estigmatizada pelos seus colegas".[60] Hoje, à medida que os médicos são treinados para se tornarem cada vez mais empresários, tal conduta é crescentemente considerada normal. O professor Gray preocupa-se com a possibilidade de conflitos de interesses propiciados por tais situações ameaçarem a credibilidade dos médicos, podendo "colocar os pacientes na situação de terem de seguir o conselho de pessoas de quem eles têm motivos para desconfiar".[61] Ao contrário do que se anuncia, os incentivos de mercado também desperdiçam recursos. Um médico com motivação financeira terá mais probabilidade de realizar exames em excesso e de receitar também em excesso. Em 1988, um estudo feito pelo inspetor-geral do Departamento de Saúde e Serviços Humanos levantou que pacientes Medicare de médicos com interesse financeiro em laboratórios clínicos foram submetidos a uma quantidade de testes 45% maior do que a média dos pacientes Medicare.

Subavaliação de mercado: o caso das vacinas. Alguns investimentos em saúde pública acarretam imensos benefícios sociais mas não valem a pena para o empresário. O exemplo épico aqui é o da vacinação infantil. As vacinas economizam para a sociedade uma quantidade imensurável de sofrimento e despesas médicas. O médico Anthony Robbins e sua co-autora, Phyllis Freeman, que dirigiram uma pesquisa sobre vacinas para a Fundação Rockefeller, calcularam que a vacinação infantil economiza pelo menos dez dólares para cada dólar gasto.[62] Contudo, o problema está em que o retorno social diverge agudamente do retorno privado. As vacinas são imensamente benéficas para a sociedade, mas não são fábricas de dinheiro para a indústria farmacêutica. Enquanto medicamentos sob receita produzem lucros para o fabricante cada vez que um receituário é preenchido, as vacinas são, literalmente, *one-shot*.* Uma vez vacinado, o freguês não precisa mais voltar.

Em conseqüência, a empresa privada investe sistematicamente menos do que o necessário no desenvolvimento de vacinas. Embora as vacinas constituam candidatas ideais para desenvolvimento e distribuição públicas, a indústria farmacêutica resiste tenazmente a esforços no sentido de passar sua produção e distribuição para entidades públicas. Uma vez que um setor de desenvolvimento e produção de vacinas se socializa, mesmo sendo de baixa lucratividade a pressão é por reduzir o custo unitário, de modo a fazer com que o maior número possível de crianças se beneficie. Vacinas distribuídas em outros países pelas Nações Unidas ou por entidades públicas custam tipicamente muito menos por dose do que empresas farmacêuticas privadas cobram por produtos semelhantes. Isso não apenas é uma vergonha para as indústrias farmacêu-

(*) Jogo de palavras: *one shot* significa "uma só vez"; *shot* é termo vulgar para "injeção". (N. T.)

ticas como reduz sua margem de lucro. O desenvolvimento, produção e distribuição sociais de produtos representam uma ameaça real, mesmo que sejam em pequeno volume e de baixa lucratividade, como as vacinas. O mercado privado não consegue produzir resultados otimizados e, mesmo assim, os atores do mercado não querem rivais no terreno.

Devido à natureza fragmentada do sistema de saúde norte-americano, dezenas de milhões de crianças ficam sem uma vacinação que é universal em outros países desenvolvidos. No Terceiro Mundo, em que doenças evitáveis são endêmicas, o fracasso do sistema global em financiar e distribuir vacinas baratas faz com que bilhões de crianças sofram desnecessariamente. O mercado parece não se importar.

Caroneiros do mercado: o caso dos AA. O mercado procura incessantemente transformar em commodities coisas que não são adequadas aos princípios mercadológicos de troca impessoal. Por vezes o mercado opera como uma espécie de parasita de valores e instituições extramercado. Um exemplo instrutivo é o dos Alcoólatras Anônimos (AA).

Apesar de algumas falhas, os AA são uma instituição notável, construída quase inteiramente com base no voluntariado. Pessoas capazes de admitir que são alcoólatras podem participar das reuniões dos AA sem precisar pagar nada. Dar algo em troca é central à ética dos AA, fazendo parte do processo de recuperação. Toda a instituição reside para além do processo de trocas de mercado. Excetuando o processo de curto prazo de desintoxicação clínica, os AA parecem melhores do que a intervenção médica explícita.

A partir da década de 60, quando a cobertura do seguro-saúde se tornou mais generosa e muitos legislativos estaduais passaram a tornar compulsório a planos de saúde cobrirem o tratamento de situações causadas por abuso de drogas, muitos hospitais psiquiátricos e clínicas isoladas passaram a identificar esse ramo como um novo centro de lucros. Um curso de trinta dias para o tratamento de pacientes internados por alcoolismo custa algo em torno de 10 mil dólares. Contudo, alcoólatras freqüentemente voltam a beber. De modo que quase todas as rotinas pós-alta têm em comum uma receita: encaminhamento aos AA. A parte do sistema que considera o alcoolismo uma fonte de lucros é subsidiada pela parte do sistema que depende da benemerência, da espiritualidade, da generosidade e da empatia. Caso os AA fossem transformados num negócio do tipo pagamento-por-serviço, sua essência seria destruída. Qual abordagem é a mais "eficiente"? Qual delas persegue a lógica do mercado?

A saúde e a vida longa são influenciadas pelos comportamentos pessoais, que, por sua vez, são afetados pela classe social. Padrões de comportamento autodestrutivo, como fumar, ter uma dieta pouco saudável, não fazer exercícios, descuidar-se quanto à gravidez, a violência doméstica e urbana e dezenas de dependências reduzem a longevidade e a saúde. As conseqüências de tais comportamentos impõem custos à parte explicitamente médica do sistema, o que, por sua vez, se faz às expensas de outras dotações potenciais voltadas à saúde. Conforme a tabulação do *Journal of the American Medical Association* que relaciona as dez principais causas de mortalidade, o fumo lidera, sendo responsável por 400 mil mortes por ano; fatores ligados ao regime alimentar e à exercitação por outras 300 mil; o conjunto de todas as moléstias infecciosas ocupa o quarto lugar, provocando 75 mil mortes por ano.[63]

Os comportamentos individuais pouco saudáveis e as patologias sociais ligam-se intimamente à classe social de três modos diferentes e que se reforçam mutuamente. Em primeiro lugar, numa economia com grandes diferenças de renda, as pessoas mais pobres são menos provavelmente membros efetivos da coletividade que se beneficia de medidas sociais básicas como a alimentação, o saneamento e a vacinação, que de forma global estabelecem parâmetros básicos de saúde. Em bairros compostos de pardieiros, com freqüência as condições de saúde pública são as do Terceiro Mundo, o mesmo ocorrendo com as taxas de morbidez e mortalidade. Em segundo lugar, virtualmente todos os estudos sobre o assunto mostram que comportamentos autodestrutivos apresentam poderosa correlação com a situação de classe (baixa). Em terceiro lugar, mesmo em sociedades dotadas de sistemas de saúde universais, pessoas mais pobres tendem a esperar até que sua situação de saúde se agrave antes de buscar ajuda médica, e tendem a usar o sistema com menos discernimento. Assim, na medida em que uma sociedade de mercado exacerba os extremos de classe, ela tanto reduz a saúde de grandes quantidades de pessoas como reduz a eficiência daquilo que a sociedade destina à saúde.

Famílias saudáveis são uma fonte primária de boa saúde para as crianças. São muitas as maneiras com que a família influencia a saúde física, psicológica e social de suas crianças, todas relacionadas de perto com a situação de classe. Famílias mais bem educadas e mais afluentes provavelmente cultivam melhores hábitos de aprendizado, comunicação, respeito ao próximo e, assim, auto-estima; bons hábitos alimentares, noturnos, de higiene e, portanto, um melhor estado geral; cuidados médicos preventivos e periódicos e, assim, resistência a doenças; supervisão geral por parte dos pais e, assim, segurança física. Tais famílias apresentam probabilidade muito menor de serem violentas ou de apresentarem outros desvios de funcionalidade. Elas mais provavelmente transmitirão modelos de comportamento cuidadoso e comunicativo e daí, portanto, diversas habilidades importantes para a vida. Todos esses atributos se correlacionam com a boa saúde infantil. Do outro lado do divisor social, quando se está sob grande pressão financeira, leva-se tensão para casa. Levar tensão para casa é colocar a família em risco, pois pais que estejam estressados ao ponto do colapso são menos capazes de criar crianças saudáveis. Portanto, o status econômico mais baixo apresenta correlação com um maior risco de saúde, tanto para si próprio como para o cônjuge e os filhos.[64]

Adicionalmente, pessoas pobres levam uma vida provavelmente menos saudável por motivos ocupacionais; os pobres tendem a se concentrar em ocupações mais perigosas, mais geradoras de tensão, menos seguras e menos compensadoras. Mesmo permanecendo no âmbito de cada tipo de ocupação, o simples fato de se morar num bairro pobre aumenta a morbidez e a mortalidade. Além disso, como costumava observar Dorothy Day, a santa do movimento Operário Católico [Catholic Worker], os pobres não são pobres apenas em dinheiro, mas em organização, conhecimento e auto-estima. O nível de renda tende a ter correlação com a educação; a educação tende a ter correlação com hábitos de vida saudáveis.[65]

Uma pesquisa seminal realizada pelo epidemiologista britânico Michael G. Marmot e colegas confirma que os grupos socioeconômicos inferiores têm mais propensão a fumar, menos disponibilidade para exercitar-se regularmente, menos probabilidade de ter passatempos, menos propensão a manter hábitos alimentares saudáveis. Tais hábitos têm uma etiologia complexa, em parte relacionada à falta de informação, em parte à subcultura, em parte à baixa auto-estima e a uma frustração ou fúria reprimidas, que se manifestam em comportamentos autodestrutivos. Em seu famoso Whitehall Study, pesquisa longitudinal a respeito do estado de saúde de funcionários públicos britânicos, Marmot e coautores levantaram que a propensão a taxas mais elevadas de doenças e morte refletia o status socioeconômico, tanto absoluto como relativo. Apesar do fato de o nível de renda, a educação e os padrões alimentares experimentarem elevação ao tempo em que o estudo foi realizado, pessoas que ocupavam funções com status mais elevado e situadas em faixas de renda superiores continuavam a viver mais tempo e gozar de melhor saúde do que aqueles cujo trabalho era acompanhado de satisfação, renda, prestígio e grau de controle menores.[66]

Um dos fatos mais bem documentados da pesquisa sobre a saúde mental é que pessoas mais pobres têm risco maior de sofrer colapsos nervosos e ser afetadas por doenças mentais. Pode ser que os ricos passem mais tempo na psicoterapia, mas são os pobres que mais precisam de ajuda.[67] Encontrar-se numa situação de vida em que se enfrentam incessantes demandas de outras pessoas, e sobre as quais se tem um controle relativamente pequeno, significa viver em risco de saúde, seja física, seja mental. Conforme observaram os especialistas em saúde pública Jeffrey Johnson e Ellen Hall, "o potencial de controlar seu próprio ambiente se distribui diferenciadamente através das linhas divisórias de classes".[68] Ao consultarem estatísticas de doenças cardíacas, os dois constataram que as pessoas sujeitas aos maiores riscos tendem a ter ocupações altamente demandantes, pouco controle e pouco apoio social. Indivíduos que ocupam posições sujeitas a grande demanda, mas com autonomia maior, enfrentam risco cardíaco menor. Isso ocorre não apenas em sociedades como a norte-americana, com suas grandes desigualdades e sistemas incompletos de saúde, mas por todo o espectro dos países industriais.[69]

A pesquisa em saúde pública indica que um envolvimento ativo no processo de cura é, por si, propiciador da cura.[70] Ser um "paciente" significa, literalmente, o oposto de ser um "agente" – alguém sobre quem se age, e não alguém que age. Ser agente de sua própria saúde é restaurador da saúde. Pessoas pobres e trabalhadores [*working-class people*] mais provavelmente são indefesas ante a autoridade; mais provavelmente aceitam passivamente estratégias médicas equivocadas; mais provavelmente são intimidadas por especialistas; menos provavelmente assumem o controle sobre seu tratamento; mais provavelmente são pacientes e não agentes. O *Journal of the National Cancer Institute* informa que homens das classes sociais inferiores estão expostos ao dobro do risco de sofrer de câncer do que pessoas de classes sociais mais altas.[71] Tal estatística exprime – e disfarça – todos os modos sutis e interconexos que fazem o status socioeconômico mais baixo retardar o processo de cura – maior exposição ambiental, menos acesso a assistência, menor acesso a cuidados precoces e de qualidade mais alta, maior pessimismo e fatalismo, menos disponibilidade para envolver-se ativamente em sua própria cura.

Com o enfraquecimento dos sindicatos e do Estado de bem-estar social do pós-guerra, pode-se identificar um retorno a um sistema de duas classes sociais, em que uma elite relativamente reduzida exige e consegue poder, auto-realização, autonomia e outras satisfações advindas do trabalho que compensam parcialmente longas horas trabalhadas. Embora o clichê popular imagine que quem cai morto no campo de golfe é o executivo assoberbado, os dados epidemiológicos confirmam que são os trabalhadores menos bem pagos e com status inferior aqueles que mais provavelmente sofrem os danos clinicamente mais severos decorrentes da tensão, parcialmente porque têm menos controle sobre seu próprio trabalho. Não é provável encontrá-los em campos de golfe ou engajados em outras formas de relaxamento saudável.

É claro que todas essas sutilezas se referem a diferenciais de saúde extramédicos entre classes sociais. E, como é peculiar aos Estados Unidos, eles interagem com uma desigualdade mais perversa – o fato de que pessoas pobres mais provavelmente não têm seguro e menos provavelmente têm acesso a assistência médica de rotina.

Conforme sugerido pelo que se discutiu acima, o fato de a sociedade abraçar uma estratégia ampla de prevenção primária e saúde implica uma questão profundamente política. As mesmas forças econômicas e sociais que fazem dos EUA uma sociedade altamente estratificada, com fortes desequilíbrios de poder e riqueza econômica, oferecem resistência à mitigação desses desequilíbrios de uma forma que melhore a saúde coletiva da população. As desigualdades geradas pelas forças de mercado em outros domínios geram desigualdades na saúde. Mudar hábitos pouco saudáveis exige muito mais do que exortações em prol de comportamentos pessoais mais saudáveis. Atitudes autodestrutivas – alcoolismo, tabagismo, falta de exercício, exposição a substâncias tóxicas, gravidez prematura indesejada, modo de vida gerador de tensão – são, por sua vez, profundamente imbricados na estrutura das relações sociais. Reclamar por uma estratégia ampla de saúde pública é reclamar por uma redistribuição do poder econômico e político.

O ARGUMENTO FUNDAMENTADO EM FAVOR DA COBERTURA UNIVERSAL

O sistema norte-americano de assistência de saúde é um emaranhado de eficiências e ineficiências – que piora à medida que as forças privadas do mercado procuram racionalizá-lo. Uma transição para um sistema universal de cobertura de saúde cortaria esse nó górdio de um só golpe. Não apenas administraria mais eficaz e justamente os aspectos explicitamente medicinais da saúde como, também, criaria um poderoso incentivo financeiro para que a sociedade enfatizasse a prevenção primária. Ao fazer com que todos partilhassem do mesmo sistema, a cobertura universal de saúde realçaria a empatia social e cultivaria uma consciência mais aprofundada da realidade de que a saúde não é apenas um bem individual, mas coletivo. Em 1991, a Contadoria Federal [General Accounting Office] levantou que "se os Estados Unidos mudassem para um sistema de cobertura universal com um só pagador, como no Canadá, a economia em custos administrativos seria mais do que suficiente para compensar as despesas adicionais trazidas pela universalidade".[72]

A demonstração dessa proposição está no fato de que todos os países dotados de sistemas universais gastam com a saúde parcelas menores de seu PIB do que os EUA, e com menor interferência nas decisões clínicas. E, em quase todo país com sistema universal, a expectativa de vida ao nascer é maior do que nos EUA (embora a expectativa de vida dos adultos seja equivalente). Ao contrário do que afirma a propaganda dos grupos que se opõem ao seguro-saúde universal, na maioria dos países com sistema universal a satisfação dos pacientes é maior.

A esta altura, os motivos para isso deveriam ser óbvios. Por sua natureza, sistemas universais gastam menos em superfluidades e mais na prevenção primária. Sozinhos, os custos não médicos do seguro-saúde norte-americano consomem cerca de 1% do PIB, comparado com 0,1% no Canadá. Embora a inflação médica seja um problema em qualquer lugar, os sistemas universais têm experimentado taxas de inflação de custos muito inferiores e aplicado estratégias de contenção de custos muito menos labirínticas. Entre 1980 e 1987, os custos totais com saúde nos EUA cresceram a uma taxa 2,4 vezes maior do que o crescimento do PIB. Em países com sistema universal esse crescimento é mais lento. Em comparação, os números de outros países foram: Suécia, 1,2 vez; França, 1,6; Alemanha Ocidental, 1,8; e Grã-Bretanha, 1,7 vez. Nos Estados Unidos, os honorários médicos aumentaram o triplo da taxa geral de inflação, contra menos do dobro em outros países.[73]

Os mecanismos de contenção de custos empregados em outros países são complexos e variados, mas a maioria dos que contam com sistemas universais empregam algum limite global para as dotações destinadas ao sistema de saúde. Esse limite nacional se traduz em orçamentos anuais aos quais os hospitais ficam sujeitos. Tanto o hospital como seus profissionais de saúde e seus representantes leigos precisam traçar prioridades e atingir compromissos duros no âmbito de seu orçamento. Não é muito diferente do que fazem as HMOs norte-americanas, com a diferença crucial de que não existem despesas de marketing e de seleção de risco, não há distribuição de lucros a acionistas e há muito menos interferência de intrusos.

No que tange às contas dos médicos, tipicamente se travam negociações anuais entre o sistema de saúde e sociedades médicas. Nos sistemas universais que remuneram os médicos numa base de pagamento-por-serviço, como é o caso do Canadá, a tendência inexorável em direção a tratamentos mais dispendiosos é contrabalançada por cortes anuais nas taxas de reembolso, de modo a manter todo o sistema dentro do orçamento. Naqueles em que os médicos são assalariados, como a Grã-Bretanha, mantém-se a disciplina financeira refreando-se os reajustes. Em sistemas universais, os hospitais tendem, em sua maioria, a pertencer ao Estado; este controla os orçamentos para expansão de capital, de modo que resulta menor o problema trazido pelo hábito norte-americano de se provocar um aumento da demanda pelo aumento da oferta. Os sistemas universais também evitam o incentivo perverso da busca preferencial de procedimentos reembolsáveis.

A ausência de um sistema universal nos Estados Unidos significa que não existem rotas para barganhas que envolvam todo o sistema, bem como faltam limitações globais para os gastos. A contraparte privada de fato reduz custos, mas de uma forma muito mais ineficiente. A contenção de custos ao estilo dos EUA faz com que o sapato aperte nos lugares errados, enquanto as forças médico-empresariais procuram constantemente novas oportunidades de lucro e, assim, maneiras de suplantar o sistema.

Outro resultado irônico do estilo norte-americano de limitar custos é que os Estados Unidos contam com a menor média de permanência hospitalar de todos os países adiantados – e não porque isso seja mais eficiente, mas porque esse é um dos "centros de custos" que mais facilmente se prestam ao monitoramento das HMOs e planos de seguros. Esse é outro aspecto do jogo de polícia-e-ladrão da assistência gerenciada à moda norte-americana. Os hospitais do EUA tendem a ser muito *high-tec* – herança dos dias em que a maximização dos lucros se baseava na maximização dos reembolsos. No entanto, agora que o jogo é o da minimização de custos, os hospitais são, literalmente, caros demais para serem usados. É notável observar que os Estados Unidos são o país que mais gasta com saúde, mas também o que conta com o menor número de leitos por mil habitantes, a menor taxa de admissão hospitalar e a menor taxa de ocupação de leitos – isso associado aos maiores custos de diárias, maior dependência em tecnologias e o maior número de funcionários por leito.[74] Os hospitais europeus e japoneses tendem a ser menos dependentes de tecnologia e menos custosos, e o sistema é muito mais propenso a permitir que o paciente permaneça internado até que se recupere.

Um desajuste relacionado a esse é o uso relativamente ineficaz que se faz nos EUA, em comparação com outros países, de tratamento domiciliar, enfermaria doméstica e clínicas intermediárias de tratamento psiquiátrico. Devido ao caráter fracionado do sistema, muitas das modalidades mais humanas e eficientes não são usadas no sistema norte-americano, pois o seguro não as cobre. No caso dos idosos, por exemplo, países que contam com sistemas de saúde mais sociais oferecem, tipicamente, um contínuo de opções que varia de serviços de atendimento doméstico a apartamentos individuais situados proximamente a atendimento de enfermagem, a casas de repouso coletivas e a asilos do tipo norte-americano. Nos EUA, exceto pelos asilos, todo o resto existe apenas incidentalmente – a menos que o indivíduo esteja disposto a pagar de seu próprio bolso. No caso do Medicare, o atendimento doméstico de curto prazo é disponível para pacientes que se recuperam de problemas agudos, mas não como parte de um plano de longo prazo concebido para evitar a internação de idosos em sanatórios.

Como conseqüência, muitas pessoas que poderiam beneficiar-se de atendimento domiciliar ou de habitações com supervisão de enfermagem (pelos quais o Medicare não paga) são arrebanhadas para asilos antes do que seria necessário; tais asilos são superutilizados e subfinanciados; e, diante da circunstância de que os mesmos dólares poderiam ser gastos de modo muito mais racional num sistema universal, acontece uma grande quantidade de infortúnios desnecessários. Na medida em que o Medicare em alguns casos paga por atendimento domiciliar, isso tem atraído uma nova onda de empresas que objetivam arrecadar reembolsos visando lucro, muitas vezes deslocando grupos comunitários comprometidos com uma ética de serviços.

Um dos espantalhos de todo esse debate é o "racionamento". Diz-se que os sistemas universais em funcionamento em outros países acarretam "racionamento", ao passo que o sistema norte-americano putativamente não imporia restrições aos cuidados médicos disponíveis. No entanto, dada a propensão de a assistência médica abocanhar cada vez mais do PIB, alguma forma de racionamento existe em todos os lugares. A questão real é saber se se trata de um racionamento baseado no poder de compra privado ou na necessidade médica. É claro que um sistema que paparica pacientes ricos afetos por distúrbios leves, mas que não consegue o dinheiro necessário para a vacinação universal, implica racionamento. Um sistema que gasta milhões para manter vivos bebês prematuros de vinte semanas e que subsidia a fertilização *in vitro*, mas que mantém 40 milhões de pessoas sem cobertura médica básica, é um sistema de racionamento.

Outro espantalho, que apareceu durante as discussões sobre a Lei Clinton, é a afirmativa de que um sistema universal retiraria dos indivíduos o direito de gastar dinheiro do próprio bolso para suplementar a cobertura proporcionada pelos planos aprovados. Isso se baseava numa leitura deliberadamente equivocada da lei. Na verdade, não há em nenhum lugar do mundo ocidental um sistema de assistência socializada à saúde que proíba os ricos de comprar tratamentos adicionais.[75]

Mesmo nos sistemas mais socializados, alguns serviços permanecem privados, com o caráter de commodities. Por exemplo, é improvável que psicanálise de longo prazo e cirurgias estéticas sejam cobertas por um sistema universal; tais territórios constituem amenidades para os abastados. Entretanto, a experiência da maioria dos países mostra que, se o sistema básico proporciona um atendimento de alta qualidade, a vasta maioria das pessoas confia nele. Esse resultado depende de forma crucial do modo como o sistema é projetado. Na Grã-Bretanha, o governo Thatcher, que hostilizava o sistema, promoveu uma forma acelerada de privatização de bastidores mediante o expediente de arrochar as dotações orçamentárias do National Health Service, estimulando aqueles que podiam pagar a suplementar o NHS com seguros privados. Essa lógica tende a ser cumulativa. Quanto mais médicos passam a trabalhar privadamente e quanto mais os membros da classe média ficam insatisfeitos com um sistema público que vive à míngua, mais a medicina privada ganha terreno sobre a medicina social. No final do reinado de Thatcher, mais de 15% do público britânico tinha cobertura suplementar de saúde.

Em contraste, no Canadá provedores privados de seguro-saúde não podem, por lei, competir com o sistema público, embora possam oferecer suplementos para serviços não cobertos. Embora uma pequena parcela de canadenses ricos se dirija aos EUA para realizar cirurgias opcionais, a esmagadora maioria permanece no sistema universal. Se o nível de cobertura básica é mantido suficientemente alto, consegue-se um genuíno sistema de classe única. Em caso contrário, o apoio político se desgasta e aumenta a deserção dos consumidores. Embora no Canadá os custos de saúde tenham se elevado a taxas menores do que nos EUA, governos provinciais conservadores tentam colocar em prática uma campanha ao estilo Thatcher de desgaste do sistema universal, ao permitir que empresários privados disputem entre si os fregueses que remuneram melhor.

Assim, a política do regime de saúde se auto-reforça. Um sistema igualitário fortalece a solidariedade. Quando todos estão no mesmo sistema, os mais ricos e sofisticados exigem atendimento de alta qualidade. E, quando predominam os valores solidários, institui-se também uma lógica de expandir os serviços disponíveis para os lados e para baixo – vacinação mais abrangente, mais educação para uma vida saudável, mais cuidados preventivos. Mas quando a assistência básica é rudimentar, e se torna atraente aos ricos comprar uma saída, o apoio político para o sistema universal decresce e há mais pressão para se desviarem recursos para as alternativas privatizadas e individualizadas, diminuindo-se a empatia ou solidariedade social e reduzindo-se o apoio para a abordagem de saúde pública.

Por sua própria natureza, um sistema universal é mais alerta em relação a todas as maneiras sociais de melhorar a saúde – campanhas antifumo, esforços no sentido de diagnóstico social e vacinação universais, opções de exercitação e de bem-estar, bem como uma melhor educação pública voltada para uma vida mais saudável. Um sistema puramente privatizado tende mais provavelmente a ser mais fragmentado e menos propenso a pagar pela saúde pública e a entender sua lógica.

Nos Estados Unidos, a hiperdependência na lógica de mercado e nas instituições do mercado está arruinando o sistema de assistência de saúde. Os entusiastas do mercado deixam de tabular todos os custos decorrentes de se confiar nas forças do mercado para a alocação da assistência – a fragmentação, o oportunismo, o reordenamento da capacidade instalada, os custos extramédicos, o subinvestimento na saúde pública e a agressão às normas de prestação de serviço e de altruísmo. Eles pressupõem seja um grau de auto-regulação que os mercados de saúde são incapazes de gerar, seja uma supervisão pública com alto grau de discernimento, e que contradiz o restante de sua visão de mundo. Os cuidados com a saúde consomem atualmente um sétimo de toda a renda nacional norte-americana. Não há nenhum outro domínio da economia mista desse país que apresente resultados tão perversos.

5

MERCADOS FINANCEIROS E EMPRESA

O MAIS PURO DOS MERCADOS

Os mercados financeiros são a própria essência do capitalismo. São mercados em que o produto é o próprio dinheiro. Cumprem a função crucial de juntar investidores a empresários. Permitem que as empresas obtenham lastro e capital de giro, tanto de grandes instituições como de pequenos poupadores. Fornecem sinalizações sobre julgamentos informados (ou especulativos) sobre o valor relativo de milhares de investimentos alternativos. Nesse sentido, os mercados financeiros se encontram entre os mercados mais puros, em sua fidelidade ao modelo de um contínuo ajustamento fino de preços. Um mercado acionário que funcione bem mostra a oferta e a demanda em sua roupagem mais elegante, pois os preços de títulos e ações sobem e descem em resposta a um misto de informação objetiva, palpites e expectativas de investidores a respeito das expectativas de outros investidores.

Apesar disso, ironicamente, esse que é o mais puro dos mercados depende incontornavelmente do Estado. Para começar, são os governos que imprimem o dinheiro. Por meio de políticas fiscais e de bancos centrais, os governos também influem sobre o valor do dinheiro. E, embora a oferta e a procura por parte de investidores influenciem os preços de títulos e ações e as taxas de juros, fazem-no num contexto substancialmente delimitado por políticas monetárias traçadas por um banco central. Quando a taxa de juros nos EUA se elevou momentaneamente a 21,5%, em 1980, isso teve muito menos a ver com as expectativas inflacionárias do que com a política monetária de Paul Volcker [presidente, à época, do Federal Reserve, o Banco Central dos EUA]. Da mesma forma, a tendência de alta do mercado acionário durante a década de 90 teve tudo a ver com a inflação e a taxa de juros gradualmente declinantes, que elevaram quase automaticamente o preço das ações, e apenas um pouco a ver com a desregulação. Um conjunto diferente de políticas monetárias oficiais teria dado lugar a um mercado financeiro bastante diferente.

Como peças fundamentais do sistema monetário, os bancos comerciais encontram-se necessariamente entre as instituições de mercado mais pesadamente reguladas. Nesse terreno, é intolerável demais o risco acarretado pela disciplina comum de mercado, com sua punição severa de perdedores, bem como são demasiado grandes as tentações do oportunismo; os bancos não podem ser puras criaturas do mercado. A sociedade decidiu que pessoas simples não devem perder todas as suas economias devido aos erros de julgamento ou à corrupção de um banqueiro, ou por causa das conseqüências gerais de uma corrida aos bancos. E, uma vez que o governo garanta os depósitos de pequenos poupadores, é o governo que assume o risco por suas perdas e precisa transformar-se em policial sempre alerta. Acresce que colapsos bancários acarretam graves riscos sistêmicos à economia "real", não financeira. No século XIX, a história de uma atividade bancária relativamente pouco regulada foi repleta de pânicos que tiveram o efeito de restringir a oferta de dinheiro e de induzir a depressão no resto da economia.

De forma semelhante, os mercados acionários, embora exemplares como mercados que se liquidam com as oscilações de oferta e demanda, operam no âmbito de um sistema substancialmente regulado, que define direitos de propriedade, obriga a divulgação de informações de diversos tipos e proíbe uma ampla gama de transações que, de outra forma, seriam tentadas por adultos dotados de discernimento. A desregulação parcial dos mercados financeiros nos últimos anos levou a um sério debate para se determinar se tanto esses mercados como a economia seriam de fato beneficiados por desregulações ulteriores. O atual regime de regulação é meramente prudente ou interfere com os ganhos de eficiência que os mercados, com todo seu gênio, buscam quando deixados em paz? Ou a mercantilização já é demasiada?

Essa questão se divide em dois pontos gerais. O primeiro diz respeito ao risco sistêmico, à segurança e à solidez. O movimento no sentido de tornar os mercados financeiros mais especulativos estaria nos levando a jogar toda a economia na roleta? O segundo ponto concerne à relação entre a economia financeira e a economia real. Os mercados financeiros são requintadamente capitalistas em sua ausência de sentimentalismos. São a antítese dos pactos sociais. O investidor vende sua posição se imagina que o mercado atingiu o pico, ou força a oferta de suas ações numa batalha pelo controle de empresas, se imagina que isso otimizará sua estratégia de investimentos – sem gastar um segundo de seu tempo em pensar no que uma fusão ou uma liquidação de ações afetará uma comunidade ou uma força de trabalho que pode ter longos anos de comprometimento com os ativos oferecidos à pilhagem.[1]

Os mercados financeiros são exemplos paradigmáticos tanto do gênio como da miopia dos mercados. A preocupação do mercado financeiro é com o preço de hoje, e por definição o preço de hoje é o preço certo. Inúmeros estudos mostram que os mercados financeiros prevêem muito mal a lucratividade de um negócio no longo prazo. Quando examinados retrospectivamente, os preços de ações não oferecem boas previsões para o desempenho futuro. Como observa o economista de Yale Robert J. Shiller, "mesmo quando um participante do mercado acredita que informações sobre uma empresa não têm valor fundamental, ele as emprega caso acredite que outros as usarão em suas decisões de compra e venda. Paradoxalmente, os atores do mercado são capazes de desconsiderar informações que imaginam significativas para a lucratividade de longo prazo e, em vez delas, usar informações que consideram espúrias, pois crêem que outros participantes do mercado as estão usando. O objetivo de um administrador de portfólio é acertar no curto prazo, caso queira sobreviver no longo prazo".[2]

A eficiência do pregão diário pode não produzir resultados otimizados no longo prazo para as empresas, e assim para a economia. Em resumo, os mercados financeiros são substancialmente mercados spot, em que os preços se liquidam conforme o modelo laissez-faire, na melhor das hipóteses seguindo palpites mais ou menos razoáveis e, na pior, como resultado de jogatina aventureira. No entanto, os instrumentos do comércio não são mercados spot, mas instituições complexas, que se baseiam em relacionamentos. De modo que a conexão da economia financeira com a economia "real" das fábricas, fazendas e comércio é imperfeita.

Boa parte do debate recente travado em torno de quanta regulação seria adequada para os mercados financeiros pode ser compreendida como uma conversa sobre os relacionamentos da economia financeira com a economia real. Os partidários de uma mercantilização cada vez mais pura argumentam que, por definição, os mercados financeiros acertam no modo como avaliam os ativos das empresas, e acertam no modo como os reorganizam. Conforme esse ponto de vista, tudo aquilo que se interpõe no caminho do funcionamento azeitado dos mercados financeiros e seus rearranjos de ativos se afasta da sapiência do mercado e implica custos econômicos reais.

De novo, trata-se do apelo familiar à eficiência *alocativa*, favorecida em detrimento de outras formas de eficiência. Mas os mercados financeiros dotados da maior liberdade possível com freqüência são aptos principalmente a rearranjar ativos conforme a estratégia ou a moda do dia, a derrubar quem está estabelecido e a enriquecer intermediários. Esse processo pode não otimizar seja um grande crescimento e o pleno emprego (a eficiência de Keynes), seja o progresso técnico ao longo do tempo (a eficiência de Schumpeter). Os mercados financeiros com freqüência sacrificam os investimentos de longo prazo em favor de ganhos imediatos.

Afinal de contas, "o mercado" é uma abstração conveniente. A mão invisível de Adam Smith implica um processo natural e impessoal. Contudo, na prática o papel do mercado é com freqüência desempenhado por indivíduos que estão muito mais interessados em obter retorno rapidamente do que em maximizar a saúde de um empreendimento no longo prazo. Naturalmente, este último tipo de capitalista é também um empresário [*entrepreneur*], mas seus valores nem sempre são os da maximização de lucros no curto prazo, tão valorizado pelo ideal do mercado puro. Esses empresários podem simplesmente gostar de siderurgia, ou chefiar paternalista negócios profundamente enraizados em suas comunidades, ou ser visionários teimosos, que reinvestem seus lucros na empresa e não dão a mínima para o mercado de títulos.

Os entusiastas de uma maior liberação dos mercados financeiros sustentam que tais pessoas são precisamente aquelas que mais necessitam da disciplina sem sentimentos de Wall Street. Os críticos do capitalismo de mercado financeiro respondem que se existe algo de que os capitalistas mais precisam é de uma folga de Wall Street. Assim mercados financeiros relativamente livres são, a um tempo, um aspecto útil e crítico do capitalismo – e importantes demais para que se permita serem operados conforme o laissez-faire absoluto. E as limitações parciais a que estão sujeitos não parecem prejudicar sua capacidade de combinar eficazmente investidores individuais com os usuários do capital na indústria e no comércio.

Tais questões desempenham papel em diversos dilemas políticos práticos. As aquisições hostis [*hostile takeovers*] e as compras alavancadas [*leveraged buyouts*] devem ser encorajadas como estratégias para responsabilizar os administradores e de "maximizar o valor dos acionistas" – ou desencorajadas, por representarem o pior aspecto do capitalismo especulativo? Na medida em que as aquisições hostis são elevadas à categoria de forma superior de responsabilização, quais outras estratégias poderiam ser mais consistentes com a saúde institucional de longo prazo da empresa? A "inovação" dos instrumentos financeiros deve ser encorajada ou restringida, por representar uma fonte de excessos especulativos? Os bancos e instituições financeiras devem ser ainda mais liberados das restrições que ainda restam no sentido de limitar sua capacidade de se fundir com outras empresas e assim operar em negócios não bancários?

Nos anos 80, o assunto quente eram as aquisições hostis e as compras alavancadas. A moda acabou por se esvaziar quando poucas junk bonds* se mostraram confiáveis como investimentos de longo prazo. O mercado secou, embora mais de uma década tenha se passado até que seu dispendioso fracasso fosse

(*) Ações de baixo valor de face mas com alto potencial de realização de lucros por liquidação de ativos, envolvendo alto risco. (N. T.)

corrigido. Nos anos 90, a questão é saber se se devem disciplinar os derivativos – investimentos híbridos que nada adicionam ao valor de longo prazo e que meramente facilitam novas formas de especulação.

MERCADOS FINANCEIROS EFICIENTES

O debate não é novo. De um lado se perfilam os institucionalistas, a começar famosamente por Thorstein Veblen, que enxergava uma economia de manipuladores financeiros contrapostos a engenheiros. Os financistas seriam úteis na medida em que suprissem capital; seriam parasitas, na medida em que não passariam de especuladores. Os proprietários de negócios reais seriam aqueles que adicionariam valor real à economia, e eles precisariam ser protegidos de pressões puramente financeiras em busca de retorno rápido.[3] A versão de Keynes do mesmo ponto é articulada numa frase muito citada de sua *Teoria geral*: "Os especuladores podem não causar danos, se forem apenas bolhas num fluxo firme de negócios. Mas a situação fica séria quando os negócios são bolhas num redemoinho de especulação".[4] Um economista firmemente situado na corrente dominante, como o prêmio Nobel James Tobin, foi capaz de escrever que as políticas públicas deveriam ser capazes de jogar alguma "areia nas engrenagens" dos mercados financeiros,[5] frase que soa herética e quase marxista. Por que um economista eminente, que presumivelmente respeita o gênio alocativo e o sistema de atribuição de preços dos mercados, desejaria produzir atrito no mecanismo azeitado de equilíbrio entre oferta e demanda?

O motivo é uma variante de nosso tema. Levada a extremos, a busca de retornos de curto prazo dos mercados pode ser ruinosa. O remédio de Tobin contra agitações financeiras excessivas era um imposto incidente sobre transações financeiras – destinado a recompensar o investidor de longo prazo e amortecer o impulso da especulação financeira de curto prazo.[6] Outras estratégias que buscam o mesmo objetivo incluem o favorecimento tributário aos ganhos de capital de longo prazo (uma política presente nos livros até 1981) e penalidades aos lucros rápidos resultantes de especulação.

Do lado oposto da cerca encontram-se aqueles que insistem em que, como outros mercados, os mercados financeiros precisam ser eficientes – por definição. Conforme esse ponto de vista, derramar areia nas engrenagens seria tão perverso como implicado pela metáfora. Nos mercados financeiros, como em outros, a interferência com o impulso de liquidação de curto prazo – ou, na expressão de Adam Smith, com o desejo dos agentes de "comerciar e pechinchar" [*to "truck and barter"*] – acarretaria prejuízos terríveis à eficiência alocativa, pois impediria o pleno funcionamento da disciplina da oferta e da demanda. Do mesmo modo, um tratamento que favorecesse os investimentos de longo prazo seria uma distorção que impediria o trânsito normal de capital entre ativos diferentes, como resultado da percepção dos investidores quanto a oportunidades de retornos melhores. Outra vez por definição, o investimento que proporciona o retorno mais alto é o que mais merece o uso do capital, e portanto o que o torna mais eficiente.

Ultimamente, tal conjunto de proposições passou a ser conhecido como a Hipótese do Mercado Eficiente – seja o que for que os mercados façam, é necessariamente acertado. Trata-se da contrapartida do mercado financeiro a outros cânones do laissez-faire. Esse teorema tem sido empregado como defesa abrangente de instrumentos financeiros derivativos inerentemente especulativos e do movimento das aquisições hostis, não importa quão dúbios sejam seus resultados; também como racionalização para um mercado que se tornou cada vez mais um mercado do operador e não do investidor; e, ainda, como justificativa para a desregulação bancária.

Em sua forma "forte", proposta pela primeira vez pelo economista Eugene Fama,[7] a Hipótese do Mercado Eficiente insiste em que o mercado acionário conhece tudo o que precisa ser conhecido sobre o valor de uma empresa; que toda informação disponível se difunde rapidamente e se incorpora (é capitalizada) ao mecanismo de formação de preço de uma ação. A hipótese corresponde a uma versão solene da velha piada sobre o professor de economia que passeia pelo campus com seu discípulo. "Olhe!", diz o estudante. "Uma nota de vinte dólares na calçada." Mas o professor tem mais experiência. "Não pode ser", explica. "Caso fosse uma nota de vinte dólares, alguém já a teria apanhado."

Como tanta outra coisa na economia do livre mercado, a hipótese é um truísmo. Se os mercados são racionais, então o mercado é eficiente por definição, e por definição seus preços são precisos. Toda informação importante já foi processada pelo mercado e capitalizada no valor da ação. Se é assim que acontece, então a regulação é destrutiva e novos instrumentos financeiros planejados por banqueiros de investimentos (não importando quão especulativos sejam) são virtuosos e toda transação entre adultos com discernimento (que, por definição, é voluntária) reforça a eficiência alocativa.

Há diversos problemas com essa perspectiva a respeito dos mercados financeiros. Como descrição, só é verdadeira na medida em que é uma tautologia. No crash de 19 de outubro de 1987, quando o mercado acionário perdeu quase um terço de todo seu valor, houve pouquíssima alteração das expectativas quanto aos ativos representados pelas ações. Ou o mercado esteve errado antes ou depois. As transações informatizadas – fruto da "inovação" financeira tão incensada pelos entusiastas do mercado – lançaram o supostamente racional mercado de ações numa queda livre descontrolada. Foi necessário introduzir intervenções reguladoras para limitar os efeitos destrutivos dessa criatura do mercado, na forma de adiantamentos de liquidez de curto prazo pelo banco central [Federal Reserve] e, um pouco mais tarde, restrições da SEC [Securities and Exchange Commission, a Comissão de Valores Mobiliários do governo dos EUA] às transações automáticas realizadas por programas de computador. Se deixada a seus próprios desígnios, a "eficiência" do mercado financeiro teria apenas produzido mais vendas provocadas pelo pânico e danos mais profundos.

Um problema relacionado a esse é a tendência dos mercados de trocas a um excesso de volatilidade. Em 1960, o giro anual na Bolsa de Valores de Nova York não passava de 12% do valor total das ações. E não existiam instrumentos derivativos, além dos mercados tradicionais de futuros – que desempenhavam um papel legítimo no hedging de produtores agrícolas e de compradores de commodities – e de um muito reduzido mercado de futuros acionários. De novo, isso resultava de uma combinação entre regulação e costume. As pessoas que tocavam Wall Street três décadas atrás conseguiam lembrar-se das conseqüências do excesso de volatilidade. Para eles, a estabilidade era uma boa coisa. Hoje, os mercados financeiros giram o total do valor das ações várias vezes por ano.[8] E quem pode dizer que, no balanço geral, essa mudança aumentou a capacidade de a economia real conseguir capital? O que é claro, entretanto, é que a volatilidade é, por si, uma fonte de desestabilização. Os intermediários têm uma enorme motivação para arquitetar novos e novos produtos, pois a volatilidade é sua fonte de renda – por meio de comissões, revendas e daquilo que equivale a transações com base em informação privilegiada. O mercado de corretagem é um jogo de soma zero. Não acrescenta nenhum valor real à economia. E absorve muitos bilhões de dólares que, de outro modo, seriam gastos na economia real. Desvia a atenção especializada da tarefa legítima de cuidadosamente analisar e atribuir valores aos ativos das empresas – sem mencionar erigi-las.

A maior parte do mercado financeiro de títulos e ações é secundário. Ou seja, a maioria das ações negociadas corresponde a emissões passadas, e não a novas ofertas para o capital de investimento. A atribuição diária de valores é impulsionada mais pelas percepções (com freqüência irracionais) a respeito das expectativas (também amiúde irracionais) de outros investidores do que por uma análise informada das empresas reais. Por mais de meio século críticos têm observado que "os preços [do mercado] têm se baseado em demasia no poder presente de gerar ganhos e insuficientemente no poder de gerar dividendos no longo prazo". Se isso é verdade, então o mercado se equivoca seriamente na alocação do capital. A Hipótese do Mercado Eficiente agrava o pecado por propor que os investidores sejam eximidos da necessidade de avaliar seriamente as empresas reais representadas pelas ações negociadas em bolsa. Supostamente, o investimento pode ser reduzido a um conjunto de fórmulas.

Uma variante da última moda da Hipótese do Mercado Eficiente é algo a que se dá o nome de Modelo de Atribuição de Preços a Ativos [Capital Asset

Pricing Model – CAPM].[9] Aqui se afirma que a relação entre risco e recompensa pode ser reduzida a um conjunto de fórmulas mecânicas. O CAPM tenta medir o risco de um certo investimento em relação ao mercado acionário em geral e procura calcular a relação entre o risco e o retorno previsto. É verdade que existe uma relação entre risco e recompensa. É por isso que as letras do Tesouro, papéis virtualmente livres de risco, pagam pouco. É por isso que títulos de maturação mais longa geralmente remuneram melhor, pois, por mais seguro que seja o investimento, o tempo faz o risco aumentar. No entanto, modelos mecânicos como o CAPM geralmente medem o risco e o retorno em relação a médias gerais, por exemplo, por meio da comparação da volatilidade de uma certa ação com a volatilidade do mercado como um todo. O que tais modelos não medem é o risco intrínseco, pois este é literalmente impossível de conhecer. Baseados no passado recente, não tínhamos como prever que a Microsoft suplantaria a IBM, ou que a Toyota acabaria com a Chrysler. É claro que alguns investimentos são mais arriscados do que outros, e que as fórmulas mecânicas, embora possam ser úteis como primeiras aproximações, não podem servir de substitutas para o conhecimento de primeira mão. Levado a extremos, isso leva a um capitalismo sem capitalistas, no qual o sujeito que dedica anos e anos a construir uma empresa é um bobalhão, e o esperto é o corretor de ações.

A teoria do mercado eficiente consegue sustentar que os preços de ações são a um tempo "racionais" e substancialmente aleatórios. Como que para desmentir a Hipótese do Mercado Eficiente, uma quantidade relativamente reduzida de astutos investidores de longo prazo, dos quais o mais famoso é Warren Buffett, tem demonstrado que, na verdade, é possível levar a melhor sobre o mercado mediante um estudo cuidadoso do valor fundamental de empresas, feito do modo prudente que é advogado por especialistas da velha guarda, como Benjamin Graham e David Dodd.[10] Durante 35 anos, Buffett conseguiu retornos médios anuais de 27%, "explorando consistentemente os preços imperfeitos que a teoria do mercado eficiente afirma não existirem", na expressão de Louis Lowenstein, professor de Colúmbia.[11] Afinal, existe mesmo uma nota de vinte dólares na calçada, mas só os atentos a enxergam.

Os defensores da economia de livre mercado desconsideram as preocupações com a volatilidade e a especulação ao insistirem em que, em certo sentido, todo investimento é especulativo. Trata-se de assumir um risco, um jogo jogado contra um futuro desconhecido. Mas ao se exprimir as coisas dessa forma desvirtua-se o uso da língua e se elide uma diferença central. O investidor numa empresa real assume o risco de que o empreendimento dará certo. Caso se trate de alguém que, além de controlar, também gerencia, seu trabalho é realizado no sentido de concretizar o resultado desejado. Caso se trate de um investidor da escola de Buffett, ficará olhando por sobre os ombros do gerente, por vezes o aconselhando. É uma aposta num jogo de soma positiva; não é necessário haver perdedores. Se o empreendimento floresce, a economia se beneficia com um ganho real em valor. Todos ganham, do empresário ao investidor, ao credor financeiro, ao trabalhador e ao consumidor. Diferentemente disso, uma jogada com commodities, um investimento em algum outro instrumento derivativo, ou mesmo uma transação de curto prazo em torno de uma ação antiga, correspondem a negócios de soma zero. Alguém só ganha se algum outro perder.

Os derivativos correspondem ao exemplo mais exacerbado de mercado financeiro de soma zero. Trata-se, basicamente, de abstrações de determinadas características de títulos e ações que representam ativos reais. Incluem índices futuros, opções, instrumentos lastreados por hipotecas, apostas em mercados de câmbio e diversos outros híbridos cujos principais benefícios parecem ser os de possibilitar a intermediários ganharem fortunas e a especuladores com gosto pelo risco a contornar tradicionais restrições quanto a margens.

Muitos títulos derivativos, como os que se baseiam em hipotecas, envolvem desligar fluxos individuais de renda do fluxo de caixa global de um empreendimento e vender os pedaços a investidores que podem ter necessidades ou estratégias diferentes. Por exemplo, um pagamento hipotecário mensal pode ser dividido no principal e nos juros, ou subdividido em diferentes períodos de tempo. Uma vez que, normalmente, uma hipoteca permite ao tomador antecipar pagamentos quando o desejar, há sempre um elemento de risco para o credor. O emissor ou comprador de uma hipoteca faz, nominalmente, um investimento num título de trinta anos, mas a hipoteca pode ser liquidada em um ano. Em princípio os derivativos reduzem o risco, ou ao menos alocam-no mais precisamente; fazem isso ao tomarem investimentos moderadamente arriscados, como hipotecas, e os fatiarem em papéis mais e menos arriscados.

O problema reside, contudo, em que os pedaços que carregam mais risco são realmente muito arriscados, pois por vezes foram altamente personalizados e, caso se deseje vendê-los, não contam com um mercado. Um título derivativo pode basear-se numa transação com característica toda peculiar, para a qual um banco redigiu um contrato específico. O risco pode resultar num complexo misto de taxas de juros, taxas de inflação e outras variáveis cujo futuro é impossível conhecer. Um problema distinto desse é que papéis derivativos podem ser altamente alavancados – eles burlam o velho esforço regulatório de limitar a ação do mercado "na margem". De modo que, em certo sentido, os derivativos são projetados para controlar riscos; em outro sentido, estimulam jogadas altamente especulativas. Se um investidor erra na aposta a respeito da tendência da taxa de juros, pode ser varrido do mapa. Na falência da localidade de Orange, na Califórnia, corretoras de primeira linha venderam títulos derivativos altamente especulativos ao tesoureiro do condado – o qual deveria ser mais prudente, mas não foi. Por um certo tempo, o tesoureiro pareceu ser dotado do toque de Midas. Quando o mercado dos títulos que ele havia comprado afundou, as finanças do condado entraram em colapso. Mesmo grandes bancos já se queimaram com derivativos. Em 1994, clientes do Banker's Trust New York, Inc., entre eles a Proctor & Gamble, tiveram perdas multimilionárias com derivativos. Um investidor sofisticado da classe da Paine Webber perdeu 268 milhões de dólares; o BankAmerica perdeu 68 milhões de dólares; investidores da Piper Jaffray perderam mais de 700 milhões de dólares.[12]

Esse é o paradoxo dos derivativos: um mecanismo inventado para tornar o risco mais manejável leva a um mercado globalmente mais especulativo. E, como os inventores de derivativos ganham comissões muito lucrativas, têm um forte incentivo para empurrar todo o mercado financeiro nessa direção geral.

Em seu livro de reminiscências *Liar's Poker* [O pôquer do mentiroso], Michael Lewis[13] descreve comicamente a ascensão e queda da Salomon Brothers e seu departamento de títulos hipotecários, no qual trabalhava. John Gutfreund, *chairman* da Salomon, e o chefe de corretagem desses títulos, Lewis Ranieri, transformaram os títulos hipotecários de instrumentos modorrentos e de baixo risco em derivativos altamente especulativos. Antes de a empresa falir, o departamento de hipotecas fez com que muitos corretores na faixa dos vinte e poucos anos de idade se transformassem em multimilionários. Segundo a Hipótese do Mercado Eficiente, esses instrumentos permitem que investidores ganhem (ou percam) dinheiro e que, nesse processo, suplantem algumas imperfeições importantes do mercado. Mas, devagar: quais imperfeições? Durante cinqüenta anos, o mercado de hipotecas foi um dos mais eficientes da economia. Muito antes da invenção desses híbridos arriscados, as taxas de hipoteca eram apenas ligeiramente superiores às taxas dos títulos do Tesouro e compradores qualificados não encontravam dificuldades em conseguir crédito. Papéis derivativos lastreados por hipotecas não aumentaram a oferta de crédito hipotecário ou reduziram seu custo em relação a outros investimentos. Hipotecas para aquisição de residências ainda custam cerca de um ponto percentual acima de títulos equivalentes do Tesouro. Fundamentalmente, o advento dos papéis hipotecários secundários abriu caminho para mais uma forma de jogo – e enriqueceu o cassino.

Críticos acadêmicos da Hipótese do Mercado Eficiente assinalam uma grande variedade de anomalias empíricas. A conhecida "maldição do ganhador" sugere que, num pregão puro, com freqüência o ganhador paga mais do que deveria ter pago.[14] Os mercados também exibem curiosos "efeitos de calendário" patentemente irracionais. Mercados quebram em outubro e se recompõem em janeiro, sem que isso se dê por nenhum motivo inteligível. Uma das refutações mais perenes à Hipótese do Mercado Eficiente é o fato de os chamados fundos mútuos fechados – fundos mútuos que emitem ações próprias, negociadas no mercado – tenderem a divergir dos valores das ações que os constituem. Isso deveria levar os investidores mais espertos a ganhar dinheiro pela arbitragem dessa diferença, forçando o alinhamento dos preços. O fato de eles não fazerem isso e não o conseguirem tem sido objeto de muita controvérsia técnica. Com freqüência os fundos são vendidos com deságio, o que significa que o valor de mercado do fundo é menor do que o de suas ações. Quase cinqüenta anos atrás, Benjamin Graham chamou tais descontos de "um caro monumento levantado em homenagem à inércia e à estupidez de acionistas".[15] Richard Thaler comenta, secamente: "É importante lembrar que a sentença 'o preço é igual ao valor intrínseco' é uma proposição testável, não um axioma".[16]

A Hipótese do Mercado Eficiente forneceu cobertura intelectual à febre de endividamento dos anos 80 que acompanhou os excessos das junk bonds e das aquisições hostis. Serviu de base para aconselhar a desregulação dos mercados financeiros em geral, implicando um mundo de instituições financeiras indiferenciadas, nas quais investidores e poupadores presumivelmente bem informados desempenhariam o papel dos adultos com discernimento. Conforme a teoria, como o risco seria calibrado de modo preciso em face da recompensa, os investidores estariam perfeitamente livres para satisfazer seu gosto pelo risco. E os provedores de produtos teriam a liberdade de imaginar seja o que for que atraísse consumidores.

Como essa concepção dos mercados recorre a apenas uma modalidade de eficiência – a alocativa –, ignora todas as ineficiências que possam incidir sobre ela. Considere-se, no mundo real, a história das regulações financeiras nos mercados bancário e de títulos mobiliários.

Títulos e regulação bancária

Mesmo entre os proponentes da desregulação, a SEC é geralmente tomada em alta conta. O motivo é que o tipo de regulação da SEC se baseia predominantemente no princípio da transparência. A lei exige que quem faz *underwriting* de ações ou concebe mercados torne públicas todas as informações que um aplicador prudente precisaria ter. Relutantemente, a economia partidária do livre mercado admite que a correção de falhas de informação geralmente funciona em favor da eficiência, embora se pergunte por que essa tarefa deva caber ao governo.

Apesar de o empresariado ser de modo geral contrário a regulamentações, um papel atuante da SEC conta com apoio bastante generalizado por parte de investidores. Isso tende a compensar as pressões de banqueiros de investimentos em favor de menos controles. De modo semelhante, empresas por vezes se encontram na situação de vender suas próprias ações, por vezes na posição de investidores que precisam administrar seus portfólios. Como resultado dessas pressões às vezes antagônicas, no caso da SEC existe mais apoio empresarial em favor de um comportamento ativo do que para outros organismos reguladores.

Em primeiro lugar, observe-se que a SEC é necessária para evitar o tipo de falha de mercado que ocorria antes de 1920, quando operadores de mercado tinham condições de, sistematicamente, enganar os investidores. Note-se, ainda, que na prática a SEC faz muito mais do que simplesmente impor e vigiar a transparência. A lei proíbe a negociação de títulos com informação privilegiada, bem como diversos outros abusos que levam à manipulação de preços de ações e à mistificação de investidores. A SEC também se responsabiliza por policiar as normas de confecção de balanços, sobre as quais a possibilidade de transparência se baseia. Tal responsabilidade é hoje em dia delegada ao semipúblico Conselho de Padrões Financeiros de Contabilidade [Financial Standards Accounting Board], embora exista um cabo-de-guerra envolvendo diferentes segmentos da comunidade financeira no interior da SEC que desejam mais espaço para a criatividade contábil.

O problema reside no fato de que os novos instrumentos e jogadas financeiras tornadas possíveis pela informatização, envolvendo derivativos, alternância de taxas de juro [*interest-rate swaps*], securitização de empréstimos e lances computadorizados em pregão suplantam rotineiramente o conhecimento dos investidores e a capacidade de monitoramento e policiamento da SEC. Nos anos 80, quando os derivativos se popularizaram, a SEC e a Comissão de Futuros [Commodity Future Trading Commission – CFTC] firmaram um acordo segundo o qual esta última regularia o mercado de "futuros", e a SEC o de "títulos". Num discurso proferido recentemente, o diretor-executivo da Lehman Brothers, Thomas A. Russo, observou que "a falácia dessa premissa é mais claramente iluminada pelas opções de futuros cambiais, que são títulos se negociadas em bolsa, opções de commodities se em bolsas de futuros e permanecem essencialmente livres de regulação se negociadas diretamente".[17]

A parte puramente financeira da economia se afasta mais e mais de seu papel nominal – canalizar capital para a parte "real". A regulação pública é o único componente do sistema que impede tal tendência de se tornar autocanibalizadora. De modo que até mesmo o mercado do dinheiro, que é o mais líquido e instantâneo de todos, opera um mundo não ótimo delimitado pela regulação pública.

Contudo, tanto os entusiastas acadêmicos do laissez-faire como aqueles que o defendem por interesse próprio resistem à extensão do papel da SEC de modo a incluir novos instrumentos financeiros que hoje escapam a sua vigilância. Assim, por exemplo, em 1994 o senador Don Riegle e o deputado Henry Gonzalez, que na época presidiam respectivamente as Comissões Bancárias do Senado e da Câmara, propuseram legislações exigindo que vendedores de derivativos se inscrevessem na SEC e obrigando-os a obedecerem à mesma exigência de transparência e se submeterem às mesmas restrições de operação que valem para operadores de outros tipos de títulos. O senador de Dakota do Norte, Byron Dorgan, pretendia ir mais longe, ao propor que bancos e outras instituições que gozam de seguro federal fossem proibidos de negociar com derivativos, exceto quando se tratasse de hedging legítimo, em que ambas as partes da transação são igualmente cobertas. Tais reformas foram obstruídas pela maioria republicana e pela euforia geral com o laissez-faire.

O regime de regulação que governava bancos e instituições de crédito entre as décadas de 30 e 70 era, enfaticamente, do tipo não ótimo. Representava uma resposta à destruição da economia real provocada pelo descontrole e subseqüente quebra dos mercados financeiros especulativos. O crash de 1929 demonstrou os múltiplos fracassos dos mercados financeiros não regulados em autocorrigir-se – as ilusões maníacas dos investidores, os esquemas piramidais enganosos promovidos por corretores, as respostas excessivas e auto-alimentadoras do mercado às quedas de valor de ativos.

Quase meio século mais tarde, depois da aposentadoria ou morte dos últimos banqueiros e corretores que tiveram experiência pessoal com o crash, os mercados financeiros e seus paladinos acadêmicos deram início a novo romance com o laissez-faire. A desregulação bancária e financeira dos anos 70 constitui uma instrutiva história do entrechoque de formas de responsabilização não ótimas em diferentes níveis. Como apontei brevemente no Capítulo 1, o sistema de regulação bancária erigido nos anos 30 limitava a saída, a entrada e o preço. Apesar disso, os bancos conseguiam competir intensamente por depositantes e tomadores e serviam ao objetivo de fornecer capital à economia com um mínimo de excesso especulativo. Contudo, esse sistema de regulamentações começou a se desmanchar na década de 70. As causas gerais para tal mudança residiam no novo prestígio dos mercados laissez-faire, na globalização da economia financeira e na invenção de instituições que contornavam os rígidos condicionantes que controlavam bancos e entidades financeiras. A causa imediata foi a inflação.

Enquanto a inflação permaneceu baixa e estável, os depositantes toleravam taxas de remuneração de depósitos baixas e reguladas, e os bancos conseguiam financiar empréstimos de longo prazo com depósitos de prazo relativamente curto sem temer desencontros perigosos. No entanto, com a aceleração da inflação na década de 70, inicialmente alimentada pelo estímulo da Guerra do Vietnã, pelo colapso do sistema financeiro internacional de Bretton Woods e pelo primeiro choque do petróleo da OPEP, os depositantes passaram a reclamar que sua poupança estava rendendo menos do que a inflação. Em 1974, por exemplo, o Regulamento Q do Federal Reserve limitou o juro sobre depósitos a 5% para os bancos e a 5,25% para caixas de poupança. Naquele ano, a taxa de inflação foi de 11%.

Na prática, os depositantes subsidiavam os tomadores de empréstimos. As taxas hipotecárias e de empréstimos comerciais continuavam relativamente baixas em comparação com uma inflação crescente. Quem firmou uma hipoteca imobiliária de 7% em 1972 se beneficiou de uma taxa de juros negativa durante os quinze anos seguintes. Além disso, o juro pago permitia abatimentos tributários. E, adicionalmente, devido à inflação, o valor da casa triplicou, em média. A geração que comprou casas antes do final da década de 70 gozou de um dos maiores e mais amplos benefícios financeiros da história dos EUA.[18]

Em contraste, os poupadores viram sua riqueza financeira erodir-se. Em 1974, a reduzida taxa de depósitos em poupança havia se tornado um tema populista. As pressões no sentido de suspender o Regulamento Q passaram a se sentir ao longo de todo o espectro político. Banqueiros empreendedores e autoridades bancárias estaduais começaram a procurar atalhos que contornassem a proibição de se remunerarem contas correntes com juros. Um banco de Worcester, Massachusetts, inventou um instrumento a que deu o pouco imaginoso nome de Autorização Negociável de Saque [Negotiable Order of Withdrawal], cujas iniciais em inglês produzem NOW ("agora").[19] Ora, um documento por meio do qual um depositante autoriza um saque em sua conta corrente, especificando que é "negociável", não passa de um cheque com outro nome. Contudo, as autoridades fiscalizadoras estavam dispostas a sustentar a ficção. Contas correntes não podiam remunerar os depositantes com juros, mas contas NOW podiam. A autoridade bancária de Massachusetts aceitou o esquema. As contas NOW espalharam-se rapidamente por outros estados; e logo passaram a incluir, além das instituições de poupança, os bancos comerciais. O Congresso viu-se forçado a permitir contas NOW em bancos que operavam nacionalmente e, depois, a acabar com a ficção e permitir o pagamento de juros para depósitos em conta corrente. Não demorou muito para que o Regulamento Q também caísse.

Por que o setor dos bancos uniu-se aos grupos de consumidores na pressão em favor do privilégio de pagar juros sobre contas bancárias? Na mesma época, a pressão por remunerar contas de poupança com taxas de mercado levou à invenção de um novo tipo de instituição financeira, o fundo mútuo de money-market, que passou a ameaçar seriamente os bancos. A Fidelity Corporation começou a vender cotas de um fundo lastreado por investimentos em títulos money-market de curto prazo.[20] O fundo não contava com seguro federal, mas seus investimentos eram em ações de primeira linha ou então em papéis garantidos por instituições governamentais. Além disso, a Fidelity conseguiu combinar uma conta corrente ao fundo mútuo. Com isso tornou-se possível depositar poupança num fundo, transferi-la quando necessário para uma conta corrente e ganhar 7% de juros, enquanto os bancos pagavam apenas 5%. O dinheiro não tinha seguro da Federal Deposit Insurance Corporation (FDIC), mas milhões de pessoas consideraram que o esquema era suficientemente seguro.

Quando a SEC permitiu à Fidelity vender cotas de um fundo de money-market cujo comportamento era muito parecido a uma conta corrente, e quando as autoridades bancárias compraram a ficção de que as contas NOW seriam de algum modo diferentes das contas correntes comuns, começaram a puxar uma meada que acabaria por desenovelar todo o mecanismo de regulação bancária do pós-guerra. A mercantilização do lado da captação levou rapidamente a pressões para também mercantilizar o lado da concessão de empréstimos, pois os bancos precisavam de rendimentos maiores para financiar os juros mais altos que estavam pagando.

Em meados da década de 70, os bancos e instituições de poupança norte-americanos se encontravam em meio a uma crise de "desintermediação" – expressão pretensiosa usada para exprimir o fato de que os depositantes estavam retirando dinheiro das instituições financeiras em favor de outros paraísos que pagavam mais. Essa foi uma crise grave para todo o sistema bancário, e não apenas porque representou uma queda da participação de mercado dos bancos e instituições de poupança. Os bancos, e mais ainda as instituições de poupança, costumam tomar dinheiro a curto prazo e emprestar a longo prazo. Quando uma instituição financeira concede um empréstimo hipotecário de trinta anos a 7%, digamos, esse empréstimo é lastreado por depósitos de maturidade variável, os mais longos dos quais de quatro, ou talvez cinco anos. Num banco típico, cerca de 30% a 40% de seus depósitos são de exigibilidade imediata – dinheiro que pode ser sacado de um dia para o outro. Quando o dinheiro começou a vazar dos bancos e instituições de poupança para ser canalizado para os fundos, os bancos viram-se subitamente sem os depósitos necessários para lastrear seus empréstimos.

Tradicionalmente, uma "instituição tomadora" [*depository institution*] é aquela que toma depósitos e faz empréstimos. Nesse papel, faz parte do sistema monetário do país, pois cada vez que um banco concede um empréstimo dá origem a crédito e expande a base monetária. Boa parte da política monetária baseia-se num sistema de "reserva bancária fracional". Isso significa que os bancos precisam manter uma parte de seus ativos totais na forma de ativos de alta liquidez (dinheiro e outros), emprestando apenas até um múltiplo específico desses ativos. Desse modo, os órgãos monetários conseguem manter a oferta total de dinheiro sob controle, evitando pressões inflacionárias. No final dos anos 70, porém, o sistema bancário encontrava-se sob ataque de criaturas híbridas, que tomavam depósitos mas não faziam empréstimos (os fundos de money-market), ou que concediam empréstimos mas não tomavam depósitos (empresas hipotecárias, o mercado de papéis comerciais e o mercado de capital de risco). Tanto depositantes como tomadores conseguiam evitar os percalços a que os bancos estavam obrigados.

Devido a um clima regulatório tolerante, algumas empresas, como a Sears, Roebuck, conseguiram não apenas romper a barreira institucional que havia entre bancos comerciais e bancos de investimentos como também lograram transpor uma barreira mais fundamental, entre comércio e finanças; além de lojas de departamentos, tais empresas passaram a contar com bancos afiliados, corretoras de títulos, empresas de seguros e subsidiárias voltadas para negócios do setor imobiliário.

Embora não concedessem empréstimos comerciais nem fossem segurados pela FDIC, do ponto de vista do consumidor tais híbridos pareciam-se com bancos e grasnavam como bancos. Enquanto isso, do outro lado da balança toda uma hoste de bancos não bancários começou a penetrar no próprio coração do negócio bancário – a concessão de empréstimos comerciais. Antigamente, as empresas dependiam dos bancos para obter créditos de curto prazo. Crescentemente, porém, grandes empresas passaram a emitir cartas de crédito, por vezes subscritas por bancos de investimentos, para venda direta a fundos de aposentadoria, empresas de seguros e para o público em geral. Esse mercado de papéis comerciais eliminou a função tradicional dos bancos como intermediários e como árbitros do merecimento de crédito por parte dos candidatos a tomadores. E eliminou uma fonte de renda confiável e virtualmente livre de riscos. Foi por meio do mesmo processo que a maioria dos consumidores passou a não mais usar bancos para obter empréstimos para a compra de automóveis, pois as empresas do setor automobilístico contam com suas próprias operações financeiras; elas vendem títulos nos mercados financeiros e usam essa receita para financiar empréstimos, às vezes a taxas muito baixas, para promover as vendas de carros. Houve anos em que os lucros advindos dos negócios financeiros da Ford Motor Company excederam aqueles oriundos da fabricação de veículos.

Os papéis que financiam esses empréstimos não bancários são convertidos em títulos, que são por sua vez vendidos pelos bancos de investimentos nos mercados monetários do país. Quase todos esses empréstimos – seja hipotecário, seja para compra de um carro, seja mesmo um crédito para a Bolívia – podem ser "securitizados", quer dizer, transformados em títulos negociáveis. Contudo, a Lei Glass-Steagall impedia que bancos comerciais vendessem títulos. Assim os bancos viam-se impedidos de acompanhar a evolução tecnológica desse novo serviço financeiro híbrido. O que os bancos conseguiram foi se expandir em alguns outros ramos de negócios, usando para isso criatividade na exploração de lacunas na legislação referente a holdings. Alguns bancos conseguiram usar as holdings às quais pertencem nominalmente para ingressar no ramo imobiliário, em alguns tipos de seguros e, em certos casos, na corretagem de títulos. De modo geral, contudo, o desgaste gradual da Lei Glass-Steagall tem sido uma via de mão única. As instituições não bancárias – cujas relações de capital não são sujeitas a regulação, não são sujeitas a inspeção pelas autoridades monetárias e não têm seguro para depósitos – invadiram o ramo quase bancário. No entanto, os bancos não foram capazes de um movimento correspondente em direção a outros mercados. Observe-se, contudo, que a maioria dessas transformações não foi tecnologicamente inevitável, do mesmo modo que não o foram os trustes de investimentos da década de 20. Para que ocorressem foi necessário contar com a concordância dos órgãos de regulação.

O assalto final ao regime de regulação bancária veio da globalização. Na maioria dos demais países – o Japão é a principal exceção –, os bancos comerciais não são separados dos bancos de investimentos. Assim, enquanto um banco norte-americano não pode subscrever uma ação em Nova York, sua filial de Zurique pode perfeitamente fazê-lo no mercado de eurodólares, operando nominalmente por meio de uma filial nas Antilhas Holandesas. Isso significa que um mercado em funcionamento dentro do país pode estar sendo artificialmente tocado a partir de fora, onde a regulação é ainda menor.

Todas essas inovações tiveram que ser aprovadas pelas autoridades reguladoras. Mas, como a economia mista se encontrava sob ataque ideológico e prático, tanto legisladores como reguladores não viram prejuízo em deixar que as inovações florescessem. De modo a poderem competir por depósitos com os fundos de money-market e, assim, neutralizar a crise de desintermediação, os bancos e instituições de poupança ganharam a batalha em torno da taxa de juros paga a depositantes. Contudo, para consegui-lo tinham que cobrar juros mais altos em seus próprios investimentos.

Os bancos e caixas de poupança não mais podiam continuar a ser as modorrentas e burocráticas instituições da fórmula 3-6-3. A queda da Resolução Q e a concorrência dos fundos mútuos de money-market produziram um novo conjunto de pressões em favor de bancos empreendedores, dispostos a tudo. O resultado foi uma série de investimentos altamente especulativos, do tipo que a geração anterior de banqueiros e reguladores evitava – empréstimos a governos do Terceiro Mundo, promoções imobiliárias, cotas em todo tipo de negócio, de poços de petróleo a cadeias de lanchonetes. Ao mesmo tempo, o setor financeiro começou a pressionar o Congresso no sentido de ampliar ainda mais a desregulação, de modo a permitir o tipo de investimento de alto desempenho que os bancos passaram a requerer – o que conseguiu na maior parte dos casos.

Como acontece com a assistência médica, o setor bancário não existe num vácuo político. Como o setor é pesadamente regulado, suas normas são estabelecidas pelo Congresso. A Associação Norte-americana de Bancos e as suas irmãs do setor de poupança e empréstimo perfilam-se entre os lobbies mais agressivos da capital dos EUA. Ao longo dos anos 70 os lobbies bancários importunaram o Congresso com sucesso, induzindo-o a revogar boa parte do esquema regulatório erigido após a Grande Depressão. A partir de 1981, esse esforço prático no sentido de manter a competitividade dos bancos ante novos concorrentes menos regulados recebeu um poderoso estímulo do governo Reagan que se inaugurava, o qual apreciava a desregulação como um fim em si mesma.

No caso das instituições de poupança, o ápice desse esforço se atingiu com a Lei Garn-St. Germain de 1982, apoiada por ambos os partidos num processo semelhante ao que resultou na lei tributária de 1981 – os partidos disputaram entre si a primazia de conceder ao setor aquilo que ele queria. A lei diluiu diversos aspectos da regulação e permitiu às caixas de poupança tornarem-se muito mais especulativas – com dinheiro segurado pelo governo federal. Em violação à teoria dos mercados não ótimos, a lei eliminou restrições extramercado mas manteve benefícios extramercado.

O resultado dessa orgia de desregulação foi o colapso do sistema de poupança e empréstimo. Os detalhes dessa história são intricados, mas no fundo o problema era muito simples. O Congresso havia liberado substancialmente as caixas de poupança tanto naquilo que elas podiam fazer na atração e remuneração de depósitos como na aplicação em investimentos. Qualquer minúscula associação de poupança e empréstimo com a dose necessária de aventureirismo era capaz de atrair bilhões de dólares de dinheiro oferecido nos mercados de capital, pelo processo de pagar 0,25 ou 0,5 ponto percentual acima da taxa corrente. Para pagar por esse custo de capital mais elevado do que o do mercado, a caixa tinha que encontrar investimentos que também pagassem mais do que o mercado proporcionava. Sem de fato perceber o que fazia, o Congresso dos EUA se comportou como se os bancos fossem empresas como quaisquer outras, sem deveres fiduciários especiais e sem contar com seguro de depósitos pago pelo contribuinte. Num lapso espetacular, o Congresso e o governo Reagan desregularam quase tudo, exceto o seguro para depósitos, e com isso na prática convidaram os bancos a jogar com dinheiro segurado pelo governo.

Tendo desencadeado uma forma perigosamente especulativa de desregulação, o Congresso, os banqueiros e os reguladores recém-investidos de papel político também se acertaram entre si para adiar o dia do acerto final. Todo o jogo dependia da premissa de as instituições de poupança conseguirem competir por depósitos na base do preço (juros) e pagarem por isso com dinheiro da remuneração por empréstimos e outros investimentos. À medida que os investimentos foram se tornando cada vez mais inseguros, nenhum dos protagonistas se dispôs a admitir que o sistema havia falhado. Os banqueiros usaram sua influência sobre o governo e os legisladores para evitar que os reguladores caíssem sobre eles, na esperança de que mais um lance de dados faria o jogo pagar. Temendo um esvaziamento da FDIC e da FSLIC, muitos reguladores contribuíram para a sustentação da ficção de que os investimentos acabariam por se pagar, permitindo assim que os bancos e caixas de poupança perdessem ainda mais dinheiro. Quando o acerto finalmente chegou, o resultado foi que ao contribuinte norte-americano se apresentou uma conta de 160 bilhões de dólares. Na fase do rescaldo, quando os reguladores tardiamente apertaram os bancos e estes, nervosos, passaram a evitar riscos, a economia pagou um preço adicional, na forma de cobrança de empréstimos e negativa de concessão de créditos.

Conforme o CBO [Congressional Budget Office, organismo do Congresso dos EUA dedicado ao orçamento federal], há um custo indireto adicional, decorrente do fato de que os aportes financeiros necessários para financiar as perdas com seguro de depósitos pagarão juros de 15 bilhões de dólares por ano. Conforme o CBO, aos custos diretos da operação-salvamento somam-se perdas indiretas para a economia, decorrentes de redução de desempenho, que atingirão mais de 500 bilhões de dólares no ano 2000.[21]

No caso dos bancos comerciais, a *débâcle* veio com a calamidade dos empréstimos ao Terceiro Mundo e com o estouro do setor imobiliário, no início dos anos 80. Da mesma forma que as caixas, os bancos encontravam-se sob novas pressões originadas de concorrentes não bancários, que não eram sujeitos às restrições regulatórias do setor bancário. A vaca financeira da qual tradicionalmente mamavam, os empréstimos a empresas de primeira linha, estava secando pela ação do mercado de papéis comerciais e por novas e esotéricas formas de financiamento. De modo que os bancos saíram em busca de novos e mais arriscados fregueses.

Contrariamente à Hipótese do Mercado Eficiente, contudo, os bancos não previram o segundo choque do petróleo da OPEP, nem a queda das taxas de juros do final dos anos 70 e início dos 80. Os empréstimos ao Terceiro Mundo acima do que o mercado oferecia, e que na década de 70 pareciam ser magníficos fazedores de dinheiro, azedaram nos anos 80, quando as altas taxas de juros se elevaram demais e empurraram as economias latino-americanas para a recessão. Banqueiros normalmente mais prudentes não perceberam que a bolha imobiliária duraria tanto quanto um ciclo de negócios. Um Federal Reserve indulgente permitiu aos bancos monetários contabilizar seus créditos podres por seu valor nominal, e não pelo valor de mercado. Caso as autoridades monetárias tivessem seguido suas regras costumeiras, diversos dos maiores bancos monetários teriam sido declarados insolventes. Durante mais de dez anos, encorajados pelos órgãos de regulação, os bancos continuaram a emprestar mais e mais dinheiro para financiar o pagamento de juros devidos por conta de empréstimos anteriores. Enquanto isso, as autoridades monetárias, tanto norte-americanas como dos países devedores, arquitetavam esquemas elaborados para limpar gradualmente os balanços dos bancos. O efeito sobre as economias da América Latina foi toda uma década de estagnação. Muitos observadores afirmam que, na maior parte dos anos 80, as taxas de juros foram mantidas mais altas do que o necessário porque o

Federal Reserve era orientado pelo desejo de recompor os ganhos bancários e assim compensar por erros passados. Foi um caso em que o mercado (na figura dos bancos) fracassou de modo desastroso, apenas tendo sido resgatado porque os bancos centrais descumpriram suas regras usuais de contabilidade.[22]

Apesar de tudo isso, a busca por desregulações ulteriores do sistema bancário prosseguiu – impulsionada tanto pela ideologia como pela necessidade dos bancos de encontrar novas fontes de rendimentos. Nos anos 80, as corretoras de valores tinham lucros avantajados, vindos de negócios com junk bonds, títulos derivativos e aquisições alavancadas, enquanto os bancos penavam para se livrar dos efeitos das perdas com a dívida do Terceiro Mundo e com o colapso do mercado imobiliário doméstico. Dessa forma os bancos comerciais estavam ansiosos por romper os grilhões regulatórios remanescentes da Depressão e, assim, igualar-se em poder com seus rivais da área de investimentos.

No final da década de 80, os proponentes da intensificação da desregulação focalizaram suas atenções no último pilar do sistema regulatório do New Deal – a Lei Glass-Steagall. Aqui vale a pena fazer uma breve digressão histórica.

Muitos se lembram vagamente de uma famosa fotografia do gordo banqueiro J. P. Morgan, Jr. sentado incongruentemente com um anão no colo. À época, Morgan testemunhava sob intimação no Comitê Bancário do Senado dos EUA, que investigava as manipulações financeiras que haviam contribuído para desencadear a quebra da Bolsa de Nova York de 1929. (Um relações-públicas havia concebido o macete visual.) De modo geral, historiadores e economistas concluem que o crash de 1929 teve uma multiplicidade de causas, mas naquele inverno de 1933 o Congresso se concentrava num vilão em particular – esquemas especulativos de investimentos promovidos por grandes bancos no âmbito de descarados conflitos de interesse. Um esquema típico desse tipo era o seguinte: o banco subscrevia um lote de títulos, vendia-o para investidores por meio de uma subsidiária montada como "truste de investimento" (precursores dos fundos mútuos de hoje) e, mesmo, emprestava ao investidor o dinheiro necessário para adquirir as ações. Se um título subscrito pelo banco azedava, este redobrava seus esforços em descarregá-lo junto ao público.

No rescaldo do crash, o uso de informação privilegiada por parte de banqueiros foi alvo de indignação populista, embora merecida. Numa série de cinco matérias investigativas publicadas em *The New Republic* no início de 1930, explorando os escombros de Wall Street, o então editor de finanças da revista, John T. Flynn, desencavou detalhes escandalosos de como os bancos usaram os trustes de investimento para mercadejar papéis de seus clientes empresariais junto a investidores crédulos, que haviam confiado nos bancos para lhes proporcionar aconselhamento fiduciário desinteressado. Flynn concluía que os trustes de investimento eram razoáveis para investidores com gosto pela especulação – mas que não se devia permitir que bancos os patrocinassem.[23]

Quando o Congresso agiu para consertar o sistema financeiro, fez isso em várias frentes. Transformou o incipiente (e quase privado) sistema do Federal Reserve em um Banco Central genuíno. Por meio da Lei Glass-Steagall, erigiu um muro rígido entre os bancos de investimentos e os bancos comerciais. Criou um esquema de regulação completamente separado para os bancos de investimentos e para a corretagem de títulos, baseado principalmente nos princípios de transparência e na proibição de se realizarem negócios com informação privilegiada. Os bancos comerciais ficaram sujeitos a uma supervisão mais estrita, seus depósitos passaram a ser segurados e entrou em vigor a proibição de que eles se envolvessem nos negócios mais arriscados de subscrever e comercializar títulos. O Congresso também agiu no sentido de limitar os juros com que os bancos podiam remunerar seus depósitos em conta corrente, para que isso evitasse a tentação de ingressar em negócios mais especulativos em busca de retornos mais elevados.

As peças do esquema se ajustavam logicamente. Como os bancos eram parcialmente instrumentos da política monetária, e como o governo lhes proporcionava respaldo, eles não deveriam assumir riscos excessivos. Investidores com tendências mais especulativas podiam arriscar-se no mercado de títulos, que permanecia essencialmente livre de regulamentações, e no qual, até certo ponto, podia ser alertado pelo esquema de transparência. Contudo, o depositante que confiava seu dinheiro a um banco com o objetivo principal de resguardá-lo e de ganhar um juro baixo podia confiar em sua segurança. O esquema Glass-Steagall refletia ainda o desejo dos magnatas financeiros de cortar as asas de Morgan, o único banqueiro-corretor que havia conseguido tocar ambos os negócios com competência.

Deixando de lado as preconcepções da Hipótese do Mercado Eficiente, as objeções práticas à revogação da Lei Glass-Steagall resumem-se a três. Deixar que os bancos se tornem mais especulativos com o dinheiro segurado de depositantes exporia todo o sistema a um risco maior. A combinação das atividades bancária, de subscrição de ações e de corretagem intensificaria os conflitos de interesses que já permeiam o setor financeiro. E, na prática, a idéia de segregar a atividade segurada de um banco de uma atividade mais especulativa seria uma impossibilidade.

É notável que, embora tenha estado sob ataque cerrado por mais de uma década, a Lei Glass-Steagall ainda esteja em vigor – não, porém, como resultado do poder do discurso intelectual ou por causa da atratividade da regulação. Na verdade, o poder de diversos grupos de interesses tem sido um páreo duro para as forças da desregulação. As grandes empresas de investimentos não estão certas de que gostariam de ver os bancos comerciais a invadir seu quintal. De modo semelhante, as empresas de seguros resistem à ameaça a seu setor. A maioria dos teóricos dos mercados financeiros com pendor laissez-faire tem argumentado que a política de regulação deveria reconhecer a inevitabilidade de um grande e indiferenciado "setor de serviços financeiros"; que a solução mais limpa seria simplesmente aceitar esse fato e permitir que as empresas financeiras compitam em quaisquer linhas de negócios que lhes aprouver: bancos comerciais, bancos de investimentos, seguros, fundos, o mercado imobiliário – qualquer coisa.

No entanto, o problema com essa solução é que os bancos continuariam a ser criaturas especiais beneficiadas por uma rede de dispositivos de segurança proporcionados pelo governo federal. Para o governo, não é prático permitir que um grande banco quebre. Mas é ainda menos prático estender a rede de proteção financeira de modo a abranger toda a economia. Contudo, caso se permitisse a um banco ou às afiliadas de sua holding assumirem grandes riscos, e caso uma megaempresa financeira associada a um banco se encontrasse à beira da insolvência, o governo federal ver-se-ia com o abacaxi nas mãos; a alternativa seria deixar que a empresa associada arrastasse o banco consigo em sua queda. Já houve mais de um caso em que um banco usou impropriamente seus ativos para socorrer uma afiliada em dificuldades – como o Continental Illinois, alvo de operação-salvamento por parte da autoridade monetária. Estender a proteção federal por pessoa interposta a todo setor financeiro intensificaria o risco moral da especulação excessiva por parte dos bancos. A única solução seria uma reforma radical das brechas existentes no muro Glass-Steagall ou, paradoxalmente, intensificar a supervisão incidente sobre os recém-desregulados banqueiros e corretores.

Os patrocinadores da revogação da Lei Glass-Steagall imaginaram uma "parede corta-fogo" que separaria o banco de suas irmãs não bancárias. Em princípio, as atividades de investimento de um banco seriam fiscalizadas pela SEC, exatamente do mesmo modo que as corretoras. Um banco não poderia socorrer seus negócios não bancários. Mas há uma tal quantidade de modos de um banco usar uma corretora para favorecer clientes em detrimento do público investidor que a "parede" pode não ser suficiente em situações em que subsidiárias dos grupos controladores de bancos – do ramo imobiliário, de commodities etc. – enfrentem dificuldades sérias. Como expôs o autor e crítico dos bancos Martin Mayer, em depoimento ao Comitê Bancário do Senado norte-americano, "caso a Lei Glass-Steagall não existisse, a situação do débito do Terceiro Mundo teria evoluído de modo bem diferente, pois os bancos teriam mercadejado todo aquele lixo junto ao público, como fizeram na década de 20". E advertiu que "a tentação seria de securitizar os piores ativos".

Mayer apontou ainda que, embora o Congresso possa promulgar restrições nominais quanto ao comportamento exigível de empresas holding, "esse tipo de decisão não é tomado pela holding, mas por um executivo cujo mundo está prestes a desmoronar com a revelação de sua falha de julgamento quanto a um crédito relativo ao assunto XYZ. O cunhado de sua mulher pertence à diretoria do country club junto com o presidente da subsidiária de investimento e, que se dane, o empréstimo provavelmente permanecerá bom".[24]

Outros, como o economista Robert Litan, imaginaram uma nova criatura, o "banco estreito".[25] Este continuaria a contar com seguro federal para depósitos em conta corrente; em troca, gozaria de poderes de investimento bastante limitados. O banco estreito continuaria a oferecer um porto seguro para pequenos poupadores e a ser um instrumento do sistema monetário governamental. Todas as demais instituições financeiras ficariam liberadas para seguir uma abordagem mais livre – e os investidores que se precavessem. Outros ainda, como o economista James Pierce, da Universidade da Califórnia, montariam o sistema regulatório não sobre os tipos nominais de instituições mas em torno de funções.[26] As salvaguardas regulatórias acompanhariam o tipo de serviço financeiro; por exemplo, todas as instituições que oferecessem contas acessíveis pela emissão de cheques ou assemelhados teriam seguro e regulação bancários. Todas as empresas que atuassem no setor de títulos seriam reguladas da mesma forma que os bancos de investimentos.

O Congresso provavelmente acabará por reformar o setor financeiro. Há uma ampla margem de manobra para combinações e misturas. Contudo, conforme sugerido por este breve histórico, seria extremamente tacanho desregular completamente o setor. Há muitíssimos conflitos de interesses, demasiadas tentações para excessos especulativos e muitos riscos sistêmicos em se deixar que o sistema financeiro fique sujeito apenas ao brando julgamento dos mercados. Como acontece com tantos outros complexos setores mistos examinados aqui, o negócio bancário constitui um domínio da economia em que a maior competitividade depende paradoxalmente de uma maior regulação, caso se pretenda fazer com que atinja seu potencial de eficiência.

O "MERCADO DO CONTROLE EMPRESARIAL"

Por mais de uma década os expoentes da liberação dos mercados financeiros argumentaram que o direito de gerenciar uma grande empresa deveria constituir um mercado como qualquer outro. Isso constituiu a racionalização teórica para a moda das aquisições hostis da década de 80. Os paladinos intelectuais das aquisições hostis sustentavam que elas cumpririam a função de aumentar a eficiência do sistema de mercado, ao atribuir preços de forma mais precisa e ao permitir que seus promotores eliminassem ineficiências antes toleradas pelas administrações derrubadas. Dizia-se dos *corporate raiders* que "maximizam o valor do acionista" – e qual objetivo poderia ser mais desejável do que esse?

Uma aquisição hostil ocorre quando um *raider* avalia que o preço de mercado das ações de uma empresa é menor do que o valor de seus ativos. O financista faz uma oferta para compra de ações suficientes para assumir o controle da empresa, usualmente com um ágio considerável em relação ao preço de mercado – e, invariavelmente, com dinheiro emprestado. Uma vez que uma empresa "entre no jogo", costuma acontecer algum tipo de leilão que aumenta o preço das ações, normalmente culminando numa mudança de controle. Ou o financista consegue atingir seu objetivo ou a empresa encontra algum outro parceiro, mais amigável, por vezes denominado "cavaleiro andante" [*white knight*].

Depois que a transferência de controle se consuma, o financista usa o patrimônio da empresa para calçar o novo débito em que incorreu para financiar a aquisição. Mas, para pagar o aumento de débito, o novo proprietário precisa espremer mais renda dos ativos que adquiriu. Isso às vezes se faz pelo fechamento de instalações menos lucrativas ou promovendo-se outras consolidações, demitindo funcionários administrativos e operários ou reduzindo os salários daqueles que restam. Montam-se operações desse tipo apenas para em seguida vender os ativos. Em determinadas aquisições, o financista funciona puramente como intermediário. Ele faz corretagem ("arbitragem") dos ativos no âmbito de antigos participantes da empresa – acionistas que decidiram que haviam subvalorizado seriamente a empresa e administradores responsáveis pelos problemas enfrentados por ela – e de novos acionistas que pagam mais para comprá-la e que, necessariamente, espremerão um retorno maior ou perderão seu investimento.

Em princípio, o financista estaria (por definição) mais capacitado a comandar uma empresa do que a administração que ele pretende derrubar. Sua disponibilidade em pagar um preço maior do que a avaliação corrente do mercado sinalizaria que ele deve ser dotado de maior capacidade de incrementar seu desempenho; caso contrário, ele não pagaria mais caro. Isso é louvado como forma purificada de disciplina de mercado.

Os oponentes das aquisições hostis têm sido freqüentemente retratados como meros defensores das gerências das empresas-alvo. Sem dúvida isso é verdade para alguns deles. Mas o assunto aqui não é saber se um determinado conjunto de gerentes consegue manter seu emprego. Trata-se de determinar se essa forma de rearrumação de ativos é o melhor modo de responsabilizar a gerência e de maximizar o desempenho de empresas reais. Muitas dessas aquisições foram promovidas devido a seu valor como transação financeira e motivadas pela multiplicação de retornos em benefício de intermediários.

São múltiplos os problemas que afetam essa forma de disciplina de mercado. A história seria diferente se as empresas-alvo fossem companhias mal geridas, que estivessem desbaratando os ativos de seus acionistas. Contudo, algumas das empresas que passaram por isso estavam entre as mais bem geridas dos EUA. Por vezes a empresa-alvo havia se tornado atraente por ter sido tão bem administrada que entesourara montantes substanciais vulneráveis à pilhagem. E alguns dos financistas nada conheciam a respeito dos negócios que adquiriam. No frigir dos ovos, como demonstrado por muitos estudos, era comum que os preços das ações das empresas adquirentes, engordadas pelas aquisições, caíssem.[27] Também era freqüente que os novos controladores não fossem melhores administradores; eram simplesmente mais impiedosos no corte dos salários de funcionários antigos. O resultado não era um ganho de "eficiência" mas, apenas, uma transferência de renda e de riqueza do trabalhador para o novo controlador. Quanto mais a nova economia se sujeitava a esse tipo de rearranjo, corte de custos e enxugamento, menos os funcionários eram capazes de se defender.

Há também um paradoxo quanto à teoria que justifica o movimento das aquisições hostis – a teoria dos mercados eficientes. Ou o preço de mercado é eficiente imediatamente antes da armação da tomada ou é eficiente depois disso. Dado que o preço se eleva dramaticamente assim que se anuncia que houve uma tentativa de tomada, é difícil ver como poderia ser eficiente em ambos os casos. Um mercado acionário que, sistematicamente, subavalia muitas de suas gemas mais preciosas não pode ser eficiente.

É claro, ainda, que *raiders* muitas vezes erram em suas avaliações – mais uma instância da maldição do ganhador. Assim, por exemplo, o canadense Robert Campeau, que por um curto espaço de tempo assumiu o controle da maioria das redes de lojas de departamentos dos EUA, pagou muito mais caro do que poderia.[28] Muitas dessas redes acabaram por falir. Retrospectivamente, bancos de investimentos como o First Boston, que cacifaram Campeau (e amealharam polpudas comissões), avaliaram-no mal, do mesmo modo que Campeau avaliou mal o quanto podia arrancar das empresas que alvejou. Mas esses bancos contavam com uma motivação forte para, virtualmente, inundar Campeau de dinheiro; as imensas comissões que receberiam. Louis Lowenstein comparou cuidadosamente os balanços de três grandes redes de lojas, duas (Macy's e Federated) que haviam sido alvo de tomadas alavancadas e uma que não fora (The May Co.). Entre 1985 e 1989, o pagamento de dívidas suplantou a receita decorrente da operação da Macy's e da Federated, ambas subseqüentemente falidas, enquanto a May continuou a administrar sua dívida e permaneceu lucrativa.[29]

Antes do final da década de 70 as aquisições hostis praticamente não ocorriam, pois não se considerava eticamente correto que um banco comercial ou de investimentos emprestasse dinheiro a uma empresa ou indivíduo para que este arquitetasse um assalto a outra empresa contra a vontade de seu corpo dirigente. Tais ataques não eram ilegais; simplesmente não eram realizados. Quando alguém queria adquirir o controle de uma empresa, comprava a quantidade necessária de ações ou negociava uma fusão amigável. De modo semelhante, investidores institucionais (fundos de aposentadoria, fundos mútuos, empresas de seguros) seguiam o costume conhecido como Regra de Wall Street: se não estavam gostando do modo como a empresa era gerida, não empregavam ativamente o poder de sua participação para substituir a direção ou mesmo para mudar sua estratégia – simplesmente vendiam suas ações.

A história recente das aquisições hostis começou com um minúsculo e instável banco de investimentos, o Kohlberg, Kravis, Roberts & Co. O KKR havia realizado diversas tomadas de empresas pequenas com dinheiro emprestado, mas em 1978 conseguiu a tomada alavancada de uma empresa da lista das quinhentas maiores da revista *Fortune*, a Houdaille Industries, fabricante de máquinas-ferramentas.[30] O KKR encontrou uma brecha quando o executivo principal da firma, Gerry Santarelli, então com 67 anos de idade, começou a pensar em aposentar-se, causando preocupações sucessórias em dois executivos mais jovens. Na época, a Houdaille quase não tinha dívidas de longo prazo. O KKR convenceu Santarelli a participar de um negócio que se tornaria o modelo desse tipo de transação. Propôs comprar a empresa por 335 milhões de dólares – dinheiro integralmente oriundo de empréstimos. Os juros desses empréstimos cancelariam integralmente o imposto devido pela empresa. Financiadores de primeira linha foram seduzidos pela oferta de pagamento de juros de 10% a 12%, muito acima do que era então o mercado. Bancos de investimentos foram atraídos por comissões da ordem de 6 milhões de dólares. Santarelli ganharia 3 milhões de dólares com a valorização de suas ações. Aos dois outros executivos prometeu-se que receberiam aumentos. O negócio foi fechado e o KKR se posicionou como importante protagonista no mercado de junk bonds. Infelizmente, esmagada por enormes pagamentos de juros, a Houdaille foi à bancarrota.[31]

Tendo sido arquitetadas por alguns aventureiros de Wall Street, as aquisições hostis receberam combustível do clima ideológico e regulatório dos anos 80. Negócios envolvendo junk bonds tornaram-se o símbolo da década. Os juros relativos à nova dívida eram abatidos do imposto devido. Conforme a Lei Tributária da Recuperação Econômica [Economic Recovery Tax Act – ERTA] de 1981, um financista que pagasse acima do preço de mercado pelas ações de uma empresa podia aproveitar-se de abatimentos tributários decorrentes da depreciação acelerada que a inflação artificial dos ativos acarretava. Mais, os intermediários que ganhavam lucros imensos com as transações – advogados, banqueiros de investimentos, investidores institucionais – tendiam a ser pessoas com grande influência política. Representavam forças em favor de regras coerentes, mas antes de tudo desejavam a continuidade do jogo. Na medida em que a SEC da época de Reagan se envolveu no processo, funcionou no sentido de agilizar o jogo, seguindo a teoria predominante de Chicago segundo a qual os acionistas se beneficiavam.

Tendo os primeiros *raiders* demonstrado a factibilidade das aquisições hostis, estas passaram a contar com a aprovação geral dos economistas financeiros orientados para o mercado. Com efeito, essas operações pareciam constituir uma solução de mercado para o problema da administração das empresas, formulado no clássico *The Modern Corporation and Private Property* [A empresa moderna e a propriedade privada], de 1932.[32] Os autores, A. A. Berle e Gardiner Means, mostraram nesse livro que a empresa moderna de capital aberto exibe pouca semelhança à imagem com que é retratada nos livros-textos, em que os acionistas elegem diretores e estes, na qualidade de agentes dos acionistas, contratam administradores. Nos anos 20 a empresa já era completamente conduzida por um conselho de administração que se autoperpetuava, conselho esse que muitas vezes não passava de uma dócil criatura do executivo-chefe. Os investidores tinham atitude passiva. Esse quadro refletia a famosa "separação entre a posse e o controle". Não fosse pela posse nominal de uma certa fração da empresa e pelo retorno flutuante disso decorrente, as ações desses acionistas podiam muito bem não passar de bônus de renda fixa – os acionistas não tinham influência real sobre a gestão da empresa.

Se os acionistas têm pouca influência sobre os administradores, então a eficiência da empresa de sociedade anônima se torna vulnerável a contestação. Na década de 20, quando Berle e Means conduziram sua pesquisa, os ativos empresariais eram muito concentrados – como Means mostrou, as duzentas maiores empresas não financeiras controlavam 49% de toda a riqueza empresarial.[33] E isso levava a um retrato muito diferente daquele preconizado por Adam Smith. Se o dono nominal não controlava a gerência, e se a riqueza era altamente concentrada, então a concorrência estava longe de ser perfeita e os preços de produtos e de ações estavam errados. As empresas de capital aberto tinham o poder de manipular o mercado, administrar preços e escamotear adicionais de lucros em benefício de seus administradores.

Conforme Berle e Means, "ao renunciar ao controle e à responsabilidade", os acionistas "renunciaram ao direito de a empresa ser operada em obediência exclusiva a seus interesses".[34] Do ponto de vista da oportunidade, as observações de Berle e Means não podiam ter surgido em melhor momento. Sua pesquisa ajudou a despir as sociedades anônimas de sua legitimidade presumida, num instante em que a história tinha produzido o ponto de exclamação. Seu livro alimentou uma torrente de outras obras que embasaram o intervencionismo econômico do período Roosevelt. Tanto Berle como Means se integraram ao New Deal. Means se interessava mais pela concentração empresarial, enquanto Berle se ocupava da influência decrescente dos acionistas.

Conforme sua perspectiva, os vilões gêmeos da peça eram a concentração econômica e a manipulação financeira. O remédio era um conjunto de intervenções regulatórias com o objetivo de intensificar o cumprimento dos princípios antitruste e submeter os mercados de títulos a uma regulação muito mais rígida. Contudo, em certo sentido ambos eram relutantes em seu apoio ao New Deal. O subtexto do livro era uma lamentação por um Éden em que a economia real se assemelhasse mais proximamente à economia atomizada dos manuais, e em que os mercados se auto-regulassem.

Dessa forma, a implicação ideológica de seu livro era ambígua. Por um lado, a feição real do capitalismo empresarial parecia tão distante da disciplina de mercado que justificava uma intervenção substancial. Os abusos da concentração e do capitalismo gerencial compunham-se com a manipulação puramente financeira que propiciavam. Por outro lado, havia a mensagem tácita de que, se o acionista – o herói decaído da peça – pudesse ter restaurada sua soberania, então boa parte da intervenção regulatória se tornaria supérflua.

Embora o New Deal tivesse aumentado significativamente a supervisão sobre os mercados financeiros, fez pouco para alterar o modo como as empresas eram governadas. As regras para a constituição de sociedades anônimas continuaram a ser objeto de leis estaduais e não federais. A Lei Wagner instituiu um certo grau daquilo que John Kenneth Galbraith mais tarde chamaria de "poder moderador" [*countervailing power*] – mas apenas para empresas em que a relação com o trabalho se dava através de sindicatos. Nada parecido com o conceito alemão, ou escandinavo, de co-determinação imposta pelo Estado. As empresas de capital aberto continuaram a responder exclusivamente a seus acionistas, e não a uma comunidade maior de pessoas com interesse nelas. Na prática, o acionista deixara de ser o soberano, mas na teoria permanecia o soberano no exílio.

A economia do pós-guerra manteve-se em grande medida uma economia de administradores, do tipo criticado por Means, embora essencialmente purgada da manipulação financeira criticada por Berle. O capital financeiro foi em grande medida situado numa posição passivamente útil. A regulação do New Deal separou os bancos comerciais dos bancos de investimentos. As regras para o mercado de títulos tanto passaram a exigir transparência como proibiram a "piramidação" financeira que havia contribuído para os aspectos especulativos do crash de 1929. Uma tributação relativamente alta das sociedades anônimas passou a se apropriar de quase metade do produto social dessas empresas. Contudo, em vez de destronar as administrações contratadas e de dar poder aos acionistas, para assim tornar as empresas mais transparentes, os intervencionistas do período do pós-guerra restringiram os excessos por meio do poder moderador do governo e do trabalho. Esse foi o período do oligopólio estável e defensavelmente benigno. Apesar de os acionistas terem sido destronados, a economia e o mercado de ações floresceram.

Após cerca de uma década de desempenho medíocre por parte das empresas de capital aberto, ironicamente a moda das aquisições hostis voltou-se contra Berle e Means. Passados mais de sessenta anos da publicação de seu livro, o debate quase voltou ao ponto inicial. Os profetas das compras alavancadas afirmam que recompõem a primazia do acionista, o que deveria agradar a Berle e

Means. Porém, fazem-no por meio da especulação financeira – o nêmese de Berle e Means.

Quando os artistas das tomadas de empresas entraram em cena, diziam ser a materialização da mão invisível – populismo numa versão de escola de administração. Em teoria, incorporavam a virtude democrática de realçar a transparência das empresas, a virtude capitalista de maximizar o valor dos acionistas e a virtude social de forçar sobre administradores relutantes (e excessivamente remunerados) o rearranjo de ativos mal aproveitados. Em meados dos anos 80, durante o auge da mania das aquisições hostis, uma reportagem de capa da revista *Time* retratando o empresário do petróleo Boone Pickens foi suficientemente favorável para que Pickens a distribuísse junto com seu material publicitário.

Quando se escrever a história intelectual do período Reagan, um dos artefatos mais reveladores será um capítulo do Relatório Econômico da Presidência de 1985, intitulado "O mercado do controle de empresas". O capítulo reflete as teorias da Escola de Chicago em estado puro, a começar de seu título, emprestado de um famoso artigo do professor Henry Manne.[35] Há trinta anos, este argumentara que as batalhas pelo controle de empresas deviam ser encaradas como um mercado como qualquer outro. Manne e seus discípulos sustentavam que empresas são simplesmente commodities, "iguais a maçãs", disponíveis em leilão – e que disputas por seu controle representam apenas a competição entre diferentes grupos de administradores pelo direito de operar os ativos empresariais. O grupo que conseguir oferecer o maior preço seria, por definição, aquele com o maior valor.

Embora o movimento das aquisições alavancadas afirme agir em benefício do acionista, o efeito é quase oposto ao de um verdadeiro controle por parte deste. Apesar de o *raider* ser um "acionista" altamente engajado, com freqüência ele só desempenha esse papel temporariamente. Os investidores habituais, geralmente grandes instituições, não passam de espectadores interessados nos lucros rápidos trazidos pela intensificação dos negócios em bolsa e pela valorização das ações da empresa-alvo – sem aumentar a supervisão exercida sobre sua gestão. No rescaldo de uma compra alavancada, com freqüência a empresa tem que redirecionar dinheiro que seria investido em novas instalações ou equipamentos, mas que é consumido no pagamento de uma dívida muito aumentada. Na década de 80, em aquisições em que houve disputa o preço das ações das empresas chegou a mudar de mãos com ágio de 80%, em média. Em algumas das compras alavancadas de maior dimensão, como as da RJR Nabisco e da Kraft, o ágio passou dos 100%.[36]

Obviamente, a maximização do valor corrente do acionista não é, de longe, o único critério de valor econômico. Em meados de 1929, os preços das ações andavam nas alturas, mas isso, ao contrário de ser um sinal de saúde, indicava um estado febril. Um dos efeitos das tomadas é acelerar os débitos. Na década de 80, a relação dívida/ativos das empresas decolou, até que a mania das compras alavancadas finalmente afundasse num mar de tinta vermelha e junk bonds desvalorizadas.

No plano da empresa, o receio de ataques por parte de *raiders* fez apenas com que se intensificasse a obsessão com os resultados trimestrais, pois a queda dos lucros desvaloriza as ações, transformando-as em alvo. Esse medo fez também com que administradores passassem prudentemente a se desfazer de reservas em dinheiro, a recorrer às reservas de fundos de aposentadoria e a se desfazer de tudo o que pudesse converter a empresa em alvo. Muitas vezes a direção transformou deliberadamente um cisne num patinho feio, de modo a tornar a empresa menos atraente a *raiders*. Em casos como a defesa que a CBS montou com sucesso contra uma investida de Ted Turner, a empresa saiu do processo enfeada, por ter vendido algumas de suas divisões mais lucrativas, ou por ter assumido dívidas que levaram ao comprometimento de sua lucratividade por anos a fio.

Além disso, os fatos não confirmam a alegação de que as empresas-alvo de aquisições hostis são mal administradas e têm desempenho abaixo de seu potencial. Um estudo conduzido pelo professor Lowenstein examinou todas as empresas que foram objeto de aquisições hostis em 1981. O retorno que ofereciam sobre o patrimônio era, em média, de 16% – bem acima da média. Isso reflete nada mais do que o bom senso. Os *raiders* procuram boas empresas cujas ações estão desvalorizadas; eles não se interessam por pagar mais caro por limões.

Em retrospecto, muitas das tomadas de empresas resultaram em maus negócios. Isso não é de surpreender, pois, como exposto por Michael Lewis em seu *Liar's Poker*, tais tomadas freqüentemente resultavam de simulações de computador feitas por aprendizes de banqueiros com 26 anos de idade e não de lances montados por pessoas que conhecessem alguma coisa sobre o negócio das empresas. Há um longo rol de casos em que, compreensivelmente, a firma adquirente revelou conhecer menos do que estava comprando do que a gestão derrubada, mostrando-se uma gestora ainda pior. Diversos estudos recentes confirmam que as aquisições hostis de fato aumentaram os preços das empresas-alvo (como seria inevitável), mas com freqüência comprometeram o desempenho das firmas compradoras. O economista Frederick Scherer, de Harvard, levantou que empresas que foram compradas e depois vendidas tinham lucratividade maior do que a média antes da aquisição, mas depois passaram a se desempenhar mal.

Na década de 60, a moda predominante entre economistas de finanças era defender os grandes conglomerados, sob a teoria de que, contando com uma linha de negócios diversificada, a empresa poderia funcionar como um minimercado de capitais, transferindo recursos de seções menos eficientes para outras linhas de atuação mais lucrativas. Ironicamente, os mesmos animadores de auditório da infalibilidade dos mercados financeiros que, em 1970, louvavam as virtudes das consolidações aquisitivas hoje elogiam as "tomadas de estouro" [*bust-up acquisitions*], em que o *raider* compra a empresa para depois vendê-la aos pedaços. Seu raciocínio é o de que os conglomerados afinal nunca foram muito eficientes.

Outro fenômeno intrigante, que desmente a interpretação de Chicago em favor da eficiência das tomadas hostis, é a moda atual das aquisições pela gerência [*management buyouts*]. O que aconteceu foi que o corpo administrativo das empresas descobriu que o jogo das aquisições pode ser jogado por mais do que um jogador. O mesmo instrumento que está disponível para o *raider* – comprar ações da empresa com dinheiro emprestado – está também ao alcance dos administradores. Muitos deles fecham preventivamente o capital da empresa, usando para isso o mesmo tipo de financiamento junk bond que os *raiders*. Obviamente, contudo, se a justificativa social para uma tomada hostil é a alegação de que o corpo administrativo da empresa estava fazendo mal seu trabalho, não é possível usar o mesmo pretexto quando é esse próprio corpo que faz a aquisição. Ao contrário, seria de se presumir que estaria havendo quebra do dever fiduciário junto aos acionistas quando a administração se aproveita de informação privilegiada para adquirir ações subvalorizadas. Quase por definição, se a administração é capaz de amealhar fortunas comprando ativos mais caro do que "valem", então deveria ter pago mais aos acionistas, fazendo com que estes se beneficiassem da chuva de dinheiro. Existem indícios no sentido de que uma administração que se prepara para fechar o capital de uma empresa pode agir sutilmente no sentido de depreciar o valor de pregão das ações, de modo a poder comprá-las mais tarde por uma pechincha; isso se consegue investindo em capital ou carregando nas dotações de fundos de aposentadoria, o que deprecia os ganhos contábeis. A mão invisível que age quando a administração compra a empresa não é a de Adam Smith, mas a de Alex Portnoy.*

Quando se deixam de lado os pressupostos e se desce aos casos concretos, muitas vezes o único fator que viabiliza o negócio é o tributário. Num estudo que realizou a respeito das aquisições pela gerência, o professor Lowenstein descobriu que, na ausência do subsídio tributário, a média do lucro sobre o patrimônio numa amostra de 28 dessas aquisições não passaria de magros 6%. As aquisições hostis de fato produzem ganhos para uma categoria de acionistas – pessoas que detêm ações da empresa-alvo imediatamente antes de uma guerra de ofertas –, mas, ao contrário da imagem que a Escola de Chicago projeta dos mercados financeiros, tais ganhos não se traduzem automaticamente em ganhos para o bem-estar nacional. O motivo é uma dupla falha de mercado.

(*) Referência ao personagem central do livro *O complexo de Portnoy*, de Philip Roth. (N. T.)

A primeira é o fracasso do mercado acionário em refletir com precisão o "valor" real de uma empresa num certo dia. Muitas vezes, o valor total das ações de uma empresa é substancialmente menor do que seu preço de liquidação, ou do que atingiria numa venda negociada. Isso, porém, não prova que a administração seja menos eficiente do que os *raiders*. Há inúmeras razões que podem levar à depreciação do preço de uma ação; elas variam da confiança do consumidor na saúde da economia como um todo a taxas de juros elevadas, que atraem dinheiro para o mercado de títulos de renda fixa, e a um pessimismo do investidor em relação ao setor específico no qual a empresa opera. No final dos anos 80, quando o barril de petróleo custava cerca de 27 dólares, as ações das principais companhias petrolíferas eram negociadas a um preço que equivalia a cerca de três dólares por barril das reservas que controlavam.

O *raider* na verdade arbitra entre o mercado das ações da empresa e o mercado dos ativos da empresa. Se as novas regras do mercado estabelecem que qualquer empresa está disponível toda vez que um especulador consegue tomar emprestado bastante dinheiro, então a totalidade da economia real é transformada num cassino especulativo.

E isso traz à baila o segundo tipo de fracasso de mercado – o fracasso dos executivos de uma empresa que compra outras em representar os interesses de longo prazo de seus acionistas. Afinal de contas, por que haveria um *raider* de pagar um ágio extremamente inflacionado numa tomada, hostil ou não, um preço que muitas vezes excede bastante o valor da empresa-alvo, chegando ao ponto de causar danos à empresa adquirente? A resposta é que, com freqüência, o executivo que arquiteta a tomada tem em vista arrumar sua própria cama, e não a dos acionistas. O interesse privado dos executivos de uma empresa não se confunde com o interesse da empresa. Economistas como Herbert Simon (que ganhou o prêmio Nobel por conta de sua inspiração) sugeriram que os executivos de empresas de capital aberto com freqüência amealham mais lucros pessoais por meio da expansão do tamanho da firma do que pela maximização de sua rentabilidade; uma mega-aquisição constitui uma via rápida de maximizar o tamanho.

Muitas vezes o estímulo para a tomada vem menos do ganho real a ser auferido pelos acionistas, ou por uma alocação mais eficiente de recursos, do que dos lucros instantâneos e comissões gozados pelo pessoal de dentro. Diversos protagonistas ganham dinheiro – contadores, advogados, banqueiros comerciais, banqueiros de investimentos, bem como executivos que ganham pára-quedas de ouro. Para esses rearranjadores de ativos, a "eficiência" final da transação tem muito menos importância do que a simples realização do negócio.

A ironia da responsabilização de empresas por via da aquisição hostil é que esta presumivelmente exerceria uma pressão maior sobre o seu corpo administrativo – mas pelo mecanismo de expô-las totalmente à força dos mercados financeiros em sua feição mais especulativa. Nesse sentido, intensifica aquilo que já é amplamente criticado no capitalismo norte-americano, sua perspectiva de curto prazo. O que de fato acontece é uma oposição entre dois modelos rivais de responsabilização empresarial. Num extremo, o argumento é que um mercado financeiro especulativo serviria aos interesses dos acionistas, por alijar administrações preguiçosas e por conseguir para as ações preços supostamente mais precisos. No entanto, como um mercado de trocas é, por definição, um mercado de curto prazo, essa forma de responsabilização intensifica um modo característico de falha de mercado – a miopia.

Um regime alternativo responsabilizaria melhor os administradores de empresas por meio de uma gama de reformas institucionais. Uma versão moderada dessa abordagem desencorajaria o mercado puro de trocas comerciais e cultivaria investidores com horizontes de longo prazo – a esse ponto de vista deu-se o nome de investimento "relacional", ou "de relacionamento".[37]

Nos sistemas alemão e japonês, são principalmente os bancos que desempenham tal papel. A maioria das ações de empresas japonesas não é negociada. Ou as grandes empresas detêm ações umas das outras ou estas são detidas durante longos períodos de tempo por bancos, fundos de aposentadoria e companhias de seguros. O Japão não conhece a figura do *raider*, pois a lei proíbe que uma empresa compre outra contra a vontade do Conselho de Administração da empresa-alvo. Contudo, e precisamente por serem acionistas de longo prazo, os bancos japoneses supervisionam incansavelmente as empresas nas quais têm interesses. Na Alemanha, os bancos cumprem mais ou menos o mesmo papel. Em ambos os países, as empresas tendem a apresentar uma relação mais elevada entre dívida e patrimônio do que nos EUA. Mas isso reflete uma atitude de prudência, devido à supervisão mais próxima por parte dos controladores.

Com algum fundamento, os mercados de títulos relativamente mais rasos da Alemanha e do Japão também têm sido criticados. Diz-se que os dois países praticam uma forma altamente institucionalizada de capitalismo, na qual é demasiado acanhado o papel do capital empreendedor e exposto ao risco. Pode ser que isso cause problemas, mas um dos benefícios é que alivia os administradores da mania com os balanços trimestrais, necessários para satisfazer as demandas do investidor em ações – e isso sem sacrifício da responsabilização. Numa empresa alemã ou japonesa, o dirigente que apresente mau desempenho é substituído – não por uma tomada hostil mas pelo Conselho de Administração, no qual o banco muitas vezes tem papel de liderança.

Os defensores norte-americanos de um capitalismo mais relacional preconizam uma série de reformas, algumas na estrutura das empresas e outras na estrutura dos mercados financeiros, nas leis tributárias e no papel dos grandes investidores institucionais. Devido à proibição de os bancos comerciais desempenharem o papel de bancos de investimentos, imposta pela Lei Glass-Steagall da época da Depressão, e por causa da tradição norte-americana de separar as finanças do comércio, é improvável que nos EUA se adote uma solução ao estilo alemão. De modo que os partidários de uma normatização que favoreça o longo prazo recorrem a outros investidores institucionais, como os fundos de aposentadoria, na esperança de que possam cumprir um papel mais ativista no governo das grandes empresas.

O Sistema de Aposentadoria dos Funcionários Públicos da Califórnia [California Public Employees Retirement System – CALPERS], com seu portfólio de 100 bilhões de dólares, é mencionado freqüentemente como exemplo modelar de um grande investidor institucional que assume um papel mais ativo na supervisão das empresas das quais tem ações.[38] O ex-auditor do estado de Nova York, Edward V. Regan, tem insistido em que os fundos de aposentadoria se tornem acionistas mais engajados. Em 1987, os sistemas de aposentadoria de Nova York e da Califórnia juntaram forças e conseguiram impor à Texaco a nomeação de diretores para o conselho da empresa. Desde meados da década de 80 o CALPERS e seus aliados no movimento dos direitos dos acionistas têm usado seu peso nas reuniões de acionistas e em disputas por procurações de voto, tendo contestado com sucesso as estratégias gerenciais de gigantes como a General Motors, a IBM, a Sears e a Time-Warner.[39]

Em 1989, o CALPERS e sua congênere da Pennsylvania desencadearam – e venceram – uma batalha de procurações contra os administradores da Honeywell, Inc., da qual eram acionistas de peso.[40] Contudo, nesse caso a reforma tinha o irônico objetivo de tornar a empresa mais vulnerável ao ataque de *raiders*. Diferentemente dos bancos alemães, os grandes fundos de aposentadoria encontram-se dos dois lados do debate. Em sua busca por maiores remunerações, eles por vezes se inserem na administração de companhias que consideram estar produzindo menos do que podem. Porém, alguns dos remédios aplicados, neste caso o enfraquecimento da administração ante uma tomada hostil, só faz intensificar a natureza de curto prazo do mercado de títulos. Edward Regan, que é um vigoroso defensor de um papel mais presente dos investidores institucionais e de um tipo mais relacional de investimento, também gosta de se gabar de ter economizado para o contribuinte do estado de Nova York dezenas de milhões de dólares pelo expediente de demitir os administradores de fundos de ações, substituindo-os por consulta aos índices das bolsas. Embora economize custos, essa estratégia coloca os grandes investidores institucionais dos dois lados da questão, pois representa a antítese do investidor imaginado por Warren Buffett – aquele que investe com base num estudo cuidadoso dos fundamentos do negócio e que participa genuinamente de sua gestão.

Na maior parte dos casos, os fundos de aposentadoria existem para maximizar lucros e não para gerir empresas. O fundo de aposentadoria típico detém ações de centenas de empresas e, exceto em casos isolados, seria inviável que assumisse o papel do controlador engajado. Além do mais, suas obrigações fiduciárias são dirigidas aos beneficiários finais. Em média, o investidor institucional vende 40% de seu portfólio antes de se completar um ano da compra.[41] Durante a febre de aquisições alavancadas dos anos 80, os fundos de aposentadoria compunham parte do problema. Eles adoravam a corrida pelas ações das empresas-alvo. Os fundos deixavam o *raider* à vontade para executar a tarefa de reestruturação, em vez de desempenhar o papel de capital paciente. Isso não deve causar surpresa, pois um fundo de aposentadoria norte-americano está longe de ser um banco alemão, seja em seu papel, em sua estrutura ou em sua missão.

Ainda assim, caso se adote o ponto de vista de que o problema das finanças e da gestão das empresas é a presença excessiva, e não insuficiente, do mercado, há muito a se fazer. O relatório de 1992 do Twentieth Century Fund* sobre "Especulação de mercado e administração empresarial" atribuía larga parcela da estreiteza dos horizontes dos dirigentes de empresas à transição em direção a um mercado financeiro mais especulativo e orientado ao desempenho. O relatório fazia diversas recomendações. Estas incluíam uma mudança na tributação do capital, para desencorajar o investimento especulativo de curto prazo, bem como mudanças na legislação pertinente à administração das empresas de modo a atribuir um papel mais ativo aos acionistas e aos membros do Conselho.[42]

Uma versão mais agressiva da mesma abordagem básica imporia tributação às transações com ações, medida há muito proposta por James Tobin. Isso criaria poderosos incentivos para que os investidores, tanto individuais como institucionais, mirassem no valor fundamental das empresas no longo prazo, retirando boa parte do lucro decorrente de operações puramente especulativas. A senadora Nancy Kassebaum e outros propuseram uma legislação, apropriadamente denominada Lei da Agitação Excessiva e Antiespeculativa [Excessive Churning and Anti-Speculation Act], que criaria um imposto incidente sobre ganhos de capital de curto prazo de fundos de aposentadoria – 10% sobre lucros decorrentes de títulos mantidos por trinta ou menos dias, 5% entre trinta e 180 dias. Essa medida seria necessária porque os fundos de aposentadoria são isentos de impostos e, portanto, suas estratégias de gestão de portfólio não seriam afetadas por mudanças nas regras gerais referentes a impostos incidentes sobre ganhos de capital. O intuito de Kassebaum era desencorajar os fundos de aposentadoria de buscarem lucros de curto prazo na negociação de ações.

Por sua própria natureza, os fundos de aposentadoria e as seguradoras de vida parecem constituir os investidores de longo prazo ideais. Essas instituições captam dinheiro correspondente à postergação de rendimentos de assalariados, ou então prêmios de pessoas que seguram suas próprias vidas; devido ao fato de

(*) A entidade que abrigou o projeto que deu origem à edição deste livro. (N. T.)

essas pessoas serem severamente punidas caso desejem sacar tais reservas antes do tempo (quando isso é possível, o que muitas vezes nem sequer acontece), tais investidores sabem (diferentemente dos bancos) que não serão surpreendidos por corridas súbitas ao caixa. De modo que a coluna dos deveres de longo prazo de seus balanços poderia ser equilibrada de modo útil com uma perspectiva também de longo prazo na coluna dos haveres (investimentos). Contudo, devido ao fato de não serem bancos, e também porque seus investimentos são necessariamente muito diversificados, a maioria dos fundos de aposentadoria e outros investidores institucionais não se qualificam para serem o tão desejado controlador presente. Caso adotassem uma perspectiva genuína de longo prazo, é provável que permanecessem relativamente passivos. Na melhor das hipóteses, como o tipo de monitoração mão-na-massa exercido pelo CALPERS, tais medidas retêm uma perspectiva essencialmente tradicional da gestão da empresa, segundo a qual esta é responsável apenas perante o dono – o acionista. Tais propostas, embora cumpram o útil papel de reduzir os aspectos puramente especulativos dos mercados financeiros, não atingem a concepção da empresa como responsável perante uma comunidade mais ampla de interessados.

POR UM CAPITALISMO DO INTERESSE COLETIVO

Antes da era especulativa dos anos 80, eram tácitos os aspectos da empresa enquanto responsável perante uma comunidade mais ampla.* Era comum que as administrações de grandes empresas encarassem a si próprias como associadas de perto ao destino de uma localidade. Detroit era sinônimo de automóveis. Pittsburgh, de siderurgia; Seattle, de Boeing. A transformação das empresas em simples conjuntos de ativos fungíveis fez com que essa concepção mais antiga fosse descartada, como sentimental e ineficiente. Contudo, se a hipermercantilização traz consigo novos tipos de ineficiências, então faz sentido retomar e formalizar a concepção da empresa como de interesse de uma comunidade ampla.

Historicamente, as empresas receberam privilégios e imunidades da coroa e, mais tarde, privilégios estreitos do Estado democrático. As empresas de capital aberto de finalidade genérica só se disseminaram no século XIX. Certos teóricos da democracia política, como David Ellerman, argumentam que a inclusão dos cidadãos entre aqueles que gozam de direitos políticos, operada no final do século XVIII, sofreu um curto-circuito na medida em que nunca foi estendida ao ambiente de trabalho.[43] É possível imaginar uma ampla gama de remédios ao

(*) O autor emprega o neologismo *stakeholder*, concebido para contrastar com *shareholder*, "acionista". Não há equivalente em português. (N. T.)

problema da miopia gerencial que impliquem a "voz" de Albert Hirschman, em vez da disciplina fortalecida de mercado financeiro, ao estilo de Chicago.

Um desses modelos é a co-determinação alemã e escandinava. O empregador não detém exatamente direitos de propriedade sobre o empreendimento, mas desempenha um papel próximo ao de co-proprietário, dividindo responsabilidades com conselhos de trabalho. Ocorre uma espécie de tensão dinâmica entre as ações que são puramente compradas e vendidas em mercados financeiros e as "ações de suor", derivadas de se haver despendido a maior parte da carreira a trabalhar numa empresa. Em termos de eficiência, há o perigo de uma empresa que responde puramente a seus empregados pagar salários excessivamente elevados e não investir o suficiente. Mas uma empresa que "responda" apenas a seus acionistas por meio das delicadas atenções dos predadores corporativos pode muito bem saquear seus recursos humanos e físicos de outra forma.

Um modelo útil de capitalismo participativo doméstico pode ser encontrado no projeto elaborado no início de 1996 para uma força-tarefa da bancada democrata do Senado dos EUA, presidida pelo senador Jeff Bingaman, do estado do Novo México, a respeito de uma economia de altos salários (ver a seção "Empresas responsáveis", no Capítulo 3).

O modelo de Bingaman é apenas uma entre diferentes possibilidades, mas vale a pena examinar sua abordagem geral no contexto mais amplo do debate em torno de como reduzir a especulação financeira e ainda assim obter responsabilização da gerência. Basicamente, a abordagem conclui que os mercados financeiros, em especial em sua encarnação especulativa, constituem um instrumento imperfeito para conseguir a responsabilização das empresas. Eles apenas exacerbam a perspectiva de curto prazo que assola a economia e exageram as desigualdades mais flagrantes pelo processo de premiar os rearranjos de ativos com chuvas de dinheiro. Pior, punem aqueles que manifestam a lealdade de mais longo prazo para com a empresa – seus funcionários. Entretanto, a alternativa para acionistas passivos e diretorias complacentes também não é solução.

Apesar disso, precisamos escolher entre a disciplina destrutiva dos mercados financeiros altamente imperfeitos e a passividade imperfeita de empresas dominadas por executivos. A abordagem da co-responsabilização introduz dois novos elementos no jogo – políticas regulatórias e a força de trabalho. Faz isso ao recompensar uma perspectiva construtiva e ao cultivar instituições empresariais dotadas de maior compromisso em relação aos funcionários. Desse modo, o capitalismo participativo retoma uma concepção mais antiga e mais corporativista da empresa de capital aberto. Não é apenas o detentor de ações da empresa (aqui hoje, mas não amanhã) quem tem interesse legítimo, mas também seus funcionários, a comunidade e a sociedade como um todo.

Caso os mercados financeiros constituíssem um freio adequado, ou eficiente, às empresas, então seria mais difícil defender a posição de que deveriam ser suplantados ou complementados por essa concepção "co-participativa". Seria necessário argumentar em favor dos direitos de outros interessados a partir de posições extramercado, como a cidadania, a justeza e a democracia no trabalho, apresentadas como valores em si mesmas. E seria preciso responder às objeções usuais, de que essa abordagem seria vulnerável aos perigos econômicos advindos do fato de perseguir a igualdade social ou política às expensas da eficiência econômica. Contudo, dado aquilo que vimos sobre os excessos especulativos na atividade bancária e na dependência que a reestruturação de empresas guarda em relação aos mercados financeiros, a premissa de que a forma de disciplina e responsabilização do mercado financeiro é a mais eficiente deixou de ser válida.

6

MERCADOS, INOVAÇÃO E CRESCIMENTO

A CAIXA PRETA

A perspectiva purista dos mercados livres eficientes nos é de pouca utilidade para iluminar a dinâmica da inovação e suas relações com o crescimento econômico e o bem-estar material. O modelo de mercado afirma que, ao direcionar os recursos para seus usos ótimos através do mecanismo da oferta e da procura, a livre-concorrência proporciona os melhores resultados possíveis. O capital se alocará conforme os mercados considerarem racional investir na inovação. A isso se seguirá o crescimento.

De acordo com tal concepção, os detalhes institucionais do progresso técnico têm pouco interesse. As forças de mercado precisam apenas perseguir a eficiência alocativa, o que faz a tecnologia disponível emergir de modo natural. A natureza dessa tecnologia, as particularidades institucionais a respeito de como e onde floresce, a relação entre a estrutura da firma, a sociedade e a cultura da inovação – tudo isso tem sido tradicionalmente encarado como uma "caixa preta", talvez de interesse para historiadores, mas fora do âmbito próprio de economistas. Como escreveu o economista Joseph Stiglitz, numa ácida crítica ao modelo standard, "não havia necessidade de olhar para dentro da caixa preta que se chama empresa: empresas maximizam o lucro [e] valores de ações no mercado; caso suas direções não o fizessem, seriam substituídas; e firmas que não maximizassem o valor não sobreviveriam. Em decorrência, aquilo que estivesse dentro da caixa preta era mero detalhe".[1]

Ironicamente, essa concepção ortodoxa do crescimento é estática. O equilíbrio ocorre no tempo presente. Não precisamos nos preocupar com as fontes institucionais do conhecimento técnico, com suas relações ao longo do tempo com o crescimento, ou com a questão crucial de saber se o conhecimento técnico resulta, na verdade, otimizado na concorrência perfeita; como tantos outros aspectos da economia de livre mercado, essa questão é resolvida mais por pressupostos do que pela investigação.

É verdade que, embora meio a contragosto, a teoria admite desvios em relação à concorrência perfeita, que refletem a inter-relação das forças de mercado, como externalidades e poder de mercado. Mas o ponto de vista ortodoxo insiste, em primeiro lugar, que tais fatores não são suficientes para desautorizar a teoria básica. Em segundo lugar que, certamente, o Estado não deve compor ainda mais as imperfeições. Em terceiro lugar (e um tanto contraditoriamente), mesmo quando o setor privado propicia violações da concorrência de livre mercado, como monopólios, a melhor fonte de remédio é o próprio mercado.

Contudo, desde a Revolução Industrial a história econômica sugere fortemente que é o conhecimento técnico, e não o processo de concorrência perfeita, que impulsiona o crescimento ao longo do tempo. E, como veremos, a inovação muitas vezes floresce em instituições que se afastam significativamente da imagem idealizada do equilíbrio econômico. Isso, por sua vez, abre as portas a algumas questões práticas espinhosas. Quais dos desvios em relação à concorrência perfeita que ocorrem espontaneamente no setor privado devem ser tolerados pela política governamental? Quais incentivos mais explícitos à inovação o governo deveria organizar ou subsidiar ativamente? E, numa época de concorrência global, no que subsídios estatais e consórcios nacionais podem representar vantagens para determinados produtores nacionais, quais das regras de harmonização ou limitação da quantidade total de subsídios são razoáveis, factíveis, simétricas e consistentes com a eficiência econômica?

O CRESCIMENTO NO PENSAMENTO ECONÔMICO

Antes de abordar essas questões políticas, vale a pena revisar o debate dos teóricos. Na teoria standard, as economias se encontram em equilíbrio, ou perto dele; o crescimento resulta da aplicação de quantidades crescentes de capital e trabalho. A forma preferencial de crescimento é a substituição de rotinas humanas por dispositivos que economizem trabalho, e não fazer com que as pessoas trabalhem mais – de modo que cada hora trabalhada resulte numa produção maior. A economia consegue isso por incrementos do capital físico.

Os economistas clássicos, contudo, em particular John Stuart Mill, observaram que essa concepção conduz a uma inferência desconcertante: a lei dos retornos decrescentes sustenta que, ao longo do tempo, inversões crescentes de capital em relação ao trabalho devem resultar em ganhos de produção total cada vez menores. Logo, paradoxalmente, aumentar a intensidade do capital deve levar a taxas decrescentes de retorno sobre o capital e, assim, a taxas menores de crescimento. Mill atingiu essa conclusão negligenciando a possibilidade do dinamismo tecnológico. Foi o prenúncio de Mill de que o crescimento se reduziria em ímpeto – ele previu que se estabeleceria um "estado estacionário" –, junto com a crença de Malthus de que a população cresceria mais depressa do que a disponibilidade de alimentos, que levou Thomas Carlyle em 1850 a chamar a economia de "a ciência lúgubre". No final do século XIX, Alfred Marshall procurou argumentar em favor da idéia de que novas tecnologias poderiam levar a aumentos de retorno, de forma consistente com outros pressupostos da escola clássica.[2] Contudo, essa concepção era de modelação difícil e nunca se tornou de fato parte integrante do paradigma básico. No início do século XX, a crença nos retornos decrescentes (e uma falta generalizada de interesse na tecnologia) encontrava-se solidamente plantada no cânone clássico.

Em 1956, Robert Solow, que mais tarde ganharia o prêmio Nobel por seu trabalho sobre o crescimento, examinou dados referentes à força de trabalho norte-americana, o estoque de capital e o crescimento da produção total. Um tanto para sua própria surpresa, Solow descobriu que apenas cerca de metade do crescimento real da economia dos EUA entre 1909 e 1949 podia ser atribuída a aumentos de insumos na forma de trabalho ou de capital, e que menos de 20% do crescimento do PIB per capita empregado podiam ser explicados por aumentos no estoque de capital. Havia alguma outra coisa em operação, pois as taxas de crescimento excediam em muito aquilo que podia ser explicado pela interpretação standard. Ao crescimento atribuível a fontes inexplicáveis Solow deu o nome de "Resíduo" – termo derivado da matemática, que os economistas empregam para representar algum fator não explicado pelas equações.[3] O consenso atual é que o famoso Resíduo de Solow reflete a influência da organização tecnológica e industrial, fatores que não são estudados sistematicamente pela economia conservadora.

Não há grande mistério no porquê disso: as mesmas quantidades de capital físico e humano podem ser combinadas de modos diferentes. Novas tecnologias podem espremer mais resultados dos mesmos dólares de partida. Por exemplo, investir 1 bilhão de dólares em tecnologia siderúrgica obsoleta de forno aberto, como as siderúrgicas norte-americanas fizeram na década de 60, obviamente conduz a menor produtividade e crescimento do que aplicar os mesmos dólares em novas tecnologias, como fornos de oxigênio e fornos de fusão contínua. A tecnologia afeta o resultado que se obtém de uma dada quantidade de capital financeiro que se injete. Empresários cometem equívocos. Nem sempre usam a melhor tecnologia. A maioria dos economistas concorda, hoje, que o conhecimento técnico é a principal fonte de crescimento econômico de longo prazo. Do ponto de vista da teoria e da política econômica, a questão controversa é saber se o conhecimento técnico resulta promovido ou retardado pela concorrência imperfeita, bem como quais são os desvios em relação à concorrência perfeita que podem levar ao aumento da inovação tecnológica e ao crescimento.

O que tornou o artigo de Solow tão significativo foi ter representado um convite cauteloso em direção à heterodoxia, formulado por uma fonte adequadamente ortodoxa. Solow considerava-se um neokeynesiano, mas imerso enfaticamente na corrente dominante. Seu trabalho mais recente procura conciliar uma perspectiva histórica e institucional mais complexa com o ponto de vista neoclássico, e não a derrubar este último.

No início do século XX, diversos economistas mais insurgentes formularam objeções frontais à idéia de que o problema econômico seria mais bem compreendido na forma da alocação de recursos escassos em equilíbrio. Embora com freqüência discordassem entre si a respeito de detalhes, teóricos como Frank Knight, Edward Chamberlin, Nicholas Kaldor, Austin Robinson e Joan Robinson (discípula de Keynes e crítica de Solow), entre outros, argumentavam que quase toda concorrência real seria mais bem compreendida se vista como imperfeita.[4]

Ao contrário de se agregar num "equilíbrio geral" ótimo e único, a economia real estaria constantemente em desequilíbrio. Cada inovação produziria novas relações entre a oferta e a demanda, de tal modo que um equilíbrio geral não poderia mais funcionar como premissa útil. Minimonopólios abundariam; portanto, dentro de certos limites, as firmas teriam o poder de estabelecer preços e não "tomá-los" passivamente, como quer o modelo clássico. De modo que uma boa parte da concorrência real se daria numa base diferente daquela determinada pelo preço puro. E tudo isso ocorreria normalmente na economia *privada*, não como resultado de intervenção governamental. Assim, a idéia de um estado ótimo, em que "ninguém pode se beneficiar sem que outros sejam prejudicados", condição conhecida por gerações de crédulos estudantes de pós-graduação como "Otimização de Pareto",[5] seria simplesmente uma ficção. Isso corresponderia a apenas um dos estados possíveis, e muito improvável, entre uma infinidade de estados; a Otimização de Pareto não seria nem a norma nem o estado ótimo de uma economia de mercado.

SCHUMPETER ENTRA EM CENA

Veio de Joseph Schumpeter o argumento mais incisivo em favor da tese de que esse tipo de concorrência imperfeita não deveria ser lamentado como desvio em relação à eficiência econômica. Ao contrário, caso a concorrência fosse de fato perfeita nos termos dos livros-texto, e caso os produtores não tivessem influência sobre os preços mas simplesmente continuassem a produzir até que seu preço marginal igualasse o custo marginal, a concorrência faria com que o lucro desaparecesse e nada restaria para investir na inovação.

Em contraste, nas condições da concorrência imperfeita o produtor não seria um "tomador de preços" passivo. Devido a diferenças sutis entre os produtos e à imperfeição da informação à disposição do consumidor, o produtor contaria com algum poder de monopólio. Isso lhe permitiria estabelecer preços um pouco diferentes daqueles que decorreriam caso a concorrência fosse perfeita. Conforme escreveu Schumpeter, "é claro que todo quitandeiro, todo posto de gasolina, todo fabricante de luvas ou serrotes têm um pequeno e precário mercado próprio, o qual tentam – precisam tentar – ampliar e manter por meio de estratégias de preço, estratégia de qualidade – 'diferenciação de produto' – e propaganda. Dessa forma, obtemos um padrão completamente diferente [da] concorrência perfeita [...]".[6] Esse afastamento da concorrência perfeita permitiria ao produtor amealhar os lucros ligeiramente maiores que os economistas chamam de "rendas". Na perspectiva de Schumpeter e seus seguidores, são as rendas que induziriam a inovação, financiariam o progresso técnico e, assim, o crescimento. Desse modo, desvios em relação à concorrência perfeita não deveriam ser lastimados, mas comemorados. Eles impulsionariam o progresso econômico.

Isso se tornou conhecido como a "Hipótese schumpeteriana": o crescimento reflete a inovação; a inovação exige rendas; e rendas tendem a se associar a poder de mercado de grande escala e capacidade de estabelecimento de preços. "A concorrência perfeita", escreveu Schumpeter, "é não apenas impossível como inferior."[7]

Conforme Schumpeter, devido à imagem estilizada e altamente enganadora a respeito de como, de fato, funcionam as economias de mercado, a descrição neoclássica standard seria, simplesmente, uma ficção. A estrutura teórica da economia padrão propõe um equilíbrio estático, mas "a realidade capitalista é, do início ao fim, um processo de mudança",[8] disse ele. "O equilíbrio, mesmo se conseguido por métodos extremamente custosos, não mais garante seja o pleno emprego, seja a maximização do desempenho [...]."[9] Portanto, uma certa dose de poder de mercado seria uma virtude. Caso a concentração econômica não se tornasse tão extremada ao ponto de impedir completamente a concorrência e a responsabilização, o aumento de dimensões da empresa permitiria ao produtor ganhar os lucros adicionais que financiariam o próximo ciclo de inovações técnicas.

A revisão proposta por Schumpeter bateu desconfortavelmente nos ouvidos dos economistas neoclássicos, pois todo seu paradigma baseava-se num investimento imenso, tanto em termos ideológicos como metodológicos, na idéia de um mercado otimizado e autocorretivo, no qual o preço marginal seria igual ao custo marginal; além disso, o processo assim concebido é passível de uma modelação sem acidentes. Em agudo contraste com Adam Smith, neste século muitos estudantes avançados de economia têm se mostrado agudamente inocentes quanto às instituições reais da vida comercial; trata-se, simplesmente, de virtuoses da matemática. Uma economia schumpeteriana é mais indeterminada, com sua concorrência imperfeita, desequilíbrios múltiplos, poder de estabelecimento de preço e sua crucial diferença institucional; essa economia é muito mais difícil de modelar ou reduzir a equações; muito menos propícia ao método dedutivo de extrair conseqüências lógicas a partir de axiomas. Pior, a imagem de Schumpeter admite a possibilidade de que a intervenção estatal possa de fato melhorar o desempenho do mercado em algumas circunstâncias, e isso não apenas no terreno da macroeconomia. Como Robert Solow escreveu acidamente em 1994, numa resenha sobre uma série de artigos dedicados ao crescimento e à concorrência imperfeita, "neste campo, Schumpeter é uma espécie de santo padroeiro. Posso estar sozinho em pensar que ele deveria ser tratado como padroeiro: exibido em procissão uma vez por ano e mais ou menos ignorado o resto do tempo".[10]

Schumpeter era um conviva indesejado na mesa neoclássica. Contudo, não era fácil à corrente dominante rejeitá-lo de plano, dado o entusiasmo com que ele celebrava o capitalismo e a atitude empresarial. Schumpeter via o capitalismo como um sistema turbulento, energético, supremamente dotado para conduzir à melhoria material ao longo do tempo. Ele esperava que triunfasse sobre o socialismo. Apenas não acreditava que funcionasse minimamente de acordo com o que pensavam os marshallianos e se indignava que os economistas pudessem aplicar um modelo essencialmente estático a algo tão profundamente dinâmico como o capitalismo. Profeticamente, Schumpeter escreveu: "Enquanto uma economia feudal estacionária permaneceria uma economia feudal e uma economia socialista estacionária seria ainda uma economia socialista, um capitalismo estacionário é uma contradição em termos".[11] Como escreveu o historiador da economia Nathan Rosenberg, ecoando Schumpeter, a própria essência do capitalismo "repousa não em forças que levam ao equilíbrio, mas na inevitável tendência de fugir ao equilíbrio"[12] toda vez que acontece uma inovação.

De modo geral, a economia ortodoxa nunca absorveu Schumpeter. Simplesmente abriu-lhe uma pista larga, mas seguiu em frente. Schumpeter morreu em 1950, num período em que a economia standard atravessava outra delicada alquimia – o processo de combinar algumas gotas diluídas de Keynes com a fórmula neoclássica, mas não o suficiente para servir de antídoto a Smith, Ricardo, Mill, Marshall, Walras e o resto da turma. Embora altamente estimulantes e consistentes com a sensibilidade capitalista, os pontos de vista de Schumpeter nunca receberam essa dúbia honra durante sua vida.

Contudo, a perspectiva schumpeteriana trouxe profundas implicações à teoria, política e métodos econômicos. Uma geração após sua morte, Schumpeter foi gradualmente redescoberto e parcialmente reabilitado, estimulando uma nova corrente de investigação acadêmica a respeito da dinâmica e da história da tecnologia. Mais recentemente, têm ocorrido esforços heróicos no sentido de integrar a história econômica no corpo do pensamento econômico dominante por meio de uma revisão dos modelos clássicos, de modo a acomodar a imposição de preços, a concorrência imperfeita e o conhecimento técnico.

Da escola neo-schumpeteriana[13] fazem parte proeminentes historiadores da economia, entre eles Nathan Rosenberg, Paul David, Richard Nelson, Sidney Winter, David Mowery, Zvi Griliches (presidente da Associação Norte-americana de Economistas em 1993) e Douglass North, prêmio Nobel de economia de 1993. De forma semelhante, a abordagem schumpeteriana repercute entre pesquisadores da tecnologia e das organizações industriais – por exemplo, F. M. Scherer,[14] Giovanni Dosi e Eric von Hippel – e pensadores ecléticos como os economistas políticos Charles Sabel e Michael Piore.[15] Definida de modo mais amplo, essa abordagem atrai pesquisadores da história empresarial, como Alfred Chandler, Thomas McCraw[16] e Joseph Bower, todos da Harvard Business School, e David Teece, da Universidade da Califórnia em Berkeley, que enxerga virtudes nos oligopólios. Alguns assumidos economistas de esquerda – por exemplo, Bennett Harrison,[17] William Lazonick[18] e Sam Bowles – são atraídos pela denúncia que essa tradição faz do mercado auto-regulado, ao ponto de suplantar a aversão intuitiva do esquerdista pela grande empresa. E, na última década, diversos economistas solidamente plantados na corrente dominante e fluentes no idioma matemático formularam propostas schumpeterianas de um modo capaz de passar pelo crivo dos construtores de modelos. Entre eles estão Jean Tirole, líder do que às vezes se denomina "nova" (ou seja, altamente teórica e abstrata) economia da organização industrial; Joseph Stiglitz,[19] há longo tempo editor do *Journal of Economic Perspectives*, membro do Conselho de Assessoria Econômica do presidente Clinton e conceituado investigador das imperfeições do mercado; e Paul Romer, economista formado em Chicago e formulador de uma nova e influente teoria sobre o crescimento econômico, baseada num papel mais proeminente da inovação e na crítica de como o mercado lhe atribui preço.

A abordagem de Romer, que hoje constitui uma importante corrente de investigação acadêmica, tem o nome de teoria do crescimento endógeno.[20] Seu revisionismo, expresso originalmente em sua tese de doutoramento de 1983 e publicado no *Journal of Political Economy* em 1986, sustenta em termos gerais que o avanço tecnológico não pode ser encarado como algo "externo", sem relação com a oferta e a procura. Em vez disso, a inovação surge da dinâmica interna das empresas. Romer tenta operar nos limites da escola neoclássica (quase não o conseguindo), creditando prudentemente o trabalho anterior de Robert Solow. Contudo, enquanto o modelo de Solow tratava o desenvolvimento tecnológico como uma força externa ou "exógena", resultante de um progresso científico idiossincrático e não facilmente explicável em termos de fatores de produção mensuráveis, Romer encara a inovação como "endógena" ao processo (usualmente imperfeito) da concorrência.

OS REVISIONISTAS

Para resumir, existe hoje uma importante corrente do pensamento econômico dominante que contesta a premissa de que a taxa máxima de progresso material pressupõe os mercados mais livres possíveis. "A teoria neoclássica é, simplesmente, um instrumento inapropriado para analisar e prescrever políticas que induzam o desenvolvimento", observou Douglass North em sua fala ao receber o prêmio Nobel de 1993. "Ocupa-se da operação dos mercados, não de como os mercados se desenvolvem."[21] Essa abordagem aproximadamente neoschumpeteriana é menos uma escola do que uma sensibilidade vaga. Para fazer-lhe justiça seria necessário todo um livro. No entanto, correndo o risco da simplificação excessiva, seguem-se alguns pontos de concordância genérica.

O progresso tecnológico, e não a eficiência alocativa, é a fonte de crescimento econômico no longo prazo. "A perda para a sociedade representada pela ausência de uma concorrência perfeita de preços é mais do que compensada pelos ganhos de longo prazo derivados da inovação", escreveram Morton Kamien e Nancy Schwartz numa das primeiras resenhas que resumiram a perspectiva schumpeteriana.[22] Contudo, a eficiência alocativa não deixa de ter importância. Numa economia capitalista, a inovação pode refletir a imperfeição da concorrência, mas precisa manter-se basicamente sujeita à disciplina do mercado. Nas palavras proféticas de Schumpeter, "na realidade capitalista, diferentemente da imagem de livro-texto, não é a concorrência [de preço] que conta, mas a concorrência em torno da nova commodity, da nova tecnologia, da nova fonte de insumo. [...] A concorrência do tipo que temos em mente age não apenas quando se apresenta, mas também na forma de uma ameaça sempre presente. O empresário pode sentir-se em uma situação concorrencial mesmo quando se encontra sozinho em seu território".[23] De fato, a possibilidade da concorrência é, precisamente, o que diferencia o poder de mercado num ambiente capitalista do poder de mercado numa economia de comando.

Num extremo, o socialismo estatal e outras formas de economia de comando também são capazes de reunir grandes quantidades de capital e, assim, promover a inovação. Entretanto, como mostrado pelo colapso da União Soviética, há limites para os ganhos schumpeterianos nas economias de comando. Na ausência de algum grau de disciplina de preços, a alocação absurda de recursos acaba por se manifestar, cancelando os benefícios tecnológicos. No outro extremo, a concorrência perfeita de mercado também pode ser ruinosa, pela eliminação das rendas e pelo subinvestimento sistemático na inovação. Entre os dois extremos não existe um equilíbrio ideal único, mas uma multiplicidade de rotas possíveis, com diferentes trajetórias técnicas, particularidades institucionais e conseqüências distributivas.

Nada disso pode ser modelado produtivamente na forma de um equilíbrio que se dê num vácuo social, pois tal modelo exclui as economias de escala, o poder de mercado e as rendas. Como explica Joseph Stiglitz, "a mudança tecnológica (seja decorrente de inversões explícitas na forma de pesquisa e desenvolvimento, seja como resultado do aprendizado prático) dá lugar a economias de escala. Despesas com pesquisa e desenvolvimento são fixas, *custos de implantação*. É natural, portanto, que setores em que a pesquisa e o desenvolvimento são importantes sejam imperfeitamente concorrenciais".[24]

É claro que tais dinâmicas variam amplamente de acordo com o setor. Em alguns setores – como o farmacêutico, o químico e o aeronáutico – parece haver um círculo virtuoso que inclui a influência governamental, um poder de mercado significativo e lucros acima do normal. Em outros – como as indústrias automobilística e siderúrgica norte-americanas nas décadas de 50 e 60 –, o oligopólio leva à estagnação técnica e à perda de participação de mercado para produtos importados. Em outros ainda – como no de software – há uma mescla de liderança de mercado (a Microsoft) e uma feroz inovação por parte de protagonistas de menor porte. Mas esse é um setor em que o produto é muito próximo do conhecimento puro e são mínimos os custos de capital de implantação. No setor de hardware de informática, como no caso dos microprocessadores, a inovação parece mais próxima do modelo schumpeteriano, em que rendas derivadas do poder de preço e da concorrência imperfeita financiam a inovação; exemplos épicos são a Intel e a Motorola. Mas são precisamente tais diferenças institucionais entre setores que requerem uma análise concreta das diferentes formas que a concorrência imperfeita assume, e não um pressuposto de que ocorreria um equilíbrio tranqüilo.

Ainda outro motivo por que o avanço técnico não pode ser modelado convenientemente como equilíbrio é que a inovação, freqüentemente, é "dependente da rota". Uma vez que uma certa tecnologia envereda por uma rota em particular, o hábito e os investimentos de implantação em know-how aumentam o custo de se desviar dela. O exemplo mais famoso é o teclado QWERTY, um acidente histórico com um poder de permanência prodigioso. Inúmeros estudos mostram que as pessoas poderiam datilografar com mais rapidez e precisão caso a configuração dos caracteres fosse mais lógica. Contudo, alternativas ao QWERTY não conseguiram ganhar aceitação, pois as pessoas investiram no aprendizado do QWERTY.[25] David Teece observa que "o progresso técnico exibe fortes irreversibilidades [...] porque a evolução das tecnologias ao longo de certas trajetórias elimina a possibilidade da concorrência por parte de tecnologias mais antigas, mesmo se há mudança no preço relativo".[26]

Por exemplo, se levamos em conta os custos indiretos trazidos pelos congestionamentos e pela poluição, podemos concluir que o transporte ferroviário é, na verdade, mais eficiente para distâncias entre quinhentos e novecentos quilômetros. Contudo, depois que os Estados Unidos deixaram de investir na manutenção e melhoria das ferrovias, no material rodante e na tecnologia desse setor, o custo de reverter a história tornou-se proibitivo. Muitos entusiastas da informática juram que a Apple detém a tecnologia mais elegante e amigável, mas o sistema IBM, apoiado pelo poder de mercado do Windows da Microsoft, capturou milhões de usuários que consideram não valer a pena mudar de plataforma.

O conhecimento não funciona como outros fatores de produção. A teoria econômica tradicional pressupõe que existiria um cabedal geral de conhecimento disponível, que poderia ser adquirido conforme as necessidades – um metafórico "livro" de projetos. Contudo, tal perspectiva é inteiramente enganosa. O know-how técnico aplicável é freqüentemente localizado e cumulativo, produto de subculturas empresariais ou científicas concretas. Não pode ser modelado como se constituísse simplesmente mais um insumo fungível de produção. O processo de introdução incremental de melhorias da arte da produção exige um know-how sutil, com freqüência dominado localmente – aquilo que Michael Polanyi[27] chamava de "conhecimento tácito"; implica um aprendizado localizado, obtido pelo fazer. Joseph Bower observa que "a dificuldade experimentada pela General Motors para aprender as práticas de produção da NUMMI, sua própria joint-venture com a Toyota, fornece uma evidência dramática de quão dura pode ser a adaptação à tecnologia disponível".[28]

Como Giovanni Dosi assinala, "firmas produzem coisas de maneiras tecnicamente diferenciadas dos produtos e métodos de outras firmas [...]. O processo de busca das empresas industriais no sentido de melhorar sua tecnologia *não* tende a partir de uma pesquisa de todo o conhecimento técnico nacional antes de fazer suas escolhas técnicas [...]".[29] Trajetórias tecnológicas são "processos cumulativos", diz Dosi.[30] Aquilo que a firma poderá fazer no futuro é condicionado àquilo que tiver feito no passado. A inovação "incorpora equilíbrios complexos e variados entre formas de conhecimento públicas e privadas". Ao contrário de otimizá-lo, a concorrência perfeita frustraria esse processo.

Paul Romer enfatiza a diferença entre bens rivais e não rivais, bem como sua relação com o avanço tecnológico.[31] Um bem rival é um produto que pertence a um ou a outro – um carro, ou um sanduíche. Apenas uma pessoa pode consumi-lo. O mercado para bens de consumo rivais segue mais ou menos as regras da oferta e da procura. Um bem não rival, como a invenção do cursor piscante de computador, ou a difusão deliberada de insetos estéreis que retardam a reprodução de pragas agrícolas, ou a disseminação de conhecimento sobre como evitar a propagação de epidemias, é disponível para todos. Alguns bens rivais são disponíveis coletiva e geralmente, como os peixes do mar. Outros bens rivais – mesmo baseados em conhecimento, como software de computador – são privados. "Devido ao fato de ser tão difícil estabelecer direitos de propriedade sobre esses tipos de produto, os resultados de mercado são ineficientes", escreve Romer.[32] "Pescamos peixes em excesso e produzimos insetos estéreis de menos." Quer dizer, consumimos em excesso bens coletivos "gratuitos" que, no final das contas, são divisíveis, mas produzimos de menos aqueles cujas rendas são difíceis de abocanhar, mas que contribuem para o bem-estar coletivo. "Uma abordagem da política econômica que negligencie os bens não rivais desconsiderará os temas mais interessantes", conclui Romer.

Há muito os economistas aceitam a proposição de que os "bens públicos", que são não rivais e não excludentes, devem ser providos pelo governo. Mas a inclinação recente em direção ao conservadorismo extremado, bem como a convicção de que as forças de mercado, se deixadas a si mesmas, podem conseguir quase qualquer coisa, levaram a uma trivialização do significado dos bens públicos.

Deixados a seus próprios desígnios, os mercados não atribuem preço confiável à inovação. Antes que uma inovação seja concebida, é do interesse da sociedade maximizar as recompensas ao inovador. É por isso que patentes, marcas registradas e copyrights são necessários – para evitar que as inovações sejam tratadas como bens gratuitos. A criação de direitos sobre a "propriedade intelectual" por parte do governo premia o inovador com rendas, ao menos temporariamente. Após o fato, contudo, é do interesse da sociedade maximizar a difusão da nova técnica. Por isso, como Romer assinala, é logicamente impossível que o mesmo preço seja "ótimo" *ex ante* e *ex post*. Mais, a teoria econômica não proporciona nenhuma resposta intuitiva para a questão de saber quais seriam as condições "certas" para a concessão de proteção de patentes, marcas registradas ou copyrights. "Não sabemos se um fragmento de gene ou uma concepção de programação como a das janelas devem ser protegidos por lei", diz Romer. É necessário inventar instituições tanto públicas como privadas para conciliar os objetivos um tanto contraditórios de induzir – e difundir – a inovação.

Richard Nelson observa: "O portfólio de pesquisa e desenvolvimento gerado pela concorrência de mercado não pode, de modo algum, ser considerado ótimo. Existe uma virtual certeza de que haverá agregação duplicativa de esforços em torno de alternativas que são amplamente consideradas como promissoras, e de que se negligenciarão determinadas apostas arriscadas que, do ponto de vista da sociedade, deveriam ser exploradas como fatores de segurança. Assim, nesse sistema, as falhas de mercado são disseminadas".[33]

Pesquisa e desenvolvimento – o próprio conhecimento – constituem a externalidade positiva mais famosa da economia. Numa economia de mercado perfeita, a firma que desenvolve um novo processo, a empresa que investe heroicamente na habilitação de seus funcionários, não capturará a totalidade do retorno social do investimento, pois parte do novo conhecimento será imitado por concorrentes e se difundirá amplamente. Portanto, a empresa privada notoriamente subinveste tanto em pesquisa como em seu capital humano. Estudos têm mostrado que o retorno social dos investimentos em pesquisa e desenvolvimento excedem o retorno privado entre 35% e 60%.[34]

Em um dos estudos clássicos sobre o assunto, o economista Edwin Mansfield e colegas situam o retorno social médio da pesquisa e desenvolvimento em 56%, enquanto o retorno privado médio seria de 25%. Mansfield também determinou que, em 30% dos casos que estudou, o retorno privado fora tão baixo que, caso houvesse sabido disso, nenhuma empresa privada teria feito o investimento. E, no entanto, todos os investimentos na amostra pesquisada implicaram altos retornos sociais e inovações valiosas.[35] Outro estudo cuidadoso comparou as taxas de retorno privada e social por setor e descobriu disparidades enormes entre uma e outra nos investimentos em instrumentos científicos: 16,1% no primeiro caso contra 128,9% no segundo.[36] Embora mesmo economistas convencionais concordem em que as firmas privadas sistematicamente subinvestem na pesquisa e na inovação, porque não incorporam a totalidade do retorno, a economia ortodoxa dá atenção perfunctória a esse dilema, porque é quase impossível de modelar e porque as implicações comprometem o paradigma oficial.

Quanto mais perto do "conhecimento puro" um bem está, menos sua produção e venda se assemelham à imagem oficial da concorrência. Supostamente, o preço marginal iguala o custo marginal, mas o custo marginal de produzir uma cópia de programa de computador é uma fração minúscula de seu preço, uma vez que a maior parte do que está sendo vendido não é feito de plástico ou de embalagem, mas de conhecimento. Ao contrário da concepção de livro-texto sobre os custos de produção, o custo de produzir uma unidade adicional de um pacote de software é próximo de zero. (E, com a capacidade de se enviar e receber software através da Internet, é às vezes literalmente zero.) Romer escreve que a descrição standard de uma "concorrência perfeita, em que os preços são ditados pelo mercado, é logicamente inconsistente com a produção privada de bens não rivais",[37] como produtos baseados no conhecimento.

Falhas de informação e externalidades, tanto positivas como negativas, são muito mais disseminadas e importantes do que supõe a economia laissez-faire. Em 1991, antes de sua nomeação como economista-chefe do presidente Clinton, a professora Laura Tyson completava um livro sobre comércio gerenciado, a ser publicado sob a égide do influente e muito alinhado Instituto para a Economia Internacional [Institute for International Economics – IIE]. Tyson advogava alguma dose de gerenciamento no comércio internacional, parcialmente com base na proposição de que os EUA precisavam reter e aumentar sua capacidade de produzir e inovar em setores tecnicamente dinâmicos; e parcialmente para criar um ambiente aproximadamente eqüitativo não ótimo, num sistema de comércio bastante afastado de um mundo *à la* Adam Smith. Se outros países se comportam de modo mais intervencionista e protecionista do que os EUA, então antídotos de gerenciamento comercial talvez fossem necessários para igualar o campo de jogo, mesmo se o jogo não resultasse o da concorrência perfeita. É claro que isso violava o ponto de vista convencional, de que benefícios alocativos resultariam da compra de produtos de baixo custo em cada momento, mesmo se o mercado doméstico do produtor permanecesse fechado às exportações dos EUA.

Ansioso por publicar um defensor respeitável do comércio gerenciado, mas apreensivo quanto ao produto, o IIE submeteu Tyson a uma série de painéis em que economistas especializados em comércio internacional majoritariamente ortodoxos dissecaram seu manuscrito. A certa altura de um debate intenso, tornou-se claro que muitos dos argumentos de Tyson dependiam do fato de subsídios a inovações gerarem externalidades largamente positivas. Esse ponto contou com aceitação geral, até que um notável simplesmente declamou: "Mas não se podem medir externalidades". Isso matou a discussão. Na verdade, como sugerem as pesquisas mencionadas aqui, economistas têm conseguido medir externalidades. No entanto, na economia standard o processo de mensuração é muito menos prestigioso e persuasivo do que o de modelação. E, por sua natureza, a inovação não pode ser modelada. "[O] resultado da atividade inventiva não é de fato previsível", escreveu recentemente Zvi Griliches em sua declaração de posse como presidente da Associação Norte-americana de Economistas. "Uma 'inovação' verdadeira é uma inovação. Caso fosse conhecida de antemão, não seria inovação e os inovadores não conseguiriam obter renda dela."[38]

Esse ponto de vista mais estrutural da lógica dos mercados imperfeitos também muda a maneira como se pensam os remédios. Na perspectiva tradicional, a cura para uma externalidade negativa é simples: usam-se impostos ou multas para forçar um poluidor a internalizar totalmente o custo social e se mantêm essencialmente intocadas as preferências alocativas do mercado. Contudo, essa abordagem não produz necessariamente os avanços técnicos que poderiam constituir os antídotos mais eficientes contra a poluição; pode, simplesmente, levar a uma elevação de custos. Ao especificar normas explícitas, a regulação direta pode induzir a invenção de novas tecnologias. Contrariamente ao ponto de vista conservador, de que tais regulamentações representam principalmente custos e trazem poucos benefícios, as análises de custo/benefício tipicamente deixam de incluir o benefício total de se elevar o patamar do avanço técnico (ver o Capítulo 8, adiante). Sem regulação, inteiras categorias de inovação técnica, como o controle da poluição, têm seu dinamismo comprometido, pois há pouca demanda do mercado privado e, assim, pouca pesquisa e desenvolvimento.

Dotada de significativas economias de "escala", de "âmbito" e de "velocidade", e capaz de percorrer "curvas de aprendizado" íngremes, a grande empresa é com freqüência o habitat natural da inovação tanto tecnológica como organizacional. Porque faz tais contribuições valiosas, podemos conceder à grande empresa um certo grau de poder de mercado e divergências em relação ao comportamento "tomador de preços" que Alfred Marshall definiu para a hipotética firma virtuosa. O decano dos historiadores da empresa nos EUA, Alfred Chandler, em suas duas obras seminais, *The Visible Hand* [A mão visível] e *Scale and Scope* [Escala e âmbito], descreveu o novo tipo de empreendimento empresarial surgido no final do século XIX. Era grande, integrado, hierárquico e tornou possível um até então inédito volume e escala de produção, bem como detinha poder de mercado. "O novo potencial de se obter velocidade e volume de produção altamente aumentados gerou uma onda de inovações tecnológicas que varreu a Europa ocidental e os Estados Unidos, criando aquilo que, apropriadamente, os historiadores chamam de Segunda Revolução Industrial."[39] Essas eficiências de qualidade superior, baseadas na escala e na inovação técnica e organizacional, refutaram de forma definitiva a conclusão deprimente de Mill segundo a qual o aumento da quantidade de capital seria fútil, devido aos retornos decrescentes.

As firmas que maximizaram essas novas economias de "escala" (volume elevado e custo unitário decrescente) e "âmbito" (produtos diferentes que empregam o mesmo know-how e a mesma rede gerencial e de distribuição), que se dedicaram sistematicamente à inovação e à velocidade de produção, distanciavam-se muito das firmas atomizadas e tomadoras de preços da teoria clássica. Sua eficiência era estratégica, não alocativa. E, com freqüência, sua estrutura era oligopolista. "Tal concorrência oligopolista nessas indústrias intensivas de capital aguçou a capacitação de trabalhadores e gerentes em relação a cada produto. Tais capacitações, e mais a retenção de ganhos decorrentes de lucros trazidos pelas novas tecnologias, tornaram-se a base para o crescimento continuado dessas empresas manufatureiras", diz Chandler. "Firmas de fato cresceram combinando-se com concorrentes (integração horizontal) ou movendo-se para a retaguarda, para controlar materiais, e para a dianteira, para controlar canais de distribuição (integração vertical) [...]."[40]

Ao contrário do monopólio e da concorrência perfeita, a estrutura oligopolista parece – ao menos em muitos setores – ser mais compatível com altas taxas de investimentos em inovações. Ao resumirem as evidências empíricas em favor da perspectiva schumpeteriana, os economistas Kamien e Schwartz observaram que os investimentos em pesquisa e desenvolvimento tendem a ser muito maiores nas empresas grandes, mas dentro de certos limites. As evidências disponíveis sugerem que "uma estrutura de mercado intermediária entre o monopólio e a concorrência perfeita promoveria as maiores taxas de atividade inventiva".[41] Uma concentração moderadamente elevada – uma participação de mercado de 30% a 50% por parte das quatro maiores empresas – parece ser consistente tanto com a disciplina concorrencial como com altos níveis de despesas com pesquisa e desenvolvimento; contudo, o poder monopolístico acima desse nível parece retardar o processo.[42]

Como observa David Teece, empresas grandes e integradas conseguem obter mais retorno de inovações do que firmas pequenas e fragmentadas. "Firmas integradas não precisam vender suas inovações para extrair-lhes valor."[43] Também Richard Nelson assinalou que empresas grandes e integradas facilitam o fluxo de novas tecnologias do laboratório ao chão da fábrica, com menos preocupações quanto ao vazamento de informação sigilosa.

A história econômica do século XIX mostra que empresas solidamente plantadas, abrangendo tanto oligopólios como monopólios regulados, podem usar o poder de mercado para obter rendas, investir em pesquisa e desenvolvimento e baratear o custo de produtos ao longo do tempo. Uma boa ilustração da eficiência schumpeteriana *versus* a eficiência alocativa pode ser vista no setor do transporte aéreo, antes e depois da desregulação. O período da regulação do setor garantiu às empresas lucros estáveis e, assim, assegurou à indústria aeronáutica fregueses para novas gerações de aviões. Foram novos aviões, e não o processo de eficiência alocativa, que reduziram os custos reais das viagens aéreas. Um Jumbo pode levar um passageiro de um lugar a outro a um custo que é aproximadamente um oitavo do que o custo de um DC-3. Após a desregulação do setor, o acirramento da concorrência de preços e a suposta eficiência alocativa expulsaram as rendas e têm retardado a taxa de inovação técnica.

A Internet é um exemplo esplêndido do poder das instituições e motivações extramercado na criação de inovações-chave. Seus antecedentes e a tecnologia em que se baseia foram criados pelo Pentágono com finalidade militar, via ARPA-net.* Depois, um consórcio de universidades pegou carona no ARPA-net para finalidades de pesquisa. A Internet é governada por um consórcio sem fins lucrativos. É também interessante observar que, quando a Internet se tornou independente e passou a ser uma tecnologia usada por milhões de usuários através da World Wide Web, centenas de milhares de indivíduos e instituições começaram a oferecer informação gratuita, em "web sites" e "home pages" que patrocinam em nome da satisfação individual, da gratificação de seus egos ou por seu valor publicitário. Foi apenas a partir de 1995 que fornecedores de bens e serviços motivados pelo mercado começaram a entrar na Internet, numa simbiose muito desconfortável com os usuários originais – que, conforme o modelo de mercado, são altamente individualistas mas, ao contrário do que diz o modelo, rejeitam o comercialismo.

A tabela a seguir oferece uma demonstração dramática do poder da inovação sob regime regulado em comparação com os débeis ganhos da eficiência alocativa numa abordagem mais laissez-faire. Comparam-se as quedas de preços de passagens aéreas e de serviços telefônicos transatlânticos; preços em dólares, corrigidos para valores de 1990.[44]

	PASSAGEM AÉREA POR MILHA	*CHAMADA NOVA YORK – LONDRES DE TRÊS MINUTOS*
1930	0,68	244,00
40	0,46	188,00
50	0,30	53,20
60	0,24	45,86
70	0,18	31,58
80	0,10	4,80
90	0,11	3,32

Note-se que o custo real das viagens aéreas caiu constante e dramaticamente durante a era da regulação – e mais intensamente nos anos 70, mesmo em face da quadruplicação do preço do petróleo entre 1973 e 1979. Durante a primeira década da desregulação, os custos aéreos até mesmo subiram. O preço da chamada telefônica durante o período de monopólio da Bell caiu ainda mais depressa do que o das viagens aéreas. A concorrência apareceu no setor das ligações interurbanas no início da década de 80; o declínio de preço da chamada média prosseguiu após 1980, mas numa taxa muito inferior à observada nas décadas anteriores. Os serviços telefônicos interurbanos chegaram a ter seus preços ele-

(*) Advanced Research Projects Agency, criada na administração Dwight D. Eisenhower como parte do processo de focalização do esforço espacial norte-americano, até então fracionado, após o pioneiro lançamento do Sputnik pela União Soviética, em 1957. A ARPA-net, ou ARPANET, desenvolveu-se na década de 60 como via de comunicação acadêmica. Já a World Wide Web surgiu no âmbito do Centre Européen de Recherches Nucléaires (CERN), durante a década de 80. (N. T.)

vados no início dos anos 90, revertendo, assim, um século de tendência declinante.[45] O excesso de concorrência pode estar frustrando economias de escala.

Em uma grande quantidade de setores, a concorrência perfeita se revela insuportável na prática. Caso os costumes, as normas ou as regulamentações não proporcionem algum alívio à concorrência pura de preços, as empresas privadas encontram meios de se regular privadamente ou se cartelizar parcialmente. "Em muitos mercados relevantes de grande importância", escreve Joseph Bower, "poucas das condições necessárias para o livre mercado se verificam – se é que alguma se dá. Em particular, os números [de produtores] são pequenos, existem barreiras à entrada e à saída, a concorrência se dá com base na estratégia empresarial e não no preço e a intervenção governamental é disseminada."[46]

A pesquisa de dez anos de Bower examina o que as firmas de fato fazem em setores que são oligopólios estruturais (algumas poucas empresas são dominantes), apresentam importantes características de mercados imperfeitos ou, então, têm características de commodity que levariam a uma concorrência de preços ruinosa. Tipicamente, tais setores têm altos custos de implantação, uma insuficiente diferenciação de produtos e o risco de que uma concorrência indiscriminada de preços os leve ao nível do custo variável – com risco de ruína mútua. Bower argumenta persuasivamente que é melhor manter um pé firme no negócio, podendo assim continuar a inovar, do que embarcar numa concorrência de preços perfeita e mutuamente ruinosa. Ele pergunta: que tipos de normas ou formas benignas de conluio evitam a ruína mútua? Essa questão intrigante é formulada em termos de teoria de jogos, na forma de um problema de ação coletiva. Diferentemente da maioria dos economistas neoclássicos, Bower encara uma solução de soma positiva como benéfica não apenas para as firmas "conluiadas" mas para o bem-estar econômico de modo geral.

Bower dá o exemplo dos hotéis, setor em que algumas poucas redes têm individualidade suficiente para gozar de real poder de mercado e no qual a concorrência de preços indiscriminada seria verdadeiramente ruinosa. Bower pergunta-se por quê, afinal, os hotéis não praticam preços voltados para a eliminação da concorrência? "Hotéis centrais constituem grandes investimentos de capital, por vezes da ordem de 100 milhões de dólares."[47] O "produto", isto é, acomodação por uma noite, tem baixo custo marginal e desaparece na manhã seguinte. Mesmo o trabalho é um custo relativamente fixo. De modo a manter o serviço num nível elevado, os hotéis preferem manter estável seu nível de emprego. Ao mesmo tempo, embora em muitas cidades exista superoferta de quartos, os preços de estada mantêm um nível de estabilidade aparentemente inexplicável. E, o que é também muito interessante, os hotéis não roubam grandes blocos de negócios uns dos outros, apesar de que seria simples pegar do telefone e oferecer um preço melhor para o promotor de eventos de uma empresa ou associação. "Reservas firmes" são consideradas sacrossantas, havendo ou não contrato escrito. "Ninguém fala mal da concorrência."[48]

Conforme as constatações de Bower, normas poderosas como essas evitam a concorrência de preços ruinosa e mantêm-nos em níveis consistentes com um lucro razoável. E conclui: "O reconhecimento, por parte de controladores e executivos, da importância que a reputação da cidade tem para o negócio, o hábito de negociar cooperadamente com grandes grupos ou em situações de superlotação individual e a longa história de investimentos de implantação representada por um hotel proporcionam a base de um equilíbrio amigável entre a concorrência e a cooperação de preços". Bower encontrou padrões semelhantes em setores tão variados como o de commodities químicas, resseguros e mesmo no mercado atacadista de carros usados. Em todos os casos, normas vindas do costume mitigam a concorrência pura de preços e sanções informais punem os oportunistas. Líderes de mercado, que são os vilões tradicionais da teoria antitruste, são na verdade virtuosos, pois estabelecem padrões que evitam guerras de preços mutuamente destrutivas.

Na Alemanha, Japão e Coréia os cartéis são vistos com muito mais tolerância do que no Reino Unido e nos EUA. Naqueles países, o sistema nacional de inovação abre espaço para uma acirrada concorrência entre grupos industriais concorrentes, mas essa concorrência se dá tipicamente na base da qualidade e da excelência técnica, e não no preço. O sistema japonês também propicia uma complexa trama de contratos tácitos e lealdades recíprocas entre fornecedores e produtores primários, entre atacadista e varejista, entre empresa e banco e entre trabalhador e empresa. O comércio exterior funcionou esplendidamente bem para o Japão enquanto se deu em mão única. Quando as empresas norte-americanas, mais acostumadas à concorrência de preços, tentaram entrar no mercado doméstico japonês, a resistência foi acirrada, porque as empresas dos EUA não se conformavam às regras tácitas do Japão. Economistas ocidentais que estudam o Japão têm negado o que vêem, pois, patentemente, o Japão viola o sistema de preços e, no entanto, apresenta uma taxa de crescimento que é o quádruplo da dos EUA.

A atividade de mercado não opera isoladamente, mas precisa ser entendida no contexto de um "sistema nacional de inovação". Um sistema nacional de inovação é o conjunto de instituições implícitas e explícitas, públicas e privadas, que influem na propensidade de um país em inovar. Inclui diversos fatores estruturais além da eficiência alocativa dos mercados. Alguns desses elementos violam a concorrência perfeita, mas contribuem para a eficiência inovativa da economia. Incluem a qualidade das burocracias públicas; a capacidade das empresas e do governo em trabalhar cooperadamente e não como adversários; quanto e em que o governo gasta com pesquisa e desenvolvimento; a estrutura governativa das empresas; o efeito dos mercados financeiros nos horizontes temporais das firmas; a cultura técnica e científica das universidades e suas relações com a indústria; incentivos tributários para a poupança e o investimento e não para o consumo; e a cultura das relações capital-trabalho.

Todos esses fatores estruturais afetam a habilidade com que firmas e países inovam e concorrem globalmente. Grandes empresas multinacionais não operam num vácuo sociopolítico, são beneficiárias ou vítimas do sistema nacional de inovação de seus países-sede. Quando uma multinacional alemã ou japonesa concorre no mercado doméstico norte-americano, ou se defronta em mercados do Terceiro Mundo com firmas norte-americanas, leva consigo a herança científica, financeira, governamental e trabalhista do solo materno doméstico no qual está enraizada. Portanto, o laissez-faire puro não constitui opção, pois não podemos apagar a história. E, na linha da teoria geral dos mercados não ótimos, não é de todo claro que movimentos relativos na direção do laissez-faire nos serão necessariamente benéficos.

Virtudes da concorrência imperfeita

Essa linha de investigação e análise de cunho schumpeteriano elimina o pressuposto de que medidas que retiram a economia de seu curso de equilíbrio distorcem a eficiência econômica e, assim, retardam o crescimento. Isso, por sua vez, abre a porta tanto para uma perspectiva diferente como ao modo de funcionamento real dos mercados privados – se o poder de escala e preço pode ser virtuoso – e, também, para a questão de saber se a intervenção estatal pode, às vezes, induzir inovações que o mercado deixaria passar. Como observaram os economistas Elhanan Helpman e Gene Grossman num sumário sobre contribuições recentes à teoria do crescimento,[49] o novo ponto de vista sobre o crescimento e a inovação lança dúvidas sobre a premissa de que a otimização econômica é determinada pelo mercado. Tais dúvidas são duas: "Primeiro, a eficiência [alocativa] dita a formação de preços a partir dos custos marginais, mas a inovação requer a existência de lucros monopolistas. Segundo, a eficiência [alocativa] exige que os retornos ao investimento sejam plenamente apropriados, mas as características do conhecimento sugerem a prevalência de desperdícios".

Embora exista uma grande quantidade de evidências empíricas em favor da nova perspectiva sobre o crescimento, e apesar de esta ter conseguido penetrações substanciais no paradigma neoclássico reinante, tudo se comporta como se redatores de editoriais, comentadores populares e políticos jamais tivessem sido expostos a essa veia de pensamento econômico. Na maioria dos casos, consciente ou inconscientemente, comentaristas da imprensa pressupõem uma perspectiva largamente fora de moda sobre um sistema de formação de preços baseado inteiramente na eficiência alocativa, no qual mercados perfeitos maximizam a alocação eficiente dos investimentos e otimizam o crescimento e o bem-estar. Assim, o modo como a imprensa reporta os assuntos econômicos repete impensadamente truísmos a respeito da superioridade do laissez-faire que refletem exclusivamente as concepções alocativas sobre a eficiência.

Para ser justo com meus colegas da imprensa, a maior parte da responsabilidade repousa na profissão dos economistas. Até entre os economistas mais heterodoxos, especialmente aqueles que desejam resguardar suas posições na igreja neoclássica, mantém-se uma reverência quase intuitiva pelos mercados e um ceticismo quanto à intervenção estatal. Tal hesitação reflete a distorção potencial implicada em ser-se um economista *mainstream*. Mesmo em meio ao processo de demolir a economia clássica, os críticos sentem-se compelidos a exprimir que também eles são céticos em relação à competência dos governos. Nas palavras conclusivas de um livro que é um marco na demolição da perspectiva neoclássica sobre o crescimento, os historiadores da economia Richard Nelson e Sidney Winter nem por isso deixam de concluir com a cautela obrigatória de que "governos são muito limitados nas coisas que conseguem fazer bem". E, mais, "a tentativa de otimizar e, conseqüentemente, controlar o avanço tecnológico [...] não leva à eficiência, mas à ineficiência".[50]

Na verdade, exceção feita a heréticos assumidos, que não se importam com o ostracismo profissional, é possível discernir um padrão: quanto mais uma inspiração ou descoberta se afasta da sapiência neoclássica recebida, mais o economista se contorce para negar as implicações que traz para a teoria e a formulação de políticas – especialmente a conclusão de que, se feita com cuidado, a intervenção estatal pode melhorar resultados.

Por exemplo, o economista Paul Krugman, do MIT, realizou um trabalho pioneiro ao desafiar o truísmo de que as trocas mais livres possíveis levam à otimização dos resultados. Tal premissa, que é das mais universalmente aceitas na economia ortodoxa, baseia-se inteiramente na concepção alocativa da eficiência. No entanto, Krugman observou que, num mundo de dinamismo tecnológico e economias de escala, restrições temporárias ao livre comércio poderiam criar oportunidades para a captura de rendas e o desenvolvimento de conhecimento técnico – o que constitui uma boa descrição do Japão e da Coréia do pós-guerra, sem mencionar os EUA de antes da Primeira Guerra Mundial. Ao tropeçar nas implicações trazidas por Schumpeter ao ponto de vista standard sobre o comércio, Krugman cuidou imediata e cuidadosamente de distanciar-se das implicações de seu trabalho teórico para a política econômica, fazendo-o tanto para manter sua posição como economista *mainstream* como para evitar fornecer munição aos intervencionistas.[51]

Na maior parte dos casos, os críticos situados na ortodoxia manifestam grande cautela em partir de revisões bastante dramáticas da premissa de que o ótimo decorre da concorrência perfeita e, delas, saltar para recomendações no sentido de se adotarem políticas intervencionistas. Paul Romer, que já co-redigiu uma obra com Krugman, observou que os economistas tendem a "escamotear os assuntos políticos e institucionais complicados [...] e, em vez disso, preferem trabalhar de trás para diante, partindo de uma conclusão política desejada para chegar a um modelo econômico simples que lhe dê sustentação. Conforme essa abordagem, se desejamos desencorajar restrições contraproducentes ao comércio e ao investimento estrangeiro na maioria dos países do mundo, então o modelo certo é o da concorrência perfeita, de modo que se pode mostrar que a intervenção é, sempre e em qualquer lugar, um equívoco".[52]

Dessa maneira, embora a análise moderna da inovação e do crescimento remova o pressuposto de que o mercado mais livre possível e a forma mais perfeita de concorrência levam ao máximo bem-estar material, isso não leva a maioria dos economistas a atribuir méritos à intervenção estatal. No entanto, permite uma exploração mais aberta de diversos dilemas referentes à formulação de políticas. E nos ajuda a reconhecer que, em áreas em que os mercados são muito distantes do ótimo, a ausência de políticas é também uma política.

Se os mercados livres na verdade não otimizam os resultados, é ainda necessário pesar decisões necessariamente imperfeitas contra mercados imperfeitos. Essa questão, de "falha de mercado" *versus* "falha de política", constitui uma discussão por seu próprio mérito, a ser empreendida extensamente no Capítulo 9.

Desenvolvimento econômico e Estado

Armados com essa perspectiva schumpeteriana da inovação e do crescimento, podemos agora deixar a teoria econômica e nos voltar para a história econômica, boa parte da qual é permeada por violações ao modelo de concorrência perfeita dos livros-textos. As restrições feudais, pré-modernas, aos mercados foram criticadas com propriedade por Adam Smith. Sua eliminação permitiu a emergência de uma economia moderna mais concorrencial e dinâmica. Ainda assim, a história do desenvolvimento econômico real da maioria dos países está muito distante do modelo de concorrência perfeita. Subsídios estatais à educação, pesquisa, infra-estrutura, incubação estatal de setores nascentes, proteção a mercados domésticos têm sido parte das estratégias de desenvolvimento de quase todos os países capitalistas, incluindo os Estados Unidos. Na maioria dos casos, esses desvios em relação à concorrência perfeita não derivaram de teorias econômicas dissidentes.[53] Representaram respostas intuitivas de líderes nacionais a dilemas políticos práticos, refletindo freqüentemente o fato de que os objetivos da política externa e da economia são inextricavelmente ligados na prática.

O primeiro país industrial foi, é claro, a Grã-Bretanha. Não é de surpreender que economistas britânicos como David Ricardo tenham encontrado uma base científica para instruir outros países a importar bens industriais britânicos em vez de incubar suas próprias indústrias. Outros países que se industrializavam enfrentaram o dilema prático de decidir entre simplesmente comprar bens britânicos ou tentar desenvolver domesticamente uma competência industrial. Além do aspecto econômico, essa questão envolvia considerações de soberania e de segurança militar. Também deu lugar a preocupações quanto ao balanço de pagamentos, pois as condições de comércio tendiam a favorecer pesadamente os bens manufaturados.

Encarando-se a eficiência em termos estáticos, alocativos, como se fosse um instantâneo de um momento temporal, é claro que seria mais "eficiente" simplesmente importar bens britânicos, naquele momento melhores e mais baratos, agindo exatamente como louvado pelos economistas clássicos. No entanto, sob uma perspectiva de longo prazo, os líderes da maioria dos países emergentes perceberam o fato de que seu bem-estar futuro dependeria de aprender a manufaturar produtos em casa, mesmo se isso temporariamente significasse subsídios, proteção e a renúncia à compra dos produtos mais baratos vindos da Grã-Bretanha. Isso descreve os esforços de industrialização na Alemanha do século XIX, sob a inspiração do economista Friedrich List. Descreve o desenvolvimento sob liderança estatal que se deu na França desde a época de Colbert à de Mitterrand,* bem como o nacionalismo econômico do Japão, Coréia, Brasil e quase todo país industrial emergente, incluindo aqueles que dizem abraçar o livre mercado, como Taiwan, Cingapura e Hong Kong.

Essa abordagem também descreve o país que apresenta o mais arraigado ceticismo em relação ao poder estatal desde a sua fundação, e que nos dias de hoje é o mais ardentemente comprometido com a economia do laissez-faire – os Estados Unidos. É fácil demais acreditar que os EUA nasceram como um país do laissez-faire, e que apenas abraçaram uma economia mista nas circunstâncias extraordinárias da Grande Depressão. Na realidade, desde a época dos Artigos da Confederação,** os governos estaduais e federal têm, de diversas formas, feito intervenções para promover a inovação econômica e o desenvolvimento.

(*) Jean Baptiste Colbert (1619-83), ministro das Finanças de Luís XIV. François Mitterrand (1916-96), presidente francês de 1981 a 1995. (N. T.)

(**) A Constituição das treze colônias britânicas na América do Norte, adotada em 1781, no início de seu processo de independência. (N. T.)

O novo país se ressentia agudamente da falta de capital financeiro. A maior parte do valor de capital da economia tomava a forma de milhões de acres de terras públicas possuídas pelo governo, as quais quase dobraram após a Louisiana Purchase,* em 1803. Apesar da crença que o novo país tinha de que o governo deveria ser limitado, o desenvolvimento dessas terras (a agricultura constituía a principal produção econômica) foi tudo menos laissez-faire. Na observação do historiador Frank Bourgin: "É evidente que o valor das terras públicas devia exceder em muito o valor da totalidade do setor privado, e que, ao dispor delas, o governo agiu na capacidade de proprietário privado. Também não se deve esquecer do fato de que quem definia as condições era o governo: não era o mercado livre que fixava preços; as terras públicas não podiam ser vendidas sem ser antes agrimensuradas e só depois negociadas, em localidades planejadas e por preços estabelecidos em lei".[54]

Por mais de um século, a política federal encorajou o pequeno comodato [*freeholding*], por meio de proteção legal contra tomadas judiciais por débitos [*homesteading*], extensão agrícola e construção de estradas, canais e ferrovias, devido à convicção de que essa modalidade de ocupação da terra era consistente com uma forma republicana de governo e com o desenvolvimento da economia virgem. A começar pela Land Ordinance [Diretriz da Terra] de 1785 e pela Northwest Ordinance [Diretriz do Noroeste] de 1787, a política econômica rejeitou explicitamente a abordagem mais mercantil da venda de terras em grandes lotes privados pelo maior preço oferecido – embora se tratasse de uma grande tentação em face da dívida de guerra do país.

Uma abordagem de mercado, levando à concentração da posse da terra, não constituía meramente um dilema teórico. Os Fundadores** tinham aguda consciência da incompatibilidade entre o governo republicano e a estrutura fundiária feudal que caracterizava a maior parte da Europa. Antes da Revolução Americana, empresas imobiliárias especulativas já haviam se assegurado de direitos territoriais substanciais. Contavam com uma influência significativa tanto nas cortes dos reis ingleses como nas legislaturas dos territórios coloniais, e sua influência atrasou a ratificação dos Artigos da Confederação. De início, a política econômica da nova República favorecia deliberadamente o que os economistas mais tarde chamariam de "valor de uso", em oposição a "valor de troca" – um repúdio explícito da idéia de que o preço do mercado deveria determinar a posse e uso da terra.

(*) A compra, pelo governo dos EUA à França, por 15 milhões de dólares em valores de então, de uma faixa territorial que se estendia do Golfo do México ao Canadá e do rio Mississippi às montanhas Rochosas (pouco menos de um terço da atual área do país). (N. T.)

(**) Founders, ou Founding Fathers, os líderes da Revolução Americana. (N. T.)

O governo também ajudou o desenvolvimento de canais e ferrovias, tanto por meio da concessão de créditos como mediante subsídios fundiários que aumentavam o valor de terras contíguas possuídas pelos comodatários. A primeira mensagem anual de George Washington recomendou uma política nacional de desenvolvimento da "agricultura, comércio e manufaturas, de todas as maneiras apropriadas".[55] O Relatório sobre Manufaturas de 1791 do secretário do Tesouro [ministro da Fazenda] Alexander Hamilton expunha explicitamente que o jovem país precisava promover as artes industriais, além da agricultura.[56] Como em muitas que se seguiram, essa primeira advocacia em favor de uma política industrial tinha motivação parcial numa preocupação com a segurança militar. Ao encomendar o relatório, a Câmara de Representantes havia instruído Hamilton a preparar um plano capaz de permitir aos Estados Unidos se tornarem "independentes de outros países quanto a suprimentos essenciais, em particular militares". Hamilton, contudo, entendeu isso como uma autorização para argumentar em favor de uma defesa mais geral da manufatura, instando a criação de um "painel" governamental para a promoção de manufaturas, artes, agricultura e comércio, usando um fundo de subsídios administrado pelo painel. Embora tal painel nunca tivesse sido instituído, o ponto de vista de Hamilton teve ampla influência.

Mesmo Thomas Jefferson, usualmente caracterizado como laissez-faire e agrário, em contraste com o intervencionista e pró-indústria Hamilton, opunha-se vigorosamente à abordagem mais mercantil da especulação fundiária. Na qualidade de um dos articuladores da Declaração de Independência, nos anos 1770, integrante do Congresso nos anos 1790 e como o presidente que negociou a Louisiana Purchase, Jefferson promoveu o planejamento governamental, a subdivisão das novas terras e a ocupação de pequenos comodatos por residentes que trabalhariam, eles próprios, a terra. Jefferson também promoveu ativamente melhorias públicas na educação, ciência e transportes. O secretário do Tesouro de Jefferson, Albert Gallatin, desenhou um plano decenal para a construção de hidrovias e estradas nacionais. Em 1802, o governo federal deu início a uma política de concessão de terras públicas a escolas públicas locais. No discurso de sua segunda posse, Jefferson propôs um amplo programa de construção de escolas, estradas e canais e melhorias em rios e portos. A guerra de 1812 [com a Grã-Bretanha] impulsionou o apoio federal a um sistema nacional de transportes.

Em 1816, o presidente James Madison assinou uma lei que impunha uma alta tarifa protecionista e criava o Banco dos Estados Unidos. A construção de canais foi grandemente ampliada com a criação do Corpo de Engenharia do Exército [Army Corps of Engineers], em 1824. Como observou Arthur M. Schlesinger, Jr., "o projeto de uma expansão econômica nacional, baseado em melhorias internas, proteção tarifária, e a legislação bancária e fundiária, logo adquiriram um nome – o Sistema Norte-americano".[57]

Os governos estaduais eram ainda mais ativistas no apoio ao desenvolvimento econômico. O economista Carter Goodrich estima que o governo fornecia aproximadamente 70% do capital para a construção de canais e 30% para ferrovias, em contraste com o Reino Unido, em que as ferrovias foram construídas com capital exclusivamente privado.[58] Os arsenais dos EUA do século XIX foram também fonte tanto da invenção como da difusão de muita inovação industrial.[59]

A despeito da popularidade de Adam Smith e de David Ricardo e das doutrinas de livre comércio da Grã-Bretanha conservadora [*Whig*], tais pontos de vista tiveram muito pouco apelo nos EUA ou no continente europeu. A França, fosse sob regimes nominalmente monárquicos ou republicanos, manteve uma perspectiva estatizante do desenvolvimento. Em terras de língua alemã, o profeta econômico era o economista suábio Friedrich List, defensor do desenvolvimento liderado pelo Estado e, no entanto, ferrenhamente liberal em seu posicionamento político. E nos EUA, conforme escreve Schlesinger, "tão notável quanto a extensão da intervenção governamental era a ausência de oposição com base na teoria econômica. Quando as políticas intervencionistas eram atacadas, isso era feito porque seriam inoportunas ou pouco práticas, não porque constituíssem violações de leis econômicas imutáveis. Os empresários acolhiam os favores governamentais [...]. Os democratas radicais eram hostis ao favorecimento governamental, mas não à intervenção do governo em si".[60] Conforme Carter Goodrich, o radicalismo jacksoniano* "baseava-se no desejo de manter os negócios fora do governo [...], não o governo fora dos negócios".[61]

Mais tarde no século XIX, o governo perseguiu uma "política industrial" altamente bem-sucedida, dirigida ao principal setor da época, a agricultura. Através da Lei Morrill de 1862, o governo federal empregou subsídios fundiários para patrocinar uma rede notavelmente bem-sucedida de faculdades de mecânica e agronomia. O governo patrocinou a pesquisa agronômica, bem como a difusão do conhecimento científico mediante um sistema de extensão agronômica.

Os Estados Unidos tiveram também muito sucesso tanto na incubação da ciência pura como no desenvolvimento de instituições voltadas para sua aplicação e difusão. Muitas destas eram públicas, seja na forma de laboratórios industriais com ajuda governamental, seja de universidades estaduais financiadas pelo governo. Os historiadores David Mowery e Nathan Rosenberg observam que as faculdades criadas em terras doadas pelo governo tiveram papel crucial em assegurar aos Estados Unidos liderança tecnológica em áreas como a

(*) Andrew Jackson, sétimo presidente dos EUA, entre 1829 e 1837. (N. T.)

metalurgia e a engenharia elétrica e mecânica.[62] O MIT, originalmente uma instituição pública, foi pioneiro na engenharia química. Ao compararem a Inglaterra com os Estados Unidos e a Alemanha, Mowery e Rosenberg observam: "Uma tradição de escasso apoio público à educação [técnica] na Grã-Bretanha nada fez para aumentar o volume de treinamento profissional dos engenheiros britânicos, que ainda hoje são em muito menor número do que na Alemanha e nos Estados Unidos. Além disso, a Inglaterra não desenvolveu os vínculos informais entre a educação superior e técnica que foram importantes nos sistemas de pesquisa industrial dos EUA e da Alemanha".

Foi apenas no final do século XIX, com o maior poderio atingido pelos grandes conglomerados empresariais, com a ruptura da coalizão reformista dos pequenos comodatários por causa da Guerra Civil e com a disseminação da doutrina do darwinismo social, que intelectuais e políticos conservadores começaram a defender o ponto de vista de que o governo deveria eximir-se de intrusões na economia privada. O laissez-faire foi elevado à categoria de credo nacional, a despeito do fato anômalo de as empresas continuarem a se beneficiar de subsídios e de altas tarifas protecionistas. "A versão peculiarmente norte-americana do laissez-faire", observou secamente Schlesinger, significava "ajuda do Estado sem interferência do Estado."[63]

Politicamente, contudo, esse primeiro romance com o laissez-faire teve vida relativamente curta. As administrações de Theodore Roosevelt e, depois, de Woodrow Wilson deram lugar a uma onda progressiva de regulações e esforços redobrados do governo no sentido de promover a ciência, a tecnologia e a indústria. A Primeira Guerra Mundial e o período subseqüente viram uma ampliação dramática da colaboração do governo com a indústria, estimulando o avanço técnico. Mesmo durante a década pesadamente republicana de 1920, o tipo de conservadorismo do presidente Herbert Hoover era mais corporativista do que laissez-faire, de modo que a colaboração governo-empresa foi extensa durante aquela década conservadora.

Dois novos setores foram emblemáticos: a aviação e o rádio. Embora o primeiro avião tivesse voado nos Estados Unidos, o governo deu pouco apoio a essa tecnologia nascente em sua primeira década, enquanto a Alemanha e a França subsidiavam pesadamente suas respectivas indústrias emergentes. Depois da eclosão da guerra na Europa e do uso que a Alemanha fez de aviões tanto para reconhecimento como para combate, o Congresso dos EUA criou em 1915 um Comitê Assessor Nacional para a Aeronáutica [National Advisory Committee for Aeronautics – NACA], com a função de promover o desenvolvimento científico norte-americano na aviação.

O NACA interveio rapidamente para resolver uma disputa de patentes entre a Glenn Curtiss e a Wright-Martin Company que ameaçava atrasar a produção de aeronaves em larga escala. Isso resultou num acordo de licenciamento cruzado que liberou produtores rivais para usarem tecnologias de ponta. Em colaboração com o Exército dos EUA, o NACA também desenvolveu o Langley Memorial Aeronautical Laboratory, em Langley Field, no qual logo (em 1920) se construiu um túnel de vento e um laboratório dinamométrico. O NACA desenvolveu trabalho pioneiro em técnicas de teste, produziu desenhos de aerofólios mais avançados e melhores túneis de vento, ajudou a aperfeiçoar o trem de aterrissagem retrátil e a "carenagem NACA" para motores refrigerados a ar, a qual, de acordo com os historiadores Mowery e Rosenberg, permitiu redução da resistência aerodinâmica e do arraste da fuselagem em quase 75%.[64] Tudo isso aconteceu mais de dez anos antes do aparecimento do transporte de passageiros em massa. Esse foi um caso clássico de fracasso circular das forças de mercado privado em alocar capital suficiente para produzir inovações necessárias, pois o mercado de massa não havia ainda emergido e não havia segurança de que o investimento seria recuperado. O apoio público à tecnologia, por meio do NACA, ajudou a compensar essa falha de mercado.

Enquanto isso, o governo criou uma forte demanda por aviões através dos Correios. Com o colapso da demanda militar por aviões após a Primeira Guerra Mundial, a produção total norte-americana caiu de um pico de 14 mil aviões em 1918 para apenas 263 em 1922. No entanto, a Lei Kelly de Correio Aéreo de 1925, que deu a operadores privados o direito de transportar correspondência aérea, criou um novo mercado governamental na dianteira do ainda por nascer mercado de passageiros, estimulando assim a pesquisa privada e a produção.

O governo também foi o virtual responsável pela estruturação do setor de transporte aéreo, ao encorajar a criação de "transportadoras-tronco" [*trunk carriers*] capazes de servir tanto a passageiros como ao transporte postal. A Lei McNary-Watres de 1930 atribuiu inicialmente ao diretor dos Correios [*postmaster general*] essa função. A mesma lei previa pagamentos adicionais a transportadoras que empregassem aviões grandes e plurimotores e, mesmo, concedia ao diretor dos Correios o poder de organizar fusões de empresas. Por volta do início dos anos 30, a maior parte do transporte postal estava nas mãos de três grandes transportadoras, que se transformariam na Eastern, American e United. Em 1938, o Congresso consolidou a regulação aeronáutica sob o Departamento de Aeronáutica Civil [Civil Aeronautics Board], retirando a autoridade dos Correios mas mantendo deliberadamente a estrutura de grandes transportadoras-tronco, as quais eram tratadas como um cartel regulado.

Desse modo, a combinação entre as encomendas bélicas durante a guerra, o NACA, os subsídios postais e a regulação de rotas e tarifas estimulou de diversas maneiras complementares o desenvolvimento desse setor-chave. O NACA criou um subsídio tecnológico do lado da oferta, bem como um fulcro de pesquisa e excelência técnica financiado publicamente. A guerra e os contratos com os Correios deram lugar a estímulos do lado da demanda. A regulação de rotas e tarifas garantia o fluxo de pagamentos. Tomadas em conjunto, essas políticas aceleraram dramaticamente a inovação técnica tanto no setor público como no privado e deram condições para que o transporte comercial de massa se desenvolvesse muito mais rapidamente do que as forças privadas do mercado conseguiriam. A Segunda Guerra Mundial (ver mais sobre isso adiante) acelerou ainda mais essas dinâmicas.

Igualmente, a comercialização e o desenvolvimento técnico do rádio foram resultado direto de ações governamentais. Na Europa, onde as telecomunicações eram função governamental, a tecnologia do rádio era mais desenvolvida do que nos EUA. Às vésperas da Primeira Guerra Mundial, as duas companhias dominantes na transmissão de rádio eram a britânica Marconi e a alemã Telefunken. Durante a guerra, a Marinha dos EUA assumiu o controle das comunicações domésticas e transatlânticas, usando alternadores de alta freqüência, que permitiam a comunicação de longa distância entre navios e a terra. Secretamente, e trabalhando em colaboração com os militares, a AT&T buscou dominar a tecnologia da produção de válvulas a vácuo. Após a guerra, contudo, a Marconi, que já detinha a maioria das patentes-chave, estava à beira de comprar tanto a patente do alternador como outras tecnologias cruciais desenvolvidas pela GE e pela AT&T. Isso causou preocupações ao ministério do presidente Wilson, com o resultado de que em 1919 a Marinha organizou algo a que se deu o nome de "Radio Corporation of America" – RCA –, um consórcio para reter e desenvolver tecnologia de rádio.

A firma que logo se transformaria na principal empresa de bens eletrônicos de consumo foi lançada pelo governo e com injeção de capital público. Os acionistas principais eram a GE, a AT&T, a Westinghouse e a Marinha dos EUA. O secretário [ministro] da Marinha tinha assento no conselho da empresa. Em 1919, a RCA foi concebida como repositório de patentes-chave na área de rádio e como suporte comum para telecomunicações marítimas. No entanto, a RCA se expandiu rapidamente para a produção de receptores individuais e transmissores comerciais de rádio. Em pouco tempo o governo passou a se preocupar com o fato de ter criado um monopólio no setor da radiofonia comercial, cujo florescimento não antecipara. Em 1926, o Departamento [Ministério] da Justiça negociou um abrangente acordo antitruste, limitando a RCA à fabricação de receptores domésticos; a AT&T foi forçada a vender sua parte na RCA, mas foi compensada com o monopólio da fabricação de transmissores; a GE foi obrigada a fazer da RCA uma empresa separada e a licenciar patentes a outros fabricantes de aparelhos de rádio.

Esse é um eloqüente exemplo do funcionamento da teoria dos mercados não ótimos. Embora estivessem envolvidas empresas privadas, a emergente indústria da radiofonia pouco tinha a ver com mercados livres. A perseguição do controle nacional sobre as transmissões de rádio foi principalmente empreendida por diferentes governos, motivados por objetivos militares. Quando a RCA se configurou como firma de produtos eletrônicos de consumo, como resultado indireto de ações do governo, essa criação "não ótima" deu lugar a uma alternativa menos ótima ainda – um monopólio. Mais uma vez o governo teve que intervir, desta vez para restaurar a concorrência. Mas também nesse caso o remédio não foi inteiramente mercantil; em vez disso, foi uma mistura de imposições antitruste, concorrência e cartelização. Não havia condições institucionais para uma solução "ótima" (a mercantilização pura), pois a tecnologia de rádio vivia num domínio afetado por múltiplas ações governamentais.

Com a Segunda Guerra Mundial, sucedida quase imediatamente pela Guerra Fria, o envolvimento do governo no sistema nacional de inovação técnica experimentou um salto quântico. Antes da Segunda Guerra Mundial, em muitas ocasiões o governo havia ajudado a organizar novos setores econômicos e subsidiado a pesquisa aplicada, notadamente na agricultura. Contudo, o apoio governamental para a ciência básica fora minúsculo. A eclosão da guerra fez com que o governo se tornasse tanto um pesado comprador de produtos tecnicamente avançados como subsidiador de pesquisa básica e aplicada.

Muitas das indústrias-chave de hoje, se não todas, receberam imensos benefícios dos militares. Os primeiros computadores surgiram principalmente como resposta às necessidades militares relacionadas à criptografia. Os aviões a jato resultaram diretamente de contratos da época da guerra e de pesquisa financiada pelo governo. A Segunda Guerra Mundial representou um imenso impulso do lado da demanda para a produção de uma gama variadíssima de produtos, de aviões a máquinas-ferramentas, computadores, alumínio, borracha sintética etc. etc., bem como um programa para o capital humano e um período de expansão da pesquisa científica.

Em 1945, Vannevar Bush, que durante a guerra havia sido diretor do Departamento de Pesquisa Científica e Desenvolvimento [Office of Scientific Research and Development], publicou um relatório que ficaria famoso, "Science: the Endless Frontier" [Ciência: a fronteira infindável].[65] Em resposta a uma solicitação do presidente Roosevelt quanto à organização do apoio governamental à ciência para quando a guerra terminasse, Bush propôs aquilo que acabaria por se transformar na National Science Foundation (NSF). Embora motivada principalmente por preocupações relacionadas à defesa, a maior parte dos subsídios da NSF tem sido à ciência básica. Durante o meio século que sucedeu o fim da Segunda Guerra Mundial, devido à Guerra Fria a economia comercial norte-americana aproveitou-se de imensos subsídios tecnológicos e de pesquisa, a maioria dos quais em contradição com a crença nacional no laissez-faire. Durante a maior parte do período da Guerra Fria, os gastos dos EUA com pesquisa e desenvolvimento superaram a soma dos gastos dos demais países industrializados.

Hoje em dia o governo apóia a inovação de múltiplos modos. Dinheiro federal diretamente destinado a pesquisa e desenvolvimento atinge cerca de 80 bilhões de dólares anuais, ou cerca de 40% do total que a economia despende nessas áreas. As compras governamentais, das quais a maior parte é de produtos que incorporam tecnologias avançadas, criam um mercado de mais de 200 bilhões de dólares. O governo federal administra algo como 745 laboratórios. Concede bolsas diretas a cerca de 49 mil pesquisadores e estudantes de pós-graduação nas áreas científicas e na engenharia.

Os subprodutos comerciais da pesquisa de origem militar da época da Guerra Fria incluem supercomputadores, microprocessadores avançados, redes de computadores e máquinas-ferramentas controladas por computadores, avanços na metalurgia e nas ciências de materiais, cabos de fibras ópticas e muito mais. Laboratórios industriais que são civis na aparência, em especial o Bell Labs e o Sarnoff Labs da RCA, se beneficiaram intensamente de subsídios para pesquisa e contratos com o Pentágono. Embora os semicondutores tivessem sido inventados no Bell Labs, essa valorosa instituição privada deve sua existência em parte ao monopólio regulado e gerador de rendas que tinha sido a AT&T e, em parte, ao carinhoso apoio dos militares. O refinamento das gerações posteriores de semicondutores e microprocessadores beneficiou-se imensamente do insaciável apetite militar por computadores menores e mais velozes.

O fato de que isso significava uma política industrial implícita e não explícita trazia tanto custos como benefícios. Entre os custos estava o prejuízo ideológico de se ter que insistir que os EUA na verdade não acreditavam naquilo tudo. A incubação deliberada de certas tecnologias avançadas com objetivos de defesa nacional constituiria uma exceção infeliz ao dogma dominante do livre mercado. Transbordamentos seriam incidentais e (como se dizia a incrédulos parceiros comerciais) mesmo lamentáveis. Outro custo foi o desenvolvimento de duas culturas industriais, uma acostumada com a tutela militar, contratos generosos e horizontes de planejamento muito longínquos, a outra habituada com a concorrência por mercados comerciais e com a necessidade de satisfazer aos imperativos de prazo mais curto de Wall Street. Quando os contratos militares encolheram, muitas empresas tecnicamente elegantes não conseguiram atravessar a transição. A colaboração de pesquisa não relacionada a objetivos de segurança nacional entre empresas concorrentes era há muito coibida, por violar doutrinas antitruste. Desencorajava-se ou se proibia o desenvolvimento de mercados de exportação para muitos produtos de alta tecnologia, para que estes não caíssem em mãos erradas.

Contudo, os benefícios eram também significativos. Numa sociedade que tem horror a sancionar o envolvimento governamental na economia, a Segunda Guerra Mundial e a Guerra Fria permitiram que centenas de bilhões de dólares fluíssem para a pesquisa e desenvolvimento. O Pentágono também funcionou como agente de difusão técnica. O sistema de se lidar com uma empresa contratada e com duas camadas de subcontratadas exigia que as grandes empresas compartilhassem com empresas menores tecnologias avançadas de processo. Inadvertidamente, isso funcionou como uma espécie de sistema de extensão tecnológica.[66] O sistema tecnológico/militar também funcionou como uma espécie de banco de investimentos para projetos de tecnologia ultra-avançada; a Agência de Projetos Avançados de Pesquisa de Defesa [Defense Advanced Research Projects Agency – DARPA] desenvolveu quase sozinha a indústria de supercomputadores, necessária para o projeto de mísseis, a modelagem dos efeitos de armas nucleares e a decifração de códigos. Durante o *boom* do pós-guerra, principalmente duas instituições contrabalançaram os horizontes de curto prazo ditados pelos mercados financeiros norte-americanos: o Pentágono, com seus bolsos fundos e seus largos horizontes de planejamento, e os diversos setores tecnicamente dinâmicos que constituíam cartéis regulados.

Políticas que promovem tecnologias e setores costumam ser amplamente consideradas como vulneráveis às pressões da baixa política. No entanto, durante a Guerra Fria, a necessária confidencialidade da conexão militar teve o efeito de proteger substancialmente a política tecnológica da tarefa de cultivar legisladores poderosos. Se os Estados Unidos estivessem secretamente desenvolvendo tecnologias altamente comprometedoras para máquinas destinadas à construção de aviões e submarinos, ou para supercomputadores voltados à criptografia, isso era julgado demasiadamente importante para ser submetido a barganhas de plenário. Numa escala surpreendente, o Congresso confiava em que os cientistas envolvidos com assuntos militares buscariam o conhecimento necessário onde quer que ele estivesse, sem que entrassem em consideração questões regionais ou relacionadas a distritos eleitorais.* Às vezes, o establishment científico-militar era criticado discretamente (e impotentemente) pelo Congresso, por concentrar recursos federais em algumas poucas universidades de pesquisa – MIT, Berkeley, Stanford, CalTech –, mas com pouco resultado. A baixa política operava no plano da política de licitações, gerando batalhas épicas quanto a definir se seria a General Dynamics ou a Boeing a abocanhar grandes contratos para a fabricação de aviões. Isso, porém, não interferia com a ciência básica.

A ciência financiada com fundos federais também era protegida por uma nova instituição: a arbitragem. Antes do período de financiamento científico pesado pelo governo federal, grandes fundações privadas como a Rockefeller e a Carnegie haviam desenvolvido a arbitragem informal para solicitações de bol-

(*) Nos EUA, a composição da Câmara de Representantes (deputados) é determinada por voto distrital. (N. T.)

sas, de modo a obter aconselhamento especializado e evitar favorecimentos. Tal sistema foi explicitamente formulado nos estatutos de fundação da National Science Foundation e dos Institutos Nacionais de Saúde [National Institutes of Health – NIH], para que a alocação de dólares destinados à pesquisa permanecesse despolitizada. Esse é um bom exemplo de como o processo político é capaz de conceber inovações para imunizar-se contra suas próprias tendências mais grosseiras. Embora usada por instituições governamentais, a arbitragem de projetos pode ser culturalmente alocada num "terceiro setor" que não é nem mercado nem Estado. Bolsas de pesquisa não são alocadas burocraticamente, politicamente ou por meio de forças do mercado, mas com base em avaliações cegas exercidas pela comunidade científica especializada. O sistema parece funcionar melhor do que a alocação política ou mercadológica.

Durante o mesmo período pós-guerra, o governo norte-americano despejou centenas de bilhões de dólares na pesquisa biomédica, neste caso não por motivos principalmente militares mas como derivação do mesmo consenso nacional de que o governo deveria apoiar a pesquisa básica. Criado em 1944, o National Institutes of Health gastou anualmente cerca de 8 bilhões de dólares, aproximadamente o mesmo despendido pelos setores privados da indústria farmacêutica e da instrumentação médica. Ao longo do período do pós-guerra, a indústria farmacêutica esteve consistentemente entre os setores de base mais lucrativos, bem como perfilou entre os líderes exportadores mais confiáveis. O setor mais novo da biotecnologia também se beneficiou substancialmente do apoio governamental às ciências da saúde, mais recentemente mediante o projeto multibilionário de mapaear o sistema genético humano. Mesmo os republicanos de Gingrich,* em contradição com a ideologia que professadamente cultivam em favor do laissez-faire e dos cortes orçamentários, ampliaram o financiamento ao NIH por causa dos patentes benefícios que traz à indústria.

Note-se, aqui, a operação de um nexo de três vias envolvendo o apoio governamental à inovação, promovendo um setor de ponta. Os NIH concedem bolsas de pós-graduação para cientistas, financiam laboratórios de pesquisa e apóiam investigações de cunho mais aplicado, tudo isso necessário para fazer avançar o conhecimento científico que está na base da comercialização de produtos de consumo geral. A proteção de patentes que o governo estende aos produtos farmacêuticos e a tolerância em relação aos preços monopolísticos praticados por essa indústria erram do lado da generosidade, pois permitem às empresas acumularem rendas substanciais, que são reinvestidas em mais inovações. Finalmente, a Administração de Remédios e Alimentos [Food and Drug Administration – FDA] – odiada por sua presença regulatória – funciona como

(*) Newt Gingrich, a partir de 1995 Speaker of the House (presidente) da Câmara de Representantes (deputados) dos EUA. (N. T.)

agência certificadora de altíssimo nível, respeitada mundialmente. A aprovação da FDA confere credibilidade global aos produtos de exportação dos fabricantes norte-americanos. Assim, uma tríplice violação do laissez-faire alocativo – subsídios à pesquisa, proteção de preços e interferência regulatória – ajudou a incubar um dos setores mais relevantes da indústria norte-americana.

Intervenção e inovação

Esta breve história merece ser recontada, por diversos motivos.

Em primeiro lugar, exibe a falácia da idéia de que os Estados Unidos têm sido, historicamente, o país do laissez-faire. Apesar das restrições constitucionais ao poder estatal e a um credo nacional generalizadamente individualista [*libertarian*], a atuação governamental em favor do desenvolvimento econômico e industrial é profundamente enraizada na herança norte-americana. Como país emergente que procurava desenvolver-se, industrializar-se e manter sua soberania, a República Norte-americana, ao nascer, desconfiava da influência financeira e comercial estrangeira. Durante a maior parte de sua história anterior à Primeira Guerra Mundial, os Estados Unidos mantiveram altas tarifas externas. Também se comprometeram com políticas industriais significativas e altamente intervencionistas, tanto por motivação militar direta como na forma de subprodutos desta. A afirmação de que o laissez-faire puro constituiria um curso ótimo é na verdade muito recente e destoante da maior parte da história norte-americana.

Em segundo lugar, há hoje uma aguda disparidade entre a política que os EUA perseguiram durante a maior parte dos duzentos anos de sua existência e o aconselhamento que dá hoje às economias em desenvolvimento. A maior parte dos países emergentes na verdade seguiu os passos de desenvolvimento dos EUA, empregando o poderio do Estado para combinar o conhecimento técnico e o desenvolvimento econômico com uma dose tolerável de soberania. Em anos recentes, contudo, o governo dos EUA e os investidores privados norte-americanos têm usado a considerável influência diplomática do país para desviar as economias emergentes para um caminho muito diferente do que os EUA seguiram: promover a entrada de capital privado estrangeiro, abolir discriminações que favoreçam a produção doméstica e evitar o investimento público, a regulação pública, os subsídios públicos e o controle público dos meios de produção.

O Fundo Monetário Internacional e o Banco Mundial, que agem substancialmente por procuração dos EUA, têm também usado sua marcante influência para alertar os países em desenvolvimento para que, acima de tudo, "acertem seus preços" e confiem nos mecanismos de mercado e em suas políticas de estabilização econômica, em vez de perseguir o desenvolvimento econômico mediante o emprego de créditos governamentais e de políticas industriais. Diplomatas e economistas norte-americanos entusiastas do livre mercado são tão confiantes a respeito da opinião contemporânea quanto a tal abordagem que chegam a injetar políticas laissez-faire na perspectiva com que descrevem as histórias de sucesso de países que se industrializaram recentemente, como o Japão e a Coréia – cujas políticas de desenvolvimento, na realidade, seguiram o caminho oposto.[67]

Por fim, a história norte-americana demonstra vividamente o poder da eficiência inovativa, em contraste com a eficiência alocativa. Não é possível fazer a história repetir-se como num experimento. No entanto, é muito difícil acreditar que, no ano 2000, os Estados Unidos seriam um país mais próspero caso os governos federal e estaduais do século XIX não tivessem promovido o desenvolvimento de ferrovias e canais, se nunca tivessem fundado universidades estaduais e faculdades de agronomia e mecânica, se não tivessem promovido a extensão agronômica, se não tivessem desencadeado programas governamentais para acelerar o desenvolvimento do rádio, da aviação civil, dos semicondutores e da fabricação de produtos farmacêuticos, se não tivessem apoiado a pesquisa básica nas ciências e se nunca tivessem ocorrido os imensos estímulos técnicos da Segunda Guerra Mundial e da Guerra Fria. É ainda menos provável que o Japão e a Coréia do Sul experimentassem hoje uma prosperidade maior caso tivessem simplesmente esperado que as forças do mercado privado seguissem o ditado da eficiência alocativa, em vez de tomarem medidas heróicas para se industrializarem.

Neste ponto do argumento, o bom livre-mercadista objetará que é fácil demais enfatizar apenas os sucessos. É verdade que, no século XIX, muitos empreendimentos ferroviários e de operação de canais fluviais quebraram; que esquemas de investimento público no México, Brasil, Índia e mesmo na França freqüentemente não produziram resultados. Num livro emblemático, intitulado *The Technology Pork Barrel* [Miudezas tecnológicas], os economistas Linda Cohen e Roger Noll[68] frisam fracassos como a Synfuels Corporation da era Jimmy Carter, o reator nuclear de Clinch River e o projeto do transporte supersônico (SST) – que, afinal, o Congresso deixou de aprovar, em 1971. De seus seis estudos de caso, apenas um foi considerado um sucesso irrestrito – o do satélite de comunicações financiado pelo governo e que, depois, foi privatizado e deu origem à empresa Comsat. A partir dessa amostra relativamente pequena e bastante viciada, Cohen e Noll concluíram que, embora o subsídio governamental à ciência pura possa ser prudentemente defendido, as tentativas do governo de patrocinar a "comercialização" de tecnologias geralmente saem pela culatra. Dizem que "a lição que se impõe dos estudos de caso é que o objetivo da eficiência econômica – consertar falhas de mercado no patrocínio privado de inovações comerciais – resulta tão severamente condicionado por forças políticas que nunca se instituiu um programa nacional efetivo e coerente de pesquisa e desenvolvimento".[69]

Observem-se, contudo, duas peculiaridades nos circunlóquios dessa formulação. Primeiro, o objeto da pesquisa – "um programa nacional efetivo e coerente de pesquisa e desenvolvimento" – é uma espécie de espantalho. É especificado de tal modo que exclui automaticamente a maioria dos sucessos. O desenvolvimento do rádio, da microeletrônica, dos supercomputadores, da aviação a jato, de máquinas-ferramentas operadas por controle numérico (em todos esses casos por meio de financiamentos do Pentágono) e avanços biotecnológicos conseguidos com apoio do NIH – para não mencionar a mais antiga e altamente bem-sucedida "política industrial", voltada para o aumento da produtividade agrícola – não resultaram exatamente de esforços deliberados e estreitos de "comercializar pesquisa e desenvolvimento", embora esse tivesse sido o resultado e a intenção geral. Em segundo lugar, Cohen e Noll assumem uma perspectiva biliosa, ao estilo "escolha pública",* de como o processo político seria contraproducente. No entanto, fica-se a imaginar como foi possível que o mesmo processo político defeituoso tenha sido capaz de criar jóias como o DARPA, o NIH, a NSF e os laboratórios nacionais, todos incubadores de tecnologias que levaram a inovações comerciais.

Acontece que a teoria econômica não é capaz de decidir definitivamente essa questão. A partir do diálogo conceitual entre Schumpeter e Smith sabemos ser essencialmente indeterminada a disputa entre a eficiência alocativa e o ganho técnico dinâmico. A história industrial sugere fortemente que, com freqüência, violações da eficiência puramente alocativa são vantajosas. Mas também sabemos que grosseiras e prolongadas transgressões ao sistema de preços levam a desastres. E, contrariamente a economistas como Cohen e Noll, sabemos que não só os mercados, mas também o exercício de políticas, são capazes de produzir conhecimento cumulativo e invenção. O SST foi descontinuado (pelos liberais) do mesmo modo que o projeto Synfuels teve seus fundos cortados (pelos conservadores). Foi o setor público que inventou a arbitragem de projetos científicos, do mesmo modo que a extensão agronômica, a hipoteca auto-amortizável e os consórcios de pesquisa pré-concorrenciais.

Essa revisão da história e da teoria econômica deveria, ao menos, comprometer o pressuposto de que os mercados livres otimizam o conhecimento técnico. Mas quais intervenções administrativas seriam capazes de se desempenhar bem no jogo da disciplina de mercado, de tal forma a compensar a falha dos mercados puros em maximizar a inovação e, simultaneamente, minimizar os riscos

(*) *Public Choice*: teoria econômica sobre os processos de decisão política que valeu a seu idealizador, o economista norte-americano James Buchanan, o prêmio Nobel de 1986. Ver o Capítulo 9. (N. T.)

da miopia burocrática ou política? Para a maioria dos economistas clássicos, a escolha é bastante fácil: se é necessário afastar-se do sistema de preços, isso deve ser feito do modo mais mercantil possível.

Esse debate se reveste de uma urgência nova, pois as políticas tecnológicas e industriais dos EUA não podem mais se esconder por trás da Guerra Fria. Ou se institui uma justificativa amplamente consensual para violações do laissez-faire na estimulação de inovações ou o subsídio público à inovação técnica gradualmente se reduzirá pela pressão simultânea dos cortes orçamentários e do ataque ideológico. O montante que o governo continuará a alocar para a pesquisa e o desenvolvimento será reflexo das disputas entre prioridades orçamentárias. Tais disputas se travarão num novo clima de escassez fiscal que, por seu turno, é resultado do ataque abrangente que se faz à capacidade de o governo fazer qualquer coisa com competência. No orçamento para o ano fiscal de 1996, o apoio governamental para pesquisa e desenvolvimento caiu em termos reais. Importantes universidades de pesquisa, como o MIT, Berkeley, CalTech e Carnegie-Mellon, enfrentaram cortes indiretos na ajuda para pesquisa e desenvolvimento, devido a mudanças introduzidas na fórmula geral de alocação.

Na verdade, boa parte do financiamento do governo – inclusive para a pesquisa básica – faz parte do orçamento do Pentágono,[70] e tem flutuado entre metade e dois terços de todos os gastos governamentais com pesquisa e desenvolvimento. Nos últimos anos, a pesquisa e desenvolvimento não militares oscilou por volta dos 1,8% do PIB, ou cerca de 50% menos do que se gasta na Alemanha ou no Japão. Direta ou indiretamente, o Pentágono proporciona quase metade de todo o apoio federal à matemática e às ciências acadêmicas, bem como mais de 40% do apoio federal à engenharia.

Da política industrial à parceria de pesquisa

Antes da virada ideológica para a direita, em 1994-5, emergia um novo consenso para finalmente resolver os estéreis debates da década de 70 em torno da política industrial. Conforme esse novo consenso, a maioria dos economistas *mainstream* havia aceitado que o governo tem um papel legítimo, embora modesto, a desempenhar na promoção de pesquisa e desenvolvimento "pré-concorrenciais" – dotações que o mercado privado não financia de modo ótimo e cujos frutos se difundem amplamente. Isso nada mais era do que a aceitação de uma externalidade positiva que, há muito, vinha sendo disfarçada como gastos com defesa.

Os debates anteriores a respeito de saber se os Estados Unidos deveriam ter uma "política industrial" eram enganadores, pois os objetivos eram ambíguos, mesmo para os defensores da posição, e porque cada lado tendia a exagerar as posições do oponente. Para alguns, política industrial não passava de um eufemismo para o perene interesse da esquerda liberal no planejamento econômico nacional. Apresentada de modo menos estreito, a política industrial seria uma resposta à desindustrialização que passara subitamente a ocorrer em indústrias básicas, como a automobilística e a siderúrgica.

Alguns de seus primeiros defensores, como Robert Reich, encaravam a política industrial como uma estratégia para facilitar a transição de empresas em dificuldades para situações dinâmicas, em setores em que a superioridade norte-americana também se encontrava subitamente sob ataque. Para outros, como Bennett Harrison e Barry Bluestone, a política industrial seria um comprometimento governamental para ajudar a revitalizar setores equivocadamente desconsiderados como defuntos, setores cujo problema real era uma combinação de más decisões administrativas e relações trabalhistas conflituosas, no plano doméstico, e subsídios e práticas comerciais agressivas, no plano externo.

Independentemente da filiação partidária, economistas orientados para o mercado enxergavam defeitos em toda a abordagem. Charles Schultze gostava de dizer que, ao menos, operações-salvamento *ad hoc* fariam menos mal do que grandiosos esquemas de política industrial. O debate se degenerou em uma escaramuça para determinar se o governo seria ou não mais competente do que os mercados em "apostar em vencedores". A política foi atacada por pretender resgatar setores que a mão invisível acertadamente teria consignado ao ferro-velho. A discussão travou-se num bizarro idioma de oposição entre setores "de alvorecer" e "de entardecer", deixando completamente de lado o fato de que, direta ou potencialmente, algumas das tecnologias mais avançadas operavam em setores supostamente enferrujados, como a fabricação de automóveis e a siderurgia. Além disso, políticas industriais eram encaradas como arcaicamente nacionalistas, numa época em que se embaçava a identidade nacional das firmas multinacionais.

Acautelado por seus próprios economistas, o governo Carter patrocinou algumas poucas políticas industriais *ad hoc* – um programa "tripartite" (indústria-trabalho-governo) embrionário para a modernização do setor siderúrgico, pequenos subsídios tecnológicos para aumentar a produtividade na manufatura de sapatos e roupas e também, um tanto culpadamente, no apoio ao empréstimo em garantia concedido à Chrysler. Com a eleição do governo Reagan, em 1980, a idéia de que políticas governamentais pudessem decidir quais setores domésticos seriam apoiados explicitamente desapareceu do debate público.

E, no entanto, a questão de como fazer as políticas públicas promoverem a inovação não desapareceu. Em vez disso, com o fim iminente da Guerra Fria, o assunto foi rebatizado como política tecnológica. Mesmo nas duas administrações republicanas conservadoras, os planejadores militares se preocupavam com a possibilidade de que tecnologias vitais para a defesa nacional se perdessem, seja por causa do encolhimento das dotações orçamentárias militares, seja devido a produtores estrangeiros melhores, seja por ambos os motivos. Sob as administrações Reagan e Bush, continuou a se desenrolar uma feroz batalha ideológica entre nacionalistas tecnológicos e individualistas econômicos. O chefe do Departamento de Administração e Orçamento [Office of Management and Budget], Richard Darman, declarou numa reunião do gabinete ministerial, "Para que, afinal, precisamos de uma indústria de semicondutores? Se o nosso pessoal não conseguir improvisar, deixa passar". Michael Boskin foi citado – mas depois desmentiu – por dizer "Computer chips, wood chips, potato chips, what's the difference, they're all chips" [Chips de computadores, aparas de madeira, batatas fritas, quem se importa, é tudo pedacinho].[71] Essa era a sabedoria-padrão com respeito à eficiência alocativa: um dólar no PIB vale tanto quanto outro, e o mercado é o que melhor determina o que se produz. Se o Japão expulsasse os produtores norte-americanos do setor de semicondutores – mesmo com base no protecionismo – isso deveria, de algum modo, representar a voz do mercado.

Enquanto isso, os democratas (que ainda controlavam o Congresso) montaram uma ação de retaguarda, usando o interesse militar em tecnologias-chave para desenhar uma política tecnológica nacional mais explícita. Estimulado por uma lei concebida pelo senador democrata Jeff Bingaman, do Novo México, em 1989 o Pentágono identificou 22 tecnologias consideradas cruciais para a defesa nacional.[72] A lista, na verdade, correspondia à totalidade das tecnologias de ponta. Na prática, o esforço camuflou o fato de que as preocupações militares funcionavam como sucedâneo de política industrial; e também antecipava preventivamente o fim da Guerra Fria, quando tal substituição deixaria de ser suficiente. Além disso, o governo Reagan continuou a praticar intermitentemente uma política comercial externa linha-dura, em especial *vis-à-vis* o Japão, o que forçou o governo, mesmo que desconfortavelmente, a definir quais tecnologias e quais setores importavam para os EUA e quais não.

Durante os anos 80, diversas leis redigidas por uma coalizão de democratas com conexões militares, democratas planejadores e republicanos "livre comércio" foram sancionadas pelos presidentes Reagan e Bush. Legislação aprovada em 1983 e ampliada em 1989 permite que empresas privadas desenvolvam projetos colaborativos de pesquisa com os laboratórios nacionais. Em 1982 instituiu-se um fundo de pesquisa e desenvolvimento para pequenas empresas, para ajudar a comercialização de novas tecnologias de processo. Em 1984, a lei antitruste recebeu emendas que passaram a permitir a instituição de consórcios de pesquisa. Estas últimas foram liberalizadas em 1993. Essencialmente a mesma coalizão apoiou a formação da SEMATECH, com o objetivo francamente intervencionista de manter e ampliar a liderança norte-americana na produção de semicondutores. A participação no capital da SEMATECH é 50% privado, correspondente às empresas integrantes, e 50% do Pentágono. A lei comercial de 1988 ampliou as funções do antigo National Bureau of Standards [responsável pela definição de normas técnicas] num novo Instituto Nacional de Normas e Tecnologia [National Institute of Standards and Technology] e criou um Programa de Tecnologia Avançada, civil, para ajudar empresas a desenvolver tecnologias "pré-concorrenciais". Em 1989, conferiu-se ao DARPA autoridade explícita para funcionar como banco de capital de risco para tecnologias militares e híbridas, como semicondutores avançados, litografia de raios X, usada na fabricação de semicondutores, e monitores de tela plana. Os laboratórios nacionais, criados pelo Estado guerreiro, tiveram sua ênfase mudada para a colaboração no desenvolvimento de tecnologias civis.

Com a eleição do presidente Clinton em 1992, essa abordagem ganhou novos aliados na Casa Branca. O vice-presidente Al Gore mostrou-se um apoiador entusiástico de uma presença federal mais assertiva na pesquisa e desenvolvimento. Em destacado contraste com a década republicana de 1980, o Relatório Econômico da Presidência de 1994 manifestou apoio entusiástico a "iniciativas tecnológicas" para "corrigir falhas de mercado", tanto na pesquisa básica como em tecnologia pré-comercial e, mesmo, em aplicações comerciais.[73]

A despeito de cortes no total do orçamento federal, o governo Clinton ampliou significativamente as dotações para subsídios à tecnologia. Assim, por exemplo, o Programa de Tecnologia Avançada cresceu de 36 milhões de dólares em seu primeiro ano (1991) para 431 milhões de dólares em 1995. O Departamento [Ministério] de Comércio também lançou um serviço de extensão industrial, chamado Parceria para a Extensão Manufatureira [Manufacturing Extension Partnership], com base no modelo da extensão agronômica. Sob Clinton, o governo federal também conduziu políticas industriais mais explícitas para desenvolver automóveis com maior eficiência quanto ao consumo e que sejam menos poluidores; também desencadeou a Iniciativa de Tecnologias Ambientais [Environment Technologies Initiative], sediada na EPA [Environmental Protection Agency, o organismo federal para a proteção ambiental] e lançou um projeto qüinqüenal de 22 bilhões de dólares para ajudar fornecedores de equipamentos militares a efetuarem a conversão de suas unidades industriais para aplicações comerciais.

Os críticos laissez-faire das políticas tecnológicas e industriais costumam desenhar a caricatura de um czar burocrático ou um Congresso corrupto a escolher arbitrariamente os ganhadores – uma arrogante presunção de decidir melhor do que o mercado. O processo real segundo o qual o governo apóia tecnologias, por exemplo através da SEMATECH ou dos laboratórios nacionais, é muito mais consultivo, consensual e iterativo. Apesar da prévia polarização de opiniões a respeito da política industrial, no início dos anos 90 já existia algo como um meio-termo intelectualmente defensável: o governo ampliaria seus esforços na ciência básica e na pesquisa aplicada em setores tecnologicamente dinâmicos, com o duplo objetivo de manter a competência norte-americana em tecnologias emergentes e de compensar a redução das necessidades de defesa. Não se tratava exatamente de política industrial no sentido ridicularizado por economistas como Cohen e Noll, mas decerto constituía um desvio substancial em relação a confiar no livre mercado. Em ambos os partidos reconhecia-se amplamente que, com o declínio dos gastos militares, políticas tecnológicas civis explícitas teriam que preencher a lacuna.

Mesmo assim, com o fim da Guerra Fria e o declínio das dotações militares para pesquisa e desenvolvimento, a expansão dos subsídios civis para a ciência básica e a tecnologia aplicada não conseguiu compensar os cortes militares. E os extensos cortes orçamentários de 1995-6, estimulados pela adoção republicana de um laissez-faire mais fundamentalista, comprometeram seriamente os esforços de Clinton.

Desse modo, a ameaça ao meio-termo quanto ao apoio governamental à inovação é tanto ideológico como orçamentário. E quanto a isso há uma real ironia na última moda direitista da política norte-americana. Embora exista um consenso respeitável entre economistas de que o governo pode contribuir para o bem-estar nacional por meio do apoio ao progresso tecnológico, esse papel construtivo está sendo minado pelo ataque mais amplo dirigido contra o governo em si. Processo muito parecido está ocorrendo na área da regulação pró-concorrencial – para a qual nos voltamos agora.

7

CONCORRÊNCIA REGULADA

A INEVITABILIDADE DA REGULAÇÃO

Na celebração dos mercados, a regulação seria uma âncora desnecessária e improdutiva, que comprometeria a eficiência. Como de hábito, o herói da história é o sistema de preços. A regulação altera os preços que se estabeleceriam num mercado laissez-faire, alterando dessa forma a alocação dos recursos e, supostamente, depreciando o desempenho total.

Como vimos, contudo, é freqüente que a regulação facilite o comércio em domínios não ótimos, em que é impossível atingir a concorrência perfeita. Se retomarmos os casos da assistência médica e dos mercados financeiros, é evidente que a concorrência regulada é necessária para compensar não apenas "falhas de mercado" isoladas como também enormes disparidades entre a teoria e a prática. Em mercados necessariamente imperfeitos, mesmo a montagem deliberada de incentivos "mercantis" é, em si, uma forma de regulação.

Ao se repassar a história econômica dos EUA dos últimos cem anos, pode causar surpresa a constatação de que, até recentemente, algo como dois terços dessa economia altamente capitalista e privada eram substancialmente regulados. De fato, alguns dos setores mais dinâmicos deste século – energia elétrica, telecomunicações, aviação, rádio e televisão e tecnologia da informação, entre outros – têm sido sujeitos a restrições regulatórias à entrada, saída, preço, demanda, oferta, lucro e condições concorrenciais.

De modo semelhante, no setor financeiro, as atividades bancária, de emissão acionária, corretagem e seguro têm sido pesadamente reguladas. Como vimos no Capítulo 6, muitos setores avançados foram influenciados – e incubados – por decisões do Pentágono de comprar e subsidiar tecnologias. Outros setores fundamentais afetados ou operados pelo governo, como a educação, a pesquisa científica, os transportes e a infra-estrutura básica, estão longe de constituírem mercados livres. Esse regime não é laissez-faire, mas é evidente que tem sido largamente eficiente no agregado: o zênite da era da regulação – o *boom* do pós-guerra – foi o período de maior sucesso do capitalismo norte-americano.

Mas, enfaticamente, a regulação não suplantou as forças de mercado. Ao contrário, simultaneamente à regulação, as empresas privadas continuaram a submeter-se a pressões dos mercados de consumo e dos mercados de capitais. Mas elas maximizaram seus lucros num contexto estruturado por restrições regulatórias. E isso alterou os resultados, muitas vezes favoravelmente. Se encaradas dinamicamente ao longo do tempo, tais influências regulatórias podem muito bem ter produzido mais inovação, mais difusão por um público mais amplo, uma queda mais rápida de preços e escolhas mais eficientes por parte do consumidor do que se conseguiria em sua ausência.

Desse modo, em setores com economias de escala ou que abriguem monopólios parciais, constitui um sério equívoco encarar a regulação como simples alternativa aos mecanismos de mercado. Como apontado por Richard Vietor num livro brilhante e um tanto negligenciado, *Contrived Competition* [Concorrência fabricada], a regulação governamental "molda as características estruturais do mercado em que a empresa faz seus negócios".[1] No âmbito dessa estrutura "fabricada", que pode muito bem constituir uma melhoria significativa em relação à guerra hobbesiana de cada um contra todos, *os empreendedores continuam a funcionar como maximizadores de lucros*. Eles inovam. Eles reduzem custos. Eles cultivam os consumidores.

Por exemplo, neste século as taxas de retorno no fornecimento de energia elétrica têm sido sujeitas a regulação. Isso significa que as empresas operadoras só podiam maximizar seus lucros pela maximização da difusão do serviço prestado. Necessariamente, buscaram as vantagens das economias de escala, operando conforme o princípio econômico nuclear de que o aumento da demanda se associa a um declínio de custos, seja qual for a fonte e a direção da causalidade. Isso tornou a energia elétrica mais barata e mais amplamente disponível, bem como aumentou os ganhos das empresas. Nesse contexto, durante meio século a produtividade do setor elétrico cresceu a uma média anual de 5,5%, num período em que a crescimento geral da produtividade foi de 1,7% ao ano. É muito difícil acreditar que a concorrência não regulada, com o severo risco de excesso de capacidade, pudesse ter apresentado desempenho melhor do que esse.

Em diversos setores, regulações aplicáveis a situações monopolísticas e impositivas de restrições tarifárias fizeram com que os empreendedores internalizassem normas consistentes com sua necessária estratégia de maximização do lucro. Executivos das empresas elétricas, dirigentes da AT&T e magnatas da aviação comercial tornaram-se, todos, missionários virtuais do ideal do serviço universal. Schumpeter tinha um trunfo sobre Smith.

É claro que alguns setores, quando amadurecem, se tornam candidatos naturais a uma maior mercantilização. Por exemplo, o monopólio postal pode ter sido necessário para promover o comércio e a comunicação num país jovem e que se desenvolvia, e no qual a maior parte do capital se constituía de terras e da força de trabalho, e não de riqueza financeira. A acirrada concorrência existente entre as empresas UPS e FedEx sugere que os serviços postais – ao menos alentadas porções deles – são passíveis de concorrência privada. O monopólio telefônico pode ter sido mais eficiente para estender o serviço a todo o país, enquanto novas tecnologias podem muito bem facilitar mais inovações e escolhas para o consumidor, num regime de maior concorrência.

Contudo, é um equívoco concluir que a intervenção governamental seria apropriada apenas num estágio precoce de desenvolvimento, ou que a globalização e mudanças tecnológicas recentes eliminariam completamente a necessidade da regulação. Em mercados altamente imperfeitos, como os da saúde, das telecomunicações, da geração de energia elétrica ou do transporte aéreo, não desaparecem o oportunismo, os oligopólios e a assimetria do poder de barganha. Novas tecnologias significam apenas que tais características assumem formas diferentes. Se deixadas às forças privadas, o resultado tipicamente frustra tanto a eficiência alocativa como a soberania do consumidor. Apesar da busca persistente do Graal de um mercado perfeito e auto-regulado, nunca desaparece a necessidade de o jogo ter regras básicas.

Desde a década de 70 formou-se um quase consenso de que a regulação característica da época anterior teria se tornado desnecessária, e que não seria sensato mantê-la. O ônus da prova deslocou-se para aqueles que consideram necessário suplementar a concorrência com regulações. Os entusiastas da desregulação sustentam uma de duas posições: com o benefício de quem olha para o passado, afirmam que a regulação teria sido sempre excessiva; ou que mudanças recentes na tecnologia, na estrutura industrial e na concorrência global teriam suplantado as motivações para a regulação, quaisquer que tenham elas sido no passado.

Com o Contract with America* de Newt Gingrich, intensificou-se a hostilidade em relação à regulação. Os mercantilistas passaram a atacar não só o que restava da regulação econômica, que estivera sob assalto por parte da maioria dos economistas do livre mercado desde os anos 70, mas também a regulação da saúde, segurança e de assuntos ambientais, áreas em relação às quais a maioria dos economistas concordava haver externalidades.

(*) O Contract with America foi uma espécie de carta-compromisso emitida nas vésperas das eleições de 1994, em que se especificavam medidas legislativas que o Partido Republicano procuraria promulgar caso viesse a conquistar maioria no Congresso (o que de fato ocorreu). (N. T.)

Como sugerirei neste capítulo, para que uma economia de mercado possa se desempenhar tão bem quanto é capaz, tem necessidade de uma dose substancial de regulação. Freqüentemente, os instrumentos de regulação podem usar os incentivos e as disciplinas dos mercados. Em muitos setores, a concorrência regulada pode ser superior a formas mais antigas de regulação direta – de preços ou de taxas de retorno. Mas a concorrência regulada requer reguladores inteligentes e que mantenham em mente o interesse público.

POR QUE REGULAMENTAR?

Convencionalmente, classifica-se a regulação como econômica e como social.

A regulação econômica – de preço, quanto às condições de entrada no negócio, de lucro e dos termos em que a concorrência deve dar-se – justifica-se quando mercados específicos não conseguem autocorrigir-se, por motivos que envolvem economias de escala e poder de mercado. O caso clássico é o dos serviços públicos regulados.

Geralmente emprega-se a regulação social para superar efeitos negativos ("externalidades"), como no caso de regulações antipoluição, ou para compensar falhas de informação e de poder de barganha, como no caso das regulações relativas à saúde e à segurança. Este capítulo lida com a regulação econômica em três setores-chave. O Capítulo 8 abordará a regulação social. Em seguida, uma breve taxonomia do por que as economias de mercado podem lucrar com a regulação.

Monopólios naturais. Regulamentamos certos setores porque funcionam melhor na forma de monopólios. Seria antieconômico e redundante se tivéssemos dois encanamentos de gás, dois conjuntos de postes telefônicos, duas linhas férreas paralelas ou duas redes elétricas. Nenhum fornecedor conseguiria cobrir seus custos se funcionasse a meia capacidade; logo os concorrentes teriam que elevar seus preços ou sair do negócio. Mantidos quietos, um seria absorvido pelo outro. Um monopólio natural é tipicamente eficiente quando apresenta economias de escala avassaladoras (uma só firma é capaz de produzir mais a custo menor do que várias firmas). Para que a lógica do monopólio regulado funcione, o governo precisa regulamentar as condições de entrada e saída, de modo a proteger a franquia monopolística do produtor do ataque de concorrentes oportunistas.

Uma vez que se tolere um monopólio, o produtor não mais se submete à disciplina da concorrência. Deixado a seus próprios desígnios, o monopolista tenderá a elevar seus preços, fazendo o consumidor pagar mais por menos produto. É claro que, em princípio, o consumidor pode não adquirir o produto. Contudo, em muitos monopólios naturais, como a eletricidade, a água e o transporte, o produto é uma necessidade incontornável e a demanda do consumidor bastante inelástica; disso decorre que o consumidor não é capaz de disciplinar o monopolista.

Uma variação desse tema é a regulação destinada a prevenir a concorrência "ruinosa". Embora a própria noção de concorrência ruinosa tenha caído de moda, nos anos 30 a economia dos EUA sofria os efeitos de um maciço excesso de capacidade. Desesperadas, as empresas passaram a reduzir seus preços, o que somente fez piorar as coisas, forçando os preços ainda mais para baixo (e com eles o poder aquisitivo). Essa dinâmica se compôs com a espiral deflacionária geral da Grande Depressão. As forças do mercado talvez pudessem ter eliminado todo o excesso de capacidade e racionalizado o que restasse – mas em níveis de produção, emprego e renda ainda inferiores.

Monopólio artificial e medidas antitruste. O governo também regulamenta para resgatar o mercado de seus próprios excessos antimercado. Embora se possa argumentar que alguns monopólios sejam naturais, muitos deles refletem abusos de poder de mercado em setores que poderiam ser eficientemente concorrenciais. A escala pode ser virtuosa, mas, quando uma ou algumas poucas empresas dominam um mercado potencialmente concorrencial, podem entrar em conluios que prejudiquem os consumidores e novos ingressantes potenciais no negócio. Firmas que têm poder de mercado também retardam a concorrência por meio de fusões coercitivas ou anticoncorrenciais, formação de preços discriminatória ou predatória, subsídios cruzados, administração de preços no varejo, condicionamentos ou "empacotamentos" destinados a forçar os compradores de um produto a adquirirem outros e assim por diante. As leis antitruste tornam tais práticas ilegais. O paradoxo, aqui, é que um certo grau de regulação se revela necessário para salvaguardar a concorrência e permitir aos mercados funcionarem mais de acordo com o previsto nos manuais.

Escassez e interesse público. Outros setores são regulados devido a uma escassez real ou temida. Houve época em que o aproveitamento do espectro eletromagnético parecia finito. A FCC [Federal Communications Commission – Comissão Federal de Comunicações] entrou em campo tanto para alocar o espectro de acordo com o uso como para conceder licenças de funcionamento. Isso, por sua vez, exigiu critérios voltados para o interesse público e procedimentos administrativos para conceder e renovar licenças. Neste caso, a entrada e a saída eram reguladas, mas não o preço. Não foi surpresa, assim, que as empresas de rádio e TV tivessem amealhado lucros supranormais, até que surgissem substitutos aproximados, como os canais de TV a cabo e os videocassetes domésticos. Ultimamente, graças às microondas, cabos, celulares, satélites e outras novas tecnologias, é bem possível que se possa aproveitar uma quantidade infinita de canais de comunicação. Existe ainda um resíduo de preocupações quanto ao interesse público e que afetam o setor de TV e radiodifusão, mas o fator governante não é mais a escassez. Contudo, a mudança por vezes funciona na direção oposta, vindo a reforçar o poder monopolista. Por exemplo, em aeroportos movimentados, a decolagem e a aterrissagem também constituem bens públicos escassos. Elas já foram reguladas, mas hoje estão sujeitas a monopólio privado. A escassez não regulada confere poder de mercado – e abusos de preços.

Segurança e solidez. Outras atividades econômicas são reguladas para garantir segurança e solidez. Isso é especialmente verdadeiro em setores financeiros, como os bancos, as corretoras de valores e as seguradoras. Nesses casos, a justificativa é uma mescla de preocupações com a "falha de informação" (o consumidor não tem sofisticação suficiente para dizer quais bancos ou corretoras têm solidez), obrigações fiduciárias (o banqueiro ou corretor opera com dinheiro de terceiros) e risco sistêmico. Como vimos, a atividade bancária é simplesmente importante demais para ser deixada aos cuidados carinhosos da disciplina de mercado. Na época da "liberdade bancária" do século XIX, era comum que pânicos financeiros se espalhassem pela economia real, consumindo a poupança de empresas e de consumidores inocentes e aprofundando depressões. O Estado regulamenta o setor financeiro porque é o Estado que tem de socorrê-lo na eventualidade da ocorrência de catástrofes.

Saúde, segurança, ambiente. Também regulamos para nos proteger de agressões dos mercados contra os ambientes humano e natural. O raciocínio comum é que a formação de preços do mercado deixa de identificar graves externalidades negativas. Disso trataremos no Capítulo 8.

Tais são as justificativas racionais do economista para a regulação. Hoje em dia, com a mudança das modas intelectuais e com as alterações no equilíbrio do poder político, instaurou-se a crença de que a maior parte dessas justificativas teria deixado de valer. Ao avaliar se essa afirmação é verdadeira, precisamos nos lembrar de certos fatos da história política e econômica. Nenhum desses sistemas regulatórios resultou de amenas análises especializadas de externalidades, falhas de informação, monopólios naturais, assimetrias nas trocas econômicas e assemelhados. Em sua maior parte, resultou de graves abusos do poder econômico privado – seguidos de denúncia, indignação, conflito social, disputas e, por fim, solução política.

As falhas de mercado que inspiraram a regulação nada tiveram de sutis. Em 1887, o Congresso dos EUA criou a Comissão Interestadual de Comércio porque os magnatas ferroviários estavam se concentrando, entrando em conluios e usando seu poder monopolístico para cobrar preços extorsivos dos agricultores. Do ponto de vista da empresa, e no que tange a teoria econômica, usuários menores têm menos poder de mercado e, com freqüência, faltam-lhes alternativas. Eles tinham que pagar seja o que for que as ferrovias cobrassem. Grandes clientes talvez contassem com alternativas de transporte, de modo que teriam mais poder de barganha para exigir tarifas menores. Necessitando cobrir seus imensos custos fixos, as ferrovias cobravam tanto quanto o mercado suportasse. Mas a sociedade determinou (sensatamente) que tais disparidades eram fundamentalmente injustas e tinham conseqüências econômicas deletérias para os pequenos produtores e, assim, para a sociedade. A estrutura de preços forjada pelas forças de "mercado" – neste caso as ferrovias – não era nem natural nem ótima. Na mesma época, o primeiro John D. Rockefeller usava seu poder de mercado para arrancar abatimentos de preço de transportadoras, o que permitiu a sua Standard Oil Trust praticar preços inferiores aos de seus concorrentes, os quais pretendia esmagar ou engolir. Em 1890, o Congresso aprovou a Lei Sherman, para lidar com a monopolização, a coerção e a manipulação de preços, que eram então disseminadas em diversos setores emergentes. Em 1906, o Congresso aprovou a Lei da Alimentação e Medicamentos Puros [Pure Food and Drug Act], após denúncias quanto às lamentáveis condições sanitárias e de trabalho nos matadouros. Durante o mesmo período, os estados começaram a criar comissões de serviços públicos (iniciando em 1907), para evitar a alternativa de Hobson, entre uma fragmentação ineficiente dos sistemas elétrico, telefônico e de gás e os preços extorsivos que adviriam de um monopólio desregulado nas mãos de uma quantidade reduzida de firmas dominantes. Os estados também agiram no sentido de limitar o poder que os empregadores tinham de se aproveitar de crianças e adultos vulneráveis. Tais medidas foram promulgadas para lidar com abusos flagrantes, seja em relação ao ideal da livre concorrência, seja contra pessoas vulneráveis. Freqüentemente, a racionalização econômica surgiu depois do fato consumado.

Numa taxonomia estilizada de por que e quando regulamentar, é fácil demais ignorar que a concorrência geralmente mais bem comportada de nossos dias é o legado de um século de regulação; fácil demais deixar de ver que boa parte da regulação refletia mudanças de valores e do equilíbrio do poder político, e que deixar de aplicar a regulação não teria dado lugar a mercados laissez-faire eficientes, mas apenas fortalecido um conjunto diferente de desigualdades e ineficiências. Ao se conformar com um idioma esterilizado que se exprime por falhas de mercado, externalidades e quejandos, torna-se possível regredir a uma imagem basicamente mecânica do homem econômico, em que conclusões estreitas seguem-se necessariamente de premissas estreitas, em que se excluem as realidades do poder político e de mercado e na qual inteiras discussões sobre a natureza da boa sociedade são suprimidas por uma definição tácita.

Ascensão e declínio da regulação

Do fim do século XIX aos anos 70, a regulação deu-se em três grandes ondas.[2] A regulação econômica que se iniciou em 1887 e se estendeu durante a época progressista de Theodore Roosevelt e Woodrow Wilson intentava consertar os abusos da concentração econômica. Embora contivesse tendências variadas, a regulação do New Deal tinha o objetivo geral de buscar a estabilização econômica pelo combate à deflação e ao excesso de capacidade por meio da regulação da entrada, saída, preço e taxa de retorno. Uma terceira onda de regulação, que se estendeu aproximadamente de 1956 a 1977, voltou-se para a saúde, a segurança e o meio ambiente. Esta última constituiu todo um novo questionamento dos mercados, com um novo arsenal de remédios regulatórios.

No final do New Deal, as comissões regulatórias independentes constituíam, na prática, um quarto poder do Estado. O rádio e as telecomunicações eram regulados pela FCC; o transporte ferroviário, rodoviário e fluvial pela ICC [Interstate Commerce Commission – Comissão Interestadual de Comércio]; a aviação civil, pelo CAB [Civil Aeronautics Board – Departamento de Aviação Civil] (rotas e tarifas) e FAA [Federal Aviation Agency – Agência Federal de Aviação] (segurança e normas tecnológicas); gás e petróleo, pela FPC [Federal Power Commission – Comissão Federal de Energia]; energia nuclear, pela AEC [Atomic Energy Commission – Comissão de Energia Atômica]; mercados de títulos e ações, pela SEC; e os bancos, por quatro diferentes agências federais e pelos 48 estados.

Outras regulamentações, notadamente as referentes a serviços públicos, também eram compartilhadas com os estados.[3] A partir de 1877, os tribunais federais tornaram claro que os estados têm o poder de regular preços e condições de serviço de companhias locais de gás e eletricidade, bondes, telefones e assim por diante. Nos estados, a regulação de serviços públicos evoluiu para um sistema em que se calculava a estrutura de custos de cada serviço, a qual servia de base para a determinação de uma taxa de retorno razoável. As empresas prestadoras de serviços públicos engajavam-se regularmente em reivindicações de alteração de taxas, levando a exaustivas audiências de aquilatação dos motivos. No geral, as Comissões Estaduais de Serviços Públicos conseguiram realizar um belo trabalho na simulação dos mercados e na estimulação da inovação e da difusão. As prestadoras de serviços conseguiam taxas de retorno bastante competitivas, dado o risco relativamente pequeno em que incorriam. Os ganhos de uma produtividade sempre crescente eram razoavelmente compartilhados entre usuários e acionistas. E as empresas sujeitas a regulação tinham pouca dificuldade em conseguir capital. A política envolvida também era complexa. No caso municipal, a inexistência de regulação federal ou estadual freqüentemente fazia com que a concessão de franquias de serviços de gás e eletricidade resultasse de corrupção política local. No final do século XIX, interesses ligados ao gás e à energia elétrica entraram em conflito entre si e terminaram por aceitar a regulação estadual como estratégia para uma consolidação mais coerente. Como tanta outra coisa na era progressista norte-americana, o regime regulatório resultante foi uma mescla complexa entre reformismo civil e lobby setorial, motivado por interesse próprio. O que não era possível, contudo, era uma solução pura de mercado. Os abusos, o oportunismo e os monopólios eram demasiadamente disseminados; numa sociedade democrática, de uma forma ou de outra a política sempre interfere.

Se examinarmos a história econômica real desses setores no final do século XIX e início do XX, é evidente que a ausência de regulações não teria propiciado uma concorrência estável e benigna, do tipo previsto nos manuais. Mais provavelmente, teríamos visto uma fragmentação, como foi inicialmente o caso nos setores de gás, energia e telefonia, seguida de consolidação e monopólio ou cartel privado, como aconteceu com o petróleo, os telefones e o aço, há um século, e com as empresas de transporte aéreo, após 1978. Em setores dotados de características mesmo parciais de monopólio natural, a natureza parece ter horror à concorrência atomizada. Se o governo não age, a regulação privada assume o controle.

A regulação pública atingiu seu ápice no final dos anos 60. Estimulado por Ralph Nader,* um florescente movimento de defesa do consumidor com aliados na imprensa e paladinos no Congresso tornou-se capaz de evidenciar abusos empresariais – ao que os legisladores respondiam com novas iniciativas regulatórias. Entre 1965 e 1977 o Congresso aprovou cerca de vinte novas leis regulatórias, aplicadas à qualidade do ar; ao tratamento de águas; aos resíduos tóxicos; à saúde e à segurança ocupacional; à segurança nas estradas; à segurança de produtos de consumo; e à transparência na prestação de informações de instituições financeiras quanto a juros cobrados de empréstimos e obrigando-as

(*) Considerado o fundador dos movimentos de defesa do consumidor nos EUA. Criador do Center for the Study of Responsive Law. Foi o candidato presidencial às eleições de 1996 pelo Partido Verde norte-americano. (N. T.)

a abrir seus dados ao consumidor. Também criou um novo e elaborado regime de avaliação de impacto ambiental e expandiu a regulação financeira por meio de medidas como a Lei de Reinvestimento Comunitário [Community Reinvestment Act]. Contudo, em cerca de dez anos a era da regulação subitamente se esgotou. A reação veio com velocidade espantosa. A palavra *desregulação*, que só entrara no léxico popular em 1976, por volta de 1978 tornou-se um objetivo político largamente compartilhado. O que havia mudado?

Captura regulatória. A desilusão veio da direita, do centro e da esquerda. É bastante interessante observar que a contra-ofensiva não partiu do meio empresarial. Embora as organizações empresariais se opusessem enfaticamente à regulação social ao estilo de Nader, na maioria dos casos as grandes empresas reguladas, como a AT&T, as empresas aéreas, as geradoras e distribuidoras de energia elétrica, as redes de rádio e teledifusão e assim por diante haviam feito as pazes com o regime regulatório e usavam sua influência dentro dele e não para combatê-lo.

No centro do espectro político, havia desilusão tanto em relação ao maquinário como com a política da regulação. Uma geração após Roosevelt, havia uma quantidade excessiva de organismos regulatórios demasiadamente íntimos com os setores que ostensivamente regulavam. Num influente livro publicado em 1955, Marver Bernstein propôs a teoria da "captura regulatória", rapidamente adotada nas ciências sociais.[4] Os críticos do sistema sustentavam que os organismos de regulação atravessariam um ciclo. Após algumas décadas de vitalidade, tenderiam a se calcificar ou tornar-se clientes. Os reguladores da geração Roosevelt, que haviam se formado como idealistas na sopa de letrinhas das comissões do governo, descobriram no *boom* do pós-guerra que possuíam habilidades altamente comercializáveis. Tudo o que tinham a fazer era trocar de lado e prestar assessoria ou fazer lobby para o setor regulado. Podiam mesmo permanecer nominalmente como bons democratas – uma afiliação com bom apelo de marketing, pois mantinha ativos úteis contatos com legisladores importantes desse partido. Mesmo se a regulação no interesse público fosse teoricamente possível, na prática era evidentemente difícil. Num relatório submetido ao recém-eleito presidente John Kennedy, o ex-chefe da SEC e do CAB, James Landis, sugeria uma sacudida geral no sistema.[5]

Mais à esquerda, Ralph Nader exprimia ácidas críticas à burocracia e à captura regulatória. Numa série de relatórios depreciativos compilados pelos primeiros Nader's Raiders [advogados associados a Nader], com títulos do tipo *A omissão interestadual de comércio*,[6] tais organismos eram apresentados sob uma luz altamente desfavorável. Muitos dos novos organismos do consumidor, como a Administração Nacional da Segurança no Tráfego de Rodovias [National Highway Traffic Safety Administration] e a Administração de Saúde e Segurança Ocupacional [Occupational Safety and Health Administration – OSHA], deviam sua existência aos esforços legislativos de Nader e de seus aliados. Apesar disso, Nader estava bastante disposto a abolir organismos como o CAB, que considerava irrecuperável. Embora em 1977 Alfred Kahn e sua equipe avançassem cautelosamente a idéia de que o CAB deveria sofrer uma "reforma regulatória", Nader já reivindicara sua completa abolição – isso em 1975.[7]

Curiosamente, a crítica de esquerda à captura regulatória tendia a confundir-se com a crítica conservadora à própria idéia da regulação. A relação de amor e ódio do movimento de consumidores em relação aos organismos regulatórios reflete uma ambivalência ideológica entre os reformistas norte-americanos, que pode ser traçada pelo menos a Louis Brandeis.*

Alguns, como Brandeis, queriam extirpar todo tipo de gigantismo e restaurar um mundo mais parecido com o de Thomas Jefferson e Adam Smith.[8] Outros reformistas, como Herbert Croly** e, mais tarde, J. K. Galbraith, encaravam a larga escala como uma característica necessária da vida industrial moderna, algo a ser despido de seus objetivos puramente privados e domesticado para servir ao interesse público mais amplo, por meio de regulações a que Galbraith chamava de "poder moderador" [*countervailing power*].[9]

Para aqueles perfilados na tradição de Brandeis, o que incluía um tipo de militantes do New Deal e, mais tarde, Ralph Nader, a soberania do consumidor permanecia um ideal intacto. O desafio era assegurar-se de que os mercados não fossem açambarcados pelos monopolistas ou usados enganosamente contra os consumidores. Para esses reformistas, os remédios favoritos seriam medidas antitruste, transparência, informação adequada em rótulos de produtos e, apenas ocasionalmente, intervenções deliberadas nos mecanismos de preços. Por vezes, Brandeis situava-se em ambos os lados dessa questão; apoiava o direito dos fabricantes de ditar os preços no varejo, porque supunha que isso defenderia os pequenos comerciantes contra as grandes cadeias atacadistas monopolistas. Embora Nader tivesse dado a sua organização o nome de Public Citizen [Cidadão Público], sua retórica e imagética eram substancialmente aquelas do mercado. Apesar de todo o radicalismo tático de Nader, seu ideal era o de um *consumidor* informado, vigilante e soberano.

Assim, quando o ataque frontal à regulação amadureceu no final dos anos 70, seus defensores naturais encontravam-se atrapalhados por um conjunto de princípios básicos um tanto equivocados. Em vez de uma teoria coerente do que,

(*) Louis Dembitz Brandeis (1856-1941), primeiro judeu a ser indicado para a Corte Suprema dos EUA. Pioneiro no uso de evidências sociológicas e econômicas em argumentos e decisões legais. A Universidade Brandeis, no estado de Massachusetts, leva o seu nome. (N. T.)

(**) Herbert Croly (1869-1930), fundador da revista *The New Republic* e autor de obras de filosofia política. (N. T.)

astutamente, Charles Lindblom chamara de competência limitada dos mercados,[10] e do comprometimento com uma forma de capitalismo social de mercado, a maioria dos reformistas liberais permaneceu com o antigo ideal liberal de um sistema aperfeiçoado de mercado. Os reformistas norte-americanos também tendiam a se energizar com uma hostilidade exagerada em relação às grandes empresas, em lugar de uma concepção mais equilibrada de uma economia mista, em que as empresas fossem valorizadas mas domesticadas na forma de parceiros sociais responsáveis. Era mais fácil demonizar as empresas do que propor um contrato à européia com elas. Assim, se um organismo regulatório houvesse sido "capturado" por empresas, e parecesse servir aos seus interesses, isso era visto como um crime capital; o remédio, a execução do organismo. As prolongadas audiências de meados da década de 70 sobre a reforma regulatória, patrocinadas por Edward Kennedy, o liberal mais eficaz do Senado, transformaram-se rapidamente numa disputa entre os dois partidos para determinar qual seria o mais valente paladino de uma desregulação completa.[11]

Economistas no papel de ideólogos. À direita, a principal influência em favor da desregulação foi menos a militância da comunidade empresarial do que uma ampla transição observada na profissão dos economistas, parcialmente descrita no Capítulo 1. Quando, na década de 80, as empresas se tornaram mais militantemente anti-regulatórias, consumaram um tríplice encontro – com um movimento conservador energizado e com economistas convertidos a um novo fundamentalismo.

Economistas do laissez-faire consideravam todo o sistema regulatório uma afronta à disciplina dos mercados e fonte de desperdícios burocráticos. O professor Murray Weidenbaum, que mais tarde ocuparia o cargo de chefe da assessoria econômica do presidente Reagan, divulgou amplamente um cálculo segundo o qual a regulação custaria às empresas norte-americanas 102 bilhões de dólares por ano.[12] Weidenbaum não fez nenhum esforço sério em contextualizar essa estimativa de custos, deixando de calcular os benefícios decorrentes da regulação – mas sua estatística foi largamente aceita e citada.

O movimento conservador da Lei e Economia experimentou uma influência crescente. Numa série de artigos contundentes, que culminou com a publicação do livro *The antitrust paradox* [O paradoxo antitruste], em 1978, Robert Bork* acusou promotores e tribunais de ignorância quanto às leis básicas da eco-

(*) Advogado e juiz, célebre por ter cumprido ordem do então presidente Richard Nixon de demitir o promotor especial que investigava o caso Watergate, depois de o secretário da Justiça e de seu substituto imediato terem se recusado a fazê-lo e, por isso, terem sido exonerados pelo presidente sob investigação. (N. T.)

nomia e argumentou que quase toda intervenção antitruste teria efeito oposto ao pretendido – por suprimir uma concorrência auto-renovadora.[13] Subitamente, perdiam interesse os abusos e anomalias de mercado que tinham originado as regulações. (Estranhamente, no papel de consultor pago da AT&T, em meados da década de 90, Bork mudou de lado e alertou que as Baby Bells, rivais da empresa, precisariam ser sujeitas a regulação.)

Com a proliferação de agências regulatórias e de suas funções, economistas tanto liberais como conservadores se desiludiram cada vez mais. "A recomendação política central da microeconomia", escreveu Alfred E. Kahn em sua obra-mestra, *The Economics of Regulation* [A economia da regulação], "é a equação do preço e do custo marginal."[14] Do contrário, os consumidores comprarão mais, ou menos, do que a quantidade ótima, e os produtores alocarão mal os recursos. Em setores regulados, porém, observava um deplorado Kahn, é raro que o preço iguale o custo marginal.

Para Kahn e para um coro de outros críticos, a regulação de tarifas e das condições de entrada e saída distorceriam a atividade econômica. Serviços regulados estariam permeados de subsídios cruzados. Inovadores potenciais teriam barrada uma oportunidade de concorrer. Aos consumidores se negariam a inovação e a escolha. Além disso, setores regulados tenderiam a investir excessivamente em capital físico, devido ao fato de seu retorno permissível ser calculado na forma de uma fração dos custos de capital.[15] Mesmo com a melhor das boas vontades, os reguladores não conseguiriam atribuir preços a serviços de forma adequada, pois audiências tomam tempo – e, assim, as tabelas tarifárias resultantes sofreriam de "retardo regulatório".

Alguns setores regulados se beneficiavam de lucros instantâneos (como no caso do setor de rádio e teledifusão, com seus exorbitantes retornos sobre investimentos), enquanto outros sofriam perdas crônicas (como no transporte ferroviário de passageiros). O problema era parcialmente estrutural. Era difícil, se não impossível, alocar com precisão quanto da base de custo da AT&T, digamos, poderia ser cobrado em ligações locais e quanto em interurbanos. Mas a ineficiência regulatória resultaria também da falha dos reguladores e juízes em compreender princípios básicos de economia. Tais eram os temas de uma verdadeira biblioteca repleta de livros e artigos acadêmicos publicados durante os anos 70 e 1980. Em seu texto de 1970 sobre a organização industrial, F. M. Scherer, um economista relativamente liberal, escreveu que "o Poder Supremo que concebeu a gravitação, a oferta e a demanda e a hélice dupla devia estar ocupado com outra coisa quando se concebeu a regulação de serviços públicos".[16]

Também em 1970 Alfred Kahn advogava uma regulação mais próxima do mercado, admitindo desse modo que alguns setores precisariam ser regulados, mas aumentando o alinhamento dos preços regulados com os custos marginais. Na qualidade de *chairman* da Comissão de Serviços Públicos do Estado de Nova

York de 1974 a 1977, Kahn empregou princípios de custo marginal para majorar os preços de pico da eletricidade, de 3,5 centavos de dólar por quilowatt-hora, a 30 centavos por kwh nas noites quentes de verão. Isso desencorajava o uso casual, limitava a demanda de pico e, assim, minimizava a necessidade de novas e dispendiosas construções, que teriam elevado as tarifas para todo mundo.

À época em que Kahn assumiu a direção do CAB no governo Carter, em 1977, o movimento pela reforma regulatória transformava-se rapidamente num movimento em prol da desregulação. Inicialmente, Kahn abriu às companhias aéreas uma margem muito maior para a oferta de tarifas com desconto e aprovou requerimentos de novas rotas, algo que o CAB havia muito desencorajava com base no argumento de que resultaria em "concorrência ruinosa". Em 1978, Kahn já trabalhava pela completa desregulação das tarifas e rotas aéreas e pela abolição do CAB.

Como escreveu mais tarde outro dos advogados precoces da desregulação, o diretor da escola de administração de empresas de Yale, Michael Levine, a Lei de Desregulação Aeroviária de 1978 "representou, em grau pouco habitual, a incorporação legislativa de um consenso acadêmico". Conforme Levine, significou "um 'experimento natural' relativamente raro para avaliar as previsões dos acadêmicos".[17] Kahn, que se orgulhava de ser um institucionalista, um pesquisador de detalhes setoriais concretos, disse a um executivo de companhia aérea que não precisava realmente saber muito a respeito de aviões. Numa frase que se tornaria célebre, declarou que aviões não passam de "custos marginais com asas".[18] Recém-apaixonado pela desregulação completa, Kahn passou a assegurar que a regulação nunca mais pudesse voltar.

Embora os democratas tivessem retomado a Casa Branca em novembro de 1976, o apoio dos economistas à desregulação só fez intensificar-se. Charles Schultze, chefe da assessoria econômica de Jimmy Carter, criou um setor de revisão regulatória no Departamento de Administração e Orçamento, para disciplinar reguladores de comissões nominalmente independentes. Essas rédeas se encurtaram nas presidências republicanas Reagan e Bush e foram apenas ligeiramente afrouxadas sob Clinton.

Para a geração de economistas que atingiu a maioridade a partir dos anos 70, a velha preocupação com as imperfeições do mercado parecia arcaica. Setores que pareciam ser monopólios naturais poderiam, afinal, ser concorrenciais, bastando para isso que o governo deixasse de coibir a concorrência. O espírito empreendedor seria tão poderoso que, exceto nos casos mais extremos, as medidas antitruste apenas interfeririam com os remédios auto-saneadores do mercado. Excetuando circunstâncias muito especiais, a "concorrência ruinosa" seria uma contradição em termos; quanto mais concorrentes, melhor.

No que tange à proteção ao consumidor, a primeira geração de acadêmicos da Lei e Economia demonstrou para sua própria satisfação que as leis civis constituiriam uma fonte de remédios muito mais confiável e eficiente do que legislações promulgadas por um sistema político demasiadamente vulnerável à corrupção. Mais tarde, quando o Judiciário começou a apertar os critérios de responsabilização das empresas e os júris passaram a conceder indenizações mais generosas, muitos partidários da Lei e Economia mudaram de camisa e passaram a reivindicar legislações que restringissem a liberdade de movimento das cortes judiciais – ignorando a inconsistência patente de seus argumentos.

Mesmo nos raros setores em que um economista podia, embora desconfortavelmente, justificar a regulação, o debate mudava para um confronto entre uma "falha de mercado" possível e uma "falha administrativa" quase certa. A Teoria da Escolha Pública, dádiva da economia à ciência política, tornava abundantemente claro que seria improvável que reguladores regulassem no verdadeiro interesse público, qualquer que fosse este. Dessa forma, a quase totalidade da profissão dos economistas – as testemunhas "especializadas" que mais eram chamadas a opinar – pendia para o campo da desregulação.

Inflação. A regulação clássica era também vítima da inflação da década de 70. Em alguns setores, como o da energia elétrica, a inflação desorganizava as premissas de custeio e preço. Até o momento em que os preços do petróleo quadruplicaram, as prestadoras de serviços de eletricidade viviam num mundo estável, em que toda a lógica se baseava em economias de escala e em reduções de custos no longo prazo. Prestadoras de serviços sujeitas a regulação podiam determinar seus preços "à frente do mercado", confiantes em que economias de escala, avanços técnicos e, assim, preços continuamente declinantes, atrairiam fregueses adicionais em quantidade suficiente para justificar um preço inicial artificialmente baixo. Foi isso, precisamente, o que aconteceu durante a maior parte do século XX em importantes setores regulados de prestação de serviços ao consumidor, como os de telefonia, eletricidade e transporte aéreo. O fato de que, a qualquer momento, os preços pudessem divergir dos custos marginais, era menos importante do que a garantia de um retorno razoável, que a regulação dava ao produtor. Nesse sistema, os preços caíam rapidamente e o consumo aumentava em medida equivalente ao longo do tempo.

A inflação dos anos 70 virou de cabeça para baixo esse mundo acomodado. As estruturas tarifárias pressupunham custos declinantes e um nível crescente de utilização. Quando os preços dos combustíveis quadruplicaram, a realidade trouxe subitamente custos cada vez maiores. Quanto mais vendiam, mais dinheiro as empresas elétricas perdiam. Reverter a estratégia usual e desencorajar o consumo também não era indolor, pois implicava um movimento na direção errada na curva de custos e levava a deseconomias de escala. Quanto mais eletricidade os consumidores economizassem, menor seria a receita disponível para as empresas prestadoras amortizarem sua custosa base geradora instalada, que havia sido erigida a partir de uma projeção de uso constantemente crescente.[19]

Devido a uma coincidência infeliz, a majoração dos preços do petróleo pela OPEP ocorreu quase imediatamente após a primeira onda de regulação ambiental. Além de pagarem mais caro pelo combustível, as geradoras de energia elétrica estavam sendo obrigadas a gastar dinheiro na instalação da primeira geração de caras tecnologias antipoluição. Economistas autodidatas em questões energéticas, como Amory Lovins, começaram a argumentar plausivelmente que economizar energia substituiria com vantagens o aumento da capacidade geradora, e que o preço da energia elétrica deveria refleti-lo.[20] Tudo isso era perfeitamente lógico sob o ponto de vista da nova ética conservacionista, mas impôs marcha a ré a quase um século de pensamento econômico sobre serviços regulados e desestabilizou todo o mecanismo. Tais dinâmicas geraram pressões financeiras, tanto no sentido de aumentar tarifas para cobrir custos, como no de se montarem estruturas tarifárias desenhadas para desencorajar a utilização. Contudo, tais remédios só fizeram intensificar o aperto sobre as prestadoras de serviços e aumentar o custo ao consumidor – gerando mais pressão política para dar fim ao monopólio e permitir a entrada de concorrentes e minando ainda mais o antigo sistema.

Embora a regulação tivesse representado um bode expiatório conveniente para a inflação dos anos 70, em retrospecto quase toda a inflação foi inicialmente macroeconômica – o estímulo excessivo trazido pela Guerra do Vietnã. Isso foi intensificado por um choque setorial externo – os aumentos nos preços do petróleo, cujos efeitos se incorporaram à economia. A regulação constituía um fator trivial. Contudo, se a regulação não causava inflação, esta minava a regulação, tanto mecânica como ideologicamente. Preocupações de que a regulação frustraria a concorrência e, assim, provocaria aumentos de preços tornaram-se parte central do mantra desregulatório dos anos 70.

Tecnologia. Pode-se creditar à regulação econômica o fato de proporcionar lucros estáveis de longo prazo, usados para financiar a inovação técnica, mas no final das contas a inovação pode solapar os regimes regulatórios. O exemplo emblemático é o das telecomunicações. Enquanto o serviço telefônico necessitou de fios e cabos, fazia sentido tratar a AT&T como monopólio regulado único, dotado de economias de escala. Contudo, com os serviços interurbanos por microondas e com a crescente transformação do celular em opção para comunicações sem fio, enfraqueceu-se a justificativa puramente técnica para o monopólio na telefonia.

Por meio do mesmo mecanismo, as novas tecnologias debilitaram as premissas tradicionais quanto à geração de energia elétrica. Nos anos 60 e 70, enormes geradores de mil megawatts eram vistos como a fronteira da eficiência de escala. Com esse grau de custo de partida, era impensável desviar-se do tradicional monopólio de franquia. No entanto, nas décadas de 70 e 80 novas turbinas a gás, tecnologias co-gerativas de pequenas dimensões e fontes de energia não tradicionais renováveis e descentralizadas como a eólica, a solar e a geotérmica possibilitaram uma configuração completamente diferente do setor.

Na aparência, as transformações técnicas, bem como a inflação, minaram o sistema regulatório bancário. Com a instantaneidade da transferência informatizada de fundos de qualquer lugar do mundo, a tecnologia parece interligar os mercados e solapar a regulação nacional. Mas, sob muitos pontos de vista, o sistema financeiro global era mais laissez-faire no período entre o século XIX e a década de 20. Apesar de a tecnologia então disponível ser ainda rudimentar, mesmo assim o dinheiro podia ser transferido globalmente de modo quase instantâneo via telégrafo, em vez de fax e modem. Foram escolhas políticas, e não a tecnologia, que causaram a transição para o regime mais regulado dos anos 30. De forma semelhante, o retorno a uma desregulação bancária (e aeronáutica) nas décadas de 70 e 80 teve menos a ver com a tecnologia de que com a ideologia.

Vejamos outra vez o negócio dos telefones. Tecnologicamente, a qualquer momento no século passado concorrentes poderiam ter entrado no negócio dos equipamentos telefônicos para o consumidor. O que os impediu foi o monopólio da Bell, formalizado na política da FCC; a tecnologia era um fator secundário. Um século atrás, existiam bastante companhias telefônicas independentes. Elas foram enfraquecidas pelas táticas predatórias da AT&T até que, a partir de 1913, estabilizou-se um oligopólio telefônico que foi regulado pela política federal. Outra vez, a tecnologia pouco teve a ver com isso. Desse modo, embora a mudança técnica freqüentemente estimule pressões pela desregulação, a tecnologia não a impõe.

Permanece o fato de que, em setores nos quais existem até mesmo poder monopolista parcial, economias de escala e limites estruturais para a soberania do consumidor, um livre mercado puro não leva a resultados otimizados. Em tais setores novas tecnologias podem expandir o domínio da concorrência possível, mas regimes e políticas regulatórios são necessários para estabelecer regras básicas comuns, acesso justo, cobertura universal e proteção ao consumidor. As particularidades da regulação pública variarão de acordo com as características estruturais do setor. Mas a sua ausência completa tende a levar a um regime de regulação privada, que freqüentemente acaba em consolidação e abuso do poder monopolista.

Examinemos mais detidamente três setores-chave que sintetizam a lógica da concorrência regulada: telecomunicações, transporte aéreo e energia elétrica. Todos os três eram tradicionalmente regulados, seja como oligopólios, seja como monopólios naturais, sob a premissa de que ofereciam economias de escala avassaladoras. Desse modo, a entrada, a saída, o preço e as condições de prestação dos serviços eram sujeitos a regulação. O produtor ganhava uma concessão monopolística e uma taxa de retorno garantida e, em contrapartida, tinha que proporcionar serviço universal, com discriminação de preços limitada.

Um desses setores, o dos transportes aéreos, foi completamente desregulado quanto à entrada, ao produto e ao preço — tudo exceto a segurança. Hoje, nos Estados Unidos, qualquer pessoa pode fundar uma companhia aérea, voar para qualquer lugar e cobrar o que quiser, desde que os aparelhos tenham certificação de segurança e os pilotos sejam qualificados.

Os dois outros setores são, hoje, uma mescla complexa de regulação e concorrência. Na medida em que a regulação persiste, tem a função de supervisionar as condições de acesso e de manter regras básicas justas para a concorrência que aparecer.

Argumentarei que a transição para uma desregulação completa no transporte aéreo foi um equívoco autodestrutivo, que trouxe lições importantes para outros domínios, tais como as telecomunicações. Teria sido muito mais eficiente e mais conducente à verdadeira concorrência se o CAB tivesse permanecido operante, promovendo uma concorrência maior, monitorando as experiências e regulando seletivamente as empresas de aviação. De forma semelhante, uma maior concorrência nas telecomunicações e na energia elétrica requereria paradoxalmente uma presença regulatória.

Concorrência regulada nas telecomunicações

Até o desmembramento da AT&T, as companhias telefônicas eram reguladas como prestadoras de serviços públicos, embora o setor tivesse aspectos potencialmente concorrenciais. No sistema antigo, os assinantes não obtinham apenas o sinal de discar; até mesmo o aparelho telefônico era de propriedade da Bell. Contudo, a AT&T não prestava grande atenção ao aparelho instalado na ponta da linha telefônica. A empresa ganhava seu dinheiro pela extensão de seus serviços a novos consumidores, expandindo assim sua base tarifária, ao mesmo tempo que desenvolvia novas tecnologias para reduzir os custos de cabeamento e comutação. O aparelho telefônico não era um centro de lucro; a tecnologia do telefone preto de disco praticamente não mudou em duas gerações. Eis aqui um caso em que o monopólio realmente suprimiu a inovação. Empreendedores ansiavam por inventar e vender aparelhos que pudessem ser ligados às linhas telefônicas da AT&T. Contudo, a AT&T resistia ferozmente a tais iniciativas, argumentando inconvincentemente que tais equipamentos "estranhos" poderiam danificar seu sistema e – mais ao ponto – que ameaçavam seu monopólio. Numa série de casos que culminaram com a decisão de 1968 conhecida como Carterfone,[21] a FCC e os tribunais permitiram gradualmente que produtores não ligados à Bell vendessem aparelhos para uso doméstico, que concorriam diretamente com a subsidiária industrial da AT&T, a Western Electric. Quase simultaneamente, a AT&T enfrentou um desafio parecido e mais sério a seu monopólio de interurbanos, outra vez graças a avanços tecnológicos. A concorrência nos interurbanos tornou-se tecnicamente factível com o surgimento da tecnologia de microondas. Em 1969, por quatro votos a três, a FCC permitiu que a MCI, a primeira concorrente na área das microondas, entrasse no negócio relativamente restrito de vender conexões "privadas" a usuários empresariais, presumivelmente isolado do mercado de massa da AT&T.

No entanto, a MCI ficou espertinha. Após solicitar autorização à FCC para cobrar por serviços de interconexão entre as comutadoras da AT&T e suas próprias linhas privadas dedicadas, a MCI voltou-se abruptamente para todo o mercado consumidor. Por meio da "Execunet", lançada em 1975, a MCI passou a oferecer a consumidores comuns a capacidade de usar um telefone de tom da AT&T, teclar o código da MCI e, por meio do serviço de interurbano por microondas da MCI, conectar-se a qualquer assinante da AT&T em qualquer lugar do país. Indignada, a AT&T acusou a MCI de cobrar tarifas enganosas; com isso, a FCC retirou sua aprovação. A MCI levou a AT&T aos tribunais – e venceu. Isso abriu as comportas para serviços interurbanos concorrentes. O chefe da AT&T, Charles Brown, reclamava que estava em face de "uma cerca com um buraco de uma só via": a concorrência podia meter a mão na sua freguesia, mas, por ser um monopólio regulado, a AT&T não podia aventurar-se para fora da cerca.[22]

Durante os anos 70 o Congresso, a FCC e os tribunais lutaram com o dilema de como salvaguardar o magnífico sistema de serviços telefônicos universais e baratos e, simultaneamente, abrir espaço para a concorrência que se tornara possível com as novas tecnologias. A AT&T combateu a "desregulação rastejante" em duas frentes. Na arena política, pressionou (sem sucesso) por uma legislação que limitasse a concorrência. No mercado, a AT&T intensificou sua batalha contra seus concorrentes no fornecimento de equipamentos e de serviços de interurbanos – muitas vezes jogando sujo. A AT&T impôs barreiras técnicas espúrias, passou a cobrar preços exorbitantes para fazer interconexões, obrigou usuários de seus concorrentes no serviço de interurbanos a discarem até 22 números e tentou degradar a qualidade do sinal da concorrência.

Como resultado dessas táticas, pela terceira vez em sua existência centenária a AT&T se indispôs com as autoridades antitruste. A primeira reação antitruste às táticas selvagens da AT&T contra companhias telefônicas sobreviventes que lhe faziam concorrência resultara, em 1913, num acordo com o Departamento [Ministério] da Justiça que passou a ser conhecido como o Compromisso Kingsbury. A AT&T prometeu parar de comprar companhias telefônicas independentes, permitiu às independentes se conectarem ao sistema Bell e vendeu a Western Union [empresa de telégrafo], que havia adquirido em 1909. O acordo deu início a um período de estabilidade da AT&T como monopólio regulado.

Um segundo grande processo antitruste foi iniciado em 1949. O Departamento de Justiça alegara que o fato de a AT&T adquirir equipamentos exclusivamente de sua subsidiária, a Western Electric, violava os direitos de fabricantes independentes e retardava o desenvolvimento de aparelhos telefônicos melhores e mais baratos. Inicialmente, o processo antitruste tentou fazer com que a Western Electric se desligasse da AT&T. Em 1956, porém, o governo aceitou um compromisso, consignado numa diretriz segundo a qual se passou a exigir da AT&T que disponibilizasse gratuitamente tecnologia a seus concorrentes, restringisse suas operações à transmissão de voz e, especificamente, permanecesse fora do nascente negócio de processamento de dados.

Estimulado pelas táticas da AT&T contra suas novas rivais, o Departamento de Justiça entrou com novo processo contra a empresa. Foi esse processo que levou ao desmembramento do sistema Bell, em 1982-4. Como resultado do acordo, aprovado pelo juiz federal Harold Greene, criaram-se sete companhias telefônicas altamente reguladas [conhecidas como Baby Bells, devido ao apelido com que a empresa original era conhecida, Ma (Mãe) Bell] e uma AT&T parcialmente desregulada, à qual se permitiu fornecer quase todo tipo de serviço, exceto ligações telefônicas locais.

Ao mesmo tempo, a FCC e os tribunais determinaram que a AT&T continuaria a ser um "provedor dominante" no setor das ligações interurbanas e a sujeitaram a uma série de regulações referentes a preços e à submissão de relatórios operacionais, com o objetivo de assegurar que a empresa cessasse de usar seu poder de mercado para afogar os rivais que aparecessem. Transitoriamente, as exigências à AT&T incluíram o que implicava subsídios diretos à concorrência. A participação de mercado da AT&T em chamadas interurbanas caiu gradualmente abaixo de 60%.

Contudo, à medida que a tecnologia avançava, o juiz Greene, os tribunais de segunda instância [*appeals*], o Congresso e a FCC continuaram a mudar os termos das exigências feitas à AT&T. Como inúmeros analistas indicam continuamente, a tecnologia da informação está criando uma convergência de três setores anteriormente separados – telefone, transmissões por cabo e telerradiodifusão – com o novo mundo da informática pessoal em rede. Adicionalmente, as empresas elétricas podem muito bem vir a ingressar no setor de telecomunicações, juntamente com outros provedores não tradicionais de serviços de comunicação por microondas e por satélites. É possível imaginar um setor unificado, no qual operem múltiplos concorrentes, todos eles dedicados ao negócio de disponibilizar comunicações por ondas de rádio ou por cabo a empresas e residências, e oferecendo portas de entrada a uma diversidade infinita de serviços financeiros, de voz, de informação, de processamento de dados, de lazer e de educação.

A Internet sugere um modelo ainda mais pluralista, no qual miríades de provedores oferecem vias de acesso entre o usuário final e uma rede global de informação; a própria rede da Internet é um conjunto largamente desregulado de rotas de acesso que se superpõem e se interligam. Peter Huber, um analista francamente laissez-faire, dá a esse modelo o nome de "geodésico" – e não vê motivos para que seja regulado. Huber gosta de dizer que estrangulamentos [*bottlenecks*] monopolistas não constituiriam problema, pois há "muitas aberturas e muitas bocas" [*many bottles and many necks*].[23]

Contudo, tal ponto de vista é excessivamente engajado. Mesmo num mundo em que haja múltiplos provedores de serviços e ocorra a convergência de telefones, cabo e telecomunicações, haverá indefinidamente a necessidade da regulação. Por quê? Porque esse supersetor emergente é altamente segmentado, e os setores principais ainda são ou monopólios naturais com substanciais economias de escala e de abrangência ou monopólios artificiais com poder de mercado suficiente para repelir concorrentes.

Teoricamente, o nascente mercado das telecomunicações é aberto à livre concorrência. Na prática, porém, a concorrência precisa adequar-se a incontáveis determinações regulatórias a respeito do que venha a ser um jogo justo. É freqüente que concorrentes necessariamente operem nos territórios uns dos outros. Novos provedores de comunicações de longa distância em geral arrendam linhas telefônicas exatamente das empresas que pretendem suplantar. Empresas telefônicas locais que se formam precisam pegar carona nas Baby Bells. Empresas de cabo com freqüência precisam alugar espaço em postes telefônicos ou em torres de transmissão de energia elétrica. Concorrentes que oferecem serviços telefônicos simples ou incrementados precisam ter acesso às redes telefônicas locais.

Ao contrário do que afirma Huber, muitos desses setores mantêm controle sobre alguns funis cruciais, e cada um encara o outro como um rival real ou potencial. Na ausência de regras básicas, nenhum concorrente racional permitirá que seus rivais ingressem em condições de igualdade num mercado protegido. A parada é demasiadamente alta e as oportunidades para comportamento anticoncorrencial muito tentadoras.

O regulador é necessário para determinar o que seria verdadeiramente concorrencial e o que ainda seria um monopólio natural ou artificial – e para traçar regras justas de concorrência com base nessa aquilatação. É claro que tal papel difere em muito da tarefa tradicional de definir taxas de retorno justas e de apreciar as propostas de preços e serviços submetidas pela AT&T. Contudo, continua a constituir regulação, pois em sua ausência as empresas definirão preços diferentes por seus serviços e recorrerão a táticas concorrenciais (ou anticoncorrenciais) distintas. Num livro que não se pretende técnico não há espaço para abordar todos os temas regulatórios incidentes sobre um novo setor de telecomunicações convergentes. Mas a seguir são expostos alguns assuntos que as forças de mercado provavelmente não resolverão:

Espectros e padrões. O sistema de telecomunicações é uma mescla de conexões por cabos e por ondas eletromagnéticas. Embora a tecnologia tenha expandido a capacidade do espectro eletromagnético e o tenha complementado com conexões por cabos e com linhas telefônicas tanto de cobre como de fibras ópticas, ainda assim o governo precisa determinar quais porções do espectro devem ser reservadas a quais usos, revisando-as periodicamente à medida que a tecnologia evolui e concedendo licenças de uso.

Em 1994 a FCC começou a leiloar licenças para uma pequena faixa do espectro, recém-reservada para dispositivos de comunicação pessoal sem fio.[24] Comemorou-se o fato como uma melhoria mais mercantil em relação aos procedimentos anteriores, em que a concessão de licenças pela FCC se fazia administrativamente ou por sorteio. A vantagem do leilão é que permite aos atores do mercado privado exercerem julgamentos informados acerca do valor econômico dos direitos sobre faixas limitadas, fazer investimentos e trabalhar para que estes retornem. O leilão também dá lugar a receitas derivadas da venda de direitos sobre ondas que, em algum sentido, são "públicas". O leilão do espectro eletromagnético é um bom exemplo de regulação mais mercantil – *e, também*, da necessidade continuada da presença de reguladores.

Antes que pudesse desencadear os leilões, a FCC tinha que determinar quais porções do espectro poderiam ser redirecionadas para quais novos usos, se os direitos deveriam ser vendidos por tempo limitado ou perpetuamente, como conduzir os leilões, se deveria haver pagamento de royalties após a concessão da licença, quantos concorrentes seriam admissíveis em cada área de mercado, se as licenças poderiam ser livremente negociadas em mercados secundários, se os participantes do leilão poderiam comunicar suas intenções entre si e inúmeras outras regras de partida. As respostas não eram intuitivamente evidentes a partir dos princípios puros de mercado, pois a política estava sendo superposta a fatos institucionais e históricos que, por si próprios, refletiam um mundo não ótimo. Embora empregasse um mecanismo mercantil, o mercado dos leilões seria, enfaticamente, criado artificialmente.

Mais, embora os defensores do laissez-faire encarem o papel regulatório como meramente transitório, nenhum desses dilemas representa uma ocorrência singular. Na medida em que a FCC monitora os resultados e as tecnologias se transformam, sem dúvida a FCC (e/ou o Congresso) modificará as regras para leilões futuros. Num âmbito estreitamente relacionado a esse, aquele dos padrões tecnológicos e dos ganhos financeiros associados à sua adoção, o Congresso e a FCC enfrentam outro conjunto incontornável de decisões políticas [*policy*] que os mercados não podem tomar por eles. Deveria o governo permitir que as concessões de teledifusão existentes operassem a TV digital avançada [Advanced Digital Television – ATV]? Deveria existir uma alocação especial para novos canais de ATV? Deveria o governo exigir que os sinais da ATV pudessem ser recebidos por aparelhos comuns de TV, ou apenas por novos equipamentos? E, como a nova tecnologia permite que cinco ou seis canais sejam transmitidos numa faixa que antes era ocupada por um só canal, deveriam as concessionárias existentes ser beneficiadas com essa benesse e fazer dela o que quisessem? Deveria ser-lhes possível dividir e vender faixas excedentes? Ou deveriam elas compartilhar o benefício com o público? Ou a FCC deveria requisitar todo o espectro excedente das atuais concessionárias e redistribuí-lo? À medida que a tecnologia continuar a evoluir, problemas como esses continuarão a aparecer. A regulação pública permanece um bem público, mesmo que no papel de um guarda de trânsito que emprega princípios mais mercantis.

O desenvolvimento do mercado explosivamente vigoroso dos telefones celulares dependeu de políticas regulatórias. Em 1984, após um exaustivo processo de audiências, a FCC decidiu conceder licenças de operação a dois provedores concorrentes em cada mercado local. Um deles podia ser a Baby Bell local; o outro, a AT&T ou qualquer candidato alternativo. Inicialmente, a FCC determinou que a permissão para que mais de dois concorrentes operassem simultaneamente seria ineficiente, pois a formação de uma rede de telefones celulares requer a construção de transmissores caros (mais uma vez, Schumpeter leva a melhor sobre Smith). Em 1996, os serviços de telefonia celular já eram disponíveis para cerca de 90% dos norte-americanos, e quase toda franquia era um monopólio ou um duopólio. A evolução da tecnologia e o surgimento de uma nova geração de equipamentos portáteis de comunicação que depende de outras tecnologias sem fio fazem com que se autorize uma concorrência mais fragmentada. Isso, porém, também exigirá um novo conjunto de determinações regulatórias.

Dado que outras porções do espectro continuam a permanecer reservadas a uma ampla gama de usos, que vão dos militares ao rádio e televisão convencionais, a finalidades comerciais especializadas e assim por diante, constitui uma fantasia imaginar que as forças de mercado pudessem, sozinhas, alocar todo o espectro sem nenhuma orientação regulatória. Para que isso ocorresse, o governo teria, primeiro, que abandonar os múltiplos objetivos sociais que subjazem à atual alocação do espectro e entregar de mão beijada aos atuais detentores de concessões a "posse" do espectro público. Mesmo se o governo o fizesse, um vale-tudo provavelmente se mostraria ineficiente e instável. Num leilão do tipo "corrida do ouro" pela totalidade do espectro, muitos investidores errariam na avaliação e pagariam mais do que deveriam. No dia seguinte poderia perfeitamente bem haver vendas em liquidação, seguidas de uma extrema desorganização institucional, com consolidações e cartelizações, muito provavelmente provocando a reivindicação de novas regulações.

"Regulação assimétrica." A desregulação parcial do setor da telefonia não resolveu o problema da "cerca" de Charley Brown. Só fez intensificá-lo. A regulação assimétrica acontece quando uma companhia telefônica local ou uma companhia elétrica sujeita a regulação de taxa de retorno é forçada não só a dar garantia de fornecimento como também a concorrer com outros, que não estão sujeitos às mesmas obrigações. Também ocorre nas ocasiões em que aquilo que podemos chamar de monopólio em recuperação, como a AT&T, esteja sendo despido de seu status monopolista anterior mas ainda detém um poder monopolista substancial, do qual pode abusar.

Quando se permite a concorrentes não regulados entrarem em mercados telefônicos locais regulados, o risco é que eles fiquem só com a nata, oferecendo tarifas mais atraentes para fregueses mais lucrativos – tipicamente, consumidores empresariais de grande volume, que antes subsidiavam os consumidores domésticos. Além disso, muitas grandes empresas estão dispensando as companhias telefônicas locais, arrendando linhas e operando seus próprios sistemas telefônicos.

Não é difícil chegar à conclusão lógica dessa assimetria. As companhias telefônicas reguladas perderiam suas linhas de negócios mais lucrativas, o que faria com que uma quantidade menor de assinantes arcasse com os custos da base instalada e que os assinantes domiciliares pagassem tarifas crescentes. Isso poderia levar a uma espécie de espiral mortífera, em que a empresa telefônica regulada perderia seus melhores clientes e ficaria restrita a agir como provedora de alto custo num submercado perdedor. Tal dilema tem feito com que companhias telefônicas locais resistam a novos concorrentes e procurem ganhar o direito de, defensivamente, diversificarem suas atividades.

Considere-se, contudo, o dilema oposto. Companhias telefônicas locais detêm um imenso poder de mercado, pois controlam mais de 99% das alças locais. Excetuando-se algumas poucas áreas-piloto, qualquer um que queira vender serviços de interurbano, processamento de dados ou outros serviços a consumidores de telefone precisa pagar para usar a rede da companhia local. Enquanto tal monopólio persistir, há o risco de que a companhia local, usualmente uma Baby Bell, cobre preços exorbitantes para conceder esse direito de acesso. Por sua vez, esses lucros em excesso podem permitir à companhia local reduzir seletivamente suas próprias tarifas para os serviços básicos locais, usando assim o dumping para combater possíveis concorrentes na prestação do serviço local.

Se o sistema inclinar-se na direção de a concorrência poder separar a nata, o custo do serviço local básico poderá vir a explodir, com comprometimento da universalidade do sistema. Lembremo-nos de que essa universalidade não constitui um objetivo natural dos mercados, mas uma finalidade social cujos efeitos secundários carregam dividendos econômicos. Se o sistema inclinar-se para o lado oposto, e as companhias telefônicas locais conseguirem afastar a concorrência, o que acontecerá será simplesmente que um monopólio regulado se transformará num monopólio não regulado. O regulador pode atingir um equilíbrio razoável, prestando atenção no lado para o qual a balança se inclina.

Uma boa ilustração é a questão delicada dos descontos por volume. Muitos concorrentes locais e interurbanos arrendam cabos da AT&T ou de uma Baby Bell. Eles então vendem o serviço – freqüentemente com aperfeiçoamentos técnicos – ao público ou a nichos empresariais especializados, como redes locais de computadores. Os descontos concedidos a repassadores de serviços são, em parte, definidos pela oferta e pela demanda e, em parte, por regulações. Se o desconto é muito alto – digamos, 50% –, o provedor primário na prática subsidia os preços de seu concorrente e, portanto, seu próprio desastre. Se o desconto é baixo demais – por exemplo, 5% –, poucos concorrentes serão capazes de entrar no mercado.

À medida que a concorrência cresce nas telecomunicações, institui-se um risco relacionado, o de excesso de capacidade. Nos anos 90 houve uma corrida na instalação de cabos de fibras ópticas. Diferentemente de um fio de cobre, uma única fibra óptica pode transmitir centenas de milhares de ligações. O custo marginal de se incorporar uma chamada adicional ao fluxo é praticamente nulo, de modo que as empresas operadoras de cabos ópticos têm incentivos em aumentar o volume de chamadas. Por volta de 1995 estimava-se que os EUA já dispunham de cabos de cobre e de fibras ópticas numa extensão quatro vezes superior à necessidade de comunicações de longa distância – e a corrida continuava.

No curto prazo, o excesso de capacidade faz os preços baixarem, à medida que as empresas disputam assinaturas. No entanto, alguém tem que pagar por toda essa nova infra-estrutura. Não é de modo algum claro que passar fios quatro vezes por todo o país constitua um uso eficiente dos recursos. Em algum ponto, os reguladores precisarão desencorajar excessos adicionais. Um paralelo histórico é do *boom* ferroviário do século XIX. Num setor que era um monopólio natural, ferrovias rivais competiam na construção de novas linhas, muitas vezes duplicadas. No curto prazo, ocorreram guerras de preços – usualmente seguidas de consolidação e da cobrança de preços extorsivos. Em meados do século XX, a Comissão Interestadual de Comércio era alvo de críticas merecidas. Os serviços ferroviários (incluindo os de passageiros) acabaram por falhar, por motivos parcialmente relacionados à preferência nacional dos EUA em subsidiar rodovias. Contudo, nos dias de glória do tráfego ferroviário, a ausência de regulações provavelmente teria levado a distorções bem piores.

A evolução da tecnologia e da desregulação fez com que as Baby Bells gradualmente diversificassem suas atividades por uma ampla gama de negócios ligados à informação, ao vídeo, às transmissões por cabo e aos interurbanos. Mas a Baby Bell é, ainda, a companhia telefônica local. Se uma companhia telefônica local faz uma aposta errada num investimento estranho a sua experiência, é provável que seus assinantes acabem por absorver parte substancial dos custos, seja pagando tarifas mais altas, seja sofrendo as conseqüências da deterioração do serviço. É preciso lembrar que, na maior parte dos EUA, não há concorrência para a prestação de serviços telefônicos locais e que talvez isso jamais venha a ocorrer, por impossibilidade de os custos virem a ser compensados.

Por exemplo, recentemente tem havido uma carga de reclamações de consumidores e de reguladores contra a U. S. West, a Baby Bell que serve aos catorze estados da região das montanhas Rochosas. A empresa diversificou agressivamente seus investimentos na direção de negócios internacionais e adquiriu a concessão de redes de cabos em estados situados fora de sua região primária de atuação. Contudo, isso reduziu o dinheiro disponível para a empresa aplicar na tarefa rotineira de instalar novas linhas telefônicas locais.[25]

Em meados dos anos 90, a U. S. West investiu 2,5 bilhões de dólares para comprar uma parte da Time-Warner, 1,8 bilhão de dólares para adquirir uma empresa de cabos de Atlanta e mais alguns bilhões em empreendimentos no estrangeiro.[26] Durante o mesmo período, foram demitidas centenas de pessoas das áreas de instalação e de atendimento aos clientes telefônicos da empresa, com o resultado de que dezenas de milhares de usuários de serviços telefônicos básicos passaram a ser obrigados a esperar semanas, e mesmo meses, para que suas linhas fossem instaladas. Uma vez que a capacidade esteja esgotada, o custo de instalação de uma linha telefônica é de 2 mil dólares (chegando a 4 mil dólares em zonas rurais mais isoladas). Contudo, a U. S. West reduzira a extensão de novas linhas em diversos estados dessa região de crescimento acelerado, alegando (implausivelmente) que subestimara a demanda. Diversas comissões estaduais de serviços públicos investigam se a U. S. West direcionou indevidamente para outros empreendimentos receitas provenientes de serviços telefônicos regulados. Embora não tenham autoridade para proibir que a U. S. West faça investimentos em outros terrenos, têm o poder de condicionar aumentos de tarifas a reinvestimentos específicos do dinheiro pago pelos assinantes. E, em estados dotados de reguladores mais assertivos, como o Tennessee e Vermont, as empresas Bell reguladas foram obrigadas a despender mais recursos em suas redes.

Durante esse período de desregulação parcial, o fluxo de capital das operações reguladas Bell para atividades não reguladas tem crescido significativamente. No período de 1987 a 1989, correspondente aos dois primeiros anos nos quais as Baby Bells foram liberadas para se engajarem em outros empreendimentos, houve uma transferência de 1,773 bilhão de dólares de operações tarifadas para atividades não reguladas. Em 1990-2, esse valor dobrou, para 3,579 bilhões de dólares – dinheiro que deixou de ser empregado na manutenção, expansão e melhoria da rede telefônica. A desregulação completa provavelmente intensificará a corrida das prestadoras reguladas no sentido de abandonar os serviços básicos e de perseguir linhas de negócios mais lucrativas, deixando muitos usuários de telefone sem o serviço básico ou, então, sujeitos a tarifas proibitivamente altas.

O dilema é saber se a concorrência entre as operadoras desreguladas e as parcialmente reguladas poderá tornar-se mais simétrica e sustentável. O professor Eli Noam, que dirige o Instituto de Teleinformação da Universidade Colúmbia, busca modos de conciliar a concorrência com a universalidade do serviço. Ele propõe a imposição de um complexo sistema de pagamentos em transferência. A idéia básica é que todas as companhias que ofereçam serviços de telecomunicações paguem um montante pro rata, com o objetivo de ressarcir os custos de manutenção da rede básica e de financiar um serviço essencial barato e universal.[27]

Noam defende essa abordagem por ser um substituto mais "transparente" e mais "mercantil" para a antiga modalidade de subsídio cruzado, e por ser mais eficiente do que outros mecanismos, como impostos ou a cobrança de taxas de acesso. Sua solução é, decerto, engenhosa. Mas não é nada mais que... regulação. Antigamente, o subsídio cruzado para o serviço básico era interno à AT&T. Conforme o plano de Noam, o poder público estabeleceria um objetivo – serviços telefônicos básicos baratos e universais – que os mercados não atingiriam. De modo a conciliar esse resultado com a concorrência propiciada pelas novas tecnologias, o governo teria que projetar e administrar, ou ao menos supervisionar, um sistema mais sutil de subsídios cruzados. Além disso, à medida que as empresas e seus contadores aprendessem a "lidar com o sistema" e novas tecnologias surgissem, as condições com que se fariam as transferências financeiras teriam que passar por revisões e refinamentos periódicos – isso se faria por reguladores do governo, mantendo o interesse público em mente. Desse modo, o trabalho de Noam, típico de todo um gênero que comemora a concorrência e a desregulação, não é tão livre de regulação como imagina.

Outro eminente entusiasta da desregulação, o professor William Baumol, pai da teoria dos mercados contestáveis, argumenta que as companhias telefônicas locais, as empresas de cabo, as operadoras de interurbanos e novas participantes deveriam, todas, ter acesso igual a todos os mercados.[28] Contudo, diferentemente de muitos de seus colegas economistas, Baumol reconhece que, em submercados-chave, participantes mais fortes reteriam um poder de mercado substancial; desse modo, ele apóia a necessidade continuada da regulação – não a regulação tradicional, que definia taxas de retorno, mas ainda assim regulação.

Entre outros mecanismos, Baumol propõe pisos e tetos de preços. Os pisos seriam necessários para evitar que ex-monopólios poderosos, como as Baby Bells, usassem preços predatórios para afastar novos concorrentes. Os tetos seriam exigíveis para impedir que fornecedores com poder monopolista cobrassem preços extorsivos de grupos selecionados de consumidores. Parece evidente que um fornecedor possa reduzir ou aumentar artificialmente seus preços – mas é também importante observar que, em mercados segmentados, ambos os abusos podem ocorrer simultaneamente. Na verdade, é isso, exatamente, o que ocorre em setores segmentados e monopolistas como as telecomunicações e o transporte aeroviário. Como escreve o professor Baumol (em co-autoria com J. Gregory Sidak), "se lhe for permitido, uma firma regulada que deseje barrar a entrada ou eliminar concorrentes pode definir preços não compensadores para serviços em que enfrente rivais e compensar os prejuízos com lucros elevados, obtidos de serviços de que goze de monopólio".[29]

Como se observou anteriormente, as Baby Bells têm controle monopolista sobre as "alças" locais que conectam o usuário com a estação central de comutação. Além de afastarem concorrentes locais, as Bells têm usado esse monopólio para arrancar tarifas de acesso exorbitantes de empresas de interurbano que precisam conectar-se com seus usuários. Economistas independentes têm avaliado que tais tarifas situam-se na faixa de sete a oito vezes o custo, respondendo por um pouco menos da metade dos lucros totais das Baby Bells. Alguma regulação é necessária para determinar uma tarifação justa para o acesso à rede local. Quando há um único vendedor, por definição o "livre mercado" não estabelece um preço justo.

Concorrência entre setores regulados. Na era da informação que se aproxima, é possível imaginar uma concorrência frontal entre três tipos de companhias parcialmente reguladas – companhias telefônicas locais ou de interurbanos, empresas de energia elétrica e empresas operadoras de cabo –, bem como novos ingressantes, como fornecedores de comunicação sem fio. Os paladinos da mercantilização imaginam que haveria uma corretagem de negócios gigantescos e um conseqüente vale-tudo concorrencial, em que qualquer empreendedor poderia oferecer qualquer tipo de serviço. No entanto, como a linha básica de negócios de cada um desses setores é um monopólio parcialmente regulado, nenhum deles serve como exemplo de mercado livre. E, uma vez que existe também um objetivo institucional de se dispor de acesso universal a serviços telefônicos e de eletricidade, bem como um serviço básico de cabo barato e indiscriminatório, uma concorrência totalmente não regulada correria o risco de fazer com que o dinheiro se dirigisse a alvos de oportunidade, às expensas do serviço universal. Na melhor das hipóteses, o novo mundo concorrencial exigiria reguladores sofisticados, que estabelecessem regras básicas destinadas a assegurar que nenhum dos setores que operassem a partir de fortalezas semiprotegidas obtivessem vantagens injustas em relação seja aos consumidores, seja a competidores, ou que abandonassem a prestação de seu serviço central.

Na verdade, a "auto-estrada da informação" se constrói com os lucros excedentes capturados de usuários de três setores monopolísticos e semi-regulados. No que tange à teoria econômica, esse processo funcionava suficientemente bem quando se tratava de um sistema fechado e uma única companhia (a AT&T). Contudo, não é de modo algum claro que os benefícios da concorrência entre dois ou três competidores compensassem a ineficiência de estruturas redundantes. É notável observar que as tarifas interurbanas tenham começado a subir em 1992, acelerando-se em 1993 e 1994.[30] Durante todos os anos da década anterior, haviam caído. Também não é claro que os recursos obtidos junto a usuários não serão dirigidos a investimentos especulativos, como tem ocorrido com as operadoras de cabo e com as Baby Bells. No mínimo, os reguladores precisarão permanecer vigilantes para fazer ajustes, tanto nas condições em que a concorrência se dá como em toda a premissa da concorrência regulada.

É possível imaginar diversos regimes possíveis para facilitar o que, na aparência, é a contradição em termos da "concorrência regulada". Um elemento, que se pode atingir de diversos modos, é uma concorrência relativamente livre, com responsabilidades compartilhadas no que diz respeito ao serviço universal. O sistema de transferências de pagamentos de Eli Noam é uma de muitas outras abordagens possíveis com esse fim. Outro princípio, que já é usado pela FCC e diversas comissões reguladoras estaduais, é o estabelecimento de tetos de preços. Em vez de definir explicitamente os preços, como costumavam fazer, os reguladores impõem tetos de preços permissíveis. A empresa pode cobrar menos, mas não mais. Se a companhia telefônica ou de energia elétrica reduzir seus custos e lograr economias adicionais, conseguirá amealhar lucros maiores. Contudo, na maioria dos casos, os reguladores impõem tanto um teto declinante, de modo a induzir melhorias ao longo do tempo, como uma fórmula que exige o compartilhamento de ganhos entre os acionistas da empresa e os usuários.

Os defensores da especificação de tetos enfatizam que esse sistema seria mais condizente com o mercado do que o estabelecimento de preços serviço a serviço, ou a definição de uma taxa de retorno justa. De fato, o teto dependeria mais de incentivos econômicos, mas na verdade seria uma espécie de regulação de taxa de retorno medida retroativamente. Caso o regulador tivesse subestimado os ganhos de produtividade ou aqueles advindos do poder monopolista, fazendo assim com que os lucros pareçam excessivos, o regulador reduziria o teto depois de o fato ter ocorrido. De modo a exercer tal julgamento, a companhia teria que manter um sistema de contabilidade que segregasse custos e receitas serviço a serviço, e o regulador precisaria ter acesso aos números. É claro que isso ainda configuraria regulação.

A FCC tem empregado o método do teto de preços tanto com a AT&T como com as operações interestaduais das Baby Bells. O fato tem sido comemorado como condizente com o mercado, mas os montantes definidos na prática como tetos para a operação das Baby Bells têm recebido críticas de todos os lados, por serem excessivamente generosos. Depois do desmembramento da AT&T, os lucros das Baby Bells têm sistematicamente excedido aqueles de outras prestadoras de serviços reguladas e da indústria norte-americana em geral. Entre 1988 e 1992, as Bells tiveram um retorno médio sobre o patrimônio da ordem de 14,5%, enquanto o setor industrial como um todo obteve apenas 11,5%. Na década que antecedeu a desregulação, o Sistema Bell, que era totalmente regulado, auferiu lucros situados apenas um ou dois pontos percentuais acima da taxa dos títulos decenais do Tesouro norte-americano. Esse retorno mais modesto era completamente apropriado, pois as taxas da Bell eram virtualmente garantidas e os investidores se beneficiavam de um dos investimentos mais seguros disponíveis no setor privado. Contudo, nos anos que se seguiram ao desmembramento, as Baby Bells vêm apresentando desempenho que supera sete pontos percentuais acima das taxas de títulos de dez anos do Tesouro.[31] Assim, tem fundamento o argumento de que o teto de preço das Baby Bells é excessivamente alto, permitindo-lhes lucros excedentes que, por sua vez, lhes conferem um gargalo de poder de mercado usado para repelir concorrentes.

Em 1991, a FCC estabeleceu um "fator de produtividade" de 2,4% ao ano como estimador da taxa de aumento de produtividade, reduzindo anualmente o teto de preços num montante equivalente a esse percentual. No entanto, num relatório de 1995, a FCC concluía que tal fator subestimava a taxa real de aumento de produtividade. A FCC aumentou o fator, reduziu o teto e forçou as Baby Bells a aumentarem o compartilhamento dos ganhos de produtividade com os consumidores. Sem esse tipo de supervisão informada, os consumidores seriam punidos e a concorrência real sofreria erosão.

Embora em áreas de densidade muito alta, como Manhattan, seja possível imaginar o aparecimento de diversos provedores de serviços telefônicos locais, ainda passará um longo tempo até que isso se transforme em realidade para a maior parte dos EUA. Em 1996, menos de 1% dos consumidores locais de telefone tinham mais de uma opção de escolha. Em áreas-piloto de concorrência direta, como Manhattan e Rochester (Nova York), a concorrência pelos serviços telefônicos locais tem dado origem a mais questões regulatórias, não a menos. Por exemplo, quais são os termos segundo os quais concorrentes podem "pegar carona" nas linhas telefônicas das companhias que já estavam instaladas? O serviço telefônico poderá vir a ser oferecido por operadoras de cabos, empresas de energia elétrica e outros tipos de negócios que calham dispor de cabeamentos e detêm direito de passagem? E em que termos isso se daria, com quais proteções contra o favorecimento dos segmentos mais lucrativos, em detrimento dos que implicam menos retorno? Quais devem ser os requisitos para interconexão entre sistemas e quais devem ser as obrigações residuais em relação ao conjunto da rede?

Na maioria das regiões, economias de escala tornam difícil a novos ingressantes competirem com as companhias telefônicas já instaladas. A entrada de concorrentes nesses mercados exigiria políticas regulatórias que, no mínimo, buscassem algum equilíbrio entre os novos participantes e os antigos monopólios telefônicos regulados. Na preparação do ambiente de concorrência regulada em Rochester (NY), a Comissão de Serviços Públicos do Estado de Nova York gastou quase dois anos para negociar um elaborado conjunto de regras que permitisse à companhia local, a Rochester Telephone (operadora independente, não anteriormente ligada à Bell), engajar-se em outras linhas de negócios. Em contrapartida, a Rochester Telephone aceitou a concorrência frontal da Time-Warner, que opera a concessão local de cabos. O esquema preparado pela comissão combina engenhosamente dois elementos. Ambas as companhias são sujeitas à regulação de tetos de preços; as tarifas foram congeladas por sete anos e as duas empresas podem fazer o que quiserem com aquilo que economizarem. A comissão também montou uma fórmula elaborada para lidar com o pagamento por interconexões. A empresa cujo assinante inicia uma chamada paga uma taxa à empresa do assinante que recebe essa chamada.[32] De novo, esse tipo de concorrência é tudo menos livre, pois permanece sujeita a regras básicas cuidadosamente especificadas, além de constituir uma concorrência entre duas companhias que são, em parte, monopólios protegidos. Essa situação seria mais bem descrita como um cartel regulado, com algum grau de concorrência de preço e qualidade. Não fosse por outros motivos, os reguladores ainda seriam necessários para assegurar que nenhuma das companhias telefônicas abusasse de seu poder de mercado para ferir a outra, ou para barrar a entrada de novos concorrentes. À época em que escrevo, os concorrentes da Rochester Telephone praticamente não haviam conseguido ganhar terreno em relação ao monopólio instalado.

Com o surgimento de concorrentes na prestação de serviços telefônicos locais, os reguladores teriam, no mínimo, que assegurar a garantia de diversas premissas: pleno acesso às vias de trânsito da Bell, com cobrança de preços justos; "portabilidade" do número telefônico local quando assinantes mudem de uma companhia para outra; ausência da necessidade de o assinante não Bell digitar algarismos extras; esquemas de "compensação" equilibrados, para ressarcir com justeza companhias cujos assinantes recebam chamadas de assinantes de suas concorrentes; emissão de listas telefônicas completas, com os assinantes de todos os concorrentes; e acesso eqüitativo à base de usuários para cobranças e finalidades de marketing. A FCC identificou nada menos de 266 diferentes elementos necessários para assegurar acesso justo.[33]

Uma discussão concreta desses dilemas práticos num setor historicamente regulado faz do Teorema de Coase uma piada. Caso a regulação simplesmente desaparecesse e se deixasse à companhia privada com poder de monopólio a função de negociar resultados justos e simétricos, o resultado seria o caos ou a formação de um cartel. Na medida em que os provedores de serviços atingissem uma acomodação uns com os outros, quem perderia seria o consumidor. E os advogados discutiriam os detalhes na Justiça indefinidamente.

Monopólio e outros assaltos. Num setor com economias de escala instaladas e elementos de monopólio, uma transição eficiente para a concorrência parcial requer um policiamento vigilante por parte dos reguladores. Um bom exemplo é o setor de cabos. Em 1984, o governo Reagan patrocinou uma legislação destinada a desregular esse setor, esvaziando regulações locais. A concessão e cobrança de operações de cabo por governos locais sofria os efeitos da corrupção e de abusos de preços. Tipicamente, uma companhia de cabo entrava numa cidade prometendo preços baixos. Após conquistar a concessão, as tarifas subiam dramaticamente. A Lei de Televisão a Cabo de 1984 basicamente liberou os monopólios locais de cabos para cobrarem o que quisessem. A teoria era de que o consumidor podia, se desejasse, dispensar o cabo e ficar com a recepção de TV comum, o vídeo, o cinema e outros substitutos.

No entanto, em muitas famílias o cabo havia se tornado uma necessidade ou, ao menos, um hábito. Na ausência de concorrência de preço, as companhias de cabo conseguiam rendas extraordinárias. Tais lucros excepcionais, amealhados de uma base desregulada mas cativa, eram usados não só para expandir os serviços de cabo como também para construir impérios conglomerados. Companhias como a Viacom e a TCI expandiram-se para outras áreas de entretenimento, como redes de TV, editoras de livros e assim por diante. Munidas de grandes quantidades de dinheiro, tornaram-se alguns dos maiores protagonistas no jogo das tomadas hostis. Em 1992, o Congresso revogou a lei de 1984 e reinstituiu a regulação de preços dos serviços básicos de cabo. Foi a única lei aprovada com derrubada de veto do presidente Bush. As empresas de cabo permaneceram livres para cobrar de canais populares extras aquilo que o mercado suportasse, segundo a teoria de que o consumidor teria a liberdade de recusar-se a comprar, mas a FCC regulou os lucros obtidos do serviço básico. Em 1994, em meio à fúria do setor e dos entusiastas do "livre mercado", a FCC impôs um recuo de 3 bilhões de dólares nas tarifas básicas de cabo. Na verdade, o setor de cabo era um monopólio natural clássico. Em outra época, teria sido assim regulado. E, diferentemente do antigo monopólio regulado da AT&T, que havia sido proibida de diversificar-se, os monopólios de cabo usavam suas rendas menos para construir a auto-estrada da informação do que para financiar uma orgia de aquisições. O setor de cabo era na verdade um candidato esplêndido para voltar a ser regulado. Devido ao poder concentrado desse setor nas políticas locais em que as concessões eram aprovadas (freqüentemente por via de corrupção), era também candidato a regulação federal.

O objetivo das políticas públicas, de propiciar maior concorrência em domínios que não constituem monopólios naturais, como chamadas interurbanas e, talvez, serviços telefônicos locais em áreas urbanas densamente ocupadas, exige buscar um delicado meio-termo entre permitir que a lógica econômica do serviço universal seja desvirtuada pelos que desejam recolher a nata e admitir que o monopólio telefônico já instalado use seu poder de mercado para afastar a concorrência. Embora o direito de prestar serviços telefônicos e de definir preços esteja sendo crescentemente desregulado, as tarifas de acesso cobradas pelos monopólios de sua concorrência local e dos provedores de interurbanos não podem ser inteiramente desreguladas. O mesmo ocorre com as condições segundo as quais cada concorrente acessa os assinantes dos demais.

Em princípio, é fácil estipular que todo mundo pode concorrer no que antes era o terreno exclusivo de alguém. Na prática, contudo, resta o problema complexo e espinhoso de se garantir acesso simétrico. No mundo real, a legislação não nasce do nada, mas se forma a partir do fato histórico da existência de provedores instalados, dotados de um poder de mercado substancial, resultante de regulações passadas.

Abusos contra o consumidor. O novo mundo da concorrência semi-regulada abre também espaço para toda uma cornucópia de abusos cometidos contra o consumidor, os quais exigem decisões regulatórias. Alguns deles:

Identificação de chamada. Novidades tecnológicas tornaram possível identificar a fonte de uma chamada que se recebe. As companhias telefônicas locais enxergaram nisso uma nova oportunidade de lucros e começaram a oferecer essa opção a seus assinantes. Embora muitos fregueses gostem de saber quem os está chamando, eles próprios podem não querer que suas identidades sejam conhecidas por aqueles a quem chamam. Isso deu lugar a uma nova oportunidade de auferir lucros. A companhia telefônica oferece não apenas a identificação da chamada, mas também o bloqueio dessa identificação. É fácil imaginar um regresso infinito, do tipo "Spy vs. Spy" da revista *Mad*. A regulação entrou em cena para definir regras. Na maioria dos estados norte-americanos, se a companhia telefônica oferece o serviço de identificação de chamada, é obrigada a oferecer também o bloqueio de identificação.

"Pé-na-porta." A desregulação dos serviços de interurbano tornou possível a qualquer um entrar nesse negócio. Mas como invadir a base de usuários da AT&T, da MCI e de outros protagonistas entrincheirados? A regulamentação atual da FCC prevê que, para que um operador de interurbanos possa reivindicar um consumidor como seu, precisa antes obter dele uma aprovação por escrito. Em 1993 e 1994, empresários que entravam no negócio começaram a enviar aos consumidores malas diretas com propostas enganosas, informando aos destinatários que haviam ganho um prêmio. Para entrar de posse do prêmio, o consumidor tinha apenas que assinar o formulário e enviá-lo de volta à empresa. Em textos meio escondidos e escritos em letras pequenas, o formulário também autorizava a mudança de provedor de interurbano. Um pouco menos cruamente, a AT&T e a MCI recorreram à concessão de bônus ("vinte dólares em chamadas grátis") que estimulavam consumidores desavisados a mudarem de provedor. Não apenas a regulação precisa diferenciar entre formas de atração aceitáveis e enganosas como, também, deve estipular padrões técnicos aceitáveis, requisitos para interconexão, exigências mínimas para serviços de atendimento e assim por diante.

Em 1995, depois de receber mais de 4 mil reclamações de consumidores, a FCC propôs regulamentações anti-pé-na-porta, exigindo que autorizações para mudança de provedor de interurbanos passassem a ser claramente identificadas e fossem separadas de materiais promocionais. A medida foi também tomada em meio a processos judiciais movidos por provedores de interurbanos uns contra os outros, em que se acusavam mutuamente de "pirataria" de assinantes. Observe-se nisso, outra vez, a disfunção do Teorema de Coase. Segundo a teoria, os consumidores e os provedores concorrentes lidariam com tudo isso por meio da negociação. Na prática, tal negociação é inconcebível. A regulação envolve um modesto custo pontual e estabelece regras claras, tanto para quem vende como para quem compra. Sua ausência propiciaria intermináveis embustes, contra-embustes, atrapalhações – e processos judiciais.

cocots. Um "COCOT" não é, como o nome poderia indicar, um bichinho peludo, mas as iniciais de *Customer-Owned, Coin-Operated Telephone* [telefone operado por moeda e possuído pelo assinante]. Na maioria dos estados dos EUA, ocorreu uma proliferação de "telefones públicos pagos" não possuídos pelas companhias telefônicas locais, e que cobram duas ou três vezes mais do que as tarifas reguladas permissíveis. Embora as comissões estaduais de serviços públicos normalmente definam as tarifas que os monopólios telefônicos locais podem cobrar, o controlador de um telefone pago independente pode pedir o que quiser. A cinqüenta centavos de dólar ou mais por chamada local, as companhias telefônicas independentes oferecem tais telefones a bares, restaurantes, postos de gasolina, shopping centers, estacionamentos, aeroportos e outros espaços quase públicos. A companhia independente paga uma taxa à empresa que comprou ou alugou o telefone, ou então divide com ela o lucro da operação. A ilusão está em que esses caros telefones "pertenceriam" ao bar ou restaurante, que por sua vez estaria apenas "revendendo" o serviço para o freguês inadvertido – do mesmo modo que alguém cobraria por deixar outra pessoa ligar de seu telefone doméstico.

Contudo, tal expediente frustra o objetivo político de se dispor de telefones públicos abundantes e baratos. No que é o funcionamento de uma espécie de lei de Gresham,* telefones públicos caros expulsam os mais baratos. Não se vêem muitos telefones públicos de dez centavos ao lado de aparelhos de cinqüenta centavos, pois o mais caro rende mais para o dono do estabelecimento do que o mais barato. E por que a companhia telefônica local não reclama? Porque, provavelmente, está empatando, ou mesmo perdendo dinheiro, com seus telefones públicos, que são obrigatórios e constituem uma atrapalhação do ponto de vista da manutenção. Assim, a companhia telefônica acha ótimo que alguém assuma essa responsabilidade. Além disso, ao fazer com que os consumidores se habituem a pagar cinqüenta centavos de dólar por ligação local, os COCOTs predispõem o público para o próximo aumento de tarifas tencionado pela companhia local; também ensinam o usuário a deixar de catar moedas nos bolsos e, em vez disso, sacar do cartão de crédito – um serviço que, coincidentemente, a empresa telefônica local também oferece, por um preço adicional. Em contextos monopolísticos como esse, caso se deixe a decisão aos "mercados", o resultado são lucros imensos extraídos de consumidores cativos e o desaparecimento de uma conveniência pública tradicional – o barato telefone público de moedas.

Quais seriam as condições mais adequadas de operação neste caso? A companhia telefônica local deveria ser obrigada a tornar disponíveis e operar tantos telefones públicos? Deveria haver um limite para o preço cobrado pelos COCOTs? O telefone COCOT deveria ser forçado a oferecer telefonistas, serviço de atendimento direto, chamadas de emergência à polícia, aos bombeiros e aos

(*) A tendência de uma moeda inferior circular mais do que outra, superior, devido ao entesouramento desta última. Em alusão ao comerciante e financista inglês sir Thomas Gresham (c. 1519-79). (N. T.)

pronto-socorros? Deveria permitir interconexão gratuita à operadora de interurbanos de escolha do usuário? Deveria a sociedade simplesmente desistir do objetivo público de se dispor de telefones baratos operados por moedas? Só uma política regulatória pode decidir tais questões.

Exploração a granel. O que vale para os COCOTs, a identificação de chamada e os "concursos" fictícios das operadoras de interurbanos, vale também para a propaganda via fax, as máquinas automáticas de telemarketing, a questão de saber quem paga por despesas realizadas com um cartão de crédito [telefônico] roubado, abusos no uso de números 900, tarifas adicionais cobradas por hotéis para fazer conexão com provedores de interurbanos e toda uma massa de outros temas de interesse do consumidor e que não são resolvidos pelo aumento da concorrência. Ao contrário, quanto maior for a concorrência de preços, com mais aplicação os fornecedores buscarão expedientes que conduzam a explorações de preços. Goste-se ou não, esses temas e oportunidades de abusos continuarão a proliferar. E a solução continuará a ser a regulação esclarecida.

Políticas concorrenciais duráveis. Alguns entusiastas encaram esses sistemas de regulação do mercado meramente como paradas transitórias no caminho da concorrência pura. Entretanto, isso é extremamente improvável. Daqui a dez ou vinte anos, quando atingirmos um mundo em que empresas que nasceram como companhias telefônicas, de cabos, de energia elétrica e outras estiverem concorrendo para levar serviços de informação às empresas e domicílios, haverá ainda uma grande quantidade de assuntos que não poderão ser resolvidos autônoma ou eficientemente pelos mercados – disponibilidade universal de serviços, subsídios cruzados, interconectividade, tarifas de acesso interserviços, compartilhamento de direitos de uso, dominância de mercado, abusos contra o consumidor. Quanto mais complexos os temas, mais sofisticados deverão ser os reguladores. E não só: nada disso opera num vácuo político. Se seguirmos o conselho laissez-faire e simplesmente partirmos para a desregulação, o caos resultante e a erosão de serviços baratos e universais provavelmente levarão ao clamor por algum tipo de retorno à regulação.

Em resumo, em setores que constituem monopólios parciais, a concorrência exige uma política concorrencial – uma plataforma regulatória que canalize, configure e governe o processo de concorrência. Isso não se confunde com a antiga regulação pública, nem com os dispositivos antitruste.

Alguns leitores poderão perguntar-se o motivo pelo qual leis antitruste não seriam suficientes. Como sugerido pela discussão anterior, nas telecomunicações o processo de atingir um ambiente concorrencial é extremamente complexo e iterativo; exige uma monitoração cuidadosa, a exigência do cumprimento de comportamentos limpos e a revisão periódica de regras. No caso do desmembramento da AT&T, parte desse processo foi conduzida na seqüência de um acordo antitruste. Contudo, o papel continuado de supervisão do juiz Greene no caso AT&T foi virtualmente inédito, e longe do ideal. Normalmente, medidas antitruste são impostas muito depois de o dano já ter sido causado. Em casos extremos, como no desmembramento da AT&T, as soluções assumem as características de regimes regulatórios completos. Os tribunais, porém, não foram feitos para desempenhar esse papel, e é muito melhor que tais regimes sejam concebidos e aplicados como resultado de políticas explícitas e sob supervisão continuada de organismos apropriados.

O regime regulatório que se forma nas telecomunicações estruturará uma concorrência que, de outra forma, seria uma mistura entre a monopolista e a ruinosa. Por definição, a regulação (mesmo do tipo pró-concorrencial) exige reguladores. Em 1995, alguns dos republicanos mais extremados do Congresso dos EUA procuravam demonstrar seu fervor desregulatório por meio do expediente de cortar dramaticamente o orçamento da FCC, como se isso de algum modo fosse levar a menos regulação e, portanto, a mais concorrência. Uma grande parcela dos deputados republicanos também recuou ante a Lei de Telecomunicações de 1996, que era enfaticamente pró-concorrencial, sob a alegação de que não seria suficientemente laissez-faire. Mas, a esta altura, deveria ser claro que, em setores como esse, a regulação e a concorrência não são antitéticas, mas complementares.

Desregulação do transporte aéreo

Com base na discussão anterior sobre as telecomunicações, a desregulação do transporte aéreo pode ser entendida como caso exemplar de como não se deve agir. A reforma regulatória levou gradualmente à completa desregulação. O CAB, o organismo regulatório, foi desativado. Quando os resultados frustraram as previsões de seus patrocinadores, não havia um organismo que pudesse corrigir rumos – retornar à concorrência regulada, de modo a obrigar que se jogasse um jogo limpo. E a maioria dos economistas profissionais cujas previsões se mostraram equivocadas pelo curso real do experimento permaneceu altamente defensiva quanto aos resultados e relutante em abrir a porta para um retorno à regulação.

Do ponto de vista teórico, a desregulação do transporte aéreo tomou como premissas diversos pressupostos interconexos. Em primeiro lugar, que as companhias aéreas não seriam, afinal, monopólios naturais. As vias aéreas não são como ferrovias ou oleodutos; qualquer quantidade de aviões pode voar em qualquer tipo de rota. Se entendidas corretamente, as companhias aéreas não arcariam realmente com custos elevados de instalação, pois aeronaves podem ser facilmente alugadas, compradas e vendidas. Devido à facilidade relativa em se ingressar no negócio, não haveria barreiras sérias à entrada, além daquelas especificadas pelos reguladores. E, embora na aparência houvesse uma boa dose de poder monopolista em muitos aeroportos – duas ou três companhias controlando a maior parte do tráfego –, também isso teria sido fabricado pela regulação. A teoria da contestabilidade[34] sustenta que não seria necessária a concorrência real para disciplinar firmas dominantes já instaladas. A mera ameaça da concorrência – "contestabilidade" – conseguiria disciplinar as empresas. Tal raciocínio era uma manifestação pura de economia ao estilo da Escola de Chicago, embora seus proponentes acadêmicos mais eficazes fossem liberais relativos, como o professor Baumol: logicamente, sempre que surgissem lucros supranormais, um novo competidor pularia no mercado para se aproveitar deles. Armadas desse conhecimento, as empresas aéreas existentes definiriam os preços de seus serviços como se a concorrência estivesse de fato presente. Como testemunhou Alfred Kahn em um subcomitê do Congresso, em 1977: "É a ameaça de entrada que coibirá os aumentos excessivos de preços".[35] A aplicação desse dogma às empresas aéreas baseava-se mais em inferências lógicas do que no estudo de mercados reais.

O regime regulatório existente era criticado por economistas devido a diversos aspectos. Acreditava-se amplamente que os preços regulados seriam altos demais. Após um extenso processo de audiências, conduzido no período 1974-5, o subcomitê Kennedy concluiu que os preços estariam entre 40% e 100% mais elevados do que deveriam ser.[36] Como evidências dessa estimativa, diversos observadores mencionaram as tarifas de empresas intra-estaduais não reguladas, especialmente da Califórnia e do Texas. Em 1974, um passageiro que voasse os 626 quilômetros entre San Francisco e Los Angeles a bordo de um avião da Pacific Southwestern Airlines pagava 18,75 dólares, enquanto o viajante da rota Boston–Washington, apenas ligeiramente superior com seus 739 quilômetros, pagava 41,67 dólares em qualquer das companhias reguladas pelo CAB. Críticos também observaram que companhias não reguladas do Texas e da Califórnia tendiam a voar com aviões mais cheios do que os das empresas reguladas – sugerindo fortemente que as companhias reguladas estariam cobrando demais e, assim, deprimindo a demanda. Concorrendo no Texas contra empresas reguladas pelo CAB, a Southwest Airlines também introduzira uma tarifação simples, distinguindo situações de pico e de fora de pico. Os advogados da desregulação previam que, num sistema de transporte aéreo desregulado, tais diferenciações se transformariam em norma. As audiências do comitê Kennedy também deram lugar a evidências de que a regulação falhara em manter as tarifas alinhadas com os custos. Algumas rotas subsidiavam outras, o que constituiria uma ineficiência. Conforme previsto por Kahn e outros especialistas, a desregulação provocaria um alinhamento mais próximo entre custos e preços.

Outra evidência vívida em favor da crença de que as tarifas seriam altas demais se constituía na observação de que, impedidas de concorrer no preço, as companhias aéreas incorreriam em desperdícios, concorrendo na base do oferecimento de champanhe e refeições luxuosas. Isso não apenas estaria concedendo aos clientes mais serviços do que eles comprariam livremente caso estivessem num mercado não regulado; também levaria a procedimentos regulatórios caros e às vezes ridículos. Por exemplo, na lucrativa rota Nova York–Flórida, a Delta entrou no CAB com uma laboriosa reclamação contra uma promoção da Northeast, sua rival, que oferecia bifes "feitos como você quiser" [*made to order*]. Solenemente, a Delta alegou que os tais bifes eram, em sua maioria, fritos de antemão, e apenas *requentados* conforme o pedido do cliente. Tal disputa consumiu meses de deliberações até ser abruptamente tornada sem efeito quando a Delta comprou a Northeast.[37]

Conforme observado por críticos tanto liberais como conservadores, a regulação seria exageradamente cuidadosa para com as empresas existentes, cujos lucros garantiriam frente à concorrência ruinosa. Entre 1950 e 1974, o CAB recebera 79 pedidos de licença de funcionamento de companhias aéreas e rejeitara todos. Os desreguladores acreditavam não apenas que a livre concorrência baixaria os preços como também os levaria mais para perto dos custos, exatamente como previsto pela teoria.

Em 1977 e 1978, Kahn e o CAB autorizaram um aumento da concorrência em rotas, direcionando-se assim para a desregulação. O CAB começou por emitir autorizações de operação para todo solicitante qualificado, desconsiderando preocupações com o excesso de capacidade ou com a instituição de uma concorrência ruinosa. Conforme o departamento, caso numa rota ocorresse excesso de capacidade, "uma (ou mais) companhia concluiria não ser lucrativo continuar a operar naquele mercado e se retiraria. Caso isso acontecesse, nós o interpretaríamos como sinal de que o tipo de serviço proporcionado pela companhia não teria sido desejado pelo público. A escolha é feita de modo mais eficiente pelo mercado do que pelo Departamento". Em outra determinação no sentido de liberalizar a concorrência, o CAB opinou que "as forças de mercado resultarão mais provavelmente num serviço ótimo, cobrado por tarifas ótimas, pois o processo de seleção do mercado opera contínua e eficientemente".[38] Note-se a enorme indiferença quanto a isso referir-se a um mercado real ou idealizado. Armado dessas convicções, Kahn, o Congresso e o governo Carter desregularam completamente o transporte aéreo, conforme um plano de transição qüinqüenal. Quando, em 1981, a equipe Reagan assumiu seus postos, desativou a regulação transitória ainda mais depressa do que havia sido planejado. Em 1985, o CAB fechou.

* * *

Uma experiência fracassada. O que se seguiu a isso desmentiu quase todas as previsões. A concentração aumentou. Novos concorrentes faliram. As tarifas enlouqueceram, divergindo erraticamente dos custos. O poder de mercado e a tarifação predatória se intensificaram. As grandes companhias transformaram-se num cartel privado – numa estranha mescla de monopólio em certos segmentos e concorrência ruinosa em outros. Apesar da aplicação seletiva de sobrepreços, os ganhos das companhias aéreas mergulharam. Entre 1990 e 1994, as companhias tiveram cinco anos de prejuízos constantes, perdendo em seu conjunto 13 bilhões de dólares.

Durante alguns anos, novos ingressantes, como a People Express e a New York Air, tentaram concorrer na base do preço, com tarifas sem "perfumarias" e usando novas formas de gerenciamento, marketing e controle. No entanto, as grandes companhias foram capazes de empregar seu poder de mercado para derrotar seletivamente tais iniciantes pelo preço, obrigando todas, menos uma (a Southwest), a sair do negócio. Para sabotar a estratégia de uma People Express ou de uma New York Air, não era necessário igualar todas as suas tarifas – só o bastante para afastar uma quantidade de clientes suficiente para desequilibrar seus fatores de ocupação e jogar suas contas para a região do vermelho. Armados com computadores e técnicas sofisticadas de seleção, as grandes empresas adotaram a discriminação de preços com especial crueldade. De acordo com o *Wall Street Journal*, alguns desses superdescontos seletivos levavam o código "FU",* só para que as pequenas empresas entendessem a mensagem.[39] Em meados da década de 80, todas as empresas que haviam sido criadas depois de 1978 tinham falido ou sido compradas por alguma das grandes. O setor tornava-se cada vez mais concentrado.

Eis aí um caso flagrante de formação predatória de preços. Mas a Divisão Antitruste de Reagan, imersa na economia de Chicago, insistia em que preços predatórios seriam logicamente improváveis. O Departamento [Ministério] de Justiça não interveio. E o governo também nada fez para impedir a onda de fusões e aquisições. Todas as 21 propostas de fusões submetidas ao Departamento dos Transportes nos anos 80 foram aprovadas. As quatro maiores empresas aéreas, cuja participação de mercado era de 42% em 1985, passaram a 75% em 1989. O principal problema, contudo, não é a concentração média do setor, mas o que acontece em terminais específicos. Em Baltimore, a participação de mercado da USAir passou de 24,5% em 1977 a 60% em 1987 e a mais de 80% em 1996. Concentrações superiores a 80% existem hoje em Atlanta, Cincinnati, Detroit, Memphis, Minneapolis, Pittsburgh, St. Louis, Salt Lake City etc.; duo-

(*) *For you*, "esta é pra você". (N. T.)

pólios existem em Chicago, Denver e Dallas–Fort Worth. Embora haja uma concorrência simbólica em algumas dessas cidades, o passageiro que deseje voar sem escalas para mais do que algumas poucas destinações é virtualmente forçado a lidar com a companhia dominante.

À medida que os novos concorrentes eram expulsos do negócio, aumentava a concentração. Em vez de proporcionar mais escolhas para o consumidor, a desregulação levou à dominação das principais rotas por uma ou duas companhias. É também interessante notar que, na maioria das vezes, o aumento de concentração não resultou do esmagamento e posterior absorção de principiantes fracassados por parte das grandes empresas, mas pelo fato de estas últimas se combinarem e tolerarem a dominação umas das outras. Em 1988, 85% de todos os mercados aéreos eram monopólios ou duopólios.

Os proponentes da desregulação pressupuseram que esta levaria a uma estrutura tarifária simplificada, com preços padronizados e grandes descontos para aqueles dispostos a esperar na fila ou a fazer reservas com grande antecedência. Todavia, a informatização permitiu às companhias desreguladas tanto acompanhar de perto os preços umas das outras e, assim, frustrar a concorrência de preços, como usar a discriminação de preços para espremer do freguês o máximo que ele possa pagar. Em vez de constituírem uma estrutura simplificada de tarifas, os preços de passagens tornaram-se tão complicados que os viajantes de um mesmo vôo podem estar pagando literalmente dúzias de preços diferentes. Esse sistema, conhecido como "administração de lotação", cobra do passageiro que não pode fazer sua reserva com antecedência três ou quatro vezes mais caro do que as tarifas promocionais. À medida que a data do vôo se aproxima e o avião vai se enchendo, a tarifa cresce e os descontos desaparecem. Misteriosamente, nas poucas rotas em que há concorrência direta, os preços são usualmente idênticos entre companhias que seriam nominalmente concorrentes. O custo marginal de um assento vazio é cerca de seis dólares. Ao cobrar sete dólares de um passageiro na lista de espera, a companhia tem um lucro de um dólar. Mas as empresas preferem voar com meia lotação a oferecer pechinchas de última hora que possam estragar suas estratégias de preços. Como se vê, a igualdade entre o preço marginal e o custo marginal é uma ficção.

Um dos temas mais controversos é saber se os preços caíram após a desregulação. É verdade que, em média, os preços das passagens foram reduzidos – mas isso acontecia mais rapidamente antes da desregulação. A receita por milha transportada (passageiros), corrigida pelas mudanças nos preços do combustível, caiu numa taxa anual de 2,7% no período entre 1967 e 1977, contra 2,0% entre 1978 e 1988.[40] E a maior parte da queda de preços após a desregulação aconteceu nos dois primeiros anos, quando a concorrência era de fato vigorosa. Corrigidos pela inflação, os preços têm permanecido essencialmente estáveis desde o início dos anos 80. Dito de outra forma, os preços de transporte aéreo por milha, corrigidos pela inflação, caíram numa média anual de 2,5% entre 1950 e 1978, mas apenas 1,7% por ano entre 1978 e 1994. Entre 1980 e 1994, a redução dos custos trabalhistas e de combustíveis correspondeu a uma fração do total de despesas operacionais, mas os custos com *leasing* subiram significativamente. Com receitas inseguras e pequena reserva de capital, as companhias aéreas se afundaram em empréstimos e tiveram que fazer *leasing* de aviões (que é mais dispendioso), em vez de comprá-los. Num clima de concorrência intensificada, as companhias aéreas também começaram a pagar comissões mais altas para as agências de viagens do que ocorria antes da desregulação, à medida que as empresas passaram a disputar negócios entre si numa espécie de guerra de preços às avessas. Os defensores da desregulação enfatizam que a vasta maioria das passagens emitidas hoje em dia tem algum tipo de desconto, mas trata-se de descontos sobre tarifas cheias astronomicamente altas. O Departamento de Estatísticas do Trabalho [Bureau of Labor Statistics] calcula que, depois de corrigidas pela inflação, as tarifas aéreas médias permaneceram essencialmente estáveis entre 1967 e 1979 – a despeito de agudas elevações nos preços dos combustíveis –, mas subiram cerca de 50% na década seguinte. Um trabalho amplamente citado dos economistas Clifford Winston e Steven Morrison, do Instituto Brookings, afirma que a desregulação teria trazido economias de 6 bilhões de dólares para os passageiros.[41] Mas dois terços dessa poupança são atribuídos à "maior conveniência" de uma quantidade maior de vôos, calculando-se o valor estimado do tempo de alguém que viaja a serviço. Isso não faz sentido. No mundo real, pessoas que viajam a serviço ajustam suas agendas para se adequarem aos horários dos vôos. Caso planejem de antemão partir às quatro da tarde e não às dez da manhã, não ficam esperando a decolagem sem nada fazer: trabalham no escritório ou arranjam um encontro com mais um cliente.

Também é enganoso comparar as atuais tarifas com descontos com os preços da classe turística [*coach*] que prevaleciam antes de 1978, pois a maioria das tarifas com abatimento são carregadas de restrições que representam um custo sério, que não é levado em conta pelos desreguladores. O viajante que precisar mudar de planos tem que desistir desse direito ou pagar uma diferença astronômica em relação ao preço cheio [*full coach*] ou à primeira classe. Mudanças ocasionais de planos são um aspecto natural e normal da vida. Restringir essa liberdade ou cobrar desproporcionalmente alto para fazer jus a esse privilégio constitui uma perda real para o bem-estar do consumidor. É razoável que a companhia cobre uma pequena penalidade – digamos, cinqüenta dólares – devido à inconveniência causada por uma mudança de vôo. Porém, sob o atual sistema, um passageiro que se veja obrigado a transferir uma viagem anteriormente planejada para um sábado à noite freqüentemente precisa enfrentar uma penalidade efetiva de várias centenas de dólares. O público foi treinado a aceitar isso como normal. Economistas do livre mercado defensores da desregulação deixam de contar esse custo que é muito real, e que, agregadamente, representa muito mais do que as economias atribuídas a uma freqüência maior de vôos.

Os proponentes da desregulação argumentam que esta teria beneficiado as pessoas comuns, pois teria forçado quem viaja a negócios a pagar tarifas mais elevadas, ao mesmo tempo em que proporcionava grandes descontos para o viajante "discricionário". É verdade que os abatimentos substanciais incidentes sobre determinadas passagens aumentaram as viagens discricionárias. Entretanto, as grandes empresas – aquelas que gastam anualmente mais de meio milhão de dólares em viagens aéreas – são capazes de negociar descontos substanciais. O preço que conseguem é, essencialmente, a tarifa com restrições [quanto à alteração de vôo], mas sem as restrições. De modo que os passageiros discricionários que conseguem fazer reservas com grande antecedência economizam, como também o fazem as grandes corporações – já o viajante casual é explorado.

De todos, o maior cliente das companhias aéreas é o governo dos EUA. Washington usa seu poder de mercado para negociar descontos muito elevados para as viagens de seus funcionários. Na rota Boston–Washington, em que uma passagem de ida e volta tem atingido ultimamente [1996] 596 dólares, um acordo entre o governo e a USAir torna possível a um funcionário público pagar só 125 dólares – e sem precisar esperar passar o sábado à noite para voltar. Na prática, o público viajante subsidia o governo. Em muitos setores e em muitos tipos de negócios, compras em grande escala fazem sentido do ponto de vista econômico, pois o custo operacional para o vendedor resulta menor. As viagens aéreas, porém, não se classificam aí, pois os bilhetes continuam a ser emitidos um a um, sejam ou não nominalmente vendidos em pacotes. O governo é capaz de negociar tarifas tão baixas porque goza de um poder de mercado que o cidadão comum não detém. Seria muito melhor que o governo não pensasse em si próprio como um consumidor privilegiado, mas que usasse seu poder regulatório para beneficiar todos os cidadãos, impondo tarifas universais mais simples e mais baratas.

O que aconteceu foi que os desreguladores cometeram equívocos fundamentais no entendimento da dinâmica do negócio do transporte aéreo. Sendo um setor com pequena diferenciação de produto – um assento num vôo é bastante parecido com qualquer outro – e com fortes economias de escala, não poderia agüentar uma concorrência de preços aberta. Confrontadas com a desregulação, as principais companhias aéreas recorreram a uma série de mecanismos para segmentar os mercados, formar preços de modo discriminatório e, de modo geral, defender-se contra a concorrência ruinosa. (Alfred Kahn atribui a culpa por muitos dos resultados inesperados ao fracasso do governo Reagan em combater a formação predatória de preços e à sua tolerância em relação às fusões. No entanto, se as autoridades antitruste tivessem agido de modo realmente sério e forçado uma concorrência frontal de preços, sem regulamentar mais nada, as companhias aéreas provavelmente faliriam.) Os dispositivos anticompetitivos desta era desregulada incluem os seguintes:

Sistemas de reservas controlados pelas companhias aéreas. Os grandes sistemas de reservas operados pela American (SABRE) e pela United (APOLLO) são usados por cerca de 70% das agências de viagens e respondem por 71% de todas as reservas. Tais sistemas fornecem às companhias um retorno instantâneo quanto à lotação dos vôos, facilitando a discriminação de preços. E também dificultam a entrada de companhias pequenas. É improvável que os vôos de uma dessas empresas menores estejam incluídos no computador da agência de viagens; e, se estiverem, geralmente não são fáceis de achar. O próprio viajante precisa saber que existem pequenas companhias como a America West e a Kiwi e, além disso, deve estar disposto a pressionar o agente de viagens a oferecer seus vôos. O controle que as grandes empresas exercem sobre o sistema de reservas lhes permite pagar comissões extras para agentes de viagens que induzem o consumidor a adquirir passagens em determinados vôos. Trata-se de propinas legalizadas, cuja existência o consumidor geralmente desconhece. Em 1983-4, as autoridades antitruste do governo Reagan contemplaram a possibilidade de obrigar as companhias aéreas a se desfazerem de seus sistemas informatizados de reserva. O governo, porém, contentou-se com uma regulação inadequada, voltada apenas contra as táticas anticoncorrenciais mais extremadas.

Michael Levine, um dos primeiros defensores da desregulação, foi durante algum tempo executivo-chefe de uma companhia aérea. De acordo com ele,[42]

> Uma empresa cujo sistema de reservas por computador seja usado por agentes de viagens tem acesso a um quadro muito preciso tanto de seus próprios padrões de negócios como de suas adversárias. Por meio desse tipo de sistema a companhia pode acompanhar os efeitos de mudanças de preços, ver aproximadamente quanto do estoque de assentos de uma rival é associado a uma certa classificação de desconto, medir quantas vendas de tarifa cheia está atraindo em comparação com as rivais e acompanhar mudanças de fluxo em vôos entre pares de cidades. [...] Pode, mesmo, determinar a fidelidade de seus *frequent flyers* [viajantes habituais]. Essas informações podem então ser usadas para distorcer os sinais de mercado recebidos pelas rivais, levando-as a tomar decisões erradas. Quando o controlador de um sistema de reservas vê que agentes de viagens estão marcando reservas em vôos de uma rival, pode intervir por meio de programas de incentivo direcionados, no intuito de reverter a tendência. Ao responder seletivamente, a empresa pode distorcer temporariamente os sinais que o mercado envia às concorrentes, para fazê-las abandonar tarifas, horários ou mesmo rotas

que seriam escolhidos preferencialmente pelos consumidores, não fossem essas intervenções secretas.

Programas frequent flyer. Trata-se de artifícios esplêndidos para frustrar a busca por preços menores, uma atividade que é essencial para o funcionamento de um sistema concorrencial. Em vez de procurar a tarifa mais barata possível, os viajantes são induzidos a ficar com uma só empresa, para assim acumularem "milhagens". Na aparência, parece que se está ganhando algo em troca de nada, mas é claro que alguém precisa arcar com os custos de passagens "gratuitas". Para financiar todas as passagens que não originam receita, as companhias precisam cobrar mais caro pelas passagens comuns. Os tesoureiros das empresas são em geral demasiadamente intimidados para insistir em que créditos de *frequent flyer* conquistados em serviço sejam computados para a empresa e não para as pessoas – uma medida que muito faria para restaurar a pesquisa de preços, pois o principal móvel da escolha deixaria de ser a acumulação de créditos pessoais. Mesmo a Receita Federal tem se confundido a respeito de definir se bilhetes obtidos dessa forma devem ou não sofrer incidência de imposto. E o público foi de tal modo condicionado a encarar – equivocadamente – os planos de *frequent flyer* como pechinchas que proibi-los seria politicamente impensável.

Poder de anterioridade em aeroportos. Imaginava-se que o negócio dos transportes aéreos fosse "contestável", mas o ingresso de novos concorrentes tem sido frustrado tanto pelo poder de mercado das empresas já existentes como pela escassez de direitos de pouso e decolagem (chamados no ramo de *slots*). A carência de *slots* costuma dever-se ao congestionamento dos aeroportos. Nos terminais mais movimentados dos EUA – National de Washington, O'Hare de Chicago, La Guardia e John Fitzgerald Kennedy de Nova York – ninguém consegue entrar, porque todos os *slots* estão tomados. Em princípio, os direitos de pouso e decolagem são negociáveis entre empresas. Contudo, são detidos por empresas já plantadas no negócio, e que preferem mantê-los ociosos a transferi-los para novos concorrentes. Por isso, definem preços de tal modo elevados para os *slots* que controlam que os tornam antieconômicos para a concorrência. As regras atuais da FAA permitem que uma companhia use apenas 55% de seus *slots*. E não basta a um concorrente pousar o avião: os passageiros precisam atravessar uma passarela e chegar ao terminal. Em muitos aeroportos, há também uma quantidade limitada de portões de embarque e desembarque; da mesma forma que *slots*, muitas centenas de portões ociosos estão amarrados a companhias dominantes. Em alguns aeroportos, companhias monopolísticas detêm cláusulas de "interesse majoritário", que lhes dá poder de veto sobre a capacidade de o aeroporto construir portões adicionais e, assim, abrir espaço para concorrentes. Num regime razoável, isso seria proibido.

Mesmo em aeroportos que, em princípio, seriam "contestáveis", o controlador municipal ou privado vê-se com freqüência forçado a um casamento de polícia com a companhia dominante, subsidiando pesadamente suas instalações e concordando com termos contratuais que tornam proibitiva a entrada de novos concorrentes no mercado. Mudar de localidade um importante pólo de tráfego significa a eliminação de milhares de empregos e, assim, os prefeitos tendem a ser parceiros bastante acomodatícios. Na prática, os contribuintes locais subsidiam o monopólio da companhia dominante. Tal sistema torna as autoridades públicas locais cúmplices de um mecanismo monopolístico de formação de preços que explora duplamente os moradores – uma vez como contribuintes e outra como passageiros.

Pólos-fortalezas. A última novidade desregulatória tem sido o sistema de pólos e raios. Em vez de escalar vôos diretos, sem escalas, como acontecia com a regulação do CAB, as companhias aéreas cada vez mais organizam seus vôos em torno de pólos. Com o passar do tempo, cada um dos cinqüenta principais pólos dos EUA passou a ser controlado por uma única companhia; é o caso de Pittsburgh, Charlotte e Baltimore (USAir), Atlanta (Delta), Nashville (American), St. Louis (TWA) e Minneapolis (Northwest). Os defensores da desregulação argumentam que o sistema de pólos dá maior flexibilidade às companhias, permitindo-lhes servir uma quantidade maior de pares de cidades com um número relativamente menor de aviões. É possível, mas a face mais feia dessa moeda é que permitiu às empresas dividir os céus num sistema de monopólio compartilhado. Se uma companhia domina um pólo, pode cobrar tarifas exorbitantes de quem passa por ali. Os pólos também permitem às companhias dominantes firmarem acordos de marketing com companhias menores, que fazem serviços ponto-a-ponto entre pares de localidades, simulando assim controle conjunto dessas companhias e prendendo o viajante, uma vez que mudar de companhia acarreta um preço adicional. Por exemplo, a maioria dos vôos "United Express" e "American Eagle" não pertencem à United ou à American, mas a outras empresas, embora seus números de vôo sejam das empresas maiores. O sistema de reservas e emissão de bilhetes centralizado torna quase impossível ao viajante escolher empresas diferentes para segmentos diferentes da viagem. Em princípio, as grandes empresas podem contestar a dominação de pólos umas das outras. É claro que isso viria em benefício do consumidor, mas não das companhias aéreas. O entendimento tácito no setor é: você fica fora do meu pólo, eu fico fora do seu e vamos vivendo.

Ironicamente, contudo, as empresas aéreas não estão vivendo muito bem. Nas quase duas décadas desde a desregulação, o lucro líquido anual do setor foi em média de menos de 1%. "Não há como negar que, desde 1978, o lucro do setor tem sido decepcionante, que a desregulação foi substancialmente responsável por isso e que seus proponentes não previram tais dificuldades financeiras – nem que pudessem ser tão intensas e tão duradouras", admitiu Alfred Kahn.[43]

O sistema de desregulação cartelizada produziu o pior de dois mundos. Em certas rotas disputadas, como Nova York–Los Angeles, a concorrência é intensa, mas nas demais existe exploração de preços. As rendas monopolísticas subsidiam as rotas disputadas. Com o tempo, as companhias aprenderam que todo mundo (exceto o público) se beneficia quando as rotas disputadas são na menor quantidade possível. Passageiros de avião acostumaram-se a um padrão familiar: gradualmente, uma só companhia passa a fornecer todos os vôos mais convenientes, sem escalas, entre uma quantidade crescente de pares de cidades. Cidades do porte de Baltimore (USAir), Cleveland (Continental) e Minneapolis (Northwest) juntaram-se a uma lista crescente de pólos quase monopolísticos. A popular rota Boston–Washington, que costumava ser servida por vôos da Delta, Northwest e USAir, tem hoje [1996] vôos a jato sem escalas apenas da USAir, a uma tarifa de mais de quinhentos dólares. O preço da passagem St. Louis–Kansas City é de mais de um dólar por milha por assento, enquanto o custo é de apenas treze centavos de dólar. Paul Dempsey, crítico do sistema, avalia que é literalmente mais barato percorrer de táxi a distância de 360 quilômetros entre uma cidade e outra![44] Na teoria, algumas das concorrentes deveriam abandonar as rotas de prestígio, em que guerras de preços explodem periodicamente – mas elas não o fazem. Mais um comportamento em que a prática contesta a teoria.

As companhias aéreas se valem de poder de mercado seletivo e de urgências momentâneas. No curto prazo, a demanda por deslocamentos a serviço é relativamente inelástica quanto ao preço: alguém que viaja a negócio paga quase qualquer preço cobrado pela companhia. Mas a exploração miúda das companhias é desinteligente, pois cria, gradualmente, resistências aos preços. No longo prazo, a demanda do consumidor é mais elástica em relação ao preço do que parece. Empresas que se dão conta da elevação dos preços das passagens aéreas passam a usar mais o fax, o telefone e as teleconferências – e desencorajam as viagens aéreas, exceto quando indispensáveis. O atual sistema de preços reprime a demanda por viagens aéreas por parte de pessoas que as realizariam se os preços fossem mais razoáveis e previsíveis.

Em vez de proporcionar mais escolhas ao consumidor, tarifas menores e maior confiabilidade, a desregulação degradou o serviço de diversos modos.

Menos vôos diretos. Dotado de melhor eficiência no consumo de combustível, um *wide-body* 767 faz o vôo Nova York–Los Angeles por cerca de 40% menos do que o custo de dois 737 com escalas em Denver ou Dallas. As escalas consomem mais combustível, mais tempo em terra, mais serviços de limpeza e manutenção e empregam aviões que gastam mais combustível. Contudo, os vôos diretos aumentam a concorrência frontal entre companhias, enquanto o sistema de pólos incrementa o poder de mercado e a capacidade de exercer discriminação de preços. Desde a desregulação, os vôos sem escalas tornaram-se cada vez mais escassos. E as companhias têm usado quantidades relativamente maiores de 737 reciclados e menores de aviões *wide-body* modernos e eficientes. Isso não apenas sujeita os passageiros a vôos menos confortáveis como também reduz as encomendas à indústria aeronáutica, negando-lhe o fluxo de caixa que lhe permitiria desenvolver a próxima geração de aviões ainda mais eficientes (Smith, mais uma dose de comportamento anticoncorrencial, derrotam Schumpeter). Tais custos e ineficiências adicionais ficam de fora dos elaborados cálculos dos srs. Winston e Morrison. Alguém que credita a maior freqüência de vôos à desregulação não deveria, também, debitar a ela o aumento do tempo de viagens em 737 abarrotados e tão apertados que o executivo sequer consegue abrir seu *laptop*?

Rotas fracionadas. Outra perda de eficiência resulta do fato de as pessoas precisarem voar mais quilômetros (e, além do mais, pagar por isso). Por exemplo, a distância direta entre Boston e San Francisco é de 4498 quilômetros. Já Boston–San Francisco via Dallas percorre 5600 quilômetros, demora quatro horas a mais e faz aumentar o risco de perda de conexões. O fracionamento de rotas adiciona aos números milhões de passageiros-hora por ano. As estatísticas que mostram que os preços caíram desde a desregulação baseiam-se na quantidade real de quilômetros voados, que é maior do que deveria ser. Qual é a vantagem de uma escolha maior entre vôos se o resultado paradoxal é gastar mais tempo voando? O fracionamento de rotas, e mais o sistema de pólos, também levou a um inútil aumento da conta nacional referente à construção civil. Em Denver foi necessário construir todo um novo aeroporto, a um custo astronômico, não devido a um aumento súbito do número de pessoas que desejem visitar o Colorado, mas porque a United e a Continental passaram a usar intensamente Denver como pólo. Mas a maioria dos viajantes que atravessam o país preferiria ver Denver do alto, a bordo de vôos sem escala.

Redução de oferta. Em 1978, havia nos EUA 515 aeroportos secundários com vôos regulares. Em 1995, 167 deles deixaram de tê-los e apenas 26 aeroportos ganharam regularidade de vôos.[45] Desde a desregulação, muitas cidade que antes dispunham de vôos a jato passaram a ser servidas por vôos ponto-a-ponto realizados em aviões menores, mais acanhados, menos seguros e sem pressurização. Isso não se deu porque aviões a jato tivessem operação menos eficiente no sentido economicamente estrito de custarem mais por passageiro-milha. O que acontece é que aviões pequenos para vôos curtos se encaixam melhor na estratégia de marketing e formação de preços, baseada no sistema de pólos. O argumento de que algumas comunidades passaram a contar com mais vôos por dia e que as vantagens de uma maior freqüência superam outras conveniências desafia o bom senso. A freqüência em grau razoável permite às pessoas planejarem adequadamente suas viagens. Decerto muitos residentes de pequenas cidades prefeririam dois 737 por dia a seis vôos diários em pequenos bimotores a turbo-hélice.

Segurança. Embora as estatísticas globais de segurança das companhias aéreas tenham melhorado desde 1978, acompanhando uma antiga tendência que vinha de antes da desregulação, a intensa concorrência desencadeada por esta fez com que algumas empresas passassem a descuidar da segurança. O desastre da ValuJet em 11 de maio de 1996* chamou a atenção para o fato de que novas companhias, que oferecem preços muito baixos, são mais inclinadas a contratar manutenção vital de empresas sobre as quais têm menos controle. Supostamente, a desregulação deixaria às forças de mercado a definição de rotas e preços, mas resguardaria o controle governamental sobre a segurança aeronáutica. No entanto, o clima anti-regulatório não apenas aboliu o CAB como também extinguiu inteiras categorias de relatórios que antes eram submetidos tanto ao CAB como à FAA, o que influenciou negativamente a capacidade de o governo monitorar violações de segurança. Ademais, pressões fiscais reduziram o pessoal da FAA, diminuindo o número de inspetores por aeronave e levando a uma monitoração mais indireta, na qual o governo supervisiona os sistemas e registros das companhias e deixa de fazer diretamente inspeções e monitoramento de manutenção e consertos.

Envelhecimento da frota. Não é porque pilotos e comissários de bordo trabalham mais duro que a produtividade das companhias aéreas aumenta com o tempo, mas devido ao surgimento de novas gerações de aviões. Antes da desregulação, garantiam-se ao público tarifas razoáveis e às companhias um retorno

(*) Quando um DC-9 dessa empresa, que fazia o vôo 592 da rota Miami–Atlanta, mergulhou nos Everglades pouco depois da decolagem, matando 104 passageiros e cinco tripulantes. (N. T.)

razoável. Isso proporcionava a estas últimas o fluxo de caixa necessário para investirem em aviões cada vez mais eficientes. Desde a desregulação, a compra de aviões novos reduziu-se bastante, de modo que a frota comercial norte-americana transformou-se numa das mais envelhecidas do mundo. Quando escrevo, um terço dos aviões nos céus dos EUA têm mais de vinte anos de idade, excedendo a vida útil projetada pelas fábricas. Em 1989, a Contadoria-Geral [General Accounting Office – GAO] avaliou que a porcentagem de aviões com tempo de vida útil esgotado dobraria por volta do ano 2000. Presentemente, existem no deserto do Arizona várias centenas de jatos de passageiros enchendo-se de teias de aranha,[46] vítimas de mais de 150 falências de companhias aéreas desde a desregulação. A existência de tantos aviões de segunda mão disponíveis para o mercado faz com que as companhias adiem as compras de aviões novos.

Tarifas astronômicas e erráticas. A existência de tarifas razoavelmente previsíveis constitui uma conveniência para o público. Em nenhum outro setor de serviços duas pessoas podem comprar exatamente o mesmo produto por preços que diferem entre si por fatores que podem chegar a três ou quatro vezes. Também não é razoável que o viajante tenha que sofrer penalidades exorbitantes por mudar de planos. Embora seja razoável que os preços por milha variem dentro de certos limites, devido a diferenças na densidade populacional e a outros diferenciais de custo legítimos, não há motivo econômico para se tolerarem tarifas de mais de um dólar por passageiro por milha em algumas rotas e de menos de oito centavos de dólar em outras. Os economistas que nos brindaram com a desregulação reconheciam implicitamente esse absurdo quando previram, com uma segurança que se mostrou equivocada, que a liberdade de mercado traria um maior alinhamento dos preços com os custos. Em face da ocorrência do contrário, a anomalia foi justificada sob a alegação de que "foi obra do mercado". Mas esses não são mercados concorrenciais. Devido ao coro quase unânime dos economistas que apóiam a desregulação do transporte aéreo, o público sofreu lavagem cerebral para acreditar que a atual estrutura tarifária, com suas regras e atrapalhações bizantinas, seria razoável e, até, conveniente. A desregulação está tão em moda como princípio abstrato que poucos políticos se atrevem a dizer alguma coisa contra ela.

No final dos anos 80, a Marketel, pequena companhia sediada em San Francisco, tentou levar às últimas conseqüências a lógica da desregulação do transporte aéreo. Por que apenas dez ou vinte diferentes preços para um assento no mesmo vôo, quando se pode ter infinitos? A idéia da Marketel foi usar computadores para manter um pregão de bilhetes aéreos. Dessa forma, a elasticidade de demanda de cada freguês em potencial poderia ser traduzida numa tarifa perfeitamente correta. Os aviões voariam em plena lotação, pois o último passageiro pagaria o preço exatamente justo para adquirir o último bilhete. Poderia até mesmo haver um mercado secundário de bilhetes aéreos. Mas a idéia não deu certo. Armados do mesmo poder de mercado, uma quantidade grande demais de passageiros provavelmente esperaria até o último minuto para forçar o preço até o nível dos custos marginais. Alternativamente, especuladores poderiam tentar açambarcar o mercado de determinados vôos e deles extrair as rendas presentemente auferidas pelas companhias. De qualquer modo, um verdadeiro mercado de pregão em bilhetes aéreos retiraria das companhias seu poder de determinar preços – ao que se seguiria sua falência. A idéia da Marketel constitui uma amostra exemplar dos limites da teoria do livre mercado quando aplicada a um setor estruturalmente monopolístico. As companhias tinham tanta necessidade de um sistema como esse como de contrair lepra. Nenhuma concordou em cooperar com a Marketel.

Uma conspiração de silêncio. Desde há uns poucos anos, alguns dos mais atirados proponentes da desregulação passaram humildemente a reconhecer que ela não funcionou como planejado. Mark S. Kahan, que trabalhou no CAB com Alfred Kahn, escreveu:[47]

> Das seis premissas intelectuais que forneceram a base da desregulação do transporte aéreo, quatro se demonstraram completamente falsas. Os desreguladores acreditavam que o tamanho das companhias não seria um fator crítico para a eficiência operacional. Ao contrário, o mercado definiu que quanto maior, melhor. Os desreguladores acreditavam que no negócio do transporte aéreo as barreiras à entrada seriam baixas. A experiência demonstrou que são muito altas. Os desreguladores acreditavam que o aumento da concorrência daria origem a tarifas baixas e livres de restrições. Na verdade, produziu-se uma espantosa multiplicidade de preços discriminatórios. Os desreguladores acreditavam que as agências de viagens seriam obsoletas, bem como canais enganosos de distribuição e disseminação de informação. Mas as agências tornaram-se mais fortes do que nunca. Uma quinta premissa, de que as leis antitruste restringiriam os abusos do processo concorrencial, foi tornada sem efeito pela orientação política de duas administrações [...].

Em seu influente artigo de balanço de 1987, Michael Levine abordou a importância do poder de mercado.[48] Pensava-se disseminadamente que as grandes companhias aéreas "deveriam apresentar *desvantagens* em comparação com novos ingressantes", observou ele. As "empresas instaladas seriam dinossauros pesadões, possivelmente com artrite, ameaçados por novas companhias elegantes, ágeis e agressivas". Mas, curioso; só as grandes sobreviveram, usando seu poder de mercado para esmagar concorrentes muito mais eficientes. Levine observou que, em grande medida, elas o conseguiram por trocarem aviões mais eficientes quanto ao consumo de combustível (747 e 767) por aeronaves menos eficientes (737 e DC-9).

Mesmo Alfred Kahn, em seus discursos e escritos da última década, permitiu-se algumas cautelosas revisões de pensamento. "Duvido que a maioria de nós estivesse preparada [...] para o lamentável desempenho dos resultados dos últimos dez anos", escreveu em 1988. "Nós, que advogávamos a desregulação, fomos enganados pela aparente ausência de evidências sobre a existência de economias de escala." E mais: "a persistência – na verdade, a intensificação – da discriminação de preços foi uma surpresa". E ainda: "Provavelmente, a maioria de nós não anteviu a deterioração da qualidade média dos vôos [...]". E: "Eu deveria ter reconhecido que o caráter naturalmente monopolístico ou oligopolístico da maioria dos mercados de transporte aéreo [...] continuaria – e mesmo se expandiria – sob a desregulação". Kahn chegou a admitir, tardiamente e um tanto oracularmente, que talvez se devesse ter mantido alguma regulação residual: "Espero não chocar ninguém por observar que, se tivesse tido escolha, provavelmente teria relutado muito em abandonar completamente os tetos de preços".[49]

Apesar disso tudo, Levine e Kahn insistem em que, embora com problemas, o experimento não deveria ser abandonado. Kahn tem adiantado que as melhores soluções seriam a aplicação mais dura das medidas antitruste, a expansão da capacidade dos aeroportos e a entrada de concorrentes estrangeiros. Com o uso de uma linguagem dolorosamente guardada, ele concedeu que "não é possível rejeitar em princípio a reimposição de tetos de preços para proteger viajantes sujeitos a exploração monopolística, nos casos em que a reinstauração de uma concorrência mais eficaz não se mostre factível". Dificilmente, contudo, isso poderia passar por uma aprovação entusiasmada do retorno à regulação. Na verdade, seu artigo termina com uma reiteração do acerto em "buscar consistentemente mover-se na direção do funcionamento ótimo de uma economia de mercado, e não na de um mundo não ótimo de comando e controle".[50]

Na conclusão de um enorme artigo sobre o fiasco da desregulação, Levine emite um chamamento bastante débil por duas únicas reformas: forçar as companhias a se desfazerem de seus sistemas informatizados de reservas e gravar parcialmente com impostos os benefícios resultantes dos programas *frequent flyer*. Nas palavras que fecham o artigo: "Do mesmo modo que seria temerário renunciar a melhorias factíveis e demonstráveis somente porque representariam 'intervenção governamental', seria também temerário deixar que recitativos sobre inevitáveis imperfeições criassem um clima favorável ao retorno a um mundo de regulação e intervenção que, sabemos, seria muito mais imperfeito e rígido do que o mundo que temos hoje".[51]

Mas não sabemos nada disso. Essas retratações contraditórias e defensivas de alguns dos pais da desregulação atestam o poder do paradigma dominante e a vitória continuada dos pressupostos sobre evidências empíricas que os contradizem.

Como os setores das telecomunicações e da energia elétrica, o ramo dos transportes aeroviários clama por concorrência regulada. Embora poucos o admitam, o maior erro dos desreguladores foi abolir o CAB. Caso este tivesse permanecido operante e tivesse abordado a concorrência no setor do modo como a FCC lidou com a concorrência telefônica, o público teria realmente se beneficiado. No mínimo, os reguladores poderiam ter continuado a monitorar o experimento. Poderiam ter proibido as práticas anticoncorrenciais descritas acima. Teriam funcionado como eficazes analistas das tendências do setor e como participantes regulares de procedimentos antitruste contra preços predatórios. Armados de uma verdadeira política concorrencial, e não de uma simples ordem para desregular, jamais teriam permitido as fusões anticompetitivas do início dos anos 80. A eficácia do juiz Greene no caso do desmembramento da AT&T deveu muito à presença continuada da FCC. Contudo, sem o CAB, o Departamento dos Transportes não mantém estatísticas adequadas sobre concentração, preços, redução de oferta de vôos, fracionamento de rotas e outros indicadores que demonstrariam quão mal o experimento caminha.

Para ser justo, é possível que o CAB real (à diferença de um CAB ideal) tivesse sido corrompido além de qualquer recuperação. Ao contrário da FCC ou da SEC, que são bem dirigidas, têm compromisso institucional com o interesse público e devem responsabilidade perante uma multiplicidade de segmentos da sociedade, o CAB dos anos 70 era praticamente prisioneiro de seu setor cliente. No entanto, em face da crescente consciência do consumidor quanto aos abusos do setor do transporte aéreo, é possível contemplar uma situação em que a FAA fosse investida de uma autoridade renovada para supervisionar um sistema de concorrência regulada que representasse uma melhora significativa em relação àquilo que existe hoje.

Concorrência regulada no transporte aéreo. Como funcionaria a concorrência regulada no setor do transporte aéreo? Os reguladores poderiam definir uma faixa de preços toleráveis, de modo a refletir mais de perto os custos. Os mesmos computadores que tornam possível às companhias desreguladas fazerem discriminação de preços poderiam dotar os reguladores da capacidade de calcular faixas de preços apropriadas, exatamente como acontece com outros setores de serviços públicos regulados. Pisos de preços evitariam subsídios cruzados e a concorrência ruinosa. Tetos impediriam explorações oportunistas. Entre pisos e tetos poderia haver toda uma gama de concorrência de preços e qualidade. Em meados da década de 70 já se pensava em algo desse tipo, até que a febre da desregulação atacasse, mas esse regime é, precisamente, o que está evoluindo na regulação de mercado de outros setores monopolistas.

Há uma miscelânea de abusos contra o consumidor que poderia ser proibida por uma regulação pró-concorrencial. As companhias aéreas costumam usar técnicas de isca-e-mudança [*bait-and-switch*], nas quais anunciam tarifas com enormes descontos que, na verdade, são disponíveis apenas para alguns assentos. Vôos programados que deixam de atrair passageiros em quantidade suficiente são cancelados ou incorporados a outros, sem qualquer aviso. As companhias atulham mais e mais passageiros em espaços cada vez mais acanhados – um abuso que clama por regulação. As empresas chegaram ao ponto de reduzir custos por meio do expediente de diminuir a quantidade de ar renovado nas cabines.

Um novo regime de concorrência regulada impediria assaltos patentemente anticoncorrenciais, proibindo corridas em direção ao fundo. Companhias dominantes não poderiam mais trancar *slots* e portões de embarque. Os sistemas informatizados de reservas seriam retirados do controle das companhias e substituídos por um sistema cooperativo único, regulado pelo governo, ou mesmo operado por este. Diferentemente do sistema atual, tal aparato garantiria acesso igualitário aos dados. Haveria também limitações ao "gerenciamento de lotação". Seria permitido à companhia definir uma pequena gama de preços diferenciados no mesmo vôo, de modo a premiar os passageiros dispostos a fazer reservas com grande antecedência, ou que se submetem às filas de espera. Mas não poderiam existir dez ou vinte tarifas diferentes, ou uma manipulação contínua das tarifas, ou diferenças de quatro para um entre os preços mais caros e os mais baratos. Também não poderia haver descontos excessivos para compras em grandes blocos, conhecidos como tarifas discriminatórias. Caso isso soe vagamente familiar, tal conjunto de abusos é quase exatamente aquele que levou o Congresso dos EUA a criar a Comissão Interestadual de Comércio, mais de um século atrás. Apesar das novas tecnologias, algumas coisas não mudam.

Outra boa idéia para desencorajar os preços discriminatórios ou predatórios seria obrigar que, sempre que uma grande companhia anunciasse um abatimento de preços para combater os preços baixos de seus concorrentes, as novas tarifas publicadas permanecessem em vigor por um período de tempo determinado. Um especialista sugeriu que esse período fosse de três a cinco anos. O autor da idéia foi Alfred Kahn – em 1978, antes da desregulação.[52]

Um órgão regulatório provavelmente encararia com desconfiança o tipo de pólo monopolístico que se tornou normal nas companhias aéreas. O professor Paul Dempsey, um dos raros especialistas acadêmicos que são críticos quanto à desregulação do transporte aéreo, sugere um esquema regulatório segundo o qual se permitiria dominância de cada companhia em um único pólo. Acima disso, propõe Dempsey, as companhias seriam proibidas de controlar mais do que 60% do tráfego de qualquer aeroporto de grandes proporções. O órgão de regulação poderia arbitrar um acordo segundo o qual os concorrentes permutassem *slots*, levando assim a concorrência aos grandes aeroportos, ou, simplesmente, as grandes empresas seriam obrigadas a se desmembrar em pedaços menores. Em aeroportos pequenos, em que economias de escala criam condições de monopólio natural em diversas rotas, poderia haver uma regulação de preços mais direta, outra vez pelo emprego de pisos e tetos, com revisões periódicas de padrões de preços por parte dos reguladores.

Também serviria à eficiência econômica e ao interesse público que os reguladores encorajassem mais vôos sem escalas em trajetos de longa distância. O órgão regulador poderia conceder certificados operacionais por cinco ou dez anos para as principais rotas de longa distância. As empresas poderiam concorrer com lances por tais certificados, estipulando uma estrutura de tarifas ou zonas tarifárias que seriam revisadas de poucos em poucos anos. Como escreve Robert Bork: "Um monopólio não vale muito quando se é obrigado a concorrer pelo direito de controlá-lo".[53]

Observe-se que essa proposta de esquema para as companhias aéreas é muito semelhante ao regime de concorrência regulada das telecomunicações. Em setores dotados de elementos monopolistas, é preciso regulação para que o público aproveite os benefícios da concorrência. A FCC não permite que emissoras engavetem canais ociosos, pois o espectro eletromagnético é um bem público escasso, que não pode ser apropriado por monopolistas. Por que deveria o governo permitir que companhias aéreas tranquem *slots* e portões que são escassos? Existem regras elaboradas para garantir que companhias telefônicas que concorrem entre si tenham acesso mútuo a suas linhas de transmissão. Por que a política administrativa não usa uma abordagem semelhante no caso das empresas aéreas? A resposta é que a Lei de Desregulação do Transporte Aéreo de 1978 tornou-se uma vaca sagrada. Economistas que alimentem dúvidas privadas investiram demasiadamente no sucesso do experimento para que possam admitir seu fracasso. Devido à hegemonia intelectual e política dos mercadólogos, quase não ocorrem reconhecimentos públicos de que, da mesma forma que nas telecomunicações e na energia elétrica, uma dose de regulação fortaleceria tanto a concorrência como o uso eficiente dos recursos no setor do transporte aéreo. A ideologia do laissez-faire mostra-se, assim, inimiga dos mercados eficientes.

Energia elétrica

Durante os primeiros 75 anos do século XX, as companhias elétricas operaram num domínio estável e previsível, em que custos de produção constantemente declinantes e um consumo também constantemente crescente constituíam complementos necessários. Na década de 30, companhias de eletricidade começaram a oferecer descontos agressivos por volume de consumo: quanto mais se consumisse, menor era o preço do quilowatt-hora. A Agência de Fomento do Vale do Tennessee [Tennessee Valley Authority – TVA], cuja missão explícita era eletrificar o vale do rio Tennessee e levar energia elétrica a mais casas, negócios e fábricas,[54] foi pioneira na adoção de uma estrutura tarifária radicalmente promocional, baseada em "blocos declinantes": os primeiros cinqüenta quilowatts-hora mensais custavam três centavos de dólar por quilowatts-hora; os 150 kWh seguintes, dois centavos; os próximos duzentos kWh um centavo; e daí para a frente 0,4 centavos por quilowatts-hora. A média da conta de luz de uma casa completamente eletrificada proporcionada pelo sistema era de 0,7 centavos por quilowatts-hora, numa época em que a média nacional era de 5,5 centavos.

O jogo valeu a pena, mais ou menos como Henry Ford demonstrara na mesma época: preços mais baixos aumentariam as vendas de seus carros. Em três anos, o preço da eletricidade na região da TVA já era menor do que a média nacional, enquanto a taxa de uso era 60% mais elevada. Havia uma estreita relação entre a capacidade da TVA de construir capacidade gerativa nova e eficiente (na forma de hidrelétricas) e seu sucesso em assegurar que a energia seria vendida. O marketing engenhoso da TVA logo deu origem a um "fator de carga" de 70% – ou seja, 70% da capacidade geradora era de fato demandada, um número muito alto para empresas fornecedoras de eletricidade.[55]

Esse exemplo foi logo seguido por outras companhias de eletricidade privadas. A dinâmica básica era, aqui, um aumento constante de produtividade baseado em três fatores: *economias de escala*, decorrentes do aumento do consumo; *avanços tecnológicos contínuos*, amortizados pelos lucros provenientes de vendas cada vez mais amplas; e *queda dos preços dos insumos* (carvão, óleo combustível e hidrelétricas). Paradoxalmente, o ambiente regulado encorajava o risco. As empresas eram capazes de assumir riscos pesados, antecipando a formação de preços em relação ao mercado, parcialmente porque sabiam que seus lucros estavam garantidos, mesmo que, momentaneamente, fizessem avaliações erradas. A eficiência dinâmica era melhor que a eficiência alocativa. Na literatura da desregulação, em especial trabalhos redigidos nos últimos vinte anos, essa história tende a ser ignorada ou esquecida.

Concorrência fabricada. A energia elétrica possui substanciais aspectos de monopólio, mas é também um exemplo de concorrência regulada por excelência. No início deste século, na maioria dos Estados norte-americanos as companhias de energia elétrica eram reguladas por comissões de serviços públicos.

Contudo, nos anos 20, fornecedoras privadas se haviam combinado em grandes companhias *holding* interestaduais, concebidas para escapar à regulação. Administrações federais e estaduais conservadoras foram complacentes com isso. Durante toda uma década, o declínio constante dos preços ao consumidor estacionou. Uma série de inquéritos parlamentares nos anos 20 e 30 revelou abusos disseminados, como superfaturamento de despesas, manipulação contábil de modo a minimizar impostos ou ampliar a base da tarifação e superavaliação de ativos, que se aproveitavam do poder monopolista e faziam as tarifas subirem.

Na década de 30, o presidente Roosevelt, que havia mantido atitude crítica em relação ao controle privado de serviços públicos quando governador de Nova York, promoveu agressivamente uma política composta de três partes, e que hoje seria chamada de concorrência regulada. Primeiro, por meio da Lei das Companhias Holding de Serviços Públicos de 1935, patrocinou a regulação dessas empresas. Em segundo lugar, Roosevelt estimulou a geração e distribuição de energia por parte de empresas públicas. A TVA, a Bonneville Power Authority e outros exemplos de "concorrência medida" (como se dizia na época) não apenas difundiram a energia elétrica por um público consumidor mais amplo como, também, exibiram na prática um conjunto razoável de preços-base – de forma consistente, a energia elétrica fornecida por empresas públicas tinha preço de 15% a 21% mais baixo do que sua correspondente privada.[56] Em terceiro lugar, Franklin Roosevelt encorajou municipalidades servidas por sistemas privados de energia elétrica a usarem a ameaça da energia pública como forma de disciplinamento das empresas já instaladas. O New Deal oferecia às comunidades empréstimos federais a juros baixos para financiar sistemas municipais de energia. Roosevelt costumava comparar essa ameaça a "uma vara de marmelo guardada na cômoda para ser tirada de lá apenas quando a criança ultrapassa o ponto em que uma simples bronca já não adianta".[57] É interessante observar que a idéia de concorrer pelo direito de uma concessão monopolística de serviço público foi ressuscitada meio século mais tarde pelos conservadores, como parte de seu argumento contra a regulação. É claro, porém, que o disciplinamento só pode operar num contexto de regulação.

Como observou o economista e historiador da economia William Emmons, o regime regulatório dos anos 30 usava "a concorrência direta e indireta para reduzir os preços da eletricidade, sem ameaçar a viabilidade econômica das companhias distribuidoras [...]".[58] Tal regime conseguia esse resultado apertando a regulação e por permitir à maioria dos provedores que permanecessem monopólios, maximizando assim as economias de escala, mas ao mesmo tempo mantendo a ameaça da concorrência, ao proporcionar a alternativa da energia pública.

É também interessante notar que o regime inaugurado nos anos 30 lidava eficazmente com os problemas da formação monopolística de preços e do excesso de capacidade. Entre 1890 e 1920, os preços da eletricidade caíram dramaticamente. No entanto, na década de 20, fornecedores privados inadequadamente regulados e dotados de poder monopolista deixaram de transmitir as quedas de preços aos consumidores. Os preços reais chegaram até a ser um pouco mais altos nos anos 30 do que na década de 20. Entre 1930 e 1933, com o agravamento da Depressão e com a redução do número de pessoas capazes de arcar com os preços da energia elétrica, os preços reais cresceram dramaticamente, frustrando as economias de escala. Em meados da década de 30, com a introdução da energia pública e da regulação federal, retomou-se o padrão virtuoso de preços declinantes, avanços técnicos e consumo crescente. Isso deve servir de lembrete para não se pressupor que, sozinha, a tecnologia possa produzir queda de custos reais em linha reta, ou que a concorrência seja maximizada pela ausência de regulação. O período entre-guerras demonstra bem o contrário. Como conclui Emmons, "Roosevelt percebeu a natureza dúplice do poder da concorrência: em certas situações, um instrumento indispensável para a reforma e renovação industrial, mas em outras um impedimento destrutivo à estabilização econômica".[59]

Concorrência e crise. Nos anos 70, combinaram-se uma crise energética patente, a inflação e a disponibilidade de novas tecnologias para produzir um desafio muito diferente ao setor de energia elétrica e a seus reguladores. Como sugeri acima, a elevação dos preços e a ética conservacionista geraram uma nova onda de apoio a estratégias voltadas tanto para desencorajar o consumo como para permitir a consumidores individuais e empresariais acesso a fornecedores alternativos. No entanto, devido ao problema dos altíssimos custos de instalação e das economias de escala, a concorrência ruinosa manteve-se como um problema genuíno no setor de energia elétrica. Em 1978, ao promulgar a Lei de Regulação de Serviços Públicos de Energia [Public Utilities Regulatory Power Act – PURPA], o Congresso exigiu que as provedoras permitissem o acesso de produtores independentes a suas redes e encorajou formas alternativas de "energia renovável". A Lei de Política Energética de 1992 ampliou o estímulo à geração independente, ao autorizar uma nova categoria de companhias geradoras de energia para o atacado, essencialmente desreguladas. A lei também promoveu a aquisição de eletricidade por atacado entre provedores [*wheeling*], na crença de que essa forma de aumento de concorrência faria os preços baixarem.

Hoje, diversos Estados norte-americanos permitem que grandes consumidores industriais comprem energia elétrica de fontes outras que não as companhias de energia locais; algumas grandes empresas geram sua própria eletricidade. Muitos Estados exigem que os fornecedores de energia ampliem sua capacidade geradora através de licitação e não por construção direta. Se a companhia de eletricidade deseja ampliar sua capacidade de distribuição, precisa apresentar uma proposta numa licitação de que participem outros concorrentes. Enquanto escrevo, produtores independentes respondem por cerca de 7% de toda a energia elétrica produzida no país. Na próxima década, esse número crescerá para cerca de um terço. As companhias de eletricidade adotaram parcialmente uma estratégia de "gerenciamento de demanda" – procuram meios de ganhar dinheiro ao ajudar seus consumidores a economizar – em vez da velha estratégia de gerenciamento de oferta que, usualmente, significava aumentar a capacidade geradora.

O velho sistema baseava-se na concessão monopolística e na integração vertical. Na maior parte dos casos, o monopólio regulado era responsável pela produção, distribuição e venda final da energia elétrica. No regime que toma forma atualmente, esses elementos estão sendo "desempacotados", no dizer do ramo. Na aparência, tal transição para uma maior competitividade e para o gerenciamento de demanda é bom tanto para o consumidor como para a conservação de energia. Contudo, devido à persistência dos elementos monopolísticos naturais do setor, às economias de escala e aos dilemas do excesso de capacidade, permanecem na pauta inevitáveis temas regulatórios que os mercados puros não puderam resolver eficientemente. Ainda constitui objetivo público que a energia elétrica seja disponível universalmente e seja fornecida conforme as exigências da demanda. As antigas empresas de eletricidade, que gozavam de concessões monopolísticas, enfrentam hoje um problema que, no setor, leva o nome de "ativos encalhados". Essas companhias controlam estações enormemente dispendiosas, construídas em outra época, e que, esperava-se, seriam amortizadas por uma expansão contínua do consumo. No entanto, se consumidores industriais podem gerar sua própria eletricidade e se as próprias companhias de eletricidade podem comprar de fontes mais baratas, o provedor de base fica amarrado a ativos caros e vendas declinantes – o que implicaria preços mais altos. Num clima concorrencial, porém, na prática as grandes companhias com excesso de capacidade acabam por despejar energia barata nos mercados umas das outras. Isso baixa os preços no curto prazo, mas leva à concorrência ruinosa e a preços mais altos no longo prazo.

Há aqui uma questão distributiva, para a qual a teoria do livre mercado não consegue fornecer uma resposta teoricamente "correta": quem deve arcar com quanto dos custos implicados por essa transição? As grandes provedoras que sobraram com uma cara capacidade geradora ("ativos encalhados") tiveram comportamento racional à época em que fizeram os investimentos correspondentes. Mais, sob o regime regulatório anterior, o governo garantia-lhes uma taxa de retorno razoável sobre esses investimentos. Mas se, num novo sistema parcialmente mercantilizado, os reguladores alocam nas companhias elétricas e em seus acionistas a totalidade do custo de transição, tais empresas podem ter dificuldades de encontrar investidores no futuro. Reciprocamente, não é completamente justo que os pequenos consumidores [que usam a eletricidade dessas companhias] recebam a conta cheia, pois a sociedade decidiu (muito razoavelmente) que a energia elétrica deve ser barata e amplamente disponível. Claramente, tais custos terão que ser distribuídos. Não existe uma resposta intuitivamente certa para a questão de saber quem, precisamente, deve arcar com qual parcela dos custos – e não há substituto para a regulação sensata e que tenha o interesse público em mente. Na Grã-Bretanha, em que a administração Thatcher privatizou o sistema elétrico, o governo acabou por descobrir que estava perdendo os benefícios de um sistema integrado. Com a fragmentação e a concorrência, os custos do setor caíram, mas os preços cobrados dos consumidores aumentaram. O governo Thatcher descobriu que, para fazer a privatização funcionar, precisava formular toda uma camada de novas regulações, de modo a encorajar investimentos de longo prazo, evitar a exploração dos consumidores e atingir as economias necessárias para um sistema integrado de energia elétrica.

Forma-se um consenso segundo o qual a geração e certos aspectos da distribuição de energia elétrica podem ser parcialmente desregulados, mas que a venda final continuará a ser um verdadeiro monopólio natural. Não faria sentido econômico haver duas entradas paralelas de energia em cada casa; e, diferentemente das telecomunicações, não existe tecnologia sem fio para o transporte de energia elétrica. Há, também, economias associadas à integração vertical. É eficiente que a companhia distribuidora faça a medida do consumo, acompanhe os picos de demanda e determine quais devem ser as fontes de energia a alimentar a rede. A fragmentação desse setor prejudicaria não só economias de escala como de coordenação. Três dos mais entusiásticos e prestigiados defensores da mercantilização, William Baumol, Paul Joskow e Alfred Kahn, num artigo recente acautelam contra a desregulação completa: "os benefícios à eficiência trazidos pela geração concorrencial poderiam ser completamente dissipados ou, mesmo, mais que suplantados, pela deterioração da coordenação [...]".[60]

Quais poderiam ser as soluções? Diversos reguladores estaduais têm encorajado a concorrência na geração de energia para o atacado, mas definindo taxas obrigatórias de transmissão e acesso, de modo que todos os provedores compartilhem o custo de manter a rede e de pagar pelos investimentos de implantação de uma época passada. Grandes usuários industriais que geram sua própria energia ou a adquirem de empresas independentes são obrigados por alguns regimes regulatórios ao pagamento de uma taxa que reflete o "valor de opção" de poderem comprar energia suplementar ou emergencial da companhia local regulada. A premissa que opera neste caso é que a manutenção de uma capacidade de reserva que o cliente industrial não está usando tem um custo para a companhia e para os demais consumidores. Muitos Estados mudaram da regulação tradicional, exercida com base na taxa de retorno, para uma "regulação de incentivos", que mantém um teto para os preços de venda da eletricidade, mas permite às companhias reter parte das economias que possam acumular devido a melhorias de produtividade.

Outra abordagem é cobrar "taxas de entrada" de novos fornecedores de energia e "taxas de saída" de consumidores que deixem a rede. Todas essas medidas refletem os esforços dos reguladores em lidar com o dilema do excesso de capacidade. Na ausência de tais medidas regulatórias, a erosão das economias de escala transferiria maciçamente os custos para o consumidor doméstico, restando à companhia local o papel de provedor de alto custo num mercado que encolhe – uma versão de efeito mais retardado do mesmo dilema dos anos 30.

Um problema de política administrativa associado a esse é decidir se se permite que as companhias reguladas de energia diversifiquem suas atividades, e quanto. A lei de 1992 permitiu às provedoras investirem em companhias geradoras independentes e não reguladas, bem como em empreendimentos relacionados à geração de energia no estrangeiro. A diversificação constitui um impulso natural para o executivo de uma companhia de serviço público que enfrenta um encolhimento de seu negócio principal e uma redução de suas taxas de retorno. Contudo, isso estabelece questões regulatórias inescapáveis, como a necessidade de segregar o faturamento proveniente de assinantes de outras fontes de capital, ou a questão de determinar como os assinantes são afetados por erros em decisões de investimentos tomadas pelos executivos da companhia. Em meados dos anos 80, a Arizona Public Service, empresa de eletricidade regulada daquele Estado, tomou um banho em investimentos feitos nos mercados imobiliário e de seguros. Perdeu uma bolada. Hoje, muitos Estados limitam a 10% das receitas os investimentos de provedoras públicas em empreendimentos não ligados ao negócio. A maioria dessas companhias restringe sua diversificação a negócios relacionados de perto à energia, como vendas desreguladas de eletricidade e investimentos em capacidade geradora e distribuidora em outros países.

Alguns entusiastas extremados da mercantilização advogam uma integral concorrência de livre mercado na venda final de eletricidade aos domicílios. Mas uma concorrência desregulada no varejo traria uma dependência inapropriada e ineficiente em relação aos mercados. Exacerbaria o problema dos ativos encalhados, levaria à disseminação do excesso de capacidade, frustraria as economias de escala e expulsaria do negócio os provedores de base, as companhias locais de eletricidade. Para que tal abordagem viesse a funcionar, exigiria reguladores que cuidassem de que a companhia previamente instalada cobrasse das independentes taxas de transmissão adicionais, de modo a refletir o custo de manutenção do sistema como um todo. Sem regulação, uma taxa exageradamente elevada representaria uma barreira ao acesso do independente aos consumidores. Caso a taxa fosse baixa demais, significaria uma desvantagem fatal para a companhia local.

A maioria dos observadores enxerga a evolução do negócio da energia elétrica para uma situação em que a geração, a distribuição e a venda final seriam crescentemente desligadas entre si. A compra de energia por atacado está se tornando uma mistura entre contratos de longo prazo e mercados *spot*. Companhias integradas de eletricidade gerenciam seus riscos por meio do monitoramento constante de tendências e do ajuste de seu mix de contratos e compras *spot*. Grandes consumidores industriais de eletricidade, que costumavam subsidiar os consumidores residenciais, conseguem hoje negociar preços mais baixos em troca de compromissos contratuais de longo prazo. Se os consumidores do varejo puderem vir a escolher entre diferentes concorrentes, isso só acontecerá no âmbito de um conjunto de regras cuidadosamente especificado.

Tudo isso é mais "mercadológico" do que o sistema de concessões monopolísticas – mas não é desregulado. Alguns desses temas são meramente transitórios. Em mais uma geração, muitos dos "ativos encalhados" de outra época terão sido integralmente amortizados e seu peso terá deixado de constituir um dilema especial. Contudo, o problema do excesso de capacidade não desaparecerá de cena, como também não deixará de ser verdadeiro o fato de que a ligação final entre a rede e os domicílios continuará a ser um monopólio natural. No final das contas, este setor permanece um candidato clássico à concorrência regulada. A concorrência traz benefícios para alguns setores, mas apenas se cuidadosamente gerenciada por reguladores.

O VERDADEIRO PARADOXO ANTITRUSTE

Uma palavra final sobre medidas antitruste. Há muito os cuidados antitruste têm sido aceitos, mesmo por entusiastas do mercado, como exceção à afirmação de que os mercados fazem as coisas melhor do que os reguladores. Se agentes do mercado privado expulsam concorrentes, ou usam poder monopolista, as formas usuais de disciplina de mercado deixam de operar. Paradoxalmente, os agentes privados frustram o mecanismo de mercado. Medidas antitruste constituem, talvez, a mais antiga forma de regulação pró-concorrencial. Porém, conforme sugerido pela presente discussão, as medidas antitruste constituem um arcabouço demasiadamente frágil para servir de base a toda uma política propiciadora da concorrência. Quando o assunto é estruturação ou reestruturação de um setor inerentemente monopolista, um regime regulatório é mais eficaz do que esporádicas intervenções antitruste. Mecanismos antitruste têm papel importante em setores naturalmente concorrenciais e essencialmente desregulados.

Nos últimos vinte anos, os expoentes da pureza laissez-faire têm argumentado com ênfase crescente que os mercados seriam de tal forma autocorretivos que, na maior parte dos casos, a intervenção antitruste seria supérflua ou prejudicial. Por definição, a quase tudo o que os agentes econômicos fazem concede-se um salvo-conduto presuntivo; é "mercantil" – por definição – e, assim, virtuoso. Embora o próprio objetivo das leis antitruste seja o de evitar a erosão dos mercados, o agente que as aplica é, com freqüência, o Estado; disso decorre uma suspeição.

Tal perspectiva é bem representada no trabalho de Robert Bork, professor de direito, ex-juiz federal de segunda instância [*appeals*] e indicação rejeitada à Corte Suprema dos EUA. Vale a pena examinar cuidadosamente a crítica de Bork, pois sua argumentação constitui uma ilustração excepcionalmente boa da sofística dedutiva que insiste em que os resultados da atividade privada seriam necessariamente ótimos.

Em seu livro *The Antitrust Paradox* [O paradoxo antitruste] de 1978, Bork assestou um ataque em massa contra as doutrinas antitruste correntes, as atividades executivas do Departamento de Justiça e da Comissão Federal de Comércio [Federal Trade Commission] e decisões então recentes da Corte Suprema, sob a alegação de que ignorariam princípios básicos de economia. O paradoxo a que Bork se referia era seu ponto de vista de que, concebidas para estimular a concorrência, as leis antitruste na verdade interfeririam com a otimização dos resultados concorrenciais por frustrarem a atividade de maximização de lucros dos agentes do mercado privado. Note-se, outra vez, a prestidigitação lógica familiar: seja o que for que o setor privado faça, *deve ser* benéfico ao mercado, e portanto eficiente, e portanto otimizador. Por definição, os mercados seriam a essência da concorrência. Dessa forma, não seria possível que os mercados privados produzissem resultados anticoncorrenciais, mesmo quando parecessem estrangular a concorrência – um tanto como as "repúblicas populares" pré-1989 não poderiam ser antidemocráticas, por serem governadas em nome do povo.

Um bom exemplo é a formação predatória de preços. Bork desconsidera a própria possibilidade de preços serem formados predatoriamente, usando para isso a seguinte espantosa peça de lógica dedutiva: "O predador já estaria maximizando seus lucros em todos os mercados e, assim, não teria modos de aumentar seus lucros em outras partes, de modo a poder financiar a predação".[61] Eficientemente, Bork dispensa a necessidade de investigação empírica pelo expediente de desaparecer com o problema por via de uma definição. Observem-se, contudo, as premissas por trás dessa sentença escorregadia. Em primeiro lugar, supõe-se que o líder de mercado forma os preços de seus produtos de um modo clinicamente eficiente. Isso é improvável, pois as firmas mudam seus preços constantemente; e precisariam estar fora do equilíbrio ótimo por algum período, observando a possibilidade de melhoria, antes de fazer um ajuste de preço. De modo que ninguém se encontra precisamente em equilíbrio todo o tempo. Em segundo lugar, mesmo se a empresa em questão estivesse maximizando seus lucros, isso não seria necessariamente consistente com a maximização do bem-estar do consumidor. Mesmo economistas da Escola de Chicago – George Stigler e Arnold Harberger, entre outros – têm há muito admitido que um monopolista pode aumentar preços, restringir a produção e, assim, maximizar seu próprio bem-estar, mas não o do público. Antes da eclosão da posição laissez-faire radical e tautológica do movimento Lei e Economia, os argumentos acadêmicos e administrativos giravam em torno da questão de determinar qual montante de participação de mercado implicaria, em princípio, um poder de mercado excessivo. No entanto, Bork & Cia. pressupõem alegremente que os monopólios velhos de guerra seriam ótimos, pois do contrário não existiriam. Uma vez que a teoria do laissez-faire impõe que empresas formam preços de modo eficiente, tanto para seu próprio benefício como para o dos consumidores, então isso deve de fato acontecer.

A história do transporte aéreo destrói o ponto de vista de Bork acerca da formação predatória de preços, dado que a estratégia das grandes companhias funcionou tão bem. As empresas que baixaram preços foram expulsas do mercado, ou forçadas a se fundirem. Fazendo a lógica de Bork voltar-se contra ele próprio, essa estratégia de formação predatória de preços "deve ter" servido ao bem-estar maximizador de lucros das grandes companhias aéreas, pois do contrário elas não a teriam executado. Mas é claro que isso não significa que tenham maximizado o bem-estar do consumidor. Mesmo concedendo as demais premissas de Bork, sua alegação mais palpavelmente absurda é a de que o monopolista não conseguiria *financiar* o custo dos abatimentos de preços. Neste caso, o dedutivismo de Bork é esmagado pelas evidências empíricas. A essência da liderança de mercado é dispor de bolsos cheios. Renunciar temporariamente a lucros de modo a advertir ou disciplinar um concorrente que baixa seus preços não é de modo algum uma impossibilidade prática, ou mesmo teoricamente inconsistente com a premissa de que o monopolista procura maximizar seus lucros. Os anais dos litígios antitruste são repletos de evidências de cortes de preços deliberados, temporários e por vezes selvagens, em setores tão disparatados quanto o das companhias aéreas, da cerveja, do fumo, da TV a cabo e da coleta de lixo.

É interessante contrastar Robert Bork com Alfred Chandler, anteriormente citado como apóstolo das virtudes schumpeterianas da escala e do escopo. Ambos chegam a conclusões semelhantes quanto aos benefícios de ser grande – mas a partir de concepções completamente opostas sobre como a economia funciona. Para Chandler, a imagem clássica é enganadora, devido à circunstância de o poder de formação de preços ser disseminado e benéfico, ao menos até certo ponto. Para Bork, o poder de mercado também é amplamente disseminado – mas, de algum modo, ele considera que um poder de mercado significativo seria completamente consistente com um modelo de concorrência perfeita. Outra vez, ele o consegue usando deduções e tautologias. Por definição, o mercado deve necessariamente produzir resultados perfeitamente eficientes; de outra forma, não seria um mercado perfeito. Da perspectiva de Bork, com raras exceções as fusões são consideradas eficientes, porque "devem ser" tentativas virtuosas de conseguir melhores economias de escala, e não esforços deletérios que visam a reduzir a concorrência. Mesmo monopólios aparentes seriam criaturas da disciplina do mercado. No contraste entre as imagens da economia de Bork e de Chandler, este emerge como mais convincente, porque seu trabalho se enraíza na história da economia real, e não num raciocínio dedutivo a partir da premissa da concorrência perfeita. Chandler detecta a presença de um substancial poder de formação de preços e o considera virtuoso precisamente porque se desvia das premissas da teoria do mercado perfeito. Bork olha para o mesmo poder e declara tratar-se de manifestação da perfeição do mercado. É também notável observar que em nenhum lugar Bork cita o trabalho de Chandler (ou mostra um conhecimento de setores reais que se aproxime do de Chandler).

Para o observador neófito, as proposições de Chicago sobre a impossibilidade dos monopólios parecem infantilmente circulares. No entanto, devido a sua elegância lógica e por serem tão harmônicas para com os interesses das grandes empresas norte-americanas, ganharam enorme influência intelectual nas escolas de direito, no estudo acadêmico da economia e, é claro, na política prática. Não muito tempo após a publicação de *The Antitrust Paradox*, Ronald Reagan foi eleito presidente dos EUA, fazendo com que teóricos conservadores da economia tomassem as principais posições nas áreas de formulação e condução de políticas do governo. William Baxter, professor de direito da Universidade Stanford, tornou-se chefe da Divisão Antitruste do Departamento de Justiça. O departamento virtualmente deixou de bloquear fusões e de mover processos contra atividades predatórias. A Comissão Federal de Comércio, responsável pela aplicação da Lei Antitruste Clayton, também entrou em coma profundo.

Bork e os críticos de Chicago são mais convincentes quando argumentam que as políticas antitruste mais extremadas dos anos 60 e início dos 70 exageraram na dose, a ponto de impedir concentrações de mercado que poderiam muito bem ter sido benéficas à inovação e, assim, ao bem-estar. O governo gastou centenas de milhões de dólares na tentativa de desmembrar a IBM. Quando o caso chegava à fase conclusiva, a IBM, que avaliara mal o mercado, estava sendo vítima de novas pressões concorrenciais. Os computadores pessoais e, mais tarde, as redes locais de computadores, começavam a tomar o lugar das máquinas de grande porte, mercado no qual a IBM detinha poder quase monopolista (incluindo a manutenção das máquinas, o software que rodava neles e a assessoria empresarial para lidar com os computadores). Embora concebidos pela IBM, os PCs logo se transformaram em *commodities*, num mercado em que a IBM passou a ser o fornecedor de alto custo. A IBM também cometeu um desastroso erro de avaliação ao permitir que a pequena Microsoft detivesse controle sobre software de sistema operacional do qual a IBM dependia; em pouco tempo, a parcela mais dinâmica do setor passou a ser a de software, e não a de hardware. Contudo, o fato de forças concorrenciais terem desbancado um protagonista dominante no setor de informática não é suficiente para demonstrar que o mercado é sempre autocorretor em setores mais monopolistas.

Com a eleição de Bill Clinton em 1992 e a nomeação de Anne Bingaman como procuradora-geral assistente [Assistant Attorney General], a administração antitruste retornou a um ambiente um pouco mais propício – sem resistir ao tamanho ou ao poder de mercado em si, mas mantendo os olhos abertos quanto a seus abusos anticoncorrenciais. É interessante assinalar que, quando o governo Clinton reviveu a aplicação de medidas antitruste após um hiato de doze anos, um dos primeiros alvos foi o setor do transporte aéreo. Em 1993, a Northwest tentou aplicar a conhecida estratégia predatória de praticar preços seletivamente baixos para combater a pequena Reno Air. Com forte apoio do Departamento dos Transportes, a Divisão Antitruste advertiu oficialmente a Northwest de que, caso tentasse usar o expediente contra a Reno, se arriscaria a sofrer processo. A Northwest recuou. Mesmo nos termos de Bork, o aumento resultante na concorrência de preços e nas escolhas do consumidor deveria aumentar o bem-estar geral, pois reduziu a curva de demanda e gerou mais produto a um custo menor – mesmo que, evidentemente, a Northwest não tivesse preferido que o resultado fosse esse.

O Departamento de Justiça também entrou numa disputa instrutiva com o juiz distrital federal Stanley Sporkin, quanto a determinar se a Divisão Antitruste teria sido demasiado leniente ao aceitar um acordo em vez de ir a julgamento contra a Microsoft, acusada de práticas anticoncorrenciais ilegais.[62] Entre outros atos alegadamente predatórios, os concorrentes da Microsoft tinham-na acusado de fazer publicidade de produtos inexistentes, que estariam disponíveis em data não especificada, como modo de dissuadir consumidores de adquirir novos produtos de seus concorrentes. No negócio de software, esses produtos imaginários são conhecidos pelo delicioso nome de "vaporware". Correm também no setor muitas histórias sobre a Microsoft usar impropriamente informações obtidas junto a empresas de software concorrentes que desenvolvem aplicativos destinados a rodar sob o sistema operacional Windows, da Microsoft. Afirma-se que a Microsoft repassa tais informações a suas próprias equipes de desenvolvimento, usando dessa forma o poder de mercado de seu sistema operacional para atacar produtos aplicativos que concorrem com os seus próprios. A Microsoft também empregou especificações restritivas junto a fabricantes de hardware para tirar do caminho sistemas operacionais rivais.

Tudo isso é reminiscente dos dilemas de poder de mercado de bancos e corretoras de valores – resolvidos pelo Congresso dos EUA por meio da Lei Glass-Steagall, que separa as atividades bancárias comercial e de investimentos – e do setor de telefonia, em que a FCC e os tribunais montaram laboriosamente um mecanismo para evitar que as empresas telefônicas já instaladas usassem seu poder de mercado para estrangular novos concorrentes.

Numa audiência destinada a instruir a decisão sobre se deveria ou não aprovar o acordo, três dos menores rivais da Microsoft apresentaram documentos internos desta última que, alegadamente, mostrariam que a Microsoft aprovaria e recompensaria a prática de "pré-anunciar" vaporware inexistente.

"Estes documentos mostram uma conspiração", disse o juiz Sporkin.

"Meritíssimo, isso se chama concorrência", disparou de volta o advogado da Microsoft, numa bela exposição da teoria de Chicago. "É o próprio coração de uma economia de mercado." Em outras palavras, seja o que for que concorrentes façam, deve *ipso facto* constituir concorrência de livre mercado – mesmo se as práticas sejam evidentemente anticoncorrenciais.

No entanto, os documentos do Departamento de Justiça concernentes ao caso da Microsoft sugerem que a relação entre o poder de mercado e a inovação esteve muito presente na mente do departamento quando de sua decisão de entrar em acordo com a empresa e não levar a questão a julgamento. Ali estava o governo a enfrentar uma das pedras mais preciosas do tesouro *high-tech* norte-americano. Embora nascida da cabeça de Bill Gates e de uns poucos amigos micreiros, a Microsoft transformara-se numa gigante de 50 bilhões de dólares. Sua capacidade de inovar continuamente não é desligada de sua posição de liderança preponderante de mercado. Recordando-se do prolongado e irritante processo antitruste contra a IBM, às vésperas da perda de posição dominante da empresa, Anne Bingaman atravessou cautelosamente uma corda-bamba entre desencorajar a Microsoft de usar seu poder de mercado para barbarizar concorrentes menores e resistir a pressões que pudessem prejudicar a liderança de mercado conquistada pela empresa. Embora as leis antitruste não se refiram, em parte alguma, a um respeito pelo poder inovativo dos líderes de mercado, isso esteve presente para o Departamento de Justiça – e acertadamente. No acordo firmado, a Microsoft concordou em descontinuar diversas práticas que seus concorrentes consideravam anticoncorrenciais, fazendo-o sob supervisão contínua do Departamento de Justiça. Na seqüência, tribunais de segunda instância mantiveram o acordo da Justiça com a Microsoft.

No dilema schumpeteriano da eficiência alocativa *versus* eficiência inovativa, permanece inconclusa a questão de determinar o papel adequado para uma política antitruste. Parece que, no caso de setores com produtos bastante padronizados, como passagens aéreas, quartos de hotel e *commodities* químicas, se deva admitir certo grau de colaboração e normas que resistam à concorrência pura de preços, como relatado por Joseph Bower, sob pena de a concorrência tornar-se ruinosa. Quando há risco de concorrência ruinosa, a resposta do setor privado é, caracteristicamente, criar cartéis ou lançar-se numa onda de fusões e consolidações, como nos setores do petróleo e do transporte aéreo. Essa modalidade de regulação privada de preços resolve o problema empresarial de uma concorrência de preços excessiva, mas não necessariamente de uma forma que maximize o bem-estar do consumidor. Simplesmente transfere uma bela quantidade de poupança dos consumidores para os produtores. Saber se essa poupança é necessariamente semeada de volta, na forma de inovações, permanece uma questão essencialmente aberta, que não é resolvida mecanicamente pela teoria econômica. Há um papel a ser desempenhado pelas medidas antitruste quando o exercício do poder de mercado em setores potencialmente concorrenciais simplesmente extrai poupança dos consumidores. Em setores caracterizados por economias de escala e monopólios naturais, a solução inclui a regulação. A idéia da concorrência gerenciada é reunir num mesmo conjunto a política antitruste e a regulação econômica. É difícil imaginar um comércio eficiente sem isso.

Em suma: a regulação morreu – viva a regulação. Apesar de si própria, a teoria econômica contribuiu para um novo híbrido: a regulação pró-concorrencial. Ao fazê-lo, e a despeito de seus preconceitos contra a administração estatal, a teoria econômica demonstrou que o aprendizado social é, afinal, possível. E uma regulação pró-concorrencial tem necessidade, antes de tudo, de reguladores sensíveis, competentes e que mantenham em mente o interesse público.

8

A REGULAÇÃO DO AMBIENTE HUMANO

AS AGRESSÕES DO MERCADO

Numa economia mista, o Estado intervém para proteger os cidadãos de diversas agressões que, em sua ausência, as forças do laissez-faire propiciariam. Entre elas estão a disseminação de poluentes na água e na atmosfera, a fabricação de produtos perigosos, o poder coercitivo da empresa privada de condicionar a oferta de emprego ao trabalho em condições inseguras e outros "contratos de desespero" que não refletem transações verdadeiramente voluntárias.

Muitos desses abusos não são conseqüência apenas de imprecisões de preços, mas de desequilíbrios no conhecimento privado e no poder de barganha. Não se pode esperar do consumidor que possa discernir com precisão se o hambúrguer está envenenado, se o cortador de grama lhe decepará o pé, se a água é potável. O operário fabril não tem condições de saber se uma substância industrial lhe causará câncer dez anos depois. O cidadão individual não dispõe de uma base sobre a qual insistir que a empresa energética de sua cidade queime combustível mais limpo, ou desenvolva tecnologia antipoluição – exceto por meio de regulação governamental.

Descrever tais agressões como "externalidades" ajuda a entender a dinâmica segundo a qual ocorrem falhas de formação de preços, mas costuma resultar numa concepção demasiadamente estreita do que acontece. Com efeito, tais assuntos com freqüência envolvem valores públicos que não podem ser reduzidos a um cálculo econômico simples. Também originam questões distributivas que não podem ser representadas em termos de eficiência.

Uma decisão no sentido de que ninguém pode ser exposto a substâncias químicas claramente tóxicas produz resultados distributivos muito diferentes de se permitir que indivíduos sujeitos a diferentes situações econômicas disputem o direito de evitar essa exposição. Nenhuma dessas abordagens é, *a priori*, mais "eficiente". Caso se deixe de permitir aos produtores que despejem seus detritos onde queiram, ou que transfiram riscos para seus empregados e consumidores, isso implica necessariamente amplas alterações quanto ao direito de propriedade, e não um simples ajuste fino de preços. O emprego de mercados "fabricados" e de incentivos estreitamente econômicos para atingir objetivos sociais é um remédio possível, mas não necessariamente o melhor. E, é claro, trata-se também de uma forma de regulação.

Nos casos dos poluentes e de danos causados ao consumidor, a norma é a inabilidade dos mercados em atribuir-lhes preços. A correção dessas e de outras agressões dá-se no âmbito de políticas públicas amplas, e não de meras correções de "falhas de mercado" estreitamente econômicas. Aqui os objetivos da administração pública decorrem do reconhecimento de que a sociedade como um todo pode decidir garantir-se determinados mínimos comuns – disponibilidade de água potável, ambientes de trabalho saudáveis, remédios e alimentos presumidamente seguros – que, para economizar custos de curto prazo, as forças de mercado negligenciam ou mesmo frustram. Objetivos ainda mais gerais são garantir o ambiente das futuras gerações, ou atingir padrões elevados de vida a um custo ambiental mais baixo. Trata-se de objetivos cívicos, que a miopia dos mercados não consegue identificar. Assim, a finalidade das políticas públicas nesse território não é apenas oferecer passivamente compensações para imperfeições de mercado, mas ratificar valores públicos e estimular o aprendizado social.

Ademais, objetivos comuns que envolvem a saúde e o meio ambiente costumam ser maus candidatos para a análise econômica rotineira – baseada na premissa de que as transações econômicas podem ser proveitosamente entendidas como análogas ao equilíbrio físico. Na física, caso se exerça uma força sobre um objeto mantido em equilíbrio, este se afasta desse estado. Há muitas situações em que, removendo-se a perturbação, o objeto retorna ao equilíbrio. Em nosso humilde exemplo do supermercado, o mesmo vale aproximadamente, digamos, para o preço do suco de laranja. Se uma geada precoce reduz a oferta de suco e faz seu preço subir, o consumidor volta-se para substitutos. Quando o preço retorna ao normal, alguns dos compradores podem ter desenvolvido gosto por outro suco, mas a maior parte dos antigos compradores volta.

Diferentemente dessa imagem, o meio ambiente exibe *irreversibilidades* – algo que não ocorre na análise de equilíbrio. A redução da camada de ozônio e o processo de aquecimento global resultam de mudanças bioquímicas acumuladas que podem não ser facilmente revertidas, mesmo que se reduzam os níveis de poluição. Mesmo que uma reversão seja possível, pode ser que seu custo seja desproporcional, proibitivo mesmo. Um operário que adquira leucemia devido à exposição continuada ao benzeno permanece morto. De modo semelhante, toda uma espécie animal ou vegetal pode se extinguir. O sistema de preços tem utilidade apenas limitada nesses casos, uma vez que quaisquer tentativas de atribuir preço a uma vida, sem falar numa espécie, são na melhor das hipóteses carregadas de parcialidade. De modo que a análise econômica padrão não se presta bem aos dilemas ambientais.

Apesar disso, os esforços para regular as agressões ao ambiente não são livres. Assim, aqueles que traçam políticas têm de usar os instrumentos disponíveis e inventar novos, pesar objetivos ambientais em comparação com outros objetivos econômicos, encontrar soluções de "menor custo" e buscar abordagens que, na soma final, produzam benefícios econômicos – às vezes por meio da estimulação de modos inteiramente novos de fazer as coisas com um custo menor para o ambiente. Nesses casos, os mercados e os incentivos de tipo mercantil podem ser instrumentos administrativos úteis. Mas a "regulação por incentivos" opera por meio de uma plataforma regulatória que, por sua vez, se superpõe à formação de preços laissez-faire; e a regulação direta não só tem distintas conseqüências distributivas como às vezes também se revela economicamente mais eficiente.

A onda de regulação social que começou no fim da década de 60 resultou de uma nova consciência pública sobre a deterioração do ambiente natural. O consenso era notavelmente amplo. Em sua maioria, as leis ambientais mais fortes foram assinadas por um presidente republicano, Richard Nixon, com apoio bipartidário. Parecia não haver qualquer outra área em que se concordasse tão amplamente com o fato de que, quando deixadas a si próprias, as forças de mercado produzem resultados intoleráveis e insustentáveis. Essa mudança de atitude resultou de uma mudança nos valores sociais, e não de alterações nos "gostos" privados – uma ampla concordância de que a degradação ambiental é gradativa, que o ar e a água não podem mais ser tratados como depósito gratuito de lixo e que os trabalhadores não devem ser obrigados a suportar uma parcela desproporcional dos riscos industriais. Ao tempo em que a onda atingiu seu ápice, em meados da década de 70, o Congresso dos EUA introduzira novos sistemas de regulação referentes ao ar e à água, às substâncias tóxicas, aos alimentos e remédios, ao ambiente de trabalho e a produtos de consumo de modo geral.

Vinte anos mais tarde, encontra-se em curso uma ampla contra-reforma que visa a reverter a regulação da saúde, da segurança e do ambiente. Sob esse ponto de vista insurgente, afinal a maioria dessas questões poderia ser eficientemente deixada às forças de mercado, bastando para isso que o governo não atrapalhasse. O fato de que certas preocupações com o esgotamento dos recursos naturais tivessem sido exageradas tem sido empregado para condenar a necessidade de regulação ambiental de modo geral.

Como ocorre com tantos outros assuntos de que temos tratado, a reação contra a regulação social se estende da extrema-direita ao centro e até à centro-esquerda – e inclui a maior parte dos profissionais da economia dominante. Como de hábito, a veemência da oposição dos economistas é resultado de uma indignação quanto a violações do sistema de preços pelo governo. As reclamações dos críticos resumem-se no seguinte:

A regulação social seria cara. Custando à indústria cerca de 2% do PIB,[1] afirma-se que a regulação reprimiria o crescimento e contribuiria para a inflação. Investimentos decretados por burocratas fariam a indústria desviar recursos para usos que nada adicionariam à produtividade. Tal reclamação fora expressa pelos grupos industriais afetados, nos anos 70, quando das discussões sobre a virtual totalidade das legislações antipoluição então propostas. Alguns críticos foram ainda mais longe. Num artigo intitulado "Richer is Safer" [Quanto mais rico, mais seguro], o falecido professor Aaron Wildavsky chegou a afirmar que as regulações da saúde e da segurança do trabalho na verdade reduziriam tanto a segurança como a saúde.[2] Seu raciocínio era impecável. Sociedades mais ricas tendem a apresentar expectativas de vida mais longas. O crescimento econômico exige investimentos. Regulações de saúde e segurança consomem recursos que são retirados do investimento e, assim, reprimem o crescimento e, portanto, comprometem a saúde e a segurança. Conclusão: caso se deseje uma sociedade mais saudável, não se deve investir em saúde. Não ocorria a Wildavsky que uma sociedade poderia escolher uma rota de desenvolvimento que maximizasse tanto o crescimento como a saúde.

Como indicado pela discussão do Capítulo 6, essa perspectiva exclui a possibilidade de que investimentos em processos avançados, que provoquem menos poluição e sejam mais seguros para os operários, estimulem a indústria a percorrer trajetórias mais altas de produtividade. É verdade que quanto mais rico, mais seguro; mas também é verdade que quanto mais seguro, mais rico. Uma sociedade em que as pessoas podem ter segurança em beber a água da torneira é mais rica do que outra, em que os ricos compram água engarrafada e os pobres pegam disenteria – e é mais rica de uma forma diferente e mais igualitária. Com freqüência, processos industriais mais limpos são também mais eficientes. Há inúmeros registros de casos em que, de início, a indústria insistiu em que não seria capaz de atingir normas relativas à emissão de poluentes, ou de encontrar substitutos para produtos químicos perigosos, mas que logo demonstraram que a exigência poderia, afinal, ser atingida – e com conquistas técnicas acompanhadas de benefícios paralelos.[3]

A regulação social seria contraproducente. Como Albert Hirschman observou em seu clássico *The Rhetoric of Reaction* [*A retórica da intransigência*, Companhia das Letras, 1992],[4] um argumento sistemático dos que se opõem a reformas, e que pode ser traçado pelo menos até Edmund Burke, é que, invariavelmente, a intervenção social sairia pela culatra. A isso Hirschman chamou de A Tese da Perversidade. Para Burke e para os oponentes conservadores das revoluções Francesa e outras, a reforma social se frustraria porque solaparia as instituições estabelecidas e liberaria forças que, no final das contas, comprometeriam a liberdade, a prosperidade e a ordem civil – os próprios objetivos dos reformadores. Para economistas conservadores modernos, a regulação sairia pela culatra porque violaria um equilíbrio de mercado. Por definição, a sociedade já estaria conseguindo exatamente o que quer e o mercado estaria fazendo o melhor que pode. O samaritano* perturbaria arrogantemente esse equilíbrio, mas as pessoas conseguiriam o que querem de um jeito ou de outro. No final das contas, o resultado líquido da regulação seriam custos.

Existem diversos clássicos recentes desse tipo. O professor W. Kip Viscusi afirmou que as tampas de segurança para embalagens de remédios, cuja opção fora tornada obrigatória pelo governo, teriam aumentado o número de envenenamentos acidentais porque os pais, frustrados com a dificuldade de abri-las, deliberadamente comprariam remédios em embalagens convencionais ou deixariam os frascos abertos.[5] Em veia semelhante, o economista Sam Peltzman, da Escola de Chicago, argumentou que cintos e outras medidas de segurança automobilística na verdade teriam aumentado o número de mortes em acidentes com carros, pois dariam ao motorista uma falsa sensação de segurança e os induziriam a dirigir de forma mais imprudente.[6] No fundo da alma do motorista deve funcionar algum mecanismo natural de equilíbrio: basta tornar o carro 10% mais seguro que as pessoas dirigirão 10% mais depressa. No mesmo espírito, o economista Robert Crandall, do Instituto Brookings, afirmou que exigências quanto à eficiência no consumo de combustíveis causariam aumento de acidentes, pois levariam os fabricantes a produzir automóveis menores e, por isso, mais perigosos.[7] Todos esses estudos deixam de considerar a possibilidade de que tais regulações estimulam o aprendizado social e, por isso, são afinal eficientes. Retornaremos a isso em breve.

Na maior parte das vezes, a regulação social seria desnecessária. Até a contra-revolução dos anos 80, de modo geral os economistas aceitavam que as externalidades negativas seriam disseminadas. O exemplo clássico é o de uma fábrica, situada na beira de um rio, e que despeje seus refugos na corrente, sem custo algum, poluindo assim a água da população que viva rio abaixo. Há pelo menos um século, desde Arthur Pigou,[8] economistas modernos têm considerado que a solução preferencial num mundo de mercados imperfeitos seria a

(*) *Do gooder*, expressão depreciativa que os conservadores norte-americanos empregam para designar quem não é da "linha-dura". (N. T.)

criação de um imposto sobre a poluição. Isso forçaria o poluidor a internalizar o custo da externalidade, dar-lhe-ia uma sinalização de preço mais precisa a respeito do custo de seus atos para a sociedade, usaria um mecanismo de formação de preços no mercado para induzir uma mudança de comportamento desejada e evitaria interferências ulteriores sobre os mecanismos de formação de preços. Uma solução mais burocrática, e mais imperfeita, seria a regulação direta.

Contudo, em seu "The Problem of Social Cost" [O problema do custo social],[9] Ronald Coase propôs que não faria diferença o governo aplicar ou não regulamentos, desde que os custos da informação e das transações privadas permanecessem baixos. Seja diretamente, seja através dos tribunais, os agentes privados teriam a capacidade de barganhar acordos eqüitativos. O artigo de Coase referia-se a diversos exemplos convenientes, extraídos de casos jurídicos reais – a fagulha de um trem que incendiou a plantação de um fazendeiro; um médico cujo consultório ficava no mesmo prédio de uma pequena indústria, cujo maquinário perturbava suas consultas. Com facilidade, Coase mostrou como a negociação voluntária é capaz de produzir soluções ótimas e de satisfazer a ambas as partes. Isso se ajustava lindamente à noção de Chicago, de que todas as transações seriam essencialmente voluntárias; também tinha utilidade para eliminar a necessidade do governo. Muito mais tarde, Coase explicou que usara os "custos transacionais zero" de modo hipotético, não como realidade. Em 1988, escreveu: "Não parece que valeria a pena gastar muito tempo na investigação das propriedades de tal mundo [sem custos transacionais]. O que meu argumento sugere é a necessidade de se introduzirem explicitamente custos transacionais positivos na análise econômica, de modo a possibilitar o estudo do mundo que existe. O efeito de meu artigo não foi esse".[10] Acontece que, no mundo real, a negociação entre agentes privados não é confiável para a resolução de problemas derivados de externalidades. Há um excesso de assimetria no conhecimento e no poder. É claro que se poderia aplanar o terreno e introduzir barganhas justas nas trocas econômicas – mas isso também acarretaria... regulação.

A regulação social seria arbitrária. Freqüentemente descreve-se a economia como o estudo de como a sociedade aloca a escassez de recursos. Com a proliferação de regulações de saúde, segurança e ambiente nos EUA nos anos 70, muitos economistas enfureceram-se com o que afirmavam ser uma presunção dos administradores públicos de que a sociedade disporia de um suprimento inesgotável de tempo e dinheiro com o qual perseguir objetivos relativos à saúde e ao meio ambiente. Em 1977, Charles Schultze escreveu que "esforços de melhorar o meio ambiente, embora longe de constituírem fracassos, são desnecessariamente caros e atolados em regras ao estilo Rube Goldberg,* emaranhados legais e crescentes escaramuças entre os reguladores e a indústria, à medida que os cronogramas se apertam [...] Mesmo o observador favorável considera difícil reconhecer em muitas das regulações algo mais que absurdos".[11] Num livro escrito com Allen Kneese, Schultze lamentava a grande complexidade técnica da tarefa. "Só no que tange à poluição industrial da água, há cerca de 55 mil fontes significativas. Uma agência de regulação não tem como determinar os custos, as oportunidades tecnológicas, as matérias-primas alternativas e os tipos de produtos disponíveis para todas as firmas em todos os setores."[12] Para Schultze, Kneese e outros críticos dessa linha, a solução seria usar incentivos econômicos para atingir objetivos sociais.

Antes de sua ascensão à Corte Suprema dos EUA, o juiz Stephen Breyer iniciou suas conferências Oliver Wendell Holmes [na escola de Direito da Universidade Harvard] com as seguintes palavras: "Regulamos apenas alguns, mas não todos, os riscos de que o mundo está repleto".[13] Breyer denunciou a patente arbitrariedade daquilo que a sociedade escolhe para regular e a inconsistência na determinação do valor obtido pelo custo implicado. De acordo com ele, muitas vezes o governo vai a extremos para tentar reduzir os últimos 10% de risco, ignorando ao mesmo tempo outros riscos mais significativos. Deu como exemplo decisões de tribunais federais itinerantes [*circuit courts*], por sua vez influenciadas pelo movimento Lei e Economia, que ridicularizavam a administração pública por gastar 20 milhões de dólares na eliminação do amianto para, com isso, salvar estatisticamente talvez cinco vidas nos treze anos subseqüentes, ou metade das mortes esperadas por engasgos com palitos.[14] Breyer concluía dizendo que o problema seria uma combinação de "visão em túnel", determinação aleatória de objetivos e inconsistência na formação das prioridades da política pública. E instava "não necessariamente em favor da desregulação, mas por um esforço sério em priorizar e, talvez, realocar, nossos recursos regulatórios".[15]

Os reguladores nunca conseguiriam acertar. Para alguns situados no segmento moderado do espectro político, como Breyer, a solução não seria a desregulação completa, mas a melhoria do sistema de definição das prioridades regulatórias. Breyer concluiu suas conferências Holmes em tom progressista, instando por um corpo de superservidores públicos que se situariam "acima da política" e seriam responsáveis por ordenar concepções conflitantes quanto ao bem público. Breyer chegou a invocar o exemplo da burocracia francesa como padrão adequado de comparação, ganhando com isso o escárnio da página de

(*) Reuben Lucius Goldberg (1883-1970), cartunista em cujas tiras apareciam máquinas complicadas usadas para cumprir tarefas simples. (N. T.)

editoriais do *Wall Street Journal*. Dado que nem tudo pode, ou deve, ser regulado, seria razoável dispor de um processo abrangente para definir prioridades. Na verdade, é isso exatamente o que o Departamento de Administração e Orçamento [Office of Management and Budget – OMB] faz hoje. Contudo, para os críticos mais conservadores, a solução não seria um melhor sistema de definição de prioridades, ou um aperfeiçoamento do corpo burocrático. Para eles, toda e qualquer intervenção governamental estaria fadada ao fracasso, seja devido à "captura regulatória" por parte de grupos interessados, seja pela "busca por vantagens" por burocratas, seja porque não seria possível a estes saber mais do que os mercados.

Os consumidores obteriam exatamente aquilo que merecem. A premissa mais fundamental da crítica proveniente da escola da Lei e Economia é que toda transação seria voluntária. Sendo assim, então consumidores que desejassem produtos mais seguros ou profissões menos arriscadas comprariam alguma outra coisa, escolheriam profissões diferentes ou adquiririam seguros contra riscos. O fato de não o fazerem seria demonstração de que o que obtêm é exatamente aquilo que querem, dispensando as chatices de reguladores e advogados. Tal perspectiva é empregada para atacar tanto a regulação como a indenização judicial por danos causados por produtos. O fato de, como cidadãos, os consumidores freqüentemente escolherem modificar os resultados do mercado dando apoio à regulação de saúde, segurança e meio ambiente é atribuído não a valores cívicos, mas à influência de políticos em busca de vantagens pessoais.

Todas essas críticas baseiam-se em perspectivas exageradas e improváveis a respeito da eficiência dos mercados. A despeito de defeitos muito reais na regulação governamental, resta o fato de que o mercado laissez-faire polui, produz danos físicos evitáveis em consumidores e trabalhadores, dissemina detritos perigosos. As transações de mercado se estendem no tempo histórico, sendo influenciadas por assimetrias anteriores quanto a circunstâncias, costumes e poder econômico. Na prática, o mundo de Coase, em que todas as externalidades seriam alegremente eliminadas por ações voluntárias privadas, ou em que os processos de mercado ditariam quanto, precisamente, seria o pagamento correto por riscos incorridos, não costuma materializar-se.

Os advogados mais sutis do mercado reconhecem tais limitações e recuam para uma segunda linha de defesa. Se precisamos regular, dizem, deixem-nos ao menos usar para isso as reflexões, instrumentos e disciplinas do mercado. Tais incursões precisam ser desemaranhadas e merecem atenção cuidada. Algumas delas, como a teoria da Escolha Pública, impõem inapropriada e canhestramente conceitos de mercado a um domínio que é propriamente cívico e, por via de definições, eliminam a vontade pública da existência. Outras iniciativas, como o que está estabelecido no Contract with America do Partido Republicano, não passam de incursões táticas, com o objetivo de fazer recuar a amplitude do alcance do governo. Outras medidas, como os vales comercializáveis para emissões poluentes, invocam de modo engenhoso os princípios de mercado para incrementar a eficiência da regulação.

A REGULAÇÃO DAS CONDIÇÕES DE TRABALHO

O tema da saúde e segurança no trabalho ilustra bem os limites dos mercados e, mesmo, da regulação "mercantil". Não é necessário ser marxista para se dar conta do tamanho do desequilíbrio entre os poderes de barganha de um trabalhador assalariado e do dono da empresa. Desde Adam Smith observadores têm assinalado que a maioria dos empregados comuns dispõe de pouca poupança à qual recorrer em emergências. Um operário que fique sem emprego por mais de algumas semanas terá sérias dificuldades de sobrevivência. "Sem emprego, muitos trabalhadores não conseguiriam subsistir por uma semana, poucos o conseguiriam por um mês e quase nenhum por um ano", escreveu Smith. "No longo prazo, é possível que o operário seja tão necessário para o empregador como este é para o operário, mas tal necessidade não é tão imediata."[16] Em 1995, o economista Edward Wolff confirmou que pouco mudara em mais de dois séculos. Wolff calculou que o integrante médio da força de trabalho norte-americana tem apenas cerca de três meses de sobrevida sem emprego antes de cair na miséria.[17]

Quanto maior é a taxa de desemprego num dado momento, menor o poder de barganha do trabalhador em relação ao patrão. Desde a época em que trabalhadores assalariados foram incorporados ao processo político democrático, este tem usado as leis e o ordenamento formal para igualar o campo de jogo de diversas formas; estas incluem compensações por desemprego, o direito a negociação coletiva, leis sobre aposentadoria, saúde e segurança, esforços no sentido de minorar as conseqüências de recessões, indenizações trabalhistas, modificações da doutrina tradicional do emprego voluntário e assim por diante. Com as modificações sofridas pela consciência política e com a ampliação da democracia, as limitações definidas pela jurisprudência quanto à responsabilização do empregador em relação a acidentes e comprometimentos sofridos pelo trabalhador experimentaram certa inclinação em favor deste último. Observe-se de novo que, apesar da concepção idealizada do economista acerca da "eficiência", não existe um conjunto único, ótimo e durável de regras básicas dadas *a priori*. Os direitos relativos e capacidades de barganha de funcionários e empregadores encontram-se imersos na história, no costume, na legislação e na política.

Um século atrás, trabalhadores assalariados praticamente não tinham como obter ressarcimento por danos físicos ou doenças adquiridos no trabalho. Em alguns Estados industriais norte-americanos, como Massachusetts em 1877, havia provimento para inspeções de fábricas, mas tais proteções eram rudimentares. As doutrinas legais dominantes eram severamente enviesadas em favor dos empregadores.[18] Uma trindade de defesas quase intransponíveis, que remontavam a 1841, incluíam: 1) a doutrina da negligência acessória, que imunizava o empregador quanto a danos pessoais provocados por acidentes de trabalho caso este resultasse, mesmo que parcialmente, de descuido do trabalhador, não importando o perigo intrínseco envolvido nas condições de trabalho; 2) a doutrina do "colega empregado", que tirava o empregador do buraco se, para o acidente, tivesse contribuído a negligência de um colega de trabalho; e a mais abrangente, 3) a teoria da "pressuposição de risco", segundo a qual um trabalhador que tivesse aceito um emprego livre e voluntariamente teria ao mesmo tempo assumido todos os riscos associados a ele. É claro que os vícios das regras desse jogo eram altamente políticos. Davam vantagens ao empregador e desfavoreciam os empregados. É notável observar como a doutrina da pressuposição de risco se assemelha às doutrinas modernas da Lei e Economia.

No período progressista norte-americano, denúncias de reformistas expuseram documentadamente taxas absurdas de doenças e acidentes de trabalho. Um estudo de 1908 estimou que, numa força de trabalho de 30 milhões, todos os anos morriam 35 mil operários e outros 536 mil sofriam ferimentos.[19] Entre 1907 e 1912, acidentes industriais causaram quase 10% de todas as mortes de norte-americanos do sexo masculino, 23% das mortes entre mineiros e 49% daquelas entre trabalhadores em linhas de transmissão elétrica.[20] A famosa denúncia de Upton Sinclair sobre as condições em que a carne era industrializada, depois incorporada a seu romance *The Jungle* [A selva], é lembrada principalmente por ter exibido graves problemas de higiene. Contudo, a finalidade principal de Sinclair era despertar a consciência nacional quanto às perigosas condições de trabalho dessa indústria, e não quanto ao alimento. Como ele escreveria mais tarde: "Mirei o coração do público e, por acidente, atingi seu estômago".[21]

No período progressista, tribunais e opinião pública tornaram-se mais simpáticos ao trabalhador. Um estudo detalhado das condições industriais em Pittsburgh, financiado pela Fundação Russell Sage, mostra que, de 304 processos por acidentes de trabalho movidos em 1907 e 1908, os trabalhadores venceram 88.[22] Conforme outro estudo, nos Estados mais progressistas, entre 1905 e 1910, de 60% a 80% dos reclamantes tiveram julgamento favorável em tribunais de segunda instância. O aumento das indenizações conduziu à percepção de uma crise de responsabilização dos empregadores, numa antecipação da "crise" jurisprudencial dos anos 90. Entre 1900 e 1911, o montante das indenizações pagas por empregadores mais que dobrou. De 1903 a 1919, a agitação progressista também levou 32 governadores ou Legislativos estaduais a montarem comissões para investigar danos físicos pessoais decorrentes do trabalho.[23]

Como muita outra coisa durante essa época, as respostas do poder público refletiram uma mescla ambígua de pressões reformistas cívicas e trabalhistas com movimentos empresariais preocupados em limitar o dano financeiro. Em 1910, a Associação Cívica Norte-americana [National Civic Association] e a Associação Nacional das Indústrias [National Association of Manufacturers] empenhavam-se ativamente em campanhas em favor da adoção de regulamentos voltados para a indenização de trabalhadores. Este instituto havia nascido na Alemanha em 1894, à época em que Bismarck era chanceler, e logo se espalhara por boa parte da Europa. A partir de 1902, diversos Estados norte-americanos formaram comissões para estudar o problema dos acidentes de trabalho. O relatório da pesquisa da Fundação Russell Sage, influente em círculos progressistas, propunha a adoção de incentivos econômicos para encorajar a prevenção de acidentes. Em 1908, com apoio do presidente Theodore Roosevelt, o Congresso aprovou uma lei que criava para funcionários do governo federal um esquema limitado de indenizações por acidentes. No ano seguinte, o Estado de Montana aprovou a primeira lei equivalente estadual, embora os tribunais tivessem-na julgado inconstitucional. Em 1912, dez Estados haviam promulgado leis parecidas; em 1920, o número de Estados que haviam adotado algum tipo de indenização subira a quarenta. No entanto, antes do New Deal, a maioria dos Estados adotava modalidades opcionais, e não obrigatórias, de indenização por acidentes de trabalho.[24] Nesses Estados, os empregadores podiam não adotar o seguro e tentar a sorte nos tribunais. Embora em diversos dos Estados mais progressistas o próprio poder público funcionasse como segurador, o setor dos seguros privados conseguiu assumir esse negócio; por volta de 1950, todo o sistema havia sido privatizado.

Limitações às indenizações. Embora não entendida exatamente nos termos com que o movimento Lei e Economia a desenha atualmente, a indenização por acidentes de trabalho constituiu-se numa das primeiras formas de regulação por incentivos. O sistema garantia aos trabalhadores uma certa compensação por acidentes sofridos no trabalho. Em contrapartida, os operários tinham geralmente barrado o caminho dos tribunais; os pagamentos correspondentes classificavam-se como perdas econômicas reais – ou menos. Cada vez mais, os prêmios de seguros pagos pelos empregadores passaram a obedecer a uma classificação atuarial – empresas com os acidentes mais custosos pagavam os prêmios de seguros mais elevados.[25]

Caso tal sistema tivesse representado um retrato mais fiel do verdadeiro custo social dos danos por acidentes e doenças ocupacionais, as indenizações trabalhistas teriam internalizado mais completamente os custos desses acidentes às empresas, e estas teriam respondido com uma consciência muito maior quanto à saúde e à segurança no trabalho. Evidentemente, porém, isso não acontecia. Como sugerirei no que se segue, mesmo um esquema de indenização "ótimo" consegue ser apenas uma solução parcial para os riscos ocupacionais. Às vésperas do New Deal, a indenização semanal típica limitava-se a 50% do salário, ou um máximo de dez dólares por semana. Na verdade, o poder aquisitivo da indenização média em 1929 era menor do que em 1915.[26] Embora menos francamente do que as doutrinas anteriores, o sistema de indenizações trabalhistas ainda favorecia o empregador em detrimento do empregado. Meio século depois, quando o Congresso se preparava para suplementar as indenizações trabalhistas com regulações mais diretas do tipo "comando e controle" através da Administração de Saúde e Segurança Ocupacional [Occupational Safety and Health Administration – OSHA], os acidentes de trabalho eram ainda endêmicos.

Por que as indenizações de trabalho constituíam um remédio apenas parcial? De um lado, seus termos eram definidos politicamente. Corporações empresariais logravam sucesso na resistência à adoção de esquemas mais abrangentes de indenização. Na maioria dos Estados, excluíam-se doenças ocupacionais. Na verdade, foi a publicidade em torno de afecções ocupacionais como a pneumoconiose-do-carvoeiro (ou doença-do-pulmão-negro, que afeta quem inala poeira de carvão), a asbestose (decorrente da inalação de partículas de amianto) e a bissinose (contraída por inalação de poeira de algodão), bem como preocupações crescentes com acidentes, que fizeram a opinião pública apoiar primeiro a MSHA, reguladora da segurança em minas, e depois a OSHA.

As leis estaduais sobre indenizações continuavam a formar uma colcha de retalhos. Um relatório de 1968 do Departamento [Ministério] do Trabalho, anterior à existência da OSHA, que comparava taxas de mortalidade no trabalho Estado a Estado, revelou que estas variavam de dezenove por 100 mil trabalhadores a 110 por 100 mil. Catorze mil operários morriam todos os anos no trabalho e 2 milhões sofriam de invalidez permanente ou temporária, resultando numa perda anual de 250 milhões de homens-dia de trabalho. Quatrocentas mil pessoas sofriam de doenças ocupacionais.[27]

A maioria dos estudos determinava que os níveis predominantes de indenizações eram significativamente inferiores ao que deveriam ser, mesmo em relação às perdas salariais por inatividade. Na década de 60, os Estados ainda pagavam ao trabalhador em média menos do que o salário que tinha na época do acidente; os pagamentos não sofriam reajustes devido à inflação e não existiam indenizações por seqüelas, como dores e sofrimento.[28] Num sistema de indenizações minimalista, os prêmios de seguros, que correspondiam em média a 1% da folha de pagamento,[29] equivaliam apenas a uma fração do custo real incorrido pelos empregados. Mesmo o mecanismo de classificação concebido para singularizar os empregadores mais perigosos era limitado e apenas parcialmente baseado no levantamento de acidentes de fato ocorridos. De modo que era mais fácil para a indústria pagar os prêmios de seguros do que investir em medidas sérias de reengenharia para reduzir os níveis de acidentes e de doenças ocupacionais.

Por que não elevar os pagamentos de indenizações de modo a refletir plenamente as perdas econômicas e, assim, usar os incentivos de mercado para induzir investimentos mais realistas em segurança? Uma chave para a resposta pode ser encontrada numa linha do Relatório de 1972 da Comissão de Indenizações de Trabalhadores do Poder Público: "O aumento da proporção do salário recebido como indenização [...] produz menos incentivo para que o trabalhador volte ao trabalho".[30] A indenização do trabalhador é necessariamente parcial. O próprio conceito de invalidez é tudo menos preciso. Esquemas excessivamente generosos de afastamento, tanto nos Estados Unidos como em outros países, têm sido criticados por desincentivarem a volta ao trabalho. Por outro lado, limiares escassos de indenização fazem uso da necessidade econômica para compelir o trabalhador a voltar ao trabalho, mesmo que ainda esteja experimentando dores e sofrimento reais. O ponto é que um padrão de indenização "correto", que conseguisse equilíbrio entre evitar perdas econômicas e desencorajar a extensão artificial do tempo de afastamento, não seria "correto" para o objetivo de se induzir um nível ótimo de investimentos em segurança no ambiente de trabalho. Não há um único preço correto; por si, o mercado nunca chegará a ele. Alguns acadêmicos conservadores propuseram "desconectar" a parcela das indenizações cujo propósito é indenizar da parcela destinada a evitar prolongamentos simulados. É claro, porém, que isso exigiria ainda mais regulação.

Mais amplamente, como vimos no Capítulo 3, o modelo de mercado descreve mal os mercados de trabalho. Na teoria, os trabalhadores procurariam empregos livremente, e seriam informados com precisão sobre os riscos relativos de cada emprego. Em seu papel de bons e racionais maximizadores de sua própria utilidade, os trabalhadores pesariam riscos e benefícios. Ocupações que envolvessem maiores riscos deveriam ser acompanhadas de salários mais elevados, de modo a induzir trabalhadores com "gosto" por desafios a enfrentar o risco adicional. Isso, porém, não passa de fábula. Na prática, existem múltiplas restrições à mobilidade e poder de barganha dos trabalhadores; diversos fatores influenciam os salários; os trabalhadores são freqüentemente mal informados sobre os riscos do trabalho e ainda menos conhecedores daqueles ligados a doenças ocupacionais. É possível que, irracionalmente, alguns trabalhadores aceitem a exposição a riscos extremos por terem sido aculturados a acreditar que é isso o que se esperaria de um homem de verdade. Num clima em que o nível de emprego é menos que pleno, a informação é menos perfeitamente simétrica e os sindicatos são relativamente mais fracos, os trabalhadores podem vir a ter que suportar um custo desproporcionalmente alto.

Nos debates que antecederam a criação da OSHA, os representantes da indústria e seus aliados acadêmicos argumentaram repetidamente que, se trabalhadores reais desejassem melhores níveis de saúde e segurança, seus representantes deveriam ter transformado isso numa prioridade mais elevada em suas negociações coletivas. No entanto, afirmava a indústria, os sindicatos tendem a enfatizar os salários e os benefícios, e não a segurança. No jargão da economia, seria essa a "preferência expressa" pelos próprios trabalhadores. Portanto, seriam samaritanos profissionais, e não os trabalhadores, os responsáveis pela agitação em favor de ambientes de trabalho irrealisticamente menos arriscados. Contudo, tal argumento é enganoso. Pesquisas demonstraram repetidamente que trabalhadores de baixos salários tendem a internalizar a avaliação depreciativa que a sociedade faz de seu valor e a atribuir baixo valor econômico a sua saúde. Também caracteristicamente, operários de baixo salário têm menos poder de barganha. A solução para isso não é forçar uma disputa entre a segurança e os padrões de vida, mas mudar os termos da negociação, de modo a não mais fazer com que os trabalhadores sejam constrangidos economicamente a barganhar sua própria saúde. Quando regimes de saúde e segurança passam a existir, tornam-se muito populares entre os trabalhadores. Outra vez, a "preferência expressa" mostra não passar de ausência de opções.

Acresce que os médicos, enfermeiros e higienistas empregados pela indústria e que, presumivelmente, formariam a primeira linha de defesa contra doenças e acidentes sofridos por trabalhadores, estão ligados ao mesmo empregador e sujeitos às mesmas assimetrias de poder. Durante décadas, os médicos que trabalhavam para a Johns Manville, a maior produtora de amianto dos EUA, tiveram consciência de que os operários estavam sujeitos a uma substância altamente danosa. Suas hesitações só vieram à luz depois de um processo judicial de grandes proporções, movido por toda a categoria profissional, e durante a batalha política em torno da reforma legislativa relativa à questão. Médicos de empresa também de pouco serviram nas batalhas em torno da pneumoconiose e da bissinose. O raro médico que fizesse barulho era relegado ao ostracismo na cidade que abrigava a fábrica, na qual, com freqüência, o dono era um potentado privado. Descrever esse silêncio coagido como simples falha de mercado significa perder completamente de vista toda a questão.

A OSHA entra em cena. Na forma em que foi instituída, em 1970, a OSHA exigia que, de modo geral, empregadores oferecessem empregos "livres de riscos reconhecidos, de modo a proporcionar condições de trabalho saudáveis e seguras". A lei desencadeou um processo de definição de regulamentos e dava à OSHA autoridade para definir normas, tanto rotineira como emergencialmente. Estabeleceu um processo para inspeções de locais de trabalho, com multas por descumprimento, e conferiu ao secretário do Trabalho o poder de interditar fábricas, em casos de risco iminente. Criou diversos novos direitos trabalhistas, incluindo os de participar de inspeções, monitorar riscos e ter acesso aos relatórios de inspetores. A lei também criou um Instituto Nacional de Saúde e Segurança Ocupacional e uma comissão nacional para estudar a reforma da legislação referente a indenizações trabalhistas por acidentes e doenças. Uma das provisões mais abrangentes da legislação, criticada por muitos economistas por desconsiderar questões de custos, atribuía à OSHA a missão de definir normas que, "na medida do factível, e com base nas melhores evidências disponíveis, venham a impedir que qualquer trabalhador sofra comprometimento de saúde ou capacidade funcional, mesmo se tal trabalhador experimente exposição regular ao risco [...] por toda a sua vida ativa".[31] Ao escolher esses termos, o Congresso dos EUA rejeitara explicitamente esforços das indústrias siderúrgica e química no sentido de amenizar a linguagem de modo a fazê-la referir-se à factibilidade "econômica". Mais tarde, ao dar ganho de causa à OSHA quanto a suas normas para a poeira de algodão, a Corte Suprema descobriu que a intenção do Congresso não fora instituir testes de custo/benefício, mas impor um limiar de segurança.

O que aconteceu imediatamente após a instituição da OSHA fornece uma boa ilustração de como uma administração que hostilize a regulação pode subverter seu intuito. O Departamento do Trabalho de Nixon não dirigiu seus esforços contra os riscos ocupacionais mais patentes. Em vez disso, moveu-se rápida e indiscriminadamente na definição de mais de 4 mil normas *pro forma*, para isso transcrevendo nos regulamentos federais os códigos de conduta de associações profissionais. Foi esse processo que levou a uma ridicularização generalizada das normas da OSHA quanto à forma e tamanho de assentos de privada, cor de coletes salva-vidas (laranja), instruções solenes sobre como trabalhadores devem subir escadas e assim por diante. A direita política e seus aliados entre os economistas passaram a atacar tais normas como se fossem o resultado do trabalho de "burocratas", e não de uma administração conservadora que procurava seguir o caminho de menor resistência. À época em que Nixon deixou seu posto, em agosto de 1974, haviam sido emitidas apenas duas normas relativas a riscos genuínos – amianto e catorze carcinógenos industriais de alto risco. Em 1978, o governo Carter, muito mais preocupado com a saúde e a segurança, dispensou mais de novecentas normas da OSHA por serem bobas ou desnecessárias, e começou a alvejar violações sérias e não apenas nominais.

A OSHA era alvo de críticas tanto da esquerda como da direita. A esquerda o fazia essencialmente com base em três pontos – por sua organização ser mais burocrática do que participativa; por definir prioridades de inspeção que deixavam de atentar para os riscos mais graves; e por ser leniente em relação aos transgressores (a penalidade média é uma multa de algumas poucas centenas de dólares). As duas administrações democratas posteriores à criação da OSHA tentaram mudá-la acompanhando essas críticas. Trabalhando em conjunto com os sindicatos, o governo Carter concordou em promover e ajudar a instituir Comitês de Saúde e Segurança Ocupacional nos locais de trabalho [Committee on Occupational Safety and Health – COSH]. Esses grupos COSH constituíam uma alternativa embrionária à fiscalização burocrática. Uma força de trabalho informada e educada resultaria em melhores resultados quanto à saúde e à segurança do que inspeções ocasionais. Do ponto de vista empresarial, porém, os grupos COSH tiveram o infeliz efeito secundário de aumentar o ativismo e a eficácia dos sindicatos; o programa foi extinto no início do governo Reagan.

Os críticos oriundos da profissão dos economistas usaram a OSHA como exemplo clássico do equívoco da regulação de comando e controle. Conservadores moderados, como o professor Viscusi, afirmaram que, por se basearem em mecanismos de mercado, mesmo indenizações trabalhistas imperfeitas constituiriam um modo economicamente muito mais eficaz de diminuir danos à saúde e à segurança de trabalhadores do que um regime de normas e inspeções. Num livro de 1983, sugestivamente intitulado *Risk by Choice* [Risco por escolha], Viscusi afirma: "Ao associar uma regulação rigorosa a um mecanismo ineficaz de garantia de cumprimento, a OSHA pouco mais conseguiu do que importunar sistematicamente o setor privado".[32] Para Viscusi, toda a abordagem seria equivocada, por superpor-se a veredictos do mercado. Sua premissa é de que a configuração de riscos do trabalho formada antes da regulação seria resultante de escolhas livres por parte do trabalhador: "Normas uniformes não ampliam as escolhas do trabalhador; elas retiram dele a oportunidade de escolher o trabalho mais apropriado para suas próprias preferências de risco. A questão real quanto a 'direitos' envolvida aqui é se as pessoas de faixa de renda mais elevada têm o direito de impor aos pobres suas preferências quanto a riscos do trabalho".[33]

Essa é uma imagem espantosamente crédula do mercado de trabalho. O raciocínio lembra a célebre decisão da Corte Suprema dos EUA em 1905, no caso *Lochner contra Nova York*, em que o tribunal derrubou uma lei que limitava a jornada de trabalho de padeiros a dez horas, sob o argumento de que interferiria com a liberdade contratual. Ao supor que a OSHA tivesse sido imposta por reformistas de classe alta, Viscusi evidentemente ignorava a verdadeira história política da instituição. Os dois grupos que mais responsabilidade tiveram em sua criação foram a Associação da Doença-do-pulmão-negro (pneumoconiose), composta por 43 mil mineiros de carvão, e o Sindicato dos Trabalhadores nas Indústrias Petrolífera, Química e Atômica.

As evidências não corroboram a afirmação de que empregos mais arriscados teriam salários compensadoramente mais altos. Por exemplo, a mineração de carvão não paga salários relativamente altos por ser perigosa – seus salários eram baixos antes da década de 40, quando era ainda mais arriscada –, mas devido à força de seu sindicato, o United Mine Workers. Antes da OSHA, os moinhos têxteis expunham seus trabalhadores a um risco significativo de contrair bissinose, mas seus salários situavam-se consistentemente entre os mais baixos da indústria. Além de sujo e exaustivo, o trabalho nos matadouros de frangos do Arkansas e das duas Carolinas apresenta índices de acidentes e de afecções resultantes de movimentos repetitivos muito acima da média, mas seus salários são pouco superiores ao mínimo. Por que os trabalhadores aceitam tais empregos? Porque, na prática, entendem dispor de poucas alternativas.

Ao contrário do que afirmam Viscusi e outros, de que a OSHA não passaria de uma importunação ineficaz, há evidências sólidas de que, mesmo levando-se em conta suas lacunas, ela reduziu a incidência de doenças e acidentes. As taxas de mortalidade no trabalho declinaram constantemente, de dezessete por 100 mil trabalhadores antes da fundação da OSHA, a menos de oito por 100 mil nos dias de hoje. Entre empregados do setor privado, a taxa de mortalidade caiu 43%. Os acidentes não seguidos de morte também caíram em número, embora num ritmo menos intenso – de cerca de onze por 100 mil trabalhadores a cerca de 8,5.[34]

No atual clima ideológico, o professor Viscusi é relativamente moderado. Ele argumenta que exigir da indústria que adquira seguro contra acidentes do trabalho com preço baseado em avaliação de risco seria uma estratégia mais mercantil e, portanto, mais eficiente quanto à administração de custos, do que procurar reduzir os danos à saúde do trabalhador por meio de um regime de normas e fiscalização ao estilo OSHA. Evidentemente, a indenização obrigatória de trabalhadores é, por sua vez, uma forma de regulação. Conservadores mais extremados, como Richard Epstein, insistem em que a indenização de operários é uma transgressão do mercado, fadada ao fracasso. Diz ele: "Se um sistema de indenizações fosse uma idéia tão boa assim, empregadores e empregados teriam adotado voluntariamente alguma versão dele".[35] Presumivelmente, os trabalhadores deveriam saber perfeitamente bem o que fazem. Aqueles que escolhem ocupações arriscadas exerceriam voluntariamente suas preferências de risco, em relação ao que seriam compensados adequadamente. Caso a compensação não fosse justa, a indústria não atrairia empregados e, conseqüentemente, teria que aumentar os salários ou reduzir os riscos. Embora a argumentação seja quase pateticamente tautológica, essas pessoas têm uma influência significativa. Dez anos atrás, a fraternidade da Lei e Economia louvou a superioridade da jurisprudência em relação à regulação. Hoje, muitos desse grupo afirmam que a própria jurisprudência seria demasiadamente generosa para com as vítimas, propondo a imposição de limites a suas decisões.

Regulação, mãe da invenção. Os que se opõem aos investimentos em saúde e segurança tendem a superestimar os custos decorrentes da conformidade às normas da OSHA e a subestimar seus benefícios. Por exemplo, a indústria têxtil opôs-se amargamente à imposição de limites rígidos à poeira de algodão, a qual, quando da adoção da norma em 1978, era responsável pela incidência de bissinose em 84 mil trabalhadores ativos e havia causado prejuízos permanentes à saúde de outros 35 mil ex-trabalhadores têxteis. Antes da instituição da norma para o algodão, as empresas algodoeiras calculavam que os custos implicados por sua obediência situar-se-iam entre 875 milhões e 2 bilhões de dólares. Cinco anos depois, a OSHA concluiu que os custos reais de capital somarão 245 milhões de dólares.[36]

Os operários têxteis expõem-se à poeira do algodão nos estágios iniciais e mais intensivos em mão-de-obra do processo de produção – a abertura, limpeza e carda do algodão bruto e a separação das fibras –, antes do processo mais mecanizado de fiar o algodão limpo e mesclado, enovelá-lo e, finalmente, tecê-lo. As fábricas mais modernas já se automatizavam, mas isso se acelerou com o aparecimento das normas da OSHA. Enquanto a caricatura da conformidade a normas de saúde e segurança representa-a como uma função estranha e geradora de custos, aposta a um processo de produção que – por definição – já seria maximamente eficiente nas circunstâncias, na prática as medidas mais rigorosas de saúde e segurança são tipicamente "projetadas" para dentro das novas gerações de tecnologia de produção. Conforme um estudo realizado para o Departamento de Avaliação Tecnológica [Office of Technology Assessment] do Congresso dos EUA, a indústria têxtil adequou-se às normas da poeira de algodão por meio da modernização e automação das fases mais sujas do processo industrial:[37]

> A necessidade de introduzir modificações nas máquinas fabris de modo a satisfazer às normas da OSHA deu oportunidade para que os engenheiros introduzissem simultaneamente outras melhorias no equipamento. De forma semelhante, o processo de alterar as máquinas industriais para aumentar a lucratividade tornou mais fácil introduzir mudanças destinadas a melhorar o controle da poeira. Em muitos casos, os cronogramas da modernização e da conformidade às normas ajustaram-se com perfeição.

> Em outros casos, o processo de modernização conduziu quase automaticamente fábricas à conformidade às normas [...]. Novas e sofisticadas máquinas têm menos tolerância à poeira e, portanto, exigem um ambiente de trabalho mais limpo. Em máquinas mais velozes, os tempos de parada são mais caros, de modo que limpadores automáticos móveis tornaram-se importantes para a manutenção saudável não só do trabalho como, também, do capital. O sistema de carda alimentado por gravidade é mais produtivo quando fechado. O fechamento também elimina a exposição do empregado à poeira do algodão.

A regulação que força avanços tecnológicos também recompensa os segmentos industriais mais modernos e produtivos, pois aumenta os custos das firmas mais sujas e menos modernas. Se é verdade que a indústria poderia ter lucrado com a instalação de máquinas mais limpas, por que o setor têxtil não o fez antes da OSHA? Porque, enquanto os industriais conseguiam externalizar para seus empregados os custos decorrentes de uma manufatura suja e ineficiente, encontrava-se ausente um estímulo lógico para a inovação. Na história da economia de mercado, melhorias de capital ocorrem tipicamente em países, regiões e setores em que o trabalho humano é escasso e caro, e não naqueles em que os trabalhadores são baratos e descartáveis.

A mesma história de resistência industrial e superestimação de custos deu-se com as normas da OSHA para o cloreto de vinila e a poeira de cereais. O cloreto de vinila é um produto químico gasoso que constitui ingrediente central na fabricação do cloreto de polivinila, o segundo plástico mais usado nos EUA.[38] No início dos anos 70, estudos demonstraram que, mesmo em pequenas concentrações, o cloreto de vinila pode provocar câncer do fígado e tumores pulmonares e cerebrais. Quando, em 1974, e após um prolongado estudo técnico, a OSHA propôs uma regulação limitando a uma parte por milhão a exposição do trabalhador à substância, as firmas do setor alertaram que a norma poderia levar à extinção de toda a indústria do cloreto de polivinila. Na verdade, dezoito meses após a entrada em vigor da norma, mais de 90% do setor já se conformavam a ela, a um custo muito mais baixo do que se projetara inicialmente. Os custos reais foram de cerca de 7% dos projetados. No processo de conformar-se à norma, a indústria desenvolveu ou acelerou a instalação de novas tecnologias, incluindo sistemas de manufatura controlados por computador, que aumentaram significativamente a produtividade e, ao mesmo tempo, reduziram a exposição do operário à substância. Durante a década de 70, a produção de cloreto de polivinila mais que dobrou.[39]

Regulação e "voz". O debate estilizado entre economistas, que confronta a regulação de "comando e controle" com a regulação de mercado associada à jurisprudência, é enganoso sob três instrutivos pontos de vista.

Em primeiro lugar, desconsidera o fato de que a regulação direta e a regulação por incentivos podem significar alternativas complementares e não conflitantes. Sem dúvida, uma forma mais robusta de indenização ao trabalhador induziria a indústria a investir mais dinheiro na configuração de ambientes de trabalho mais saudáveis. Mas é improvável que esse tipo de regulação por incentivos pudesse ser ajustada com perfeição. As doenças ocupacionais levam muito tempo para provocar custos e são altamente concentradas em determinados setores. A classificação de riscos, que é o mecanismo de discriminação de faixas da indenização trabalhista, olha para trás; reflete a experiência histórica acumulada a partir de reclamações trabalhistas; não aloca a totalidade dos custos nas indústrias acompanhadas dos maiores riscos. Conforme sugerido pelos casos das normas para a poeira do algodão e para o cloreto de vinila, foi mais eficiente que o governo estabelecesse normas do que se tivesse confiado nas lentas pressões dos custos indenizatórios até que induzissem inovações.

Em segundo lugar, a polarização do debate ignora o fato de que tanto a regulação direta ("comando e controle") como a regulação por incentivos são acompanhadas de uma ampla gama de possíveis abordagens e eficiências. A regulação direta da OSHA durante o governo Nixon era cínica e inepta, tendo conferido má fama a todo o procedimento. O regime tradicional de indenizações trabalhistas era mais mercantil, mas os incentivos impostos à indústria eram fracos demais para que esta internalizasse completamente os custos. Um regime ideal combinaria indenizações trabalhistas mais bem ajustadas *com* um sistema mais bem direcionado de normas, inspeções e envolvimento obrigatório do empregado. Tanto a regulação por incentivos como a direta acarretam a interação das políticas públicas com a evolução técnica, processos necessariamente iterativos. A regulação direta é capaz de acelerar avanços técnicos muito mais dramaticamente do que a regulação por incentivos.

Em terceiro lugar, e talvez o mais importante, a caracterização usual que o economista faz da regulação de "comando" ignora completamente o fato de que a regulação não apenas altera as curvas de custos industriais; pode, também, aumentar o volume da voz do trabalhador e, assim, mudar a cultura de tomada de decisões da indústria. Isso, por sua vez, abre as portas para soluções mais cooperativas e, portanto, menos burocráticas. No Canadá, Suécia, Alemanha e Áustria a efetividade das normas de saúde e segurança no trabalho depende muito mais pesadamente dos operários de linha e da capacidade de resolução de problemas pela interação entre trabalhador e gerência do que de inspeções periódicas por funcionários públicos. Essa abordagem alternativa tem as virtudes de despertar a consciência dos operários a respeito da saúde e segurança no trabalho, bem como de dar-lhes voz ativa nas discussões a respeito de soluções técnicas e decisões de investimentos; também cria uma via adicional para a colaboração entre empregado e empregador e economiza os escassos recursos burocráticos para emergências, infratores crônicos, assistência técnica e pesquisa de longo prazo. No cálculo econômico estático do confronto entre custo e benefício, esse tipo de benefício é ignorado, pois não aparece na tela do radar metodológico do economista do livre mercado. Trata-se de um tipo de invenção social situado além dos limites do mercado e além das lentes de seus celebrantes.

Na Suécia, uma lei de 1974 exige que todo ambiente de trabalho com cinco ou mais empregados conte com um representante de segurança eleito; aqueles com cinqüenta ou mais empregados devem ter uma comissão de saúde e segurança, composta por representantes dos empregados e do empregador. Tais comissões decidem como deve ser feita a aplicação do orçamento de saúde e segurança da empresa; aprovam a contratação e monitoram o desempenho do médico, dos enfermeiros, dos engenheiros de segurança e dos técnicos em higiene do trabalho. Num certo sentido, tal regime é mais fortemente regulatório do que o dos EUA – mas "regulamenta" por meio de alterações nas relações de poder e na subcultura do ambiente de trabalho, e não pelo aumento da supervisão governamental. O resultado é uma proporção muito maior de resolução conjunta de problemas na própria fábrica e uma interferência muito menor por parte de funcionários do governo. Uma simples estatística informa volumes. Na Suécia, a relação entre funcionários dedicados a normas técnicas e advogados é de 25 para um. Na OSHA, de um para um.[40] Solicitações dirigidas ao governo sueco tendem a envolver assistência técnica, e não a resolução de disputas. No sistema sueco, as inspeções objetivam aumentar a segurança e conceber soluções para os problemas, e não impor punições. Embora as estatísticas não sejam perfeitamente comparáveis, na Suécia a quantidade de ferimentos e mortes ocupacionais é cerca de um terço inferior aos níveis dos EUA.[41]

A abordagem norte-americana é mais conflitiva, sob três aspectos diferentes e paradoxais. As relações capital-trabalho dão-se numa cultura mais litigiosa e antagonística – mas os trabalhadores têm menos poder real. No sistema dos EUA, a função das inspeções governamentais é mais punitiva – mas as multas são geralmente tão baixas que não passam de admoestações. E porque o sistema norte-americano é mais burocrático, o processo tende a enfatizar o cumprimento formal de normas – realização de inspeção, verificação de conformidade ou não às normas, aplicação de multa, redação de relatório –, em detrimento da real resolução de problemas. Disputas judiciais são muito mais freqüentes e, por isso, inspetores são pressionados por seus superiores para que documentem o que encontram, com o objetivo de servir de prova em possíveis processos. É claro que isso desperta suspeitas de todos os lados, dificulta o compartilhamento livre de informações e deixa pouco tempo para procurar soluções cooperativas.

Tudo isso fornece munição para os anti-reguladores. Mas parece que a imaginação dos críticos não consegue atingir a possibilidade de que a intervenção governamental possa alterar as condições locais de interação e, assim, conduzir a níveis mais baixos de conflito e a mais situações ganha/ganha no ambiente de trabalho. O paradoxo mais básico dos limites da modalidade caracteristicamente norte-americana de regulação é o seguinte: constituindo uma sociedade individualista, os norte-americanos tendem a ser mais litigiosos e beligerantes. Países mais intensamente regulados, corporativos e orientados para as soluções de grupo parecem mais capazes de usar as coletividades para assegurar voz na sociedade e evitar que seus membros mais fracos sejam espezinhados – fazendo-o de modo menos burocratizado. A ênfase é menos sobre "direitos" – um conceito caracteristicamente individualista e anglo-saxão – do que sobre a pertinência, a solidariedade e as responsabilidades perante o grupo, neste caso o ambiente de trabalho. Uma perspectiva atomista da sociedade como constituindo nada mais que um conjunto de mercados perde totalmente de vista essas possibilidades.

O contraste entre as atitudes beligerante e "acomodatícia" nas trocas sociais e nos mecanismos de resolução de problemas é discutido por Steven Kelman. Ele observa que "Ao estabelecerem um fórum para negociações, as instituições acomodatícias encorajam a atingir concordâncias. Mais, na medida em que os participantes se tornam parte de um pequeno grupo ativo, as concordâncias são encorajadas, devido a processos psicológicos que tendem a se dar nesses grupos e que propiciam induções normativas em favor de acordos de modo geral. [...] Negociações no seio de pequenos grupos ativos também funcionam psicologicamente para promover o desenvolvimento de preferências e percepções favorecedoras de acordos, que não existiriam caso o relacionamento do grupo não existisse".[42] Note-se a oposição diametral entre essa perspectiva e o modelo de mercado do ser humano, no qual os relacionamentos são guardados, contingentes e transitórios e as motivações são puramente instrumentais e oriundas do interesse próprio, e não coletivas e empáticas.

Deve-se creditar ao governo Clinton a intenção de fazer a atuação da OSHA assumir um caráter mais consensual e menos burocrático. Às vésperas das eleições presidenciais de 1994, a Comissão de Educação e Trabalho da Câmara dos Deputados dos EUA anunciou a proposição de um projeto de lei de reforma da OSHA que, entre outras medidas, previa a formação de comitês de saúde e segurança no trabalho formados conjuntamente por operários e administração, bem como o direcionamento prioritário da OSHA aos setores e empresas de alto risco. O projeto não se transformou em lei; no entanto, o Departamento do Trabalho de Clinton tem empregado suas prerrogativas administrativas para fazer a OSHA responder a critérios de desempenho, em vez de medir seu sucesso pelo número de inspeções ou multas. A OSHA também aumentou sua focalização sobre os empregadores que apresentam maior risco. Num projeto-piloto conduzido no Estado do Maine,[43] ofereceu-se às 203 empresas com o pior histórico a escolha entre desenvolver seus próprios programas de saúde e segurança ou, como esclarecido sem meias-palavras pela OSHA, "ser incluída numa lista de prioridades para inspeções de alto a baixo". Com exceção de duas empresas, todas as demais escolheram a primeira opção. Durante os dezoito primeiros meses do programa, os participantes identificaram e eliminaram riscos numa taxa catorze vezes superior à da própria OSHA, atingida por meio de inspeções. É claro que a OSHA conta com uma quantidade limitada de inspetores. Caso tivesse fiscalizado as fábricas ao acaso, apenas cerca de uma em vinte das empresas com pior histórico teria sido fiscalizada a cada ano.

Seria estúpido e enganoso tentar submeter toda regulação social a esse mesmo tipo de tratamento. Da mesma forma que os mercados podem produzir resultados eficientes ou ineficientes, os regimes regulatórios também podem. Desde que não operem num clima anti-regulatório por natureza, reguladores astutos aprenderão fazendo e, quando possível, conferirão aos agentes privados a prerrogativa de, eles próprios, buscarem atingir normas, em vez de percorrerem a via fútil do policiamento direto. O estereótipo do "comando e controle" perde de vista a rica gama de possibilidades que se apresenta.

Na prática, quando se examinam, digamos, os esforços da FCC em montar um sistema de leilões para a alocação do espectro eletromagnético, ou o projeto-piloto da OSHA no Maine, ou a experiência da Comissão de Serviços Públicos do Estado de Nova York na concorrência por serviços telefônicos em Rochester, ou o que a Agência de Proteção Ambiental [Environmental Protection Agency – EPA] conseguiu na área dos direitos comercializáveis de poluição (discutidos adiante), emerge-se com grande respeito pela integridade e discernimento do processo regulatório. Esses casos não se adequam ao estereótipo do czar burocrático, ou à imagem que a Escolha Pública apresenta, de um regulador que não passa de produto passivo de vetores a serviço de influências interessadas. Em sua melhor feição, os procedimentos regulatórios podem ser exemplares do que a cientista política Jane Mansbridge denominou "democracia deliberativa". Podem ser iterativos e educativos e podem ser capazes de perseguir objetivos autenticamente públicos. É claro que nada disso sai de graça – mas produz benefícios. E é difícil aceitar que se derramem indignações a respeito dos custos dessa atividade pública num país em que as forças do mercado privado escolheram gastar 6 bilhões de dólares por ano em comida para gatos. A alternativa para a boa regulação não é a ausência de regulação; é a má regulação.

A mensuração dos custos e dos benefícios

O ataque recente assestado contra a regulação social baseia-se em diversos conceitos de mercado. Entre estes encontram-se: a análise de custo/benefício que, usualmente, conclui que o custo da regulação superaria seus benefícios; a presunção de equilíbrio comportamental, que não poderia ser melhorado por regulação; e a aplicação da análise de livre mercado ao Judiciário, a qual, ultimamente, tem atacado até mesmo a jurisprudência por violar a eficiência dos mercados. Embora sempre seja razoável perguntar se regulações específicas constituem formas eficientes de lidar com falhas de mercado, essa linha de ataque tende a alimentar uma rejeição pela regulação em si.

A análise de custo/benefício ilustra os severos limites do modelo de mercado como instrumento analítico. É evidente que faz todo sentido medir benefícios em relação a custos. A lógica parece inatacável: a sociedade dispõe de recursos econômicos limitados. Toda restrição regulatória consome recursos que a economia poderia investir melhor em outros lugares. Antes de incorrer em tais despesas, deveríamos assegurar-nos de que os benefícios superam os custos. Até aí, tudo bem. Todo presidente desde Jimmy Carter tem exigido de seus reguladores que usem algum tipo de análise custo/benefício; o Contract with America republicano de 1994 procurava transformar em lei uma versão bastante restritiva dessa doutrina.

Todavia, a análise de custo/benefício apresenta múltiplos problemas práticos. Para começo de conversa, quando aplicada à saúde e à segurança do trabalho, essa análise atribui valor financeiro à vida humana com base no poder aquisitivo. Com isso, cria uma profunda distorção metodológica em oposição à idéia de pisos normativos sociais – idéia essa que decorre de valores extramercado. A análise de custo/benefício também passa ao largo das implicações distributivas. O custo social é tratado como se fosse indivisível, e não como um custo suportado desproporcionalmente por operários e outras pessoas vulneráveis. (A economia de Chicago diria que essa aparente vulnerabilidade seria ilusória. Aqueles que trabalham em ocupações arriscadas teriam escolhido livremente seu destino, que por sua vez resultaria de uma mescla perfeita de sua produtividade marginal e de seu gosto pelo risco.)

Mais amplamente, a análise de custo/benefício procura trazer para o sistema de pregão de preços aspectos da existência que a maioria das pessoas acredita não deveriam estar à venda. Como observou Steven Kelman, a Proclamação de Independência dos EUA não foi sujeita a análise quanto a seu impacto inflacionário.[44] Ele assinala apropriadamente que constitui uma falácia partir do modo como as pessoas atribuem valores às coisas em transações puramente privadas e daí extrapolar conclusões sobre valores coletivos e bens públicos. Quando se coloca um bem "sem preço" – como o Central Park de Nova York ou uma vista desimpedida do Grand Canyon – num domínio que impede deliberadamente sua venda, isso constitui uma decisão coletiva, que torna sem sentido avaliações daquele bem conforme os princípios do mercado. Procurar por um preço "oculto" de mercado ou por um teste de custo/benefício no que tange a esses bens públicos altera seu caráter fundamental, "reduzindo-o a um recálculo mecânico e imitativo, baseado no comportamento privado", observa Kelman.[45]

Para a sociedade, o custo de acidentes e doenças é abstrato e obtido por média. Para o indivíduo, é pessoal e profundo. Foi por isso que o Congresso deu à OSHA a atribuição de impor que os locais de trabalho sejam amplamente seguros, e não seguros conforme testes de custo/benefício. Essa abordagem regulatória iguala os termos do jogo: a sociedade como um todo se torna fiadora e o operário deixa de ser entendido como alguém descartável e sujeito a critérios financeiros acanhados. A engenhosidade da indústria se mostra ilimitada, quando cabalmente proibida de externalizar custos para os empregados.

No exercício do custo/benefício há uma pouco sutil distorção de classe. Quase nunca as pessoas que sofrem acidentes e mortes por riscos e doenças ocupacionais são executivos, contadores ou economistas. É fácil demais reduzir o sofrimento de operários a umas tantas "vidas estatísticas" e concluir abstratamente que não vale a pena gastar meio milhão de dólares para salvar uma vida estatística – e que o dinheiro seria mais bem empregado em outra parte.

Sob o ponto de vista metodológico, os procedimentos de se avaliarem custos contra benefícios são reveladoramente sinistros. Os dois métodos mais amplamente empregados de atribuir valor à vida são: o dos ganhos cessantes corrigidos e o da propensão a pagar. O primeiro projeta para o resto da vida útil da pessoa o valor dos ganhos cessantes por morte ou invalidez permanente e em seguida corrige-o para valores presentes conforme a inflação futura e as perdas por juros de aplicações financeiras não realizadas. O segundo método parte literalmente de levantamentos, ou de informações colhidas em outros contextos, para determinar quanto as pessoas julgam que valem sua vida e sua saúde. Essa lógica não apenas reflete e reforça a distorção de classe de toda a abordagem – a vida de um executivo vale mais do que a de um operário que ganha salário mínimo – como também, se tomada literalmente, produz algumas conclusões bizarras.

Por exemplo, o fluxo de ganhos futuros de uma pessoa desempregada ou aposentada, ou de uma dona de casa que não se inclui na economia assalariada, é zero. E a soma dos ganhos de uma pessoa com impedimentos físicos graves é negativa, pois representa um custo líquido para a sociedade. De modo que, em termos de custo/benefício, a morte prematura dessas pessoas produziria um benefício. É claro que mesmo o economista do livre mercado hesita ante uma conclusão como essa. Mas por quê? A resposta é que a sociedade confere à vida humana um valor que extrapola os critérios acanhados do mercado. Não permitimos que as pessoas se vendam a si próprias como escravas, comercializem partes de seu corpo ou ponham seu direito de voto à venda. O código penal trata o assassinato de um sem-teto com a mesma seriedade que o assassinato de um executivo. O castigo pode ser moderado pelas motivações ou por circunstâncias atenuantes, mas não conforme o valor econômico da vítima. Historicamente, nem sempre foi assim. O consenso social de que a vida humana tem o mesmo valor tanto sob o ponto de vista cívico como criminal é relativamente recente. Por enquanto, mesmo os srs. Posner e Epstein ainda não chegaram ao ponto de propor uma gradação de punições por crimes capitais com base em critérios de mercado – mas é sempre prudente aguardar os desenvolvimentos futuros.

Será que exagero? A filosofia do custo/benefício aplicada à vida humana tem penetrado significativamente na área da jurisprudência. O esforço bem-sucedido de estabelecer um teto para indenizações por dor ou sofrimento reverte a concepção mais social de que a dor de um significa o mesmo que a dor de outro, mesmo se um ganhe mais do que o outro. A "reforma jurisprudencial" de 1995 limita indenizações por dor e sofrimento a 250 mil dólares e condiciona montantes ulteriores a danos econômicos demonstráveis. Isso significa que a dona de casa, o aposentado ou o deficiente físico receberão muito pouco, não importa quão extremada tenha sido a negligência ou quão grotesco seja o sofrimento, pois tais pessoas não conseguem demonstrar perdas econômicas significativas. Como observou Guido Calabresi, ex-reitor da escola de Direito da Universidade Yale e hoje juiz, "A disponibilidade do pobre, quando confrontado com uma situação trágica, de preferir dinheiro em vez de um recurso tragicamente escasso [sua saúde ou segurança], sempre representa uma condenação inquieta do modo como a sociedade distribui a riqueza".[46]

A análise de custo/benefício alimenta também uma imagem estática do benefício. Como vimos no caso das normas da OSHA referentes ao algodão e ao cloreto de vinila, quando a lei impede que a indústria opte pela rota de menor resistência de externalizar custos para os operários, isso com freqüência impulsiona a tecnologia para outra trajetória, com benefícios cumulativos à produtividade, além da saúde. Dado que a inovação se realimenta e que o futuro não é perfeitamente cognoscível, é impossível calcular com precisão os benefícios futuros totais de se impor, hoje, uma tecnologia mais limpa.

De modo semelhante, estudo realizado no MIT por Nicholas Ashford e colegas exibe repetidamente casos em que a regulação ambiental levou a tecnologias novas e mais eficientes.[47] Por exemplo, a regulação da EPA que proíbe a fabricação de bifenóis policlorados usados no isolamento térmico, datada de 1980, levou a Dow Corning, a Westinghouse e a GE a conceber novos projetos de capacitores. Os limites impostos pela OSHA a concentrações de chumbo industrial estimulou o segmento de baterias a acelerar o desenvolvimento de novas tecnologias.[48] No dia em que entrou em vigor a proibição da EPA de se usarem clorofluorocarbonos (que contribuem para a redução da camada de ozônio), a American Cyanamid lançou um novo dispositivo de aspersão, mais barato de produzir e mais eficiente do que as latas de aerossol.[49] O custo de conformidade às normas referentes às emissões de óxidos nitrosos mostrou-se superestimado por um fator de ao menos dois, em alguns casos cinco.[50]

Na regulação de saúde e segurança, a subestimação dos benefícios em relação aos custos também se reflete na metodologia habitual de se compararem custos com ganhos futuros corrigidos. Ao fazer com que ganhos futuros sejam deflacionados para se transformarem em dólares atuais, a análise de custo/benefício desvaloriza os benefícios de os operários serem protegidos de acidentes e doenças por toda uma vida. Durante a década de 80, o OMB empregou uma taxa de desconto relativamente alta, de 10%. Esse número significa que uma regulação que produza 1 milhão de dólares em benefícios ao longo de cinqüenta anos resulta num valor de menos de 10 mil dólares atuais, após o desconto. Já os custos são calculados com base em dólares correntes. Portanto, os benefícios sofrem desconto em relação aos custos.

A tentativa de avaliar relações custo/benefício por meio da propensão a pagar não é muito melhor, pois numa quantidade incontável de vezes, estudos de teoria dos jogos e experimentos psicológicos mostraram que a disponibilidade de arriscar a vida e a integridade física varia amplamente de acordo com o contexto; e, como observa Richard Thaler, atribuições de valor "constroem-se comumente no processo de evocação".[51] Isso não resulta de "equívocos de percepção" que pudessem ser corrigidos treinando-se as pessoas para que se transformassem em agentes econômicos mais racionais.

É impossível divorciar as preferências valorativas dos valores abstratos. No contexto de se contratar um pistoleiro para realizar um assassinato por encomenda, o valor de mercado de uma vida é de menos de 10 mil dólares. No contexto do mercado cinza da adoção de crianças brancas e saudáveis, supera os 25 mil dólares. Pergunte-se às pessoas quanto elas pagariam para evitar perder sua própria vida e as respostas variarão enormemente. Ao se dedicarem a exercícios de custo/benefício, órgãos públicos têm situado o valor de se salvar uma vida por meio de regulação entre 100 mil e mais de 10 milhões de dólares. Conforme assinalado pelo professor Thomas McGarrity, os teóricos da economia atribuem aos indivíduos comuns racionalidade e domínio de informação adequada, mas quando confrontados com evidências de que essas pessoas não são consistentes nem precisas quando realizam avaliações de riscos, os mesmos especialistas mudam o terreno da discussão e depreciam as percepções das pessoas comuns, por serem desinformadas.[52] Certa vez, Kenneth Arrow escreveu: "Temos a situação curiosa de que a análise científica atribui comportamento científico a seu objeto. Isso não precisa ser uma contradição, mas parece levar a uma regressão infinita".[53]

O ponto não é que os órgãos governamentais deveriam ignorar custos quando avaliam a factibilidade econômica da conformidade a normas. É evidente que devem levar em conta os custos. O ponto é que a metodologia usual da análise de custo/benefício tem distorções. Deveria ser empregada como uma entre diversas ferramentas, e não como critério definitivo. Faz sentido eliminar completamente determinados riscos de segurança e saúde. Ao sucumbirmos à análise de custo/benefício, podemos facilmente esquecer que uma das funções legítimas das políticas públicas é definir objetivos coletivos. Alguns desses objetivos definem apropriadamente patamares aceitáveis de segurança; abaixo desses patamares, não há compensação econômica aceitável. Uma vez que se tenha definido um objetivo – ausência de produtos químicos cancerígenos em alimentos para consumo humano, automóveis capazes de suportar colisões a 60 km/h, cessação da degradação do ar por emissões poluentes etc. –, então faz sentido tentar encontrar a forma que seja mais eficaz de atingi-lo, sob o ponto de vista dos custos envolvidos. Contudo, a eficiência em termos de custos – a forma mais barata de atingir um objetivo específico – é um conceito muito diferente de se permitir que os critérios de custo/benefício ditem os objetivos a serem perseguidos. Empregada como teste definitivo, a análise de custo/benefício toma valores que normas éticas ou exigências legais colocaram além do alcance do cálculo econômico e os coloca de volta em leilão.

A REGULAÇÃO SEMPRE SAI PELA CULATRA?

Em teoria, se os mercados já estão maximizando os resultados, a regulação só pode piorar as coisas. Reciprocamente, se a regulação pode, às vezes, melhorar as coisas, então os mercados não podem otimizar todo o tempo – o que constitui uma contestação da totalidade do paradigma do laissez-faire (bem como de toda a obra da vida dos economistas ao estilo de Chicago). Entenda-se essa lógica e se entenderá por que esse tipo de economista invariavelmente "demonstra" que a regulação sempre sai pela culatra, e por que resiste tão ferozmente às evidências que o contradigam. Percebam-se também a assimetria do debate e o extremismo dos adeptos de Chicago. Os defensores de uma economia mista não afirmam que a regulação sempre melhora os resultados dos mercados – apenas que, às vezes, melhora certos mercados, e que é sempre necessário descer aos detalhes de cada caso. Entretanto, a perspectiva de Chicago sustenta que a regulação nunca seria admissível. Mesmo a escola neoclássica *mainstream* costuma assumir o ponto de vista de Chicago como premissa e exprime suspeitas de que uma regulação imperfeita sempre apresentará mais distorções do que imperfeições de mercado.

* * *

Segurança automotiva. O trabalho do professor Sam Peltzman a respeito da segurança automotiva constitui uma excelente ilustração.[54] A Lei de Segurança de Veículos Automotores de 1966 exigia que todos os carros novos viessem a ser munidos de determinados equipamentos de segurança, como cintos, encostos de cabeça, painéis acolchoados, colunas de direção capazes de absorver energia e pára-brisas resistentes à penetração. Cálculos realizados por engenheiros de segurança davam conta de que o cumprimento de tais requisitos reduziria de 15% a 35% a probabilidade de morte ou ferimentos graves em acidentes. A trajetória real das mortes e ferimentos graves em acidentes automobilísticos desde 1966 parece confirmá-lo. Contudo, o influente artigo de Peltzman foi escrito em 1975, e nele se reclamava que a lei teria na verdade provocado mais, e não menos, mortes no trânsito.

Conforme Peltzman, aumentaram as mortes de pedestres, motociclistas e ciclistas, presumivelmente porque os motoristas, conscientes do menor risco que enfrentam, teriam passado a guiar mais depressa e menos prudentemente. A defesa que Peltzman fez dessa conclusão baseava-se num conjunto elaborado de equações de regressão, que relacionavam mortes por acidentes automobilísticos a variáveis do tipo consumo de bebidas alcoólicas, renda per capita, direção por menores de idade etc. Com base nessas variáveis, ele projetou uma taxa de expectativa de mortes que comparou com as taxas reais. É claro que, caso Peltzman tivesse concluído que a regulação tinha, efetivamente, levado a melhoria de resultados, o fato deveria ir para o noticiário. Mas esses modelos de Chicago quase nunca fazem isso. É desculpável suspeitar que o modelador fica mexendo com os dados até que produzam o resultado desejado.

A partir de variações ligeiras das especificações de Peltzman, outros analistas atingiram resultados opostos. Peltzman não nega que a taxa real de mortes na estrada tenha declinado, e mais rapidamente do que acontecia antes da entrada em vigor das normas de segurança. Meramente especula que essa taxa se teria reduzido ainda mais depressa na ausência de uma regulação de segurança. Muito da argumentação de Peltzman se baseia na afirmação dúbia de que o aumento do padrão de vida – que, em bom idioma de Chicago, ele chama de "crescimento secular do valor do capital humano" – deveria ter levado as pessoas a atribuir maior valor às suas vidas e, assim, a guiar mais prudentemente. É claro que ninguém que guia imprudentemente espera morrer; e a perda de utilidade econômica em caso de morte é infinita e, assim, inquantificável. Acresce que, a partir de 1973, o padrão de vida da maioria dos norte-americanos caiu. De acordo com a lógica de Peltzman, isso deveria tê-los levado a guiar mais imprudentemente (é claro que *ceteris paribus*). Não foi o que ocorreu, contudo: a tendência declinante de mortes em acidentes automobilísticos continuou.

Como bom representante de Chicago, Peltzman elimina de consideração o aprendizado social. Acontece que um dos subprodutos da regulação de segurança e saúde é o aguçamento da consciência, tanto do público como das montadoras, quanto a questões de segurança. O simples ato de apertar o cinto de segurança lembra sutilmente ao motorista a possibilidade de um acidente. Com o tempo, o uso do cinto de segurança aumentou continuamente de quase nenhum, há uma geração, a 65% em 1994. As montadoras passaram a focalizar pesadamente a segurança em sua publicidade, o que também reforça a consciência do consumidor quanto ao tema. Na verdade, os acidentes de trânsito e as mortes decorrentes continuaram a declinar dramaticamente nos últimos vinte anos,[55] de 3,5 mortes por 100 milhões de veículos-milha em 1974 a 2,1 em 1990 [respectivamente 1,9 e 1,1 mortes por 100 milhões de veículos-quilômetro].[56]

Eficiência no consumo de combustível. Outro tema que aparece permanentemente nos ataques à regulação automotiva é a afirmação de que as exigências de controle da poluição teriam aumentado a quantidade ferimentos e mortes em acidentes. Robert Crandall e John Graham argumentam que a economia de combustível imposta pelo governo teria causado aumento da mortalidade por acidentes numa escala de "vários milhares de mortes adicionais ao longo da vida de cada modelo e ano de carro".[57] Para Crandall e Graham, o vilão da história teria sido a Lei de Conservação de Energia de 1975, que tornou obrigatória a obediência às normas de consumo de combustível conhecidas como CAFE, Economia Média de Combustível [Corporate Average Fuel Economy]. A lei obrigava que todos os automóveis modelo 1985 apresentassem consumo médio de, no mínimo, 27,5 milhas por galão [13,5 quilômetros por litro] (a entrada em vigor foi adiada até 1988). Tratava-se de regulação de comando por excelência. Crandall e Graham afirmam que o CAFE fizera com que as montadoras reduzissem o peso dos veículos e, assim, sua segurança.[58] Empregando um modelo muito sofisticado, eles calculam que as normas CAFE provocaram uma redução de 18% no peso previsto, o que, por sua vez, teria sido responsável por um aumento de 27% no risco de morte para os passageiros. Da mesma forma que Peltzman, eles admitem, um tanto envergonhadamente, que o número de mortes reais por acidentes automobilísticos continuou a cair, mas especulam que "o declínio de mortes de passageiros de 1980 a 1985 poderia ter sido mais dramático caso as normas CAFE não vigorassem".[59]

Embora suas equações de regressão sejam altamente complexas, seu método é rudimentar e enganoso em um aspecto revelador. Eles usaram o peso do veículo para representar a segurança,[60] confiando num estudo de 1984 de Leonard Evans, da General Motors, que estabelecia correlação estatística entre a massa do carro e a probabilidade de morte do ocupante. Contudo, o que Crandall e Graham deixaram de considerar foi a possibilidade de que as normas de segurança tão desprezadas por Peltzman pudessem ser combinadas com a regulação CAFE, detestada por eles, para resultar em carros que fossem *ao mesmo tempo mais econômicos e mais seguros*. (Isso exigiria deles reconhecer benefícios decorrentes de dois tipos diferentes de regulações atuando em conjunto.) Na verdade, dados da Administração Nacional de Segurança no Tráfego Rodoviário [National Highway Traffic Safety Administration – NHTSA] sugerem que as montadoras aprenderam a produzir automóveis mais leves e mais seguros. Ao contrário do que querem Crandall e Graham, o fato elementar é que, desde 1974, a economia de combustível aumentou em 100% e as mortes caíram em 40%.

Pelo fato de manipular equações e focalizar a atenção em agregados e não sobre o estudo do setor real, Crandall e Graham simplesmente perdem de vista a verdadeira história. Estimulada pela regulação, a evolução da tecnologia fez com que carros menos eficientes e menos seguros fossem substituídos por automóveis mais seguros e mais eficientes. A eficiência no consumo de combustível deixou de apresentar correlação estreita com uma construção frágil. Nos anos 80, muitos carros frágeis foram substituídos por veículos mais sólidos e, ao mesmo tempo, mais eficientes. Por exemplo, o Volkswagen Rabbit substituiu o extremamente perigoso Fusca. Dos dois, o Rabbit era o mais leve, mas combinava um aumento de 25% na eficiência do consumo a uma queda de 44% na taxa de mortalidade. Na Ford, o Escort, mais leve, mais eficiente e mais seguro, substituiu o Pinto, mais pesado e mais perigoso. Os carros da linha J da General Motors, mais seguros e mais eficientes, tomaram o lugar do frágil Chevette.[61] Os minúsculos Honda Civic originais da década de 70 foram, nos anos 80, substituídos por Civics maiores, mais leves, mais seguros e mais econômicos. Em todos os casos, as taxas de mortalidade caíram. Igualar, simplistamente, o peso com a segurança, fazendo isso ser seguido de manipulação algébrica da estatística, é um método característico da economia que perde de vista os ricos detalhes institucionais daquilo que, de fato, aconteceu. No conjunto de diversos livros e artigos de Crandall há ao todo uma página que entra em detalhes (superficiais) sobre a evolução real da tecnologia automobilística. Há pouca discussão quanto à trajetória da inovação técnica no setor. Caso Crandall e Graham tivessem adotado essa abordagem, teriam descoberto que a primeira geração de carros subcompactos era de fato leve, eficiente quanto ao consumo e arriscada. Ao longo do tempo, porém, tanto carros importados quanto os de produção doméstica tornaram-se mais espaçosos mas mais leves, menos densos e, apesar disso, mais resistentes a impactos e mais econômicos e, ao mesmo tempo, mais seguros. Combinadas com as normas de segurança, as exigências CAFE induziram as montadoras a introduzir no projeto de seus carros tanto a segurança como a eficiência de consumo, gastando nisso 80 bilhões de dólares na concepção de toda uma nova geração de veículos mais avançados.

Em 1974, o peso médio do carro zero-quilômetro era de 1786 quilos e o consumo médio de combustível de 14 milhas por galão [6,9 quilômetros por litro]; a poluição, quase ilimitada; e as taxas de mortalidade, o dobro das atuais. Em 1990, a eficiência de consumo tinha exatamente dobrado, as emissões de hidrocarbonetos tinham sido reduzidas em mais de 90%, a mortalidade caíra à metade – e o peso médio dos carros descera a 1442 quilos.[62]

A abordagem Crandall-Graham ilustra uma falácia adicional, instrutiva na técnica econométrica habitual. Pressupõe-se que o método da economia consiga confiavelmente isolar variáveis, mantendo-se inalteradas outras condições. Isso faz sentido formalmente, mas não histórica ou dinamicamente. O emprego de equações de regressão é capaz de desemaranhar variáveis diferentes apenas até certo ponto, pois não podemos reviver a história. Por isso, as conclusões são enganosas. Normas federais obrigando automóveis a serem tanto mais seguros como mais eficientes estimularam um processo cumulativo de aprendizado social e técnico. Pode ser que pareça matematicamente possível simular o que "teria" acontecido caso uma dessas exigências – eficiência no consumo – não estivesse presente. Contudo, esse exercício é ilusório, pois a própria normatização estimulou avanços técnicos que permitiram às montadoras conceber materiais e projetos que combinam menor peso com maior segurança. E, na ausência das normas CAFE, não sabemos se esses avanços teriam ocorrido. É perfeitamente possível que os carros tivessem permanecido pesados e perigosos.

É preciso dar crédito a Crandall por ele rejeitar a análise de Peltzman quanto à segurança automotiva. Em seu livro de 1986, *Regulating the Automobile* [A regulação do automóvel], em que retrabalham as equações de Peltzman, Crandall e três co-autores calcularam que as normas de segurança haviam reduzido as mortes em acidentes automobilísticos em cerca de 30%. Depois de procederem a uma análise convencional de custo/benefício, eles concluíram que a regulação de segurança automobilística apresentara eficiência de custos. Tal conclusão parecia incomodar os autores, os quais especulavam que outros fatores poderiam estar presentes, como a concessão de indenizações mais elevadas por parte de júris.

Em 1995, Crandall publicou um novo livro, com Pietro Nivola, intitulado *The Extra Mile: Rethinking Energy Policy for Automotive Transportation* [O quilômetro a mais: Uma revisão da política energética aplicada ao transporte automotivo].[63] O livro repete a cantilena a respeito de a eficiência no consumo levar a carros mais perigosos, mas inclui o novo argumento de que a aplicação de impostos mais elevados incidentes sobre a gasolina – um tipo mais mercantil de regulação – constituiria uma rota muito mais eficaz para a redução do consumo de combustíveis e da poluição do que a regulação direta. A defesa de impostos mais altos sobre os combustíveis é razoável – em outros países avançados há impostos que chegam em média a mais de cinqüenta centavos de dólar por litro –, mas Crandall e Nivola restringem desnecessariamente a questão a uma escolha dicotômica. Contrariamente ao que afirmam, as regulações diretas da poluição, da segurança e do consumo combinaram-se para produzir carros mais limpos, mais seguros e mais eficientes. Se desejamos restringir ainda mais o uso desnecessário de automóveis e criar incentivos econômicos adicionais para que as montadoras fabriquem e os consumidores comprem carros ainda mais econômicos, muito bem.

Outra vez, observe-se a distorção distributiva presente na abordagem mais mercantil. A regulação direta da segurança e do consumo de combustível faz com que todas as pessoas se beneficiem das melhorias decorrentes, independentemente de seu nível de renda. Os mais ricos continuam a poder comprar carros generosos no gasto de combustível, pagando para gozar desse privilégio. As pessoas mais pobres podem economizar comprando os carros mais baratos e mais econômicos – mas não podem economizar comprando automóveis sem cinto de segurança, sem encosto de cabeça ou sem vidros antiestilhaçantes. Há até o bom argumento "mercantil" de que, ao negar aos pobres essa liberdade espúria, a sociedade economiza, pois de outro modo teria que absorver a elevação dos custos médicos decorrentes do aumento dos ferimentos causados às pessoas em acidentes. Enquanto escrevo estas linhas finais [1996], leio no jornal[64] que a Honda Motor Company desenvolveu um motor a gasolina que atende às duras normas californianas relativas à emissão de poluentes, e cuja entrada em vigor se previa para 1997. Tais normas, que reduziriam as emissões de hidrocarbonetos e de partículas sólidas em mais de 90%, foram amargamente criticadas, tanto pelos três grandes fabricantes de automóveis norte-americanos quanto por economistas, por serem caras e irrealistas. Mas parece que, afinal, elas são factíveis. Impostos mais altos sobre os combustíveis aumentariam os custos do uso de carros e induziriam apenas indiretamente o desenvolvimento de motores mais eficientes, se é que tanto. Evidentemente, a regulação conduz muito mais diretamente a automóveis mais econômicos e mais limpos.

Tampas venenosas. Uma ilustração final de quão dúbia pode ser a análise da regulação diz respeito à controvérsia sobre tampas de remédios "à prova de crianças". Num artigo clássico publicado no *American Economic Review*, "The Lulling Effect" [O efeito de ninar],[65] o professor Viscusi especulava que tais tampas na verdade teriam causado aumento de envenenamentos infantis, por terem "ninado" os pais, induzindo-os a adotar um comportamento descuidado. Ele não o demonstrava diretamente, mas por inferência estatística, citando trabalhos anteriores de Peltzman que sugeriam um efeito contraproducente na regulação referente a cintos de segurança. A regulação sobre tampas de remédios tinha sido baixada pela FDA em 1972. Viscusi admitia que a taxa de envenenamentos infantis por aspirina caíra de 2,6% por milhão de crianças em 1971 a 0,5% por milhão em 1980 – uma evolução dramática em relação à tendência precedente –, mas insistia em que isso não poderia ser creditado às tampas. Num artigo complementar a esse, Viscusi afirmava casualmente que "quase todas as taxas de acidentes declinaram ao longo deste século, à medida que a sociedade enriqueceu".[66] Contudo, foi apenas depois de 1973 que houve a reversão da tendência relativa à aspirina, de modo que não se pode creditá-la a efeitos gerais decorrentes da riqueza.

De modo mais sinistro, Viscusi observava que a porcentagem de envenenamentos por aspirina associados a tampas de segurança aumentara após 1972. É claro que isso nada tem de notável, pois a proporção das vendas de aspirina com tampa de segurança também crescera. Ele também asseverava que quase metade dos envenenamentos por aspirina estaria relacionada a frascos deixados abertos, concluindo que os pais deviam ter decidido que não valeria a pena fechá-los. E concluía que teria havido 3500 envenenamentos adicionais de crianças por ano devido às tampas e que "os consumidores foram ninados a um comportamento menos seguro devido à existência das tampas de segurança".[67] Todavia, resta o fato de que os envenenamentos de crianças declinaram dramaticamente desde que embalagens opcionais com essas tampas se tornaram obrigatórias; Viscusi não apresentava qualquer estudo referente ao comportamento real de consumidores, bem como nenhuma evidência direta para suas afirmações. Estas decorriam de inferências estatísticas baseadas numa perspectiva não testada a respeito do comportamento humano.

Recentemente, o *Journal of the American Medical Association* publicou um estudo estatístico abrangente, a respeito de embalagens de remédios à prova de crianças. Conforme o estudo, tais embalagens associam-se a uma redução anual de 1,4% nas mortes de crianças pela ingestão acidental de remédios, o que significa 460 vidas em duas décadas.[68]

REGULADORES E TRIBUNAIS

No coração da teoria laissez-faire está a idéia de que agentes econômicos racionais maximizariam a sua utilidade pela escolha livre entre alternativas. A partir dessa premissa nuclear, os teóricos postulam que todas as escolhas privadas seriam livres de coerção, pois o agente sempre teria liberdade de escolher outra opção. Na versão da teoria ao estilo mais puro de Chicago, o Estado seria a única força que interferiria com esse magnífico processo otimizador; daí a necessidade de se resistir à regulação estatal. O Estado seria sempre coercitivo; o mercado, jamais.

A partir desse ponto de vista segue-se logicamente que, em geral, o Judiciário seria preferível aos órgãos reguladores, uma vez que os tribunais civis constituem palcos de negociação privada, enquanto a legislação e a regulação seriam corrompidas pelo processo usual de "buscar vantagens [*rent-seeking*]". Juristas de esquerda há muito argumentam que as regras e recursos do sistema legal tendem a refletir as desigualdades da sociedade capitalista. Numa hábil inversão desse ponto de vista, juristas conservadores respondem que a jurisprudência representa uma contrapartida eficiente aos mercados, e que suas regras deveriam emulá-los. Vinte anos atrás, a teoria da Lei e Economia sustentava que bastaria esquecer os reguladores para que o corpo da jurisprudência evoluísse gradualmente e se tornasse mais eficiente. Isso ocorreria de modo quase darwinista, pois regras que fossem ineficientes seriam provavelmente contestadas judicialmente. Com o correr do tempo, decisões eficientes e boas expulsariam de modo natural as ineficientes, más. Logo, a jurisprudência seria superior a qualquer sistema legal de regulamentação.

De modo a não deixar pontas soltas, os pais fundadores da Escola da Lei e Economia montaram uma série de institutos e seminários com despesas pagas voltados para juízes, com o objetivo de expô-los à evolução da sapiência. Tais seminários, abrigados no programa ultraconservador de Lei e Economia da Universidade George Mason, são patrocinados por grandes empresas e por fundações conservadoras como a Olin, a Scaife, a Smith Richardson, a Bradley e outras. Até 1996, cerca de seiscentos juízes – cerca de metade dos juízes federais do país – haviam participado do programa, que o reitor Henry Manne, da Escola de Direito da George Mason, chama carinhosamente de "Pareto entre os Pinheiros". Em 1993, a Aliança pela Justiça [Alliance for Justice] observou num relatório que tais eventos de duas semanas em locais de recreação, com todas as despesas pagas, parecem violar o espírito do Código de Conduta Judicial, que proíbe juízes de aceitarem presentes. Diversos acadêmicos proeminentes da Lei e Economia foram indicados para tribunais federais de segunda instância pelos presidentes Reagan e Bush.[69]

Todavia, apesar da crescente influência da teoria da Lei e Economia, os tribunais não reagiram do modo previsto pela teoria. De modo que, ultimamente, os téoricos da Lei e Economia têm dirigido seus ataques mais ácidos não aos reguladores, mas aos tribunais.

O ataque à responsabilização das empresas. Um exemplo saboroso é a suposta crise da responsabilização das empresas. Ao longo das últimas décadas, os tribunais tornaram gradualmente mais fácil que consumidores conseguissem indenizações de empresas, revertendo a antiga doutrina do *caveat emptor*.* Liberados de doutrinas arcaicas que inclinavam a balança em favor das empresas, os júris passaram a conceder indenizações generosas às vítimas de negligência empresarial. Essa tendência parecia refletir uma evolução na consciência pública quanto às vítimas da sociedade industrial, de modo semelhante à onda de consciência social surgida na primeira década do século XX.

No entanto, os acadêmicos da Lei e Economia encaram o sistema legal e judiciário apenas como outro mercado e, assim, como candidato à análise de custo/benefício. Eles argumentam que o sistema de perdas e danos não deve ser entendido como instrumento para o exercício da cidadania, mas como mecanismo de evitar acidentes e proporcionar seguro contra riscos imprevistos. Ao examinar os custos crescentes decorrentes de indenizações, eles assinalam que processos judiciais construiriam um modo altamente ineficiente de responsabilizar fabricantes por produtos que matam ou mutilam consumidores, pois cerca de 50% do custo total das indenizações pagas pela indústria norte-americana servem para cobrir "custos de transação" – as despesas de operação do sistema judiciário e os honorários obtidos por advogados. Em outras palavras, apenas metade do custo incorrido pela indústria serve para beneficiar as vítimas.

Em contradição com a teoria, a jurisprudência não evoluía na direção da eficiência ao estilo de Chicago. Em vez disso, transferia dos consumidores para os capitalistas os custos decorrentes de riscos. De modo que, na década de 80, líderes importantes da escola da Lei e Economia inverteram um tanto desajeitadamente suas posições a respeito da teoria evolutiva da jurisprudência, passando a pintar não só as regulamentações, mas também os tribunais, como restritivos ao mercado, e reivindicando uma legislação federal que estabelecesse limites às indenizações concedidas por júris. Isso se transformou na base intelectual do movimento de reforma que produziu frutos legislativos nos anos 90, quando um Estado atrás do outro fez regredir o nível das indenizações e as normas de responsabilização. Os acadêmicos da Lei e Economia mantiveram silêncio discreto quanto à delicada questão de saber se os gigantes empresariais que pressionavam o Congresso para que este aprovasse limites regulatórios às indenizações buscavam apenas obter vantagens. Um cínico diagnosticaria um oportunismo não de todo desprezível nessa reviravolta intelectual.

Tradicionalmente, o judiciário norte-americano reconhecia uma "regra de privacidade" [*privity rule*] originada num caso judicial famoso, ocorrido em 1840, na Inglaterra, no qual o tribunal decidira que o fornecedor negligente de um produto defeituoso tinha responsabilidade apenas perante aqueles com os

(*) Literalmente, "o comprador que se acautele": o princípio segundo o qual o fabricante não pode ser formalmente responsabilizado pela qualidade de seu produto, a menos que estabelecido numa garantia expressa. (N. T.)

quais havia lidado diretamente.[70] Só teriam direito de mover processo demandantes que tivessem um relacionamento contratual direto – "em privacidade". Fabricantes de bens também escapavam por meio de declarações genéricas, que os tribunais permitiam que servissem como contratos de não-responsabilidade em caso de ferimentos ou morte. Ao comprar o produto, o consumidor se tornava signatário de um contrato que lhe negava recurso. Tais doutrinas começaram a sofrer erosão já em 1916, numa sentença do Tribunal de Segunda Instância do Estado de Nova York, redigida pelo juiz Benjamin Cardozo (que depois ascenderia à Corte Suprema dos EUA), concedendo direito de indenização contra fabricantes patentemente negligentes. Mas não foi senão a partir de 1960 que a Corte Suprema de Nova Jersey estabeleceu um novo padrão de "responsabilização estrita", que logo passou a ser amplamente empregada por outros tribunais. No processo *Henningsen contra Bloomfield Motors*, o Tribunal de Nova Jersey decidiu que uma mulher que sofrera ferimentos num carro com mecanismo de direção defeituoso tinha direito de receber indenização, tanto do revendedor como do fabricante.[71] Nos anos subseqüentes, os tribunais passaram crescentemente a impor normas de responsabilização sobre fabricantes de produtos; os júris acompanharam a tendência, aumentando os valores das indenizações.

Em princípio, quando um acidente evitável é ligado a um produto defeituoso, a lei procura separar quanto do risco é conhecido ou deveria ser conhecido pelo fabricante, quanto é impossível saber e quanto se deve ao consumidor. Determinar, em cada caso, sob um dado padrão legal, se a lei pende para o lado do consumidor ou do fabricante, só pode ser decidido no âmbito de uma questão empírica. Acadêmicos da tradição Lei e Economia têm objetado que tanto a jurisprudência como as indenizações concedidas pelos júris impõem custos excessivos aos fabricantes; mais, que a grande fatia retida por advogados faz do sistema um mecanismo ineficiente, tanto sob o ponto de vista da prevenção como da compensação. Os defensores de padrões estritos de responsabilização respondem que a elevação recente desses custos constitui meramente a correção de um desequilíbrio histórico. Vazado nesses termos, o debate é pragmático e razoável. A sociedade norte-americana é, decerto, altamente litigiosa; indenizações generosas têm, de fato, o efeito de estimular uma quantidade maior de processos. Obviamente, a partir de algum ponto as indenizações se tornam excessivas.

Contudo, o ponto em que as teorizações da Lei e Economia beiram uma paródia de si próprias é a afirmação de que os mercados de produtos seriam de tal modo perfeitos que, em condições normais, os consumidores seriam merecedores de pouca, ou mesmo nenhuma, compensação. Alguns dos líderes mais influentes da escola, como George Priest, professor de Direito na Universidade de Yale, argumentam que a solução jurídica seria essencialmente desnecessária, uma vez que seria mais "eficiente" que os consumidores se "auto-segurassem" – ou seja, assumissem a maior parte do risco da negligência do fabricante.[72] A lógica aqui é a seguinte: quando o consumidor compra um produto, ele conhece, ou deveria conhecer, os riscos possíveis. A compra do produto pelo preço oferecido constituiria uma aceitação voluntária de risco. Se o consumidor se preocupasse mais com esses riscos, exigiria indenizações, gastaria mais dinheiro na compra de produtos menos arriscados ou, então, procuraria segurar-se contra o risco, antes de fazer a compra. Priest e teóricos de sua estirpe argumentam que há dois tipos de perdas implicadas por acidentes provocados por produtos sujeitos a risco – prejuízos à saúde, à vida e ao tempo dedicado ao trabalho (os quais já são cobertos por seguros); e prejuízos intangíveis. O fato de os consumidores não comprarem seguros contra prejuízos intangíveis é tomado como prova de que assumiriam riscos voluntariamente. O fato de tal seguro inexistir seria prova de que, na verdade, os consumidores não se importariam com os riscos de produtos perigosos, e que o preço dominante de mercado seria justo, embutindo todas as contingências desse tipo. Evidentemente, os consumidores teriam mais "gosto" em economizar dinheiro no preço de compra do que de proteger-se contra riscos. Eles se "auto-segurariam". É nossa velha amiga, a "preferência expressa".

Segue-se daí que as normas judiciais que responsabilizam fabricantes, e as vultosas indenizações concedidas pelos júris – sem mencionar a regulação de segurança para bens de consumo, que seria ainda pior –, equivaleriam a um desperdício econômico gratuito e a uma interferência com a escolha livre. Mesmo declarações genéricas de não-responsabilidade por parte de fabricantes (do tipo que hoje se considera vácuo) seriam perfeitamente legítimas, pois podem ser entendidas como contratos negociados livremente entre produtores e consumidores. Nas palavras de Priest, juízes desorientados "forçaram sobre os consumidores uma indesejada e ineficiente forma de contrato de seguro" (a referência é ao direito de ser indenizado!). Embora a olho nu possa parecer que, antes da instituição da responsabilização estrita, os produtores simplesmente se aproveitavam dos consumidores, a realidade seria que, até a intrusão dos tribunais, os consumidores obteriam exatamente aquilo que queriam (por definição).[73]

Tal lógica é tão patentemente absurda que o leitor que desconheça essa linha de pensamento talvez possa imaginar que se esteja descrevendo apenas os proponentes mais extremados. Melhor seria se fosse assim. Essa escola jurídica tornou-se depressivamente dominante. Seus adeptos incluem alguns dos mais prestigiosos juristas de Yale, Berkeley, Harvard, UCLA e Stanford, bem como de Chicago, estando ainda bem representados entre aqueles indicados por Reagan e Bush para os tribunais federais de segunda instância. Fundações conservadoras têm gasto milhões de dólares no financiamento de cadeiras acadêmicas dedicadas à propagação dessa perspectiva; violando o costume de que contratações acadêmicas não devem ser influenciadas por benfeitores, as escolas de Direito, agradecidas, têm aceito o dinheiro. O senador republicano Spencer Abraham, do Estado de Michigan, é um notável produto dessa escola teórica; a cruzada política em prol de uma reforma do sistema de indenizações baseia-se nessas doutrinas. Mesmo integrantes relativamente moderados das escolas de Direito têm sido compelidos a conduzir seu discurso nesse bizarro idioma dedutivo.

Entre seus outros defeitos, a teoria fornece uma descrição errada de como é o comportamento real dos consumidores. Na verdade, descreve como "deveriam" comportar-se caso se socializassem conforme os preceitos de um livro-texto de economia de Chicago. Quando o consumidor compra algo, seja um cortador de grama, uma batedeira ou uma lata de atum, o risco de ferimentos ou morte está normalmente distante de seus pensamentos. No entanto, todos esses produtos têm causado ferimentos e mortes devidos a negligência do fabricante. Na linguagem de uma teoria econômica menos extremada, o consumidor é "imperfeitamente informado" e, caso escolhesse gastar tempo precioso em se informar completamente, enfrentaria altos "custos de oportunidade". Em linguagem comum, a vida é curta. Nenhum consumidor tem tempo para informar-se perfeitamente a respeito dos riscos relativos de diferentes produtos de consumo cotidiano, e muito menos de calcular precisamente quais seriam os riscos em comparação com as características e preços dos produtos. No caso de alguns desses riscos, é literalmente impossível conhecê-los. Na verdade, o consumidor se baseia no pressuposto de que o produto se comportará como anunciado. Em termos econômicos, o fabricante goza de certo grau de poder de mercado e transfere o risco ao consumidor.

Além disso, o consumidor pode ter uma vaga consciência de que poderá processar o fabricante caso o cortador de grama lhe decepe o pé ou o atum contenha toxinas do botulismo. Por sua vez, essa consciência pode sugerir-lhe que, provavelmente, o fabricante procurou evitar tais processos. Na medida em que isso seja verdade, não é de surpreender que os mercados de seguros não passaram, espontaneamente, a oferecer seguros para consumidores contra riscos desconhecidos. Com efeito, se fossem para existir, esses seguros deveriam logicamente ter surgido antes de 1960 – quando as doutrinas legais pendiam em favor dos produtores e os consumidores corriam risco muito maior. Naquela época, porém, não existia seguro de responsabilização, nem categorias mais caras de produtos para os quais os fabricantes tivessem concordado em indenizar os consumidores contra danos. A inexistência de tais seguros dificilmente prova que os consumidores incorriam conscientemente em riscos e que, por isso, os fabricantes não deveriam ser responsabilizados pelas conseqüências de sua própria negligência.

Teóricos da Lei e Economia assinalam que mercados de seguros para cobertura de tais riscos na verdade existem, mas é o fabricante, e não o consumidor, quem compra o seguro – o seguro de cobertura de custos de processos judiciais. (Foi a elevação dos custos de tal seguro que conduziu à crise anunciada na responsabilização das empresas.) Muitos acadêmicos da Lei e Economia argumentam que seria "eficiente" se fossem os consumidores, e não os produtores, aqueles a adquirir seguros, pois isso eliminaria a maior parte das ações judiciais e os conseqüentes custos de transação (advogados e tribunais). Tais teóricos são confiantes em que, caso se removessem as distorções regulatórias e os tribunais retornassem ao venerável padrão do *caveat emptor*, o mercado faria o resto. Contudo, essa solução esbarra contra uma segunda objeção. Se os custos de seguro recaíssem sobre os consumidores, e não sobre os fabricantes, então todo o efeito preventivo quanto a litígios possíveis seria retirado do fabricante, aumentando assim os incentivos para que a segurança fosse desconsiderada. O termo que o economista comum emprega para esse problema é "risco moral".

A premissa que constitui o coração dessa estranha teoria é a de que os mercados funcionariam com eficiência perfeita. As verdadeiras preferências dos consumidores poderiam ser inferidas a partir do preço que eles estão dispostos a pagar. Quaisquer anomalias poderiam ser solucionadas de forma mercantil pelo mecanismo de seguros e pela liberdade contratual. Porém, uma análise muito mais plausível é simplesmente a de que um sistema de mercado abre amplo espaço ao oportunismo, precisamente devido à imperfeição da informação, às assimetrias de poder e aos atrasos nos mecanismos de prevenção. Raciocinando logicamente, a Ford deveria ter evitado fabricar um automóvel cujo tanque de gasolina era sujeito a explosões (o Pinto), por temer danos a sua reputação. Não evitou. Um pouco de investimento diligente em relações públicas fez com que, rapidamente, sua reputação se recuperasse. Os executivos da Johns Manville que, conscientemente, expuseram operários à morte prematura por exposição ao amianto, já não estavam presentes há muito tempo à época em que a companhia se arruinou por causa de processos indenizatórios. Enquanto os tribunais o permitiram, os fabricantes empurravam para os consumidores as conseqüências acarretadas por produtos inseguros. Dificilmente isso constituiria demonstração de que tal resultado seria desejado pelos consumidores.

Conforme observado num artigo acadêmico de Steven P. Croley e Jon D. Hanson, críticos dessa teoria, e apropriadamente intitulado "What Liability Crisis?" [Qual crise de responsabilização?],[74] há na verdade duas externalidades operando quando consumidores são mutilados ou mortos por produtos inseguros. Em primeiro lugar, dispondo de melhor informação e de poder de mercado (e, antes de 1960, contando com desequilíbrios da doutrina jurídica), o fabricante externaliza o risco para os consumidores em geral. Em segundo lugar, dado que a efetiva ocorrência de danos é altamente personalizada e não suportada pelos consumidores como um todo, os que não sofrem danos deslocam a totalidade do custo econômico para aqueles que os sofrem. Dessa forma, a sociedade subinveste em produtos seguros – outro caso de falha de mercado. O seguro para consumidores apenas diluiria esses riscos e não os atenuaria, pois levaria à má alocação de custos.

O ataque à "crise de responsabilização" conduzido pela Lei e Economia é maravilhosamente irônico. Em princípio, o jogo entre os seguros e o litígio privado resultaria em incentivos mercantis para que os fabricantes investissem montantes apropriados na prevenção de riscos ao consumidor. Combinaria a indenização às vítimas com a prevenção dirigida aos fabricantes, tudo isso sem interferência de reguladores em busca de vantagens pessoais. A empresa racional e maximizadora de lucros investiria em segurança até o ponto em que os custos de investimentos ulteriores excedessem os benefícios decorrentes de se prevenirem processos judiciais e custos de seguros. Evidentemente, contudo, esse mercado não está funcionando: a indústria não está investindo as quantias adequadas em segurança e os consumidores não estão sendo devidamente compensados. Contrariamente às suas afirmações anteriores, de que a jurisprudência seria mais mercantil do que as normas e regulamentos, os teóricos da Lei e Economia afirmam hoje que o receio de sofrer processos não faz com que as empresas dediquem a atenção devida à segurança. As empresas estão pagando caro demais para se segurarem contra custos decorrentes de responsabilização. Intermediários estão ficando com uma parcela demasiadamente elevada das indenizações. Alguns consumidores prejudicados estão recebendo fortunas; outros, nada. Por definição, o problema não pode estar no mercado, de modo que precisa residir na estrutura da lei. Daí a cruzada para limitar o valor das indenizações.

Dadas essas notáveis ineficiências do sistema de indenizações, um entusiasta menos extremado do laissez-faire poderia concluir razoavelmente que a regulação constituiria uma alternativa melhor do que o litígio judicial. Embora a regulação de segurança para produtos de consumo não seja livre de custos, tem a virtude de prevenir uma boa quantidade de danos e mortes de consumidores antes que ocorram, em vez de buscar indenizações posteriores. Tem também a virtude da clareza. Os autores de um prestigioso volume sobre a crise de responsabilização industrial escreveram que "a incerteza do sistema é seu maior vício, amplificando os riscos de responsabilização, ao mesmo tempo que o desconectam das condutas impropriamente arriscadas".[75] No entanto, abraçar as soluções regulatórias como alternativa às ineficiências do litígio judicial feriria no coração a teoria da Lei e Economia.

Ao se deparar com os custos crescentes trazidos pelas indenizações concedidas pelos júris a danos causados por produtos inseguros, a teoria da Lei e Economia bateu de frente num muro lógico. O coração da teoria é a afirmação de que os mercados funcionam. Mas se todos os mercados funcionassem, os consumidores teriam consciência sobre os riscos previsíveis e adquiririam seguros contra riscos imprevisíveis, em vez de tentar a sorte num processo judicial. De forma a lidar com o fato de que, evidentemente, os mercados não funcionam dessa maneira, os teóricos da Lei e Economia têm proposto diversos substitutos mercantis às soluções judiciais. Alguns dos críticos mais veementes do sistema, como Peter Huber, propuseram que se tornasse obrigatório informar mais extensamente o público sobre riscos que acompanhem produtos. Outros criariam um mercado de "processos de indenização imaturos" – companhias de seguros comprariam o direito de receber os montantes decorrentes de julgamentos por negligência, pagar os consumidores e, depois, lidar com os fabricantes. Isso reduziria as contas dos advogados e apararia as indenizações exorbitantes (alguns poderiam dizer que isso adicionaria ao sistema uma quantidade ainda maior de intermediários). Ainda outros propuseram a criação de um seguro para o consumidor contra danos causados por produtos. O leitor atento perceberá como cada uma dessas propostas imola a teoria. Caso os mercados funcionassem, nenhuma dessas intervenções seria necessária. De modo que não estamos mais no mundo virginal do laissez-faire; estamos apenas discutindo os detalhes da regulação.[76]

Ultimamente, a teoria da Lei e Economia tem conseguido ficar simultaneamente de todos os lados da questão de determinar se a regulação poderia ser melhor do que a jurisprudência. Alguns teóricos normalmente antiestatistas têm se mostrado tão contrariados com os excessos que se verificam no litígio judicial que se converteram improvavelmente à causa da regulação. O professor Viscusi permite-se algumas palavras cautelosamente simpáticas em favor da regulação e o professor Stephen Sugarman pede a abolição do sistema judicial e um aumento dos poderes regulatórios. Os teóricos mais puros de Chicago, como Richard Epstein, acabam por atacar tanto a regulação como a jurisprudência, por representarem interferências impróprias com os mercados[77] – de algum modo não se dando conta de que os direitos de propriedade são criaturas da lei, de que a lei resulta do processo legislativo e de que este é reflexo da política. Nem os tribunais nem os reguladores existem num domínio sagrado, puramente mercantil.

A teoria da Lei e Economia colide todo o tempo contra o fato de que, sempre, algum mercado não está funcionando; por isso, fica a propor instrumentos regulatórios engenhosos com a função de compelir o mercado a funcionar da maneira que, conforme previsto pela teoria, deveria funcionar espontaneamente. No entanto, se o mercado fosse verdadeiramente autocorretivo, nenhuma dessas muletas seria necessária. A questão deixa de ser se todos os mercados são auto-regulados – evidentemente não são – mas apenas quais são os tipos desejáveis de regulação. Dessa forma, o núcleo lógico da teoria da Lei e Economia implode.

Nesse debate, a escolha se define entre a ineficiência da regulação burocrática e a ineficiência do expediente judicial. A maioria dos teóricos da Lei e Economia procura atingir a eficiência pelo mecanismo de eliminar a regulação e fazer com que os tribunais passem a funcionar mais como mercados, através da disponibilização de informação sobre produtos, contratos e esquemas de seguros. Todavia, existem alternativas tanto à utopia dos mercados perfeitos como à caricatura das burocracias esclerosadas. Uma alternativa atraente é o aperfeiçoamento da regulação por pares, apoiada numa amplificação das "vozes" do consumidor e do trabalhador, ficando o sistema judicial e os expedientes regulatórios de reserva, nos bastidores.

Imperícia médica. Um bom exemplo é a imperícia médica. As indenizações por imperícia têm sido criticadas por contribuírem para a inflação médica, por levarem a uma dispendiosa "medicina defensiva" e, mesmo, por expulsarem médicos da profissão. É claro que, se as ações judiciais por imperícia fossem dificultadas, isso não faria da assistência médica um mercado mais eficiente; somente transferiria riscos e custos do médico para o paciente. Há também exagero no diagnóstico da crise – os custos reais são de cerca de 3 bilhões de dólares por ano, ou 0,3% da conta de saúde dos EUA. Mesmo assim, 3 bilhões de dólares não é um montante trivial, e esse dinheiro seria mais bem gasto no atendimento de pacientes.

Processos por imperícia existem porque há bastante negligência médica. O estudo mais cuidadoso que existe, publicado em *The New England Journal of Medicine*, levanta a existência de uma taxa de danos evitáveis em 3,7% das hospitalizações e de uma taxa de mortalidade "iatrogênica" (isto é, causada por médicos) de 0,5%. Isso significa que, anualmente, cerca de 80 mil pacientes morrem em hospitais norte-americanos devido a problemas evitáveis.[78] Em parte, isso acontece porque os médicos são notórios pela relutância em denunciar os equívocos de seus colegas, e porque os hospitais evitam disciplinar médicos. Uma legislação de 1986, a Lei de Melhoria da Qualidade da Assistência Médica Nacional, protege os médicos de retaliações caso venham a denunciar casos de incompetência médica; a lei criou um banco de dados nacional, com os nomes de médicos que tenham sofrido sanções. Contudo, em 1994 apenas um entre cada quatro hospitais informou um caso que fosse de sanção disciplinar aplicada a médico. O padrão das sanções disciplinares aplicadas pelas juntas estaduais de licenciamento profissional [equivalentes aos Conselhos Regionais de Medicina brasileiros] também varia extremamente, de um máximo de 1% dos médicos, em Estados com juntas rigorosas, a menos de um décimo desse patamar, em Estados mais tolerantes.[79] Em 1994 houve em todos os EUA apenas 2675 sanções disciplinares, número que deve ser comparado com a estimativa de 80 mil mortes devidas a equívocos. De modo que, apesar da progressão das indenizações por imperícia, a auto-regulação tem avançado lentamente.

Uma solução inteligente seria endurecer a supervisão feita pelos pares. As organizações de assistência médica mais orientadas para o consumidor conduzem um excelente trabalho de monitoramento das decisões e recomendações médicas e empregam uma abordagem coletiva para a prevenção de risco. Na área de Boston, o aumento dos custos do seguro contra ações por imperícia levou os hospitais-escolas associados à Universidade Harvard a criar uma entidade sem fins lucrativos, a Fundação Harvard para o Gerenciamento de Risco [Harvard Risk Management Foundation]. Trata-se de uma empresa que fornece seguro contra ações por imperícia a um custo mais baixo do que o das seguradoras comerciais, e que – o mais importante – procura identificar padrões de conduta clínica descuidada, educando os médicos na prevenção de riscos. Por exemplo, os anestesiologistas têm sido alvo de um número crescente de ações judiciais que os responsabiliza por mortes de pacientes. A tarefa do anestesiologista não é apenas anestesiar o paciente que sofrerá uma cirurgia, mas também garantir que todos seus sinais vitais permaneçam em bom funcionamento. Enquanto o cirurgião procede à operação, o anestesiologista mantém o paciente vivo. Se o paciente morre na mesa de operação, quem sofre processo é, usualmente, o anestesiologista. Com a ajuda da associação profissional dos anestesiologistas, os hospitais-escolas instituíram um programa conjunto para o estabelecimento de normas obrigatórias, tanto para procedimentos na sala de operação como para a conduta dos anestesiologistas. Após a adoção do programa, as perdas por danos físicos ou mortes causadas por imperícia caíram em mais de 50%. Caso se tivesse definido um teto para as indenizações por imperícia, o sinal econômico teria resultado mais fraco. E, caso a nova disciplina clínica não tivesse sido adotada, os pacientes teriam continuado a sofrer danos e a morrer.[80]

Este é um caso em que a combinação entre uma lei de defesa do consumidor que encoraja uma ação disciplinar mais rigorosa e um sistema de indenizações que induz o receio de processos judiciais levou a uma ação corretiva apropriada, baseada num apelo ao profissionalismo – três diferentes incentivos extramercado funcionando em conjunto! Os hospitais reagiam a um estímulo econômico – custos crescentes dos seguros contra acusações de imperícia –, mas sua resposta não poderia ser classificada como "de mercado" sem que com isso se distorcesse o significado desse termo. Melhor seria se os médicos e suas associações empenhassem recursos e iniciativas criativas nesse tipo de correção preventiva, em vez de gastarem esforços para fazer lobby no Congresso para amenizar a legislação de indenizações.

Uma crítica acerba dos custos incorridos em ações por imperícia médica compara laboriosamente estatísticas norte-americanas com os montantes muito inferiores decorrentes de processos, indenizações e seguros observados na Europa, e lamenta a dispendiosa inclinação dos EUA pelo litígio. Bem no fim do artigo, como adendo incidental, o autor observa que "Inglaterra, França, Alemanha e Japão operam num sistema de medicina socializada [...]".[81] Os teóricos da Lei e Economia parecem cegos à possibilidade de que normas sociais proporcionem toda uma alternativa sistêmica ao litígio judicial, e de uma maneira talvez mais eficiente e mais eqüitativa. Definir limitações aos processos judiciais é uma "solução" para a ineficiência do sistema jurídico das indenizações, mas impõe custos sociais desproporcionais aos consumidores, e não aos produtores.

Litígio e inovação. Outro argumento predileto do ataque da Lei e Economia contra os processos de responsabilização por danos causados por produtos defeituosos é que o aumento de custos associados a eles desencorajaria a inovação. Neste caso, a teoria é que, temerosos de sofrerem processos contra riscos imprevisíveis, as empresas apresentariam relutância crescente em colocar novos produtos e processos no mercado. Os altos teóricos atingem tal conclusão através do método dedutivo habitual, da mesma forma que, no passado, haviam deduzido que a jurisprudência deveria tornar-se mais eficiente ao longo do tempo. No entanto, pesquisas empíricas baseadas em levantamentos e em dados de investimento de capital sugerem que o receio de sofrer processos produz dois incentivos opostos. Alguns fabricantes de alguns setores redobram seus esforços inovativos, de modo a substituir produtos mais perigosos por outros que ofereçam risco menor. Outros focalizam seus esforços inovadores em produtos de menor risco. O desencorajamento da busca de inovações parece concentrar-se numa quantidade relativamente reduzida de setores.[82]

Defensores da reforma do sistema mostram-se particularmente indignados que um setor sujeito a regulação de defesa do consumidor seja também vulnerável a processo judicial, caso o regulador deixe de identificar o risco associado a um produto. Aparentemente, tratar-se-ia de uma espécie de dupla incriminação. Durante a cruzada em favor da reforma, a indústria lutou ferozmente para mudar a lei federal, de modo a fazer com que a certificação de produtos por reguladores equivalesse a uma espécie de Selo de Bom Comportamento Doméstico de amplo espectro. A reivindicação desconsiderava o fato de que, infelizmente, o processo regulatório é, por sua vez, politizado. A aplicação de normas varia conforme as simpatias e ideologias dos governos, e mesmo o mais interferente dos regimes regulatórios não será capaz de policiar todos os riscos possíveis.

Alguns dos riscos de segurança e saúde mais devastadores não foram identificados pelos reguladores, em parte porque os fabricantes omitiram o conhecimento que tinham a seu respeito. Os tanques de combustível explosivos do Ford Pinto e o dispositivo intra-uterino Dalkon Shield, que esterilizou permanentemente muitas de suas usuárias, escorregaram pelas malhas da rede regulatória porque governos conservadores enfraqueceram a aplicação das normas. Em ambos os casos, demonstrou-se que os fabricantes sabiam dos riscos envolvidos, mas comercializaram os produtos mesmo assim. Tais fatos se tornaram públicos apenas porque os casos foram levados a juízo.

Ao mesmo tempo, é certamente justo perguntar se não seria razoável estabelecer algum limite para as indenizações por danos. Possuir a sociedade mais litigiosa do mundo não serve aos interesses seja da eficiência, seja da justiça. Mas não se atinge essa conclusão por simples invocação do laissez-faire. Ao contrário, parcela considerável de mortes e danos físicos pode ser evitada pela regulação e pela invenção social – ambas, com freqüência, melhores corretivos de falhas de mercado do que o recurso aos tribunais ou o simples *caveat emptor*.

Por fim, fica-se obrigado a concluir que os sistemas de regulação, processo judicial, evolução de valores públicos, autocontrole profissional e negociação social interagem indeterministicamente uns com os outros. Como abstrações, muitas questões formuladas nesse âmbito não têm respostas teóricas limpas. É preciso ir aos fatos. Existem sistemas de regulação bons e ruins, do mesmo modo que há normas de litígio boas e más. Evidentemente, certas formas de regulação e contestação judicial induzem a inovação construtiva, reduzindo riscos e aumentando a eficiência econômica. Outras formas acarretam custos excessivos e desestimulam soluções inovativas. A melhor mescla entre procedimentos judiciais, regulação e negociação social variará conforme as particularidades de cada setor. E, do mesmo modo que a jurisprudência, a regulação é sujeita a evolução, aprendizado social – e à política. Embora as teorias apriorísticas da Lei e Economia ofereçam uma sensação de certeza, não servem de substitutas à atividade suja de explorar o mundo real.

Ao repassar esse debate, torna-se claro que a busca dos teóricos da Lei e Economia pelo Graal laissez-faire de um mercado politicamente imaculado é uma missão condenada ao fracasso. Numa democracia, a cadeia de causalidade, percorrida de trás para diante, leva inexoravelmente da Justiça à política e, desta, à opinião pública. Numa democracia, os eleitores com freqüência votam de modo a obter uma mescla de seus papéis como consumidores e como cidadãos no espaço público. A jurisprudência ancora-se num sistema de normas basilares, tanto quanto a legislação civil; ambas são resultado de leis, as quais, por seu turno, refletem normas, valores e escolhas políticas. O esforço de diferenciar a legislação de natureza regulatória (que implicaria a ineficiência da "busca por vantagens") da jurisprudência (sujeita a evolução eficiente) mostrou-se ridiculamente estéril. Se me é permitido tripudiar, há uma justiça sublime no fato de a celebração da eficiência mercantil da jurisprudência ter resultado no fiasco de uma explosão de processos judiciais.

Regulação por incentivos: o caso do ar

A discussão anterior contesta a credibilidade dos utópicos do mercado. Seu intuito não é sugerir a inexistência de um espaço para incentivos de mercado na política regulatória. No Capítulo 7, vimos que a regulação pró-concorrencial pode servir a determinados objetivos econômicos. Tal regulação pode também prestar-se a objetivos sociais, embora não seja invariavelmente a melhor solução, nem seja sempre apropriada. Um bom exemplo é a poluição atmosférica.

Nos últimos 25 anos, em suas discussões com os economistas do livre mercado, os ambientalistas sofreram uma derrota importante e tiveram uma vitória significativa. A discussão que perderam relacionava-se a uma alegada escassez de matérias-primas. Muitos ambientalistas cometeram o erro de projetar os custos da energia para o futuro, como se sua elevação fosse ocorrer linearmente. Como o preço do petróleo sofrera quadruplicação em 1973, passando de três dólares para doze dólares por barril, e como triplicara em 1979 para atingir 36 dólares por barril, certamente atingiria cem dólares por barril no final do século. Enquanto escrevo, o preço do petróleo varia entre limites estreitos, de dezessete a 22 dólares por barril. O gás natural é tão barato que algumas empresas de distribuição de energia elétrica estão pagando a produtores de energia alternativa, como a eólica, para que *não* entreguem eletricidade contratada dez anos atrás. Muitos malthusianos apocalípticos previram elevações agudas nos preços de matérias-primas básicas. Em 1980, o economista Julian Simon propôs uma famosa aposta ao ambientalista Paul Ehrlich, de que em 1990 o preço da cesta de matérias-primas seria menor do que em 1980. Simon venceu.[83]

Os ambientalistas haviam se esquecido da lei das substituições. A maioria das *commodities* e dos produtos tem substitutos próximos. Quando um certo produto se torna ridiculamente caro, o mercado tende a procurar substitutos, ou então os inventa. Com a ascensão da economia da informação, um dos produtos mais importantes é uma combinação entre o silício – areia –, que sai quase de graça, com o conhecimento, que é infinito.

É claro que isso não é o mesmo que dizer que a sociedade usa sabiamente os recursos terrestres, ou que lhes atribua preços de modo apropriado. Alguns dos recursos mais abundantes do planeta, como a água, tornaram-se subitamente escassos em regiões importantes, devido à poluição e ao excesso de irrigação e cultivo. É possível que o preço do petróleo não seja muito barato em relação às reservas energéticas totais do planeta, mas é possível que seja demasiadamente barato em termos dos danos de longo prazo implicados pela queima de hidrocarbonetos. De novo, uma situação em que um preço correto para uma finalidade pode ser incorreto, se medido por outros critérios – outra limitação profunda do mecanismo de mercado.

O debate vencido cabalmente pelos ambientalistas relacionava-se aos detritos gerados pela sociedade industrial. Embora o pânico da escassez de recursos pudesse ter sido na melhor das hipóteses prematuro, o pânico relacionado à poluição tinha bases sólidas na realidade. Na ausência da onda de regulações iniciada nos anos 70, o ar e a água ter-se-iam tornado progressivamente mais sujos, os rejeitos tóxicos teriam fluído impunemente e os danos a trabalhadores e à saúde pública teriam continuado a multiplicar-se. Alguns dos efeitos planetários, como o aquecimento global, a chuva ácida e o desmatamento progressivo, beiravam o irreversível. Trata-se de problemas que o modelo de mercado é simplesmente incapaz de resolver. Com todas as suas imperfeições, o governo tinha de intervir.

Em abril de 1995, vigésimo quinto aniversário do Dia da Terra, uma onda de livros e artigos comemorou diversas boas notícias ambientais[84] – o ar e a água haviam ficado mais limpos, as tecnologias haviam se tornado energeticamente mais eficientes, os recursos abundavam, as florestas retornavam, espécies ameaçadas se recuperavam. Tais resultados alvissareiros, que na época se vulnerabilizavam pela ressurgência de um Congresso conservador, não foram alcançados pela intervenção de alguma mão invisível; foram triunfos decorrentes de mobilização política, de alterações na consciência pública – e de regulação.

A primeira onda de regulação ambiental, nos anos 70, começou com critérios de saúde pública que procuravam reduzir a poluição em sua origem; exigiam das indústrias que empregassem "a melhor tecnologia disponível" para conformar-se a normas para a qualidade do ar e da água, para o controle de substâncias tóxicas e assim por diante. Operava uma estratégia deliberada de "indução forçada de tecnologia". Por exemplo, a Lei do Ar Puro [Clean Air Act] de 1970 obrigava que os modelos de automóveis ano 1975 apresentassem uma redução de 90% na emissão de dióxido de carbono e de hidrocarbonetos, apesar de a tecnologia necessária para atingir esses resultados ainda não existir na época. (A data de cumprimento desses patamares teve de ser prorrogada, mas os carros dos anos 80 já os tinham atingido e mesmo superado, graças a tecnologias tornadas possíveis pela regulação. Hoje, o controle da poluição automobilística é um negócio de 7 bilhões de dólares por ano.)

Tal abordagem foi incansavelmente criticada pelos oponentes da regulação e por economistas do livre mercado, devido ao fato de exigir o cumprimento de normas sem consideração suficiente de custos, bem como por empregar sistemas de "comando e controle", em vez de induzir à conformidade por meio de incentivos. A expressão "comando e controle" é enganosa e tem uma carga negativa; sua origem militar sugere uma hierarquização rígida. Mas o fato é que qualquer sistema de leis se baseia em comandos. Não atravessarás o sinal vermelho, não sonegarás impostos, não roubarás bancos. Honrarás os direitos de propriedade de diversos modos altamente detalhados. A questão não é saber se se trata de "comandos", mas se os objetivos das políticas públicas são razoáveis e atingíveis e se os meios são adequados aos fins especificados.

Os economistas contrastavam o mal, representado pela regulação de "comando e controle", com o bem da regulação "por incentivos". Após diversas tentativas frustradas, com uso muito limitado de regulações de tipo mercantil, a abordagem ganhou um teste de campo completo com a promulgação do programa para a chuva ácida, parte das emendas de 1990 à Lei do Ar Puro. Entre tais emendas estava o primeiro programa de grandes proporções baseado em direitos comercializáveis de emissão de poluentes, no caso aqueles ligados à chuva ácida. Em 1996, a abordagem parecia constituir um sucesso genuíno: o emprego de incentivos de tipo mercantil para atingir um objetivo regulatório.

A Lei do Ar Puro original, de 1970, exigia que a então nova Agência de Proteção Ambiental empregasse dois métodos básicos para reduzir a poluição. A EPA define normas "ambientais", que determinam quantidades máximas de concentração atmosférica para determinados poluentes. Entre estes estão o gás sulfídrico (dióxido de enxofre), o monóxido de carbono, os dióxidos de nitrogênio, o chumbo, hidrocarbonetos e assim por diante. A EPA também regula as emissões de poluentes em sua origem. Para isso, os EUA são divididos em 247 regiões de qualidade do ar; através de Planos Estaduais de Implementação, os Estados emitem licenças que limitam as emissões possíveis, de modo a atingir os padrões da EPA. Conforme estejam ou não dentro das normas ambientais, as regiões de qualidade do ar são classificadas em "áreas de conformidade" e "áreas de não-conformidade". Estas últimas costumam ser sujeitas a regulações mais estritas, focalizadas nas fontes de emissões. Esse é o tipo de coisa que os economistas do livre mercado vilipendiam por ser de comando e controle. Exige burocratas que façam julgamentos sobre níveis permissíveis de poluição, poluente a poluente. Impõe limites e planos de reduções. Adota deliberadamente padrões elevados, de modo a conseguir "indução forçada de tecnologia". E, na aparência, ignoraria ou seria insensível a custos.

As principais fontes de poluição atmosférica são automóveis, empresas geradoras de eletricidade e, em menor grau, fábricas e incineradores. Nos primeiros anos de regulação da qualidade do ar, vários problemas se evidenciaram. Os Estados não possuíam nem a informação nem os recursos para coletar dados sobre todas as fontes de poluição. Alguns dos patamares de emissão especificados nos objetivos iniciais da EPA mostraram-se tecnologicamente inatingíveis, ou proibitivamente caros. Com o tempo, a maioria dos Estados conformou-se à maioria das normas, mas outros problemas apareceram. Logo de início os idealizadores da Lei do Ar Puro decidiram impor normas mais exigentes às novas gerações de tecnologia de produção. Isso parecia fazer sentido. Limpar o ar a um custo aceitável é uma finalidade de longo prazo. Velhas fontes de poluição acabariam por obsolescer. Em termos de custos, parecia muito mais eficiente exigir que novas fábricas e geradoras de energia incluíssem em seus projetos tecnologias mais limpas do que adaptar dispendiosamente instalações velhas. Por isso, os requisitos de emissão mais exigentes foram aqueles aplicados a novas fontes poluentes.[85]

Contudo, tal abordagem saiu em parte pela culatra. Muitas usinas elétricas e outros tipos de instalações industriais acabaram por exibir uma longevidade muito maior do que a projetada, especialmente como resultado de manutenção e renovação. Em 1990, mais de dois terços das emissões de usinas elétricas responsáveis pela chuva ácida provinham de instalações com 25 anos de idade ou mais.[86] A imposição de requisitos mais rigorosos de controle de poluição em novas instalações aumentava o custo marginal de se construir uma nova usina. De modo que os padrões mais dispendiosos de emissão impostos a novas fontes desencorajavam perversamente a adoção de novas tecnologias. Um segundo problema era que a solução mais barata para se atingir padrões de qualidade do ar ambiente – chaminés altas – simplesmente exportava o problema. Na primeira geração da regulação da qualidade do ar, chaminés altas pareciam a solução ideal. Jogar poluentes na alta atmosfera resulta num ambiente local mais limpo, possibilitando aos Estados atingir mais cedo os patamares ambientais. Infelizmente, aquilo que sobe cai mais adiante. O gás sulfídrico e o óxido nitroso emitidos por fábricas e usinas situadas no Meio-Oeste, muitas das quais queimavam carvão barato e sujo, com alto teor de enxofre, voltaram à terra na forma de chuva ácida, que caía centenas de quilômetros adiante, na Nova Inglaterra e no Canadá. A chuva ácida matou peixes, desnudou florestas, arruinou colheitas.

Embora o problema da chuva ácida já estivesse bem documentado desde os anos 60, o Congresso norte-americano ficou travado por quase vinte anos até que se decidisse a controlá-la.[87] O dilema era a repartição dos custos. O principal culpado era o carvão de tipo sujo, abundante na região dos Appalachian* e amplamente usado pelas empresas de eletricidade da região central dos EUA. O Meio-Oeste era responsável por uma parcela desproporcionalmente alta de precipitações de chuva ácida, mas controlar diretamente tais emissões não causaria somente elevação dos custos locais de eletricidade; também fecharia as portas de muitas das minas de carvão de alto teor de enxofre de West Virginia, Pennsylvania e Kentucky, a um custo de dezenas de milhares de empregos. Os Estados do Sul e do Oeste, estes últimos detentores de um carvão muito mais limpo, destinado a exportação, não estavam dispostos a arcar com os custos da limpeza do Meio-Oeste. Este não queria pagar mais caro pela eletricidade, porque isso originaria uma desvantagem competitiva regional. De modo que o impasse permaneceu.

(*) Formação geológica no Leste dos EUA, abrangendo parte dos Estados do Alabama, Georgia, Carolina do Sul, Tennessee, Virginia, Kentucky, West Virginia e Pennsylvania, e que inclui os Montes Appalachian. (N. T.)

Nesse ínterim, os economistas continuavam a refinar sua posição em favor da regulação por incentivos – neste caso, a negociação de direitos de emissão. Embora de início a permissão de se venderem "direitos de poluir" tenha se configurado para muitos ambientalistas como um modo de sancionar a poluição e de degradar partes do país que ainda estavam limpas, os economistas conseguiram demonstrar que um ambiente perfeitamente imaculado seria inatingível. Sendo assim, o desafio colocado à política pública era conseguir o máximo de controle de poluição com o mínimo de custo – independentemente de qual controle de poluição se tratasse. Embora repulsivo à primeira vista, um sistema que cria e permite a negociação de licenças de poluição apresenta diversas virtudes.

Antes da criação de direitos negociáveis de emissão, uma geradora que emitisse gás sulfídrico em quantidade superior ao limite permissível tinha quatro opções básicas: 1. mudar para um combustível menos poluente; 2. incorporar tecnologia antipoluição, normalmente dispositivos de dessulfurização; 3. construir instalações novas e mais modernas; ou 4. apostar em que a economia de energia reduzisse a produção e, portanto, a poluição. Uma geradora mais eficiente, cujas emissões totais já se encontrassem abaixo dos limites admissíveis, não tinha qualquer motivo em especial para reduzi-los ainda mais, mesmo que isso fosse tecnicamente factível e barato.

Com a aparição dos direitos negociáveis de emissão, a geradora mais suja ganhou uma quinta opção. Passou a poder comprar, no mercado aberto, o direito de poluir. Simultaneamente, a geradora mais limpa passou a ter uma nova oportunidade de lucrar. Poderia reduzir ainda mais suas emissões, fazendo com que lhe sobrasse uma quantidade maior de licenças para vender. A virtude dessa abordagem foi que passou a permitir que as forças descentralizadas do mercado encontrassem o caminho do menor custo para reduzir a poluição no sistema como um todo. Caso uma companhia de energia elétrica de Ohio concluísse que seria mais barato trocar o carvão pelo gás natural, de modo a entrar em conformidade com os limites de emissão, seus executivos escolheriam esse caminho. Mas caso acontecesse de a mesma quantidade de poluição poder ser reduzida de modo ainda mais barato por uma geradora mais moderna, situada, digamos, no Colorado, então se tornaria mais interessante para a empresa de Ohio adquirir direitos excedentes de emissões da empresa do Colorado. Haveria redução da mesma quantidade de poluição por chuva ácida, mas a um custo menor.

Um mercado obrigatório. A abordagem da negociação do direito de poluir representava uma melhoria sofisticada em relação à regulação convencional. Conforme assinalado por Nancy Kete, funcionária do EPA, "num esquema de negociação de emissões, as fontes ganham quando vão além dos controles mínimos que exerceriam caso o sistema fosse outro. Enquanto a regulação convencional é concebida para forçar a empresa a internalizar seus *custos* sociais [grifo meu] [...], os esquemas de comercialização de emissões são projetados para internalizar *objetivos* sociais nas decisões de produção da firma".[88]

Nos quinze anos anteriores à promulgação das emendas de 1990, a EPA conduziu experimentos com a regulação de mercado em diversos domínios. Principiando em 1974, a EPA passou a permitir às empresas que tratassem suas emissões totais como uma "bolha". Reduções de poluição para abaixo do nível exigido por lei em uma determinada instalação podiam ser creditadas a outras instalações da mesma empresa. Adicionalmente, firmas que quisessem construir novas instalações em regiões cujos níveis de poluição estivessem abaixo das metas de qualidade do ar podiam compensar novas emissões pela redução de outras fontes de poluição. Dentro de certos limites, as firmas podiam também negociar esses créditos com outras firmas. A indústria usou muito limitadamente esse recurso. O mercado de direitos de emissão era um tanto raso e informal, e poucas o aproveitaram. Acresce que não existia um mercado nacional, pois Estados diferentes tinham normas diferentes.[89]

Críticos assinalaram com pertinência que muitos Estados partiram de patamares irrealisticamente altos em seus cálculos de emissões de poluição. No caso de muitas geradoras de eletricidade, as taxas admissíveis excediam as taxas que já praticavam. Com isso, uma geradora podia receber créditos negociáveis por conta de "reduções" que existiam apenas no papel. Isso, por sua vez, solapou o mercado desses créditos, pois o direito aparente de propriedade era confiável apenas no âmbito dos níveis admissíveis de emissão de cada ano. À medida que os reguladores sofisticassem suas mensurações, reduzindo os níveis aceitáveis de emissões, os créditos comercializáveis evaporariam. Todavia, os economistas continuaram a louvar essa abordagem. Direitos comercializáveis de poluir também foram usados de forma limitada na regulação da poluição da água e no processo de se descontinuar a produção tanto de gasolina com chumbo como de clorofluorocarbonos (CFCs), que causam redução da camada de ozônio.

Com as emendas relativas à chuva ácida, introduzidas em 1990, a aplicação de princípios de mercado à proteção ambiental teve sua primeira grande oportunidade. Repassar o modo como isso se deu mostra quão essencial é o processo de formulação de políticas públicas no desenvolvimento de tais híbridos regulatórios. Para que a política referente à chuva ácida pudesse ser implementada, foi necessária uma boa dose de manobra política, pois era preciso harmonizar interesses divergentes. Não havia uma resposta intuitivamente certa para a questão de se determinar qual responsabilidade deveria caber a cada região, pois as estruturas de custos preexistentes eram resultado de acidentes históricos (depósitos abundantes de carvão limpo no Oeste, carvão sujo no Leste e Meio-Oeste), associados a uma disposição prévia das políticas públicas em permitir que os custos da poluição não fossem responsabilidade do poluidor. As regras estavam sendo subitamente alteradas, e não havia uma forma "ótima" de alocar os custos, salvo por meio da barganha política.

Fortuitamente, aconteceu de as forças políticas se encontrarem num alinhamento propício. Em 1990, os ambientalistas e os economistas, que uma década antes eram adversários desconfiados, haviam encontrado algum terreno comum. A maioria dos principais grupos ambientalistas, que inicialmente se havia melindrado com a questão da venda do direito de poluir, passara a aceitar a idéia das licenças negociáveis – caso fossem solidamente amarradas a uma estrutura regulatória estável, que garantisse a redução de emissões totais ao longo do tempo. Exceto os mais doutrinários, todos os economistas reconheciam que um tal mercado exigiria uma regulação significativa. Pressões diplomáticas exercidas pelo Canadá ajudavam. Crescia a massa de evidências científicas apontando para os custos de não se fazer nada. Os funcionários da EPA já haviam completado uma boa parte do trabalho técnico preliminar. Na Casa Branca, George Bush, um conservador moderado cuja plataforma eleitoral incluíra posições pró-ambientais, nomeara para a EPA o relativamente liberal William Reilly. O governo mais conservador de Ronald Reagan tentara simplesmente enfraquecer a Lei do Ar Puro. Mas a filosofia da regulação de mercado combinava bem com o governo Bush – que era tanto pró-ambientalista como pró-mercado – e, com isso, a Casa Branca assumiu vigorosamente sua defesa.

Além do desafio da política havia o desafio do planejamento. Os experimentos com créditos comercializáveis de poluição anteriores a 1990 haviam mostrado que, devido a incertezas e custos de transação, um mercado saudável não emergiria espontaneamente. Antes que pudessem construir um mercado de licenças negociáveis de larga escala, os planejadores tinham de dar resposta a diversas questões técnicas complexas. Qual seria uma meta nacional atingível para a redução das precipitações de chuva ácida? Os limites de emissão deveriam exprimir-se na forma de taxas relativas à produção ou referir-se a quantidades totais admissíveis de poluentes? Quais poluentes deveriam ser contemplados? E assim por diante.

Apesar de mercantil, o sistema resultante não foi de livre mercado. E, com efeito, críticos conservadores reagiram precisamente nesses termos. "[V]ales negociáveis não constituem realmente uma abordagem de livre mercado para a redução da chuva ácida", lamentaram-se Terry Anderson e Donald Leal, numa crítica ao estilo de Coase intitulada *Free Market Environmentalism* [Ambientalismo de livre mercado]. "É ainda um órgão público que determina o nível das licenças; estas não forçam os poluidores a compensarem aqueles prejudicados pela poluição. Nesse sistema, é o processo político que determina os patamares iniciais ou ótimos de poluição, e não a barganha entre os poluidores e aqueles que arcam com os custos da poluição."[90] Exatamente.

Imagine-se o que seria necessário para que os poluidores compensassem *à la* Coase aqueles prejudicados pela chuva ácida. Como faria um turista que chegasse ao Parque Nacional de Acadia e encontrasse a vegetação desfolhada, ou um madeireiro canadense, ou um pescador de Nova York, para saber qual dos vários milhares de poluidores deveria ser responsabilizado pelo pagamento de qual parcela do prejuízo? Como deveriam buscar indenização? Como atribuir valor ao dano causado? Qual processo institucional de negociação poderia, concebivelmente, produzir resultados eqüitativos a custos razoáveis? Toda a premissa é patentemente absurda. Imagine-se ainda a grita conservadora, caso milhões de pessoas prejudicadas pela chuva ácida tentassem montar uma enorme ação coletiva contra milhares de diferentes poluidores. Ouviríamos a choradeira habitual sobre excessos litigatórios. O problema das ações coletivas, enfrentado pela abordagem das indenizações caso a caso ao estilo Coase, é intransponível. O resultado provável seria a continuidade da poluição. Mesmo sob uma perspectiva de mercado, a regulação é, de longe, a abordagem mais eficiente.

O exame da história legislativa das emendas de 1990 impressiona pelo trabalho técnico, político e legislativo dedicado à montagem final da estratégia. Após ouvir testemunhos que preencheram milhares de páginas, o governo e o Congresso acabaram por definir a meta de uma redução de 10 milhões de toneladas de emissões de produtos causadores de chuva ácida, o que se traduzia em se atingir um nível admissível de emissões pelas geradoras de 8,9 milhões de toneladas de gás sulfídrico no ano 2000. Deputados e senadores do Meio-Oeste foram aplacados pela concessão, às instalações sujas, de uma margem extra de emissões, como incentivo para que atingissem conformidade mais cedo.

As emendas da chuva ácida sofreram veemente oposição do setor de geração de energia, bem como da maioria dos reguladores estaduais. Eles combateram toda a abordagem das licenças negociáveis. O apoio crescente granjeado pela solução fez com que eles tentassem amenizar tanto o cronograma como as quantidades permissíveis. Como observa Nancy Kete, uma estudiosa atenta da legislação, "apesar de toda a reclamação sobre regulação de 'comando e controle', as empresas de eletricidade praticamente não enfrentavam riscos para obedecer à Lei do Ar Puro anterior às emendas. Como são monopólios regulados, as geradoras de energia não enfrentam muita concorrência, pagam custos de capital mais baixos do que outras empresas e admite-se que cobrem de seus fregueses despesas necessárias, se incorridas prudentemente".[91] Mas o plano do governo Bush proporcionou finalmente um compromisso viável entre os parlamentares do Nordeste e do Oeste, que queriam a regulação sobre a chuva ácida, e os políticos do Meio-Oeste, que se opunham a ela; no fim, a política regional levou a melhor sobre a política dos grupos de interesse.

A lei de 1990 criou um mercado para "vales" de emissões. Cada vale corresponde ao direito de emitir uma tonelada de gás sulfídrico. Os vales foram distribuídos para as geradoras então existentes, de acordo com uma fórmula complexa cujo resultado é uma redução gradual das emissões nacionais totais de gás sulfídrico. Os vales podem ser negociados livremente. Um acordo com a EPA fez com que a Bolsa de Chicago passasse a operar um mercado para esses papéis. Presentemente [1996], vales de emissões são negociados a cerca de oitenta dólares, preço esse que tem caído juntamente com a queda dos custos de conformidade.

Diferentemente das freqüências eletromagnéticas, não se pretendia que esse mercado servisse para o governo ganhar dinheiro e, assim, ele é deliberadamente neutro com respeito às rendas geradas. O dinheiro pago por uma geradora a outra permanece no setor e não é tributado. Toda instalação precisa ter instrumentos de monitoração e informar seus níveis de emissão à EPA. Nenhuma geradora pode emitir poluentes que excedam os vales que detém. O sistema informatizado da EPA acompanha tanto os níveis de emissão, usina por usina, como o padrão de distribuição dos vales entre as geradoras. Uma pequena quantidade de vales foi mantida em reserva, para novas usinas e para produtores independentes de energia. Esse sistema permitiu que, pela primeira vez, a Lei do Ar Puro levasse a reduções significativas de emissões de gás sulfídrico, tanto por parte de velhas como de novas fontes. (Um teto nacional distinto foi definido para empresas poluidoras de outros setores, que respondem por apenas cerca de 10% das emissões ligadas à chuva ácida. A lei de 1990 reduziu os níveis admissíveis de emissão da outra fonte principal da chuva ácida, os óxidos de nitrogênio, mas neste caso isso se faz pela imposição direta de limites, e não por meio de vales negociáveis.)

O que temos aqui é o uso de incentivos de mercado, mas num contexto altamente artificioso e regulado. Enquanto, num sentido, as licenças negociáveis permitem maior flexibilidade, sob outros aspectos elas dependem de comando e controle. É claro que o teto nacional é resultado da política regulatória, e não do mercado. O monitoramento de emissões exige uma intensa presença regulatória. Geradores que produzam emissões superiores aos vales que detêm recebem uma multa de 2 mil dólares por tonelada emitida. Violações deliberadas são sujeitas a penalidades criminais. O programa impõe ao setor um custo líquido entre 3 e 4 bilhões de dólares por ano, aplicados na renovação gradual das instalações geradoras, de modo a produzirem energia mais limpa – e um ar mais puro. O benefício, em termos de saúde e de redução das perdas agrícolas e da indústria da pesca, é muito maior. A EPA avalia que a abordagem dos vales negociáveis é cerca de 1 bilhão de dólares por ano mais barata do que a regulação convencional. Não havia solução pura de mercado para esse problema.

Para instituir esse mercado completamente artificial o governo teve que inventar e garantir um novo tipo de direito de propriedade. O sucesso muito limitado dos direitos negociáveis de poluição antes das emendas de 1990 sugere a necessidade de um período de tentativa e erro, antes que o poder público possa desenvolver um tipo de direito de propriedade capaz de contar com a confiança dos agentes do mercado privado. Não é muito diferente da evolução gradual de outros direitos artificiais de propriedade criados pelo Estado, como patentes, marcas registradas e *copyrights*, os quais são também sujeitos a refinamentos periódicos, à medida que a tecnologia muda.

Observe-se também que essa abordagem era apenas uma das possíveis abordagens "de mercado". Uma alternativa popular, um imposto sobre a poluição, seria aparentemente mais simples, mas na prática seria menos flexível e não seria acompanhada do mesmo benefício de induzir geradoras relativamente limpas a operarem de modo ainda mais limpo, pois não lhes ofereceria qualquer recompensa. A abordagem das licenças negociáveis também não é uma simples intervenção governamental que possa deixar o resto para o mercado. O governo terá que decidir se o limite de 8,9 milhões de toneladas poderá ser mantido após o ano 2000 ou se deverá ser reduzido. A administração pública também terá que decidir se a redução das emissões de óxidos de nitrogênio, ainda sujeita à regulação convencional, deverá juntar-se ao sistema de licenças negociáveis. E haverá outras correções de rota. Ao tempo em que escrevo, o mercado de vales de gás sulfídrico funciona razoavelmente bem, mas não sem alguns senões. Por exemplo, algumas geradoras cujos níveis de emissão se encontram confortavelmente abaixo dos limites de conformidade não estão negociando vales, mas entesourando-os. Elas o fazem por prudência, para o caso de virem a precisar deles em anos futuros, quando seu preço poderá ser mais alto. Isso frustra o projeto de um mercado sem atritos, reduz a oferta de vales e aumenta seu preço para as geradoras que precisam deles presentemente. É possível que os reguladores tenham de agir para desencorajar o entesouramento.

Finalmente, o sucesso da regulação por incentivos no caso da chuva ácida não significa que se trate de uma abordagem adequada para qualquer tipo de regulação ambiental. Ela funciona para a chuva ácida porque o problema é nacional, as fontes de poluição são isoladas e essencialmente fungíveis e a tecnologia para medir emissões é relativamente precisa. O regime de licenças negociáveis pode envolver uma mescla de regulações tanto de comando e controle como de incentivos. Outros tipos de regulação necessariamente requerem comando direto. Por exemplo, muitíssimos produtos químicos são de tal modo tóxicos que faz mais sentindo simplesmente proibi-los do que maquinar alguma espécie de mercado em torno do direito de usá-los em troca de um preço muito elevado.

Em resumo, há bastante espaço para atingir metas sociais por meio do mercado e da regulação mercantil – do mesmo modo que, numa economia mista, existe espaço para o mercado. Mas a regulação por incentivos e o mecanismo de preços não proporcionam uma abordagem superior em todos os casos, ou todo o tempo. E a regulação por incentivos continua a ser regulação. Só aqueles que alimentem um ponto de vista utópico sobre os mercados poderão surpreender-se com essas conclusões.

No início de 1996, a EPA, em obediência a uma exigência do Congresso, preparou uma análise de custo/benefício de 392 páginas sobre a Lei do Ar Puro de 1970. A EPA verificou que o custo de conformidade foi de aproximadamente 436 bilhões de dólares ao longo de vinte anos. Os benefícios em termos de saúde, diminuição de dias de trabalho perdidos, produtividade agrícola e redução de custos de limpeza situaram-se entre 2,3 trilhões e 14 trilhões de dólares. A atribuição de preços à poluição pelo mercado livre simplesmente não é capaz de fazer esse cálculo.

O sistema no qual o mercado privado opera é inevitavelmente estruturado pela lei e pelas escolhas democráticas. Tais escolhas podem levar a tipos de economia mista relativamente eficientes ou ineficientes. Mas a busca por um mercado livre perfeitamente puro, ou por uma economia que seja livre de influências políticas, é uma ilusão.

9
MERCADOS E POLÍTICA

A INEVITABILIDADE DA POLÍTICA

Nossa jornada ao longo das virtudes e defeitos dos mercados traz-nos forçosamente de volta à política. Mesmo uma sociedade apaixonadamente capitalista mostra-se dependente da existência de regras prévias. Regras dominam tudo, desde os direitos básicos de propriedade até a justeza dos termos nos quais se dá a interação em mercados mistos complexos, como a assistência médica e as telecomunicações. Mesmo os proponentes de incentivos de mercado – concorrência gerenciada na assistência médica, vales comercializáveis de emissões para o controle da poluição atmosférica, desregulação supervisionada nas telecomunicações, exigências legais de indenização para coibir práticas inseguras de trabalho – dependem paradoxalmente de uma regulação esclarecida e comprometida com o interesse público para que possam fazer funcionar seus esquemas de incentivos. Na medida em que surgem dilemas novos e imprevistos, não há um corpo institucional fixo capaz de governar todos os casos futuros. O aparecimento de novos produtos e de novas estratégias empresariais faz o mercado evoluir, implicando o mesmo quanto ao regime de regulamentos.

Nossa jornada revela que os padrões de falha de mercado são mais disseminados do que admitido pela maioria de seus entusiastas. Geralmente, resultam das características estruturais imutáveis de certos mercados e da ubiqüidade de efeitos secundários, tanto positivos como negativos. O oportunismo sem peias é mais disseminado na vida econômica do que reconhecido pela teoria do livre mercado. Em boa parte da economia os compradores não conseguem responsabilizar adequadamente os vendedores. Em mercados em que o consumidor não é de fato soberano (assistência médica, poluição, educação, desigualdades grosseiras de renda, corrupção eleitoral, fraudes no licenciamento profissional), recorrer puramente a uma ineficaz disciplina de mercado produziria, tanto para o consumidor como para a sociedade, resultados piores do que a alternativa de uma mescla de forças de mercado e intervenções regulatórias.

Outro paradoxo: os mercados são bem mais fortes e mais inventivos do que seus próprios entusiastas admitem. A disciplina concorrencial básica de uma economia capitalista é capaz de coexistir harmoniosamente com diferentes forças extramercado; o mercado pode, até mesmo, tornar-se mais eficiente por causa dessas forças. Elas incluem as intervenções regulatórias explícitas e o cultivo de normas extramercado, em especial a confiança, a civilidade e a reciprocidade de longo prazo. Como pudemos observar em mercados diversos como bancos, empresas de serviços públicos e assistência médica, os empreendedores não adoecem e falecem quando sujeitos a uma "concorrência fabricada"; eles simplesmente revisam suas estratégias concorrenciais e continuam a concorrer. Normas que comprometem a sociedade na resistência ao oportunismo de curto prazo podem tornar mais saudáveis tanto o mercado como a sociedade. Em contraste, os mercados puros estimulam e recompensam o oportunismo, erodindo a confiança.

Também vimos que, ao contrário do que afirma a teoria dos mercados perfeitos, muito da vida econômica não se classifica como uma satisfação mecânica de preferências exógenas, nem como a busca por um equilíbrio ótimo. Ao contrário, há muitas rotas possíveis – muitas mesclas de valores variados, muitas misturas do mercado com o social, muitas distribuições de renda possíveis –, todas compatíveis com padrões de trocas razoavelmente eficientes. O Graal do mercado perfeito, expurgado de distorções ilegítimas e ineficientes, é uma fantasia – e uma fantasia perigosa.

Os entusiastas do mercado têm razão num aspecto poderoso: não é possível submeter-se tudo a regulação. Mas nem tudo pode ser desregulado. De modo que a tarefa prática é determinar quando a regulação melhora a eficiência, que tipo de estratégia regulatória se deve seguir, quais regulações devem ter precedência sobre quais outras e qual é o ponto de onde o retorno não compensa o custo. O mundo real apresenta um espectro muito amplo de mercados efetivamente existentes com características estruturais diversas, e que apresentam diferentes graus de separação em relação ao ideal individualista dos manuais. Alguns desses mercados precisam de pouca regulação, outros carecem de muita – seja para fazer com que o mecanismo de mercado funcione com eficiência, seja para resolver problemas que o mercado não consegue solucionar. Alguém precisa fazer tais determinações, pois em caso contrário acabaríamos por construir um mundo muito distante mesmo das opções menos perfeitas que estão disponíveis.

Regras exigem alguém que as defina. Numa democracia, essa tarefa pressupõe uma política democrática, uma administração pública competente e tribunais confiáveis. A única alternativa é a política *não* democrática, cuja administração pública e cujo judiciário são provavelmente menos competentes e, certamente, menos responsabilizáveis e legítimos.

A solução de mercado não elimina a necessidade da política. Apenas altera a dinâmica da influência e a mescla de ganhadores e perdedores. Do mesmo modo, tampouco se elevam acima da política as tentativas de relegar as questões econômicas a organismos "não políticos", como Bancos Centrais. Isso apenas faria com que decisões financeiras cruciais fossem transferidas do debate popular para elites financeiras, passando adiante a responsabilidade política. Uma decisão no sentido de liberar os mercados, apesar de todas as suas falhas, não passa de uma entre muitas escolhas políticas. *Não há como escapar da política.*

QUIS CUSTODIET?*

A questão de saber como, precisamente, governar aparece tanto em países democráticos e individualistas como os Estados Unidos quanto em regimes autoritários, como Cingapura. Surge sem se importar se o sistema de seguridade social é grande ou pequeno, ou se as aspirações da política são expansionistas ou mais contidas. O estabelecimento de regras e a correção dos excessos do mercado são questões forçosamente públicas na Suécia social-democrata, na Alemanha democrata-cristã, no Japão capitalista e feudal e na Grã-Bretanha conservadora. A questão altamente delicada de quais devem ser as regras apropriadas de sustentação de uma sociedade capitalista permeava os conflitos e o discurso político nos EUA durante todo o século XIX, embora o setor público correspondesse a menos de 5% do PIB.

É claro que o processo político é capaz de produzir tanto bons como maus conjuntos de regras para o mercado. De modo que a qualidade da vida política é, também ela, um bem público – talvez o mais fundamental deles. Convém recordar que um bem público é algo a que os mercados não conseguem atribuir valores corretamente. Confiança, civilidade, comprometimentos de longo prazo e a arte da deliberação consensual constituem a antítese dos mercados puros e a essência de uma política efetiva.

Conforme observado pelo historiador da economia Alfred North, prêmio Nobel de 1993, uma administração pública competente e a capacidade de governar constituem fonte de vantagem competitiva para os Estados nacionais. Países do Terceiro Mundo e regimes pós-comunistas apresentam desvantagens notórias, não somente pela ausência de mercados funcionantes mas também pela debilidade de seus Estados, em termos de legitimação. Um vácuo de autoridade legitimada não leva a um laissez-faire eficiente; conduz a máfias e milí-

(*) *Quis custodiet ipsos custodes?*, Quem deve vigiar os guardiões? (N. T.)

cias, com cujo poder arbitrário os candidatos a empreendedores precisam lidar. Os mercadólogos que assessoraram a Rússia pós-soviética imaginavam que seu desafio seria desmantelar o Estado para construir um mercado. Na verdade, o desafio mais difícil tem sido instituir um Estado capaz de criar um mercado.

Normas que encorajem o envolvimento cívico informado aumentam a probabilidade de se conseguir uma política e uma administração pública competentes e sensíveis que, por sua vez, produzam uma economia mista mais eficiente. North escreve: "A evolução do governo, a partir de seu caráter mafioso medieval até chegar à concepção que incorpora as instituições e instrumentos legais modernos, é uma parte fundamental da história da liberdade. É uma parte que tende a ser obscurecida ou ignorada devido à visão míope de muitos economistas, que persistem em modelar o governo como nada mais que um gigantesco mecanismo de furto e de redistribuição de renda".[1] Neste trecho North ecoa Jefferson, que assinalara que a propriedade e a liberdade, como as conhecemos e valorizamos, não são intrínsecas ao estado natural, mas frutos de um governo efetivo: "a estabilidade da propriedade é uma dádiva da lei social, concedida em estágios adiantados da evolução da sociedade".[2]

Quanto mais os mercados mistos complexos exigem uma mescla de regras evolutivas, mais se apresenta a necessidade de se dispor de uma administração pública competente e responsável. Seria ótimo poder argumentar que um Estado expansivo e competente pressupusesse uma democracia vibrante. Contudo, uma olhada no mundo sugere que isso é mais uma preferência valorativa do que um imperativo lógico. Como observado pelo filósofo social Ralf Dahrendorf, infelizmente é possível dispor-se de um Estado forte e competente numa democracia relativamente fraca.[3] Esse é, precisamente, o modelo de capitalismo praticado no Extremo Oriente. Mas é também possível um Estado relativamente forte e uma democracia também forte. Os países da União Européia, especialmente os do Norte, dependem mais pesadamente do Estado e também têm níveis mais elevados de participação política por meio do voto, da atividade partidária e da representação trabalhista. Instituições civis fortes ajudam a constituir o Estado e também servem de contrapeso aos excessos tanto do Estado como do mercado.

A AMBIVALÊNCIA NORTE-AMERICANA

Historicamente, os Estados Unidos combinaram uma democracia forte com um Estado relativamente fraco e fragmentado. Essa composição é imbricada na estrutura da Constituição do país. Na aparência, reflete um caráter nacional amante da liberdade individual. A relação entre uma democracia forte e um Estado forte constitui um dilema no núcleo absoluto da fundação constitucional norte-americana. De início, nos Artigos da Constituição, os individualistas adotaram um Estado fraco. Contudo, como mostraram com sucesso Madison, Hamilton e Jefferson, um Estado mais forte seria exigível precisamente para assegurar e garantir os direitos de um povo livre.

Os Estados Unidos do século XIX eram, com justiça, admirados por suas associações voluntárias interconexas, as quais observadores como o francês Alexis de Tocqueville viam como constituintes da base social do republicanismo cívico. Para que o homem comum pudesse governar-se a si próprio, precisaria aperfeiçoar as práticas civis em miríades de "pequenas repúblicas" – e desconfiar de um governo central distante.

Ao longo de um século, os paladinos norte-americanos da soberania popular associaram-na a um governo limitado em seu alcance. Reciprocamente, os partidários de um Estado mais forte eram, geralmente, mais céticos em relação ao papel democrático do homem comum, encarando a democracia como um instrumento potencial para a tirania da maioria; por isso, buscavam as "melhores pessoas" para liderar uma República que combinasse um poder estatal adequado, ainda que limitado, a restrições aos impulsos de predomínio da maioria. No artigo 70 do *Federalist*, Hamilton escreveu que "energia no Executivo [federal] é o caráter dominante na definição do bom governo".[4] Um Estado forte equivaleria a uma democracia fraca e vice-versa. Esse eixo definiu o debate federalista/antifederalista. Os dois lados acabaram por convergir quanto à idéia da necessidade de um Estado eficaz para garantir os direitos políticos individuais, mas continuaram a discordar quanto ao papel que deveria ser reservado ao Estado na economia.

No final do século XIX, porém, essa polaridade convencional começou a se desfazer, quando críticos progressistas passaram a associar o Estado fraco dos fundadores federalistas ao impedimento de objetivos públicos desejáveis. A primeira versão completa dessa crítica apareceu no livro *Constitutional Government* [Governo constitucional], do professor Woodrow Wilson, publicado em 1885.[5]

Um século após a fundação da primeira democracia moderna, havia exemplos emergentes de países cujos sistemas constitucionais combinavam certa medida de soberania popular com uma administração pública mais forte e com um governo parlamentar mais eficaz. O modelo britânico do rei no Parlamento, materializado na forma de um Gabinete escolhido por um eleitorado (restrito) de massa; a combinação prussiana de um Estado muito forte com uma democracia parlamentar limitada; e a Terceira República francesa, eleita democraticamente mas baseada na antiga tradição do *étatisme*, indicavam a possibilidade de existência de mais de um modelo estrutural para a democracia. O jovem Wilson, então professor de ciência política, escrevia numa época em que a República norte-americana se encontrava atada por alinhamentos partidários estreitos e arbitrários, uma corrupção substancial, presidentes apagados e, com freqüência, controle dividido do Congresso e da Presidência. Um internacionalista influenciado por idéias européias e admirador das instituições da Europa, Wilson propunha que a Constituição dos EUA fosse emendada de modo a dirigir a República numa direção mais parlamentar.

É claro que isso não aconteceu. Mas 25 anos depois, durante a presidência do próprio Wilson, e *a fortiori* no New Deal de Franklin Roosevelt, desenharam-se um Executivo mais forte, uma administração pública mais profissionalizada e, mesmo, uma concepção mais "desenvolvimentista" do Estado. Contudo, permaneceram os obstáculos constitucionais a um governo forte. Apenas raramente, como no New Deal e, mais tarde, no 89º Congresso durante o período da Great Society [Grande Sociedade] de Lyndon Johnson, as maiorias congressuais foram elevadas o suficiente para constituírem maiorias parlamentares *de facto* e, assim, compensarem a fraqueza estrutural do Estado.

Apesar da ampliação do Estado administrativo no século XX, os norte-americanos continuaram a debater se um Estado forte seria aliado ou inimigo de uma democracia forte. Do mesmo modo que os fundadores, a maioria dos norte-americanos permaneceu resolutamente fiel ao republicanismo cívico. Como escreveu James Morone, "No coração da política republicana está a subordinação dos interesses individuais ao bem comum, a *res publica*. O ideal não seria simplesmente a soma dos interesses privados individuais, mas um interesse público distinto, com um interesse objetivo próprio".[6]

Todavia, nos últimos 25 anos, economistas do livre mercado desviaram esse debate para uma direção completamente nova e perturbadora. Partindo de uma extrapolação do modelo econômico do homem, essa nova corrente de pensamento contesta a legitimidade tanto da política como do governo, devido a seus efeitos alegadamente negativos sobre a eficiência do mercado. A receita aconselhada por esse ponto de vista radical é limitar o escopo tanto do Estado como da política. Assim, enquanto a necessidade de os mercados serem governados leva evidentemente à política, o modelo fundamentalista de mercado vira o jogo: a política seria uma atividade irremediavelmente contraproducente. Essa perspectiva transforma a argumentação em favor dos mercados em uma contestação frontal às aspirações mais fundamentais da democracia política.

O MERCADO COMO TEORIA ANTIDEMOCRÁTICA

Essa corrente de pensamento atende pelos nomes de teoria da Escolha Pública [Public Choice], ou da Escolha Racional [Rational Choice]. Ambas são muito semelhantes em suas proposições essenciais, de modo que as designarei indistintamente como Escolha Pública. Essa influente tendência da ciência social alimenta uma imagem espantosamente cínica da democracia política. A Escolha Pública funciona como "segundo" do economista do livre mercado em debates acerca do que pode ser confiado razoavelmente à política e ao governo. Na teoria da Escolha Pública, um Estado demonizado serve como imagem especular quase perfeitamente maniqueísta do mercado idealizado. A sagrada economia encontrar-se-ia sob risco constante de violação por uma política profana. A proposição nuclear é que o erro sistemático e o oportunismo seriam tão endêmicos e logicamente inevitáveis na atividade política como a autopurificação o seria no mercado. A premissa fornece então ao teórico da Escolha Pública uma contestação-padrão para qualquer demonstração de falha de mercado: *Sim, é possível que o mercado falhe de vez em quando, mas a interferência política só faria as coisas piorarem*. Em seu zelo no sentido de desmoralizar a intervenção na economia, os teóricos da Escolha Pública vão além e comprometem a própria democracia.

Esse conjunto de conclusões se demonstra menos pela observação da vida política real, ou por meio do estudo comparativo concreto de normas e instituições, do que pela dedução a partir de axiomas, pela inferência lógica e pela extrapolação a partir do modelo de mercado. Seguindo a lógica, se o homem econômico maximiza o comportamento auto-interessado no domínio econômico, também buscaria ganhos autocentrados na vida política e social. Contudo, enquanto os mercados seriam autocorretores, a política seria auto-infecciosa. Esse pressuposto leva, então, a uma seqüência de silogismos que "demonstram" que a política leva necessariamente a resultados caóticos, rapinantes ou perversos. Segue-se inevitavelmente que a rota mais prudente seria estreitar ao máximo possível os domínios da política e do governo. As dez páginas seguintes poderão parecer um tanto impenetráveis, mas o leitor deve perseverar, pois essa linha tem sido imensamente influente no fornecimento de uma costura teórica autocomplacente para a chocante proposição de que a intervenção na economia seria perversa porque a vida democrática estaria condenada.

A teoria moderna da Escolha Pública apresenta-se em diversas modalidades, mas todas constituem projeções dos pressupostos comportamentais da economia de livre mercado. Entre os clássicos estão os livros *An Economic Theory of Democracy* [Uma teoria econômica da democracia], de Anthony Downs (1957);[7] *The Calculus of Consent* [O cálculo da concordância], de James Buchanan e Gordon Tullock (1962);[8] e *The Logic of Collective Action* [A lógica da ação coletiva], de Mancur Olson (1965).[9] Essas obras seguem em paralelo próximo o modelo da motivação humana desenhado por Friedman, Stigler, Becker e pela escola de Chicago. Uma obra que antedata essa tradição, mas que é freqüentemente citada como constituindo um dos pilares da teoria da Escolha Pública, é *Social Choice and Individual Values* [Escolha social e valores individuais], de Kenneth Arrow, publicada em 1951.[10] A tradição da Lei e Economia, discutida no Capítulo 8, segue de perto esse tipo de teorização.

Enquanto a teoria democrática anterior via o processo de formação e expressão de grupos como uma avenida saudável e necessária para a democracia representativa ("pluralismo"),[11] a teoria da Escolha Pública enxerga os grupos de interesse como expressões coletivas de egoísmo individual, invariavelmente às expensas da coletividade. É evidente que tanto a vida econômica como a vida política são repletas de incertezas, previsões imperfeitas, oportunismo e expectativas frustradas. Todavia, a teoria da Escolha Pública atribui todos os mecanismos autocorretivos ao domínio do mercado e todas as influências destrutivas à política.

Embora menos que perfeita, a concorrência do mercado é vista como uma aproximação aceitável. Em contraste, a concorrência que se verifica na política democrática seria substancialmente uma contrafação, devido ao poder de quem já se encontra no poder, à manipulação das agendas políticas, aos grupos de interesse focalizado e à ignorância dos eleitores. No mercado, os consumidores são informados de modo imperfeito, mas isso não importa muito porque quem compra produtos ruins a preços altos acaba por ser punido. Por outro lado, o conhecimento imperfeito de eleitores levaria à dominação da política por parte de grupos de interesse, com resultados desastrosos. O mesmo consumidor que, de algum modo, teria toda a informação que quisesse para comprar um carro ou investir numa ação, seria um otário irrecuperável na cabina de votação. O empresário cujos impulsos oportunísticos seriam toleravelmente contidos pela ameaça da concorrência no mercado tornar-se-ia um tirano sem peias ao entrar na política democrática, apesar da concorrência eleitoral.

Em seu *Economic Theory of Democracy*, Anthony Downs argumenta que a concepção habitual da democracia política seria ilusória. Raramente os cidadãos fariam escolhas informadas, porque a informação acarreta custos que suplantariam os benefícios esperados ("quem busca informação investe recursos na aquisição de dados apenas até o ponto em que o retorno marginal da informação iguale o custo marginal"[12]). A ausência de informação adequada levaria "homens racionais a cometerem erros sistemáticos em política".[13] Os cidadãos não buscariam o bem comum. Como na vida econômica, perseguiriam o interesse próprio. Em vez de encarar os partidos políticos e seus representantes como coalizões devotadas a uma filosofia pública compartilhada, estes deveriam ser vistos como indivíduos cuja principal motivação seria a eleição (e a reeleição), de modo a poder extrair da coletividade benefícios imerecidos. Segue-se logicamente dessas premissas que os líderes cultivariam o "eleitor médio" de modo a chegar ao poder e, depois, mantê-lo. Contudo, como o eleitor médio seria desinformado, e como os grupos organizados dominariam a política, o ideal democrático seria, substancialmente, uma contrafação. O livro de Downs situa-se no domínio da teoria pura e da manipulação lógica, expressas em forma narrativa, suplementadas pela matemática. Não contém descrições empíricas ou históricas do processo político real.

Complementando Downs, Buchanan e Tullock levaram ainda mais adiante a idéia de que, na arena política, o indivíduo procuraria maximizar seu benefício individual e transferir custos a outros, em face de um "cálculo não muito diferente daquele que precisa enfrentar nas escolhas econômicas do cotidiano".[14] Uma premissa central da teoria que então criavam era a presença disseminada da "busca por rendas" ou "busca de vantagens" [*rent seeking*] na política, seja por parte de grupos de interesse organizados, seja por políticos e burocratas. Como observado anteriormente, uma "renda" é um lucro excessivo – um retorno presumivelmente ilícito que, num mercado perfeito, seria eliminado pela concorrência. Por analogia, uma "renda" política é um benefício que um eleitor racional não concederia por sua própria vontade, mas que um grupo de interesse ou burocrata esperto seriam capazes de extrair de um eleitorado ingênuo ou desorganizado. (Em sua aplicação à política, a expressão *rent seeking* originou-se com a professora Anne Krueger.) Conforme esse ponto de vista, autoridades eleitas são encaradas primariamente como agentes de interesses organizados estreitos. Na obra de teóricos mais extremados, como Richard Posner, os impostos governamentais, os orçamentos públicos e as transferências de renda são entendidas como furto, nada mais.

Eis uma passagem emblemática de James Buchanan:[15]

> A noção básica é muito simples e, mais uma vez, representa a transferência da teoria *standard* de preços para a política. Da teoria de preços aprendemos que os lucros tendem a se igualar, devido ao fluxo de investimentos entre diferentes oportunidades. A existência ou aparecimento de uma oportunidade de obtenção de lucros diferencialmente mais elevados atrairá investimentos até que os retornos se equalizem em relação àqueles generalizadamente disponíveis na economia. Portanto, o que deveríamos prever quando a política cria oportunidades de lucros, ou rendas? O investimento será atraído em direção às oportunidades [...] e tomará a forma de tentativas de obter acesso às rendas. Quando o Estado licencia uma profissão, quando atribui cotas de importação e exportação, quando aloca espectros de TV, quando adota planejamentos do uso do solo, podemos esperar que haverá desperdício de recursos em investimentos destinados a assegurar a fatia favorecida. [...] Como a expansão moderna do governo oferece mais oportunidades para a criação de rendas, devemos esperar que o comportamento maximizador de utilidade dos indivíduos leve-os a desperdiçar mais recursos na tentativa de assegurar "rendas" ou "lucros" prometidos pelo governo.

Atentemos para as espantosas premissas dessa prosa bem-comportada. Primeiro, Buchanan pressupõe que o mercado perfeito da teoria idealizada de preços constituiria uma imagem razoável da realidade econômica. As distorções da vida comercial ordinária são simplesmente eliminadas da existência por postulação, como também é eliminada a realidade de que existe mais do que um tipo de eficiência. A eficiência de Buchanan é a de Smith, aquela do sistema de preços, sob a pressuposição de que as condições sejam as da concorrência perfeita. Os preços pré-regulação derivados do mercado são imaginados como ótimos. Buchanan presume que a autorização de exercício profissional por parte do Estado a, digamos, médicos e engenheiros, ou a alocação estatal de um espectro eletromagnético escasso, representariam puramente custos. Nada afirma sobre o custo de *não* se regularem mercados necessariamente imperfeitos. Note-se também a aplicação mecânica, ao domínio político, de conceitos que são dúbios mesmo na teoria econômica. Observe-se a imputação de oportunismo puro à atividade cívica e política. A idéia de que alguns administradores públicos e alguns cidadãos ativistas pudessem, na verdade, buscar o bem comum é também desconsiderada logo de partida.

Esse modo de análise largamente mecanicista, não institucional e a-histórico é característico da primeira geração da teoria da Escolha Pública. O "Teorema da Impossibilidade" de Kenneth Arrow, publicado em seu livro de 1951,[16] é citado amplamente como uma espécie de pedra da Roseta da teoria da Escolha Pública, ao traduzir a política nos termos da economia e ao demonstrar de uma vez por todas a futilidade dos esforços políticos na busca do progresso social. De modo a demonstrar que os resultados de escolhas grupais são logicamente indeterminados, Arrow representou em forma algebricamente complexa o que é, em essência, a brincadeira infantil da tesoura, da pedra e do papel. Se a pedra quebra a tesoura, a tesoura corta o papel e o papel cobre a pedra, não é possível saber quem vence.

Essa reflexão de senso comum deu origem a todo um gênero de teorização em ciência política, conhecido como "ciclagem" [*cycling*], que afirma serem os eleitores logicamente incapazes de obter o que querem. Por analogia, se os grupos que agem na política têm preferências múltiplas quanto a temas diversos, pode-se demonstrar matemática e logicamente que os resultados não podem ser previstos de antemão, e que muitas diferentes coalizões são logicamente consistentes com a mesma hierarquia de preferências individuais. A partir desse inatacável silogismo formal, os teóricos da Escolha Pública extrapolam a conclusão de que, logicamente, os eleitores não podem obter da política o que querem, e que os resultados políticos seriam largamente derivados de quem eventualmente tenha o controle das agendas e de como as escolhas sejam estruturadas.

É claro que, a menos que se desça aos fatos, tal conclusão não passa de um truísmo vazio. A história política é repleta de exemplos em que as expectativas dos eleitores são frustradas – e de outros exemplos em que as maiorias obtêm aproximadamente o que queriam – e de outros exemplos ainda em que a evolução do debate político e a educação alteram a opinião pública. A história real está nos ricos detalhes históricos e políticos que a teoria da Escolha Pública geralmente deixa de lado.

De forma semelhante, o influente livro de Mancur Olson, *The Logic of Collective Action*, é constantemente invocado para demonstrar a ubiqüidade da "busca por vantagens" na vida política. Por meio do mesmo tipo de encadeamento lógico de raciocínio, Olson argumenta que um indivíduo racional não escolherá gastar seus esforços na vida legislativa ou cívica, pois o "custo" (em termos de informação amealhada e de tempo gasto) invariavelmente suplantará um benefício individual pequeno. Isso leva, logicamente, a uma política eleitoral dominada por grupos progressivamente menores, mais altamente focalizados e mais egoístas, bem como a uma política legislativa dominada por um toma-lá-dá-cá conduzido em detrimento do bem geral. Também se conclui logicamente que a maioria das pessoas não obterá o que quer da política: "a menos que o número de indivíduos num grupo seja bastante reduzido, ou a menos que a coerção ou algum outro mecanismo esteja agindo para fazer os indivíduos agirem em seu interesse comum, indivíduos racionais movidos por interesse próprio não agirão de modo a atingir seus objetivos comuns ou grupais".[17] Isso deve constituir surpresa para as inúmeras associações e outros grupos de interesse cujos membros gastam coletivamente bilhões de dólares para influenciar a legislação.

Os acadêmicos da Lei e Economia empregam a mesma dedução para promover um novo e radical tipo de ativismo judicial nos tribunais: se o processo legislativo não expressa genuinamente a vontade da maioria, então lhe falta legitimidade e os tribunais deveriam ignorar livremente a expressão de intenções legislativas e reverter à jurisprudência mais antiga. Essa lógica tem sido repetidamente invocada pelo juiz Antonin Scala da Corte Suprema, com base na teoria da Escolha Pública. A justificativa tradicional para o ativismo judicial era proteger os direitos das minorias de ser esmagado pelas maiorias legislativas. A Escolha Pública vira isso de cabeça para baixo, usando a teoria econômica para fornecer pretextos aos tribunais para que desautorizem os legisladores em nome de uma racionalidade econômica mais elevada[18] – e, com freqüência, para proteger o *status quo* de elites econômicas.

Desse modo, a celebração dos mercados transformou-se numa variedade insidiosa de desprezo pela democracia política. Por definição, fica excluída a possibilidade de a deliberação levar ao aprendizado social, ao refinamento institucional e a uma concepção evolutiva sobre o bem comum. Com efeito, a essência da teoria é negar que exista algo como o bem comum, exceto como soma de bens individuais egoístas. Aqueles que afirmam um bem comum, ou uma ética voltada para o interesse público, seriam "sentimentais" em perseguição a uma miragem não científica.[19]

Esse corpo de pensamento fornece testemunhos especializados para a afirmação de que deveríamos minimizar a intervenção política na economia. Na conclusão de uma longa e equilibrada discussão da teoria da Escolha Pública, em que aponta muitas de suas fraquezas empíricas, Dennis C. Mueller escreve que "o modo melhor e mais simples de evitar o problema da busca por vantagens é evitar a criação de instituições capazes de criar rendas, isto é, as regulamentações e os órgãos regulatórios que propiciam a sua busca".[20] Em outras palavras, mesmo considerando ser tautológico e não corroborado o retrato da política como constituindo essencialmente uma busca por vantagens, é melhor não arriscar. Essa é a conclusão normativa (e a premissa) da maioria dos escritos da Escolha Pública.

Outra vez, o leitor neófito pode julgar que tais descrições da política são tão extremadas e tautológicas que é de admirar gastarem-se várias páginas para descrever esse bizarro corpo teórico. Bem, James Buchanan e Kenneth Arrow são, ambos, prêmios Nobel de economia. Anne Krueger é a atual [1996] presidente da Associação Norte-Americana de Economistas. Numa contagem recente, cerca de metade dos artigos publicados na prestigiadíssima *American Political Science Review* filiavam-se à Escolha Pública.[21]

A demonstração da banalidade da Escolha Pública está em suas aplicações empíricas. Quando a segunda geração de acadêmicos da Escolha Pública tentou aplicá-la ao mundo real da política, o resultado foi um fiasco embaraçoso. Suas tentativas de aplicação empírica fracassam caracteristicamente de duas formas. Ou as previsões da teoria resultam dolorosamente distantes da realidade ou a própria teoria se reduz a um conjunto de truísmos que são triviais ou, então, se desviam forçosamente de seu embasamento teórico.

Por exemplo, um dos embaraços mais fundamentais da teoria da Escolha Pública é o "paradoxo do voto". A teoria da Escolha Pública prevê por via lógica que as pessoas não deveriam votar. Conforme as luzes da teoria, o ato de votar seria patentemente irracional, pois os custos superam os benefícios e as chances de que o voto de uma pessoa altere os resultados são infinitesimais. (A probabilidade de o voto de um único eleitor ser decisivo é aproximadamente equivalente à de ser atropelado no caminho para o local de votação.[22]) Infelizmente, acontece que as pessoas votam. Elas enfrentam mau tempo para votar. Elas votam mesmo quando têm certeza de que o outro sujeito vai vencer. Em países do Terceiro Mundo, elas enfrentam o risco da retaliação e do assassinato. Uma forma estranha de maximizar a própria utilidade.

Se as pessoas votassem devido a valores extra-racionais, a teoria da Escolha Pública ainda seria capaz de explicar variações de comparecimento às urnas com base na maximização racional da utilidade. Mas não. Por exemplo, as pessoas mais ricas atribuem mais valor a seu tempo do que os pobres, mas, tipicamente, apresentam taxas muito mais elevadas de participação em eleições. A Escolha Pública se contorce em nós engenhosos para explicar o paradoxo do voto, preservando ao mesmo tempo a teoria. Em geral, a Escolha Pública preserva seu poder explicativo precisamente na medida em que alivia seus pressupostos nucleares.

É claro que a explicação mais parcimoniosa para o paradoxo do voto é que a Escolha Pública não oferece uma boa descrição do homem político. Nem sempre os cidadãos querem levar vantagem. Eles levam à política objetivos e valores que, por vezes, transcendem o interesse próprio. Votam para exprimir preferências ideológicas, crenças a respeito do que consideram bom para a coletividade ou para sinalizar solidariedade em relação à própria democracia. É notável observar que o mesmo vale para alguns políticos eleitos, que muitas vezes são maiores e mais comprometidos com o espírito público do que a soma de seus eleitores.

No âmbito de uma importante contestação empírica, o cientista político Donald Sears e colegas da Universidade da Califórnia em Los Angeles buscaram correlação entre o comportamento eleitoral individual e as percepções dos eleitores a respeito de sua própria condição econômica e da situação econômica do país. Contrariamente ao individualismo radical suposto pela teoria da Escolha Pública, o eleitor tende a premiar ou punir candidatos à reeleição com base numa avaliação de como a *coletividade* está se saindo, e não de como, pessoalmente, a situação o afeta.[23,24]

Na teoria da Escolha Pública, a deliberação parlamentar é descrita simplesmente como jogo de uma-mão-lava-a-outra, nunca como a construção legítima de um consenso ou da solução de um problema – sem mencionar a busca do bem comum. Há pouco respeito pela dinâmica da transformação de opiniões com base no testemunho de especialistas, na argumentação e nas demandas das pessoas comuns. Quem quer que tenha observado de perto as audiências públicas do parlamento sabe que certas leis não passam de objeto de barganha de baixo nível, mas que outras são o resultado de um processo iterativo de aprendizado social e de busca de um terreno comum. Fica-se com a impressão de que a Escolha Pública não gosta da política e não lhe dá a importância devida.

É na área da aplicação empírica e da previsão concreta que a teoria tem encontrado suas maiores derrotas. Nas décadas de 70 e 80, muitos teóricos da Escolha Pública começaram a descrever o crescimento aparentemente irresistível dos gastos públicos e da inflação como belas ilustrações do sublime poder explicativo de suas concepções. Enquanto indivíduos, os eleitores podem querer a estabilidade de preços e orçamentos equilibrados, mas devido ao fracasso da política em traduzir com precisão suas verdadeiras preferências individuais na forma de políticas administrativas (o Teorema da Impossibilidade de Arrow), por causa dos aproveitadores de Olson e como conseqüência da ação egoísta dos grupos de interesse de Buchanan, eles teriam frustrados seus objetivos. Dessa forma, uma pletora de obras da escola da Escolha Pública "demonstrou" como o crescimento inelutável do Estado de bem-estar social, a inflação do final dos anos 70 e a crise orçamentária dos anos 80 resultariam de dinâmicas políticas prejudiciais à economia, previstas pela Escolha Pública.

Infelizmente para a teoria, todas essas moléstias supostamente crônicas foram revertidas, apesar da política – ou, mais precisamente, através da política. O setor público parou de crescer em virtualmente todos os países industriais avançados. Os integrantes da União Européia concordaram, no Tratado de Maastricht, em limitar a dívida pública a 60% do PIB e o déficit público anual a 3%. Nos Estados Unidos, ambos os partidos encontram-se hoje comprometidos com uma trilha ainda mais austera de obtenção do equilíbrio orçamentário. A crise inflacionária da década de 70 também retrocedeu, graças a intervenções de política pública.

Ainda mais interessante do que isso (e mais danoso à teoria) é examinar *como* isso aconteceu. Supostamente, a pressão da busca por vantagens e a dominação dos grupos de interesse colocariam obstáculos intransponíveis a políticas fiscais razoáveis. Também supostamente, os políticos estariam essencialmente interessados em se reeleger. Na última década, porém, todos esses fatores foram como que suspensos.

Repassar os eventos recentes é perceber o importante papel da ideologia e dos "políticos de convicção". Mesmo a mais superficial das leituras da história mostra que na vida política atuam tanto pragmáticos como ideólogos. Nos EUA, concorreram e governaram como pragmáticos os presidentes Eisenhower, Nixon, Ford, Kennedy, Bush, Carter e Clinton. Eles buscaram o centro político, mais ou menos como requerido pela teoria da Escolha Pública – mas também como conseqüência de suas convicções de que o centro fornece as políticas mais apropriadas. Em determinados instantes, todos despenderam capital político substancial e assumiram riscos políticos reais para promover políticas que acreditavam serem boas para o país – às vezes saindo vitoriosos e, às vezes, sofrendo derrotas humilhantes.

Em contraste, Franklin Roosevelt, Harry Truman, Barry Goldwater, George McGovern, Walter Mondale e Ronald Reagan eram políticos de convicção. Goldwater e McGovern conduziram campanhas presidenciais com fundamento em princípios e sofreram derrotas acachapantes. Roosevelt e Reagan assumiram posições distantes do centro político predominante e conseguiram mover a opinião pública em sua direção. O mesmo vale para muitos legisladores. A história política dos EUA está repleta de "histórias de coragem" – bravura legislativa exercida em nome de um bem público convicto que, muitas vezes, custou ao legislador seu mandato. Em 1994, diversos parlamentares do Partido Democrata foram ao cadafalso por Bill Clinton e pela disciplina fiscal, ao votarem em favor de um pacote de redução de déficit que incluía aumentos de impostos que, provavelmente, seriam impopulares junto a seu eleitorado. Muitos estreantes republicanos que derrotaram oponentes democratas em busca de reeleição nas eleições de 1994 assumiram posições muito à direita de seus eleitores, o que a alguns custou suas cadeiras.

É irônico notar que a contra-revolução conservadora que começou em 1981 tem o efeito de embaraçar seus aliados intelectuais da fraternidade da Escolha Pública. Embora aliados a grupos de interesse empresariais que buscavam a desregulação e a redução de impostos por motivos oportunistas, os reaganistas eram movidos principalmente pelo zelo ideológico – uma convicção genuína de que um governo poderoso seria prejudicial à sociedade norte-americana. De início, Reagan e seus aliados, deliberada ou inadvertidamente, comportaram-se do modo como sugerido pela teoria da Escolha Pública – reduziram impostos sem diminuir significativamente os gastos. Os historiadores debaterão por longo tempo se isso constituiu um estratagema tático deliberado, para criar um déficit permanente com o qual agredir os gastos públicos – ou um erro de cálculo acidental, que mais tarde se mostraria taticamente um golpe de mestre. Seja como for, desde o fim da década de 80 a redução do déficit público tem constituído um objetivo fiscal predominante; a coalizão em prol do equilíbrio orçamentário tem trazido ao eleitorado principalmente dor – reduções significativas nos gastos públicos associadas a pouco alívio tributário. E os déficits têm se reduzido consistentemente. Essa cruzada, que consistiu um artigo de fé bipartidário entre as elites políticas, contesta cabalmente a concepção que a Escolha Pública apresenta do comportamento legislativo.

Não é de surpreender que a Escolha Pública constitua empiricamente um fracasso, pois descreve erradamente a motivação política. Alguns políticos são pragmáticos puros e, até mesmo, meninos de recado de grupos de interesse; outros são movidos pela ideologia. Alguns agem por interesse próprio; outros perseguem altruisticamente o bem coletivo. O que vale para os políticos vale também para eleitores e ativistas políticos. Ambientalistas e ativistas antiaborto seriam reprovados num teste convencional de custo/benefício, a menos que se distorça a linguagem e a lógica de modo a definir a preferência por um ambiente imaculado ou os direitos dos que ainda não nasceram como "gostos" puramente privados. De forma semelhante, os políticos e eleitores brancos que apoiaram os direitos civis dos negros sentiam que trabalhavam para reparar com grande atraso injustiças históricas, mesmo que o fizessem às expensas de seus próprios privilégios raciais. O famoso comentário de Lyndon Johnson ao assinar a Lei de Direitos Civis de 1964, "Lá se vai o Sul", foi profético como epitáfio para o partido dixiecrata* e dificilmente se conformava à imagem do político conforme desenhada pela Escolha Pública. A primeira geração de eleitores negros que, para votar, enfrentaram retaliações econômicas e físicas, fizeram-no por acreditar que construíam uma sociedade melhor para seus filhos.

Por que um corpo teórico tão banal e tautológico é alvo de tamanho respeito e tem tanta influência nos meios acadêmicos? É possível identificar três razões.

A primeira é a influência da economia de livre mercado. Como afirmam seus defensores e seus detratores, a Escolha Pública corresponde à aplicação do modelo econômico à vida política. O modelo econômico nunca gozou de tanto prestígio como na época atual, na academia e na vida política. A teoria da Escolha Pública representa tanto a incursão da economia de livre mercado em outras disciplinas como os infelizes esforços de outras ciências sociais (cujos domínios são inerentemente menos mecânicos) em emular uma economia formalista. Um motivo relacionado a esse para que a Escolha Pública desperte respeito acadêmico são suas pretensões científicas. Construir modelos, formular matematicamente teorias e manipular aquilo que é quantificável tem mais prestígio do que a pesquisa histórica, institucional ou qualitativa. Mesmo que os resultados sejam triviais, formalistas e tautológicos, e mesmo quando são refutados empiricamente, seus proponentes podem sempre argumentar (como fazem freqüentemente os acadêmicos da Escolha Pública) que "pelo menos tentamos ser científicos".

Um segundo motivo é que o ceticismo em relação à política entra em ressonância com o caráter, a história e as instituições norte-americanas. Como explica James Morone em seu *The Democratic Wish* [A aspiração democrática],[25] os norte-americanos esperam bastante da política, mas ao mesmo tempo desconfiam profundamente dela. Esperam benefícios do governo, mas o dificultam constitucional, administrativa e fiscalmente. Invocam o ideal democrático, mas o limitam. Essa contradição nuclear conduz o eleitor a frustrações que, periodicamente, irrompem na forma de soluções contraproducentes. Por vezes, o resultado é um esforço quixotesco de esvaziar a política da política. São exemplos a cruzada elitista da era progressista na tentativa de desnaturar os temas políticos, transformando-os em meras questões de especialização técnica. A contrapartida moderna é o movimento em favor de restrições mecânicas, como limitações constitucionais à tributação e aos gastos públicos, obrigações quan-

(*) Ala mais racista e conservadora do Partido Democrata no Sul dos EUA. A designação surgiu em 1945, quando essa corrente lançou candidatura presidencial própria em protesto contra as posições mais progressistas adotadas nacionalmente pelo partido. *Dixie* indica os Estados do Sul, notadamente os que constituíram a Confederação durante a Guerra Civil. Observe-se que Lyndon Johnson era texano; sua participação como vice-presidente na chapa de John F. Kennedy e, depois, sua eleição para a presidência, incluíram acomodações com os dixiecratas. (N. T.)

to ao equilíbrio orçamentário e tetos para gastos no decorrer de mandatos executivos. O impulso oposto procura retirar a política dos políticos ilegítimos e aproximá-la diretamente do povo, por meio de referendos populares. Nenhuma dessas abordagens funciona. Temas complexos permanecem irresolvidos, os eleitores continuam frustrados e a política democrática nunca volta ao "povo" mitológico. Encarada sob esse ponto de vista, a Escolha Pública é a expressão formalista da crença popular de que os eleitores nunca obtêm o que de fato querem, e que não se pode confiar nos políticos. É claro que, com todas as suas falhas, a política é o regime necessário da democracia. Quanto mais a "política" é desligada da "democracia", mais a Aspiração Democrática resulta frustrada.

Em terceiro lugar, e talvez o mais importante, a teoria da Escolha Pública e sua parente próxima, a doutrina da Lei e Economia, reforçam poderosamente o ideal laissez-faire e, assim, atendem às aspirações dos poderosos. Afinal, quem perde quando a sociedade busca a mobilização política dos eleitores que não têm propriedades, um Estado de bem-estar social mais amplo, regulações econômicas substanciais e uma tributação redistributiva? Quando eleitores que não são ricos, aqueles mais vulneráveis às vicissitudes do mercado, se organizam em forças políticas, produzem-se líderes e diretrizes administrativas que alteram a distribuição de poder e de riqueza na sociedade. No entanto, se esse procedimento pode ser desacreditado e descartado, seja sob o pretexto da perversidade econômica, seja por futilidade política, as elites passam a ter menos a temer da ação política que se lhes oponha. (Só para dar uma mão ao livre mercado das idéias, fundações conservadoras têm gasto dezenas de milhões de dólares no subsídio a pesquisas conduzidas por acadêmicos que lhes são simpáticos, sob a premissa de que seu trabalho ajudará a propagar a fé.)

Ao se fazer um retrospecto das diferentes concepções sobre o relacionamento entre um Estado forte e uma democracia forte, vemos que a aplicação do modelo econômico oferece algo radicalmente novo. Na época da fundação constitucional dos EUA, travavam-se debates acirrados sobre o poder e construção do governo central e sobre a natureza da representação democrática. Mas todos os lados do debate invocavam as virtudes do autogoverno democrático. Na era progressista, reformadores que buscavam limpar o governo tentaram despolitizar muitas questões públicas. Mas eles defendiam uma administração pública mais profissionalizada e uma regulação mais forte. A Escolha Pública se notabiliza por amaldiçoar tanto a política democrática como o governo.[26]

Reviver a política

É evidente que a alternativa a deixar tudo aos mercados, sob a alegação de que o governo seria cronicamente incompetente, é reviver a política e a administração pública. A teoria da Escolha Pública – a invasão da política democrática pela economia de livre mercado – condena tal objetivo como inatingível. No entanto, se fui capaz de persuadir o leitor de que os mercados nem sempre otimizam e de que a política não leva necessariamente a resultados piores, ao menos podemos abrir uma discussão a respeito de como energizar a política, tanto como um fim em si mesmo quanto para situar a correção das falhas de mercado em mãos competentes e responsáveis.

Deveria ser desnecessário dizer que, numa democracia política, necessitamos de formas robustas de participação popular e do cultivo de normas para o espírito público. Parece espantoso que, em época tão avançada, precisemos ainda apresentar argumentos detalhados em favor da democracia. Por que, afinal, desejamos uma democracia política? Por que não vender cargos públicos e colocar em leilão os direitos democráticos? Uma reconsideração do argumento em favor da democracia ajuda a situar em perspectiva a nova concepção utópica dos mercados.

Em primeiro lugar, precisamos da democracia como bastião contra a tirania. A frase de lorde Acton continua a valer: "O poder tende a corromper, e o poder absoluto corrompe de forma absoluta". A Revolução Americana e as revoluções que se seguiram a ela retiraram o poder político das mãos de monarcas arbitrários e a deram para o povo. A necessidade de equilibrar cuidadosamente a aspiração democrática e a ameaça das maiorias tirânicas é uma questão mais sutil, e que também permeia a fundação constitucional dos EUA. As virtudes e complexidades da democracia encontram-se profundamente arraigadas na consciência coletiva dos norte-americanos, no que é talvez sua herança mais preciosa como país. Argumentar que todo esse esforço é ilusório significa esquecer o que acontece aos países quando a democracia fracassa.

Em segundo lugar, precisamos da democracia para o desenvolvimento e expressão de nossa identidade individual. Ser um homem ou mulher livres é exprimir opiniões, participar em deliberações, ter alguma influência sobre a forma assumida pela coletividade. Atinge-se a expressão individual como consumidores, mas também como cidadãos – no último caso, freqüentemente de um modo mais rico. Se o domínio da política é encolhido e a atividade política restringida, o indivíduo resulta apequenado. Como colocou a filósofa-política Hanna Pitkin, recorrendo a pensadores tão diversos como Aristóteles e Hannah Arendt, "O que distingue a política [é] a possibilidade de uma intervenção compartilhada, coletiva, deliberada e ativa em nosso destino, naquilo que, de outra forma, seria um subproduto de decisões privadas. [...] [A] promessa singular da liberdade política permanece a possibilidade de uma ação coletiva genuína, o ato de uma inteira comunidade que, consciente e conjuntamente, molda o conjunto de procedimentos que devem ser aplicados e que dá forma a seu modo de vida".[27] Tais questões têm preocupado o ser humano desde a primeira democracia, na Antigüidade grega; esses temas intemporais não são eliminados pela ascendência momentânea da economia laissez-faire.

Em terceiro lugar, precisamos cultivar as habilidades e normas cívicas caso queiramos que a democracia seja mais do que um ritual formalista ou uma pantomima de grupos de interesse, como projetado cinicamente pela teoria da Escolha Pública. Obviamente, há limites para o tempo que o cidadão médio pode dedicar à arte do autogoverno, do mesmo modo que há limites para o tempo de que se dispõe para fazer pesquisa de preços quando se deseja comprar algo. Contudo, uma sociedade em que os cidadãos alocam tempo para votar, para participar de associações voluntárias e partidos políticos, para assistir a reuniões da escola ou da Associação de Pais e Mestres, e mesmo dispõem de alguma expressão democrática no ambiente de trabalho, será provavelmente mais saudável, mais aberta à confiança e mais durável do que outra, em que os modos de procedimento democrático sejam passivos e formais. Em vez de tentar expandir o mercado de maneira a fazê–lo incluir a política, seria salutar estender os princípios democráticos e os princípios deliberativos a áreas do mercado em que são fracos ou se encontram ausentes, como o ambiente de trabalho.

Em quarto lugar, se os limites dos mercados exigem de nós que confiemos ao governo funções que vão além da simples manutenção da ordem pública e da garantia de direitos básicos de propriedade, então precisamos de uma democracia e de uma política ainda mais fortes. Algumas sociedades são evidentemente capazes de combinar uma administração pública expansionista e eficiente com uma democracia relativamente fraca ou formal, devido a tradições pré-democráticas de governo forte e por causa de predisposições culturais autoritárias. Muitos dos países democráticos que contam com os Estados mais competentes herdaram burocracias eficazes de suas próprias épocas pré-democráticas. Países tão diferentes como o Japão e a Suécia tinham tradições de deferência para com a autoridade legítima que conferiam grande poder às burocracias monárquicas; isso se preservou, fazendo-as prestar obediência às instituições parlamentares.

Em contraste, os norte-americanos não se notabilizam por sua deferência à autoridade. Em quase toda parte, a autoridade tem precedência; a liberdade surgiu posteriormente. Como observado por Madison, nos Estados Unidos a liberdade surgiu antes; uma autoridade consensual teve de ser construída depois. Para dispor de um Estado efetivo, os EUA têm necessidade de uma vida cívica e democrática vigorosa e ativa, que lhe confira legitimidade e responsabilidade. Contrariamente ao afirmado pela teoria da Escolha Pública, o cultivo do espírito público e a participação robusta em todos os níveis da política e do governo valem a pena por si próprios.

Esses quatro argumentos em favor da democracia política devem ser familiares. Eis agora um quinto, mais novo, e mais imediatamente relevante para nossa discussão sobre o mercado e a política: temos necessidade dos hábitos e instituições de uma democracia forte *precisamente para manter os mercados em seu lugar* e para proporcionar resistência para os períodos históricos em que o mercado se descontrola e faz com que as pessoas comuns se tornem vulneráveis aos apelos de tiranos. Ao traçar a história de nosso século turbulento, consegue-se dar a importância devida ao relato de Karl Polanyi, segundo o qual a mercantilização desenraíza as formas pré-modernas de segurança e estabilidade e leva a formas modernas de despotismo. Ao se ler a história, percebe-se que foram os países com tradições democráticas fortes aqueles capazes de escapar da aplicação de soluções ditatoriais em resposta a desordens econômicas. Em certos momentos da Grande Depressão, esse desfecho não parecia tão inevitável nos EUA. No entanto, os hábitos sedimentados do norte-americano como povo livre, com instituições cívicas vigorosas, forneceram um caminho firme.

Os Estados Unidos atravessaram as turbulências econômicas deste século com suas instituições democráticas intactas. Mais de um século de experiência com o republicanismo cívico, uma longa tradição de associatividade voluntária e uma profunda concepção da democracia como bem público deram à maioria dos norte-americanos uma resistência intuitiva aos apelos do fascismo e do comunismo. O hábito democrático serviu bem aos EUA como amortecedor econômico. A Alemanha, a Itália, o Japão e boa parte da América Latina não tiveram tanta sorte. Com apenas alguns curtos meses de democracia parlamentar, a Rússia bolchevique escolheu o pão em vez da liberdade e acabou por perder ambos.

Apesar de recorrerem a modelos altamente estilizados, os entusiastas do modelo puro de mercado não conseguem situá-lo fora da história, sob pena de se tornarem pouco razoáveis. Se quisermos evitar que o mercado suprima tudo o que consideramos valioso, precisamos de um Estado competente. E, se não quisermos que o Estado passe a constituir sua própria fonte de tirania, precisamos de uma democracia forte.

Embora o tema ideológico de nossos dias seja o de que a política atrapalharia a eficiência e o dinamismo dos mercados, vale a pena prestar atenção na moléstia oposta. Hoje, os mercados agridem e solapam a política democrática de diversas maneiras – ideológica e institucionalmente. Conforme apropriadamente observado por Arthur Okun em contradição à fraternidade da Escolha Pública, a política existe necessariamente num domínio completamente distinto dos mercados. Devido ao fato de seus respectivos princípios basilares serem tão diferentes, a política não pode ser entendida meramente como extrapolação da economia. Apesar disso, ultimamente o mercado tem acuado inexoravelmente a política, tanto na prática como teoricamente.

Ao abordarmos a revivescência da vida política, precisamos ter clareza quanto ao fato de que estamos discutindo três instituições diferentes, embora inter-relacionadas – a prática política, o Estado e a comunidade. No passado, os liberais conservadores associaram uma comunidade forte e uma prática política vital a um Estado fraco. Os conservadores modernos transformam o Estado num vilão todo particular, contribuem para alimentar o cinismo em relação às possibilidades da política e associam as instituições privadas da comunidade a mercados. No entanto, há amplas evidências de que, quando levado a extremos, o mercado pode enfraquecer tanto o Estado como as práticas políticas e a comunidade.

Dinheiro e política

Uma democracia capitalista existe numa tensão inevitável entre os princípios contraditórios de um cidadão/um voto e um dólar/um voto. O dinheiro compra quase tudo, e tenta o tempo todo comprar aquilo que não deveria estar à venda na política. Ultimamente, o dinheiro ganhou nova influência na vida política. À medida que as campanhas eleitorais foram se tornando mais caras, o dinheiro tendeu a expulsar de cena formas mais cívicas de participação política. A política torna-se crescentemente um empreendimento construído com base em pesquisas de opinião, malas diretas e comerciais de TV pagos, todos procedimentos que custam montes de dinheiro e envolvem poucos cidadãos. Os políticos passam uma grande parte de seu tempo no levantamento de fundos e no cultivo de doadores ricos. Diversos legisladores norte-americanos com senso do dever público aguçado abandonaram recentemente a vida política por considerarem humilhante e corruptivo o imperativo do levantamento de fundos.

Por vezes essa dinâmica frustra a democracia, por levar literalmente à compra e venda de votos. Mas o efeito corrosivo para a democracia opera de diversas outras formas mais insidiosas. Cria um clima em que grandes financiadores e levantadores de fundos ganham acesso privilegiado a políticos eleitos. Trata-se de uma política de "interesses especiais" bastante distinta daquela postulada pela teoria da Escolha Pública. Não se trata de indivíduos que se organizam em grupos ou coalizões para maximizar sua influência legítima enquanto eleitores. Trata-se do uso do dinheiro para adquirir diretamente uma influência ilegítima, em contraposição ao princípio democrático nuclear de uma pessoa/um voto. Essa modalidade de política tem o efeito de permitir que o maior doador se dirija para o início da fila. É raro o político que não atenda ao telefonema de um grande financiador ou levantador de fundos.

Eleições movidas a dinheiro alimentam um tipo de política que exclui os eleitores comuns, exceto como objetos a serem manipulados nas pesquisas de opinião, grupos de focalização [*focus groups*], malas diretas e comerciais de TV. A política se transforma num exercício de amealhar fundos de modo a conseguir pagar o preço da pesquisa especializada, da produção de anúncios e do tempo de TV. O gênero valoriza especialmente as campanhas negativas, para as quais a televisão é particularmente bem-dotada. Com o tempo, o resultado é um cinismo cada vez maior por parte do eleitor comum. O que permanece na mente do eleitor é, menos, um argumento ou um comercial do que um negativismo generalizado, uma sensação de que todo o espetáculo não passa de manipulação, de que todo político é picareta. Excluem-se as questões reais e a possibilidade de uma efetiva mudança construtiva. As pessoas deixam de participar de um modo mais autêntico e cívico. Votar parece fútil e o comparecimento às eleições diminui.

O dinheiro também reprime a participação em grupos. Na política dominada pelo dinheiro, o *lobby* movido pela moeda tende a expulsar o genuíno ativismo de base, fundado na mobilização popular de cidadãos-ativistas. Um termo novo e sedutor imiscuiu-se na política – "*lobby* Astroturf", ou "*lobby* de grama artificial". Trata-se de uma paródia do antigo conceito do "*lobby* de raízes" [*grass-roots lobbying*], no qual coalizões de eleitores não recorriam primariamente a lobistas de Washington, mas exerciam pressão sobre os parlamentares a partir de casa. Em contraste, da mesma forma que a grama artificial, o *lobby* Astroturf simula a coisa verdadeira. Em quantidades grandes o suficiente, o dinheiro é capaz de criar quase instantaneamente uma aproximação às campanhas de base. Disponibilizado por interesses especiais bem fornidos, o dinheiro consegue criar organizações de papel, recrutar cidadãos para formar grupos de fachada e criar a impressão de uma verdadeira rebelião das bases.

Por exemplo, durante a batalha da desregulação das comunicações, em 1995-6, as Baby Bells e o setor de cabos organizaram coalizões amplas, com campanhas de pressão por cartas e anúncios de página inteira, que pretendiam dar a impressão de representar tanto os consumidores como interesses estreitos. A batalha legislativa resumiu-se a um confronto entre a AT&T e as Baby Bells. Os verdadeiros grupos de consumidores, preocupados com uma gama de temas que ia do poder monopolista dos operadores de cabo à manutenção de serviços telefônicos básicos baratos e às regras para o funcionamento da Internet sumiram irremediavelmente em meio à dinheirama e à gritaria. Outro exemplo interessante é o "Wise Use Movement" [Movimento pelo uso sensato], um pseudomovimento de massa que, na aparência, é comprometido com a coexistência pacífica entre o desenvolvimento econômico e o meio ambiente. Embora tenha cultivado a imagem de constituir uma ampla coalizão de pessoas comuns, o movimento é na verdade dominado por interesses comerciais dos setores minerador e madeireiro. Quanto mais as pessoas comuns venham a acreditar que a política é dominada por interesse endinheirados, menos parece valer a pena participar dela.

Observe-se a diferença entre esta análise da degradação cívica e política e aquela proporcionada pelas teorias políticas influenciadas pelo mercado. Conforme a teoria da Escolha Pública, a ameaça a uma democracia significante seria resultado da influência de grupos de interesse de modo geral. Devido ao fato de os simpatizantes desse gênero de teorização tenderem a ser pró-mercado e antiredistribuição, seus exemplos de "buscar vantagens" são com freqüência extraídos de situações em que o Estado ajuda os pobres. James Buchanan assim ilustra os resultados perversos que adviriam das incursões da política no domínio dos mercados: "Se garantirmos pagamentos a mães com filhos que dependem exclusivamente delas apenas pelo fato de serem mães, podemos prever que, logo, teremos mais dessas mães. Se proporcionarmos aos desempregados pagamentos mais elevados, prevemos que o número de desempregados crescerá".[28] Buchanan tem pouco a dizer sobre as disparidades do poder econômico privado e seus efeitos em termos de influência política. No mundo da Escolha Pública, todos os grupos de interesse seriam criados da mesma forma e seriam igualmente perniciosos.

Em contraste, os abusos cometidos por grupos de interesse que tenho em mente envolvem um acesso desproporcional e mais amplo, comprado com dinheiro. Como Charles Lindblom escreveu profeticamente há duas décadas, numa sociedade de mercado o empresariado goza de uma "posição privilegiada".[29] A política democrática é um domínio em que as pessoas comuns compensam o poder desproporcional exercido pelo dinheiro organizado. Se, devido à sua quantidade, os cidadãos idosos conseguirem convencer legisladores receptivos de que faz sentido que o governo conserte uma falha séria de mercado e passe a prover seguro médico universal para os idosos, essa ação precisará contar com uma legitimidade presuntiva maior do que a de operadores de asilos que, por intermédio de doações financeiras, persuadam os legisladores a amenizar regulações que especifiquem padrões mínimos de atendimento. A primeira iniciativa conforma-se ao princípio básico da democracia política – o voto. A segunda o viola, substituindo-o pela moeda política do dinheiro.

A teoria da Escolha Pública permanece quase completamente calada a respeito da desproporcional busca por influência do dinheiro grosso. Pressupõe-se uma equivalência entre banqueiros e mães que dependem do governo, bem como uma equivalência na corrupção. Contudo, é possível girar ligeiramente a Escolha Pública em seu eixo e, com isso, obter uma análise que soa quase marxista. O cientista político Thomas Ferguson propõe o que chama de "teoria de investimentos aplicada à política". Ele escreve que a teoria convencional da Escolha Pública "privilegia eleitores [em geral] que, afirma-se, exerceriam controle sobre ao menos as linhas mestras das políticas públicas". Em contraste com isso, diz Ferguson que "a teoria de investimentos afirma que os eleitores quase não contam, a menos que se tornem investidores substanciais. Quando o contingente de investidores significativos se limita a uma parcela relativamente pequena, formada por agentes de elite que controlam parcelas desproporcionais de recursos politicamente mobilizados, a votação de massa perde a maior parte de sua significação".[30] Exceto quando os eleitores comuns, não ricos, encontram-se em um estado de alta mobilização através de partidos, sindicatos e outros instrumentos de representação haveria uma assimetria fundamental entre as influências dos grupos de interesse dos ricos e dos pobres.

Contrariamente à teoria da Escolha Pública, não é necessário concluir que a corrupção e a degradação da política sejam intrínsecas ou inevitáveis. A influência relativa do dinheiro na política e, reciprocamente, a saúde relativa de uma participação mais autêntica têm fluído e refluído na história política norte-americana.

Manter o dinheiro em seu lugar traria profundas implicações sobre o funcionamento da política. Quando o dinheiro domina a política, certas questões são completamente mantidas fora da agenda de discussões. A dependência dos políticos em relação a corretores de dinheiro muda o espectro aparente dos temas públicos legítimos. Exclui assuntos que, embora possam contar com amplo apoio popular, oferecem pouca atração para as elites econômicas. No Capítulo 4, discuti o problema do crescimento lento, das crescentes desigualdades e do padrão de vida estagnado da maioria dos trabalhadores norte-americanos. Para cada um desses problemas existem soluções. É notável observar que todos estão fora da agenda política, devido a um consenso bipartidário e elitista de que não seria bom criticar o Federal Reserve, de que o pleno emprego seria necessariamente inflacionário, de que a redução do déficit teria precedência sobre questões que afetam o público, de que a concorrência global impediria a manutenção de acordos duráveis de trabalho e de que o movimento trabalhista seria um arcaísmo. Com isso, não se propõem soluções políticas para as frustrações de bolso da maioria dos eleitores. Não é de admirar que eles deixem de votar.

A menos que se deseje que a república norte-americana degenere numa nova plutocracia – uma oligarquia dos ricos e afortunados –, dois desafios se apresentam: impedir que o mercado arruíne a política e renovar as instituições de uma vida social e política saudável.

A primeira tarefa acarreta o fortalecimento das barreiras que restringem a influência do dinheiro na política. O financiamento público integral de eleições seria um bom início. A decisão de 1976 da Corte Suprema dos EUA no caso *Buckley contra Valeo* deu permissão para que pessoas ricas gastem quantias ilimitadas no financiamento de suas próprias candidaturas. Também admitiu doações privadas ilimitadas para causas ou candidaturas, desde que "não afiliadas" à campanha oficial do candidato. Tal decisão bloqueou um regime de financiamento eleitoral público puro. Na ausência de uma improvável emenda constitucional, a solução mais próxima seria construir um sistema de financiamento público, que no entanto seria acessível apenas aos candidatos que recusassem dinheiro privado. Seria sensato ampliar a prática que já surge, de emissoras de rádio e televisão concederem gratuitamente tempo a candidatos com a condição de que eles próprios apareçam e que sejam proibidos anúncios com produção tipicamente comercial, que incluam simulações e outros estratagemas de venda. Candidatos a cargos eletivos não deveriam ser tratados como mercadorias. Não é surpresa que países democráticos com financiamento eleitoral público e com tempo gratuito de rádio e TV têm geralmente campanhas políticas mais curtas, mais limpas e mais substantivas, bem como um comparecimento eleitoral maior.

Muito da degradação da democracia política resulta precisamente da invasão do processo político por formas e normas de mercado. Uma das principais culpadas é a televisão, um meio voltado em primeiro lugar para o marketing e em segundo para a divulgação de um entretenimento cuja utilidade é entregar uma audiência de massa a patrocinadores. A educação e a deliberação, para não mencionar a edificação cívica, não fazem parte dessa equação. Como escreve o crítico Neil Postman, "O entretenimento constitui a supra-ideologia de todo o discurso da televisão. Não importa o que é apresentado, ou a partir de qual ponto de vista, o pressuposto abrangente é que lá está para nosso prazer e divertimento. [...] Sem meias palavras, o noticiário é um formato para produzir entretenimento, não para a educação, a reflexão, a catarse".[31] A transformação da televisão na principal avenida da política fez com que princípios de mercado e valores do entretenimento passassem a expulsar de cena as normas cívicas. Os candidatos são atraentes ou não, da mesma forma que produtos. "O problema não está no fato de a televisão nos apresentar assuntos que entretêm", coloca Postman, "mas de todos os assuntos serem apresentados para entreter."

A RENOVAÇÃO DA VIDA POLÍTICA

Teóricos da democracia há muito têm debatido se a democracia é essencialmente representativa ou necessariamente participativa. Quando Joseph Schumpeter argumentou que a democracia deveria ser entendida principalmente como disputa de liderança concorrencial,[32] apenas ecoava os mais conservadores e elitistas entre os pais fundadores dos Estados Unidos. Mesmo na muito menor República norte-americana dos anos 1780, a democracia direta foi considerada como impraticável. Os federalistas imaginavam que o dever de um representante seria agir em lugar do homem comum, fazer o que este faria se fosse possível reunir toda a comunidade num mesmo lugar. Como John Adams exprimiu, o Legislativo "deveria ser um retrato exato, em miniatura, das pessoas como um todo. [...] [D]evo pensar, sentir, raciocinar e agir como elas".[33] Para Jefferson, os legislativos seriam inconveniências necessárias, toleradas apenas dada a impossibilidade de o povo agir "direta e pessoalmente".

Desde John Locke o liberalismo conservador teve um lugar privilegiado no credo político norte-americano. Na concepção de Locke, o inimigo mais sério da liberdade seria o Estado. Liberais da escola de Locke sustentam que os instrumentos republicanos de governo são necessários para estabelecer direitos individuais, não para perseguir propósitos coletivos. Necessitamos do autogoverno para proteger-nos uns dos outros e do Leviatã estatal. Economistas do livre mercado são como liberais lockeanos.[34] O mercado é o domínio da escolha e realização privadas. E ele floresce quando a política é sensata o suficiente para deixá-lo a si próprio. Por definição, mercados nunca seriam instrumentos de tirania privada.

Em sua obra clássica, *Strong Democracy* [Democracia forte], o cientista político Benjamin Barber argumenta que a "democracia rala" do liberalismo individualista radical é uma palha fraca demais para servir de defesa contra a tirania, a passividade e a predação dos mercados. Em contraste, uma "democracia forte" enxerga cidadãos "capacitados a definir objetivos comuns e exercer uma ação mútua em virtude de suas atitudes cívicas e de instituições participativas, e não por seu altruísmo ou bons instintos".[35] Barber contrasta essa concepção com a democracia lockeana formal, meramente representativa e minimalista. No mesmo diapasão, a cientista política de Harvard Jane Mansbridge contesta a concepção de uma democracia que seria meramente um choque "antagonístico" de interesses e propõe uma democracia consensual e deliberativa. A partir do estudo da política de uma pequena cidade, Mansbridge verifica que, ao menos em parte do tempo, a deliberação e a persuasão são capazes de quebrar as barreiras entre interesses presuntivamente opostos, cultivando ao mesmo tempo habilidades cívicas e empáticas.

Para os individualistas conservadores, essa visão de uma democracia participativa seria uma miragem. Quando o consenso legislativo aparece, provavelmente não passa de simples toma-lá-dá-cá. Quando a "democracia forte" toma a frente, faz isso à custa do direito das minorias ou da expropriação da propriedade privada. Na perspectiva individualista, quanto maior a parcela da vida social e econômica que o governo tenta influenciar, mais se afasta do ideal participativo e mais arrisca tornar a coletividade ingovernável. Caso se deseje uma democracia forte (um objetivo questionável para os teóricos da Escolha Pública), melhor seria ter um Estado fraco.

Contudo, essa é uma concepção excessivamente acanhada das possibilidades da política e do governo. Neste século, a expansão das restrições do Estado ao mercado caminhou lado a lado com a ampliação da província das liberdades pessoais. Emprego abundante, proteção contra o poder privado arbitrário através do seguro social e dos sindicatos, ampliação dos direitos civis e proteção contra calamidades ambientais forjadas pelos mercados *aumentaram* a segurança pessoal e a liberdade das pessoas comuns – não houve perda de liberdade. Apesar do triunfalismo individualista de nossa época, na verdade não existe ocorrência histórica da famosa Rota da Servidão de F. A. Hayek, que se iniciaria com uma democracia estabelecida que, ao tentar um planejamento público excessivo, terminaria em tirania.[36] Os Estados totalitários – União Soviética, Alemanha nazista, Itália fascista, Japão imperial – de modo algum resultaram de Estados anteriormente democráticos, que tivessem mordido parcelas da economia maiores do que podiam mastigar. Todas eram sociedades em que a própria democracia já era fraca.

É realista imaginar, no final do século XX, um ambiente rejuvenescido para a participação democrática? Para começar, precisamos recuperar a idéia de que existe um espaço público que é mais do que a soma de interesses privados individuais. E precisamos reviver as trilhas para o envolvimento cívico.

O ato mais básico de participação cívica é votar. Consistentemente, os Estados Unidos têm apresentado os mais baixos índices de participação em eleições entre as principais democracias. Em 1992, apenas 38% dos cidadãos habilitados votaram para presidente. Em 1994, a revolução de Newt Gingrich foi desencadeada com magros 51% dos 39% de cidadãos habilitados que se deram ao trabalho de votar. O declínio constante do comparecimento eleitoral apresenta desequilíbrios de classe. As pessoas mais pobres são, em geral, mais pessimistas e cínicas sobre a possibilidade de haver eficácia na política; em momentos de desarranjo da democracia, são elas que primeiro tendem a abandonar o barco. Atualmente, as classes profissionais e empresariais votam em proporções aproximadamente semelhantes às da Europa ocidental. A taxa de comparecimento de pobres e operários é inferior a 20%. Isso dá aos mais ricos cerca de três votos efetivos para cada voto dos pobres.

O comparecimento eleitoral baixo resulta da erosão das instituições políticas, de um crescente cinismo acerca da possibilidade de a ação política levar a mudanças construtivas e, ainda, dos obstáculos à participação, que são maiores nos EUA do que em outras democracias. Quase singularmente, nos Estados Unidos exige-se um processo de duas etapas para o registro eleitoral. Isso foi introduzido na lei no fim do século XIX, ostensivamente para combater fraudes mas, também, para dificultar a participação eleitoral de trabalhadores. Os EUA votam numa terça-feira, dia que não é feriado de trabalho obrigatório. Um passo construtivo foi dado em 1994, quando, mesmo ante objeções insistentes da maioria dos republicanos, o Congresso aprovou a lei do "Motorista Eleitor". Segundo a lei, todo cidadão que requisite carteira de motorista, benefícios assistenciais públicos e participe de outras transações que exijam prova de identidade e cidadania são automaticamente registrados como eleitores. Outro passo construtivo seria mudar o dia das eleições para sábado ou domingo.

No entanto, votar é apenas o ato mais elementar da cidadania. É também necessário renovar e ampliar as esferas da vida comunitária em que as pessoas agem como cidadãos e não como consumidores. Hoje em dia, a tendência dominante é na direção oposta, com a privatização de instituições públicas e a usurpação do papel da praça pública pelo shopping center.

Uma abordagem útil seria ampliar os domínios em que as pessoas desempenhem papel cívico e não mercantil. O programa nacional de voluntariado do presidente Clinton, AmeriCorps, gasta montantes relativamente baixos, mas, compreensivelmente, sofre oposição dos republicanos conservadores. Tais iniciativas incubam valores cívicos e não mercantis. Um jovem que tenha passado um ano prestando assistência educacional em pardieiros, ou trabalhando com um grupo multirracial num programa recreacional ou de habitação, será ao crescer um pouquinho menos propício a tornar-se um individualista puro, que define a satisfação como faculdade empreendedora e que encara os pobres como perdedores que merecem sua sina. Outros domínios desse tipo são o Serviço de Saúde Pública [Public Health Service], o Corpo Urbano de Professores [Urban Teacher Corps] e o Corpo da Paz [Peace Corps].

Outra iniciativa promissora é a idéia do "júri de políticas", em que cidadãos comuns são reunidos e convidados a resolver temas difíceis da política pública. Participei de um desses eventos, cujo tema era o déficit orçamentário. Funcionei como testemunha especializada liberal, opondo-me ao ex-deputado republicano Vin Weber, com o papel conservador. Cada um de nós era assessorado por uma equipe de especialistas em assuntos específicos. Doze pessoas comuns, que receberam como compensação a visita a Washington e honorários modestos, passaram quase uma semana enfronhados em assuntos fiscais. No final do exercício, seu voto resultou em favor de reduções dos gastos militares, dotações maiores para a saúde e a educação, aumento de impostos para os ricos e redução, mas não eliminação, do déficit público. Entre outros, o Instituto Jefferson e o cientista político James Fishkin, da Universidade do Texas, têm patrocinado variantes desse modelo de participação e educação cívica.

Um dos inimigos do envolvimento cívico é a pressão do tempo. À medida que a sociedade foi se tornando mais mercantilizada e a distribuição de renda mais polarizada, a maioria das pessoas comuns passou a sofrer um terrível aperto de tempo. Quase não há tempo para harmonizar o trabalho com a família, quanto mais participar de atividades cívicas e políticas. De modo a recuperar o espaço cívico perdido para o mercado, seria necessário reapossar-se de, ao menos, parte desse tempo. Jornada de trabalho mais curta, licença-maternidade/paternidade obrigatória, benefícios pagos para a assistência à infância, deixariam mais tempo para a atividade cívica. Uma distribuição de renda mais igualitária também proporcionaria às pessoas a possibilidade efetiva de renunciar a parte de seus horários de trabalho em favor de eventos comunitários.

Presentemente, desenvolve-se um debate instrutivo entre a esquerda e a direita sobre a propriedade ideológica do setor voluntário [ou terceiro setor], que não é Estado nem mercado. Na década de 60, a participação comunitária constituía uma das causas importantes da New Left [Nova Esquerda]. Nos anos 70, nos escritos de Richard John Neuhaus, Peter Berger,[37] Michael Novak e Robert Woodson, entre outros, uma nova geração de conservadores apropriou-se de Tocqueville e passou a louvar os benefícios das associações voluntárias e das "instituições mediadoras" – Igreja, família, Little League [beisebol infantil], Associações de Pais e Mestres e, mesmo, sindicatos – como alternativas privadas ao Estado de bem-estar social.

Seriam o Estado e o mercado respectivamente o amigo ou o inimigo dessas instituições comunitárias benéficas? A direita pintava um retrato no qual o Estado de bem-estar social acuaria as associações de voluntariado e de benemerência. A New Left tinha, também, restrições ao Estado burocratizado de bem-estar social, mas valorizava a nova onda das instituições comunitárias – organizações antipobreza, associações para o desenvolvimento comunitário, conselhos de moradores autogovernados –, muitas das quais, na verdade, haviam sido criadas e subsidiadas pelo governo.

O debate não pode ser resolvido abstratamente. É preciso descer aos fatos. É bem possível que alguns instrumentos do Estado burocrático de bem-estar social operem em detrimento do voluntariado. Por outro lado, isso não é de todo mau. Fortalecido por um cheque da Seguridade Social e por uma carteirinha Medicare, o aposentado depende menos da sopa comunitária e tem mais tempo e autoconfiança para engajar-se na vida cívica da comunidade. Algumas das instituições cívicas privadas mais dinâmicas são aliadas das instituições públicas. As Associações de Pais e Mestres são adjuntas da instituição pública local por excelência, a escola. Os sindicatos, principais instituições de representação e participação direta dos trabalhadores, existem nos EUA sob a proteção da Lei Wagner, a qual (em princípio) os protege de retaliação por parte de empregadores. Nos últimos trinta anos, serviços sociais financiados publicamente têm crescentemente funcionado através de organismos comunitários sem fins lucrativos; a maioria desses organismos depende de uma mescla de energia voluntária local e fundos públicos.

Reciprocamente, boa parcela do voluntariado local resulta prejudicado pelos excessos do mercado. Para cada empresa que "adota uma escola", patrocina um grupo de escoteiros ou organiza um clube de serviços composto por seus funcionários para limpar um pedaço da rodovia estadual que passa pela localidade, há outras que reduzem o seu comprometimento com instituições e serviços comunitários devido à pressão inexorável da *bottom line*, do resultado do balanço. Um funcionário apreensivo quanto à estabilidade de seu emprego tem menos tempo ou inclinação para trabalhar voluntariamente na Little League. Os velhos tempos da empresa paternalista, ancorada na localidade e comprometida com a comunidade, cederam lugar a uma nova onda de corporações ausentes e controladas por acionistas, movidas pelos resultados trimestrais e que encaram a localidade como pouco mais que uma bandeira de conveniência. Tal tendência é emblemática de uma época em que as empresas se vêem livres de restrições regulatórias e de costumes e se comportam precisamente como as maximizadoras de lucros tão louvadas pela teoria do livre mercado puro.

Depois de mutilarem o Estado de serviço social durante mais de quinze anos, os conservadores esperaram em vão que a assistência caritativa privada assumisse as lacunas assim criadas. Ao contrário, os substitutos empresariais aos serviços sociais estão evaporando. Planos de aposentadoria privada cobrem uma parcela cada vez menor de empregados. A assistência à infância proporcionada pelo empregador continua a ser um objetivo elevado, mas uma realidade evanescente. Coletivamente, os lucros empresariais encontram-se em seu mais elevado patamar histórico mas, num ambiente desregulado e mercantilizado, a empresa individual vê-se sob implacáveis pressões concorrenciais – e tais benefícios parecem constituir acessórios impossíveis de pagar. É por isso que precisam ser fornecidos socialmente, caso se espere que sejam de fato providos. A empresa liberada da regulação vê-se também liberada de comprometimentos pré-mercado com a comunidade e a benemerência.

Hoje, a direita do livre mercado tem sua própria agenda de renovação cívica, que enfatiza os governos locais e as instituições voluntárias de mediação – Os Mil Pontos de Luz de George Bush. No final de 1995, o senador republicano de Indiana, Dan Coats, compôs um "Projeto para a Renovação Norte-americana" com dezenove pontos, em que propunha o emprego dos recursos e das políticas públicas para energizar a sociedade civil.[38] O plano incluía um crédito tributário de quinhentos dólares para doações a instituições de caridade – na prática, o governo reembolsaria os primeiros quinhentos dólares de quaisquer doações desse tipo; um crédito tributário de mesmo montante para aqueles que proporcionassem assistência domiciliar aos necessitados; *vouchers* para mulheres que dariam à luz crianças com as quais não desejassem ficar e quisessem fazê-lo em maternidades religiosas ou de benemerência; ainda outro crédito de imposto para subsidiar adoções; e programas-piloto federais de orientação, corporificados em "Role-Model Academies for At-risk Youth" [Academias para Jovens de Risco] e numa "Lei de Assistência por Parentesco" que realocaria crianças problemáticas nas casas de parentes, e não em abrigos para menores. Uma segunda lei obrigaria e subsidiaria o aconselhamento e um período compulsório de espera para casais com filhos e que quisessem divorciar-se.

Embora resolutamente conservador, o senador Coats viu-se inadvertidamente em ambos os lados do debate Estado-sociedade civil. De fato, o que ele propôs foi, patentemente, o uso do governo para dar corpo a (uma versão conservadora da) sociedade civil. Isso foi demais para os individualistas situados à sua direita. Num número especial da revista *Policy Review*, editada pela Fundação Heritage, diversos intelectuais conservadores bateram no plano de Coats. David Boaz, vice-presidente executivo do Instituto Cato, não mediu palavras:[39]

> A natureza do governo não muda quando é encarregado de promover uma reengenharia social conservadora, em lugar de liberal. [...] Quase todas as leis levariam a um emaranhamento ainda maior do governo com as instituições da sociedade civil. [...] Apesar de tudo o que aprendemos sobre os fracassos do governo, parece que Coats simplesmente não entendeu nada. Sua proposta reflete a Washington construída por Roosevelt, a Washington em que basta ter uma boa idéia para se lançar um programa governamental. Mas, no final das contas, ou se acredita na liberdade individual, num governo limitado e em mercados livres ou se acaba por introduzir um Estado coercitivo em todos os aspectos da sociedade civil.

Tal é a filosofia pública predominante: os mercados se aperfeiçoam a si próprios, a "sociedade civil" existe de algum modo num estado da natureza independente do governo civil e mesmo esforços públicos no sentido de fortalecer famílias e associações familiares são, por definição, ilegítimos. Mas há boas evidências de que é um excesso de mercado, e não de Estado, que está matando a sociedade civil.

O cientista político Robert Putnam investigou o declínio generalizado do envolvimento cívico nos Estados Unidos, a que chama genericamente "capital social".[40] Ele detectou uma firme redução da conectividade e da confiança social em todas as classes. Putnam desconsidera explicações populares, que atribuem o crescente cinismo popular a uma reação a traumas cívicos nacionais, como o assassinato de Kennedy, a Guerra do Vietnã e o caso Watergate. Em vez disso, verifica que a "longa geração cívica" que amadureceu na Grande Depressão e na Segunda Guerra Mundial, época em que o governo e a política contavam com legitimidade e prestígio maiores, não conseguiu transmitir seu capital social e seu envolvimento cívico para a geração seguinte. É interessante observar que o envolvimento cívico privado conheceu sua culminância durante o zênite do Estado de bem-estar social e da economia mista – talvez porque uma quantidade maior de pessoas não ricas conseguisse participar da vida cívica, e porque a própria política gozasse de uma legitimidade maior.

Para Putnam, um vilão singular é a televisão. De acordo com ele, o engajamento cívico começou a declinar ao mesmo tempo em que as audiências de TV começaram a crescer. Hoje em dia, o norte-americano médio assiste a quatro horas de televisão por dia. Audiências elevadas de TV, conforme Putnam, apresentam correlação com o baixo envolvimento cívico e a diminuição da confiança mútua: "Tomando-se como variáveis o grau de educação, o nível de renda, a idade, a raça, o endereço, o status do trabalho e o sexo, em todos os casos assistir à TV se relaciona forte e negativamente com a confiança social e a pertinência a grupos, ao passo que, tomando-se a leitura de jornais, as mesmas correlações são positivas. No âmbito de todas as categorias educacionais, leitores ávidos são também avidamente gregários, ao passo que telespectadores ávidos tendem a ser solitários. [...] Em outras palavras, cada hora que se gasta em assistir à televisão associa-se a menos confiança social e menos pertinência a grupos [...]".[41]

A televisão é tanto um emblema como a realidade de uma sociedade pesadamente mercantilizada. Audiências são montadas para vender produtos. Em concordância com o imperativo do mercado, de maximizar a utilidade, os comerciais de TV prometem a satisfação de impulsos hedonistas; contudo, essa satisfação é, com freqüência, fugaz. O resultado é uma geração de surfistas de controle remoto com pouca fidelidade a programas, produtos ou rótulos partidários. Um garoto-propaganda pode produzir um impulso momentâneo para se comprar um produto, mas o resultado cumulativo é o cinismo. Como forma de aculturação, muito menos que educação cívica a TV comercial produz calorias vazias.

Em seu excelente livro, *Amusing Ourselves to Death* [Divertindo-nos até morrer], Neil Postman desenha um debate conceitual entre os dois grandes romancistas distópicos, [Aldous] Huxley e [George] Orwell.[42] Para Orwell, a tela de televisão é um instrumento direto de supervisão e jugo totalitário; ela tanto monitora os cidadãos comuns como transmite mensagens do Grande Irmão. A tirania de Huxley é mais insidiosa. Ao consumir a "Soma", o populacho se diverte até a morte; perde antigas liberdades, sem se dar conta da perda. Nossa Soma é a televisão.

Como assinalado por diversos analistas, a televisão promove uma forma particularmente passiva e estéril de política, ao simbolizar a experiência do mercado. Putnam sugere diversas maneiras diferentes com que a televisão esvazia o capital social, incluindo o consumo direto do tempo, a indução da passividade e do cinismo e a expulsão de atividades de lazer mais envolventes, que requerem mais esforços, mais desenvolvimento individual e um cultivo maior de habilidades sociais.

Se Putnam e Postman estão certos, as satisfações do mercado, levadas a extremos, expulsam de cena as satisfações da vida engajada de um povo livre e discernente. Se é que se pode apresentar reparos à crítica de Putnam, ela é leve demais em relação ao mercado e demasiadamente obcecada com a televisão, porque em essência deixa de lado a classe social. Num certo sentido, a mensagem de Putnam é de que, se estamos produzindo uma geração de vegetais televisivos, isso acontece por nossa própria culpa. Mas isso livra muito facilmente de responsabilidade as forças econômicas dominantes da sociedade. O colapso das instituições cívicas tem um efeito desproporcionalmente negativo sobre os pobres e os membros das classes trabalhadoras, pois a política é o único espaço para a voz e a compensação de cidadãos que contam com poucos recursos materiais. Quanto mais o tecido social se esgarça, mais as pessoas com dinheiro podem comprar sua escapada na forma de escolas privadas, condomínios fechados ou patrulhados, clubes sociais privados e psicoterapia individual (sobre a qual um crítico acadêmico escreveu um livro cujo subtítulo é *The Purchase of Friendship* [A compra da amizade]). Quanto às pessoas com menor poder aquisitivo, satisfazem essas necessidades socialmente ou não satisfazem.

Há muito tem sido um lugar-comum da ciência política que os pobres dependem mais do que os ricos das instituições de representação política e cívica. Por exemplo, o declínio do sindicalismo nos EUA tem um impacto particularmente negativo no capital social e na influência política dos cidadãos trabalhadores. A maioria das pesquisas mostra que as pessoas mais pobres já são menos engajadas socialmente, devido a pressões de tempo e a uma passividade e um cinismo mais elevados. Em muitas comunidades trabalhadoras, as principais instituições de conectividade social e voz democrática são as igrejas e sindicatos. Ambos declinam. É sintomático que a decomposição das instituições políticas e cívicas dos trabalhadores ocorra numa época em que o mercado é hegemônico.

Sidney Verba, outro importante estudioso da vida cívica, relata em seu último livro, escrito em colaboração com Kay Lehman Scholzman e Henry E. Brady,[43] que a "desigualdade participativa" se acelera e é altamente relacionada à classe social. Na conclusão de uma investigação empírica enciclopédica a respeito da participação cívica, eles relatam:[44]

> Nossos dados mostram sistematicamente que os estímulos à participação são desequilibrados na direção dos grupos mais privilegiados da sociedade. [...] As vozes dos bem-educados e dos bem-dotados materialmente – e, portanto, daqueles que contam com outras características politicamente relevantes, associadas ao privilégio econômico e educacional – soam mais alto. [...]
>
> A desigualdade de atividades parece mais pronunciada nos Estados Unidos do que em outras democracias. Ademais, parece mais pronunciada no domínio político em relação a atividades não políticas. [...] Enquanto persistirem desigualdades educacionais e de renda – e o desequilíbrio de renda tornou-se mais pronunciado ultimamente –, enquanto os empregos continuarem a distribuir de forma estratificada as oportunidades de praticar habilidades cívicas, os indivíduos continuarão a ter acesso a estoques muito diferentes de fatores participativos.

Desde o início da década de 70 a ampliação das desigualdades tem sido associada ao crescimento da mercantilização. Em linguagem simples, isso quer dizer que muitas coisas que antes constituíam amenidades sociais básicas hoje dependem do poder de compra privado, crescentemente desigual. O aumento recente do tempo consumido pelo trabalho, associado às tensões ampliadas trazidas pela necessidade de ajustar a vida profissional à vida familiar, parecem à primeira vista característicos das classes profissionais em ascensão. No entanto, as classes sociais mais altas podem pagar por babás que moram em casa, o que talvez tire dos filhos um tempo qualitativamente mais significativo com os pais mas, ao menos, dá origem a um cuidado confiável e seguro o resto do tempo. Pessoas com menos recursos precisam recorrer a improvisações inconstantes, arriscando os filhos a maus-tratos e a descuido, e submetendo os pais a tensões extremas. Esse aumento das pressões de tempo também suprime o que um amigo europeu chama de "terceira vida" – os aspectos da vida que não se constroem em torno do trabalho ou da família, mas de uma sociabilidade afirmativa da vida.[45]

Depois que dois candidatos a ocupar a função de procurador-geral [*attorney general*] do presidente Clinton tiveram que desistir porque não haviam pago impostos de seguridade social referente ao trabalho de babás, o reverendo Jesse Jackson observou sarcasticamente que, na comunidade negra, as pessoas não precisam de babás – elas usam as vovós.* É uma boa ilustração de como os grupos de baixa renda dependem de redes informais de ajuda mútua, enquanto a classe alta compra um produto. Contudo, à medida que os ricos se tornam mais ricos e os pobres empobrecem ainda mais, e comunidades antes estáveis de trabalhadores se transformam em pardieiros, essas redes de famílias estendidas se enfraquecem. Em suma, a deterioração cívica e as tensões crescentes associadas às mudanças sociais e econômicas dos últimos vinte anos não se distribuíram uniformemente, mas se desequilibraram fortemente de acordo com a classe social.

A REINVENÇÃO DO GOVERNO

Além de advogarem a revitalização da política e a recomposição do tecido da sociedade civil, aqueles que acreditam numa economia mista recorrem necessariamente ao governo. Contudo, a moda dos mercados é tão forte que, além dos conservadores, muitos dos que são relativamente liberais esforçam-se por denegrir o governo. O primeiro presidente eleito recentemente cuja campanha alertava sobre os excessos do governo federal não foi Ronald Reagan, mas Jimmy Carter. De modo semelhante, o presidente Clinton venceu as eleições

(*) Aqui o original faz um jogo de palavras com *nannies* (babás) e *grannies* (vovós). (N. T.)

apresentando-se como um tipo diferente de democrata – presumivelmente, diferente de seus predecessores, que viam o governo como contrapeso ao mercado e como instrumento para a melhoria coletiva. Em seu discurso sobre o Estado da União de 1996 [em que os presidentes fazem um balanço do ano que passou], Clinton declarou enfaticamente que "acabou a era do governo gigante".

No final de 1995, participei de um painel junto com o senador John Kerry, de Massachusetts, que conduzia uma campanha difícil pela reeleição. A audiência era formada por três comitês municipais do Partido Democrata – na maioria, ativistas liberais. Em 1994, o outro senador do Estado, o também democrata Edward Kennedy, se reelegera com uma diferença de dezessete pontos percentuais sobre seu oponente, numa campanha em que abraçara deliberadamente temas liberais, como a defesa de dotações orçamentárias sociais e soluções para a renda de famílias de trabalhadores. Em contraste, Kerry parecia definir-se como um tipo diferente de democrata. A certa altura, perguntou retoricamente: "Quem, nos Estados Unidos, é a favor de mais regulação?".

Naquela mesma semana, as páginas dos jornais estavam repletas de reportagens sobre HMOs com fins lucrativos que pagavam comissões secretas a médicos coniventes para que estes não indicassem pacientes a especialistas, de companhias de seguros que vendiam informações confidenciais e de companhias farmacêuticas que colocavam no mercado remédios inseguros ou não testados. Acontece que milhões de norte-americanos esperam que a regulação os proteja das agressões oportunistas do mercado puro. Não ajuda quando advogados nominais da economia mista fazem soar trombetas de insegurança.

A adoção, por Clinton, do tema da "Reinvenção do Governo" pareceu inicialmente uma alternativa bem-vinda ao ponto de vista da direita de que o governo não faria nada direito. A idéia se inspirava pesadamente no best-seller-surpresa de 1992 de David Osborne e Ted Gaebler, que tinha o mesmo título [*Reinventing Government*].[46] Osborne tornou-se assessor de Clinton na Casa Branca e a Reinvenção do Governo institucionalizou-se na forma da "Revisão Nacional de Desempenho" [National Performance Review] encabeçada pelo vice-presidente Al Gore – uma campanha de alto a baixo para conferir maior eficiência ao governo.

O livro de Osborne e Gaebler é emblemático do impulso neoliberal. Parcialmente, trata-se de uma defesa da noção de que o governo desempenha um papel fundamental na estabilização de uma economia necessariamente mista e, em parte, uma adoção da idéia da moda, de que o próprio governo deveria tornar-se mais empreendedor, flexível e (inevitavelmente) mercantil. Os autores começam por declarar (em negrito) que, "Em primeiro lugar, acreditamos profundamente no governo". No entanto, a partir daí, passam a advogar um governo menos burocrático e preso a regras e mais empreendedor. A maior parte do livro é um apelo pela liberação da criatividade dos servidores públicos e por sua responsabilização por resultados e não por obediência formal a regulamentos. Apresentam-se incontáveis exemplos de órgãos modelares, que haviam feito exatamente isso.

A Revisão Nacional de Desempenho de Gore começou nesse espírito. Porém, na sua maior parte incorporou-se descuidadamente à onda geral de desmoralização do governo, gabando-se de quanta papelada havia sido eliminada e de quanto os orçamentos haviam sido reduzidos, em vez de contribuir para a defesa filosófica de uma economia mista, de um setor público mais dinâmico e criativo e do fortalecimento do moral dos servidores públicos. Estranhamente, o relatório parcial de Gore sobre a Revisão Nacional de Desempenho, *Common Sense Government* [Governo do bom senso], divulgado em setembro de 1995, foi publicado comercialmente numa edição da Random House com introdução de Philip K. Howard, autor de *The Death of Common Sense* [A morte do bom senso],[47] um grosseiro ataque genérico à regulação governamental. O relatório de Gore encerra-se com um apelo por mais privatizações e mais concorrência, citando como exemplo os parcialmente privatizados Correios. "Os Correios estão melhorando em parte porque agora precisam concorrer com a UPS e a FedEx? Certamente. Essa concorrência será capaz de melhorar o desempenho de outras operações do governo voltadas para a prestação de serviços? É Claro."[48]

Como costuma acontecer, esse tipo de propaganda deixa de fora boa parte da história. Necessariamente, os Correios mantêm monopólio sobre a correspondência de primeira classe. É obrigado a fornecer um serviço postal universal a todos os endereços norte-americanos, de modo a atingir um objetivo de política pública, não de mercado. Isso implica necessariamente subsídios cruzados, o que viola os princípios de formação de preços do mercado. É verdade que os Correios concorrem com a FedEx e a UPS em serviços de encomendas, mas não de modo justo. Graças a *lobby* da FedEx e da UPS, os Correios são proibidos de oferecer tarifas diferenciadas pela quantidade, o que significa que as duas empresas privadas ficam com quase todo o lucrativo mercado empresarial. Mesmo o governo federal usa a FedEx e não os Correios para entregas rápidas, porque regulações impostas pelos concorrentes privados proíbem os Correios de firmar contratos com o governo a preços competitivos. Pode ser que o mercado faça o serviço barato, mas freqüentemente faz jogo sujo.

O esforço de modernização e enxugamento do governo, sem recair em ataques a este, é forçosamente um equilibrismo delicado. A idéia de introduzir a concorrência no setor público é de modo geral salutar, mas a concorrência pode ter um certo significado ideológico se seu propósito é incrementar a eficiência e outro, muito diferente, se a intenção é retirar do governo recursos necessários. Crescentemente, o governo depende de empresas privadas contratadas para conduzir programas públicos em territórios variados como a coleta de lixo, serviços sociais e presídios. Diversos críticos de iniciativas de privatização tornaram claro que as eficiências proclamadas são dissipadas quando o governo perde sua competência básica de supervisionar a empresa contratada; isso faz o monopólio público meramente ser substituído por um monopólio privado *de facto*. Em muitas localidades, a empresa privada dominante de coleta de lixo, de transporte escolar ou de presídio simplesmente expulsa os concorrentes.

Muitas vezes a economia de custos aparentemente obtida pela privatização mostra ser apenas uma transferência de custos. Investiguei pessoalmente a privatização dos serviços de ambulância dos subúrbios de Boston. O custo real de operação de uma ambulância é aproximadamente comparável, não importa se o operador é o poder público ou uma empresa privada. A principal diferença é que os operadores privados são mais agressivos na cobrança às companhias de seguro-saúde. Contudo, as ambulâncias privadas evitam a cidade de Boston, que tem altas concentrações de pessoas sem seguro. O contribuinte dos subúrbios economiza, pois sua municipalidade não mais precisa da parte do imposto necessária para manter ambulâncias. Mas não há ganho líquido para a "eficiência" ou para a sociedade.

Outros candidatos à privatização, como presídios, são acompanhados de questões públicas que vão além da eficiência econômica. O monopólio estatal da justiça criminal tem sido uma das colunas mestras de uma sociedade moderna e democrática. As evidências de que penitenciárias privadas de fato economizam dinheiro são incertas. Mas mesmo se esse for o caso, desejamos realmente submeter partes do sistema de justiça criminal a contratos privados? Embora em princípio os proprietários de presídios privados funcionem como agentes do Estado, não há modo de evitar a privatização de certos atos discricionários que influenciam a liberdade (ou sua privação) de cidadãos. Numa crítica à privatização de presídios, John Donahue cita o chefe de uma casa de detenção privada que tentava garantir que não havia abuso de autoridade por parte de seus guardas: "Eu supervisiono toda ação disciplinar; eu sou a Corte Suprema".[49]

A Fundação Ford e a Escola de Governo John F. Kennedy concedem uma série de prêmios anuais para a inovação e a criatividade no governo. O subtexto desse esforço é bastante diferente do Contract with America de Newt Gingrich, e mesmo da Revisão Nacional de Desempenho do vice-presidente Gore. Baseia-se na noção de que o governo é necessário e que, com um pouco de encorajamento e recursos adequados, pode tornar-se bem mais responsável e satisfatório, tanto para seus consumidores públicos como para as pessoas que nele trabalham. Um dos vencedores do prêmio de 1995 foi o projeto da OSHA citado no Capítulo 8. A OSHA mostrou que se pode conseguir bastante conformidade a normas por meio da autocertificação, desde que planos efetivos estejam vigorando e que os empregados estejam envolvidos no policiamento. O recurso escasso – inspetores do governo – fica reservado para as fábricas mais sujas, mais arriscadas e com os piores históricos de segurança. Essa inovação fez com que todos ganhassem. Empresas com bons históricos escapam das regulações burocráticas. Aquelas com históricos ruins são submetidas a um escrutínio mais próximo e recebem incentivos para melhorar. Os empregados recebem mais poder. E os funcionários da OSHA são redirecionados para um trabalho útil, em vez de manipular papelada.

Outro exemplo dúbio é o movimento pela escolha de escola pública. Oponentes conservadores da prestação direta de serviços governamentais pretendem substituir as escolas públicas por instituições privadas mantidas por *vouchers*. Empresas com fins lucrativos, como o Projeto Edison de Chris Whittle, fazem *lobby* em favor dessa inovação. No entanto, um sistema público baseado em *vouchers* tem conseqüências distributivas. Famílias mais ricas podem receber o *voucher* e suplementá-lo com recursos próprios, ao passo que famílias de trabalhadores ficam apenas com o valor do *voucher*. Tal sistema permite que as escolas privadas se tornem parasitas do sistema público, deixando recursos declinantes para os estudantes que custam mais caro. Um meio-termo defensável seria alguma escolha no âmbito do sistema público, o que introduziria inovação e concorrência construtiva sem desviar recursos públicos para fora do sistema. Dependendo de como a experimentação com o sistema de ensino seja estruturada, os resultados poderão tanto ser a promoção de inovações e de uma nova energia como a instituição de uma burocracia privada rival.

O governo social-democrata sueco lançou diversos experimentos que permitem a empresas privadas oferecer lances para concorrer com projetos de certos organismos do setor público. Isso encoraja os órgãos públicos a se tornarem mais inovativos – e o que acontece é que, com freqüência, o órgão vence a concorrência. Ocorre que os sociais-democratas são advogados inflexíveis de uma economia mista e de uma administração pública forte e, assim, têm grande cuidado em tornar claro que a intenção é obter serviços públicos mais eficazes, e não denegrir o papel do governo.

Ainda outro tema muito dúbio é o da "restituição" [*devolution*] – a idéia de se fazer o governo retornar a um nível mais próximo ao povo. Em princípio, isso faz muito sentido. Seus defensores recentes mais entusiasmados foram os integrantes da New Left dos anos 60. Sua versão conservadora corrente substitui responsabilidades federais por responsabilizações em bloco; isso resulta principalmente numa transferência de ônus relacionados a problemas sociais para os Estados e cidades, que são por sua vez subtraídos de recursos fiscais adequados.

Desde o New Deal, muitas intervenções sociais têm sido assumidas pelo governo federal, seja porque os Estados e Municípios carecessem de recursos fiscais ou da competência administrativa para lidar com eles, seja porque reformas se encontrassem bloqueadas pelo poder de elites econômicas locais entrincheiradas. "Devolver" esses problemas para níveis de governo mal equipados para lidar com eles – no mesmo instante em que os níveis inferiores da administração têm negados recursos adequados – é lançar-se num jogo de cartas marcadas em que, primeiro, se retiram recursos do governo e, depois, este é julgado terminalmente incompetente. Os defensores ocasionais da presença do governo deveriam pensar duas vezes antes de adotar essa fórmula. A restituição de algumas funções públicas faz bastante sentido, desde que combinada com recursos nacionais e financiamento adequado. Nas democracias industriais avançadas, o governo corresponde atualmente a uma média de 40% do PIB. Nos EUA é pouco superior a 30%, enquanto na Escandinávia chega a 60%. Essa faixa corresponde, evidentemente, a um teto aceitável. A maioria das pessoas quer um equilíbrio entre renda privada e serviços providos coletivamente. Há hoje pouco apoio popular nos EUA para aumentos substanciais nas despesas do governo, mas o apoio é ainda menor à eliminação dos principais programas governamentais. No entanto, à medida que os gastos públicos se estabilizam, e mesmo se reduzem, continua a existir a necessidade do governo, seja como fórum deliberativo, seja como fonte de estabilização econômica, regulação e atendimento de necessidades coletivas. Enfraquecer o governo ou transformar a maioria de suas funções em contratos privados não é torná-lo mais eficiente. É claro que o governo não pode fazer tudo, mas tampouco podem os mercados privados. Como vimos, enquanto diversas formas de disciplina fiscal podem incrementar a eficiência do governo, a maior parte daquilo que o governo faz permanece necessariamente fora de uma lógica de mercado baseada no poder aquisitivo privado e na maximização de lucros.

Conclusão

Atingimos mais de duas décadas de celebração dos mercados e de vilipêndio ao governo. Isso se tem dado como resultado de uma aliança entre economistas do livre mercado, seus aliados em outras ciências sociais e na imprensa, conservadores ideológicos e *lobbies* empresariais que buscam livrar-se da regulação pública. Trata-se de uma aliança muito poderosa, apesar de fornecer um retrato fantástico do funcionamento da sociedade.

Como se tentou ilustrar neste livro, os argumentos em favor do mercado são muito mais ambíguos do que insistem seus proponentes. Alguns domínios permanecem inerentemente além do alcance do mercado. Pertencem à província dos direitos, os quais, por definição, não podem ser alienados ou vendidos. Entre eles estão a santidade da pessoa de cada um (seres humanos não podem ser vendidos, não importa quão grande seja o seu desespero); a proibição de trocas comerciais envolvendo o voto ou o cargo eletivo, a livre expressão, as profissões, honrarias e prêmios, o serviço militar e certos produtos – como drogas ilegais e armas, que a sociedade considera demasiadamente perigosas para trocas privadas. Embora possamos discordar aqui e ali quanto a detalhes, acreditamos que esses princípios devam ser mantidos – mesmo sabendo que eles às vezes são violados.

Tais pressupostos têm pouco a ver com a "eficiência", mas tudo com a boa sociedade. Violá-los dificilmente levaria a uma prosperidade maior, ou a uma liberdade ampliada. O fato de o mercado persistir em buscar modos de trazer tais trocas para o comércio comum dá uma idéia de quão poderoso é seu impulso e por que ele precisa necessariamente ser restringido.

Outras incursões são mais insidiosas. Conflitos de interesses na pesquisa científica, na medicina, nas finanças, no Direito, no jornalismo, na administração pública e em outras posições de confiança derivam invariavelmente do fato de indivíduos descumprirem normas legais ou costumeiras, originadas fora do mercado, em troca de compensação financeira. Uma sociedade que acredite que o mercado é sempre o árbitro mais eficiente e a fonte da máxima eficiência e liberdade estará perigosamente cega a tais violações. Tentará resolver esses conflitos buscando modos de mercantilizar quase tudo.

Mesmo em domínios mais estreitamente econômicos, há muita coisa que os mercados fazem bem, mas não conseguem ser perfeitamente auto-reguladores. Freqüentemente levam ao cerceamento da liberdade pessoal e da segurança econômica, que não é menos dolorosa por resultar de uma autoridade privada e não pública. Os mercados transbordam para domínios aos quais não pertencem. Percebe-se isso olhando-se para mercados reais, não para modelos.

Como os mercados não são perfeitamente autocorretivos, a única trava para seus excessos precisa vir de instituições extramercado. Estas residem em valores diferentes dos de mercado e em uma afiliação que transcende o simples hedonismo e a maximização do lucro. Para moderar o mercado é preciso recuperar a sociedade civil e o governo, tornando claro que governo e vitalidade civil são aliados e não adversários. Essa tarefa, por sua vez, necessita de uma política mais efetiva, tanto como símbolo de um povo livre e democrático, quanto como contrapeso necessário para as pretensões exageradas a respeito dos mercados. Caso se queira equilibrar os mercados com outros objetivos sociais, isso exige um eleitorado informado e engajado, bem como instituições políticas saudáveis e legítimas.

Nenhuma sociedade real atingiu o ideal preconizado pelos individualistas. Quanto mais a sociedade dos EUA aproximar-se dessa visão, maiores serão as resistências que se apresentarão. Uma sociedade transformada em imenso leilão não resultaria numa democracia que valesse a pena. E, economicamente, seria bem menos atraente do que seus entusiastas imaginam. Devemos desconfiar dessa utopia, como já desconfiamos de outras. Não é preciso que tudo seja posto à venda.

NOTAS

1. O *MERCADO RESSURGENTE* (pp. 35-66)

1. Ver Edward Jay Epstein, *The Death of the Diamond* (Londres: Hutchinson, 1982).

2. Ver Arthur Cecil Pigou, *The Economics of Welfare* (Londres: Macmillan, 1920).

3. K. Lancaster e R. G. Lipsey, "The General Theory of the Second Best", *Review of Economic Studies* 24, nº 1 (outubro 1956): 11-32.

4. Federal Deposit Insurance Corporation, Annual Report (Washington, D.C., 1992), 127.

5. No século XIX, os bancos emitiam suas próprias cédulas, que podiam ser resgatadas com desconto, dependendo da reputação do banco e (freqüentemente) da distância geográfica do banco emitente. Ultimamente, conservadores monetários extremados têm retomado o tema da liberdade bancária. Um argumento conservador-individualista em seu favor encontra-se em Lawrence H. White, *Competition and Currency* (Washington, D.C.: Cato Institute; e Nova York: New York University Press, 1989). Ver também R. G. King, "On the Economics of Private Money", *Journal of Monetary Economics* 12 (1983): 127-58.

6. Um dito famoso, confirmado ao autor.

7. Arnold C. Harberger, "Monopoly and Resource Allocation", *American Economic Review, Papers and Proceedings* 44 (maio 1994): 77-87.

8. Arthur M. Okun, "Potential GNP: Its Measurement and Significance", Proceedings of the Business and Economic Statistics Section, American Statistical Association, Washington, D.C., 1962, 98-103; reimpresso em Okun, *Economics for Policymaking: Selected Essays of Arthur M. Okun*, ed. J. A. Pechman (Cambridge, Mass.: MIT Press, 1983), 145-58; ver também Okun, *The Political Economy of Prosperity* (Washington, D.C.: The Brookings Institution, 1970).

9. Joseph A. Schumpeter, *Capitalism, Socialism and Democracy* (Nova York: Harper & Brothers, 1943).

10. Ver Alice H. Amsden, *Asia's Next Giant: South Korea and Late Industrialization* (Oxford: Oxford University Press, 1989).

11. Entrevista com o autor e várias conferências.

12. Maryellen Kelley e Todd A. Watkins, "The Defense Industrial Network: A Legacy of the Cold War" (Pittsburgh, Pa.: Carnegie Mellon University, 1992), fotocópia.

13. Em termos técnicos, os economistas se referem a uma fronteira entre a produção e a possibilidade, que descreve a máxima combinação de bens que pode ser produzida dado um certo ní-

vel de capital e trabalho e de tecnologia. Afirma-se que a "eficiência estática", baseada na oferta e na demanda, otimiza aquela produção de bens. No entanto, mudanças tecnológicas podem "ampliar as fronteiras de produção" – aumentar os bens que podem ser produzidos com a mesma quantidade de capital e de trabalho. Os economistas ortodoxos pressupõem que a livre concorrência maximiza o processo de invenção técnica. Contudo, a eficiência estática não maximiza o processo de inovação de modo a ampliar aquelas fronteiras.

14. Douglass C. North, "Economic Performance Through Time", *American Economic Review* 84 (junho 1994): 359-68, 367; a conferência Nobel foi proferida em Estocolmo em 9 de dezembro de 1993.

15. R. H. Tawney, *The Acquisitive Society* (Nova York: Harcourt, Brace and Co., 1929), 29.

16. Milton Friedman, *Capitalism and Freedom* (Chicago: University of Chicago Press, 1962); M. Friedman e Rose Friedman, *Free to Choose* (Nova York: Harcourt, Brace & Co., 1980).

17. Milton Friedman, *Essays in Positive Economics* (Chicago: University of Chicago Press, 1953); e *A Program for Monetary Stability* (Nova York: Fordham University Press, 1959).

18. Peter Drucker, "Toward the Next Economics", em Daniel Bell e Irving Kristol, eds., *The Crisis in Economic Theory* (Nova York: Basic Books, 1981), 4.

19. Friedman, *Program for Monetary Stability*.

20. Milton Friedman, "The Role of Monetary Policy", *American Economic Review* 58 (março 1968): 1-17.

21. Friedman, *Capitalism and Freedom*, 13.

22. Ver Richard Posner, *Economic Analysis of Law* (Boston: Little, Brown, 1986).

23. Ronald H. Coase, "The Problem of Social Cost", *Journal of Law and Economics* 3 (outubro 1960): 1-44.

24. Ver Anthony Downs, *An Economic Analysis of Democracy* (Nova York: Harper & Row, 1957); Downs, *Inside Bureaucracy* (Boston: Little, Brown, 1967); Gordon Tullock, *The Politics of Bureaucracy* (Washington, D.C.: Public Affairs Press, 1965); e Tullock, *Toward a Mathematics of Politics* (Ann Arbor: University of Michigan Press, 1967).

25. Arthur Okun, *Equality and Efficiency: The Big Tradeoff* (Washington, D.C.: The Brookings Institution, 1975).

26. Charles L. Schultze, *The Public Use of Private Interest* (Washington, D.C.: The Brookings Institution, 1977).

27. Robert Kuttner, *The Economic Illusion: False Choices Between Prosperity and Social Justice* (Boston: Houghton Mifflin, 1984).

28. Em Okun, *Equality and Efficiency*, 38.

29. Idem, 30.

30. As citações são extraídas de Schultze, *Public Use*, 6, 18.

31. Allen Kneese e Charles Schultze, *Pollution, Prices, and Public Policy* (Washington, D.C.: The Brookings Institution, 1975).

32. Alain Enthoven, *Health Plan* (Reading, Mass.: Addison-Wesley, 1980), 113.

33. Steven Kelman, *What Price Incentives?* (Boston: Auburn House Publishing, 1981), 7.

2. O MERCADO IMPERIAL (pp. 67-99)

1. Okun, *Equality and Efficiency*, 119.

2. Pigou, *The Economics of Welfare*.

3. Por exemplo, em *The Economic Approach to Human Behavior* (Chicago: University of Chicago Press, 1976), p. 5, Gary Becker afirma que, "Combinados, os pressupostos de comportamento maximizador, equilíbrio de mercado e estabilidade de preferências, se usados firme e implacavelmente, formam o coração da abordagem econômica" e podem ser aplicados ao comportamento humano em todos os terrenos. Ouvi George Stigler declarar num evento da Associação Norte-americana de Economistas que não existe Prêmio Nobel para as outras ciências sociais porque "eles já dão um prêmio para a literatura".

4. Ver Kenneth Arrow e Gerard Debreu, "Existence of an Equilibrium for a Competitive Economy", *Econometrica* 22 (1954): 265-90.

5. Entrevista com o autor.

6. A "revolução maginalista" do fim do século XIX está na obra de A. Stanley Jevons, Leon Walras e, mais tarde, Alfred Marshall. Uma boa discussão para o leigo encontra-se em Robert Lekachman, *A History of Economic Ideas* (Nova York: McGraw Hill, 1959), 229-97.

7. Bertrand de Jouvenel, "Efficiency and Amenity", em Kenneth Arow e Tibor Scitovsky, eds., *Readings in Welfare Economics* (Nobleton, Ontario: Richard D. Irwin, Inc., para a Associação Norte-americana de Economistas, 1969), 109, apud Brandon Robinson, "Psychological Assumptions, Conceptions of Value, and Economic Theory" (inédito, 1972), 3.

8. Ver Robert Rabin e Stephen D. Sugarman, *Smoking Policy: Law, Politics and Culture* (Nova York: Oxford University Press, 1993).

9. Daniel S. Hammermesh e Neil M. Soss, "An Economic Theory of Suicide", *Journal of Political Economy* 82 (janeiro/fevereiro 1974).

10. George J. Stigler e Gary S. Becker, "De Gostibus Non Est Disputandum", *American Economic Review* 67 (março 1977), 76-90.

11. Idem, 80.

12. Ibidem, 89.

13. Albert O. Hirschman, *Rival Views of Market Society and Other Recent Essays* (Nova York: Viking, 1986), 147.

14. Thorstein Veblen, *The Place of Science in Modern Civilization and Other Essays* (Nova York: B.W. Huebsch, 1919).

15. Herbert Simon, *Models of Man* (Nova York: John Wiley & Sons, 1957), 198.

16. Richard R. Thaler, *The Winner's Curse: Paradoxes and Anomalies in Economic Life* (Nova York: Free Press, 1992), 121.

17. Ver Daniel Kahneman e Amos Tversky, "Prospect Theory: An Analysis of Decision Under Risk", *Econometrica* 47, nº 2 (1979): 363-91. Ver também D. Kahneman, Jack L. Knetsch e Richard Thaler, "Experimental Tests of the Endowment Effect and the Coase Theorem", *Journal of Political Economy*, 98 (dezembro 1990): 1325-48.

18. Amos Tversky e Daniel Kahneman, "The Framing of Decisions and the Psychology of Choice", *Science* 211 (30 de janeiro de 1981): 453-8.

19. Thaler, *Winner's Curse*, 65.

20. Idem, 99.

21. Harry G. Frankfurt, "Freedom of the Will and the Concept of a Person", *Journal of Philosophy* 68 (1977): 5-20.

22. Walt Whitman, "Song of Myself", em *Leaves of Grass* (Nova York: The Lowell Press, 1953 [1855]).

23. Amartya Sen, "Rational Fools: A Critique of the Behavioral Foundations of Economic Theory", *Philosophy and Public Affairs* 6 (1977): 317-44.

24. Mark A. Lutz e Kenneth Lux, *Humanistic Economics: The New Challenge* (Nova York: Bootstrap Press, 1988), 110-1.

25. Hirschman, *Rival Views of Market Society*, 148.

26. Margaret Jane Radin, *Contested Commodities* (Cambridge, Mass.: Harvard University Press, 1996), 21.

27. Mark Sagoff, *The Economy of the Earth: Philosophy, Law and the Environment* (Cambridge: Cambridge University Press, 1988), 25.

28. Idem, 8, 53.

29. Steven Waldman, "The Tyranny of Choice", *The New Republic*, 27 de janeiro de 1992, 23.

30. Idem, 24.

31. Robert E. Lane, *The Market Experience* (Cambridge: Cambridge University Press, 1991), 25.

32. Sagoff, *Economy of the Earth*, 45.

33. Idem, 102.

34. Guido Calabresi e A. Douglas Melamed, "Property Rules, Liability Rules, and Inalienability: One View of the Cathedral", *Harvard Law Review* 85 (1992): 1089-128.

35. Robert L. Heilbroner, *The Nature and Logic of Capitalism* (Nova York: W. W. Norton, 1985), 115, 140.

36. *Newsweek*, 1º de julho de 1996, 31.

37. 29 de setembro de 1995, Washington, D.C.

38. Citado na *Business Week*, 2 de outubro de 1995, 26.

39. Discurso durante jantar para levantamento de recursos de campanha, 13 de setembro de 1992.

40. Wolfgang Streeck, "Beneficial Constraints: On the Economic Limits of Rational Voluntarism" (artigo submetido à Sociedade para o Progresso da Socioeconomia, Nova York, 1993), 12.

41. Gøsta Esping-Andersen, *Politics Against Markets: The Social Democratic Road to Power* (Princeton: Princeton University Press, 1985).

42. Okun, *Equality and Efficiency*, 13.

43. James Tobin, "On Limiting the Domain of Inequality", *Journal of Law and Economics* 13 (outubro 1970): 269.

44. Michael Waltzer, *Spheres of Justice* (Nova York: Basic Books, 1983).

45. Ver *New Catholic Encyclopedia*, vol. 11 (Nova York: McGraw Hill, 1967), 195. Ver também o verbete "solidarismo", vol. 13, 419-20.

46. Sir Isaiah Berlin, *Four Essays on Liberty* (Londres: Oxford University Press, 1969), 124.

47. Idem, 135, 156.

48. Ibidem, 170.

49. Viviana Zelizer, *Pricing the Priceless Child: The Changing Social Value of Children* (Nova York: Basic Books, 1985).

50. Juliet B. Schor, *The Overworked American* (Nova York: Basic Books, 1991).

51. Idem, 108.

52. Ibidem, 162.

53. Malvina Reynolds, "Magic Penny", copyright 1955, 1958, Northern Music Co. e MCA Music Publishing Co.

54. Sir Dennis Robertson, "What Does the Economist Economize", em *Economic Commentaries* (Londres: Staples Press, 1956), 147-55.

55. Schultze, *The Public Use*, 18.

56. Citado em Thaler, *Winner's Curse*, 6.

57. Corry Azzi e Ronald Ehrenberg, "Household Allocation of Time and Church Attendance", *Journal of Political Economy* 38, nº 1 (1975): 27-56, apud Amitai Etzioni, *The Moral Dimension: Toward a New Economics* (Nova York: Free Press, 1988), 26.

58. Ver Daniel Kahneman, Jack L. Knetsch e Richard Thaler, "Fairness as a Constraint on Profit-Seeking: Entitlements in the Market", *American Economic Review* 76 (1986): 721-41; reimpresso em Thaler, *Quasi Rational Economics* (Nova York: Russell Sage Foundation, 1991), 199-219.

59. Thaler, *Winners's Curse*, 212.

60. Gerald Marwell e Ruth Ames, "Economists Free Ride: Does Anyone Else?", *Journal of Public Economics* 15 (1981): 295-310.

61. Ver Deborah A. DeMott, "Beyond Metaphor: An Analysis of Fiduciary Obligation", *Duke Law Journal* 1988, nº 5: 879-94; ver também Frank H. Easterbrook e Daniel R. Fischel, "Contract and Fiduciary Duty", *Journal of Law and Economics* 36 (1993): 425-7.

62. Deborah A. DeMott, "Contesting the Fiducial Line: Legal Theory and the Duty to Be Loyal" (artigo submetido à reunião de 1994 da Sociedade para o Progresso da Socioeconomia, Paris), 1.

63. Idem, 10.

64. Richard Titmuss, *The Gift Relationship* (Londres: George Allen & Unwin, 1970).

65. Idem, 95.

66. Ibidem, 32.

67. M. H. Cooper e A. J. Culyuer, *The Price of Blood* (Londres: Institute for Economic Affairs, 1968), 157.

68. Citado em Titmuss, *The Gift Relationship*, 161.

69. Idem, 157.

70. Ibidem, 205-6.

71. Ibidem, 227.

72. Ibidem, 234.

73. Steven E. Rhoads, *The Economist's View of the World* (Cambridge: Cambridge University Press, 1985), 188.

3. O *MERCADO DO TRABALHO* (pp. 100-50)

1. Michael Polanyi, *Personal Knowledge: Towards a Post-Critical Philosophy* (Nova York: Harper & Row, 1962).

2. Albert O. Hirschman, *Exit, Voice, and Loyalty* (Cambridge, Mass.: Harvard University Press, 1970).

3. Ver Andrew Weiss, *Efficiency Wages: Models of Unemployment, Layoffs, and Wage Dispersion* (Princeton: Princeton University Press, 1990) e J. E. Stiglitz, "Theories of Wage Rigidity",

documento de trabalho, National Bureau of Economic Research, Cambridge, Mass. (Working Paper nº 1441).

4. Mark S. Granovetter, "The Strenght of Weak Ties", *American Journal of Sociology* 78 (1973): 1360-80; e Granovetter, "The Sociological and Economic Approaches to Labor Markets", em George Farkas e Paula England, eds., *Industries, Firms, and Jobs: Sociological and Economic Approaches* (Nova York: Plenum Press, 1988).

5. Joseph E. Stiglitz, "The Invisible Hand and Modern Welfare Economics", documento de trabalho, National Bureau of Economic Research, Cambridge, Mass., 1992 (Working Paper nº 3641), 12.

6. Peter Doeringer e Michael Piore, *Internal Labor Markets and Manpower Analysis* (Lexington, Mass.: D. C. Heath, 1971).

7. Arthur Okun, *Prices and Quantities: A Macroeconomic Analysis* (Washington, D.C.: The Brookings Institution, 1980), 59.

8. Weiss, *Efficiency Wages*, 5.

9. Idem, 42.

10. Paul Starr, "Bidding For Your Job", *The American Prospect*, outono 1995, 95-6.

11. "Managing a Contingency Work Force to Promote Flexibility and Increase Profitability", conferência do Institute for International Research, Chicago, Ill., julho 1994.

12. William Davidow e Michael S. Malone, *The Virtual Corporation* (Nova York: Harper Business, 1992).

13. Uma discussão das relações de trabalho na nova empresa contingente encontra-se em "Tomorrow's Corporation", The Aspen Institute, relatório de conferência, julho 1993.

14. Ver, por exemplo, Thomas A. Kochan e Paul Osterman, *The Mutual Gains Enterprise* (Boston: Harvard Business School Press, 1994); ver também Rosabeth Moss Kanter, *World Class* (Nova York: Simon and Schuster, 1995).

15. Heckscher observa que o drama do enxugamento tende a dar lugar "a mais paciência e lealdade do que seria de se esperar". Charles Heckscher, *White Collar Blues* (Nova York: Free Press, 1995), 57.

16. Michael Piore e Charles Sabel, *The Second Industrial Divide* (Nova York: Basic Books, 1984).

17. George Gilder, *Microcosm: The Quantum Revolution in Economics and Technology* (Nova York: Simon and Schuster, 1989); Peter W. Huber et al., *The Legal Assault on the Economy*, 3 vols. (Washington, D.C.: National Legal Center for the Public Interest, 1986); John Naisbitt e Patricia Aburdene, *Reiventing the Corporation* (Nova York: Warner Books, 1985); e *Megatrends 2000: The New Directions for the 1990's* (Nova York: Avon Books, 1990).

18. Descrições de empresas do primeiro tipo encontram-se em Barry Bluestone e Irving Bluestone, *Negotiating the Future* (Nova York: Basic Books, 1992); e Thomas A. Kochan e Paul Osterman, *The Mutual Gains Enterprise* (Boston: Harvard Business School Press, 1994).

19. Entrevista com o autor.

20. Rosabeth Moss Kanter, "Nice Work If You Can Get It", *The American Prospect*, outono 1995, 55.

21. Entre essas estratégias estiveram, num extremo, o plano ambicioso dos keynesianos suecos de usar medidas macroeconômicas para fazer a economia aproximar-se do pleno emprego, medidas essas suplementadas por "políticas ativas de mercado de trabalho" – treinamento, emprego público, sistemas de colocação –, associadas a negociações salariais centralizadas, para manter

controle sobre a inflação. Nos Estados Unidos, neokeynesianos mais moderados propuseram o uso de incentivos tributários para evitar que reivindicações salariais cancelassem os ganhos de produtividade. Tais políticas estão descritas em Kuttner, *The Economic Illusion*. Para uma discussão teórica, ver Okun, *Prices and Quantities*.

22. Ver, por exemplo, William Lazonick, *Competitive Advantage on the Shop Floor* (Cambridge, Mass.: Harvard University Press, 1990).

23. E. B. White, *Charlotte's Web* (Nova York: HarperCollins, 1980 [1952]), 39.

24. Gary Becker, *The Economics of Discrimination* (Chicago: University of Chicago Press, 1971).

25. Alfred Marshall, *Principles of Economics*, 8ª ed. (Londres: Macmillan, 1938), 15.

26. Erik Erikson, *Identity and the Life Cycle* (monografias Psychological Issues, vol. 1, nº 1; Nova York: International Universities Press, 1959).

27. Lane, *The Market Experience*, 235-8.

28. John W. Pratt e Richard J. Zeckhauser, *Principals and Agents: The Structure of Business* (Boston: Harvard Business School Press, 1985).

29. William Lazonick, *Competitive Advantage on the Shop Floor* (Cambridge, Mass.: Harvard University Press, 1990).

30. Barry Bluestone, "The Inequality Express", *The American Prospect*, inverno, 1995, 82-3; ver também Lawrence Mishel e Jared Bernstein, *The State of Working America* (Washington, D.C.: Economic Policy Institute, 1994).

31. Lester C. Thurow, *Generating Inequality* (Nova York: Basic Books, 1975). A citação é extraída de uma adaptação: Thurow, "The Redistribution of Wealth", *Working Papers for a New Society*, inverno 1996, 23.

32. Robert Frank e Philip Cook, *The Winner-Take-All Society* (Nova York: Free Press, 1995).

33. Graef Crystal, *In Search of Excess* (Nova York: W. W. Norton, 1991), 27; ver também "Executive Pay", *Business Week*, 26 de abril de 1993, 56-79. A *Business Week* informava que o ganho total médio do executivo-chefe era 157 vezes maior do que a média do operário, enquanto em 1980 era apenas 42 vezes maior. No Japão, em 1993, a diferença era de 32 vezes (p. 59).

34. Ver Frank Levy e Richard Michael, "An Economic Bust for the Baby Boom?", *Challenge*, março-abril 1986, 33-9; e Frank Levy, *Dollars and Dreams* (Nova York: Russell Sage Foundation, 1987); ver também Frank Levy e Richard Murname, "U.S. Earnings Levels and Earnins Inequality: A Review of Recent Trends and Proposed Explanations", *Journal of Economic Literature* (setembro 1992).

35. Ver Robert B. Reich, *The Work of Nations* (Nova York: Vintage Books, 1992).

36. Uma defesa geral do programa econômico de Reagan encontra-se em Robert L. Bartley, *The Seven Fat Years* (Nova York: Free Press, 1992).

37. Mickey Kaus, *The End of Equality* (Nova York: New Republic Books/Basic Books, 1992).

38. Charles Murray e Richard Herrnstein, *The Bell Curve* (Nova York: Free Press, 1994).

39. Dinesh D'Souza, *The End of Racism* (Nova York: Free Press, 1995).

40. Ver Harley Shaiken, "Going South: Mexican Wages and U.S. Jobs after NAFTA", *The American Prospect*, outono 1993, 58-64.

41. Ver Walter Russell Meade, *Mortal Splendor* (Boston: Houghton Mifflin, 1987); ver também Walter Russell Meade, "American Policy in the Antemillennial Era", *World Policy Journal* (verão 1989), especialmente 403-11.

42. Reich, *Work of Nations*.

43. Robert Kuttner, *The End of Laissez-Faire: National Purpose and the Global Economy after the Cold War* (Nova York: Alfred. A. Knopf, 1991).

44. Robert Eisner, "Opening Up the Growth Debate", *Wall Street Journal*, 25 de setembro de 1995, 14; ver também Eisner, "Our NAIRU Limits: The Governing Myth of Economic Policy", *The American Prospect*, primavera 1995, 58-64.

45. Ver Milo Keynes, ed., *Essays on John Maynard Keynes* (Londres: Cambridge University Press, 1975), 129; ver também Joan Robinson, *What Are the Questions and Other Essays* (Armonk, N.Y.: M. E. Sharpe, 1980).

46. Ver Leon Lindberg e Charles S. Maier, *The Politics of Inflation and Economic Stagnation* (Washington, D.C.: The Brookings Institution, 1985), especialmente Colin Crouch, "Conditions for Trade Union Wage Restraint", 105-39.

47. Martin Weitzman, *The Share Economy* (Cambridge, Mass.: Harvard University Press, 1985).

48. A respeito da relação entre inflação e desemprego e a suposta compensação entre uma e outro, ver Michael Bruno e Jeffrey Sachs, *The Economics of Worldwide Stagflation* (Cambridge, Mass.: Harvard University Press, 1985), especialmente o capítulo 11, 217-42.

49. Ver o Relatório Econômico da Presidência para 1994 (Washington, D.C.: Government Printing Office, 1994).

50. Barry Bluestone, "The Polarization of American Society: Victims, Suspects, and Mysteries to Enravel" (relatório ao Twentieth Century Fund, março 1995), 21.

51. Pension Rights Center, Washington, D.C.

52. Saul D. Alinsky, *John L. Lewis: An Unauthorized Biography* (Nova York: Vintage Books, 1970 [1949]), 71.

53. Paul C. Weiler, *Governing the Workplace: The Future of Labor and Employment Law* (Cambridge, Mass.: Harvard University Press, 1990).

54. Richard B. Freeman e James L. Medoff, *What Do Unions Do?* (Nova York: Basic Books, 1984).

55. Idem, 9.

56. Ibidem, 12.

57. Richard B. Freeman, *Labor Markets in Action* (Cambridge, Mass.: Harvard University Press, 1989), 203.

58. Idem, 212-4.

59. Reich, *Work of Nations*.

60. "America's Choice: High Skills or Low Wages!" (Rochester, N.Y.: National Center for Education and the Economy, 1990).

61. Michael Rotschild, "The End of Scarcity and the Politics of Plenty", *The New Democrat*, verão 1995, 8-12.

62. Katherine Newman e Chauncey Lenon, "The Job Ghetto", *The American Prospect*, verão 1995, 64-5.

63. Lawrence Mishel, "Rising Tides, Shrinking Wages", *The American Prospect*, outono 1995, 60-5.

64. Bluestone, "Polarization of American Society", 10.

65. David Howell, "The Skills Myth", *The American Prospect*, verão 1994, 81-90; ver também Howell, "The Collapse of Low-Skill Wages: Technological Shift or Institutional Failure?" (Annandale-on-Hudson, N.Y.: The Jerome Levy Economics Institute of Bard College, 1996).

66. Bluestone, "Polarization of American Society", citando cálculo de James Heckman, "Assessing Clinton's Program on Job Training, Workfare, and Education in the Workplace", documento de trabalho, National Bureau of Economic Research, Cambridge, Mass., 1993 (Working Paper nº 4428).

67. Ver Richard B. Freeman, ed., *Working Under Different Rules* (Nova York: Russell Sage Foundation, 1994), 12-3.

68. Banco Mundial, World Development Report (Oxford: Oxford University Press for the World Bank, janeiro 1995).

69. Ver Andrew Glyn e David Miliband, eds., *Pying for Inequality* (Londres: Institute for Public Policy Research and Rivers Oram Press, 1994), especialmente o capítulo 9, Adn Corry e Andrew Glyn, "The Macroeconomics of Inequality", 205-16.

70. Andrew Card e Richard Freeman, "Small Differences That Matter: Canada Vs. the United States", em Freeman, *Working Under Different Rules*, 189-222.

71. Rebecca Blank, "Does a Larger Social Safety Net Means Less Economic Efficiency?", em Freeman, *Working Under Different Rules*, 161.

72. "America's Choice: High Skills or Low Wages!", 4.

73. Ver Bluestone, "Polarization of American Society"; Osterman e Kochan, *Mutual Gains*; e Kanter, *World Class*.

4. *MERCADOS E MEDICINA* (pp. 151-209)

1. R. G. Evans e G. L. Stoddart, "Producing Health, Consuming Health Care", em Evans et al., eds., *Why Are Some People Healthy and Others Not?* (Nova York: Aldine De Gruyter, 1994), 55.

2. Michael G. Marmot, Martin Bobak e George Davey Smith, "The Influence of Social Inequality on Health" (artigo submetido à Working Conference on Society and Health oganizada pelo autor, Boston, Mass., outubro 1992), 20 e apêndice, tabela 4.

3. Alain Enthoven e Richard Kronick, "A Consumer-Choice Health Plan for the 1990s", *The New England Journal of Medicine* 320 (1989): 29.

4. Citado em Lawrence D. Brown, "Competition and the New Accountability", em Richard J. Arnould et al., eds., *Competitive Approaches to Health Care Reform* (Washington, D.C.: Urban Institute Press, 1993), 223.

5. Ver Walter Gelhorn, "The Abuse of Occupational Licensing", *University of Chicago Law review* 44 (outono 1976): 6-27.

6. Louis Harris and Associates, *Making Difficult Health Care Decisions* (Cambridge, Mass.: The Loran Commission, junho 1987), 5.

7. William J. Baumol, "Containing Medical Costs: Why Price Controls Won't Work", *The Public Interest* (outono 1988): 37-53.

8. O senador democrata Daniel Patrick Moynihan, colega e amigo do professor Baumol, fez um singular desserviço ao debate sobre a política de saúde ao repetir insistentemente que a "Lei de Baumol" corresponderia a uma fonte primária de inflação de custos de saúde e que, portanto, mal valeria a pena buscar outras estratégias de contenção de custos.

9. Conforme o comitê presidencial de pesquisa de 1933, em 1929 53% dos médicos tinham renda anual abaixo de 4 mil dólares; citado em David J. Rothman, "A Century of Failure", em

James A. Morone e Gary S. Belkin, eds., *The Politics of Health Care Reform* (Durham: Duke University Press, 1994), 18.

10. Ver Paul Starr, *The Social Transformation of American Medicine* (Nova York: Basic Books, 1982), especialmente 102-27.

11. Idem, 241.

12. Ibidem, 295-7.

13. Karen Davis, Gerard F. Anderson, Diane Rowland e Earl P. Steinberg, *Health Care Cost Containment* (Baltimore: Johns Hopkins University Press, 1990), 105.

14. "National Health Expenditures, 1986-2000", *Health Care Financing Review* 8, nº 4 (1987): 1-36.

15. Paul Starr e Gøsta Esping-Andersen, "Passive Intervention", *Working Papers for a new Society*, julho-agosto 1979, 14-26.

16. Davis et al., *Health Care Cost Containment*, 17-8.

17. D. Salkever e T. Bice, "The Impact of Certificate of Needs Controls on Hospital Investment", *Milbank Memorial Fund Quarterly* 54, nº 2, 185-214, citado em Davis et al., *Health Care Cost Containment*, 23.

18. Davis et al., *Health Care Cost Containment*, 134.

19. Sidney Wolfe et al., "Mangled Competition", *The American Prospect* (fevereiro 1994), 118, citando dados da Health Insurance Association of America e da Group Health Association of America.

20. Ver Bureau of National Affairs, *Managed Care Reporter*, 19 de julho de 1995, 70.

21. Ver Matthew Miller, "The Medicare Boom", *The New Republic*, 11 de dezembro de 1996, 20-3.

22. Ver "Balance Sheets That Get Well Soon", *Business Week*, 4 de setembro de 1995, 80-4.

23. Robert Kuttner, "Columbia/HCA and the Resurgence of the For-Profit Hospital Business", *The New England Journal of Medicine* 335, nº 6 (1996): 446-51.

24. Catholic Health Assembly, Minneapolis, Minn., 5 de junho de 1995.

25. Ver "Balance Sheets", *Business Week*, 84.

26. Ver Linda B. Miller, Robert A. Bestiary e Thomas M. Barr, "State Attorneys Generals' Authority to Police the Sale and Conversion of Not-For-Profit Hospitals and HMOs" (Washington, D.C.: Volunteer Trustees Foundation for Research and Education, 1995).

27. O comentário foi confirmado ao autor por um colega do dirigente.

28. Entrevista do autor com médico da Humana que solicitou anonimato.

29. David Himmelstein, "Extreme Risk: The New Corporate Proposition for Physicians", *The New England Journal of Medicine* 333, nº 5 (21 de dezembro de 1995): 1706-80.

30. John K. Iglehart, "Health Policy Report: Physicians and the Growth of Managed Care", *The New England Journal of Medicine* (27 de outubro de 1994): 1167-71.

31 Ver Public Health Research Group, *Health Letter*, fevereiro 1995, 1.

32. "A Free-for-all in Swapping Medicaid for Managed Care" *New York Times*, 2 de outubro de 1995.

33. "Profits from Pain", *Sun-Sentinel* de Fort Lauderdale, 11-20 de dezembro de 1994.

34. Robert Kuttner, "False Profit", *The New Republic*, 6 de fevereiro de 1989, 21-3.

35. David Dranove, "The Case for Competitive Reform in Health Care", em Arnould et al., *Competitive Approaches to Health Care Reform*, 69.

36. Alain C. Enthoven, *Health Plan: The Only Practical Solution to the Soaring Cost of Medical Care* (reading, Mass.: Addison-Wesley Publishing Company, 1980), xxii.

37. Idem, 71.

38. Ibidem, 81.

39. Alain C. Enthoven, "Managed Competition of Alternative Delivery Systems", *Journal of Health Politics, Policy and Law* (verão 1988): 316.

40. Alain C. Enthoven, *Theory and Practice of Managed Competition in Health Care Finance* (Nova York: North Holland, 1988), 97.

41. Idem, 111-3.

42. Dranove, "The Case or Competitive Reform", 76.

43. "Analysts Cheer NME Fraud Settlement", *Modern Healthcare*, 18 de abril de 1994, 2.

44. "Health Insurer Profits by Being Very Choosy in Selling Its Policies", *Wall Street Journal*, 20 de setembro de 1994.

45. Análise de Karen Davis, Commonwealth Fund, Nova York.

46. Cálculos de Marilyn Moon, Urban Institute, Washington, D.C.

47. Entrevista concedida ao autor.

48. Ver Rashi Fein, *Medical Care, Medical Costs* (Cambridge, Mass.: Harvard University Press, 1986), 29-31.

49. Congresso dos EUA, Office of Technology Assessment, "Medical Testing and Health Insurance", OTA-H-384, 69.

50. Citados em Deborah A. Stone, "AIDS and the Moral Economy of Insurance", *The American Prospect*, primavera 1990 (62-74), 65.

51. Idem, 65.

52. Ibidem, 68.

53. John Canham-Clyne, Steffie Woodlander e David Himmelstein, *The Rational Option for a National Health Program* (Stony Creek, Conn.: Pamphleteer's Press, 1994), 45.

54. Idem, 81.

55. Citado em John K. Iglehart, "The Struggle Between Managed Care and Fee for Service Medicine", *The New England Journal of Medicine* 331, nº 1 (7 de julho de 1994): 67.

56. Michael A. Stocker, "The Ticket to Better Managed Care", *New York Times*, 28 de outubro de 1995.

57. Entrevista com o autor.

58. Fita de áudio promocional distribuída numa convenção médica em Boston, setembro 1995.

59. Bradford H. Gray, *The Profit Motive and Patient Care* (Cambridge, Mass.: Harvard University Press, 1991), 183-4.

60. Michael S. Goldstein, "Abortion as a Medical Career Choice: Entrepreneurs, Community Physicians, and Others", *Journal of Health and Social Behavior* 25 (junho 1984): 211-29, 25, apud Gray, *Profit Motive*, 185.

61. Gray, *Profit Motive*, 186.

62. Phyllis Freeman e Anthony Robbins, "The Elusive Promise of Vaccines", *The American Prospect*, inverno 1991, 80-90.

63. *Journal of the American Medical Association* 207, nº 18 (10 de novembro de 1973): 2207-12.

64. Ver Donald L. Patrick e Thomas M. Wetzler, "Community and Health", em Benjamin C. Amick et al., eds., *Society and Health* (Oxford: Oxford University Press, 1995), 46-92.

65. Michael G. Marmot, Martin Bobak e George Davey Smith, "Explanations for Social Inequalities in Health", em Amick et al., *Society and Health*, 172-210.

66. Michael Marmot et al., "Health Inequalities among British Civil Servants: The Whitehall II Study", *The Lancet* 337 (1991): 1387-93.

67. Ver August B. Hollingshead e Fredrick C. Redlich, *Social Class and Mental Illness* (Nova York: John Wiley & Sons, 1958); ver também M. Harvey Brenner, *Mental Illness and the Economy* (Cambridge, Mass.: Harvard University Press, 1973).

68. De artigo apresentado à Working Conference on Society and Health oganizada pelo autor, Boston, Mass., outubro 1992; ver Jeffrey V. Johnson e Ellen M. Hall, "Class, Work, and Health", em Amick et al., *Society and Health*, 247-71.

69. Idem, 257-8; ver também Marmot et al., "Health Inequalities", 187-91.

70. Ver Robert Karasec, *Stress and Health* (Nova York: Basic Books, 1989).

71. P. Eastman, "Cancer Cases Rise as Social Class Declines", *Journal of the National Cancer Institute* 88 (1996): 490-2.

72. U. S. General Accounting Office, *Canadian Health Insurance: Lessons for the United States* (Washington, D.C., 1991), 432.

73. "Data Watch", *Health Affairs* 13, nº 4 (outono 1994): 100-12.

74. *OECD Health Facts and Trends* (Paris: OECD, 1993); ver também John K. Iglehart, "The American Health Care System: Community Hospitals", *The New England Journal of Medicine* 329, nº 5 (29 de julho de 1993), gráfico na p. 373.

75. Elizabeth McCaughey, "No Exit", *The New Republic*, 7 de fevereiro de 1994, 21-5.

5. *MERCADOS FINANCEIROS E EMPRESA* (pp. 210-47)

1. Ver Louis Lowenstein, *What's Wrong with Wall Street? Short-Term Gain and the Absentee Shareholder* (reading, Mass.: Addison-Wesley, 1988); e Thomas Lee Hazen, "Rational Investments, Speculation, or Gambling", *Northwestern Law Review* 86, nº 4 (verão 1992).

2. Robert J. Shiller, "Who's Minding the Store?", em Shiller, ed., *Report of the Twentieth Century Fund Task Force on Corporate Governance* (Nova York: Twentieth Century Fund Press, 1992), 13-4.

3. Thorstein Veblen, *The Theory of Business Enterprise* (Nova York: Charles Scribner's Sons, 1904).

4. John Maynard Keynes, *The General Theory of Employment, Interest, and Money* (Nova York: Harcourt Brace Jovanovich, 1964 [1936]), 159.

5. James Tobin, *The New Economics One Decade Older* (Princeton: Princeton University Press, 1974).

6. Tobin, "Limiting the Domain of Inequality"; e "On the Efficiency of the Financial System", *Lloyds Bank Review* (julho 1984).

7. Eugene Fama, "The Behavior of Stock Market Prices", *Journal of Business* 38, nº 1, 34-105.

8. Lowenstein, *What's Wrong with Wall Street?*

9. H. Markowitz, "Portfolio Selection", *Jopurnal of Finance* 7 (março 1952): 77-91; e J. Tobin, "Liquidity Preference as Behavior towards Risk", *Review of Economic Studies*25 (fevereiro 1958): 65-86.

10. Ver Benjamin Graham e David L. Dodd, *Security Analysis* (Nova York: McGraw Hill, 1934).

11. Louis Lowenstein, "The Predator's Accomplice", *The American Prospect*, primavera 1994, 72.

12. House Committee on Banking, Finance, and Urban Affairs, *Recen Derivatives Losses*, serial no. 103-69 (Washington, D.C., 5 de outubro de 1994), 59.

13. Michael Lewis, *Liar's Poker* (Londres: Hoder and Stoughton, 1989).

14. Thaler, *Winner's Curse*.

15. Citado em idem, 181.

16. Ibidem.

17. Thomas A. Russo, "Derivatives Regulation" (palestra em encontro da Futures Industry Association, Washington, D.C., 4 de março de 1994).

18. Sobre taxas de inflação, ver 1994 *Economic Report of the President* (Washington, D.C.: Government Printing Office, 1994), 363, tabela C-61.

19. A história das contas NOW é contada em T. F. Cargill e G. G. Garcia, *Financial Deregulation and Monetary Control: Historical Perspectives and the Impact of the 1980 Act* (Stanford: Hoover Institution Press, 1982).

20. Um relato desse processo pode ser encontrado em Joseph Nocera, *A Piece of the Action; How the Middle Class Joined the Money Class* (Nova York: Simon and Schuster, 1994), especialmente 231-49.

21. Congressional Budget Office, *The Economic Effects of the Savings and Loan Crisis* (Washington, D.C.: Congressional Budget Office, 1992), 50.

22. Ver William Greider, *Secrets of the Temple* (Nova York: Simon and Schuster, 1987).

23. John T. Flynn, "Investment Trusts Gone Wrong", *The New Republic*, abril 1930, dias 2, pp. 181-4; 9, 212-6; 16, 240-2; 23, 267-9; 30, 294-6 (1930).

24. Citado em Robert Kuttner, "The Fire Wall", *The New Republic*, 20 de junho de 1988, 13-5.

25. Robert E. Litan, *What Banks Should Do?* (Washington, D.C.: The Brookings Institution, 1987).

26. James L. Pierce, *The Future of Banking* (New Haven: Yale University Press, 1991).

27. Um bom apanhado de estudos sobre o destino de empresas tomadas encontra-se em John C. Coffee et al., eds., *Knights, Raiders, and Targets: The Impact of the Hostile Takeover* (Nova York: Oxford University Press, 1988).

28. Ver Louis Lowenstein, *Sense and Nonsense in Corporate Finance* (Reading, Mass.: Addison-Wesley, 1991).

29. Idem, 30-51.

30. Sobre a tomada da Houdaille, ver George Anders, *Merchants of Debt* (Nova York: Basic Books, 1992).

31. Sobre a derrocada da empresa, ver Max Holland, *When the Machine Stopped* (Boston: Harvard Business School Press, 1989).

32. Adolf A. Berle e Gardiner C. Means, *The Modern Corporation and Private Property*, ed. rev. (Nova York: Harcourt, Brace and World, 1967).

33. Idem, 33.

34. Ibidem, 312.

35. Henry G. Manne, "Mergers and the Market for Corporate Control", *Journal of Political Economy* 73 (1965): 110-2.

36. Ver Lowenstein, *Sense and Nonsense*, 76.

37. Ver Shiller, "Who's Minding the Store", 6-8.

38. Idem, 76.

39. Sobre o papel do CALPERS no movimento pelos direitos dos acionistas, ver "Big Companies, Big Problems", *New York Times*, 6 de fevereiro de 1996, caderno B.

40. Ver Shiller, ed., *Report of Twentieth Century Fund*, 77.

41. Idem, 76.

42. Ibidem, 105-10.

43. Ver David Ellerman, *The Democratic Worker-Owned Firm* (Boston: Unwin Hyman, 1990).

6. *MERCADOS, INOVAÇÃO E CRESCIMENTO* (pp. 248-87)

1. Joseph Stiglitz, "Symposium on Organizations and Economics", *Journal of Economic Perspectives* 5, nº 2 (1989): 15.

2. Ver Marshall, *Principles of Economics*.

3. Robert M. Solow, "A Contribution to the Theory of Economic Growth", *Quarterly Journal of Economics* 70 (1956): 65-94.

4. Uma exposição sintética sobre concorrência imperfeita encontra-se em Louis Makowski, "Imperfect Competition", em John Eatwell et al., eds., *The New Palgrave*, vol. 2 (Nova York: Macmillan, 1987), 723-6.

5. Vilfredo Pareto, *Manual of Political Economy* (Londres: Macmillan, 1971 [1927]).

6. Joseph A. Schumpeter, *Capitalism, Socialism and Democracy* (Londres: George Allen & Unwin, 1961 [1943]), 77, 80.

7. Idem, 106.

8. Ibidem, 77.

9. Ibidem, 80.

10. Robert M. Solow, "Perspectives on Growth Theory", *Journal of Economic Perspectives* 8, nº 1 (1994): 45-54, p. 52.

11. Apud "Capitalism in the Postwar World", em R. Clemence, ed., *Essays of Joseph Schumpeter* (Cambridge, Mass.: Addison-Wesley, 1951), 174.

12. Nathan Rosenberg, "Joseph Schumpeter: Radical Economist", documento de trabalho, Canadian Institute for Advanced Research Program in Economic Growth and Policy, Toronto, maio 1993 (Working Paper nº 10), 2; ver também Rosenberg, *Inside the Black Box* (Cambridge: Cambridge University Press, 1982); e Rosenberg, *Exploring the Black Box* (Cambridge: Cambridge University Press, 1994).

13. Ver Richard R. Nelson, ed., *National Innovations Systems* (Oxford: Oxford University Press, 1993); Douglass C. North, *The Economic Growth of the United States 1790–1860* (Nova York: W. W. Norton, 1996); North, *Structure and Change in Economic History* (Nova York: W. W. Norton, 1981).

14. Ver Frederic M. Scherer e Mark Perlman, *Entrepreneurship, Technological Innovation, and Economic Growth: Studies in the Schumpeterian Tradition* (Ann Arbor: University of Michigan Press, 1992).

15. Piore e Sabel, *The Second Industrial Divide*.

16. Ver Alfred D. Chandler, Jr., *Scale and Scope: The Dynamics of Industrial Capitalism* (Cambridge, Mass.: Harvard University Press, 1990); e Thomas K. McCraw, *Prophets of Regulation* (Cambridge, Mass.: Harvard University Press, 1984).

17. Bennett Harrison, *Lean and Mean* (Nova York: Basic Books, 1995).

18. Lazonick, *Competitive Advantage on the Shop Floor*.

19. Ver Joseph E. Stiglitz, *Economics of the Public Sector* (Nova York: W. W. Norton, 1986).

20. Paul Romer, "Increasing Returns and Long Run Growth", *Journal of Political Economy* 94, nº 5 (1986): 1002-35.

21. North, "Economic Performance Through Time", 359.

22. Morton Kamien e Nancy Schwartz, "Market Structure and Innovation: A Survey", *Journal of Economic Literature* 13, nº 1 (março 1975): 1-37, 15.

23. Schumpeter, *Capitalism, Socialism, and Democracy*, 84-5.

24. Joseph E. Stiglitz, "The Invisible Hand and Modern Welfare Economics", documento de trabalho, National Bureau of Economic Research, Cambridge, Mass. (Working Paper nº 3641), 24.

25. Paul David, *Technological Choice, Innovation, ad Economic Growth* (Cambridge: Cambridge University Press, 1975), 1-15; ver também David, "Understanding the Economics of QWERTY", em William N. Parker, ed., *Economic History and the Modern Economist* (Oxford: Basil Blackwell, 1986), 30-49.

26. David Teece, "Design Issues or Innovative Firms: Bureaucracy, Incentives, and Industrial Structure" (Estocolmo: The Prince Bertil Symposium, junho 1994), 4-5.

27. Polanyi, *Personal Knowledge*; ver também Lazonick, *Competitive Advantage on the Shop Floor*.

28. Joseph Bower, "The Organization of Markets", documento de trabalho, Harvard Business School Division of Research, Cambridge, Mass. (Working Paper nº 92-093), 20.

29. Giovanni Dosi, "Sources, Procedures, and Microeconomic Effects of Innovation", *Journal of Economic Literature* 26 (setembro 1988): 1120-71, 1130.

30. Idem, 1147.

31. Paul Romer, "Two Strategies for Economic Development: Using Ideas and Produzing Ideas", documento de trabalho, Canadian Institute for Advanced Research Program in Economic Growth and Policy, Toronto, maio 1992 (Working Paper nº 4), 18-9.

32. Idem, 20.

33. Richad R. Nelson, "Roles o Government in a Mixed Economy", *Journal of Public Policy and Management* 6, nº 4 (1987): 541-57, 549.

34. Ver 1994 *Economic Report of the President*, 190; ver também Zvi Griliches, "Research Cost and Social Returns: Hybrid Corn and Related Innovations", *Journal of Politic Economy* 66 (1958): 419-31.

35. Edward Mansfield et al., "Social and Private Rates of Return from Industrial Innovations", *Quarterly Journal of Economics* 41 (maio 1967): 221-40.

36. Jeffrey I. Bernstein e M. Ishaq Nadiri, "Interindustry R&D Spillovers, Rates of Return, and Production in High-Tech Industries", *American Economic Review Papers and Proceedings* 78, nº 2 (maio 1988): 429-34.

37. Romer, "Two Strategies", 21.

38. Zvi Griliches, "Productivity, R&D, and the Data Constraint", *American Economic Review* 84, nº 1 (março 1994): 18.

39. Alfred Chandler, "What is a Firm?", artigo não publicado, Harvard Business School Business History Seminar, Cambridge, Mass., 17 de setembro de 1991, 3.

40. Idem, 6.

41. Kamien e Schwartz, "Market Structure", 32.

42. Idem, 23.

43. Teece, "Design Issues", 51.

44. Gary Hufbauer, "World Economic Integration: The Long View", *International Economic Insights* 11 (maio–junho 1991), apud Richard J. Herring e Robert E. Litan, *Financial Regulation in the Global Economy* (Washington, D.C.: The Brookings Institution, 1995), 14.

45. Gantan Naik, "Costs of Control", *Wall Street Journal*, 20 de março de 1995, R10.

46. Bower, "The Organization of Markets", 1-2.

47. Idem, 13-4.

48. Ibidem, 14-5.

49. Elhanan Helpman e Gene H. Grossman, "Endogenous Innovation in the Theory of Growth", documento de trabalho, Canadian Institute for Advanced Research Program in Economic Growth and Policy, Toronto, 1994 (Working Paper nº 20), 21.

50. Richard R. Nelson e Sidney G. Winter, *An Evolutionary Theory of Economic Change* (Cambridge, Mass.: The Belknap Press of Harvard University Press, 1982), 394-5.

51. Paul R. Krugman, ed., *Strategic Trade and the New International Economics* (Cambridge, Mass.: MIT Press, 1986), 18-9. Krugman alerta contra políticas industriais ativistas: "As novas perspectivas sobre o comércio exterior ainda não fornecem diretrizes simples para a formulação de políticas [...]. Existe o risco de que grupos com interesse nas políticas comerciais simplesmente usem as novas idéias como desculpa para advogar políticas que, provavelmente, não trariam benefícios ao país como um todo".

52. Romer, "Two Strategies", 5.

53. Praticamente o único exemplo de teoria econômica dissidente no início do século XIX foi o economista suábio Friedrich List, em cujos dois principais livros, *The Natural System of Political Economy* (1837) e *The National System of Political Economy* (1841), propunha tanto uma filosofia política liberal como uma economia baseada no desenvolvimento assistido pelo Estado; ver W. O. Henderson, *Friedrich List: Economist and Visionary* (Totowa, N. J.: Frank Cass and Company, 1983).

54. Frank Bourgin, *The Great Challenge: The Myth of Laissez-Faire in the Early Republic* (Nova York: George Braziller, 1989), 24.

55. Citado por Arthur M. Schlesinger, Jr., *The Cycles of American History* (Boston: Houghton Mifflin, 1986), 220.

56. Citado por Bourgin, *The Great Challenge*, 90.

57. Schlesinger, *Cycles of American History*, 223.

58. Apud idem, 224.

59. Ver David A. Hounshell, *From the American System to Mass Production: 1800–1932* (Baltimore: Johns Hopkins University Press, 1984).

60. Schlesinger, *Cycles of American History*, 226.

61. Apud idem, 228.

62. David Mowery e Nathan Rosenberg, *Technology and the Pursuit of Economic Growth* (Cambridge: Cambridge University Press, 1989), 100.

63. Schlesinger, *Cycles of American History*, 234.

64. Mowery e Rosenberg, *Technology and the Pursuit of Economic Growth*, 182.

65. Vannevar Bush, "Science: the Endless Frontier" (Washington, D.C.: Government Printing Office, 1945).

66. Ver Kelley e Watkins, "The Defense Industrial Network".

67. Ver uma crítica a essa atitude em Amsden, *Asia's Next Giant*.

68. Linda R. Cohen e Roger G. Noll, *The Technology Pork Barrel* (Washington, D.C.: The Brookings Institution, 1991).

69. Idem, 378.

70. Sobre o apoio do Pentágono à pesquisa, ver Michael Davey, "DOD Support for University–Based Research", CRS 94–1001 (Washington, D.C.: Congressional Research Service), citado em Science and Government Report, Washington, D.C., 1º de fevereiro de 1995, 2.

71. A fonte de ambas as declarações é Clyde R. Prestowitz.

72. Department of Defense Authorization, Fiscal Year 1990-91, Hearings before the U. S. Senate Committee on Armed Services: parte 7, Defense Industry and Technology, março–abril 1990 (Senate Hearing 101-251), 14-5.

73. "Por meio da ação coletiva podemos, às vezes, corrigir tais 'falhas de mercado' e, assim, aumentar a capacidade de os mercados privados servirem a objetivos sociais". 1994 *Economic Report of the President*, 169.

7. CONCORRÊNCIA REGULADA (pp. 288-355)

1. Richad H. K. Vietor, *Contrived Competition: Regulation and Deregulation in America* (Cambridge, Mass.: Harvard University Press, 1994), 21.

2. Uma história da regulação encontra-se em McCraw, *Prophets of Regulation*.

3. Para uma história da regulação estadual de serviços públicos ver Paul Stephen Dempsey, *The Social and Economic Consequences of Deregulation* (Nova York: Quorum Books, 1989).

4. Marver Bernstein, *Regulating Business by Independent Commission* (Princeton: Princeton University Press, 1955).

5. James M. Landis, *Report on Regulatory Agencies to the President–Elect*, impresso para uso do Senate Committee on the Judiciary, 86º Congresso, 2ª sessão, 1960.

6. Robert Fellmeth, *The Interstate Commerce Omission: Report of Ralph Nader's Study Group on the Interstate Commerce Commission and Transportation* (Nova York: Grossman Publishers, 1971).

7. Martha Derthick e Paul Quirk, *The Politics of Deregulation* (Washington, D.C.: The Brookings Institution, 1985), 162.

8. Ver Louis Brandeis, *The Curse of Bigness* (Nova York: Viking, 1934); ver também Philippa Sturm, *Brandeis: Beyond Progressivism* (Lawrence, Kans.: University of Kansas Press, 1993), especialmente o capítulo 4.

9. John Kenneth Galbraith, *American Capitalism: The Concept of Countervailing Power* (Boston: Houghton Mifflin, 1952).

10. Charles E. Lindblom, *Politics and Markets* (Nova York: Basic Books, 1977).

11. U. S. Senate Committee on the Judiciary, Subcommittee on Administrative Practice and Procedure, *Civil Aeronautics Board Practices and Procedures*, 94º Congresso, 1ª sessão, 1975; ver também Steven Breyer, *Regulation and Its Reform* (Cambridge, Mass.: Harvard University Press, 1982), especialmente 317-40.

12. Murray L. Weindenbaum, *Government–Mandated Price Increases* (Washington, D.C.: American Enterprise Institute, 1975).

13. Robert H. Bork, *The Antitrust Paradox* (Nova York: Basic Books, 1978).

14. Alfred E. Kahn, *The Economics of Regulation: Principles and Institutions* (Nova York: John Wiley & Sons, 1970-71), vol. I, 65.

15. A obra clássica em que se exibe a tendência ao superinvestimento por parte de firmas sujeitas a regulação de taxa de retorno é H. Averch e L. Johnson, "Behavior of the Firm under Regulatory Constraint", *American Economic Review* 52 (1962); 1052-69.

16. F. M. Scherer, *Industrial Market Structure and Economic Performance* (Chicago: Rand MacNally, 1970), 537, apud Derthick e Quirk, *Politics of Deregulation*, 162.

17. Michael Levine, "Airline Competition in Deregulated Markets: Theory, Firm Strategy and Public Policy", *Yale Journal on Regulation* 4 (1987): 393-495.

18. Citado em Paul Stephen Dempesey e Andrew R. Goetz, *Airline Deregulation and Laissez-Faire Mythology* (Westport, Conn.: Quorum Books, 1991), 335.

19. Sobre os efeitos da conservação de energia sobre o processo tradicional de formação de preços das empresas de eletricidade, ver George Sterzinger, "Why Utilities Can't Be Conservationists", *Working Papers for a New Society* (setembro–outubro 1981): 17-9.

20. Amory Lovins, *Soft Energy Path* (San Francisco: Friends of the Earth, 1977).

21. Sumário da FCC 16942, "Carterfone", adotado em 26 de junho de 1968; ver Peter Temin (com Louis Galambos), *The Fall of the Bell System* (Cambridge: Cambridge University Press, 1987).

22. Ver Robert Kuttner, "Ma Bell's Orphans", *The New Republic*, 17 de março de 1982, 17-23.

23. Ver Peter Huber et al., "The Geodesic Network II: 1993 report on Competition in the Telephone Industry" (Washington, D.C.: The Geodesic Company, 1993).

24. A respeito do leilão do espectro, ver Evan Kwerel e Alex D. Felker, "Using Auctions to Select FCC Licensees", documento de trabalho, Federal Communications Commission, Office of Policy and Plans, Washington, D.C., maio 1985 (Working Paper nº 16).

25. Sobre gastos das empresas Bell em redes locais, ver William Page Montgomery, "Promises versus Reality: Telecommunications Infrastructure, LEC Investment and Regulatory Reforms", artigo submetido ao Institute for Public Utilities, Williamsburg, Va., 12 de dezembro de 1994.

26. Os cálculos são de Marc Cooper, diretor de pesquisa da Consumer Federation of America.

27. Ver Eli M. Noam, "Beyond Liberalization III", *Telecommunications Policy* 18, nº 9 (1994): 687-704.

28. William J. Baumol e J. Gregory Sidak, *Toward Competition in Local Telephones* (Cambridge, Mass.: MIT Press, 1984).

29. Idem, 85.

30. Gautam Naik, "Costs of Control", *Wall Street Journal*, 20 de março de 1995, caderno R, citando dados do Departamento do Trabalho.

31. Testemunho de Marc Cooper, da Consumer Federation of America, sobre a Seção 1822 da Lei de Comunicações de 1994, ao Senate Committee on Commerce, Science, and Transportation, 23 de fevereiro e 18 de maio de 1994, 71-3 e 549-51.

32. State of New York, Public Service Commission, "Opinion and Order Approving Joint Stipulation and Agreement", *Opinion* nº 94-15, 10 de novembro de 1994.

33. Ver Federal Communications Commission, "Draft Implementation Schedule for S. 652, The Telecommunications Act of 1996", revisado em 25 de março de 1996.

34. Em termos técnicos, a idéia é que mesmo monopólios naturais poderiam atingir equilíbrios eficientes sem regulação, desde que seus mercados fossem contestáveis – isto é, capazes de ser ameaçados por concorrentes potenciais. A noção foi exposta pela primeira vez pelo economista Harold Demsetz, da escola de Chicago, em seu artigo "Why Regulate Utilities", *Journal of Law and Economics* 11 (1968): 55-65. É interessante observar que a idéia foi desenvolvida nos anos 70 sob o patrocínio da AT&T. A exposição mais completa da teoria surgiu em 1982, em W. Baumol, J. C. Panzar e R. D. Willig, *Contestable Markets and the Theory of Industrial Structure* (Nova York: Harcourt Brace Jovanovich, 1982).

35. Citado em Dempsey, *Consequences of Deregulation*, 224.

36. Ver Breyer, *Regulation and Its Reform*, 300.

37. Robert Kuttner, "Plane Truth", *The New Republic*, 17 de julho e 24 de julho de 1989, 21-23.

38. Citado em Dempsey, *Consequences of Deregulation*, 182.

39. "Airlines May Be Using a Price-Data Network to Lessen Competition", *Wall Street Journal*, 28 de junho de 1990, caderno A.

40. Dempsey, *Consequences of Deregulation*, 245, 255; Paul Dempsey, *Airline Management: Strategies for the Twenty-First Century* (Phoenix: Coast Aire, lançamento previsto para 1997).

41. Steven Winston e Clifford Morrison, *The Economic Effects of Airline Deregulation* (Washington, D.C.: The Brookings Institution, 1986), 15-8.

42. Michael E. Levine, "Airline Competition in deregulated Markets: Theory, Firm Strategy and Public Policy", *Yale Journal on Regulation* 4 (1987): 393-492, 461-2.

43. Alfred Kahn, "Airline Deregulation: A Mixed Bag Bug a Clear Success Nonetheless", *Transportation Law Journal* 16 (1988): 229-48; ver também Kevin C. Murdock, "The Effects of the Development of Hub-and-Spoke Route Structure on Pricing in the Deregulated Airline Industry", tese de PhD (Woodrow Wilson School, Princeton University, 1989).

44. Entrevista concedida ao autor.

45. Andrew Goetz e Christopher S. Sutton, "The Geography of Deregulation in the U. S. Airline Industry", *Annals of the Association of American Geographers* (a aparecer em 1997).

46. Fedez Aviation Services, "Total Stored Aircraft", janeiro 1995. De acordo com a Walsh Aviation Research de Annapolis, Maryland, em 1993 mais de mil modernos aviões a jato e turbohélice haviam sido encostados em todo o mundo. Em 1995 o número havia caído para cerca de novecentos.

47. Mark S. Kahan, "Confessions of an Airline Deregulator", *The American Prospect* (inverno 1992): 39.

48. Levine, "Airline Competition in Deregulated Markets", 494.

49. Alfred Kahn, "Surprises of Airline Deregulation", *American Economics Association Proceedings* 78, nº 2: 316-8, 320.

50. Alfred Kahn, "Deregulation: Looking Backward and Looking Forward", *Yale Journal on Regulation* 7 (1990): 325-54, 349.

51. Levine, "Airline Competition in Deregulated Markets", 494.

52. Citado pelo juiz D. Cudahy em "The Coming Demise of Airline Deregulation", *Yale Journal on Regulation* 10, nº 1 (1993): 1-15; a referência ao memorando de Kahn está na p. 7.

53. Bork, *The Antitrust Paradox*, 234.

54. Ver sobre a história da TVA em McCraw, *Prophets of Regulation*.

55. Idem, 240-1.

56. Ver William M. Emmons, "Franklin Roosevelt, Electric Utilities, and the Power of Competition", *Journal of Economic History* 54, nº 4 (dezembro 1993): 880-907; as estatísticas encontram-se na p. 896.

57. Idem, 884.

58. Ibidem, 887.

59. Ibidem, 902.

60. William J. Baumol, Paul L. Joskow e Alfred A. Kahn, "The Challenge for Federal and State Regulators: Transition from Regulation to Efficient Competition in Electric Power", monografia, 9 de dezembro de 1994, p. 29.

61. Bork, *The Antitrust Paradox*, 145.

62. Ver "Judge and Attorneys Duel over Microsoft", *Wall Street Journal*, 23 de janeiro de 1995, caderno B.

8. A *REGULAMENTAÇÃO DO AMBIENTE HUMANO* (pp. 356-412)

1. Robert W. Hahn e Robert N. Stavins, "Incentive-Based Environmental Regulation: A new Era from an Old Idea?" *Ecology Law Quarterly* 18, nº 1 (1991), 27.

2. Aaaron Wildavsky, "Richer is Safer", *The Public Interest*, verão 1980.

3. Sobre a indução de avanços técnicos por parte da regulação, ver Nicholas Ashford, Christine Ayers e Robert F. Stone, "Using Regulation to Change the Market for Innovation", *Harvard Environment Law Review* 9 (1985): 419.

4. Albert O. Hirschmann, *The Rhetoric of Reaction* (Cambridge, Mass.: Belknap Press of Harvard University Press, 1991).

5. Ver W. Kip Viscusi, *Risk by Choice* (Cambridge, Mass.: Harvard University Press, 1983).

6. Ver Sam Peltzman, "The Effects of Automobile Safety Risk Regulation", *Journal of Political Economy* 83 (1975): 677-725.

7. Ver Robert W. Crandall e John D. Graham, "The Effect of Fuel Economy Standards on Automobile Safety", *Journal of Law and Economics* 32 (abril 1989): 97-118.

8. Pigou, *Economics of Welfare*.

9. Coase, "The Problem of Social Cost".

10. Ronald Coase, *The Firm, the Market, and the Law* (Chicago: University of Chicago Press, 1988), 15. Uma discussão devastadora dos usos e abusos de Coase encontra-se em Steven G. Medema (Universidade do Colorado, Denver) e Warren J. Samuels (Michigan State University), "Ronald Coase and Coasean Economics: Some Questions, Conjectures, and Implications", artigo submetido ao encontro da Associação Norte-americana de Economistas, dezembro 1994.

11. Kneese e Schultze, *Pollution, Prices, and Public Policy*, 4.

12. Idem, 88.

13. Stephen Breyer, *Breaking the Vicious Circle: Toward Effective Risk Regulation* (Cambridge, Mass.: Harvard University Press, 1993), 3.

14. Idem, 14.

15. Ibidem, 19.

16. Adam Smith, *The Wealth of Nations* (Nova York: Modern Library, 1937 [1776]), 84.

17. Edward Wolff, *Top Heavy* (Nova York: Twentieth Century Fund, 1995).

18. Sobre a história das doutrinas jurídicas a respeito dos riscos corridos por operários, ver Nicholas A. Ashford, *Crisis in the Workplace: Occupational Disease and Injury* (Cambridge, Mass.: MIT Press, 1976), 48.

19. Citado em Nicholas A. Ashford e Charles C. Caldart, *Technology, Law, and the Working Environment* (Nova York: Van Nostrand Reinhold, 1991), 8.

20. Anthony Bale, "America's First Compensation Crisis: Conflict over the Value and Meaning of Workplace Injuries under the Employers' Liability System", em David Rosner e Gerald Markowitz, eds., *Dying for Work: Workers' Safety and Health in Twentieth Century America* (Bloomington: Indiana University Press, 1987), 34-52.

21. Citado em Gabriel Kolko, *The Triumph of Conservatism* (Chicago: Quadrangle, 1963), 103.

22. Crystal Eastman, "Work Accidents and the Law", The Pittsburgh Survey, Russell Sage Foundation, Nova York, 1910.

23. Harry Weiss, "Employers' Liability and Working Conditions", em Don D. Lescohier, ed., *Working Conditions*, vol. 3 de John R. Commons, ed., *History of Labor in the United States* (Nova York: Macmillan, 1935), 572.

24. Weiss, "Employers' Liability", 579.

25. John Commons era um dos principais defensores da indenização a trabalhadores acidentados. Ele insistia em que os prêmios de seguros deveriam associar-se ao histórico de acidentes das empresas, no que equivalia a argumentar que danos físicos sofridos pelo trabalhador deveriam ser reconhecidos como externalidades.

26. Weiss, "Employers' Liability", 605.

27. Testemunho do secretário do Trabalho Willad Wirtz sobre a Seção 2864 da Lei de Saúde e Segurança Ocupacional ante o Subcommittee on Labor of the Senate Committee on Labor and Public Welfare, 90º Congresso, 2ª sessão, 1968, 69-72.

28. Sar Levitan, Peter E. Carlson e Isaac Shapiro, *Protecting American Workers: An Assessment of Government Programs* (Washington, D.C.: Bureau of National Affairs, Inc., 1986), 103; ver também o relatório da National Commission on State Workmen's Compensation Laws (Washington, D.C.: Government Printing Office, 1966), doc. nº 496-632.

29. Benjamin W. Mintz, "OSHA: History, Law, and Policy" (Washington, D.C.: Bureau of National Affairs, Inc., 1984), 9.

30. Apud Ashford, *Crisis in the Workplace*, 393.

31. Public Law 91-596, seção 6(b)5 (1970).

32. Viscusi, *Risk by Choice*, 10.

33. Idem, 80.

34. National Safety Council, "Accident Facts" (1994).

35. Richard A. Epstein, *Takings: Private Property and the Power of Eminent Domain* (Cambridge, Mass.: Harvard University Press, 1985), 250.

36. Ruth Ruttenberg, "Compliance with the OSHA Cotton Dust Rule: The Role of Productivity Improving Technology", contrato nº 233-7050 (Washington, D.C.: Office of Technology Assessment, 1983), 32-37.

37. Idem, iii.

38. Ver Thomas O. McGarrity, *Reinventing Rationality: The Role of Regulatory Analysis on the Federal Bureaucracy* (New York: Cambridge University Press, 1991).

39. Ver Ruth Ruttenberg, "Regulation Is the Mother of Invention", *Working Papers* (maio–junho 1981): 45-9; ver também Marianne P. Brown e John Froines, "Technological Change at the Workplace" (Los Angeles: UCLA Institute of Industrial Relations, 1979), 24; Steven Kelman, *Regulating America, Regulating Sweden: A Comparative Study of Occupational Safety and Health Policy* (Cambridge, Mass.: MIT Press, 1981).

40. Kelman, *Regulating America, Regulating Sweden*, 147.

41. Ver Steven Early e Matt Witt, "The Worker as Safety Inspector", *Working Papers* (setembro–outubro 1980): 21-9; ver também Kelman, *Regulating America, Regulating Sweden*.

42. Kelman, *Regulating America, Regulating Sweden*, 142-4.

43. Documentos internos da OSHA cedidos ao autor.

44. Steven Kelman, "Cost-Benefit Analysis: An Ethical Critique", *Regulation Magazine* (janeiro–fevereiro 1981): 33-8, 36.

45. Idem, 38.

46. Citado em McGarrity, *Reinventing Rationality*, 70.

47. Ashford, Ayers e Stone, "Using Regulation", 419.

48. Idem, 419-65.

49. Ruttenberg, "Regulation Is the Mother of Invention", 46.

50. U. S. Environmental Protection Agency, Office of Air and Radiation, *Clean Air Marketplace* (junho 1993): 3; ver também Gregg Easterbrook, *A Moment on the Earth* (Nova York: Viking Penguin, 1995).

51. Thaler, *Winner's Curse*, 91.

52. McGarrity, *Reinventing Rationality*.

53. Kenneth Arrow, "Rationality of Self and Others in an Economic System", *Journal of Business* 59 (outubro 1986): 391, apud Thaler, *Winner's Curse*, 61.

54. Peltzman, "Effects of Automobile Safety Regulation".

55. Ver Leon J. Robertson, "A Reply", em "Notes and Communications", *Journal of Economic Issues* 11, nº 4 (dezembro 1977): 672.

56. Estatísticas da National Highway Traffic Safety Administration.

57. Crandall e Graham, "Effect of Fuel Economy Standards", 98.

58. Idem, 111.

59. Ibidem, 112.

60. Ibidem, 110.

61. *The Safe Road to Fuel Economy* (Washington, D.C.: Center for Auto Safety, 1992), i.

62. Idem, 2.

63. Robert Crandall e Pietro Nivola, *The Extra Mile: Rethinking Energy Policy for Automotive Transportation* (Washington, D.C.: The Brookings Institution, 1995).

64. Frank Swoboda, "Honda Announces Gas Engine Meets Anti-Pollution Goals", *Washington Post*, 7 de janeiro de 1995.

65. W. Kip Viscusi, "The Lulling Effect: The Impact of Child-Resistant Packaging on Aspirin and Analgesic Ingestions", *American Economic Review* 74, nº 2 (1984): 324-7.

66. W. Kip Viscusi, "Consumer Behavior and the Safety Effects of Product Safety Regulation", *Journal of Law and Economics* 28 (outubro 1985): 527-53, 540.

67. Viscusi, "Lulling Effect", 327.

68. Gregory B. Rodgers, "The Safety Effects of Child-Resistant Packaging for Oral Prescription Drugs", *Journal of the American Medical Association* 275, nº 21 (5 de junho de 1996), 1661-5.

69. Ver Henry G. Manne, "An Intelectual History of the School of Law, George Mason University" (Arlington, Va.: Law and Economics Center, George Mason University, 1993). A menção a Pareto encontra-se na p. 10. Ver também "Justice for Sale", relatório da Alliance for Justice (Washington, D.C., 1993). O Apêndice A relaciona juízes que receberam bolsas para assistir a seminários sobre a Lei e Economia.

70. Em sua forma moderna, a regra data do processo judicial *Winterbottom contra Wright*, originado quando um cocheiro dos Correios chamado Winterbottom feriu-se quando a carroça que conduzia se desmontou. O juiz que apreciou o caso, porém, sustentou que quem mantinha contrato com o fabricante da carroça eram os Correios Reais, e não Winterbottom – o qual, assim, não tinha direito de processar o fabricante.

71. No processo *MacPherson contra Buick Motor Company*, o juiz Cardozo, do Tribunal de Segunda Instância de Nova York, redigiu um parecer – acompanhado pela maioria dos demais juízes – a um processo em que as rodas de um carro se haviam soltado, ferindo o reclamante (MacPherson), sustentando que a Buick Motor Company era responsabilizável, apesar de o reclamante ter comprado o veículo de um revendedor e não da Buick. No processo *Henningsen*, a Corte Suprema de Nova Jersey admitiu que o reclamante processasse tanto o revendedor como o fabricante, acabando assim com a "regra de privacidade". O Tribunal também decidiu que não seriam aplicáveis quaisquer limitações de garantias que estreitassem a garantia implícita de que o automóvel se apresentava em condições de uso. Ver Steven P. Croley e John D. Hanson, "Rescuing the Revolution: The Revived case for Enterprise Liability", *Michigan Law Review* 91, nº 4 (fevereiro 1993): 683-797.

72. George L. Priest, "The Current Insurance Crisis and Modern Tort Law", *Yale Law Journal* 96 (1987): 1544-6.

73. "A declaração de não-responsabilidade [de um fabricante] [...] constitui o equivalente funcional de cláusulas que são comuns em outros contratos, e que exigem explicitamente de uma das partes que tome determinados cuidados para evitar descumprimentos ou que faça seguro contra perdas devidas a eventos incertos. A teoria prevê que declarações de não-responsabilidade e exclusões de cobertura serão observadas em garantias ao consumidor para aqueles específicos investimentos alocativos ou de seguros que o consumidor pode prover de modo mais barato do que o fabricante. Segundo esse ponto de vista, pode-se dizer que declarações de não-responsabilidade e exclusões de cobertura são exigências dos consumidores, devido ao custo relativamente mais baixo de seus investimentos alocativos em auto-seguro." George L. Priest, "A Theory of the Consumer Product Warranty", *Yale Law Journal* 90 (1987), 1313.

74. Steven P. Croley e Jon D. Hanson, "What Liability Crisis?: An Alternative Explanation for Recent Events in Products Liability", *Yale Journal on Regulation* 8, nº 1 (1990); 1-111, especialmente pp. 9-10.

75. Peter W. Huber e Robert E. Litan, eds., *The Liability Maze* (Washington, D.C.: The Brookings Institution, 1991), 20.

76. Croley e Hanson observam acidamente que o grupo da Lei e Economia que ataca a jurisprudência sobre responsabilização de empresas "compartilha a premissa implícita, mas inexplicá-

vel, de que todos os mercados funcionam, exceto um: o mercado do seguro de responsabilização". Croley e Hanson, "What Liability Crisis?", 72, n. 185.

77. Ver Richard A. Epstein, "The Unintended Revolution in Products Liability Law", *Cardozo Law Review* 10 (1988): 2193; ver também Epstein, *Bargaining with the State* (Princeton: Princeton University Press, 1993).

78. Troyen Brennan et al., "Incidence of Adverse Events and Negligence in Hospitalized Patients: Results of the Harvard Medical Practice Study", *The New England Journal of Medicine* (7 de fevereiro de 1991): 370-84.

79. Public Citizen Health Research Group, "Ranking of Serious Doctor Disciplinary Actions", *Health Letter* (maio 1995), 8.

80. Ver James F. Holzer, "The Advent of Professional Standards for Professional Liability", *Quality Review Bulletin* 16, nº 2 (fevereiro 1990).

81. Gary T. Schwartz, "Product Liability and medical Malpractice", em Huber e Litan, *Liability Maze*, 75.

82. Num artigo em que manifestam posição crítica em relação ao litígio judicial em torno da responsabilização por falhas de produtos, W. Kip Viscusi e Michael J. Moore informam que uma pesquisa ampla, conduzida pela Conference Board, revelou que 36% dos que responderam informaram que custos de responsabilização os levaram a tirar produtos de linha e outros 30% disseram que preocupações com a questão os desencorajou a lançar determinados produtos novos. No entanto, 35% atribuíram às pressões oriundas da responsabilização efeito favorável sobre a melhoria da qualidade de produtos e 33% informaram que tais preocupações os levaram a aumentar a segurança de toda a linha de produtos. Viscusi e Moore, "An Industrial Profile of the Links between Product Liability and Innovation", em Litan e Huber, *Liability Maze*, 81.

83. Norman Myers e Julian L. Simon, *Scarcity or Abundance* (Nova York: W. W. Norton, 1993), especialmente pp. 205-6.

84. Easterbrook, *Moment on the Earth*.

85. Minha exposição sobre a história da legislação referente à chuva ácida acompanha Nancy Kete, "The Politics of Markets: The Acid Rain Control Policy in the 1990 Clean Air Act Amendments" (Tese de doutoramento, Johns Hopkins University, 1993).

86. Idem, 118.

87. Em ibidem, 220, informa-se que nove Estados situados no Meio-Oeste e vizinhança respondiam por 65% do total nacional da poluição por SO_2.

88. Ibidem, 290.

89. Hahn e Stavins, "Incentive-Based Environmental Regulation".

90. Terry L. Anderson e Donald R. Leal, *Free Market Environmentalism* (Boulder, Colo.: Westview Press, 1991), 154, apud Kete, "Politics of Markets", 2.

91. Kete, "Politics of Markets", 170.

9. *MERCADOS E POLÍTICA* (pp. 413-52)

1. Douglass C. North, "Institutions and Economic Growth: An Historical Introduction", *World Development* 17, nº 9 (1989): 1319-32, 1323.

2. Benjamin Barber, *Strong Democracy* (Berkeley: University of California Press, 1984), xv.

3. Ralf Dahrendorf, "A Precarious Balance: Economic Opportunity, Civil Society, and Political Liberty", *The Responsive Community* (verão 1995): 13-39.

4. Alexander Hamilton, John Jay e James Madison, *The Federalist* (Nova York: The Modern Library, 1962 [1788]), 454.

5. Woodrow Wilson, *Constitutional Government* (Boston: Houghton Mifflin, 1885).

6. James A. Morone, "Hidden Complications", *The American Prospect*, verão 1992, 40-9, 47.

7. Anthony Downs, *An Economic Theory of Democracy* (Nova York: Harper & Brothers, 1957).

8. James M. Buchanan e Gordon Tullock, *The Calculus of Consent* (Ann Arbor: University of Michigan Press, 1962).

9. Mancur Olson, *The Logic of Collective Action* (Cambridge, Mass.: Harvard University Press, 1965).

10. Kenneth Arrow, *Social Choice and Individual Values* (Nova York: John Wiley & Sons, 1951; 2ª ed. rev. New Haven: Yale University Press, 1963).

11. Ver V. O. Key, Jr., *Politics, Parties, and Pressure Groups* (Nova York: Thomas Y. Crowell Co., 1963 [1942]).

12. Downs, *Economic Theory of Democracy*, 215.

13. Idem, 10.

14. Buchanan e Tullock, *Calculus of Consent*, 73.

15. James Buchanan, "The Economic Theory of Politics Reborn", *Challenge* 31, nº 2 (1988): 4-10, 8.

16. Arrow, *Social Choice*.

17. Olson, *Logic of Collective Action*, 2.

18. Sobre os argumentos que a Escolha Pública emprega para isso, ver William N. Eskridge, "Politics without Romance: Implications of Public Choice Theory for Statutory Interpretation", *Virginia Law Review* 74, nº 2 (março 1988): 275-98; ver também Frank Easterbrook, "Statutes' Domains", *University of Chicago Law Review* 50 (1983): 533, 544-7.

19. Ver discussão em Steven Kelman, "Public Choice, Public Spirit", *Public Interest* 87 (primavera 1987): 80-94.

20. Dennis C. Mueller, *Public Choice ii* (Cambridge: Cambridge University Press, 1989), 245, apud Donald P. Green e Ian Shapiro, *Pathologies of Rational Choice Theory* (New Haven: Yale University Press, 1994), 3.

21. Green e Shapiro, *Pathologies of Rational Choice*, 3.

22. Daniel A. Farber e Philip P. Frickey, *Law and Public Choice* (Chicago: University of Chicago Press, 1991).

23. Citado em Kelman, "Public Choice, Public Spirit".

24. O leitor interessado numa desconstrução mais sistemática da teoria da Escolha Pública deve consultar duas excelentes críticas recentes: Green e Shapiro, *Pathologies of Rational Choice*; Farber e Frickey, *Law and Public Choice*.

25. James A. Morone, *The Democratic Wish* (Nova York: Basic Books, 1990).

26. No esquema abaixo são representadas diferentes perspectivas teóricas em relação a um Estado forte e uma política democrática forte. Situo a época progressista no quadrante Estado Forte–Política Fraca, devido ao impulso de despolitizar diversos assuntos e atribuí-los à decisão de

tecnocratas. Estranhamente, muitos dos principais progressistas daquela época também procuraram expandir a democracia direta, sem perceber a contradição.

		POLÍTICA	
		Forte	*Fraca*
ESTADO	*Forte*	New Deal Great Society européia sociais-democratas	Hamilton época progressista Extremo Oriente autoritários
	Fraco	lockeanos antifederalistas jacksonianos	teóricos da Escolha Pública

27. Hanna Pitkin, "Justice: Relating Public and Private", *Political Theory* 9: 327, 344-5, apud Frank Michelman, "Law's Republic", *Yale Law Journal* 97, nº 8 (julho 1988): 1503-4.

28. Buchanan, "Economic Theory of Politics".

29. Lindblom, *Politics and Markets*.

30. Thomas Ferguson, *Golden Rule, The Investment Theory of Party Competition and the Logic of Money-Driven Political Systems* (Chicago: University of Chicago Press, 1995), 28.

31. Neil Postman, *Amusing Ourselves to Death: Public Discourse in the Age of Show Business* (Nova York: Viking Penguin, 1984), 87-8.

32. Schumpeter, *Capitalism, Socialism and Democracy*.

33. Em Morone, *Democratic Wish*, 40.

34. Ver discussão em Barber, *Strong Democracy*, 15.

35. Idem, 117.

36. F. A. Hayek, *The Road to Serfdom* (Chicago: University of Chicago Press, 1944).

37. Ver Peter Berger e Richard John Neuhaus, *To Empower People: The Role of Mediating Structures in Public Policy* (Washington, D.C.: American Enterprise Institute, 1977).

38. Senador Dan Coats, David Boaz et al., "Can Congress Revive Civil Society?", *Policy Review* 24 (janeiro-fevereiro 1996): 25-33.

39. Idem, 32-3.

40. Robert D. Putnam, "The Strange Disappearance of Civic America", *The American Prospect* 24 (inverno 1996): 34-49.

41. Idem, 47-8.

42. Postman, *Amusing Ourselves to Death*.

43. Sidney Verba, Kay Lehman Scholzman e Henry E. Brady, *Voice and Equality* (Cambridge, Mass.: Harvard University Press, 1995).

44. Idem, 512-3 e 533.

45. Schor, *The Overworked American*.

46. David Osborne e Ted Gaebler, *Reinventing Government* (Reading, Mass.: Addison-Wesley, 1992), xii.

47. Philip K. Howard, *The Death of Common Sense* (Nova York: Random House, 1994).

48. Al Gore, *Common Sense Government: Works Better and Costs Less* (Nova York: Random House, 1995), 139.

49. John D. Donahue, "Prisons for Profit: Public Justice, Private Interests" (Washington, D.C.: Economic Policy Institute, 1988), 23.

ÍNDICE REMISSIVO

ESTA OBRA FOI COMPOSTA PELA HELVÉTICA EDITORIAL EM GOUDY E IMPRESSA PELA HAMBURG GRÁFICA EDITORA EM OFF-SET SOBRE PAPEL PÓLEN SOFT DA COMPANHIA SUZANO PARA A EDITORA SCHWARCZ EM MAIO DE 1998.